[또 하나의 문화] 제2호

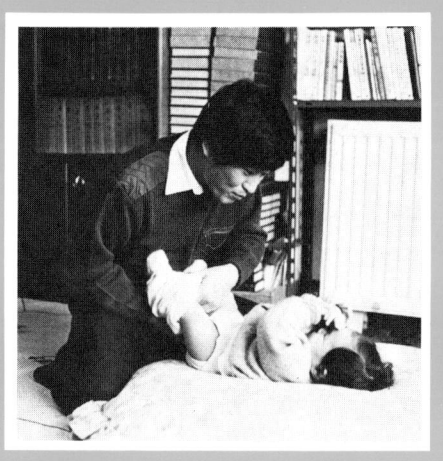

열린 사회 자율적 여성

[또 하나의 문화]
제2호

도서출판
또 하나의 문화

[또 하나의 문화]

「또 하나의 문화」는
인간적 삶의 양식을 담은
대안적 문화를 만들고 이를 실천해 가는
동인들의 모임입니다.
이 모임은 남녀가 진정한 벗으로 협력하고
아이들이 자유롭게 자랄 수 있는 사회를 꿈꾸며,
특히 하나의 대안 문화를 사회에 심음으로써
유연한 사회 체계를 향한 변화를 이루어 갈 것입니다.

열린 사회 자율적 여성
[또하나의 문화] 제2호

특집/열린 사회 자율적 여성

▎편집의 글 ——— 13

▎시
이성애/목소리를 위한 시간 ——— 16

▎좌담
열린 사회, 자율적 여성 ——— 18

▎논설
오세철/창조적 인간과 민주사회 ——— 45
조옥라/가정과 사회, 그리고 여성의 일 ——— 52
김숙희/획일문화와 성차별 언어 ——— 63
조형/인간해방운동의 구조 ——— 71
조혜정/문화와 사회운동의 양식 ——— 82

▎여성의 직업활동 영역
高靜熙/한국 여성문학의 흐름 ——— 96
김경희/여성 언론인의 역사 ——— 127
우혜전/여성 은행원의 지위는 향상되었는가? ——— 148
김주숙/농촌여성은 초인인가? ——— 161
한현옥 外/첨단과학은 여성을 환영하는가? ——— 173

▎현장연구
김수근/공간활용 방식과 표정에 나타난 남녀의 차이 ——— 190
고석주/광고에 나타난 여성상 ——— 205
윤양헌 外/일상적 언어생활에 나타난 성차별주의 ——— 217

안정남/자라나는 세대가 가진 자아상 —— 231
고교생들의 글/내가 바라는 삶 —— 238
민채원, 김소연/중학생이 즐겨 읽는 로맨스 소설 분석 —— 247

획일문화를 거슬러 사는 여성들

김화련/먹고 자고 숨쉬듯 해온 나의 일 —— 255
南貞鎬/자유로운 삶을 춤에 담으며 —— 265
한청희/나는 국민학교 선생님 —— 278
이영순/노조활동에서 얻은 삶의 자각 —— 290
김근화/농촌, 도시, 근로, 불우 여성과 더불어 —— 303
한명석/농촌, 농민, 그리고 나의 삶 —— 318
김화숙/엄마는 현대판 현모양처 —— 329
박용희/내 삶에 최선을 다하여 —— 338
박경아/나의 일이 가져다 준 것 —— 361
안택근/해녀 —— 369

고정란

자유로운 어린이를 위한 창작물

• 시와 노래
박상천/너는 새, 우리는 나무 —— 382
캐롤 홀/엄마도 일하고 아빠도 일하고 —— 384
• 동화
조장희/멧돼지와 집돼지 —— 388
　　　　흰나비의 날개옷 —— 392
닥터 쉬스/별배꼽 오리 —— 394

창작과 평
• 평론
우명미/평범해지기를 거부한 60년대 여성, 전혜린 —— 398
• 촌극
박선희/선배의 삶과 후배의 삶 —— 411
• 서평
조은/『여성』이 제시하는 '올바른' 여성운동의 방향은? —— 428
서지문/진정한 모성 —— 434
김수경/사랑과 결혼의 실체 —— 439

적응과 성장
정진경/우리 엄마는 일해요 —— 444
김언호/글자 하나 모르는 어머니, 경우 바른 어머니 —— 455
이인영/제 이름 아세요? —— 466

여성학 자료
한혜경/한국 도시주부의 정신적 갈등에 관한 연구 —— 471

지구촌 자매들
정경환/25세 여성조기정년 철폐를 위한 여성운동 —— 478
지영선/나이로비 여성대회 —— 483
주준희/비정부 국제기구와 세계 여성의 해 —— 489
'또하나의 문화' 동인태도 스케일/자신의 태도를 점검해 봅시다 —— 497

사진/김동희, 정창숙, 김영진, 이해열
글 편집/이미숙, 이영인, 남윤정, 호원숙, 백인미,
황윤옥, 노명신, 조혜정, 김미경, 유승희, 정진경,
조옥라, 이혜란, 안정남, 성수연, 고정희,
김효선, 한현옥, 김소연, 김숙희, 조은

특집

열린 사회, 자율적 여성

■ 또 하나의 문화 창간호는 '평등한 부모, 자유로운 아이'라는 주제 아래 좀더 합리적이고 인간다운 사회를 지향하는 모든 부모와 자녀들을 대상으로 엮어 졌었다.

■ 이번 2호는 대상을 좁혀서 젊은 여성들에게 필요한 내용을 중점적으로 엮었다. 이번에도 지난 호처럼 좀 거리감이 있는 '열린 사회, 자율적 여성'으로 제목을 달았다. 너무 먼 곳에 있는 별이 아니냐는 논란이 있었지만 구태여 닫힌 사회를 강조하기보다는 긍정적 면을 부각시키기로 했다. 자율성의 확립이란 남에게 휘둘림을 당하지 않는다는 의미에서의 혼자 섬이요, 이는 인간의 기본 권리이다. 우리 사회처럼 집단주의적 사회에서는 여성만이 아니라 남성들도 끊임없이 제도에 의해, 타인에 의해 휘둘림을 당한다. 그러나 상대적으로 여성들이 자율적, 주체적이 된다는 것이 더 어려운 상황임은 사실이다. 또한 남성과 여성은 두 개의 범주이자 어머니와 아들, 누이와 오빠, 아버지와 딸, 부부로서 끊임없이 밀접한 상호작용을 갖는 관계이므로 한 편의 자율성은 곧 다른 한 편의 자율성을 의미한다. 이런 면에서 이 책에서 다루는 자율은 여성을 통해 표현된 자율이지 꼭 여성만의 자율에 국한되어 있지는 않다.

■ 혼자 섬으로써 비로소 진정한 협력자로서 손을 맞잡고 일할 수 있다는 의미에서 자율성은 또한 공동체의 운명에 적극 참여하는 필요조건이 된다. 이러한 의미에서 볼 때, 자율성 확보는 현대 산업사회에 사는 구성원의 의무이며, 개개인은 구체적으로 경제 자립과 아울러 생산적 일과 주체적 태도를 가질 것이 요구된다. 현대 사회의 진정한 발전은 근본적으로는 주체적인 시민세력의 형성이 없이는 불가능하며, 이에 여성의 자율성 확립의 과제는 더욱 그 당위성을 갖게 되는 것이다.

■■ 우리들이 하는 일이 이미 다양해졌다. 세기 전에는 안채에만 머물던 여성들 또한 이미 각계에 진출하여 활동하고 있는데 우리의 삶을 담고 있는 틀은 여전히 엄격히 고정되어 있고, 그 틀을 바꾸려는 노력은 아직도 달걀로 바위를 깨는 정도로 여겨지고 있다. 1세기 내 증가한 인구의 수와 그에 따른 제도의 복잡성, 일의 다양화를 고려할 때 우리의 삶을 지배하는 획일주의와 동질성에의 집착이 갖고 오는 인간성 억압의 '폐단은 실로 지대하다. 이번 호 좌담과 논설에서는 구체적으로는 여성의 자아실현을 억압하는 성차별주의와 이와의 연계 속에 상황을 더욱 악화시키는 획일주의, 상업주의, 계급불평등의 실상을 파악하고 더 나아가 어떻게 우리 스스로가 창조적이며 민주적 시민이 될 수 있을 것인가를 다루고 있다. 글 군데군데에서 대안적 문화의 내용과 양식이 제시되고 있다.

■■ 여성의 직업활동영역에서는 문학창작·신문·은행·농업·전산 분야를 선택하여 그 동안의 여성의 진출양상과 현황을 살펴보았다. 비범한 영웅의 시대가 아닌 평범한 창조적 인간의 시대로 향해가고 있는 지금은 여성의 삶을 진정한 여성의 관점에서 나타내는 여성주의적 문학이 뿌리를 내려야 할 것이다. 또한 정보화 시대를 맞아 탁월한 능력, 뚜렷한 관점, 책임감을 요구하는 대중매체 분야는 뛰어넘어야 할 담이 높으나 그만큼 보람이 큰 영역이다. 금융분야 중에 은행이 선택된 이유는 현재 상당히 많은 여성들이 활발히 참여하고 있을 뿐 아니라 집단적 노력을 통해 제도적 개선을 해나간 사례가 비교적 크게 부각되기 때문이다. 농촌여성을 선택한 것은 근대화 과정을 거치면서 많은 양의 노동에 시달리는 여성의 삶을 가장 구체적으로 보여주는 분야로 생각되어였다. 전산계는 여성들이 개척해 나갈 새로운 전문직으로서 여성차별의 불합리한 일들이 여성자신의 적응력을 높임으로써, 때로는 집단적인 힘을 활용함으로써 깨져나가는 모습들에 주목하고자 한다.

■■ 현장연구에서는 일상생활에서 흔히 마주치는 성차별주의와

획일주의의 문제가 다루어졌다. 우리가 예사롭게 지나치던 많은 것들의 뿌리가 실은 성차별문화에서 나온 것임을 제시하고 이 사소함이 가질 수 있는 커다란 의미를 보여주고 있다. 작은 것에서부터 철저하게 변화하고자 하는 이들에게 도움이 되리라 믿는다.

■■■ 다음에 이어지는 여성들의 생애에 관한 글은 애초에 다양함을 보이려는 의도로 시작되었다. 여기서 우리는 자주적인 여성들의 내면적 성장의 흐름을 보여주고 겉으로는 순조롭게만 보이는 이들의 삶도 실제로는 많은 어려운 결정과 방황의 여정이라는 것을 있는 대로 보여줄 수 있기를 바랐다. 그러나 원고를 다 모은 후 우리는 뭔가 좀 미약하다는 생각을 지울 수 없었다. 왜 다양성이 더 두드러지게 나타나지 못했을까? 과연 고민과 방황과 고통스런 깨달음보다는 믿음과 추진력이 더 강하고, 성장을 위한 기본적인 자율성을 이미 확보했던 특수한 경우들밖에 없는 것일까? 우리는 스스로 묻고 또 얘기를 나누었다. 여기서 우리가 배운 것은 우리 사회가 진정한 다양성을 놓고 구체적인 논의를 펴나가기에는 아직도 너무나 억압적이라는 사실이었다. 우리의 고민은 여기서부터 시작된다. 그러나 제도와 논리와 관습으로 탄탄하게 문을 잠그고 있는 이 사회를 겁없이 거슬러 살아가고 있는 이들 30-40대의 이야기는 창조적인 삶을 살고자 하는 의지를 굳힌 여성들과 그런 여성을 길러내고자 하는 이들에게 체험적 지혜와 힘을 나누어 줄 것을 믿는다. 여기서 양적으로는 가장 수가 많은 가정주부가 빠진 것이 아쉽다. 워낙 '고백'하기를 꺼리는 사회여서 적당한 분을 찾지 못했다. 우리의 이야기를 당당하게 내어놓고 함께 나눔으로써 서로 배울 수 있는 열린 사회가 좀더 빨리 올 수 있기를 바란다.

■■■ 자유로운 어린이를 위한 노래, 시와 이야기도 특집 주제에 맞게 아이를 떠나보내는 부모의 태도(시), 융통성 있는 역할 분담(노래), 개성의 존중(동화) 의 주제를 선택하여 실었다. ── **편집자**

詩 ■ 이성애

목소리를 위한 시간

제각기 빛을 띤 목소리와 더불어
우리는 세상에 태어났지
나지막이 속삭이는, 혹은 낭랑한
넓은 강처럼 깊이 울리는 혹은
풀잎 끝에 닿는 바람처럼 섬세한
수만 가지 빛의 목소리는
언제든 노래할 준비가 되어 있었지

누가 우리 목소리를
한빛으로 물들이려 했는지
누가 단조로운 악보를 던져 주고
그 가락에 우리를 길들였는지
보이지 않는 결박으로 목소리의
반짝이는 파장을 죽이고 자신만의
노래를 죽이고 마침내
노래의 뜨거운 씨앗을 캄캄한 구덩이에
깊이깊이 묻어 버린

그 손은 우리 어버이의 손인가
어버이의 어버이, 그 조상의 손인가
우리 이웃의 무지한 손인가
아니 그들보다 무서운
결백하고 무심한 우리 자신의 손
허약하고 비겁한 나의 손이 힘을 합해

부푸는 목소리 꿈의 목줄기를
날마다 조금씩 졸랐지
날마다 조금씩
편안한 가락에 길들여져
우리 몸짓도 조그맣고 평안하였지

그 소리마저 그친 뒤
우리는 우리가 지은 어둠에 잠겼지
그러나 편안한 어둠으로
달콤한 마취로,
곰삭일 수 없는 핏멍울이 자라
마침내 터져 버린 상처의 어둠이
어딘가를 적시기 시작했지
그 바닥에서 되살아나는 빛,
쓰러지며 뒤척이며 되살아나는 빛,
지금은 그 파리한 빛을
혼의 집중으로 건져낼 때.

제각기 싹트는 목소리 그 빛의 섬광
높은 음 다한 곳과 낮은 음 다한 곳
그 사이 무한한 공간을 더듬어
부딪치며 껴안으며 구비구비 겨루어
제각기 익혀가는 갖가지 노래
그 떨림으로
조화롭게 살아 숨쉬는
우리의 삶,
우리의 땅을 위해서.

좌담
열린 사회 자율적 여성

사회・장필화
좌담 참석자・이인호, 고정희, 조혜정, 조옥라, 한현옥, 김효선,
오숙희, 정진경, 김미경, 김애실
시간・1986. 3. 8. 14 : 00 - 17 : 00
장소・평민사 4층 세미나실

직업여성은 불행하다고 보았던 시절

장필화・지난호에 이어서 이번호에서도 우리 문화가 갖고 있는 가부장적 권위주의와 획일주의를 극복해 보고자 하는 측면을 강조하였습니다. 이번호에서는 특히 사회의 좁은 문을 두드리는 여성의 모습을 부각시켜 '열린 사회, 자율적 여성'이라는 주제로 책을 엮었습니다. 이 토론회는 일단 우리 사회가 산업화하면서 과거에 비해서는 훨씬 개방적이며 다양성을 많이 받아들이고 있다고 보고, 현재의 상태와 앞으로의 방향을 검토하고 토의하는 자리가 됐으면 좋겠습니다. 마침 여러 세대가 모여 있으니 각 세대가 삶의 기회를 어떻게 인지하고 활용해 왔었는가 하는 것을 말씀해 주시면 그것으로 우선 사회가 변화해 온 과정에 대한 구체적 접근이 될 수 있지 않을까 생각됩니다.

이인호・역사적으로 보면 사회가 변한 것은 사실입니다. 체험을 중심으로 이야기해 보죠. 제가 20대였을 때, 그러니까 1950년대에는 여자가 직업을 가진다는 것은 아주 특이한 경우였읍니다. 우리 어머니 세대에는 과부가 되어 할수없이 나중에 공부해서 의사가 된 사람들이 있을 정도였구요. 물론 그것만 해도 발전적이지요. 남편이 죽으면 완전히 계층적으로 추락을 해가는 것이 일반적인 상태였는데 그대로 하나의 돌파구가 생긴 셈이니까요. 하여간 그런 경우 외에는 소위 점잖은 집, 괜찮은 집의 딸들은 공부는 하지만 직업을 갖는다는 생각은 거의 못했지요. 그

런 부모 아래서 우리들만 하더라도 의식이 없이 자랐던 것 같아요. 나는 그 당시로는 남녀공학이었던 사대부중을 다녔고 공부하는 면에서는 남들하고 다 똑같이 하고 선생님들도 굉장히 열성적이셨는데도 대학을 왜 가느냐 할 적에는 막연했죠. 직업에 대해서는 거의 생각 못했고 그저 교양을 얻기 위해서라든가 대학을 간다는 것이 그저 멋있고 훌륭한 것같이 느껴져서 갔다고 해도 무리 있는 표현이 아닐 겁니다. 또 선생님들도 암암리에 그렇게 가르치셨지요. 그때하고 30년 후인 지금을 비교해 보면 분명 굉장한 변화가 있어요. 여자들 자신이 느끼는 것도 그렇고, 사회도 그런 문제에 대해서 어느 정도 포용력을 갖게 되었다고 봅니다. 사실 10년 전 '세계여성의 해'가 선포된 때까지만 해도 여자가 직업을 갖는다 하면 굉장히 반발이 심했어요. 공장에는 벌써 여자들이 많이 일하고 있었고, 여성의 취업은 불가피하게 증가해 가는 현실임에도 불구하고 말이죠. 사고방식에서는 여전히 극히 보수적이었어요. 여자로서 뭔가 결함이 있는 사람만이 취업한다는 식의 인식이 지배적이었으니까요. 내 경우는 자의 반, 타의 반으로 지금까지 직업을 가져온 사람이지만 우리 세대의 일반적인 경우는 아무리 우수하고 기회가 있어도 직업을 가질 것이라는 생각을 안했기 때문에 대비를 안하고 살아왔어요. 그 사이에 사회가 급변했기 때문에 뒤늦게 나이 먹어, 직업을 가졌더라면 하고 절박하게 느끼면서 좌절을 경험하는 여성들이 요즘 많이 눈에 띄어요. 우리 나라의 여성들이 의식적인 면에서 새로운 인식을 하게 되는 것이 아마도 70년대 후반부 내지 80년대에 들어와서가 아닌가 싶네요. 그래서 우리 세대에는 한 40대가 되어 내가 이래서는 안 되겠다는 것을 느끼는 데 비해 우리보다 10년 위 사람들은 50대, 60대 되어서야 그것을 느낀 셈이지요. 늙은 사람일수록 삶의 전환은 힘들지요. 그와 반면에 지금의 20내들은 20대에 벌써 그걸 깨닫고 있으니까 그것을 일찍부터 준비를 할 수가 있지요. 이런 면에서 20대 또는 10대 때 벌써 새로운 인식을 시작하는 지금의 젊은이들이 크게 주목되어야 하리라고 봅니다.

조옥라• 그래요. 저는 선생님들보다 한 15년 정도 아래세대로서 중고등학교를 60년대에 다녔읍니다. 소위 5·16 이후에 중고등학교를 다닌 세대가 저희인데, 우리는 직업을 심각하게 생각하긴 했었던 것 같습니다. 물론 여전히 숫적으로는 적었고 특정 고등학교에 몰려 있었다거나 집안 분위기에 따라 달랐지만, 좀 공부를 잘하면 판사가 되거나 의사가 되라는 얘기를 부모로부터 들었고 친구들끼리 그런 얘기를 하기도 했읍니다. 몇 가지 사회적으로 바람직하다고 인정되는 특수한 직종에 한정되어 있기는 했어도 적어도 직업을 평생 갖겠다는 의식은 있었던 것 같습니다.

이인호 • 그만큼 달라졌죠. 우리가 고등학교 때 6·25 직후 50년대 전반 후반까지만 해도 일반적인 의식은 공부를 아무리 잘해도 법대에 입학하는 것은 아주 특이한 사람들의 경우이고 불행한 사람이 의사나 또는 교사가 되는 것(웃음) 말하자면 돈을 버는 사람이 없을 때 할수없이 하는 그런 정도로 생각했거든요.
조혜정 • 저도 조옥라씨와 비슷한 세대에 속하는데 벌써 신교육 받은 어머니를 가진 세대라는 점에서도 그 윗세대와 차이가 날 수밖에 없었다고 봅니다.
이인호 • 그것도 그렇고 또 6·25가 상당한 정도로 공헌을 했지 않는가 싶어요. 혼자된 여자들이 갑자기 생활의 부담을 짊어져야 되는 현상이 많아졌으니까 여자들도 경제력을 가져야 된다는 인식이 빨리 싹트지 않았는가 봅니다.
조혜정 • 2차대전 후의 미국도 마찬가지였고 전쟁의 경험이 여성들의 사회·경제활동을 촉진시키는 자극제가 된 것은 사실일 것입니다. 전쟁의 와중에 전혀 새로운 가정 외적 체험을 한 여성들이 사회에 대한 안목을 갑자기 넓혀 갔을 가능성이 크지요. 그러나 동시에 저희 세대에 국한시켜 본다면, 신교육 받은 부모들이 자기들은 자아실현을 못했지만 딸들한테는 굉장히 그 점을 강조해서 기른 경우가 상당수 있는 것 같아요. 또 평준화되기 전에는 소위 일류 중고교가 매우 경쟁적이고 성취 위주였고 동시에 엘리트적인 자부심을 부추겨 놓았었는데 그러한 것들이 한 자극제가 되었다고도 봅니다. 엘리트주의는 궁극적으로 지양되어야 한다고 봅니다만, 당시에는 분명히 여성들의 사회활동 영역을 넓히는 데 기여하였던 것 같습니다.
조옥라 • 그리고 우리들한테는 모델도 있었지요. 어렸을 때 기억에 김활란 박사 등이 자주 언급되었지요.
장필화 • 그 얘기를 들으니 제가 대학에 들어가 여러 가지 활동에 참여하고 소위 전형적인 규수수업과는 다른 일에 바쁜 것을 보고 오빠가 "김활란 박사같이 되려면 계속해서 활동을 해도 좋지만 결혼하고 잘살 생각이 있으면 다 쓸데없는 일이니 결혼을 준비하는 것이 더 중요하지 않느냐"고 충고하던 일이 생각납니다. 즉 여자에게는 결혼이냐 직업이냐가 양자택일임을 강조하였던 것이죠.
조혜정 • 그 정도라면 상당히 현명한 조언이었네요. 상황판단을 분명히 하게 하는 …… 결혼이냐 독신직업여성이냐가 선택이라는 점만 인정되어도 얼마나 큰 변화입니까?
이인호 • 그래요. 우리 때만 해도 택일이라는 선택의 여지가 없었어요. 결혼은 해야 되는 것이고 결혼을 못한다거나 여하간 혼자 살게 되면 자주 극단적인 불행으로 여겼었죠.

정진경 • 요즘에는 양자택일의 차원도 벗어났지요. 결혼하고 직장 갖는 것이 그렇게 불가능한 것이 아님은 자명해졌으니까…… 그래도 혼자 사는 것은 불행이다, 절대적 자의에 의해서 혼자 사는 것일 리는 없다는 식으로 보는 견해는 마찬가지로 지배적인 것 같아요.
이인호 • 그래도 많이 없어졌죠? 지금은 실제로 자기 선택에서 혼자 사는 남성이나 여성들이 더러 있고, 우리 사회도 긍정적으로 인정하잖아요? 아직 인정을 안 하나요? 어때요, 지금 더 젊은 세대의 생각은?
오숙희 • 그래도 그런 사람들은 아직도 선택받은 사람들 또는 특별한 사람들로 간주되는 것 같아요.
김효선 • 네, 예외적인 경우로 제쳐 두지요.
조옥라 • 그렇지만 예외라고 얘기하기에는 혼자 사는 사람들이 너무 많잖아요?
정진경 • 우리 주위에서나 많지요. (웃음)
장필화 • 그러면 여성의 취업에 관한 한 의식 및 현실의 변화가 20-30년간에 이루어져 왔다는 점에는 어느 정도 일치하고 있는 것 같은데, 이제는 여성의 전형적인 삶의 틀이 획일적이었다는 점에 대해 얘기해 보지요.
조옥라 • 김활란씨는 슈퍼우먼의 이미지죠. 일종의 아주 특수한 삶으로 간주되었던 것 같아요. 마치 구름 위에 있는 사람처럼. 김활란 박사에 비하면 너는 저 땅 밑에 있는 사람이니 감히 그렇게 살 생각을 하지 않는 것이 낫겠다는 식의 전제하에서 얘기가 나왔죠.
장필화 • 이태영 선생님 같은 모델도 있죠. 가방을 항상 두 개씩 가지고 다니시는 것이 아주 좋은 상징이지요.
조옥라 • 그래요. 또 우리 중고등학교 때는 박순천 여사가 선거 때 강하게 부각이 되어서 인상이 남아 있읍니다.
장필화 • 아까 6·25전쟁까지 얘기를 했는데 사실은 그 이전 일제치하에 민족투쟁이라는 시급한 과제 앞에서 남성 여성이라는 구분이 완화되었을 가능성도 짚고 넘어가야 합니다. 민족의 위기 앞에서는 남녀귀천을 차별할 겨를이 없다는 사회·문화적 환경이 그때 많은 여성지도자를 길러 낼 수 있었던 것 아니었는가 생각됩니다. 그런데 해방을 하면서 오히려 복고적 색채가 되살아나죠. 그런 경험을 했던 여성도 나라를 찾았으니 이제는 다시 가정에 자리잡는 것이 안정된 나라의 질서를 바로잡는 일이라 여겨 가정이라는 제한된 영역의 속에 다시 매이게 되지 않았는가, 그런 역사적인 경험이 중요하게 작용했다고 저는 생각해요.
조혜정 • 분명히 그런 요소가 작용했을 거예요. 혼란기를 거쳐서 이제는 안착할 수 있는 시기라는 안도감, 또는 그렇게 느끼고 싶은 심리적 욕구가 강했을 겁니다. 여성들이 다시 가정으로 돌아가 거기서 가족만을 돌보며 편안히 사는 그 모습은 어떤 면에서는 국권회복의 한 분명한 표상으로까지 느끼는 분위기를 상상해 볼 수 있읍니다. 그래서 해방 후 적어도 일시적이나마 여성관은 보수적 경향으로 돌아갔을 것입니다.

장필화•그런 모습이 전쟁을 거치면서 또 한번 재현되죠. 여성은 사회의 현장으로 노출되어졌다가 또다시 울안으로 들어가죠. 그 이후 중산층 문화가 형성되면서 주부 중심의 가정주의가 강화되고 새로운 형태로 여성의 삶이 획일화되는 경향을 보이지 않았나 생각됩니다. 이스라엘의 경우도 바로 중산층의 형성 이후 가정중심주의가 생겨났다고 해요. 상류층의 여성들은 아무것도 안하고 '지위의 상징'으로 존재하죠. 그 사회의 특징이었던 성별에 무관한 참여로부터 후퇴하여 복고적인 가족중심주의가 바람직한 모델이 되고 있다는 보고를 읽었어요. 그런 점에서 보면 세대간의 발전 과정도 있지만 계층을 나누어 볼 때 전혀 발전적으로 볼 수 없는 경향도 있는 것 같아요. 제가 듣기로는 요즘도 중매를 할 때 직업을 가진 경험이 있는 여자보다는 교양 정도로만 대학 공부를 하고 사회의 때가 묻지 않은 처녀를 선호하는 층이 있는 모양입니다.

이인호•있기야 좀 있겠지요. 그래도 요즘은 교육을 많이 받고 직업적 소양을 가진 여성들을 좋은 신부감으로 생각하는 태도가 많아지지 않았어요? 대학원 학생의 경우 서른 살이 훨씬 넘고도 혼담이 심심치 않게 들어오고 결혼을 잘합니다. 한 5-6년 전만 해도 거의 상상할 수 없었던 일이 아닌가 싶은데 이런 변화에 주목해야죠. 젊은 분들 얘기 좀 들어봅시다.

남자를 변화시켜 결혼도 하고 직업도 가지려는 20대

장필화•이제는 이렇게 많이 달라졌다, 우리는 이렇게 새롭게 생각하고 우리가 갖고 있는 열려진 세계는 아마 지난 세대들은 전혀 상상도 못할 것이다, 이런 얘기를 많이 해줄 수 있으면 좋겠는데.(웃음)

조혜정•아니면 그게 환상이다라든가. (웃음)

오숙희•여성의 자율성에 대해 얘기하자면 결혼문제로부터 어떻게 자유로울 수 있을까 하는 문제가 중요한데, 실망시켜 드려 미안하지만 우리 세대도 여전히 이 문제에 걸려 있는 상태가 아닌가 합니다. 결혼이 여자에게는 여전히 인생의 고리이며 절정이라고 생각되고 있잖아요? 자율성을 결혼하고 연결시켜서 볼 때 세대간의 차이는 있어요. 저희 어머니 세대는 선택의 여지도 없이 엄격히 제도화되어 있는 결혼에 자기를 맞추며 살았거든요. 살면서 불만을 느껴도 참았지요. 지금 50대 정도의 여성들부터는 아마 결혼에서 허구를 깨닫고 아예 결혼을 않든가, 아니면 직업을 관두든가 하면서 살아간 것 같은데 우리는 독신으로 살면서 직업을 가질 것인가 결혼할 것인가라는 문제로 고민하기보다는, 좀 표현이 뭣합니다만 '남자를 길들여서' 같이 살아 보겠다는 생각이 더 많습니다. (웃음) 우리 세대는 이래저래 정말 힘든 세대인 것 같아요. 선택의 여지가 많아진 것이 사실인지 몰라도 그것 자체가 고통일 수 있고요, 또 어머니들 세대에 잘못 굴절된 것을 바로잡아 보려니까 지금 20대들이 제일 힘든 거예요. 사실 남자들도 가부장적 사고의 희생자들이잖아요? 전통적 사고를 가지고 있는 한 진정으로 서로를 이해하고 우애적 가정을 이루어 가기는 불가능하죠. 그래서 남자를 외면하기보다는 길들여야겠다는 거예요. 더불어 살아가는 것에 대해서 함께 토론을 하거든요. 결혼할 상대에게 가사노동을 얼마나 분담할 수 있느냐 하고 물어보기도 해요. 여성해방이라는 문제에 대해서 얼마나 두드러기 반응을 적게 갖고 있느냐가 관건이에요. 변화할 가능성을 보고 도박을 걸어 보는 셈이지요.

조혜정 • 그런 도박도 사실은 혼자서도 충분히 보람 있는 삶을 살 수 있다라고 생각하는 사람에게나 승산이 있지 않겠어요? 자신의 생각이 확고하고 자신감이 있어야 그런 식의 선택을 할 수 있고 밀고 나갈 수 있지 그게 투철하지 않으면 어렵죠.

조옥라 • 그렇죠. 결혼은 꼭 해야 된다고 생각하면, 이 시기를 놓치면, 또는 이 남자 아니면 결혼 못하게 될지도 모른다고 조급하게 생각하게 될 가능성이 커요. 그리고 그렇게 해서 타협적으로 성립된 관계에서 어떻게 그 기존의 틀을 바꾸어 갈 발전적인 토론이 있을 수 있겠어요?

오숙희 • 그래요. 이 경우 여성의 자율성은 필요조건이지요. 여하튼 이제는 여성이 자율성 확보를 위해 독신으로 살 수밖에 없다는 식으로는 생각지 않는 사람들이 늘고 있어요.

조옥라 • 그것을 일반적인 경향으로 볼 수 있을까요, 여대생의 경우에 국한시킨다면?

김미경 • 일반적으로 그런 사람들이 많아졌다고 보기는 힘든 것 같아요. 저 같은 경우에는 실제 현재의 결혼이란 남자 하나하고 결혼하는 것이 아니라 남자가 포함된 가족제도하고 하는 셈인데, 그만한 에너지를 결혼에 쏟을 가치가 있는가 하는 데 생각에 미치면 회의적이에요.

김애실 • 그 길들인다는 얘기를 하니까 생각이 나네요. 나는 프로포즈를 받았을 때

내 인생에 대해서, 내가 가는 길에 대해서 금전적으로까지는 못해도 정신적으로 지지를 해준다는 보장을 받고 결혼했거든요.
조혜정 • 서약서는? (웃음)
김애실 • 서약서는 안 썼어요. 그래도 지금까지 충실하게 잘 지켜요. 물론 그 과정에서는 나도 최선을 다하고 가끔은 좀 작전을 쓰는 거죠.

자율적 여성의 조건은 경제적 자립, 감정적인 독립 그리고……

이인호 • 여성의 경우 자율이라고 할 적에 결혼과 많은 관련이 있기는 하지만 반드시 결혼에 얽매여서 얘기할 필요는 없겠지요. 이제는 결혼하느냐 안하느냐에 관계없이 여성이 자율적으로 살려면 무엇을 갖춰야 되는가 하는 조건들에 관해서 얘기해 봤으면 좋겠어요. 결혼했다고 해서 반드시 자율성을 잃어버리는 것은 아니니까요.
조옥라 • 우선 경제적으로 자립할 수 있어야만 스스로의 삶에 대한 결정을 내리고 책임을 질 수 있겠지요. 결혼이라는 것이 많은 여성에게는 유일한 생계수단이 되고 있기 때문에 문제가 되는 것이 아닙니까?
조혜정 • 경제자립과 함께 감정적인 독립도 어느 정도 이루어져야 합니다. 감정적으로 여성 자신이 너무 의존적이어서는 안 되지만 남편의 감정적인 의존이 심해도 자립이 어려우니까요. 보통 보면 결혼할 때 정말 상대가 좋아서 하는 것보다 나 없으면 저 남자가 못 살 것 같다, 이렇게 동정해서 결혼하는 여성들이 많은데, 그 야릇한 모성성이 가정 내에서 또 하나의 자율성을 억제하는 기제가 돼요.
이인호 • 경제적인 것을 제일 성취하기 어려운 조건인 양 생각하는데 사실은 돈 걱정 없는 여자들도 이상하게 많은 대가를 치르면서까지 별로 마음에 꼭 들지도 않는 결혼을 하고 결혼생활을 유지하려고 애쓰는 경향도 있죠. 그런 것을 보면 자율의 조건이 경제적인 기반만은 아닌 것이 분명하죠.
장필화 • 결혼이라는 것이 부여하는 사회적인 신분의 문제가 개인의 의식에 실제적으로 강한 영향을 주는 것도 사실입니다.
이인호 • 명분 위주의 사회에서는 그 측면이 굉장히 중요하죠.
오숙희 • 여자가 이혼을 꼭 하고 싶은데 하지 못하는 상황을 생각해 보면 결국은 명분·체면보다 돈 때문에 못하는 것 같아요. 당장 이혼하면 자기는 생계유지가 막연하다는 거예요. 법률상담하는 것을 보니까 이혼을 하면 위자료를 얼마나 받을 것인가, 그것으로 내가 구멍가게라도 하나 차릴 만한 여유가 되는가 하는 데로 관심이 모아지더군요.

이인호 • 그렇게 단순하게만 보기는 어렵죠. 여자들이 남자를 부양하고 사는 경우에도 이혼은 쉽지 않죠. 그것은 경제적인 이유 때문이 아니고 체면이라든가, 자식들을 보아서라든가…… 실제로 자식의 문제가 여자의 자율문제하고 상당히 연결되죠.

조혜정 • 그런데 결혼과 자녀출산이 모두 어느 정도 선택적으로 이루어진다면 문제는 달라지죠. 이미 저질러 논 후의 문제로서가 아니라 조절 가능한 것일 때 자식의 문제도 그렇게 여성의 삶을 얽어매는 요소가 되지는 못할 것입니다.

김미경 • 그러려면 결혼이라는 것의 실체가 분명히 밝혀져야 해요. 그냥 자연스러운 일로 보는 것이 문제예요. 사실 경제적인 이유라든지 심리적인 이유 등 복합적인 요인이 되어 여자에게 간접적으로 결혼은 강요되는 것이라는 점이 알려져야 되는데 전혀 모르는 상황에서 결혼하게 되는 것이 문제예요.

조혜정 • 마가렛 미드는 남성들한테는 부성적인 역할의 여지도 남겨져 있고, (안해서 문제이지 못하게 하지는 않았다는 거죠) 동시에 창조적인 인간성 실현도 할 수 있는데 여자들한테는 우리가 모성이라고 부르는 역할만이 전부였다는 점을 지적하고 있지요. 그런 점에서 본다면 여자들이 창조적인 역할을 갖는 것이 또한 중요합니다.

오숙희 • 그래도 거기에 결혼문제가 걸린다니까요. 김활란 박사를 얘기하면서 참 훌륭한 사람이다, 이러지만 여자로서는 불행하지 않았나, 이런 우려를 갖는다고요. 어머님들이 내 딸이 김활란 박사같이 되는 것은 참 영광스럽고 가문의 자랑이지만 한편으로는 그래도 남편 밥을 얻어먹으면서 사는 것이 더 낫다고 생각하거든요. 즉 여자의 행복을 얘기할 때 인간으로서의 행복이 아닌 여자로서의 행복을 얘기하고 그런 사고방식이 압력이 되어요. 그러한 사회적 압력은 무시할 수 있는 조건을 여기서 얘기하고 있는 것 아닙니까? 경제적·심리적 자율성 외에 자신의 일을 가지게 되면 그런 압력이 크게 줄어들 거라구요. 그래도 사회 전체 분위기가 숨막혀요.

조혜정 • 그런 정도의 압력은 무시할 수 있어야 하죠. 적어도 받아들이는 당사자 입장에서는 말입니다. 어떤 면에서 잠시 여성임을 잊어버리는 것이죠.

이인호 • 구체적으로 여성이라는 것을 잠시 무시한다는 것보다도 여성이 취할 수 있는 행동이 옛날보다 다양해졌고 또 그러해야 한다는 것을 알게 되면 되지요. 어린아이를 낳는 것이 그 동안 여자가 알아 온 유일한 창조적인 행위였지만 거기에 버금가는, 어떤 경우에 따라서 그것을 능가하는, 행복의 근원이랄까 하는 것이 있다는 것을 인정하는 것이 중요합니다.

적극적인 대안으로서의 독신생활

조혜정 • 남자 중에는 없었어요, 결혼 안하고 행복했던 사람이?
이인호 • 신부들이 제일 대표적인 예일 것이고. (웃음)
조옥라 • 그런데 신부한테는 행복하다는 말은 안 어울리잖아요? (웃음)
이인호 • 글쎄, 행복이란 자기가 원하는 것을 하는 것이라면 써도 될텐데……
조옥라 • 구라파에서는 철학자 중에서도 독신으로 산 사람이 많았죠.
장필화 • 칸트도 독신이었고 쇼펜하우어, 니체……
조혜정 • 그렇다면 능력을 발휘하는 여자가 행복하지 못했다는 것이 아니고 창조적인 인간은 행복하지 못한 거군요.
이인호 • 아니 그런데 거기에 큰 차이가 있을 것 같아요. 예를 들어 성 문제만 보더라도 남자는 결혼을 안해도 성생활을 억제해야 하는 그런 대가를 치를 필요가 없는데, 전통적인 사회구조에서는 결혼하지 않은 여자가 성적인 자유를 누린다는 것은 불가능했죠, 창녀라는 낙인이 찍히기 전에는. 그런 의미에서 남성 독신주의자는 많은 것을 잃지 않아도 될 뿐 아니라 자발적 선택일 가능성도 더 높지요.
조옥라 • 현재를 얘기한다면 우리 개개인의 관심사는 많이 달라져 있죠. 예를 들어 나만 같아도 학교일에서 충분히 기쁨과 보람(괴로움을 포함해서)을 느끼고 삽니다. 다른 것이 더 필요하다고 느껴 본 일이 없거든요. 나는 사실 결혼한 사람들한테는 미안한 얘기지만 뭐하러 결혼들 해서 저 고생하나 싶은 생각이 들 때가 많아요. 독신에 비해서 결혼이 좋은 점도 있고 나쁜 점도 있는데 결국 개개인의 성향과 인생의 목표에 따라 선택이 이루어져야겠지요. 그런데 왜 그렇게들 생각 못하는지 이상하더라고요.
이인호 • 동감이에요. 성이 삶에서 가장 큰 생명력을 준다고 암묵적으로 인정되어 왔지만 정말 그것은 여러 가지 원천 중의 하나일 뿐이고 사람에 따라 그것에 의미를 두는 비중이 다르겠지요. 그 소중한 것을 못하고 사니까 독신이 안됐다 하는 식의 의식이 깔려 있는 것 같은데, 실은 편견 내지 획일적 사고지요.
조혜정 • 사실은 굉장히 독창적인 업적을 낸 사람 중에 성행위에 무심했을 사람이 많았을 거예요. 정신노동을 하는 층에서 성이 갖는 비중이 낮다는 보고가 있었어요. 통계적인 사실과 보편적 진실과는 구분이 되어져야 합니다.
장필화 • 아, 남자들에게보다는 여자들에게 따라다니는 부정적 평가와 연결해서 노처녀의 신경질이라든지 또 노처녀는 아기를 안 낳아 봐서 이해력이 부족하다든지 하는 비난이 있지요. (웃음) 그런 비난은 하나의 압력으로 작용하겠지요.

조옥라 • 독신자의 입장은 아무래도 내가 대변하는 것이 좋겠네요. 아까 얘기를 계속하죠. (웃음) 결혼한 사람들이 남편 또는 아내와 자식에게 시달리는 등 너무나 사소한 일에 온갖 에너지를 소모해야 하는 단점은 안 보고 (웃음) 혼자 사는 사람이 갖고 있는 단점만 보는 것은 상당한 차별이라고 생각해요. 객관적인 시각에서 못 보기 때문에 그런 것이죠. 다수의 횡포이구요. 상대적으로 보지 못하고 있기 때문에 서로 그런 것이 아닐까 하는 생각이 드는데 현재로서는 우리가 너무 소수라는 것이 문제지요.

장필화 • 사실 어떤 삶을 택하든지 여성은 비난의 대상이 되기 쉽다는 생각이 드는군요. 독신여성만이 아니라 가정과 직업을 갖는 여성들도 양쪽의 일이 상충되는 경우(이런 경우가 빈번하지요), 또는 성취가 보다 높지 못할 때, 그것이 그 여자가 욕심이 많고 미련하기 때문이라는 편견에 시달리게 되는 경우가 대부분이니까요. 한 가지 삶만이 가장 바람직하다는 우리 지배문화의 우회적 표현이라고나 할까요. 그렇더라도 소수의 소리가 자꾸 들려야 공평한 시각이 시작되겠지요. 소수는 사명감을 가지십시오.

오숙희 • 참, 좋은 생각이 났는데요, 결혼한 것과 안한 것의 대차대조표 같은 것을 한번 만들어 보면 어떨까요? 장단점을 일목요연하게 보이는 표를.

조혜정 • 정말 좋은 생각인데요! 그렇게 볼 수 있는 시각이 중요하죠. 생각을 분명히 하는 데 도움이 될 테니까.

이인호 • 그런데 그래도 혼자 사는 사람들이 뭐랄까 어느 정도 불이익을 감수하게 되는 것 같아요. 왜냐하면 혼자 사는 사람은 같이 사는 것을 경험해 보지 않은 처지에 있기 때문에 (웃음) 거기에서 오는 구조적 불이익이죠.

조옥라 • 그런데 우리 나라에 진정으로 혼자 사는 경험이 어디 있어요? 결혼을 해도 독자적인 생활영역을 가진 다음에 그 다음단계에서 결합하는 게 아니고 어떤 품안에서 다른 품안으로 이사만 가는 거죠. 어머니 품에서 남편의 품으로, 남자의 경우도 어머니 품에서 아내의 품으로 하는 식의.

이인호 • 아니 그렇지 않지. 과부가 된 경우, 물론 과부라는 사실이 구조적으로 불구의 상태이기는 하지만 그래도 그런 사람들을 그렇게 구별을 안하잖아요? 또 하나는 어린아이를 낳는 체험 같은 것인데 결혼한 것, 안한 것보다도 아이를 낳고 안 낳고 한 것은 굉장히 나한테는 의식의 전환점이었어요. 나는 결혼하고도 오랫동안 일부러 아이를 안 낳고 있었기 때문에 정말 애들이 막연하게 이쁘다 생각했지 그것이 뭐 기쁨을 준다든가 그런 것을 몰랐어요. 그리고 여자가 임신해서 다니는 것을 보면 썩 좋아 보이지도 않았고요. 그런데 실제 경험을 해보니까 굉장히 다르더라구요. 밖에서 보는 것하고 자기가 경험하는 것하고 경우가 다른 거죠. 그러니까 독신의 경우도 독신의 생활을 자기 나름대로 개발을 해서 거기에 진미를 안다면 정말 좋지만 대다수의 사람들이 그렇지가 않잖아요. 아까 대조표를 말했는데 (웃음) 자꾸 그것을 계몽시킬 필요가 있겠어요.

장필화 • 결혼생활을 하는 경우도 정말 공유하는 경험의 폭이 넓으려면 기회를 자꾸 마련해야지 지금대로 가면 별차가 없어요. 서로 한 쪽이 애기를 본다든지 다른 사람한테 어느 기간 혼자 살 수 있는 기회를 주고 편의를 봐주고, 그런 것을 서로 나누어 해보면 체험과 이해가 많이 넓어질 수 있겠지만…… 하숙집같이 산다면야……

가족에 얽매이지 않는 인간관계의 모색

조옥라 • 사실은 여기서 남녀간의 관계를 반드시 성 또는 결혼이라는 변수로만 보려는 경향이 사라져야 해요. 성적인 관계도 중요하지만 점점 그러한 관계 외에 다양한 종류의 남녀관계도 만들어져야 하는 것 아닙니까? 여성을 일터에서의 동료로 삼으려면 맨날 성적인 느낌을 갖고 볼 수는 없는 것 아니에요? 이제는 여성·남성으로 대하기보다는 얼마든지 서로 다른 개성을 가진 사람으로 대할 수도 있지 않을까 하는데…… 저도 남녀공학 대학을 나왔지만 학생들 하는 것을 보면 요즘은 그런 분위기가 조금씩 정착하는 것을 느껴요. '형' 하고 부르고 서로 막 치고 그러죠? 우리 때만 해도 그럴 경우 깜짝깜짝 놀랐거든요. (웃음) 그런 것을 보아도 이성간에 많이 스스럼이 없어졌어요. 이질감이 적어진 거죠.

조혜정 • 다른 말로 전통적으로는 가족관계가 굉장히 중시됐는데 이제는 그 위에 다른 의미 있는 관계가 많아지면서 점차 커다란 변화가 일어나게 되는 것이죠. 아직 제한적이긴 하나 가족 없이도 행복할 수 있는 생활 스타일이 생겨나고 있어요. 강조를 하는 것 같지만 제 생각에는 애 낳는 경험이건 성관계이건 꼭 그 행위가 아니라도 그와 비슷한 의미 있고 강렬한 경험을 할 수 있는 영역이 늘어나고 있잖습니까? 난 바위 타거나 글 쓰면서 그런 화끈한 느낌을 가져요. 우리가 지평을 아주 열어제쳐야지 전통적 범주에 연연하며 그 수준에서 맴돌면 해결책이 안 나와요. 아마 주요 관건은 가족간에, 부부간에만 맺어져 왔던 의미 있고 중요한 관계를 비친족, 가족 외 이성간에, 그리고 동성간에도 맺어 확대해 나가는 데 있을 겁니다.

오숙희 • 그러면 자녀관도 많이 바뀌겠죠? 아이 없이 부부만 살 수도 있고 계약결혼 같은 형식으로도 될 수가 있잖아요.

조혜정 • 그것은 이미 거의 다 알고 있는 사실이죠? 용기가 없어서 못하는 게 문제지.

오숙희 • 용기가 없기 때문에 못하는 것인데, 어디서 용기를 얻어야 되지? (웃음)

여성끼리의 모임을 통한 새로운 변혁의 시도

조혜정 • 하여간 용기라는 것도 무턱대고 생기는 것이 아니지요. 제 생각에는 현시점에서 여성들이 가정 밖에서 의미깊은 관계를 맺어 가는 것이 용기를 얻는 데 매우 중요하다고 봅니다. 뜻이 맞는 사람들끼리의 만남 말이에요. 저만 해도 그런 깊은 관계를 많이 갖고 있는 편인데, 한번은 조교가 나더러 복잡한 여자관계를 가졌다고 하더라구요. 재미있는 표현이죠? 이것은 '또 하나의 문화'에서 우리가 하려는 일 중 하나이기도 한데, 정말 여자끼리도 충분하게 의미깊은 관계를 맺어 갈 수 있지 않겠어요? 나이가 스무살이 넘으면 상대는 남자이어야만 된다 하는 것도 극복되어야 할 우리의 고정관념이거든요.

이인호 • 저는 여자끼리, 남자끼리를 고집할 것 없이 결국 세상에는 남자, 여자가 있고 남녀노소가 있으니까 인간관계라는 것은 다양하게 다방면으로 접촉할수록 좋다고 봐요. 어느 한쪽에 국한시킬 필요는 없다는 것이지요. 옛날에는 가족관계라는 것이 남편 한 사람하고의 관계가 아니라 남편이라고 하는 채널을 통해서 시집식구 전체하고의 관계로 매우 다양한 접촉이 가능했는데 지금은 핵가족에서 남편하고만 접하는 면이 너무 넓어지고 거기서 사실 불편한 점이 생기고 갈등이 일어나요. 그러니까 그것을 극복하고 그에 대한 보완책이 필요한 것이 아닐까요? 가정 바깥사람하고도 관계를 맺어 가야 하는 면이 매우 시급합니다. 그러니까 그것을 개선하는 방법으로 결혼하고 안하고 하는 문제도 있지만 결혼하고 나서도 그 관계가 개방적일 수 있어야 합니다. 실제로 부부관계는 이미 다양해졌어요. 둘이 정말 단짝 친구같이 지내는 부부가 있는가 하면 최소한의 경제적인 집합체라든가 또는 아이들을 기르기 위한 합의체 정도로 끝나고 자기의 욕구는 다른 곳에서 충족하는 부부들도 있죠. 그리고 확대가족적 요소도 여전히 남아 있고요. 지금 실제로 의식은 못하지만 우리 나라에서는 부부가 둘만 놔두면 막 싸울 사람들인데도 여러 커플이 같이 놀러 다니고 해서 서로 절충이 되고 잘 지내거든요.

조혜정 • 그런 다양성을 적극적으로 장려하자는 것이지요. 그쪽으로의 진행은 불가피한데 서구적인 부부중심 핵가족으로 몰아넣는 경향이 심해지고 있거든요. 소위 '사랑받는 아내, 성공하는 남편'으로 표현되는 부부상에 맞추지 못하여 부부가 둘 다 부담감을 안고 스트레스를 받는 경우가 20대, 30대 부부 중에는 너무 많아요. 부부 두 사람이 친해지기 위해서라도 다른 사람들하고 친밀한 관계를 맺어 가는 것이 좋을 거예요.
고정희 • 저는 여성들간의 유대를 강조하고 싶어요. 현상황으로는 적극적인 의미에서 여성들의 문화집단이 필요하고 그 방향으로 의식적으로 노력이 되어야 될 것 같거든요.
이인호 • 여자끼리요?
고정희 • 네, 의식화가 되어 있는 단계에서는 이인호씨께서 말씀하신 것이 자연스러울 것 같은데 지금 우리의 상황에서는 여자끼리는 아무것도 제대로 못한다는 편견에 젖어 있기 때문에 전략적인 면에서 여성간의 관계개발이란 것은 음미해 볼 만한 대안이라고 믿어요.
이인호 • 그렇겠네요. 그것은 사생활의 경우도 그렇지만 특히 공적인 활동의 경우 더욱 필요하지요. 여자들이 따로 모여서 일하는 것이 중요하죠.
조혜정 • 그런데 한 가지 짚고 나가야 할 것은 여성간의 유대가 단순히 여자들의 모임을 뜻하는 것이 아니라는 겁니다. 남녀유별의 사회에서 여성이 가졌던 체험과 그것에 대한 인식의 면에서 공통성을 갖고 있기 때문에 여성들만의 모임이 현재로서 더 생산적일 수 있다는 것이지요. 많은 것을 구구히 설명하지 않아도 이해가 되는 동류집단이잖아요. 이것 때문에 여자끼리의 모임이 중요하다는 것을 분명히 해야 되겠지요. 생물학적인 성이 중요한 것이 아니라 관심과 사고의 측면이 중요하다는 겁니다.
조옥라 • 사실 전문가 모임 등 대부분이 남자 모임이죠? 남자끼리 할 때는 남자끼리라는 말을 안 쓰면서 여자들끼리 할 때는 왜 꼭 끼리라는 말을 붙여서 보는지 그것도 한번은 생각해 봅시다. 드문드문 소외당한 듯한 여자로 남아 있는 것은 자연스럽게 보이는데 여자들끼리 모이면 저 사람들이 뭐하는 꿍꿍이속인가 이렇게 보는 경향이 있어요. 우리는 남자끼리 모여들었다고 꿍꿍이속이 있다고 전혀 생각하지 않는데 말이에요.
조혜정 • 항상 소수들은 음모를 할 가능성이 많거든. (웃음)
조옥라 • 그러니까 끼리끼리 모이는 것은 일면 자연스럽고, 더구나 문화적인 측면에서 우리가 원하는 것을 재확인시키고 하나의 힘으로 만들기 위해서는 모임이 절대적이죠.

열린 사회로의 공동체적인 삶

장필화 • 그러면 이제는 제한된 삶을 어떻게 질적으로 향상시킬 수 있는지 자율적인 사람들이 공동체로서 조화롭게 사는 길이라는 것이 과연 어떤 것인지에 대해 좀더 실제적인 이야기를 해보지요. 자율적인 삶을 공동체적인 삶과 이율배반적으로 보는 것, 즉 흔히 개인주의라고 비난을 듣는데 사실 그런지? 결국 우리가 아주 직관적으로 알고 있는 사실, 즉 혼자 살 수는 없고 어떤 공동체를 가지면서 그 안에서 자기 개인의 삶을 살려 가야 한다는 '두 개의 하나'라고 표현할 수 있는 것을 이루어 가는 쪽으로 얘기를 전개시켰으면 좋겠어요. 그러니까 아직까지 닫혀 있는 점도 많이 있지만 이제까지 얘기된 것이 정말 20-30년 전에 비해서 상당히 많은 것이 열려 있다는 데 동의하는 부분이 많은데 이러한 사회에서 정말 제한받지 않고 멋있게 사회를 변화시키며 살고자 계획한다는 얘기를 신나게 해주시면 좋겠어요.

김미경 • 신나는 얘기가 불가능한 상황인데요.

이인호 • 왜 불가능해요?

김미경 • 내가 대학교 때 경험을 살려 보면 공부하고 학점 따고 그런 것이 의미가 없다는 생각이 들었거든요. 그래서 이게 아니다 하고 다른 생활을 찾아봤을 때 참 암담했어요. 거기는 매우 억압당하는 상황이 있었고 이에 대해 반항하는 학생운동이 있었죠. 그런데 내가 찾는 것이 꼭 그것은 아니었고 그것이 아니면 또다시 제도 속에 빠져들어가야 한다는 것밖에 머리 속에 안 떠오르더군요. 그럴 바에야 차라리 이쪽이 낫지 않을까 하는 식의 갈등을 경험하면서 대학 4년을 보냈어요. 여기서는 자율적으로 산다는 것이 너무나 당연한 것처럼 얘기를 하지만 바깥에서 보면 그것처럼 어려운 일이 없죠. 여기서는 삶의 질을 높이기 위해서 그것이 문제라 그랬지만 문제가 되는 것은 커다란 벽, 주류를 어떻게 뚫고 벗어나느냐에 걸려 있어요. 삶의 질을 높이는 게 불가능하다고 보는 시각이 지배적이라는 거죠.

오숙희 • 제 주변에는 그와는 다른 면에서 지배적인 시각에 젖은 친구가 있어요. 남편과의 친밀한 관계에 매달리다가 시간적으로 쫓기는 남편이 관심을 쏟아 주지 못하니까 자살을 기도했던 친구예요. 그 친구는 대학원도 싫다, 꽃꽂이도 싫다 하면서 남편의 권유를 뿌리치고 현모양처가 꿈이라고 주장했다 해요.

조혜정 • 대학 졸업한 사람 중에도 그런 여자들이 상당수가 있다는 것이 문제지요.

오숙희 • 열렸다고 그러지만 열리지를 않았어요.

한현옥 • 그래요. 한두 해 전만 해도 다 나와 비슷한 생각을 하는 줄만 알았어요. 한 때는 나와 함께 토론을 같이 한 친구들이 졸업 후에도 기본적으로 같은 모습으로 살아갈 것이라고 믿었던 기대와는 달리 어느 순간 결혼을 하면서 이질감을 보여 주었을 때, 그리고 고등학교 시절에 너무나 생각이 맞았다고 느꼈던 친구들이 이제는 그렇지 않다는 것을 확인했을 때, 선배들이 한결 나아진 사회에서 살고 있다고 하는 얘기에 동감은 가지만 그래도 역시 회의가 들어요. 역시 아직도 소수로구나 하는 생각이 들어요.

오숙희 • 그래서 지금 우리는 사회가 많이 열려 있읍니다라는 전제에서 출발을 했지만 굉장한 한계를 느껴요. 과연 일반 대중이 이러한 전제를 수긍할 수 있겠느냐 하는 의문 때문입니다.

이인호 • 뭐가 열렸는지 찾아보려는 심리적인 자세부터가 안 되어 있으니까 으레 안 되어 있을 것이다, 이러는 거죠.

장필화 • 그러나 아까도 얘기했는데 닫혀 있다는 얘기를 자꾸 하는 게 좋을까요? 역설적이긴 하지만 어느 경우에는 무지가 용기가 될 수도 있고 무감각이 힘이 될 수도 있잖아요. 닫혀 있고 열려 있고에 대한 감각도 없이 하다 보니까 지금 이렇게 살 수 있다고 아까 얘기를 했었는데 그런 점에서 닫혀 있는 것에 대한 과도한 의식은 불리하게 작용하리라는 생각이 들어요. 물론 분명한 진단은 중요하지만.

이인호 • 거의 유토피아적이라고 할 정도로 자주 낙관적인 면을 부각시키긴 해야 하는데 거기에 개개인의 희생이 따를 수가 있지요. 헛짚어 가지고 피해를 입는 경우 말이에요. 대중화 단계에 들어간다면 문제가 명확하게 파악이 되어있어야 해요.

조혜정 • 그러나 저는 아직 대중화 단계에 들어섰다고 보지 않습니다. 그것보다 여기 있는 소수의 문제를 보는 사람들이나마 그 나름대로 발을 땅에 붙이는 작업이 중요한 단계가 아닌가 싶은데요.

이인호 • 노력을 하면 열릴 수 있다, 그것은 거짓말은 아닌데 그래도 그 대신 두드렸다가 헛짚어서 떨어질 수도 있다, 안 떨어지기 위해 무엇을 조심해야 한다는 것까지 짚어져야 하는 거지.

조옥라 • 참 의미 있는 변화예요. 정말 열리고 닫히고에 대해 우리 세대들은 무지했고 무감각했죠. 사회현실에 대해서도 그랬구요. 그런데 요즘은 그때보다는 훨씬 무지에서 벗어나 있고 그렇기 때문에 이 사회가 닫힌 사회라는 느낌을 강하게 갖는가 봐요.

고정희 • 자율성에 대해 긍정적인 얘기를 하자면요, 저는 우리 세대가 독자적인 자율적 삶을 위해서 극복해야 하는 것은, 첫째로는 제도적 제약이고 두번째는 실존적인 제약이라고 봐요. 예를 들어 제도는 독자적인 스타일을 인정하지 않으려는 보수성을 고집함으로써 자율성을 항상 억압하구요, 다른 한편으로는 '자율'이 순수정신에 비교될 수 있다면 일상적인 삶과 순수정신은 끊임없이 대립·갈등의 관계에 놓인다고 봐요. 조금만 방심을 해도 순수정신은 금방 길들여지고 만다고나 할까요?

한현옥 • 저도 결혼을 하고나서는 그런 생각을 했어요. 내 남편은 안 그런 것 같은데 나는 틈틈이 혹시 내가 어느새 의존하고 있는 것은 아닌가 하고 자꾸 자신을 되돌아보게 돼요. 스스로에 대해 끊임없이 회의하고 그래서 아니다라는 분명한 판단이 나올 때까지 통제해야 되구요. 물론 남자가 나한테 의존하지 않나 이런 염려만이 아니라 내가 나도 모르게 어느새 의존하지 않나 하는 것을 끊임없이 따져보는 것이지요. 이런 일들이 쉽지는 않지만 그럼에도 불구하고 흐트러지지 않는 긴장감도 있고 사실 나는 그러한 상태를 즐겁게 받아들이거든요. 나는 내가 살아 있기 때문에 이런 생각을 감히 할 수 있는 것이고 그렇지 않았더라면 얼마나 불행하겠는가 하고 생각해요.

김미경 • 그런 긴장하는 에너지를 부부관계에 쏟을 필요가 있을까요?

오숙희 • 소모일 수 있다는 거죠.

한현옥 • 그렇게는 생각 안해요. 왜냐면 나의 모든 에너지가 거기만 가 있는 것은 아니거든요. 그 중의 일부일 뿐이지요. 그리고 사회적 편견을 배제한다는 것이 여자끼리만 잘살아 보자라든가, 나만 깨어 있고 나만 잘 생각하고 있다든가 해서 되는 것은 아니잖아요. 같이 일깨워야 되고 또 그렇게 해서 올바른 관계가 만들어질 수 있다는 것을 서로 보여줘야 되지 않나 싶은데요.

조혜정 • 개인 성격의 차이도 있지만 가능성도 변수입니다. 우리 세대 중에서 고정희씨 같은 순수한 맛이 나는 사람을 예로 들어 봅시다. (웃음) 끊임없이 자기가 깨어 있으려고 노력하는 사람인데 그것이 굉장히 어려운 작업임은 사실이지요. 한현옥씨 경우는 벌써 세대가 달라선지 거기서 한 단계 발전해서 남자도 자신과 같이 깨가는 동료 역할을 맡을 수 있다고 느끼는 거죠. 그때 중요한 것은, 되풀이되는 것 같지만 한쪽의 입장이 평등주의자로서 매우 확고해야 하고 다른 쪽은 적어도 상당히 열려 있어야 한다는 겁니다. 이때 '평등주의적'이라는 것은 자율적인 태도를 전제로 합니다. 단순히 의존하지 않겠다는 각오로는 충분치가 않아요. 가치관에 있어서 아무리 평등주의를 지향한다고 해도 양쪽 다 의존적인 심리를 깊이 내면화시키고 있는 경우라면 평등한 관계를 맺어 가기란 실상 불가능하다고 봅니다. 둘 다 상당히 자율적이면 "내가 혹시 의존하면 나한테 애기해 줘" 이렇게 부부가 서로 터놓고 살아갈 수도 있구요. (웃음)

이인호 • 자율이라고 하는 것이 고립과는 다른 것이죠. 자율적이라는 것은 상대적인 개념이 아닌가 그런 생각이 드네요. 물론 자아가 핵심에 있고 그렇게 해서 자기가 원하는 것을 하고 자기의 동의를 얻은 행동에만 가담을 하는 것이지요. 그런 면에서 남에게 휘둘림을 당하지 않는다는 의미에서 자율이라는 것이 중요하지만 실제로 행동을 하다 보면 절충이라든가 양보라든가 하는 것은 항상 있는 것이 아니겠어요?

한현옥·물론이죠. 예를 들어 기본적으로 나의 생계는 내가 책임져야 한다는 점을 확신하고 있기는 하지만 경우에 따라서 잠정적으로 남편 벌이에 내가 의존할 수도 있고 반대 경우도 있을 수 있다고 생각해요. 그런 식으로 때로는 타협하기도 하고 양보하기도 하는 모습을 가리켜 자율성을 잃었다고 말할 수는 없죠. 얼마나 충분히 서로의 의견을 존중하여 타협하느냐가 중요하다고 봐요. 그리고 타협의 능력이 자율성을 지키는 데 윤활유가 될 수 있다고 생각해요.

조혜정·사실 주체적이어야 타협이나 양보가 있을 수 있는 것 아닙니까? 무조건적 양보나 복종이 강요되는 상황에 자신이 빠지지 않으려면 끊임없이 깨어 있어야 한다는 말입니다. 우리가 받아 온 교육이나 상황을 고려할 때에 특히 여성들은 의도적인 노력이 필요하다고 봅니다.

김미경·그런데 여성의 자율을 얘기할 때는 이는 결국 최소한의 생존의 보장과 주체성의 확립을 의미하는 것 아니겠어요. 그런 의미에서 조기정년제의 문제는 정말 생존권투쟁인데 사회에서는 이것을 생존권투쟁이라고 보지 않는 것이 문제예요. 일할 권리를 뺏는 것보다 더 생존권을 위협하는 것이 없는데 여성노동자들이 정말 자기 스스로 노동하면서 주체적으로 살아보겠다고 하는 의지가 꺾일 때 결혼을 생각함으로써 결국 비자율적인 삶을 받아들이게 되지요. 따라서 사회제도적으로 자기가 자기 일을 하면서 자기 삶을 통제할 수 있도록 하기 위해서는 결혼 외에 경제적 기반이 돼줄 수 있는 영역의 확장이 급선무라고 생각합니다.

김애실·경제적 자립보다는 우리 사회에서는 경제적 안정이라고 표현하는 것이 좀더 좋지 않을까요? 남편이라든가 자기 부모가 뒷받침할 수 있었기 때문에 결혼한 후에도 10-20년 계속 창작활동을 하고 전시회도 열고 하는 사람들은 자기가 경제적으로 독립해 있지는 않지만 안정돼 있기 때문에 자기가 원하는 대로 자기 삶을 창조적으로 꾸려 나갈 수 있었잖아요. 현재로서는 그러니까 경제적으로 아무리 일을 한다 해도 독립할 수 없고 안정도 안 되는 거니까 자율적으로 산다고 보기는 어려운 거죠.

조혜정·문제는 그 반대로도 볼 수 있잖아요. 이혼하는 경우에 자율을 생각하면 우선 일당을 받는 일을 해서라도 경제자립을 해나갈 수 있을 거예요. 그렇지만 다수는 자기들이 생각하는 경제적 안정의 수준을 원하고 그 수준은 자기 힘으로는 얻어질 수 없기 때문에 결과적으로 자율적인 인간으로서 결단을 못 내리는 경우가 허다하거든요. 반대로 실제로 중학교만 나오고 노동을 하는 사람이 더 자율적으로 살아온 경우가 많은 것을 쉽게 주변을 살펴봐도 알 수 있어요.
김애실 • 아니, 제가 얘기한 건 경제적 독립과 안정이라는 것이 동시에 필요하다는 것이지요.
조옥라 • 그런데 그 안정의 개념이 매우 중요시되면 자율성 자체가 제한을 받을 수 있다는 겁니다. 왜냐면 그 안정수준이란 상대적인데 어느 수준을 안정이라고 규정했을 때 그 어느 수준의 안정이 그 사람의 생활 패턴이 되고 그것에의 집착은 선택의 여지를 제한하게 되거든요.
고정희 • 저는 그렇게 생각해요. 우리가 자율성이라 말했을 때 제 경우는 자율이 경제적인 것보다는 먼저예요. 저는 이런 스타일로 살고 싶다라고 정한 후에 그 삶에 필요한 돈을 어떻게 모으느냐 하는 식으로 꾸려 가거든요. 제 의견인데 이 사회가 '스타일'을 인정하지 않는다는 것이 큰 장벽이죠. 가령 독신으로 살아야겠다고 생각했을 때 돈에서 오는 궁핍의 문제보다는 사회가 독신이라는 스타일을 인정하지 않으니까 온갖 곳에서 압력을 주잖아요? 어떤 큰 흐름에서 스타일이 다른 삶을 습관적으로 용납하려고 하지 않는 획일주의적 압력은 무시하기 어렵지 않습니까?
조혜정 • 사실 우리가 이번호에 다양한 생활 스타일을 보이려고 생활사를 모았는데요. 다 모으고 보니까 다양성이라고 얘기하기에는 질적 차이가 크지 않더라구요. 좀 당황했어요. 다 어렸을 때 공부 잘하고 나름대로 주체적인 태도를 갖고 있었고 집에서는 크게 방해하지 않았고 때로는 소신껏 살라고 밀어 주고. 그래서 한참 생각을 하다가 우리 사회가 아직 독특한 생활 스타일을 허용하지 못하는구나 하는 결론에 도달했죠.
김애실 • 주어진 테두리 밖으로 나가지 않겠다는 그런 자율이 아닌가 싶어요. 우리가 좀더 멀리 나가 보려고 하지만 일정범주의 바깥으로까지는 힘든 것 같아요.
장필화 • 어떤 점에서 교육이 그렇게 만들고 있어요. 대학교 4년 과정조차 묘하게 현모양처의 입장을 굳히는 기간이 되는 것 같거든요. 잘못된 판단이기를 바라지만. 반면 고등학교 출신들이 오히려 굳은 현실적 기반을 갖는 것 같은데, 어쩌면 그것은 기반이라기보다 그런 필요성, 필수성을 갖게 된다는 얘기죠. 그것에 반해 대학 나온 사람들은 기득권을 고수하려는 쪽이고요. 그러나 결국 다양한 일을 얘기할 때 오는 제약은 성별분업, 성별 직종차별 때문이겠지요. 역할모델이 없고 그러다 보니 어린 여학생은 자기의 역할모델을 고정시켜 버리게 되고 결국 그러한 악순환이 계속되지요.

일에 대한 긍정적 인식

조혜정•그런데 일을 꼭 자리차지하는 식으로 얘기하는 것도 문제예요. 일이라는 것이 인간에게 절대적으로 필요한 어떤 것이며 하나의 책임이며 의무이다라고 되었을 때 불로소득이 줄어들고 진정 사회에서 필요한 일을 해나가게 될 것이 아닌지요.

김애실•저는 일한다는 것 자체를 자율적 삶으로 보기 어려운 경우가 많이 생긴다는 것을 지적하고 싶어요. 물론 저학력의 경우가 아니라 고학력의 전문직에 있는 여성들도 어떤 경우에 가서는 그냥 퍼져 있고 싶은 상태인데 그것도 자기 맘대로 되지 못하는 상태가 아닌가 하는 거죠.

조혜정•물론 일을 갖는 것도 자율성 확보의 필요조건이지 충분조건은 아닐 겁니다. 그러나 전문직 여성이 가정에 다시 들어가는 선택과 가정주부가 사회에 들어가는 선택은 상당히 다른 문제가 아닐까요?

장필화•자율이라는 것은 목적론적 개념이자 상대적 개념이라 생각합니다. 반면에 '일'은 다분히 그 자율을 위한 수단적인 요소를 갖고 있읍니다. 내가 경제적인 안정 때문에 길들여진다, 혹은 새로운 억압을 받게 된다 하는 것은 자율성을 잘못 추구한 결과의 하나일 수도 있지요. 자율이라고 했을 때는 매순간 획득해 가는 것이지 저절로 오는 것이 아니지요. 사실은 여기서 짚고 넘어가야 할 것은 일이 타율이 되는 경우입니다. 경제적 압력 때문에 하는 일이 자율의 억압인 경우 또는 가사노동의 경우가 대표적인 것이지요.

한현옥•실제로 저만 해도 요즘 번역을 하고 있거든요. 번역작업을 하면서도 내가 이것을 할 때인가 그런 생각을 하게 돼요. 그러나 현실적으로 정말 내가 자율적이기 위해서는 하기 싫은 번역도 해야 되는 것이고 밤잠을 좀 줄여 가며 내가 하고 싶은 일을 해야 된다고 생각해요.

조혜정•여기서 지적되어야 할 것은 편한 팔자에 대한 전통적인 사고방식, 즉 제일 행복한 사람은 일 안해도 되는 사람이라는 식의 사고가 허구라는 것입니다. 일이 있는 사람이 결국은 자율적일 수 있다는 것이고 이는 경제적 자립과도 연관되지만 같은 것은 아니에요. 일에 대한 긍정적 의식이 없기 때문에도 자율성 확보가 어려운 것이 아닌가? 기본적인 것은 자신이 일생을 통해 의미를 갖는 일을 갖는 것이고 그것이 행복의 필수요소라는 것이죠. 이제까지 여성들은 일생을 통해 흥미를 갖는 일은 없고 인간관계만 가져 온 편이거든요.

한현옥•지금 일에 대한 개념이 바뀌져야 한다는 얘기인데요. 나의 경우를 예로 들면요. 나의 생계를 해결해 주는 일을 안하고 편하게 사는 상황은 물론 아니에요. 저는 일을 안하고 있는 사람보다 내가 하기 싫은 번역을 하면서 내가 하고 싶은 것도 또 하는 바쁜 상황이 훨씬 더 낫다고 생각하거든요.

조혜정 • 번역을 잘하면 사회에 대한 몫을 또한 하는 것이거든. 그것에서 새로운 관심이 자랄 수도 있고요.

고정희 • 하루 24시간 중에서 정말 자기가 원하고, 하고 싶은 일에 쏟는 시간이 얼마나 될까요, 두어 시간? 그리고 나머지 모든 시간은 바로 그 두어 시간을 위해서 필요한 모든 준비에 바쳐지잖아요. 돈 버는 것에서부터……

김애실 • 정말 자기가 하고 싶은 일을 두 시간 한다면 그것은 정말 행복한 사람이죠.

가정주부의 주체적 삶의 모색과 한계

조혜정 • 그러니까 얘기가 되어야 할 것이 주부의 삶이군요. 주부가 자신이 진정 원하는 일을 두어 시간 하고 있는가, 그리고 그것이 주부의 일인가에 대해서요.

김애실 • 가사일도 경제활동이에요. 집안의 일도, 밖에서 돈 버는 일도 똑같이 경제활동이란 말이에요. 그런데 공식적 통계로는 밖에서 하는 일은 경제활동이고 집안에서 하는 일은 비경제적인 활동으로 간주되죠. 통계상으로 집에서 하는 활동이 비경제적인 것으로 간주되는 것은 단지 무보수라는 것 때문이죠. 그리고 결혼했거나 안했거나 간에 집에서 하는 일이 굉장히 재미있는 수가 있어요. 매일 되풀이되는 일 중에서 하기 싫지만 해야 되는 일이 있고 흥이 나서 하는 일이 있어요. 가사일 전부가 일이 아니라고는 할 수 없어요.

조혜정 • 주부들 가운데는 요리하는 것을 좋아해서 하루에 두 시간 정말 즐겁게 하거나 신나게 옷도 만드는 분이 있겠지요. 주부생활을 만족스럽게 하는 이들이 간혹 있지요. 그런데 그 일은 시를 쓴다든가 번역을 한다든가 하는 것에서처럼 축적이 되는 일과는 달라요. 결국 우리가 전문화 시대에 살기 때문에 쌓아 가는 것이 중요하죠. 주부도 나중에 애들이 다 크고 그 동안 길러 온 가정일을 토대로 요리사가 되든가 재봉사 또는 상담원이 되면 문제가 달라지는데 우리 사회에서 현재로는 그 가능성이 극히 희박한 것이 문제죠. 주부들이 허탈해 하는 이유가 여기에 있어요. 자신이 최대의 정성을 쏟아 온 일의 결실이 무엇인지를 보면 경제적인 보상도 없고 그렇다고 다른 뚜렷한 보상도 없어요, 자식과 남편의 사랑이라는 것 외에는. 그것마저 없을 때도 있지만. 그 외에도 주부가 자신이 가장 많은 시간을 들이는 가사일을 어지간한 단순노동보다도 재미없다고 느낀다는 연구가 있지요? 고립되어 일하는 것, 반복적인 일상을 즐기는 사람은 정말 드물어요.

김애실 • 주부들의 일도 전문화시킨다면 자기 일을 무의미하게 생각하지는 않을 거라는 보고도 있었지요. 주부가 요리에 대해서 전문적인 지식을 습득하고, 실내장식 전문가가 되어 자기 집을 꾸미는 등의 일을 제일 즐긴다고 하죠?
오숙희 • 그래도 똑같은 일이라도 무보수와 보수를 받는 경우는 차이가 나요. 그 예는 파출부의 경우에서도 잘 나타나던데요. 똑같은 일인데도 파출부는 보수를 받는 집에서 일을 할 때는 실력발휘를 하고 싶어서 볶음밥을 잘할 수 있도록 자료를 모으고 정보도 얻고 더 노력한다는 거예요. 그래서 그 분야에 대해 일가견을 가지려 애를 쓰는데 자기 집에서 하는 일은 매일 으레껏 하는 일이라서 오히려 그다지 흥미를 못 느낀다는 것이지요.
장필화 • 그래요, 저는 이 얘기가 주부노동의 가치를 높여 주는 것 같으면서도 또 형편없는 것처럼 얘기하는 것 같아 마음이 불편해요. 가정주부의 문제는 참으로 복잡해요. 가정주부가 갖고 있는 것이 주관적 행복이다, 그리고 그것이 또 하나의 이데올로기이다, 그러니까 결국 허위의식 속에 산다, 이런 견해도 있지만 그렇지 않을 가능성도 있거든요. 그냥 그 주부가 주부역할을 하면서 가정이라는 영역 안에서는 충분히 자기 자신의 주체성을 갖고 자율적으로 살아가는 것도 가능하다고 봐요. 그런데 문제는 주부라는 것이 여성의 역할을 고정시키는 기제가 되고 있고 가족 안에서도 주부가 있으니까 나는 이것을 하지 않는다는 식으로 역할이 고정될 가능성이 크다는 거죠. 특히 허드렛일은 주부가 다 한다는 인식이 굳어 버려요. 즉 자기가 글을 쓰든 철학적인 사고를 하든 아무것도 안하든 자기 시간이라는 것이 분명하게 있어야 하는데……
조혜정 • 문제는 상황의 제약을 받기 때문에 그것이 거의 어렵다는 것이죠. 주부가 자기는 지금 철학적 사고를 하니까 건드리지 말라고 말했지만 자식과 남편이 전문적인 일에 쫓기다 보면 결국에 오늘 박완서 선생님이 손주 돌보느라고 못 나온 것과 같이 (웃음) 누구 한 명이 그 짐을 짊어져야 하는 상황에 부딪쳐요. 그때는 바로 그 철학적 사고를 하는 주부가 그 일을 하게 된다고요. 소위 공적 영역에 직접적으로 매여 있지 않은 철학적 사고를 하는 주부가 자꾸만 침입을 받는다는 거지요. 가정주부도 선택 가능한, 그리고 보수가 보장된 전문직종으로 간주되면 문제가 다르겠지요.
장필화 • 남편이 주부인 경우, 연구는 정반대의 상황을 보여주고 있어요. 그 경우에 아내가 일을 하고 남편이 애를 기르면서 살림을 하는데 그 남편은 살림하는 것은 짧게 하고 그리고 취미생활을 더 열심히 한다는 거예요. 그러니까 그것은 결국 인간이 환경의 동물이라는 것을 인정하더라도 선택을 하는 가운데 자율성의 여지가 생겨날 수 있다는 것이지요.

조혜정 • 남편이 주부가 됐을 때는 그의 철학적 사고를 가족구성원들이 상당히 중요하게 존중해 준다고 봐야지요. 여자도 그 존중을 받을 수 있다면 문제는 달라지죠. 문제는 그 존중의 물적·이념적 기반이 현재로서는 없다는 것이죠. 우리 나라 상황에서는 시집살이부터 시작하는데……

장필화 • 그럼 할수없으니까 얘기도 말자는 거죠?

조혜정 • 물론 그것은 아니고, 그 가능성도 열려 있어야죠. 아니면 적어도 부부간의 분명한 계약이 이루어져 만일의 사태(이혼·사고 등)에 대한 보장이 있어야겠죠.

오숙희 • 남자가 주부라면 그것은 선택으로서 인정되지만 여자의 경우는 선택으로 인식되지 않기 때문에 일단 가정주부가 되고나면 일상생활에서 주부의 역할이 자율적인 기반이 돼주지를 못해요. 제가 아는 파출부 아주머니는 교회 권사이세요. 누가 집에 왔을 때 나는 지금 파출부일 때문에 시간이 없다고 말할 때는 어서 가봐야 되지 않느냐며 굉장히 존중을 해준다는 거예요. 그렇지만 교회일을 보러 가야 된다고 하면 가정주부가 집안일도 안하고 어딜 쫓아다니느냐는 식으로 말한다고 해요. 여자들이 취미생활이나 동창회 나가는 것도 굉장히 눈치 보잖아요. 남자가 가정주부일 경우에는 다를 거예요. 아마 남편이 "나는 오늘 동창회가 있어서 늦게까지 술을 마시고 올 거야" 그러면 늘 일을 하던 남편주부가 나갔다 해도 딴 식구들이 밥을 해먹으면서 아무 불평 않을 거예요. 남편도 "알아서 해먹겠지" 해서 12시까지 술을 먹고 들어올 수가 있거든요. 여자 같은 경우 그렇게 할 사람이 얼마나 되겠어요? 여기에서 일반 가정주부들이 진정한 자율성을 가졌다고 할 수 있을는지 의심이 들지요.

김애실 • 중산층 주부들에게는 오히려 너무 많은 역할이 주어진 것이 아닌가 싶어요. 제가 소위 살림만 하는 친구들에게 전화해 보면 매일 바빠요. 전부 역할이 많이 주어져서, 무료해서 짜증스러운 것이 아니라 일이 너무 많아서 힘이 들기 때문에 문제가 아닌가 해요.

오숙희 • 그런 사람도 있지만, 너무 무료한 사람도 있고 정말 세수할 때 이외에는 물에 손을 안 적시는 사람들도 있잖아요. 또 한 가지 문제는 그렇게 많이 주어진 온갖 역할들이 꼭 어느 수준까지 수행해 내라는 기준이 없다는 데 있어요. 끝까지 그 역할을 많이 하는 사람이 있고 적당히 할 수 있고 안하고 놀 수도 있는 것이기 때문에 정의된 역할은 아닌 것 같아요. 일이 끝맺음이 없어요.

조혜정 • 전문적인 일에서는 이런 정도로 가르치면 된다, 이런 정도의 글을 쓰면 된다는 것을 알지만 가정주부는 무조건 많이 닦고 치우는 것이 좋다는 식이지요.

그렇다고 그것에 따라서 대우가 달라지는 것은 전혀 아니고 마루를 사흘에 한 번 닦는 사람이 하루에 세 번 닦는 사람보다 좋은 평가를 받을 수도 있거든요.
오숙희・어떻게 하면 주부들이 자율적인 생활을 할 수 있을지에 대해서 얘기를 해야 될 것 같아요. 주부의 일을 하면서도 이름을 붙일 수 없는 주부병에 걸리지 않으려면⋯⋯
조혜정・우선은 두 시간씩 책 보면 되지 않을까 모르겠어요. 주부도서관을 만들어서 두 시간씩 책 보기 같은 것, 어때요?
오숙희・그러기 위해서는 집을 떠나야 돼요. 집안에 앉아 있으면 아무것도 못해요. 왜냐면 '딩동' 하면서 주민세, 방위세, 뭐 신문대금, 전화요금 고지서까지 하루종일 신경을 산만하게 만들잖아요.
장필화・주부가 있다는 것을 전제로 하기 때문에 그런 거지요. 주부가 집에 없는 것이 일상화되면 우편으로 올 수도 있는데.
조혜정・책을 읽는 것에서 그칠 수가 없죠? 생산적인 결과를 낳아야 되지 않겠어요?
오숙희・책을 읽으면 개인적으로 생산적인 발전이 오기는 오죠. 어떻게 사회적으로 환원되느냐의 문제가 남아 있지만 여러 가지 생각도 나고 어떤 준비는 되어 있는 상태잖아요. 자기 스스로라도 깨어 있는 준비는 되어 있는데⋯⋯
김미경・아까 한현옥씨가 번역을 억지로 한다고 했지만 사실은 억지로 하는 것이 아니라 번역도 사회에 어떤 식으로 정당하게 활용이 되고, 필요하다는 인식이 있을 때 힘이 나지요. 열심히 하게 되고 더 잘하게도 되고. 주부문제에 있어서도 자율적인 삶이라는 것이 두 시간을 뚝 떼서 독서를 하는 것뿐 아니라 주부가 하는 일 자체가 정말 일이고 그것이 전문적인 서비스일이라는 정당한 평가를 사회가 해주고 정당한 보수가 주어질 때 제 의미를 갖지 않겠어요?
오숙희・그런 의미에서 지난번 여조연 좌담회에서 가사노동이 46만 원으로 평가된 것이 중요성을 갖는 것이 아닙니까?

가정주부도 진정한 선택의 대상이 되기 위한 사회적 조건

장필화・직업여성들 중에서도 아무리 겉으로 보기에는 좋아도 실제 하다 보면 쓰레기 같은 일이라고 생각될 수도 있을텐데. 그때 내가 사랑하는 가정을 위해서 또 교육을 위해서 가정주부를 하겠다 하는 것이 굉장히 자율적인 결정일 수도 있어야 하는데⋯⋯ 난 자꾸 그 점이 더 논의되어야 할 것 같아요.
조혜정・그 문제는 결혼이 자율적인 결정이 되지 못하는 데 달려 있지요. 가사노동을 생각하고 결혼하는 사람은 없거든요. 누구의 사랑받는 아내 내지는 시집 간다, 아이의 어머니가 된다 이런 정도의 생각만 하기 때문에 그렇잖아요. 주부란 것이 무엇이며 내가 무슨 일을 할 것인지를 분명히 알고 결정하면 사실은 그런 주부들은 생산적으로 보람을 느끼며 해나갈 거예요.

김애실 • 그리고 주부가 집에서 하는 일이 항상 같지 않다는 사실도 중요해요. 연령에 따라 20대, 30대 어린아이가 어릴 적하고 40대, 50대 가서 자녀들이 다 큰 뒤하고 집에서 하는 일의 양과 가치가 같을 수는 없거든요. 그런데 가령 직업을 계속 갖느냐 가정을 택하느냐 기로에서 가정을 선택하는 경우, 계속 직업을 갖는 것이 안 되니까 가정을 선택하는 것으로 알고 있는데 저는 반드시 그렇다고 보지는 않아요. 적극적 선택으로 가정을 택하는 여자들이 상당수 있다는 것이죠. 대학 졸업했을 경우에 받을 수 있는 임금을 비롯한 대우, 자신에게 주어지는 일과 결혼한 후에 집안일만 할 경우를 비교했을 때 자신의 가치는 가정 쪽이 더 좋다고 평가되기 때문에 일을 택하지 않는 경우가 많다는 거지요. 직장에서 자기 노동의 가치만큼 받지 못하기 때문에 그런 선택을 한다는 겁니다.

장필화 • 그런데 그 합리적 계산이란 것이 생의 주기에 따라 달라지는 것이죠. 지금으로 보면 집에 있는 것이 낫지만 집에만 있으면 다시 나올 수 없다는 계산을 하게 되면 계산이 달라지거든요.

김애실 • 예, 그래서 저는 우리 학생들한테 얘기를 해요. 결혼해서 10년까지는 아마 집에 있는 것이 밖에 있는 것보다도 더 생산성이 높을 가능성이 있다. 아이들을 부지런히 키우며 그것이 또 개인과 사회에 공헌하는 길도 되니까. 그러나 10년 이후에는 자기가 가정에서 할 수 있는 것보다도 밖에서 활동하는 것이 보람도 얻고 사회적으로 공헌을 할 수 있다고 말이죠. 결국 그렇다면 그 다음의 기회를 위해서 현재로서는 그냥 두 개를 겸하면서 고생하는 수밖에 없지 않느냐는 결론이 납니다.

고정희 • 그런데 그 가사노동에 대한 제도적 뒷받침이나 평가의 기준이 달라지지 않고서는 개인적인 차원에서 가사노동이 경제적이냐 아니냐는 토론은 사실 별의미가 없다고 봐요. 제가 보기에는 매스콤들이 일반 여성들의 구미에 맞게, 심지어 드라머에서까지 김애실씨가 계산한 가사노동 평가를 한마디씩 거들먹거리는데 그럼에도 불구하고 그것은 하나의 효과음이고 계속해서 강조하는 것은 설겆이는 여자일인데 감히 사내한테…… 이게 주종이거든요. 우선 문제는 주부가 자율적인 일이냐 아니냐는 차원에의 부부역할 개념이 먼저 개선된 다음에 가사노동의 가치가 본격적으로 거론될 수 있지 않나 싶어요.

한현옥·직장을 그만두고 가정으로 들어가는 것이 과연 진정한 의미의 선택일까요?
김애실·물론 그 합리적인 평가기준이라는 것은 각 개인마다 다를 수 있죠. 그 개인의 선택은 우리가 어떤 것이 반드시 더 좋은 것이라 할 수 없는데 대개의 경우 밖에서 활동을 하는 사람의 입장에서는 밖에 나와서 일을 하는 것이 더 낫지 않느냐 이렇게 보려는 경향이 있어요. 주부보다는 밖에 나와서 일하는 것이 더 자율적이고 자기가 하고 싶은 일을 하는 것으로 보려는 경향이 있는데 현시점에서 제가 얘기하고 싶은 것은 한국의 상황을 고려하면 대졸여성의 경우 가정을 선택하는 것이 오히려 합리적인 선택일 수 있다는 것이지요. 대졸여성에게 주어지는 취업기회라는 것이 별로 자기 맘에 드는 것이 없고 기껏 해봐야 주변적인 일들에 머물잖아요? 그러니까 가정에 들어가는 것이 돈을 받지는 않지만 더 나은 선택이라고 여성들이 느끼는 거지요.

체제발전적인 시각에서의 여성의 자율

장필화·전제에 있어서는 김애실씨에게 동의하는데 결론에 있어서는 동의하기가 어려워요. 이제까지는 그렇게 했더라도 앞으로는 그런 식의 '합리적 계산'을 추천해서는 안 될 것 같은데요.
조혜정·합리성을 재는 기준이 무엇인지가 달라지는 것에 주목해야지요. 이미 편안한 삶이 목표는 아니니까요.
장필화·그렇죠. 앞으로의 해결방안의 차원에서 보면 그러한 계산은 정말 여성들의 사회진출을 더욱 늦추는 결과를 초래할 겁니다. 나가고 싶은 여성들에게는 선택이 주어져야 하는데 말예요. 그러니까 결국은 현재 있는 고용기회만을 가지고 일할 것이 아니라 독자적인 일을 기혼여성들이 새로이 만들어 해가야지 않느냐 하는 제안이 나올 수 있죠. 자기들이 갖고 있는 재원을 털어서 사무실도 만들고 일도 만들고 해야지요.
김애실·그렇죠. 지금 현실적으로는 직장을 갖는 것이 그다지 좋은 여건은 아닌 것 같지만 기회가 주어진다면 그것을 지켜 나가서 사회활동하는 여성의 수가 늘어나서 제도적으로 현실을 바꾸어 나가는 힘이 되어야 한다고 생각하고 있어요.
장필화·거기서 좀더 보완을 하고 한계를 넓혀가지고 자기에게 주어진 직장만 집착할 것이 아니라 같이 만들 직업창출을 해가자는 거죠.
조혜정·정리하면 두 가지 측면인데요. 첫째는 개인적인 차원에서 10년까지는 집에 있는 것이 더 낫겠지만 그 개인의 전체적 삶을 볼 때 그 선택이 과연 좋은 것이냐 하는 생각을 해봐야 되는 것이고, 두번째로는 우리가 체제유지적으로만 볼 것인지 체제를 변화시켜 간다고 생각할 것인지를 생각해 봐야 됩니다.

한현옥•제가 생각하기에는요, 대학 졸업하고도 임금이 적고 일이 제한되어 있기 때문에 가정으로 돌아가는 것이 합리적이라고 하는 것은 문제에 대한 접근이 잘못된 것 같습니다. 현재상태만을 놓고서 따져 보면 계산은 그렇게 나오겠지만 그럼에도 불구하고 바람직한 미래를 바라볼 때 그런 결론을 따르는 것보다는 바람직한 사회가 어떤 것인지에 대한 청사진에 비추어서 결정이 내려져야 한다고 봐요. 적어도 제도적으로 탁아소 시설이 아주 잘 되어 있고, 고용기회도 좀더 있고, 임금차별도 거의 없었고 그랬는데도 가정을 선택했을 때, 그때가 진정한 선택이라고 부를 수 있지 않겠어요?

장필화•조혜정씨가 얘기하신 것으로 요약이 되는데 합리적인 선택에 사실은 여러 가지 기준이 있는 거지요. 체제발전적인 것까지 계산을 해서 할 때 전혀 다른 결정이 나오는 것이에요.

한현옥•진짜로 자율적이고 진짜로 합리적 판단이 되기 위해서는 그렇게 될 수 있는 조건을 바꿔 나가는 방향에서 움직여야 되지 않겠는가, 거기에 우리의 관심을 모아야 된다는 것이죠. 아직 가정주부를 선택한 것을 진정한 선택이라고 부르기에는 사회가 여성에게는 너무 닫혀 있어요.

김애실•결국 궁극적 목표는 남자나 여자나 직장을 갖든지 가정을 갖든지 양쪽에게 다 선택적으로 되는 사회를 이루는 것인데 그 한 단계로서 남녀역할분화가 여전히 너무 엄격하다는 현실에 처해 있다는 것이죠? 내가 '또 하나의 문화'를 좋아하는 이유 중의 하나가 성급하지 않게 장기적인 전망을 가지고 있다는 데 있는데, 현시점에서 합리적인 선택과 10년, 20년, 30년 후에 생의 주기로 봐서 합리적인 선택이 무엇인가를 생각한다면 좀더 적극적인 해결안이 나오지 않을까요?

고정희•우리 문화전통에서는 아직 가사노동의 가치가 한 번도 바뀌지 않은 그런 상태이기 때문에 '모성'이니 '신성한 헌신'이니 많은 의미를 찾아내어 덮어씌우고 있지만 당사자로서는 지저분하고 따분하기 짝이 없는 일일 수 있는 게 솔직한 심정이고, 그 많은 대졸여성이 정말 합리적으로 생각해서 가정을 자기 전문직업과 바꾸었다고 말할 때에도 가시지 않는 의문은 그게 자율적 선택이라기보다는 제도에 순응하는 구실이 아니냐는 거죠.

장필화•얘기가 나올 것은 거의 다 나온 것 같아요. 장장 세 시간을 얘기하는 동안 자리를 뜨신 분도 계시고······ 자율성이란 혼자 선다는 것의 의미만이 아니고 혼자 설 수 있기 때문에 비로소 이웃과 손 잡을 수 있고 공동체의 운명을 나누어 질

수 있게 되는 것을 의미합니다. 결국 우리가 바라는 사회는 다수가 자기가 원하는 선택을 할 수가 있는 사회이고, 선택을 막는 고정관념이라든지 제도는 고쳐져야 합니다. 구체적으로 획일주의에서 벗어나고 우리의 생존을 위해서 필요한 모든 일은 되도록 돌려 가면서, 또 능력과 기회에 맞게 할 수 있는 그런 태도를 서로 갖추어야 되지 않을까, 또 각자 하고 싶은 일을 할 수 있는 사회를 이루기 위해서 지금은 하고 싶지 않은 일도 자율적으로 열심히 해야겠지요. 깨어 있으려는 노력을 통해 사회의 열린 틈을 찾고 그래서 더욱 많은 사람들──여자, 남자, 아이, 소외된 계층 모두를 포함한──이 열린 사회를 이루어 가는 작업에 참여할 때 우리가 진정한 희망을, 그리고 자부심을 갖고 살 수 있지 않을까 생각합니다. ■

논설

창조적 인간과 민주사회

오세철
연세대 조직행동

1. 머리말

현대사회와 인간의 문제를 다룰 때 자유·창조·민주만큼 자주 쓰이는 말도 없을 것이다. 그것은 그만큼 우리가 창조적이지 못하고 자유롭지 못하고 민주적이지 못하다는 것을 반영하고 있다고 볼 수 있다. 어느 사회에서나 인간을 묶어 놓는 굴레와 울타리는 있어 왔지만 현대사회로 접어들면서 그러한 속박으로부터 벗어나려는 몸부림이 강렬한 것은 그만큼 자유를 향한 인간의식이 커졌다는 데 그 이유가 있을 것이다. 그렇다고 하여 인간을 억압하는 구조적인 조건들이 이 시대에 들어와서 바람직한 방향으로 개선되어 나간다는 낙관론을 가지는 것은 금물이다.
  우리는 거대한 역사의 물결 속에서 현대사회의 보편적인 인간들이 지니는 문제를 함께 나누어 가지고 있을 뿐만 아니라 한국사회라는 구체적인 삶의 현장에서 우리들만의 문제도 가지고 있기 때문에 막연하게 일반적인 논의로 끝날 수 있는 현대인의 문제를 우리의 문제의식으로는 가다듬을 필요가 있다. 이 글은 현대사회의 변모와 인간의 문제가 어떠한 연관성을 맺고 있으며 자유롭고 창조적 인간의 삶을 가로막는 요인들을 사회심리적 차원에서 따져 봄으로써 민주사회를 구현할 수 있는 가능성을 찾아보려는 데 그 뜻이 있다. 또한 그러한 문제를 우리 사회의 현실로 구체화시켜 다뤄보는 노력도 게을리하지 않아야 함을 제시하려고 한다.

2. 산업사회와 인간의 자유

인간의 역사는 자유에로의 끊임없는 싸움이라고 볼 수 있다. 특히 봉건사회가 무너지고 근대 시민사회를 만들어 가면서 절대적 권위가 무너지는 소리를 들었으며 시민으로서의 자유가 얼마나 소중한 것인가를 깨닫게 되었다. 분명히 억압으로부터의 자유와 결핍으로부터의 자유를 어느 정도 쟁취한 것임에는 틀림없었으나 산업사회는 다시 인간을 자유로부터 도피하게 만드는 구조적 조건을 마련해 놓았다. 사실상 산업혁명은 서구사회의 개인주의의 승리였으며 합리적 정신의 승리였다고 볼 수 있다. 개인의 권리에 대한 법의 보장과 개인의 감정이나 성장에 대한 열정적인 관심은 개인주의의 전통에 뿌리박혀 있지만 합리성과 조직화된 활동의 기계화는 상업주의의 산물로서 개인주의와 갈등을 일으키고 있다. 이 갈등을 해결하기 위한 기제로 서구사회는 조직체계의 목표와 개인의 목표를 연결시키는 관료주의 체계를 성립시켰다. 이는 개인적 권한보다 법적·합리적 권한체계를 바탕으로 하는 이성과 법의 기제였다. 관료체계는 산업혁명 초기의 개인적 복종, 연고자 등용, 잔인성, 정서적 표류, 주관적 판단에 대항하는 반작용으로 나타났으며 막스 베버는 인간의 희망을 손과 마음뿐만 아니라 머리를 써서 합리화하고 계산하는 능력에 두었다.

그러나 산업사회는 인간의 자유와 희망을 안겨다 주기는커녕 새로운 형태의 굴레와 속박을 가져다 주었다. 인간은 자신이 자연을 정복하여 만든 것들에 예속되어 물상화되고 있으며 합리성이 비합리적 이성으로 뒤바뀌어지는 이념의 획일성 밑에서 그들이 누렸던 자유를 포기하고 있는 것이다. 인간의 도구화나 물상화라는 단순개념으로 산업사회의 인간의 문제를 푸는 작업은 산업사회의 강력한 통제와 획일화경향을 비판하는 주장으로서의 의미를 지니고는 있으나, 왜 인간의 독립성이 현대 기술사회 속에서 인간을 비인간화시키는지에 대한 석연한 설명을 못한다.

자본주의의 문화적 모순을 서구 부르조아 사회의 양면성, 즉 홉스주의와 급진적 개인주의의 양면성에 두는 다니엘 벨은 기능적 합리주의, 테크노크라틱 의사결정, 금전적 보장과 비합리적 행동양태의 대립이 서구 부르조아 사회의 역사적 문화위기라고 본다.[1] 벨과 비슷하게 프롬은 급진적 쾌락주의와 이기주의라는 두 가지 심리적 전제를 가지고 있는 산업체계의 모순을 지적하면서 산업체계 속에서 형성되는 비생산적인 사회적 성격을 개조할 필요성을 역설한다.[2] 문제는 효율과 합리성이라는 단일이념체계가 사회조직체계와 대중매체에 의하여 주입됨으로써 인간은 그 이념을 통한 통제를 의식하지 못하고 있다는 점이다.

---

1. Daniel Bell, *The Cultural Contradictions of Capitalism* (New York: Basick Books, 1976), p. 80.
2. Erich Fromm, *To have or to be?* (New York: Harper & Row, 1976), p. 3.

인간이 봉건구조의 억압을 무너뜨리고 쟁취한 자유는 일반적으로 인간이 이룩해 놓은 과학기술문명에 의해 다시 소멸해 가고 있고, 이는 바로 산업주의가 우리에게 가져다 준 또 하나의 굴레임을 우리는 잘 깨닫지 못하고 있다. 따라서 목적과 수단이 전도되는 기술합리성이라는 이념 밑에서 인간의 자유는 더욱 소중해졌으며 무엇으로부터의 자유가 아닌 '무엇에로의 자유'를 찾아나서는 것이 유일한 희망이 되었다.

  산업사회의 기술적 합리성 밑에서 맺어지는 인간관계의 특징은 일방적인 주종관계와 비개인성이라고 볼 수 있다. 권한과 권력을 가진 자와 권력을 가지지 않은 자는 합리적 조직사회 속에 비개인적으로 묶여져 두 사람 사이의 관계는 목표달성을 위한 도구적 관계로서 윗사람이 아랫사람에게 일방적 복종을 요구하고 명령을 하는 일방적이고 하향적 관계로 특징지어진다. 개인 사이의 관계는 비공식적인 관계가 용납되지 않는 공식적 관계로 획일화되고 역할이 고정되어 있으며 외재적 보상에 치중한 동기부여와 중앙집권적 체계를 지니게 된다. 공동체적 사회 상호작용이 정서적으로 얽혀 있던 산업 이전 사회로부터 공식적 비개인성을 바탕으로 한 합리적 대인관계가 사회 속에서 맺어짐으로써 생기는 병폐는 절차와 규칙에 따른 형식적 대인관계가 경직화됨으로써 사회적 상호작용이 소멸되고 제도를 통한 비인격적 접촉만이 이루어진다는 점에서 찾아진다. 산업사회의 사회심리는 정치·권력과 인간 사회의 관계에 의해 형성되는 역사적 맥락 속에서 살펴보아야 하며 인간과 물질의 상호작용이 객체화되고 물상화됨을 비판할 수 있어야 한다.3 즉 인간과 인간의 상호작용은 그 자태가 의미 있고 목적이 있는 것이 아니라 효율증진을 위한 수단적 관계이며 공식적 관계의 압박 속에서 비공식적 관계의 역할과 저항이 일어나는 과정을 살펴보아야 한다. 형식적 인간관계는 제도와 절차를 핑계삼는 전횡과 독단이 생겨나고 심지어는 이러한 비개인적 관계에 개인적 횡포가 가미되어 폭력이 자행되는 수도 있는 것이다.

3. 산업사회와 권위주의

권위주의는 반드시 산업주의의 산물로 볼 수는 없다. 전통적 봉건체제 속에서도 권위주의의 형태는 존재하기 때문이다. 다만 절대권력에 맹종하는 전근대적 복종 현상이 산업사회에 들어서면서 기술적 합리성이라는 획일적 이념에 힘입어 내면

---

3. 다음 책의 여러 곳에 현대사회의 사회적 상호작용이 물상화되고 있음을 비판하고 있으나 특히 다음 글을 읽을 것. Henritta Resler and Paul Walton, "How social is it?" in: Nigel Armistead (ed.), *Reconstructing Social Psychology* (Penguin, 1974), pp. 282-94.

화되는 경향이 두드러지기 때문에 산업주의는 새로운 형태의 권위주의로 무장되어 인간의 자유와 창조성을 말살한다는 것이 문제가 된다. 프롬은 권위주의를 '자기 자신의 독립성을 포기하고 개인적 자아가 결여된 힘을 얻기 위하여 자기 밖에 있는 타인이나 어떤 것에 자신을 용해시키는 경향'이라고 지적하고 있다.[4] 권위주의자는 권위를 숭상하고 남에게 굴종하지만 동시에 자기 자신이 권위가 되려 하며 남을 굴종시키려 한다. 권위는 의무, 양심, 초자아의 이름을 빌어 내면적 권위로 나타나기도 한다. 한편 권위주의자는 위로부터의 권위와 영향을 거부하기도 하지만 결국 복종에 대한 사랑과 존경의 준비태세가 되어 있으므로 권력에 자동적으로 복종한다. '인생과 철학에 대한 권위주의적 성격자의 태도는 감정적 충동에 의해 결정되며 그는 인간의 자유를 제한하는 조건을 사랑하고 운명에 예속되는 것을 사랑한다.'[5] 따라서 권위주의자는 친절·동정·관대를 위약과 동일시하고 잔인·이기·곤경을 강인과 동일시한다.

집단주의로부터 개인을 해방시키려는 끈질긴 정신이 산업화의 획일적 이념에 의하여 세뇌당하고 권위에 굴종함으로써 힘을 잃어 가는 현상은 인간의 자율성과 창조성을 기본적 가치로 하는 서구사회에서는 더욱 심각하게 받아들여지는 것 같다. 서구에서의 권위주의의 확산을 산업화의 맥락에서뿐만 아니라 매스콤에 의한 대중조작, 그리고 육아 과정에서의 성의 억압의 문제로 폭넓게 인식한 프랑크푸르트학파의 지성인들은 이 권위주의의 문제를 종국적으로 사회주의와 자본주의의 이념적 차이를 넘어서는 산업사회의 공통적 문제로 인식하고 있는 것이다. 자유는 획일성을 극복하는 데서 얻어질 수 있다. 다시 말하여 다양성을 인정하는 민주적 과정을 전제로 한다. 여기서 중요한 것은 제도적으로 권위주의를 극복했다고 하더라도 인간의 심층적 심리구조 속에 권위주의가 뿌리박혀 있다는 사실이다. 그러한 심리구조는 오랜 동안의 사회화 과정에서 형성된 것이므로 그것의 개혁도 장기간에 걸쳐 이루어질 수밖에 없다. 그런데 그러한 심리구조는 사회의 구조적 조건들, 즉 정치·경제구조 등과 끊임없이 상호작용을 하기 때문에 쉽사리 제거할 수 없다는 데 근본적인 문제가 있는 것이다.

4. 우리 사회와 권위주의의 문제

산업사회가 경험했던 보편적 특성이 우리 사회에서는 똑같이 나타나고 있다. 산

---

4. Erich Fromm, *Escape from Freedom* (New York:Holt, Rinehart & Winston, 1964), p. 141.
5. 윗글, p. 170.

업화의 기술적 합리성이라는 획일적 이념이 지속적으로 우리 산업사회의 기둥원리로 우리를 묶어 놓고 있으며 인간의 자유를 구속하는 구조적 조건들이 서구로부터 이식되어 창조적 인간 형성을 가로막고 있다.

그런데 우리 사회가 지니고 있는 심각한 문제는 우리 사회가 전통적으로 개인의 자율성에 바탕을 두는 가치를 가지고 움직이지 않았다는 사실이다. 일반적으로 개인주의는 서양사회와 자유사회의 특성으로 인식되었으며 집단주의는 비서구사회(문화적으로는 동양)와 공산주의 사회의 이념으로 파악한다. 서양은 집단의 예속으로부터 개인을 탈출시키는 해방의 문제와 개인에 바탕을 둔 사회체계의 유기적 결속을 강조하였다. 개인과 집단은 근본적인 갈등관계에 있으며 개인이 집단에 매몰되거나 억압당하는 것은 서양의 갈등정신에서 볼 때 견디기 어려운 실존의 문제이며 되도록 집단의 구속의 사슬을 풀어야 했다. 즉 서양사회의 에토스는 집단규범의 압력에 부단히 저항하는 비동조적 인간의 문제에 있었고 현실적 집단동조의 메카니즘 속에서 갈등하는 인간의 문제에 서양적 지성이 번득였다.

위와 같은 개념들로 볼 때 동양인을 순종의 인간으로, 동양사회는 맹목적 순종사회로 인식하는 눈을 발견하게 된다. 동양사회의 사회심리적 구조가 집단주의적 특성을 가지고 있는 것이 집단주의 봉건성과 동일시되는 이유는 무엇일까? 과연 동양사회는 집단규범의 압력에 맹목적으로 복종하는 피동성과 자아말살의 심리 구조로 구성되어 있는가? 동양을 서구의 입장에서 비판적으로 보는 견해를 다음 몇 가지로 구분할 수 있다. 우선 현실적 사회발전의 측면에서 동양사회가 뒤떨어져 있다는 자각과 개인성의 발효가 규범에 묻혀 있는 동양의 보수성에 대한 환멸이 동양사회의 구조적 탈바꿈을 강렬하게 요구하게 된 근거라고 생각할 수 있다. 그러나 우리는 동양사회의 잠재성이 겉으로 나타나는 현상과 동양정신 속에서의 적극적이고 갈등적 정신의 존재를 재해석하며, 서양 산업사회가 구조적으로 지니는 문제에 접하게 됨에 따라 동양의 정신적 구조 속에서 서양정신을 포용하는 발전적 정신의 모색을 동양사회에서 발견하게 된다. 두번째는 결정주의적 시각에서 비롯된 것으로 동양인의 내면적 저항과 끈질김을 도외시하고 오로지 구조의 틀로써만 동양사회를 분석하기 때문에 동양사회의 사회심리적 구조인 영속성·상호의존성·포용성을 지나쳐 버리는 점이다.

그러나 집단의 규범이 사회구성원의 개인성을 억압하여 온 사회는 대체로 그 규범의 정립을 형식과 제도에 두어 왔다. 우리 사회에 영향을 끼친 유가는 그것이 담고 있었던 정신보다는 현실적으로 형식의 경직성을 사회구조적으로 지속시켜 왔다고 볼 수 있으며 이러한 경직성이 개인성을 억압적으로 구속하여 왔음을 볼 수 있다. 따라서 인간관계의 영속성은 종속성으로, 상호의존성은 일방적 의존성으로, 포용성은 맹목적 순종으로 변질될 수 있는 가능성을 충분히 지니고 있었다. 더구나 우리 사회가 지니는 근본적 구조의 문제는 집단의 규범을 창조적으로 깨뜨리며 발전하는 개인의 역할이 막혀 있다는 사실이며 이럴 때에 소집단의 규범에 맹목적으로 순종하는 패배의식을 낳는다는 것이다. 또한 소집단의 특수한 이해관계에 정으로 얽매여 나 개인뿐만 아니라 보편적 타인, 나아가서 대집단의 정의를 저버리는 위험도 안고 있다.

이와 같이 우리 사회는 전통적 동양문화가 파행적으로 가져다 준 사회심리구조의 경직성과 권위주의적 질서에 맹목적으로 복종하고 있는데다가 서구산업사회의 획일주의적 산업가치가 무조건적으로 유입됨으로써 창조적 인간의 형성과 자유로운 삶의 전개를 가로막고 있다고 보아야 한다. 다시 말해서 동양사회가 지닌 권위주의적, 집단주의적, 획일주의적 병폐의 구조와 서양산업사회의 병폐인 산업주의의 획일성이 영합함으로써 민주사회로의 심리적 토대를 허물어뜨리고 있는 것이다.

물론 긍정적 의미의 개인의 자율성이 서구로부터 우리 사회에 들어와 개인주의를 꽃피울 수 있게 한다는 낙관론도 있을 수 있다. 예전에 비하여 우리 사회에 삶의 유형이 다양화되고 창조적 삶이 구가되는 경향이 있는 것도 부인할 수 없다. 그러나 우리 사회에서 두드러지게 나타나는 자유로운 행동과 독창적 표현양식이 개인의 책임과 자율에 바탕을 둔 개인주의의 발현으로서가 아닌 이기주의와 영합하는 파행적 구조로 변질되고 있음을 눈여겨 보아야 한다. 우리 사회의 이기주의적 특질은 개인주의와 무관하게 집단주의의 분파작용으로 이루어져 책임을 수반하지 않은 독선적 자기이익의 극대화로 나타나고 있으며 자기와 정서적으로 얽혀 있는 집단들의 이익을 위하여는 사회정의를 저버리는 결과를 빚고 있는 것이다. 더구나 권력구조에 의하여 오랫동안 억압당하여 온 역사적 경험 때문에 서구의 획일적 집단주의를 나쁜 영향으로 이용하려는 경향들이 나타나면서 전통적인 권위주의적 심리를 확대·심화시켜 나가고 있다. 따라서 자유롭고 창조적인 인간의 삶이 바람직한 것인지를 경험해 보지도 못한 역사적 상황 속에서 개인을 중심으로 한 가치관의 본질마저 부정하게 되는 반동의 심리구조가 작동하는 슬픈 현실에 우리는 놓여 있다.

5. 맺는 말 : 민주사회의 실현을 위하여

민주는 획일성을 거부한다. 더 큰 사회적 가치의 중요성을 인정한다고 하더라도 다양성을 무시하는 집단주의는 반 민주적이다. 민주는 또한 보편적 특성을 지니고 있다. 사회를 구성하는 다양한 인간들의 내재적 잠재성을 높이 평가하면서 그들의 무한한 힘들이 총체적 사회실현을 위하여 다양성 있게 모아지고 합쳐지는 과정을 기본적 틀로 한다. 따라서 자발적 참여를 북돋고 억압의 사슬을 풀어나가는 작업이다. 민주사회의 실현은 이와 같은 개인성의 발현을 전제로 하는 것이다.

우리 사회는 서구 산업사회가 가져다 준 보편적 물결인 기술적 합리성이라는 획일적 이념 밑에서 인간을 도구화시키고 물질에 예속시키는 비인간화를 경험하고 있으며 역사적 구조도 억압적 권력구조의 횡포 속에 파행성을 드러내면서 획일적 집단주의와 권위주의적 심리구조를 만들어 자유의 진정한 의미를 깨달을 기회도 갖지 못하였다. 섣부른 방종이나 책임감 없는 이기주의가 자유와 혼동되면서 권위주의적 집단주의의 편에서나 사회주의적 집단주의 편에서나 자유는 천시당하는 그릇된 풍토를 만들고 있는 것이다.

민주사회의 실현이 구조와 제도의 문제인 것은 틀림없지만 장기적이고 진정한 민주화는 민주적 사회심리구조가 이룩되어야 함을 깨닫는 것이 현재 우리 사회의 이념의 양극화를 바로잡는 길이다. 자유와 창조에 바탕을 두지 않는 이기주의나 개인의 자율과 다양성을 거부하는 집단주의는 모든 반민주적인 우리의 모습이며 민주적 사회심리를 기반으로 하지 않는 이념의 주창과 이의 강제적 실현은 결국 이 사회를 권위주의적 전체주의로 전락시킨다는 점을 우리 모두가 깨달아야 할 것이다. ■

논설

가정과 사회, 그리고 여성의 일

조옥라
서강대 인류학

현재 한국사회는 여성의 일에 대한 강한 고정관념을 갖고 있다. 여성이 어떠한 다양한 분야에서 활동하든 그들은 일보다는 결혼관계나 가족관계 속에서 범주화되는 경향이 크다. 여성 각자의 인간적 특질이나 능력은 이러한 범주화 속에 함몰되어 버리기 십상이다. 그래서 여성들의 자주적 삶은 여성이라는 생물학적 기준에 따라 일률적으로 내려지는 고정관념과의 끊임없는 마찰 속에서 이루어질 수밖에 없다. 마찰이란 새로운 영역을 개척하여 자신의 능력을 발휘하려는 시도가 여성이라는 요인에 의하여 제동이 걸리는 데서 생긴다. 어떠한 특수 영역에서 활동을 하든지 여성이 자신의 독자적 일을 갖고자 할 때 부딪치는 문제는 유사하다. 그러기 때문에 여성의 생활방식은 다양해지기 힘들고, 이는 다시 사회 전반에 걸쳐 획일성을 지속시키는 주 온상이 되고 있다. 여성의 사회진출도 괄목할 정도로 늘고 있으며 실제 전체 경제활동 인구 중 38.3%(1980년도)가 여성인력으로 이루어져 있기 때문에 여성의 삶을 가정과의 관계 속에서 묶어 두고 획일화시키는 문제의 심각성은 날로 커져 가고 있다.

역사적으로 살펴보면 여성의 사회 내 역할이 모두 가정을 중심으로 이루어졌던 시기는 극히 짧다. 역사적 발전 단계에서 점차적으로 공식적 영역에서 소외되어 온 과정이 여성의 영역을 가정 내로 축소시켰다. 이러한 변화는 그러나 산업화가 진전되는 과정 속에서 점차 완화될 가능성을 보인다. 각 개인의 개성을 중요시하며, 능률적인 활동을 위하여 성별 차별이란 그 중요성을 상실해 가고 있다. 그러나 여성일은 가족 가치관 및 정치적 전체사회의 통치 이데올로기, 그리고 자본주의 경제구조와도 결합되어 있다. 따라서 반드시 산업화의 진척도에 따라 여성일의 내용이나 고정관념이 자연스럽게 변화되는 것은 아니다.

현재 여성들의 역할은 사회진출이 어느 정도 이루어졌으면서 가정 내의 여성역할 역시 매우 중요시되어 균형을 잡기 어려운 과도기적 상황에 있다. 경제구조의 변화에도 불구하고 가족은 전통적 구조를 견지하고 있기 때문에 가정 내에서 여성 역할에 대한 기대감은 거의 줄지 않고 있다. 오히려 과도기적 상황에서 야기되는 문제들을 가정에서 해소시키려는 경향으로 여성의 역할은 더욱 가중되고 있는 경향조차 보인다.

이러한 배경에서 볼 때 숫적인 면에서 여성 사회진출의 증가는 곧 삶의 방식에서의 다양성을 의미하지는 못한다. 실제 일의 다양성과 여성의 삶의 다양성과의 괴리는 여성 자신의 개인적 노력으로 극복될 수 없는 성질의 것이며 여성이 자율적이며 주체적으로 가정일과 사회활동을 병행할 수 없도록 가로막는 주요 장애물이 되고 있다.

이러한 양상을 좀더 잘 파악하기 위하여 아래에서 여성일반의 사회활동과 주부, 직장여성의 현황을 나누어 살펴보도록 하겠다.

1. 여성 사회참여의 변화

전산업사회의 여성활동

여성이 가정 밖의 사회활동을 하는 것이 산업사회의 특징은 아니다. 수렵채집 사회부터 여성들은 경제활동을 집안팎에서 해왔다. 우리 전통사회인 조선조시대에서도 가사일과 자녀양육만 하던 여성은 소수 양반지주층 집안에서만 있었다. 이러한 부인 중에도 집안 열쇠꾸러미를 쥐고 단순한 집안일이 아닌 경영에 깊이 관여하는 경우가 많았다. 대다수 농경 생산자인 농민 여성들은 농사일을 하면서 길쌈, 가사일을 했다. 그 외 천민계층에 속하는 여성들인 기생, 무당 그 외 여러 상공업 종사자들은 더 적극적으로 가족 생계에 기여했다. 따라서 전통적 여성이 애나 키우고 집안일만 했다는 지적은 타당치 못하다.

흔히 한국여성의 미덕이라고 칭송하는 여성의 정절이나 효행은 부계혈통주의에 기반을 둔 주자가례(朱子家禮)에 따라 가계의 합법적 계승을 보장하려는 양반사회의 이데올로기에서 나온 것이다. 일부 양반 지주가 학문, 접빈객(接賓客), 봉제사(奉祭祀)를 업으로 할 때 부인들이 그 뒷바라지만 하는 남녀간의 역할분담이 여성의 바깥활동을 더욱 제한시키는 작용을 했다. 더 나아가 이렇게 엄격한 남녀 구별은 남녀간에 내외하는 관습까지 만들었다.

그러나 실제 대다수 여성들은 가사와 함께 생산자로서 필수적인 역할을 하여 남성에게 경제적으로 완전히 의존한 것은 아니었다. 화폐와 같이 교환될 수 있던 포(布)도 여성노동(길쌈)으로 된 것이었으며 밭농사인 잡곡은 여성이 생산의 주요 과정을 맡았으며 판매에도 많이 관여했었다. 여성들이 할 수 없었던 일이란 밭갈이, 논물대기 등 몇 가지 노동 강도가 심한 농사일과 남성에 의해서만 가능했던 제례참여 등의 대외대표권 행사뿐이었다.

농경사회에서 성별 노동차별은 실제 계층간의 노동차이에 비하여 적었다고 볼 수 있다. 그리고 가족 내 대표권인 경우에도 중하류 계층에서는 가족 대표권이란 세금이나 부역을 맡아야 하는 의무만을 의미할 뿐이기 때문에 이러한 대표권에 따른 남녀 역할차이는 중요성이 적었다고 볼 수 있다. 농민 여성들은 가장권의 행사에 의하기보다는 당시 전제 사회의 유교적 이념에 따라 실제 기여했던 역할의 사회적 인정을 받지 못한 것이다. 아무리 손이 닳도록 집안팎 노동을 해도 남편·집만을 위한 도리를 당연히 했다고 간주될 뿐 그러한 공헌으로 영향력이나 재량권이 강화되어 집안 내 위치가 높아지는 것은 아니었다. 여성농민들은 농민계층의 경제적 부담과 전체사회의 통치이념인 유교적 가부장제 아래서 이중적 질고를 겪었다고 볼 수 있다.

생산활동에 직접 참가하지 못하는 양반부인들은 가사노동에 집중하는 과정을 통해 사회체제의 핵심적인 이데올로기 재생산에 기여했다. 이들은 집안을 이어갈 아들을 낳아 교육시키고 그들의 적절한 뒷바라지를 위하여 가계운영에 혼신전력을 바치고 딸은 양반문화의 철저한 신봉자가 되도록 집안교육을 시키면서 양반문화가 지속되는 데 기여했다. 실제 양반여성들은 단순한 양반문화의 순종자라기보다는 적극적 지지자였다.

이상과 같이 전통 한국여성의 노동 유형이나 그들의 가족내 역할은 계층에 따라 다르다. 그러나 공통적으로 남성 중심의 유교문화의 지속·발전에 긍정적으로 기여했다고 지적할 수 있다. 현대산업사회에서도 이러한 계층별 여성역할상의 차이는 크다. 그러나 남성중심사회에서 가정 내 역할에 대한 기대치는 유사하게 나타난다.

산업사회의 여성역할

현대사회가 자본주의 경제구조로 재편성되면서 다양한 산업이 발달하여 다양한 직업을 창출해 내었으며 가정이 해왔던 생산단위로서의 기능은 점차 축소되었다. 이러한 과정에서 가정은 소비기능을 전담하게 되었으며 생산을 위한 노동시장은 출산과 육아를 담당하는 여성 노동자들보다 남성근로자를 중심으로 구조화되었다. 이는 자본주의 경제구조가 일부 전통사회에서부터 내려오는 조직원리인 가부장적 조직을 바탕으로 경제가 재편성된 것으로 일부는 산업예비군을 구조적으로 보장하는 이러한 성별 분업체계가 자본가의 이윤 극대화에 유리하게 작용한 탓이라고 볼 수 있다. 따라서 여성은 노동시장 참여에서 불평등한 대우를 받게 된 것이다. 더구나 한국사회에서 자본주의화는 서구에 비해 가치관이나 가족구조의 변화를 일으키지 않는 채 전환되었다. 이러한 불균형적인 변화는 도리어 질서유지를 위하여 전통적 가족관을 견지하려는 시도를 빌기도 했고 도시화나 산업화의 추세에 따라 강화된 가족 내의 성별 분업체계가 마치 전통적 가치관인양 강조되고 있다. 그러나 앞에서 본 것과 마찬가지로 이러한 강조는 전통사회보다 더 편협한 것이고 그만큼 더 문제점들을 야기하고 있다. 성별 분업체계와 가정과 사회의 분리는 산업사회의 현상이지 전통사회의 전통을 잇는 것은 아니다. 공업적 가족 내 성별 분업이 그렇게 찬양되는 것은 소수 양반지주 부인에게나 가능했던 주부의 가사노동과 자녀양육 전담자 역할이 산업사회의 경제적 여유 덕분에 중류계층에서 적극적으로 수용된 탓이기도 하다. 그러나 이렇게 여성을 가정의 테두리 안에 한정시키는 경향은 양질의 노동시장을 확대하고 있는 현대사회의 변화추세 속에서 크게 문제가 될 수 없다.

현대사회란 경제활동뿐 아니라 정치 내지 문화활동이 각계각층으로 확산되는 사회이다. 이러한 사회에서 구성원들은 기존문화나 경제에 수동적으로 참여하기보다는 구체적으로 사회변화의 창조자가 될 것이 요구된다. 이러한 역할수행에 성별상의 차이는 무의미할 뿐이다.

그래서 현대 사회는 성차별 없이 교육기회를 사회구성원에게 제공하여, 공식 노동시장에 진출할 수 있도록 준비시킨다.

이러한 교육기회나 취업기회의 확장은 한국에서도 있어 왔고, 이러한 변화는 표면적으로 마치 현대사회에 와서 여성의 지위나 역할이 획기적으로 변화한 것으로 생각하게 한다. 그러나 여성에게 가정이 일차적 운명적인 끈이라는 고정관념이 있는 한 여성참여의 질과 그 대우는 제한되지 않을 수 없다.

실제 여성의 사회진출을 볼 때 직장여성의 사회진출은 여성이기 때문에 취업이 용이한 직종에 집중되어 있다. 또한 남성의 피부양자로서의 위치만이 강조되는 구조에서 다수의 여성은 이율배반적이게도 현재 여러 직업을 갖고 —— 특히 저임금층에 국한되어—— 일하고 있고 또 그 비율도 증가하고 있다. 다음 장에는 각 분야별 직업여성이 직면한 문제들의 성격을 살펴보기로 하겠다.

2. 취업여성의 고민

현재까지 여성이 진출한 분야는 한국에서도 광범위하다. 취업여성은 청소부로부터 의사, 변호사까지 총망라하고 있다. 그러나 이렇게 다양한 직업을 갖고 있는 여성 대부분은 남성중심적 산업구조 내에서 직접 간접의 비슷한 차별을 감수하고 있다.

먼저 고도의 전문성을 요구하기 때문에 일정한 자격을 갖춘 사람이면 누구나 진출할 수 있는 전문분야를 살펴보자. 전문직에서도 여성들은 소위 여성적이라고 간주되고 직종 내에서 평가가 낮은 몇 분야에 집중되어 있다. 예를 들자면, 여의사들은 소아과나 산부인과, 판사는 가정법원이나 소년범 담당직, 기자들은 문화부나 생활부, 교수도 인문·예능·가정계에 집중되어 있는 등의 현상이 이를 말해주고 있다. 결국 여성적 역할이 표면적이든 묵시적이든 전문직에서조차 요구되고, 이러한 요구는 결국 이들의 영역을 한정지으며 따라서 좀더 결정권이 많은 경영관리직에 진출할 수 있는 기회는 적어질 수밖에 없다.

성차별적 요소는 대다수 미혼여성이 종사하고 있는 하위 사무직과 생산직에서 더욱 완강하게 작용하고 있다. 우선 이들 직종들은 단순 반복적인 작업을 요구하며 어떠한 특별한 기술이나 능력을 요구하지 않는다. 이 분야에서는 업무직과 관리직은 완전한 분리체계 속에 존재한다. 따라서 업무직종 장기 종사자의 승진의 길은 제도적으로 막혀 있는 상태이다. 여사무원인 경우 근무 연한에 관계없이 비슷한 단순사무 집무만이 부과되는 것이 대부분이다. 생산직에서도 여성근로자들은 소위 여성적 세밀함, 끈기를 요구하는 섬유·봉제·전자업종에 편중되어 있다. 이 생산직도 그들의 관리는 남성 상급자가 하여 여성근로자는 아무리 장기근무를 하고 성실하여도 주임 이상은 승진하기 힘든 실정이다. 즉 여성근로자에게는 생산직이거나 사무직이거나 간에 근무연한에 따른 관리경영직으로의 승진은 거의 제도적으로 막혀 있다. 이러한 여성취업구조는, 여성의 본분은 가정에 있고 기혼여성은 노동시장에서 제외되어야 한다는 가정을 깔고 있다. 미혼여성의 경제활동은 일시적이며 보조적인 것밖에 사회적으로 인정되지 못하는 것이다. 노동시장에서의 이러한 여성차별적 관행은 바로 여성을 가정과의 관계 속에서만 인식하려는 획일적 사회 통념에 의하여 합리화되고 있다. 이러한 상황 아래 여성에 대한 고용차별과 저임금·저연령·저학력의 여성근로자의 특징이 확립된 것이며, 따라서 여성근로자 자신의 부정적 직업의식도 생겨날 수밖에 없다. 여성근로자들에게 직장은 자신을 실현시키거나, 잠재력을 개발할 수 있는 곳은 아니다. 결혼 전까지 스쳐가는 일시적 정거장일 뿐이다. 수입도 결혼준비로서 사용되는 경우가 대다수이다.

이러한 제도 아래 주체적인 삶을 찾고 자신에 맞는 길을 찾는다는 것은 힘겹기만 하다. 대다수 근로자에게는 자신의 노력으로 생활을 개척하기보다는 그러한 생활을 제공해 줄 배우자를 찾는 것이 더 현명한 생활태도로 보일 수밖에 없다. 이러한 경향은 현대사회가 제공한 기회 속에서 자신의 영역을 확보하고 나름대로의 기여를 하는 여성근로자를 이루기보다는 한 남성에게 의존하려는 나약한 여성상만을 장려하는 작용밖에 안한다. 그러나 실제 결혼을 했다고 해도 현 사회구조 내에서 피부양자로서 가정 속에 안주할 수 있는 여성들은 많지 않다. 상당한 여성들은 가계를 위하여 경제활동을 재개할 수밖에 없다. 그리고 기존여성의 이러한 활동은 수입의 과다에 관계없이 가장을 보필하는 정도의 의미만을 지닌다. 기혼여성의 취업이 바로 이 피부양자의 보조적 기능으로 간주되기 때문에 직종차별 대우상의 불이익을 감내하는 것이 가능한 것이다. 결혼 후 직장생활을 계속하는 여성들은 직종에 관계없이 이러한 사회통념과 끊임없이 부딪쳐야 한다. 심한 경우, 오죽 남편이 못났으면 부인까지 밥벌이에 나서게 하느냐는 주위의 핀잔까지도 듣게 된다.

미혼 직장여성의 업무수행 능력이 흔히 여성적 부드러움이나 매력 등과 관련되어 평가되듯이 기혼여성에게도 누구의 부인이나 어머니라는 위치가 업무수행에 중요하게 작용한다. 여기서 기대되는 여성적 역할을 거부할 경우 적절한 업무를 하지 못한 것으로 받아지기 쉽다. 실제 성공한 직장여성은 모성적인 조정자·해결자·이해자로서의 기능을 발휘함으로써 그들의 지위를 공고히 했다고 한다. 물론 여성적 역할을 정면으로 거부하고 남성동료와 똑같이 업무를 맡음으로써 지위를 공고히 한 예들도 있다. 그러나 이러한 경우는 극히 드물며 대다수 기혼여성들은 직장생활에서 하는 일의 내용과 관계없이 여성적 역할이 요구되고 또 수행하고 있다.

그러나 이러한 공식적·비공식적으로 요구되는 여성적 역할은 성차별적인 평가와 연관되어 있기 때문에 그러한 기대치에 너무 순응하여도, 정면으로 거부하여도 비난받기 쉽다. 지나치게 여성적인 태도를 지녔을 경우 직장일에 여성을 너무 앞세운다고, 그래서 업무상으로는 능력이 없는 것으로 간주되기 쉽다. 전면적으로 거부할 경우, 직장분위기가 좋아지는 데 기여하지 못한다는 무언의 비난을 받는다. 직장여성들이 겪는 어려움은 바로 이렇게 모순적인 기대치——즉 업무상의 능력과 여성적 자질의 발휘——들간에 줄다리기를 할 수밖에 없는 현실 속에 있다.

기혼 직장여성들은 가정 내에서도 이와 비슷한 문제를 그대로 겪게 된다. 가정 내에서 취업주부에게도 직장생활보다 부인과 어머니, 며느리로서 임무가 더 중요하다고 간주되기 때문에 오는 과도한 역할참여가 요구된다. 가장인 남편 또는 시부모의 허락하에서 취업이 가능했다고 보는 시각은 여성 취업의 사회적 중요성을 간과하게 한다. 실제 가장과 맞먹는 수입을 올려도, 사회적으로 중요한 역할을 해도 가정 내에서의 영향력은 항상 가장의 권위에 거슬리지 않는 정도에서 그친다. 적지않은 취업주부는 바로 자신의 수입이 많다는 이유 때문에 가장의 확고한 위치가 흔들리지 않도록 전전긍긍한다. 전통적 가치관에 따르자면 그것이 가장 바람직하고 성숙된 부인의 태도인 것이다. 그러나 설사 그러한 태도와 마음을 갖추었다고 해도 그러한 성숙은 역시 여성을 독립된 주체로서 자라게 하기보다는 자신의 한계를 인정하고 현실적 타협을 한 융통성만을 보여줄 뿐이다.

이러한 풍토에서 자신의 독자적 영역을 찾으려는 여성은 극히 이기적인 사람으로 보이기 쉽다. 여성이 취업으로 사회에 상당히 기여함에도 불구하고 평가가 개인적인 차원에서밖에 이루어지지 못하기 때문이다.

여성 자신도 워낙 벽이 두꺼운 탓이기는 하지만 자신의 역할이 지닌 사회적 의미를 인식하거나 찾으려는 기도를 잘하지 않는다. 원칙적으로 경제활동은 개인적 욕구 및 가족적 필요에 부응하는 것이지만 동시에 사회 내 일정한 기능을 수행하는 시민으로서의 적극적 참여의 성격을 필연적으로 둔 것이다. 이런 의미에서 직장여성도 결혼여부에 관계없이 성인으로서 사회적 의무를 행하며, 일정한 책임감이 요구된다. 사회일반 문제도 자신의 일로 파악할 수 있으며 독자적인 사회관계도 맺을 수 있어야 한다. 그러나 현실적으로 '여성의 본분'이라는 명목이 어떠한 경우에도 이러한 방향으로서의 여성의 성숙은 논의되고 있지 않다.

3. 산업사회에서의 주부

그렇다면 전업주부의 경우에는 여성역할에 대한 일반적 기대치를 전적으로 수행할 수 있으니까 나름대로의 의의나 보람을 찾을 수 있을 것인가? 그렇지 않다. 현재의 산업사회에서는 사적이며 개인적인 일에 비하여 공적인 일이 높게 평가된다. 주부의 활동영역이 가정 안에 제한되어 있고 그 일의 성격이 일상적이고 반복적이기만 하여 결국 별볼일 없는 하찮은 일만 주부가 하고 있다는 평가를 받기 쉽다. 한편에서는 가정이라는 신성한 영역을 지켜 사회의 가장 핵심적인 역할을 한다는 식으로 찬양되기도 하지만, 일반적으로 현대사회가 가치를 두는 바깥일에 비하여 누구나 할 수 있는 하찮은 일을 맡고 있다는 평가를 부정할 수 없다. 주부일에 대한 이러한 모순적인 평가는 주부 자신에게도 딜레마를 안겨다 준다. 현 가족구조상 주수입원자인 남성에게 경제적으로 사회적으로 완전히 의존된 상태에서 주부역할의 찬양은 남성중심적 이데올로기를 나타내 주는 것뿐이다. 주부의 역할이 여성의 천직으로 찬양되는 것은 가사노동과 자녀교육이 여성에 의해서만 가능하다고 생각하는 데서 온다. 엄밀한 의미에서 남성도 얼마든지 할 수 있는 가사일이 많다. 여성고유직으로서 주부역할의 강조는 다만 여성의 일을 제한시키는 작용을 하고, 그들이 가정에 기여하는 바에 대한 객관적인 평가를 막는 작용을 한다.

최근 가사노동을 경제수치로 환산해 본 김애실 교수의 논문을 보는 서로 상반된 반응에도 주부일에 대한 애매모호한 태도가 잘 나타난다. 어떻게 주부가 하는 일들을 화폐로서 환산할 수 있겠는가 하는 비판은 주부의 역할을 신성하게 보려는 견해를 반영한다. 그러나 이러한 신성성의 강조는 여성이 실제 기여하는 일에 대한 인식을 모호하게 할 뿐이다. 엄밀한 의미에서 현재 가족구조에서 주부가 없으면 자녀의 출산, 양육 및 가정의 휴식처로서의 기능은 원활히 유지되기가 힘들다. 그들이 가족의 뒷바라지를 하고 안락한 가정을 꾸려 가는 것은 공식영역에 참여하는 근로자들의 재생산에 분명히 기여하고 있다. 그러나 이는 말로만 인정되고 찬양되고 있지, 실제 정당한 평가가 계산되지 않는 무보수 기여인 것이다. 주부가 이혼할 때 또는 불의의 사고를 당했을 때 가사일에 대한 정당한 보상이 안 되는 것이 이를 반영한다. 바로 그러한 의미에서 남편의 사랑에 의존하는 주부의 삶은 불안한 것이다.

주부 자신도 가사일을 남편과 자녀를 위하여 하기 때문에 이러한 일의 사회적 의의를 느끼지 못하고 있는 것이 일반적이다. 도리어 가족들의 개인적 욕구를 최대한 충족시키기 위하여 전근대적이고 반사회적인 행위조차도 불사하는 경우가 없지 않다. 이기적 가족주의, 과잉교육열 등이 이에 속한다. 한편 주부라는 존재양식은 의존적 삶을 필연적으로 요구하지만, 실제 의존할 수 있는 상대는 종종 불투명하거나 불안하기만 하다. 남편의 수입이 생활경비를 충당시키기에 부족하기가 일쑤이며, 남편의 사회적 지위조차 그렇게 안정적일 수만은 없는 것이 보통이다. 주부 자신은 현대교육을 받았으며, 주변의 정보에 항상 접해 있기 때문에 무조건 남편과 가정이 만들어 놓은 한계 속에서 안주하기란 쉽지 않다.

현대 주부는 개인성을 찬양하는 산업사회 속에서 종속적인 삶을 살면서 또한 만족하도록 기대된다. 이러한 모순된 기대치 속에서 딜레마 없이 주부역할을 하기란 쉽지 않다. 이러한 모순은 일부가 적극적 비공식적 경제사회활동을 하는 것으로 메꾸어지기도 한다. 예를 들자면, 자신들의 경제적 의존성을 '계' 또는 부동산투기 등 비공식적 상거래 등을 통하여 타파하기도 하고, 친척·상사·친구 등 사회관계에 적극 관여함으로써 남편 출세의 뒷바라지를 하기도 한다. 그러나 이러한 기도들은 모두 비공식적 차원에서 이루어지기 때문에 구조적으로 반사회적인 이기심의 극대화로밖에 나타나지 않아 주부의 사회적 지위를 확보한다고 보기에도 무리가 있다.

자녀교육에 있어서도 주부의 긍지를 느끼기에는 이미 너무나 전문화된 기관이 발달되어 있고, 새로운 지식의 습득에서 뒤쳐져 있는 주부로서는 자신감을 갖고 자녀교육을 시키기가 힘들다. 이러한 문제점은 자녀가 성장할수록 더 커지기만 한다. 주부의 삶이 갖는 자기모순적인 측면은 바로 여기에 있다. 이상적 현모양처상을 따르는 것에 완전히 반발하고 주부의 삶을 천직으로서 받아들이기에는 우리 사회는 이미 너무 변해 버렸다. 산업사회의 구성원리와 모순된 역할을 완전히 받아들인다는 것은 누구에게도 불가능하다. 다만 주부가 다른 직업과 마찬가지로 선택할 수 있는 직업이 될 수 있다면 문제는 달라진다. 그럴 때 그 삶의 모습은 어떠할지 검토해 볼 수 있다. 주부가 선택 가능한 직업이 되기 위한 첫단계로 주부의 가사노동과 사회적 지위를 좀더 객관적 시각에서 파악할 필요가 있다. 주부 자신도 가정에 종속된 입장이 아니라 가정을 만드는 사람으로서의 주체의식이 있어야 한다.

그러나 주부역할에 대한 경제적 보상은 누구에 의하여 이루어져야 할까? 현재로서는 주수입원인 남편의 바깥활동에 일부 투영된 것이라 볼 수밖에 없다. 일부 서구국가에는 주부의 보수를 국가가 지불할 것을 요구하는 운동조차 있었으나, 현재 우리 나라 실정으로는 상당부분은 남편이 책임져야 한다. 이러한 의미에서 이혼시 위자료나 사고에 의하여 일을 못할 때 보상은 지불제도 등이 법적으로 보장되어야 한다. 장기적으로 볼 때 주부 자신도 남편이 자신을 부양해야 된다는 고정관념에서 벗어날 필요가 있다. 모두가 함께 가정을 이루고 또 전체사회에 기여한다는 의식을 가질 때만이 가사일의 의의와 주부역할에 대한 정당한 평가가 이루어질 수 있다.

맺음말

이상에서 본 바와 같이 현대 산업사회에서 여성들은 전업주부로 일하든 사회 각 분야에 진출하여 활동을 하든 매우 비슷한 갈등적 상황에 직면해 있다. 이러한 갈등은 주로 역할갈등으로서, 가부장적 이데올로기의 잔존이 현대사회가 요구하는 기능적 역할 사이에서 야기하는 것들이다.

여성이란 어떠해야 되며 무슨 일을 할 수 있다는 고정관념은 결코 기능적이지도 않으며, 현실적으로 모두 실행될 수도 없는 형편이다.

가정이 천직이며, 그 속에서 여성 고유역할만을 수행해야 한다는 논리는 여성에게 안정된 기능을 할 수 있도록 하기보다는 여성의 사회진출을 막는 역할만 하고 있다. 그뿐 아니라 여성의 성장과정 속에서 투자된 사회간접자본의 사회로의 환원을 저해하여, 자원의 낭비만을 초래하는 것이다.

이렇게 제한된 여성 범위는 또한 가장의 역할을 하는 남성에게 부담만을 가중시킨다. 남편에게 전적으로 의존하는 '귀여운' 아내의 '사랑스러운' 모습은 실상 가족의 생계를 위하여 돈벌레같이 일해야 되는 가장의 과중한 책임과 스스로의 능력개발을 사장한 채 소비적이며 의존적 존재로 본래의 자신의 모습보다 왜소화된 여성의 모습이다. 이렇게 왜곡된 이상형은 전업주부 자신에게뿐 아니라 취업주부 및 미혼여성에게도 부정적 영향을 미치고 있다. 이상형에서 어긋난 활동을 하는 여성에 대한 비난이나 사회적 차별은 여성의 성숙됨을 불가능하게 만든다.

여성이 사회에 기여할 수 있는 몫이 가정 내에서만 가능하고, 직종에서도 여성 특수영역이 남아 있을 때 여성은 남성과 함께 사회활동을 하기란 힘들다. 그리고 여성들이 독자적 경제력을 확보할 수 있는 영역도 제한된다. 여성들이 인격적 주체를 갖추기 위해서 이러한 제한적 여건들은 변해야 한다. 여성이 경제력의 확보 없이 사회 내 주체적 위치를 차지하기란 거의 불가능하다. 자신의 생계를 전적으로 남편에게 의존하는 여성이 완전한 사회적 성인이 될 수 있다는 믿음은 어떤 논리로도 정당화되기 힘들다. 그러나 그렇다고 해서 여성이 모두 직업전선으로 나가야 된다는 말은 아니다. 전업주부인 경우에도 경제적 주체성을 갖는다는 것이 결코 불가능한 것은 아니다.

가정 내 주부가 하는 일은 분명히 물질적 기여라고 간주될 수 있고, 남편의 수입 중 일부에 대한 권리는 객관적으로 존재하는 것이다. 놀면서 얻어지는 것은 아니며 분명히 역할수행을 요구하는 직업이기 때문이다. 따라서 외부수입이 없는 주부일지라도 남편과 함께 가계운명의 책임과 의무를 진 이상 공동재산권을 주장할 수 있어야겠다. 같은 맥락에서 취업여성들이 자신의 직업활동의 사회적 의무와 권리를 주장할 수 있어야 한다. 취업주부의 경우 가계책임을 공동으로 수행하는만큼 재산권 행사에 적극 관여해야 한다.

이제 여성들도 하나의 인격체로서 자신들이 하고 있는 일에 대한 권리를 주장할 때가 왔다. 여성의 천직을 주부로만 한정시키는 고정관념을 지속시킴으로써 현대 한국사회가 직면한 청소년문제, 이혼, 가치관의 파탄 등의 사회 불안요인들을 해결시킬 수 있다고 주장하는 우려는 문제의 핵심을 오도시키는 것뿐이다. 여성들의 일에 획일적으로 부과되는 이 관념은 여성의 딜레마를 가중시키고, 사회 내의 문제를 가족간의 관계 속에 함몰시키는 작용만을 하는 것이다.

획일화된 성역할에 대한 고정관념은 인간 각자가 지닌 개성을 무시하며 각자의 개성이 모아져 조화 있는 모자이크를 이루는 인간적 사회가 뿌리내리는 것을 막는 것이다. 결국 이제까지의 논의로 볼 때 여성의 삶이 다양할 수 없는 것은 여성일 자체라기보다는 가부장적 이념에 의하여 다양성이 왜곡된 것뿐이다. 현대 한국여성이 딜레마에서 벗어나기 위하여서는 성별에 관계없이 한 일에 대한 공정한 평가와 사실을 있는 그대로 인정하는 성숙함이 필요하다. 이를 위하여 제도적 차원에서의 변화와 더불어 여성 자신의 철저한 자기성찰과 노력이 요구된다. ■

논설

획일문화와 성차별 언어

김숙희
동덕여대 독문학

1. 머리말

 언어체계는 가치중립적이고 정태적인 구조물이 아니라 서로 어긋나는 이해(利害)들이 그 진술 속에 같이 앉아 있는 역사적・동태적(動態的) 통일체이다. 한 집단의 언어는 그 집단이 지닌 언어학상의 동질성이나(우리 경우에는 한글) 나 혹은 지리적 경계에 의해 규정되는 것이 아니라 이 집단의 사회적 조건으로부터 직접 산출된다.
 또한 언어란 우리의 현실과 생활을 가장 적나라하게 반영할 뿐 아니라, 우리의 현실과 생활을 규정하고 구속한다. 오늘날 우리의 언어관행은 사상(事象)과 사고를 제대로 나타내 주지 못하고 있으며 진실하고도 평등한 인간관계를 가로막고 있다. 우리의 언어생활을 특히 성gender과 관련시켜 보면, 언어와 삶이라는 관계를 속에 여성비하 언어 내지 성차별 언어라는 또 하나의 틀이 형성됨으로써, 언어는 여성의 삶을 억압하는 핵심 요소로 작용하고 있다.
 이 글은 우리의 언어생활이 다양한 사고(思考)・다양한 삶을 촉진시키지 못하고 있다는 인식, 언어가 인간 상호간의 진정한 의사소통 기능을 제대로 수행하고 있지 못하다는 인식, 그리고 그같은 현상의 가장 극단적인 형태가 바로 성차별 언어라는 전제에서 출발한다.
 이 글에서는 성차별 언어를 중심으로 상업광고에 나타난 여성비하 언어, 일상생활에 나타난 남녀 비대칭(非對稱) 언어에 초점을 맞추었다. 이 점은 무엇보다도 언어를 문화적 형태의 하나로 파악할 경우, 현재 양적인 면에서 우리 문화의 가장 큰 몫을 차지하고 있는 것이 대중문화, 그 중에서도 매스미디어에 의한 상업문화를 무시할 수 없기 때문이다. 또한 여성의 지위가 향상되었느냐 아니냐의 논의와는 상관없이, 여성에 대해, 혹은 여성 자신에 의해 가정에서 일터에서 그대로 계속 사용되고 있는 비대칭 언어는 인간차별 언어의 큰 부분을 이루고 있는 것으로 믿어진다. 언어가 얼마나 집요하게 우리의 사고와 행동을 지배하고 있는지를 인식하는 것은 우리의 생활세계를 합리적으로 만들어 나가기 위한 첫걸음이다.

2. 성차별 언어란?

성차별 언어는 다음과 같이 정의될 수 있다.
  (i) 한 성(性)에게 적용되거나 이들을 특징지우기에 적당한, 그러나 다른 성에게 적용되거나 특징짓기에는 부적당한 이름·용어·표현들.
  (ii) 한 성의 어떤 행위들을 제한하기 위해 사용되는, 그러나 다른 성의 동일한 행위들을 제한하는 데는 사용되지 않는 이름·용어·표현들.[1]
  결국 성(性)차별 언어란 한 성(性)의 어떤 행위들을, 다른 성(性)의 같은 행위들과 관련하여 특징짓고 제한하기 위해 사용되는 언어이다.
  "남자가 부엌에 오면 고추 떨어진다'는 말, '계집애니까 접시를 씻고, 동생을 돌보고, 청소를 해야' 하며 '사내녀석은 접시를 씻어서는 안 된다'는 말, '사내가 울면 못써' '남아 대장부가……' 등등의 어투는 한 성의 행위는 허용하면서 다른 성의 행위는 제한하는 말로서, 우리가 흔히 듣는 성차별 언어의 단적인 본보기이다.
  차별 없는 평등한 사회생활이 이루어지는 것이 우리 모두의 지향 목표라는 원론적인 인식이 우리들 속에 보다 넓게 확산되고 있음에도 불구하고 이같은 성차별 언어는 실제에 있어서 여전히 스스럼없이 사용되고 있다. 우선 성차별이 가장 두드러지게 드러나는 상업언어를 보자.

3. 상업언어와 대중문화

현대사회를 진단하는 많은 논문들에서 지적되고 있는 것처럼 상업문화 내지 대중문화란, 만드는 자에게는 이익을 안겨 주고 소비자에게는 오락과 쾌락을 안겨 주는 문화 형태이다. 로벤탈L.Lowenthal은 이와 같은 대중문화의 특징으로 평준화·스테레오 타입·보수주의·허위·대중조작 등을 들었으며,[2] 아도르노Th.W. Ador-

---

1. Sara Shute, "Sexist Language and Sexism," in: M. Vetterling-Braggin (ed.), *Sexist Language*(Adams and Co., 1981) p.29.

no도 라디오, 텔리비전, 영화 등의 대중 전파매체가 '우리의 심층심리에 마지막 구멍을 뚫은 이후' 우리 인간은 문화를 직접 체험하는 마지막 가능성을 차단당했다고 지적했다.³

예술에 있어서조차 그 일회적인 분위기Aura가 사라져 버린 복제 시대에 살고 있는 우리는 라디오나 텔리비전 수상기 앞에 앉아 셀 수도 없이 많은 상품의 광고를 보고 듣는다. 그러는 동안 우리는 직접 알고 있는 지인이나 친구들에 대한 것과는 다른 관계를 체험하게 된다. 광고자들은 말과 영상을 수단으로 하여 막연하면서도(우리는 그들을 개인적으로 알지 못하기 때문에) 구체적인 방법으로(판매할 일정물품을 제시하기 때문에) 우리에게 다가온다. 매스 미디어를 통해 우리의 사회적 접촉이 이전에 상상도 할 수 없었던 정도로 확대되었다고 간주될 수도 있겠으나, 개인적 접합점이 없는 사람(광고자)과 우리가 맺게 되는 이 관계는 확실히 비현실적인 관계이며 직접적인 반론의 여지를 봉쇄당한 채 오직 듣고 수취할 수밖에 없다는 점에서 이 관계는 일방적이다. 수취인과의 비현실적·일방적 관계를 전제로 한 상업언어, 즉 광고언어의 특징은, 이 언어에 사회적 명확성과 관련성이 상실되어 있다는 점이다. 바꿔 말해 대화의 일방이 구체적 개개인이 아닌 집단이나 제도가 될 때, 그 언어는 윤리적인 힘과 책임감을 상실해 버린다.

4. 상업언어에 나타난 여성

상업언어의 주종을 이루는 광고에서 여성은 하나의 인간, 온전한 인격체로 대우받지 못하고 있다. 모든 화장품·겉옷·속옷·샴푸·비누·구두의 광고는 여성을 규격화된 미(美)의 노예로 만들기 위해 안간힘을 쓰고 있고 오직 남성들에게 잘 보이는 것을 여성들의 최종 목표로 설정하고 있다. 근사한 옷을 입고 예쁘게 화장을 한 여성이 감미로운 배경 음악 속에 걸어올 때, 뭇 남성들이 그녀를 우러러 쳐다본다. '○○코트 남성의 시선을 모은다'는 은근한 말소리가 들린다. 이때 여성은 남성과 다름없는 정신과 육체를 아울러 가진 인간이 아니라, 이런 옷 저런 화장품과 동일시되는 상품일 뿐이다. 이 책에 실린 고석주의 글에 이와 같은 류의 예가 더욱 생생히 제시되고 있다.

이같은 광고들은 성의 해방, 성의 평등보다는 새로운 '남존여비 문화'를 부추기고, 성의 문화 내지 상업주의적 섹스문화를 도처에 전파시키고 있다.

'엄마젖이 묽어지면 ○○○표 우유를 먹이세요' 같은 문구의 내용이 아무리 과

---

2. 이병혁, 「자본주의와 언어」, 《오늘의 책》 1984년 가을, No. 3(한길사, 서울), 201쪽에서 인용.
3. Th. W. Adorno, *Minima Moralia*(Frankfurt a. M, 1983), p.78.

학적인 사실에 근거하고 있다 할지라도 이 광고 속에서 여성의 출산과 모성에 대한 존경은 찾을 길이 없다. '사랑받겠어!' 소리를 듣기 위해 음식을 만들라고, 사랑받고 귀염받는 여자가 되기 위해 이 물건 저 물건을 사라고 광고는 유혹하고 있다. 마치 이러이러한 물건을 사서 쓰지 않으면 너 역시 남자에게 팔리는 물건이 될 수 없다고 모든 여성들에게 공갈 협박이라도 하려는 듯이.

소비재 광고뿐 아니라 대중문화의 또 다른 부분을 점하고 있는 영화의 내용 및 그 광고, 대중가요의 가사에서도 여성에 대한 취급은 마찬가지이다. 여성의 벌거벗은 몸을 배경으로 '밤을 먹고 사는 여자' '뼈와 살이 타는 밤' '여자의 대지 위에 비를 내려라' '차라리 불덩이가 되리' 등의 선정적인 제목이 결코 여성의 성해방을 나타낸다고 볼 수는 없다. 오히려 여성을 섹스의 노예로 보고 여성의 몸을 섹스 상품으로 내세워, 여성을 사고능력 및 이성적인 판단능력이 결핍된 물건으로 취급하고 싶어하는 의도——의식적이든 무의식적이든——가 그 배후에는 숨어 있다.

'여자는 항구, 남자는 배' 따위의 그럴 듯한 말로 여자의 순정·정조·눈물·설움·기다림·복종·체념·한(恨) 등등을 강조, 그것들이 여성의 흔들릴 수 없는 덕목이요, 지켜야 할 바의 숭고한 가치라고 선전하는 대중가요의 가사 내용 역시 숙고와 비판의 대상이 되어야 한다. 거의 대부분의 대중가요는 어째서 여성이 눈물·한숨·기다림·인내·체념·한 등의 이미지로만 연결이 돼야 하는지 그 이유를 제시하거나 설명 혹은 비판하지 않고 그것을 당연한 것으로서 뽕짝의 음률과 함께 듣는 사람에게 주입시키고 세뇌시켜 그같은 여성상을 확립시켜 놓고 있다.

그렇다면 왜 여성은 상업언어에서 하나의 인격체로 대접받지 못하고 마치 상품처럼 차별받고 있는 것일까? 그것은 우리들 삶의 모습, 나아가 언어전반의 양상이 물신(物神)숭배·물화(物化)의 방향으로 치닫고 있는 것과 불가분의 관계에 있는 듯이 보인다.

▌5. 언어에 나타난 물화의식 (物化意識)

현대인들이 갖고 있는 기본적인 심리 속에는 상품숭배·물신숭배의 사상이 들어 있다. 이같은 생각은 개개 상품에 적용될 뿐 아니라 세상 자체를 상품세계로 전환시켜 모든 사물을 '상품정신'으로 치장시켜 버리고 있다. 그래서 경우에 따라 '세계'란 말이 실제 내용상으로는 상품세계를 가리키는 동의어가 되고 만다. 인간이 상품을 지배하는 것이 아니라, 그 역(逆)이 되어 버린 것이다.

시장경제가 양적으로 확대됨에 따라 상품에서는 오직 교환가치만이 중시됨으로써 살아 있는 인간이 구체적 대상에 노동을 가한 결과 생겨난 생산품은 노동의 산물이라는 구체적 성격을 상실하고, 시장경제 속의 상품이라는 추상적 성격을 띠게 된다.[4]

이같은 물신숭배 사상은 언어활동에도 그대로 나타나며, 동시에 상업언어에 힘입어 촉진되고 있다. 결코 돈으로 환산할 수만은 없는 인간의 노동에 대해서도 상품에 대해서와 같은 언어가 쓰인다. '몇 푼짜리 일' '얼마짜리 가치가 있는 일' '두 시간 일하면 소주 몇 병 값이 된다' 등등의 표현은 질적으로 다른 물질들(예를 들어 노동과 소주)이 양(量)이라는 척도에 의해 거의 동일한 것이 되어 버렸음을 의미한다. '별이윤이 남지 않는 사업'이라는 표현은 '이 회사의 기업가와 노동자·기술자들이 열심히 일하여 적지만 얼만큼의 이윤을 남겼다'는 표현과는 다르다. 후자가 노동과정에서의 인간관계를 중시하는 표현이라면 전자는 이윤을 강조하는 표현이다.

우리가 별생각 없이 쓰고 있는 이같은 표현에는 인간이 경시되고 물건이 중시된다. 스스로 이성과 판단을 최고의 인식 주체로 파악하는 인간의 모습은 보이지 않는다. 그래서 경제적 요인들이 우위를 점하고 인간의 역할은 감소되는 가치체계 및 이같은 가치체계를 바탕으로 한 사고(思考)틀을 바로 언어가 반영하면서 동시에 촉진시키고 있다는 견해가 성립되는 것이다.[5]

특히 여성이 소비의 주체가 되면서 여성의 물화·상품화가 더욱 촉진되었음은 비극적이지 않을 수 없다.

6. 남녀간의 비대칭 언어

언어의 진정한 의사소통 기능을 방해하고 여성을 구속하는 구체언어로서 이제 남녀 비대칭 언어를 보자.

국어 대 사전의 정의에 따르면, 대칭이란 둘 사이의 관계에서 서로 위치를 바꾸어도 여전히 같은 관계가 이루어짐을 일컫는 말이다. 즉 위치를 바꿨을 때 '같은 관계'가 이루어지지 않을 경우 비대칭이라 할 수 있겠다.

우리의 언어생활에서 예를 들자면 남류(男流) 작가는 없는데 여류(女流) 작가

---

4. 반성완, 「총체성의 이념과 변증법적 인식」,《오늘의 책》1985년 겨울, No.8(한길사, 서울), 244쪽.
5. Klaus Kreimeier, "Grundsätliche Überlegungen zu einer materialistischen Theorie der Massen-medien," in: F. Vaβen(hrsg.), *Methoden der Literatur Wissenschaft* (Opladen, 1978, 3. Aufl.), p. 142.

는 있고 남류 명사(男流名士)는 없어도 여류 명사(女流名士)는 있다. 사장·회장·은행장·지점장·판사·변호사·사회자·과장·부장 등등 거의 모든 직업 혹은 직함 앞에 여자 혹은 여류가 붙게 된다. 이는 지금까지 거의 모든 직업분야가 남성들의 독차지였던 현실을 단순히 반영해 주는 외에도 '여자가 기특하게……' 하는 식의 놀라움·호기심, '감히 여자가……' 하는 적개심 등을 내포한 복합적인 감정을 나타내 주는 것이다. 아직도 상당수의 남성들은 같은 직종, 같은 환경에서 여성과 함께 일할 때 '여자가 뭘 하겠다고……' 하는 식으로 위에서 내려다보다가 바로 그 여자가 무엇인가를 성취했다고 판단될 때, '여자로서는 제법……'에서 한 걸음 더 나아가서 '여자의 한계를 넘어선 여자'라는 식으로 그 동료 여성을 평가(?)하는데 이것 역시—비록 호의적인 발상에서 나왔다 할지라도—여성에 대한 찬사가 아니라 자신의 독단을 드러낸 비대칭언어의 일례로 간주되어야 한다.

일상생활에서 자주 쓰이는 '여성적' '남성적'이라는 단어만을 놓고 보더라도 언어생활에 있어 남녀간의 비대칭성은 명백히 드러난다. '남성적'이라는 단어는 남성적이라는 성질을 지칭하거나 기술하는 경우에 사용하고 그 이외에는 별로 사용하지 않는 데 반해, 즉 단순한 형용사에 지나지 않는 데 반해 '여성적'이라는 단어는 여성적이라는 성질을 기술하는 외에 여성을 규정하는 가치언어로 사용된다. 무슨 말인가 하면 남성은 머리가 좋다든지 똑똑하다든지 돈 벌 능력이 있다든지 하면, 굳이 용감하다든지 사내답다든지 건강하다든지 하는 '남성적'인 성질을 지니지 않아도 전혀 문제될 것이 없지만, 여성의 경우는 아무리 똑똑하고 공부 잘하고 돈 잘 버는 등등의 재능을 갖추었다고 하더라도 공손·온순·상냥하지 않으면, 즉 '여성적'이지 않으면 모든 다른 재능들이 쓸모없는 것이 되어 버린다.[6]

미혼의 직장남성들이 밥하고 빨래하는 것이 '귀찮아서 장가나 가야지'라고 하든가, 무절제한 생활을 청산하는 방편으로 '돈을 모으려면 장가를 가야지'라고 내뱉는 데 반해 미혼의 직장여성들은 직장생활에 싫증이 나거나 남자동료와 동등한 대우를 받지 못한 경우, '힘든데 시집이나 가야지' '좋은 남편 만나 시집가서 아이 낳고 잘살면 그만이지'라고 흔히 말한다. 기혼자들을 보더라도 남성들은 동창생이나 친구들을 만나면 '자네 요즘 재미 어떤가?' '사업은 잘되나' 하고 안부를 주고받는 반면, 주부들이 친구·동창생들과 주고받는 인사는 당사자에게 관한 것이기보다는 '네 남편 사업은 어떠니?' '네 아이들은 공부 잘하니?' 등등의 배우

---

6. 일상언어를 중심으로 한 남녀비대칭 문제에 대해서는, 丁大鉉, 「여성문제의 성격과 여성학」(1985년 6월 제1회 여성학회 학술발표회 발표논문)을 참조할 것.

자 및 자녀에 관한 것이다.

이상의 일상용어에는 미혼여성이 '시집가는 것'에, 주부들이 남편과 자식에게 자신의 모든 것을 걸고, 결혼·남편·자식에게서 자신의 정체성을 차용하여, 그것에 기생하고 있음이 여실히 나타나고 있다.

이같은 어법은 여성으로 하여금 '자신의 정체성을 자신의 활동에 의해서가 아니라 다른 사람의 활동에 의해 가지게끔'[7] 사회제도가 만들어져 있음을 암시하고 있으며, 남녀 비대칭 언어를 쓰게끔 은연중에 유도하고 있는 사회제도 자체에 문제가 있음을 드러내고 있다.

만약 어느 직장여성이 남자사원들에게서는 당연시되고 있는 사실들, '결혼하고 나서는 물론 자녀출산 후에도 계속 직장생활을 할 것'이라든지, 해당부서의 '결정과정에 적극 참여하겠다'고 한다든지, 남자사원에게 쓰이는 호칭 그대로 '미스아무개' 아닌 '아무개씨'라고 불러 달라고 요구한다면, 대개의 경우 그 직장여성은 '문제여성'(?)으로 간주되어 매사에 갈등을 겪고 어려움을 당하게 된다.

언어생활에서의 문제점은 일상에서 굳어진 언어들이──법적 구속력을 갖는 것은 아니라 할지라도──그 지칭되는 실체의 개념을 고정시켜 버림으로써 커뮤니케이션의 최면적인 성격 및 대중지향성에 힘입어 거대한 집단의식을 형성하여 버린다는 데 있다. 비대칭 언어에 있어서도 용어의 의미는 견고하게 확립돼 있어 이에 이의를 제기하는 다른 용어나 사상은 공중언어(公衆言語), 즉 사고의 운동방향이 미리 결정되어 있는 언어에 의해 축출돼 버리며, 설사 축출되지 않는다 할지라도 그것이 수용되기까지에는 상당한 시간을 요한다.

이렇게 해서 '여성은 여성적이어야 한다' '미혼여성의 직장생활은 결혼을 위한 전단계이다' '가정주부는 남편의 정체성을 자신의 정체성으로 갖는다' 등의 명제들은 우리의 일상언어 구조 안에서 당위적 힘으로, 여성들의 실제 생활에 부과되고 있다.

7. 성차별 언어의 추방을 위하여

성차별 언어가 한 사회 내에서, 한 성(性)의 행위를 허용하면서 다른 성(性)의 행위는 제한·억압하는 도구로 쓰이고 있다면 성차별 언어의 제거는 성차별주의적 사회현상을 제거하기 위해 필수적이다.

예를 들어, 손자녀(孫子女)란 말에는 항상 성(性)이 분명하게 구별되면서, 화자(話者)가 풍기는 어감과 함께 남아선호 사상이 강하게 표출된다. 중성(中性)단어

---

7. 앞과 같은 글.

인 손주라는 말은 사전에는 사투리로 되어 있는데, 우리는 성(性)을 드러내 주는 손자·손녀라는 말보다는 손자·손녀를 동등하게 놓는 손주라는 말을 표준어로 만들어 나가야 할 것이다. 흔히 사용되는 삼인칭 단수에도 남성에게는 '그', 여성에게는 '그녀'라고 하여 반드시 성을 구별하고 있는데, 이것 역시 불필요한 구분이 아닌가 한다. 남녀 모두를 '그'라고 불러야 마땅하다.

언어행위, 혹은 언술행위는 개인적 행위일 뿐 아니라 사회적 행위이다. 언어변화와 사회변화는 보조를 같이한다. 사회적 영역에서 변화가 일어나면 언어생활에도 변화가 일어나고, 언어생활에 변화가 일면 이는 다시 사회변화에 영향을 미친다.[8]

그렇다면 '누가 어떻게 언어의 구속력을 만들어 냈는가?' '누가 언어를 현재와 같은 구속력 있는 커뮤니케이션의 도식으로 제도화했는가?'라는 질문, 다시 말해 '어떤 메카니즘이 한 사회·한 집단의 언어변화를 유도하면서 언어의 구속력·통제기능을 강화, 혹은 약화시키는가?' 하는 질문을 던질 수 있을 것이다. 그리고 이 질문에 대해서는 언어학자·국어학자·철학자·사회학자·정치학자뿐 아니라 이 사회에 살고 있는 모든 시민이 공동의 관심을 갖고 우리의 사회구조를 객관적으로 파악하려는 노력 속에서 그 해답을 추구해야 할 것이다. 다시 말하면 언어를 사용하고 있는 우리 모두가 현재의 언어 사용을 가져온 언어조건들을 천착, 일상생활에서 의식적으로 언어변화에 관심을 갖고 언어현실을 비판하고 반성적 언어사용을 생활화하여야 할 것이다. 특히 왜곡된 언어들을 개선시킬 수 있는 대안(代案)언어들을 창조하려는 끊임없는 노력을 기울임으로써만 인간과 인간, 남성과 여성을 구별 내지 차별하는 언어들이 사라지고 진정한 의사소통 기제(機制)로서의 언어가 제 생명을 찾게 될 것이다. ■

---

8. Robin Lackoff, Language and Woman's Place (Excerpts), in: *Sexist Language*, p. 65 참조.

논설

인간해방운동의 구조
성과 계급

조형

이화여대 사회학

1. 어느 직업여성

지난 연말 어느 늦은 밤 텔리비전 프로그램에 비친 한 여성의 경우를 생각해 본다. 주인공은 10년 경력을 지닌 시내버스 기사 정씨. 같은 직업을 가진 남편과 세 자녀를 둔 40세의 여성이다. 화면에 비친 그녀의 가정은 풍족하지는 못하지만 화목하고 단란한, 흔히 우리 주변에서 볼 수 있는 도시 소시민의 가정이다. 남편과 정씨는 부부로서 그리고 동료로서 서로 이해하고 격려하는 사이이며, 고등학교를 졸업하고 직장에 다니는 맏딸, 대학입학 예비시험을 치른 큰아들과 중학교에 다니는 막내도 모두 각자의 할일을 하면서 집에 오면 어머니의 일을 거들고 일하는 어머니에 대한 자부심을 표현한다.

그녀의 바쁜 일과는 버스 운전 외에도 시장보기, 집안살림 등으로 화면이 빠르게 흘러갔고 한 직업여성의 꿋꿋하고 건강한 삶이 생생하게 그려져 있었다. 그런 가운데에도 어느 다른 장면보다 여운을 길게 남긴 것은 그 프로그램의 마지막 즈음에 기자에게 쏟은 그녀의 한숨과 눈물이었다. 앞으로의 소망이 무엇이냐는 물음에 정씨는 "나도 다른 여자들처럼 아이들을 좀더 잘 보살피면서 (편히) 집에서 살 수 있었으면……" 그는 눈물 때문에 말끝을 맺지 못했다.

그의 눈물의 의미는 과연 무엇일까?

우리는 그 눈물 뒤에 숨은 의미를 적어도 세 가지로 집약해 볼 수 있을 것이다. 하나는 새벽부터 자정이 넘기까지 남자들에게도 힘겨운 일을 하면서도 넉넉지 못한 살림을 꾸려 가는 노동자로서의 계급적 억울함이다. 다음은 우리 사회에서 중류층 주부들에게나 주어지는 비교적 안이한 가정생활의 혜택을 누리지 못하는 노동여성의 계급적 한(恨)이다. 끝으로, 자신의 직업활동이 가족, 특히 자녀들에 대한 모성의 역할을 충실히 해내지 못하게 한다고 믿는 허위의식적 죄책감이다.

한 시대를 사는 사람들의 고뇌는 각자의 위치와 상황에 따라 각양각색일 것이다. 그러나 한편 개개인들의 문제는 그들이 속한 사회 내의 위치에 따라 유형지워진다. 이 시대 한국사회에서 개인들의 삶에 지대한 영향을 미치는 보편적 요소는 크게 그가 어떤 사회계급에 속하는가, 여성인가 남성인가의 두 가지 변수로 보인다.

예컨대 같은 직업을 가지고 함께 가정을 꾸려 나가는 정씨 남편의 경우 그의 고뇌가 정씨와 같을 것인가? 어려운 살림을 면치 못하는 가장으로서의 죄책감이 추가될지 모르지만, 적어도 정씨가 여성이기에 느끼는 두 가지의 고뇌에서는 면제될 것이다. 이 경우 우리는 분명히 계급과 성이 별개의 고뇌를 유발하는 요소임을 본다. 또, 같은 여성이라고 하더라도 다른 계층의 여성들은, 그들이 직업을 가졌다면 가진 대로, 전업주부라면 그런대로, 그들의 문제는 각자의 계급적, 성적인 문제들이 될 것이다.

구체적으로 하는 일이 정씨와는 다르더라도 같은 노동계급에 속하는 여성들에게는 정씨와 공통된 문제와 고뇌가 있다. 특히 이들에게 가족 중에 누구라도 위중한 병에 걸린다거나, 남편이 갑자기 사망하는 등의 문제가 생겨나는 경우 그들의 계급적 억울함과 한은 몇 배 더해질 것이 틀림없다.

보다 나은 삶을 살 수 있는 사회를 추구하는 사회이론과 운동에 있어 성과 계급의 문제가 중요시되는 이유가 바로 여기에 있다. 혹자는 성의 문제를 계급의 문제로 환원시킬 수 있다고 믿지만, 성과 계급은 어느 하나가 다른 하나를 결정적으로 규정해 주지 않기 때문에 이 두 가지는 분석적으로 당연히 분리 검토되어야 하고, 그 관계에 대한 이해를 통해서만이 우리는 사회의 불평등 구조를 올바로 볼 수가 있게 되는 것이다.

물론 사회이론의 이념적 가치나 사회운동의 목표의 차원에서 본다면 이 두 가지는 궁극적으로 하나의 문제가 될 것이다. 즉 불평등의 해소를 통한 인간해방이라는 궁극적 가치에 있어서는 성과 계급의 문제가 하나인 듯이 보인다. 그러나, 그러한 가치와 목표가 하나라고 해서 현실 문제의 복잡성을 회피해서는 곤란하다. 현실적으로 나타나는 현상들에 비추어 볼 때 성과 계급의 문제가 하나의 뿌리에서 출발되었다거나, 혹은 이 둘 중 한 가지 문제만 해결되면 다른 하나가 자동적으로 해소될 것이라 믿을 만한 근거가 없다.

궁극적 목표가 같다고 해서 문제의 분석과 해결과정을 일원화할 수는 없다. 이론과 실천을 위해 성과 계급의 문제는 우선 그 문제의 본질을 분석하는 차원에서 이원화시키는 것이 타당하며, 양자의 관련성까지 밝혀진 다음에라야 운동의 전략을 깊게 논의할 수가 있을 것이라고 믿는다. 바로 이것이 오늘 우리들의 공통된 일차적 과제라고 생각한다.

2. 가부장제와 자본주의

한 사회의 구조적 성격은 그 사회에 사는 사람들의 삶을 조건화한다. 따라서 계급과 성을 매개로 한 개개인들의 삶을 이해하고 종국에는 인간해방을 위한 실천의 방도를 찾기 위해서는 그 사회의 성격을 먼저 해명하는 작업이 요구된다.

이 글에서는 오늘날 우리 사회의 기본적 조직원리가 가부장제와 자본주의에 바탕을 두고 있다고 전제하고 논의를 전개하고자 한다. 여기서 가부장제는 남성과 여성을 밖과 안, 위와 아래로 위치 매기고 가정에서뿐 아니라 전체 사회에서 남성지배의 원리와 권위주의적 위계질서를 관철하는 제도적·구조적 체계를 말한다. 한편, 자본주의는 생산수단의 소유자와 비소유자를 갈라 소유자가 비소유자를 인간으로서가 아닌 상품으로 사고 그의 노동을 착취하는 계급구조를 형성하며, 사회 안의 인간관계를 물화하는 효과를 가져오는 생산양식을 일컫는다.

이와 같은 가부장제와 자본주의를 우리 사회의 조직원리의 기반으로 보는 데에 대하여 몇 가지 의문이 제기될 수 있다. 과연 오늘날 우리 사회가 서구와 같은 자본주의 사회인가, 가부장제 규범이 과연 얼마나 기본적인 조직원리인가, 적어도 자본주의만큼의 비중으로 중요하며 또는 자본주의와 별개로 다룰 만한 근거가 있는가 등등이다.

현대 한국사회를 자본주의 사회로 볼 수 있느냐, 어떻게 언제부터 그렇게 되었으며, 구체적으로 어떤 종류·단계의 자본주의인가 등의 문제들은 아직도 학계에서 논란이 진행되는 중이다. 따라서 이 문제를 여기에서 깊이 다룰 수는 없겠으나, 다만 우리 사회가 19세기 말 이래 외부로부터 침투해 들어온 자본주의 영향 하에 놓이게 된 후, 식민지하에서 그리고 해방 후 오늘에 이르는 동안 그 경제적 토대는 자본주의가 지배하게 되었다는 사실은 인정해야 할 것이다. 그러나 특히 계급에 대한 논의에서는 우리 사회가 밖으로는 세계적 규모의 자본주의 체제에 통합되어 있고, 안으로는 실제 경제사회체제가 자본주의 생산 구조와 밀접하게 관련된 前자본주의적 생산구조를 동시에 지니고 있다는 사실도 무시할 수 없다.

이런 상황에서 우리 사회의 자본주의 경향을 서구의 선진자본주의와 동일한 단계, 동일한 형태로 보기는 어려울 것이다. 그럼에도 불구하고 자본주의에서 우리 사회의 조직원리를 찾을 수 있다고 하는 데에는, 자본주의가 지배적인 생산양식으로써 그 운동법칙이 우리 사회의 전체 경제구조를 좌우하며, 지난 20여 년 간 산업화 과정을 거치면서 개인적으로 자본제적 생산체계 안에서 일을 하거나, 그 바깥에 존재하거나를 막론하고 우리들의 일상적인 삶이 자본제적 원리에 따라 움직이고 있다는 평범한 사실에 기초한다.

우리 사회의 복잡한 경제구조의 성격은 계급구조에도 그대로 반영되어서, 생산수단 소유자층은 고전적인 자본가계급과 소생산자층으로, 생산수단 비소유자층은 전형적인 생산노동계급 외에 신중간층을 비롯하여 비공식부문의 대부분을 점하는 일용노동자를 포함한 다수의 산업예비군으로 분화된다. 이들간의 계급관계도 수직·수평적으로, 직접·간접적으로 복잡하게 얽힌다.

이런 계급구조 안에서 여성이 점하는 위치는 어디인가? 여성들의 계급적 위치는 직업활동을 하는 경우 생산체계 안에서 독자적으로 차지하게 되는 직접적인 계급위치와 전업주부들과 같이 자신이 직접 참여하지는 않되 남편의 노동 재생산 활동을 통하여 남편의 계급적 위치를 공유하게 되는 간접적 계급위치로 나누어 볼 수 있다. 이 두 가지 기준에 의해 우리 사회의 여성들은 남성들과 마찬가지로 각 계급에 분포되고 있다고 말할 수 있다.

그러나 여기에서도 남성들과의 차이점을 짚고 넘어가지 않을 수가 없다. 반수 이상의 성인여성들이 독자적으로 계급적 위치를 지니는 것이 아니라, 남성의 계급위치에 따라 부수적으로 그 위치가 규정된다는 점이 우선 다르다. 이것은 여성들이 집안에서 어머니와 부인으로서 자녀를 낳아 기르고 가사노동을 담당함으로써 가정 밖에서 생산체계에 참여하는 노동력을 재생산하기 때문에, 당연히 계급적 위치를 나누어 가질 수가 있다고 해석될 수가 있다. 사실상 노동재생산 기능은 어떤 생산체계에도, 어떤 사회에도 필수적인 기능이다. 그러나 산업자본주의 생산체계 내에서(출산 이외의) 모든 노동재생산 활동을 맡을 사람이 남성이 아닌 여성이어야 할 절대적인 이유는 없다. 그렇기 때문에 여성이 가사를 담당하고 그 대신 남편의 수입과 계급위치를 나누어 갖는 것, 즉 그 반대가 아니어야 하는 것은 자본주의 생산체계의 요청이기보다는, 가부장제 원리에 힘입은 자본제적 여성착취의 한 변형이라고 보는 편이 더 타당하게 된다. 만일 지금 주부들이 모두 직업을 가지고 독자적인 계급위치를 지니겠다고 원한다면 대다수는 실업자가 되어 산업예비군으로서 자본주의 사회의 가장 낮은 계급에 속하게 될 것이 분명하다. 그럼에도 불구하고, 많은 중상층 여성들이 남편의 지위에 따라 그 계급위치를 공유할 수 있는 것은 남자 가장과 그에게 경제적으로 의존하는 피부양자들로 구성되어 주로 소비기능을 담당하는 가족이 소위 '정상적 가족'이고 그렇게 사는 여성이 '행복한' 여성이라고 간주되는 사회이기 때문이다. 그러나 그렇게 종속적 위치에 있다는 사실을 느끼는 주부들이 '행복'할 수만은 없는 것이며 무의식적으로도 그 사실은 많은 도시주부들을 불안하게 한다. 그리하여 그들은 남편과 자녀의 계급적 성취에 지나치게 집착하게 되며 반면 이러한 성향은 사회적으로 가족적 이기주의와 보수주의의 온상이 되고 있다.

한편, 독자적으로 계급위치를 지니는 여성들의 경우에도 어느 정도 자주능력은 지니게 되지만, 그들의 계급적 위치가 남성들과 꼭같은 기준에 의해 결정되지 않는 수가 많다. 저임금노동직과 낮은 직위에 여성노동력이 집중되고, 어느 층에서도 여성들은 승진·보수·사회관계에서 남성들이 경험하지 않는 부당한 경험들을 하게 된다. 성별분업, 여성차별 등 가부장적 원리들이 이와 같이 여성의 계급결정에 작용하여 자본의 이윤 극대화에 기여하고 여성에게는 억울함과 불안을 경험하게 하는 것이다. 우리 사회가 가부장제 사회라고 하는 데에는 아무도 이견이 없을 것이다. 최근 늘어나는 여성의 사회진출이나 중류가정의 부부관계변화 등에 접하여, '가장권을 수호해야 한다'는 일반의 과민반응에서부터 우리는 가부장제적 성격의 변화보다는 그 아집을 쉽게 확인할 수 있게 된다.

여기에서 우리의 관심문제는 과연 우리 사회의 기본성격을 이해하는 데 있어 가부장제가 자본주의만큼 중요한 요소가 되는가라는 점이다. 여기에는 많은 사회과학자들도 이견을 보이고 있다. 그것은 이제까지의 사회과학이론들이 성·가족·가부장제 등의 문제를 그 체계 안에 포함시키는 데 인색해 왔기 때문이다. 그러나 종래의 사회과학이 의도적이든 비의도적이든 그 측면을 생략하는 데 습관화되어 왔다는 사실 하나가 우리 사회의 성격을 밝히고자 하는 노력에서 그 문제들을 무시해도 좋다는 근거로 될 수는 없다.

가부장제 원리는 앞에서 잠시 살펴본 정씨의 삶이나, 여성들의 계급적 위치매김에 국한되지 않고 사회조직 전반에 표현되고 있다. 우리 사회의 조직형태와 인간관계에 팽배해 있는 권위주의·가족주의·명분주의 등은 일차적으로 가부장제적 원리인 것이다.[1] 이와 같이 가부장제는 남성과 여성간의 관계뿐 아니라 남성과 남성, 여성과 여성의 관계까지도 위계관계로 규정해 주는 원리들을 안고 있다. 다시 말해서 가부장제는 자본주의 원리들만으로 해석될 수 없는 측면에 대한 구조적 설명 기반을 제공해 주고 있는 것이다.

그만큼 중요성이 부여되는 가부장제는 어떻게 접근되어야 할 것인가? 여기에

---

1. 이효재, 『분단시대의 사회학』(한길사, 1985), 60 - 120쪽 참조.

서는 1) 가부장제 원리들의 원형적 반영을 역사 속의 가족구조에서 찾고, 궁극적으로는 노동력 재생산체계에서 그 근거를 찾을 수 있으며, 2) 특정 시대의 재생산과 생산과의 상호연계구조가 바로 그 사회의 성격을 규정해 준다는 입장에서 접근을 시도하겠다.

우리에게 익숙한 가족제도하에서 남녀, 장유, 세대간의 수직적 관계규범(특히 그 중에서도 남존여비의 규범)은 역사적으로 근세에 오면서 심화되었다. 가장권은 조선시대에 유교적 명분하에 엄격히 법제화되었고, 조선 중기 이후의 보편화된 친영제, 장남상속제 등에 의해 철저하게 수호되어 왔다.[2] 여성들의 일차적인 가치는 남편의 가문에 대를 이을 남아를 출산하는 데에 있었다. 소수의 양반지주 계층의 여성을 제외한 대다수의 여성들은 남성들과 같이 노동력으로서의 가치도 지니고 있었지만 이것은 부차적 가치로 간주되었다. 이런 관점에서 볼 때 마치 유교가 전통사회의 가부장적 규범들을 형성한 원인이듯이 해석하는 것은 오류이다. 특정 종교나 사회규범은 그 사회의 경제·정치적 조건과의 유관접합성에 따라서 비로소 실질적 행동원리가 되거나 잊혀지거나 한다. 따라서 가부장제가 언제 어떻게 시작되었든, 친족 내의 젊은 남녀에 대한 노장층의 권위는 오히려 그들의 노동력과 재생산 능력에 대한 통제에서 그 기반을 찾는 것이 더 타당하게 보인다.[3] 생산체계와 노동력 재생산체계가 가족·친족·촌락공동체의 수준에서 합치되었던 전통사회에서 가부장은 그 사회단위의 생산력, 노동력, 노동 재생산력 등을 통제함으로써 그 사회를 재생산하는 데 중심역할을 했고, 바로 거기에서 가부장의 절대적 권위가 강화될 수가 있었을 것이다. 굳이 분석적으로 분리시켜 본다면, 재생산체계는 출산을 통하여 노동력과 그 재생산력을 재생산하는 데 핵심기능을 하는 성으로서의 여성과 그 상대가 되는 남성, 그리고 여성을 둘러싼 남성과 남성(예컨대 연장자와 연소자) 사이의 관계를 규정해 준 기초가 된 것이다.

오늘날은 사정이 달라졌다. 자본주의가 발달하면서 재생산기능을 담당하는 가족이 생산조직과 분리되어 존재한다. 그럼에도 가족 내 구조는 과거 가부장제의

---

2. 최재석,「조선시대의 상속제에 관한 연구」,《역사학보》 53·54 (1972); 박병호,「한국의 전통가족과 가장권」,《진단학보》 그 외.
3. 메이야쑤는 전자본주의 농경사회인 '가족적 농업공동체 사회'에서 촌장의 절대적 권위가 생산체계에 있어서의 남성노동력에 대한 통제, 노동력 재생산체계에 있어서의 여성교환에 관한 통제에 기반한다고 해석한다. 여기에서 그가 노동력 재생산 관계에 관하여 치밀한 분석을 생략한 점이 매우 아쉽다. Claude Meillassoux, *Femmes Grenier et Capitaux* (Paris, 1975); "The Social Organization of the Peasantry: The Economic Basis of Kinship," in: David Seddon, *Relations of Production* (Frank Cass, 1978).

유형을 그대로 지속하면서 자본주의 생산체계와 새로운 관계를 맺게 된 것이다. 이와 같이 생산양식의 변화에도 불구하고 가부장제가 지속되는 사실은 생산양식과는 별도의 기초에 의해 운용되는 재생산양식의 존재를 확인하게 해준다.

자본제적 생산양식이 여러 생산양식 중 하나의 구체적 형태이며 그 전후로 이어지는 역사과정의 한 단계로 분석되듯이, 가부장제도 역동적으로 자체운동법칙을 지니는 인간 재생산양식의 한 단계적 형태로 분석될 수 있는 가능성을 상정해 본다. 출산과 노동재생산에 연관된 사회적 관계유형으로 우리에게 지금까지 가장 잘 알려지고 오래 지속되어 온 형태는 가부장적 체제이다. 그러나 이러한 역사적 현실 때문에, 혹은 출산기능을 여성이 담당하게 되어 있는 생물학적 사실 때문에 가부장제가 유일한 재생산양식일 것이라고 단정하는 것은 잘못이다. 재생산양식의 핵심요소는 출산기능 그 자체가 아니라 출산(노동력재생산) 과정의 통제이기 때문이다. 이제 과거와는 달리 출산에 관련된 기술변화로 출산기능의 통제가 가능해졌고 여성들간에 자신들의 사회적 위치에 대한 의식수준이 높아지고 있는 사실이 가부장제적 재생산양식의 변화 가능성을 암시해 주는 것이 아닐까. 그러나 가부장제의 발생·유지·소멸, 새로운 재생산양식의 발생 등에 관한 연구는 아직도 초기 모색단계를 넘어서지 못하고 있다. 재생산양식 이론의 정립, 그리고 재생산양식과 생산양식간의 관계구조 및 그 표현양태에 관한 다각적인 연구의 과제가 커다란 도전으로 남아 있는 것이다.

여기에서 잠시 그간 진전된 여성학 연구들을 살펴보기로 하자. 우리 사회를 비롯하여 어느 사회에서건, 어떤 계급에 속하건 여성의 삶은 그 질과 정도에 있어서 남성과는 다르게 출산 및 가족과 밀접히 연관되어 있다. 따라서 성분업과 여성의 지위에 관한 여성학적 논의에서 가족·재생산·가부장제 등이 가장 핵심을 이루는 문제가 되어 온 것은 너무 당연하다.

그러나 그간에 누적된 연구결과 중에도 성차별과 가부장제 일반에 관한 생리결정론, 경제결정론, 심리결정론 등은 이 글의 관점에 따르면 유용한 것이 되지 못한다. 오히려 계급에 기초한 생산양식에 대응하여 가정 내에서의 남성의 여성노동력 소유——지배에 기초한 '가족생산양식'을 대립시킨 Delphy의 논의나[4] 부인의 노동력 및 성과 출산에 대한 남편의 통제력을 남녀사회관계의 물적 기초로 해

---

4. Christine Delphy, *The Main Enemy: A Materialist Analysis of Women's Oppression* (1977); "Continuities and Discountinuities in Marriage and Divorce," in: Diana L. Baker and Sheila Allen (eds.), *Sexual Division and Society: Process and Change* (Tavistock, 1976) 참조.

석하는 McDonough와 Harrison,[5] 그리고 최근 가부장제적 인간재생산양식론을 펴고 있는 Bryceson과 Vuorela의 논의[6] 등이 참고가 된다. 또한 가부장제와 자본주의간의 상호보완관계에 의한 여성억압에 관한 Hartman의 논문과 이를 둘러싼 논쟁들도 논의와 관련이 있다.[7]

여성연구업적들에 관한 상세한 검토는 다른 기회로 미루고, 가부장제적 자본주의사회 안에서 여성의 위치와 역할로 다시 돌아오자. 자본주의 사회 안에서 여성의 우선적 영역은 가족이라고 인정된다. 가족 안에서 그들이 하는 중요한 일은 출산과 양육(즉, 노동력 재생산)과 가사(일상적 노동재생산)일이다. 이런 일들은 여성들이 어떤 계급에 속하든 그들에게 주어지는 일이다. 임무를 충실히 수행하기 위해서 직업을 가졌던 사람들도 결혼과 동시에(혹은 출산기에) 퇴직을 하여 자기 자신의 위치를 남편에게 종속시키는 것이 현실이다. 독자적인 노동력소지자로서 주체적으로 의미 있는 일을 할 수 있어야 할 여성들이 일생 내내, 혹은 적어도 출산· 육아기에는 전적으로 재생산노동에 전념해야 한다는 사회적 요구의 정당성은 성분업, 여성종속의 가부장제적 규범에 일차적으로 기초한다.

그런데 자본주의 사회에서의 여성의 가정 내 역할수행이 순수하게 가부장제적인 요청만에 의한 것은 아니다. 노동재생산에 관련된 기능만 하더라도, 여성들은 특정 계급 안에서 자녀를 출산하여, 그 계급적 능력의 한도 안에서 양육·사회화하고, 그 계급의 노동력을 재생산하는 가사일을 하게 된다는 것이다.[8] 그렇게 함으로써 사회계급을 재생산하고, 크게는 불평등 계급구조를 낳는 자본주의사회를 재생산하는 것임을 우리는 인식해야 한다. 이때 계급적 이해관계의 차이로 인하여 여성들간에도 현재와 같이 사회와 자기의 위치 및 역할에 대하여 비교적 만족하는 층과 불만인 층이 갈리게 된다. 그러나 계급적 지위가 세습되는 불평등사회에서 결

---

5. R. McDonough and R. Harrison, "Patriarchy and Relations of Production," in: Kuhn and Wolfe (eds.), *Feminism and materialism* (Rontelege, 1978).
6. D. F. Bryceson and U. Vuarela, "Outside the Domestic Labor Debate:Towards a Theory of Modes of Human Reproduction," *Review of Radical Political Economics*, 16 - 2/3 (Summer & Fall, 1984).
7. Lydia Sargent (ed.), *Women and Revolution* (South End Press, 1981); Gita Sen, "The Sexual Division of Labor and the Working-Class Family:Towand a Conceptual Synthesis of Class Relations and Subordination of Women," *Review of Radical Political Economics*, 12 - 2 (Summer, 1980).
8. O. Harris and K. Young, "Engendered Structures:Some Problems in the Analysis of Reproduction," in:J. S. Kahn and J. R. Llobera (eds.), *The Anthropolgy of Pre-Capitalist Societies* (MacMillan, 1981).

코 바람직한 민주화가 이루어질 수는 없다. 이렇게 볼 때, 여성들이 흔히 주장하듯이, 가정 내에서 여성이 하는 일은 '남편과 남편의 가족 혹은 자신의 가족을 위하는 일이고, 여자는 당연히 희생해야 한다'는 말은 여성들이 길들여져 온 대로 모범적인(?) 표현을 하는 것이거나, 아니면 지금 혜택을 받고 있는 계급의 여성들이 '전통'이라는 미명을 빌어 표현하는 계급적 이해관계의 치졸하고 자기기만적인 표현에 지나지 않음을 알 수 있게 된다. 여성의 경제활동 참여 및 사회진출 자체로서 여성의 지위향상을 가져올 수 있을 것이라는 순진한 생각 역시 그러하다. 자신들의 노동력 재생산에 관련된 사회적 기능과 자신들의 위치를 깊이 음미해 본다면, 즉 그보다 깊은 사회적 의미를 고려한다면 이러한 희생지상주의 내지 공동체의 운명을 고려에 넣지 않는 출세주의적 사고방식은 수정되어야 한다는 데 이의가 없을 것이다.

3. 이론에서 실천으로

이 글은 처음부터 사회운동은 물론, 사회이론과 연구는 인간해방이라는 궁극적인 목표의 실천과 연계하에 이루어져야 한다는 입장을 취했다. 그리고 오늘날 우리 사회가 안고 있는 인간해방의 구조적 저해요인은 가부장제와 자본주의에 의한 성적·계급적 억압임을 밝혀 보려고 하였다. 오늘날 여성들의 사회적 위치와 역할과 고뇌는 가부장제적 성차별이 내포된 계급적 문제와, 자본주의적 착취가 내포된 성억압 문제에 결부되어 나타나는 것으로 보았다. 즉 우리가 직면한 여성문제는 단순히 성의 문제이기보다는 가부장제라는 재생산양식과 자본주의라는 생산양식의 상호관계적 산물로 분석해 본 것이다.

앞 절의 목적은 이러한 문제들에 대한 심층적인 분석이 아니라 작은 아이디어 제시에 불과했다. 따라서 보완되어야 할 부분이 아직도 많이 남아 있다. 거기에 더하여 우리 사회의 특수한 상황인 남북분단이 성과 계급의 문제에, 그리고 사회 전반에 미치는 효과에 대한 연구도 절실히 요구된다. 미흡한 수준에 머물지만, 이상의 논의에서 적어도 가부장제와 자본주의가 현실적으로 여성들의 삶, 가족구조 및 사회구조에 반영될 때에는 밀접하게 상호작용을 하여 나타나되 기본적으로 양자는 별개의 기초와 운동법칙을 지니므로 분석적으로 양자를 분리시키는 것이 타당할 것이라는 점, 그렇게 한 후에야 상호연계구조를 밝히는 것도 가능하게 될 것이라는 주장이 분명해졌으리라 생각한다.

그렇다면, 현실분석상의 이러한 양자의 분리가 실천에는 어떻게 연결될 수 있을 것인가? 앞에서도 강조하였듯이 여성문제는 우리 사회에 존재하는 제반 불평등과 억압의 한 형태이며, 그 기초는 사회 경제구조의 토대에 깊이 뿌리박고 있다. 따라서 여성문제의 해결은 구조적 쇄신에서 찾을 수밖에 없고, 궁극적으로 여성과 남성이 계급과 성의 억압적 굴레를 벗고 인간적으로 해방되는 데에도 그 해답을 찾을 수 있게 된다. 다시 말해서, 여성운동의 목적은 단순하게 여성들이, 혹은 일부계층의 여성들이 사회진출을 하고 자기 계층의 이해를 증진시키고자 하는 데에 있는 것이 아니라 여성문제의 해결, 그리고 나아가 여성과 남성 모두의 인간성 회복에 기여하는 데에 있는 것이다.

이런 점에서 여성운동은 다른 사회운동과 그 맥을 함께한다고 하겠다. 그럼에도 불구하고, 사회적 현실은 별개의 운동으로서의 여성운동을 요청한다. 즉 성과 가부장제의 문제를 외면하는 사회이론의 현 상태, 여성문제를 부차적인 것으로 치부하고 운동조직과 활동에서 공공연하게 여성에 대한 차별을 불사하는 오늘날 우리의 사회운동의 현실은 여성들로 하여금 스스로의 문제를 우선 해결하려는 노력을 불가피하게 만드는 것이다. 뿐만 아니라 운동의 효력을 개별화된 생활상의 이해관계를 통해서만이 현실적으로 효과 있게 발휘될 수 있다고 믿는다면, 여성운동은 여성의 경험세계를 통하여 더욱 그 효력이 커질 것으로 믿는다. 그렇다고 하더라도 커다란 사회운동의 맥락에서 여성운동은 다른 종류의 사회운동들과의 부단한 관계를 통하여 상호간 목표와 과정을 점검하고, 우리 사회의 생산구조 및 재생산구조에 내재된 모순을 타개하는 데 합의를 촉구하는 노력도 게을리 해서는 안 될 것이다.

이러한 거대한 목표에 비추어 볼 때 우리 여성운동의 실천현장은 매우 미성숙한 단계에 있다. 최근에 발족된 몇몇 여성단체를 포함한 소수를 제외하고는 많은 여성단체들이 회원들의 계급적 위치를 고수하기 위한 활동에 전념함으로써 앞에서 제시한 가부장제와 자본주의가 낳는 여성억압의 복합적 구조를 옹호하거나 은폐하는 데에 오히려 기여하고 있다. 혹은 반대로, 농민운동이나 노동운동에 참여하는 여성들의 경우에는 계급문제에만 집착함으로써 자신들이 도리어 가부장적 성억압의 희생물이 되고 있다. 이러한 경향들은 모두가 바람직한 일이 아니다. 여성들은 그들이 속한 계급적 상황 안에서의 경험을 토대로 성적·계급적 이해관계를 통하여 계급문제와 성의 문제를 해결하는 노력을 강화해야 한다.

끝으로 강조하고 싶은 점은, 여성운동이 결코 어떤 특정한 인물들, 특정한 계급이 성취해야 하는 특수운동이 아니라 이 사회의 여성 모두가 그 필요성과 정당성을 절감하고 함께 참여해야 할 운동이라는 것이다. 오늘날 우리가 직면하고 있는 문제들이란 다음 세대로 이어져 갈 것이며 여성문제는 그 형태는 다르지만 어느 계급에나 존재하는 문제이기 때문이다. 대학을 나왔다고 해서, 남편을 출세시키고 아들을 열심히 공부시킨다고 해서, 어떤 전문분야에서 비교적 성공을 했다고 해서…… 이런 현재의 세속적인 성취들이 그 개인들을 이 역사적 고민과 투쟁에서 면제시켜 줄 면죄부가 되는 것은 아니다. 우선 나부터 스스로 나의 노동력을 포함한 인간성을 되찾고 그 주체로서의 삶을 만들어 가야 한다. 그렇다고 해서 여성의 직업활동 참여가 모든 문제를 해결해 주는 것은 결코 아니다. 현재와 같은 생산 및 분배 구조가 지속된다면, 더 많은 여성들이 다양한 일에 참여한다는 것은 그만큼 많은 여성들을 계급적·성적 억압의 대상으로 만드는 결과가 될는지 모르기 때문이다. 그러므로 여기에서 한걸음 더 나아가 계급과 성에 따른 불평등구조와 지치지 않는 투쟁적 노력을 해야 할 필요가 생긴다. 우리의 딸들, 손녀들에게 줄 가장 값진 선물은 인형도 보석도 눈먼 성취도 아니다. 오늘 우리의 문제를 유산으로 남기지 않으려는 바로 그 노력인 것이다. ■

논설

문화와 사회운동의 양식
한국의 경우

조혜정
연세대 문화인류학

1. 머리글

건강한 사회란 사회구성체의 존립이 보장되는 사회이자 그 사회구성원들이 행복을 느끼는 사회를 말한다. 그러나 실제로 한 사회의 '건강 정도'를 가늠할 수 있는 방법을 우리는 아직 잘 모르고 있다. 한 사회가 완전히 소멸해 버리기 전에는 그 사회가 건강한지 또는 앓고 있는지, 앓고 있다면 그 정도가 얼마나 심한지 등에 대한 진단은 내리기 어려운 것이다. 그것은 어쩌면 외부인의 객관적인 눈으로 가장 잘 진단될지도 모른다. 그러나 이것은 결국 그 사회를 구성하고 있는 당사자들이 내려야만 하는 것인데, 그 이유는 치유가능성이 궁극적으로는 바로 환자 자신이 자기 병에 대해 얼마나 정확한 진단을 내리고 있으며, 또 치유에 대한 의지가 얼마나 단단한가에 달려 있기 때문이다.

산업사회의 위기를 논하면서 하버마스는 한 사회집단의 '자기진단능력'을 강조하고 있다.[1] 그는 사회 변동의 과정을 노동체계와 상징체계라는 두 자율적 체계 사이의 끊임없는 상호작용의 과정으로 본다. 여기에서 한 체계의 변화는 다른 체계의 변화를 유발시키지만 변화의 속도가 맞지 않아 어느 한 편이 크게 지체될 때, 사회 구성원들은 심한 갈등을 경험하게 되고, 집단적 생존은 위기에 처하게 된다. 예를 들어 컴퓨터의 하드웨어가 아무리 잘 만들어져 있어도 사용자의 소프트웨어의 면에서 개발이 지체되면 쓸모가 없거나 악용되어 오히려 없는 것보다 못하며, 비디오 상영기가 있어도 좋은 내용의 테이프가 없고 보는 사람들이 '포르

---
1. 하버마스,『후기 자본주의 정당성 연구』(서울 : 종로서적), 15쪽.

노'만 찾는다면 새로운 기제의 개발은 사회발전을 저해할 뿐이다. 상황과 무관하게 절대적으로 좋은 제도나 체제란 있을 수 없으며, 항상 그 제도를 적절하게 운용하는 인간 행위자의 준비가 또한 중요하다는 것이다. 이와 같이 인간사회는 내적·외적 교환을 토대로 한 체계만이 아니라, 집단적 자아형성이 가능한 인간적 구성물이며, 사회변화는 궁극적으로 후자의 차원, 즉 사회적 상호작용을 통한 의미체계에 의해 매개되는 과정이다.[2] 이 의미체계를 인류학에서는 '문화'라고 부르며, 이는 사회구성원들이 자신의 경험세계에서 추상화한 것이다. 기본적 사고의 틀, 환경과 인간을 포함한 실체에 대한 이미지와 문제에 부딪쳤을 때 선택 가능한 해결책들이 주요 내용을 이룬다.

따라서 바람직한 사회변동이란 외부의 어떤 압력에 의해 불가피하게 일어나는 과정이 아니라, 그러한 압력이 정확하게 파악된 상태에서 주체자들에 의해 적극적으로 '일으켜지는' 변화인 것이며, 이에 사회성원들이 형성해 온 문화, 특히 상황파악능력과 상황극복을 위한 대안을 제시하고 실천해 가는 작업은 매우 중요해진다. 이 글은 근대 이후 지금까지 우리 사회의 변화가 주체적이라기보다 외부의 압력에 의해 이루어져 왔다는 문제의식에서 씌어졌다. 문화적 차원에서의 변화가 지체되었다는 점은 현재 지구상에 있는 대부분의 사회에 해당되는 문제이나, 우리 사회가 상대적으로 심하게 그 면에 둔하다는 것이 필자의 관찰이다. 앞으로 더욱 역사는 사회구성원들의 주체적 사회참여에 의해 이루어져야 한다는 점에서, 우리의 문화적 특수성에 대한 이해를 깊이 하고 사회운동에 대한 인식을 새롭게 할 필요가 있다.

여기서 취하는 입장은 결코 관념결정론적인 것이 아니다. 그러나 적어도 사회는 제도적 영역임과 동시에 실천적 이성의 영역이며 일상적 생활세계의 합리화는 역사발전과 뗄 수 없는 핵심적인 부분이라는 전제에서 출발하고 있다. 우리는 구조적 모순에 대해 많은 논의를 해왔으나, 반면 열어갈 주체자들의 생활세계와 가치지향에 대해 함구해 온 편이다. 즉 역사 속에 작용하는 동기적 힘을 포함한 성찰 과정을 간과해 온 것이다. 인간집단의 자기성찰적 영역을 무시할 때, 우리는 자칫 역사를 과정으로서가 아니라 결과로서 보게 되며, 사회개혁을 위한 운동에서도 지나치게 조급해지는 과오를 범하게 된다.

이 논의 전개에 있어 필자는 간간이 다산 선생의 시를 빌어 쓰고자 한다.[3] 180년 전 한 지식인의 자기 사회에 대한 진단이 지금 우리 사회에 대한 성찰작업에도

---

2. R. R. Weiner, *Cultural Marxism and Political Sociology* (London: Sage Pub, 1981), p.28.
3. 정약용(宋載邵 역주), 『茶山詩選』(서울: 창작과 비평사, 1983).

여전히 의미가 깊다는 것은 우리에게 시사하는 바가 크다. 다산 선생의 학문과 주장이 어떠한 지지적 기반을 굳힐 수 있는지에 대해 논할 능력이 아직 필자에게는 없다. 단지 여기서는 그의 고민 중 상당부분이 여전히 지금 우리의 고민으로 남아 있으며, 동시에 바로 그 고민이 8, 9세대를 이어져 왔다는 사실 자체가 자기성찰의 실마리가 될 수 있음을 지적하고자 한다.

2. 주체성과 공동체의식에 따른 네 부류의 사람들

자신의 선택으로 이 세상에 태어난 사람은 하나도 없다. 그러나 일단 삶이 주어진 후, 그 주어진 기간을 선택과 의지를 통해 주체적으로 살았던 사람들은 많다. 산업사회에 들어서면서 주체적 삶을 살아야 한다는 당위성이 더욱 강조되고 있고, 실제로 우리 주위를 돌아볼 때, 그렇게 살고자 애쓰는 이들이 점점 많아져 간다.

그러나 현대사회가 요구하는 주체적 삶이란 어떤 직업을 택하고, 누구와 결혼하여 어느 곳에 살며, 저녁식사 때 무슨 요리를 먹을 것인지 등에 대한 선택과 그 책임만을 의미하지는 않는다. 참으로 주체적 삶이란 궁극적으로 자신의 삶의 모습이 어떠한 것이어야 하는 차원에서 선택이 가능한 삶을 의미하며, 따라서 이는 개체적 삶의 모습을 규정짓는 공동체의 운명과 분리되어 이해될 수 없다. 다시 말해서 이 시대가 요구하는 주체적 인간이란 동시대의 삶을 포괄하는 차원에서 자신의 주체적 권리를 행사해 나가는 사회구성원이라고 말할 수 있는 것이다.

삶에 대한 주체적 태도 정도와 자신의 삶이 공동체의 운명과 어떻게 직결되어 있는가를 인식하고 공동체적 삶을 건강하게 이끌어 가려는 의지행사의 여부에 따라 현 사회 구성원들을 기본적으로 다음과 같은 부류로 나눠 볼 수 있다.

특성＼유형	I	II	III	IV
주체적 태도	−	+	−	+
역사의식	−	−	+	+

의존적이고 운명론적 태도로 삶을 살아가는 사람들이 I의 범주에 속한다. 이들은 집단주의적 태도를 철저히 내면화시키고 있으므로, 가족이나 군중 속에 자신을 동화시키고 밀착시킨 상태를 가장 편안하게 느낀다. II의 범주에 드는 인간형은 주체적 태도를 가지나 역사의식이 결여된 사람들을 말한다. 나름대로 분명한 목표를 세우고 이를 달성코자 애쓰나 사회의 흐름에 대한 인식이 부족하여 자칫 그들의 각고의 삶은 공동체 전반의 발전과 유리되거나 부정적 영향을 미친다.

III의 범주의 인간형은 공동체의 운명을 심히 염려한다는 면에서 위의 두 범주의 인간형과 다르다. 그러나 이들은 의존적인 태도를 여전히 갖고 있으며, 이들의 한계는 집단적 협력활동에서 여실히 드러난다. 주체적인 사고가 부족하기 때문에 조직활동의 방향성을 점검하는 데서나 현상분석에 있어서 무리를 빚게 되며, 자신의 문제를 집단의 문제에 묻어 해결해 보려는 심리가 강하기 때문에 맹목적인 동조를 서로 강요하는 폐단을 낳는다.

네번째 집단은 적극적이고 주체적인 태도로 실천적 목표를 추구해 가는 인간형이다. 이들은 자신이 몸담고 있는 공동체의 모습이 어떠해야 하는지에 대한, 즉 건강한 사회에 대한 명확한 청사진을 갖고 있으며, 이를 실현해 가는 과정에 주체적으로 참여한다.

위의 도식은 단순화된 이념형으로서, 행위자들을 고정유형화시키려는 의도에서가 아니라 생각을 돕기 위해 제시되었으며, 여기서 중시하는 것은 변화 가능성이다. 즉 Ⅱ의 인간형이 생의 성숙기에 새로운 사회의식을 갖게 되거나 Ⅲ의 인간형이 조직활동에 참여함에 따라 주체적 태도를 기르게 될 가능성은 항상 있다. 이 글의 초점이 자신의 집단적 삶에 대한 자기 진단능력을 높여 가려는 데 있는 만큼, 이 글은 불변의 진리를 말하는 것이 아니라 토론의 주제로 제기되는 것이다.

다음에 이어지는 3장에서는 Ⅰ, Ⅱ의 범주에 드는 인간형을 중심으로 우리 자신들의 운명적 태도와 미약한 공동체의식에 대하여 논의하였고, 4장에서는 Ⅲ의 범주에 드는 인간형을 중심으로 조직활동상의 문제를 다루었다. 결론에서는 사회개혁운동 방식의 차원에서 위의 문제들을 종합하였다.

3. 운명적 태도와 미약한 공동체의식

범주 Ⅰ에 드는 인간형은 전통적인 농경사회, 그리고 지배, 피지배층이 엄격히 구분된 전제군주적 통치체제의 산물로써 그 대표적 인물이 다산의 시에 잘 묘사되고 있다.

서호(西湖)의 부전(浮田)
이 그림(浮田圖) 펴놓고 농부에게 보여주니
쓴웃음만 날리며, 곧이 듣지 않으려네.
민둥산 어느 곳에 도끼질 할 수 있소?
수렁에서 깊은 물 찾는 꼴이지.
논 있으면 일하고 없으면 그만두지.
예부터 지력(智力)이란 한도가 없는 법.

만민이 속수무책 하늘만 바라보고 짐승 잡아 산신령님께 빌기만 하네.
(1807년 지음)

부전은 논 위에 떠 있는 밭으로서 호수를 이용하여 농사를 짓는 방식이다. 이 농경방식은 매우 생산적이고 집약적인 형태로서 실제로 남미의 아즈텍인들에 의해 활용되었으며 그것은 '치남파'라고 불리었다.[4] 다산이 이 농경방식을 한 농부에게 권했다가 운명론적인 그 농부에게 비웃음만 산다. 인간의 지적 능력에는 한계가 있으니 순응하며 살 일이지 공연한 생각 말라는 것이다.

현대 산업사회에 살면서 여전히 한정된 토지에 기반을 둔 보수적인 보존원리, 그리고 권력의 절대성을 믿고 있는 사람들이 적지 않다. 이들은 사회의 통념, 준거집단의 기대와 압력, 제도적 틀 등에 스스로를 무조건 맞추어 살아가며, 주체적 결정을 내림으로써 자신이 처하게 될지도 모르는 갈등적 상황을 극히 두려워하고 기피한다. 그 대신 어떻게 하면 남들이 하는 대로 하면서 그들보다 '잘살 수' 있을지에 정신을 쏟는다. '인간은 주체적이어야 한다'는 명제에 대해서 그들은 가족의 압력, 동료들의 기대, 나약하게 길러진 자신의 성장 과정 등을 들어 자신의 의존성을 정당화시키며 살아간다.

오정희의 소설적 표현을 빌면 '헌 옷가지처럼 남루히 걸린 기존의 삶 중 하나를 둘러쓰고'[5] 사는 자신의 모습을 애처롭고 끔찍하게 여기면서도 새로움을 만들지 못하고 얽혀 살아가는 것이 실은 아직도 상당히 보편적인 우리네 삶의 양태가 아닌가 한다.

다음으로 주체적 태도를 가지나 역사의식이 결여된 II의 범주에 드는 인간형을 살펴보자. 이들은 자신의 삶에 있어 분명한 목표를 세우고 이를 부지런히 달성해 나가는 의지의 사람들이다. 그러나 방향감각이 무딘 탓에 자신의 삶이 어떠한 사회적 결과로 나타날지에 대한 예측을 못하고, 결국 그의 노력은 '출세' 또는 '방관'의 차원에 머무르게 된다. 최근 우리 사회의 심각한 문제로 제기되고 있는, 출세주의, 이기주의, 이웃의 아픔을 방관하는 삶의 양식도 단순히 상업주의 사회의 산물만은 아니다.

빈곤과 혼란으로 점철된 말기적 왕조시대, 그리고 곧 이어진 일본의 압제와 국난, 분단된 국가체제 속에 살아온 역사적 경험과 결코 무관하지 않다. 일반인은 물론 소위 정치를 책임맡은 사람들까지도 개인수준에서 각자의 삶을 챙기기에 급

---

4. 존스톤 F. E. 와 셀비,『현대 문화인류학』(서울 : 탐구당, 1981), 289 - 90쪽.
5. 오정희,「겨울 뜸부기」,『유년의 뜰』(서울 : 문학과 지성사, 1981), 90쪽.

급했을 뿐 그 삶을 공동체의 운명과 연결시킬 여유는 없었던 것이다. 아무도, 어느 기구도, 어느 집단도 공동체적 삶을 진정으로 책임지는 데가 없는 상황에서 부각된 생존의 원리는 운명론과 철저한 '자기보존'의 원칙일 수밖에 없었다. 원초집단인 가족과 한덩어리가 되어 자신과 가족의 이익만을 위해 싸우며 살아가는 배타적 가족중심주의가 우리의 삶을 주도하게 된 것이다. '믿을 수 있는 건 식구뿐'이며 '가족만이 이익과 손해를 함께하는 유일한 공동이익 체계'6라는 생각, 이것은 절대적 빈곤상태를 어느 정도 극복한 1970년대에 들어서서도 여전히 우리의 생활세계를 지배해 왔다. '오붓한 가족적 삶'에의 한 맺힌 염원을 푸느라고, 그리고 '급수 높은 생활층'을 향한 매진에 숨가빠하며 좀체 공동체로 눈을 돌리는 여유를 갖지 못한 것이다. 물론 우리가 그토록 '빡빡한' 분주함 속에서 허덕이며 조급한 성취에로 재촉당해 왔던 상황 자체를 하나의 거대한 정치적 '음모'의 소산으로 본다면 그렇게 볼 수도 있겠다. 그러나 여기서 달리 주목하려는 것은 그러한 차원만이 아니라 '자신의 끊임없이 빈곤하다고 느끼는 성향' 즉 의미의 차원이다. '여유 없고 급박하다'는 강박관념으로 인해서 이기적 생존주의와 출세주의가 사라지지 않고 있다고도 볼 수 있다는 것이다. 이러한 태도는 우리 사회의 고질적인 집단활동 기피증과 맥을 같이하여 유연한 사회 변화를 어렵게 하는 보수성의 주요 원천이 되고 있다.

의고(擬古)
찬란한 비단옷에
한양길 말 달리다
대궐 앞에 말을 내려
궁중 안을 걸어가면
그 어찌 통쾌한 일이 아니리요만
혹시라도 후환이 따를지 몰라
잠깐 동안 물러나 수양하면서
겉으로 바보인 체, 지내야겠네.
조용히 살면서 하는 일 없고
어떤 일도 기필코 하고자 않는다면
세상이 아무리 험하다 해도
하릴없는 이 한 몸 용납하리라.　(1796년 지음)

---

6. 이순, 「병어회」, 『우리들의 아이』 (서울 : 문학과 지성사, 1981).

'아침에는 높은 벼슬 성현 흉내 내다가 저녁엔 죄를 얻어 오랑캐가 되는'(다산 1983 : 114) 세태에서는 생각 있는 사람들도 자기 한 몸 살기 위해 몸을 사릴 수밖에 없었다. 거창한 교훈으로 남을 가르치는 훈장까지도 자기 자식에게 가르치는 교훈은 '남에게 원망듣는 일 하지 말라'는 소극적인 것이었다. 똑똑한 인물은 모두 거세당하는 사회에서 또 언제 무슨 일이 생길지 모르니 인심이나 잃지 않아야 한다는 것이다.

박완서의 표현대로 '처자식만 아는 착실한 남자, ……처자식의 먹이를 벌어들이는 것 이외에는 자기가 속한 사회에 섣불리 참여하지도, 저항하지도 않는 남자'[7]가 일면 이상적 인물로 여겨져 온 것도, 사회개혁운동은 무모한 사람들이나 하는 것이고 '팔자 좋은' 이들은 그런 것과는 무관한 존재라는 사고경향이 팽배하게 된 것도 이러한 불행한 역사에서 그 근원이 찾아진다.

古詩 24
공자께서 유교를 강론하심에
나라다스림에 관한 말이 절반이었고
주자는 항소를 자주 하면서
논한 바는 모두가 나라 일인데
요즘 선비들은 성리학만 좋아하니
나라 정책하고는 얼음과 땔감 사이다
산림에 숨어 감히 나오지도 못하고
나왔다간 사람들의 웃음거리 되고 마네
마침내 덕 없고 앎이 없는 이들에게
나라 일을 마음대로 맡겨 버렸네.　(1801년 지음)

위의 시에 나타나 있는, 글 읽기에만 몰두한 선비상 역시 당시의 역사적 상황과 관련이 깊으며 실제로 그들을 크게 나무랄 수도 없다. 그러나 여기서 중요한 것은 이러한 선비들의 성향이 역으로 사회상황을 악화시켜 왔다는 사실로서 이 사실에 대한 분명한 인식 없이 사회적 조건을 개선해 간다는 것은 불가능한 일이다.

4. 새로운 공동체의식과 조직활동

우리는 전통적으로 혈연을 떠난 공동체 조직을 가진 경험이 매우 적다. 이미 있어 온 친척관계나 학연·지연 등의 관계를 끌어내어 연대를 맺지만, 이 연대는 일시

---

7. 박완서, 「부처님 근처」, 『도둑 맞은 가난』 (서울 : 민음사, 1981).

적이거나 잠재적인 관계망일 뿐, 지속적 협력을 통해 목표를 이루어 가는 집단으로 성숙하지 못하였다. 삶의 대부분은 가족집단을 통해 해결되어 왔고, 가족 내에서만 성원들은 서로에게 한없이 기대며 살아온 것이다. 그러나 현대사회에서 요구하는 공동체의식은 '나'를 중심으로 가족, 지역공동체, 이념공동체, 국가공동체, 그리고 인류공동체에 이르기까지 탄력성 있게 다른 차원의 집단을 포용할 수 있어야 하며, 이 새로운 공동체의식에 근거한 집단생활은 가족집단의 운영원리로서는 불가능하다. 특히 '단란한 행복'에의 가족적 염원은 좀체로 역사의식과 만날 수 없으며, 가족주의적 특성인 온정주의, 배타주의, 특수주의는 현대적 조직윤리와 근본적으로 상치되는 부분을 보인다.

한편 가족 범위를 벗어난 집단적 삶의 차원에서는 상의하달의 권위주의적 방식으로 이루어져 왔던 조선시대의 맥이 여전히 이어져 오고 있다. 당시 선비들 중 죽음을 각오하고 상소문을 올린 이들이 있으나, 거의가 '어떻게 해주십시오'로 가득 찬 이상주의적 요구를 올렸을 뿐, 스스로 구체적 해결방안을 모색하여 집단화한 노력에 성공한 적이 없다. 이데올로기에 매달려, 또는 외국의 수퍼 파워에 기대어 나라일을 해결해 보려 한 전통은 바로 이러한 자체 내 조직력의 미약함과 결코 무관하지 않으며, 조직력의 미약함은 역으로 명분 위주의 가부장적 권위주의를 강화시켜 온 것으로 볼 수 있다.

다시 말해서 우리가 조직활동을 할 때 부딪치는 심각한 문제들은 바로 우리의 생활세계가 이러한 가족주의적 원리와 명분위주의 권위주의 풍토 속에서 이루어져 왔다는 점, 그래서 의존적 심리가 뿌리깊다는 점과 관련된다. 현대적인 조직활동에 있어서 핵심적인 요소는 자발성과 원활한 의사소통인데, 이 두 요소가 바로 우리의 생활세계에서 극도로 억압되어 온 것이다. 이러한 조직행동상의 특수성을 좀더 구체적으로 살펴보면, 집단의 목표가 취미활동이든 사회개혁이든 우선 그 특징은 목표가 원대하다는 것이다. 그러면서 그 목표는 대개가 실제 운영과 동떨어져 있어 간판과 같은 것이지, 실제 구성원이 깊이 내면화시키고 있는 가치가 되지 못하고 있다. 조직운영은 오히려 '인간적' 의리, 체면 등 정(情)적 요소와 어느 정도의 강제력에 의해 유지되며 일의 분담 역시 자발적이라기보다는 권위적 분배를 통해 주어지거나 협력을 무시한 독단적 질주로 이루어질 가능성이 높다. 가능한 한 잦은 대면적 상호작용과 소위 '끈적끈적한'이라는 표현으로 상징되는 유사 가족적 관계를 통해서 상호동질성을 확인해 가며 집단내부의 갈등은 엄격한 위계서열적 권위를 통해 사전에 제거되는 형식으로 다루어진다. 적개심과 분노를 퍼부을 수 있는 적이 존재하는 경우, 뜨겁게 결속된 감정적 유대가 맺어지나, 그러한 외부의 적이 사라지면 목표가 희미해져서 내부분열이 심해진다. 그리고 일단 분쟁에 휘말리면 서로가 지쳐 나동그라지기 전에는 끝이 나지 않는 것이 특징이다. 해결의 기제가 제대로 마련되어 있지 않으므로 분쟁은 '해결'이 아닌 '포기'로 결말을 보게 되는 것이다.

취미집단인 등산클럽을 예로 들어보자. 우선 대다수 성원들이 입회 때부터 인간관계를 통해 모임과 인연을 맺는다. 가입 전에 여러 등산클럽을 비교 검토한 후에 자신이 원하는 특정 클럽을 선정해 가입하는 예는 극히 드물다.(물론 그러다보니 클럽의 성격도 모두 엇비슷해서 선택의 여지도 실상은 별로 없다) 산이 좋아 가입했다지만 주객전도의 양상이 보인다. 등산보다는 선후배 관계가 먼저 끌리는 점이고 그래서 친분 있는 성원이 빠지면 자신도 자연히 성원역할을 소홀히 하거나 탈퇴하게 된다. 모임의 운영은 카리스마적인 리더를 중심으로 한 조직이 아닌 경우, 엄격한 서열관계로 조직화되어 있다. 이는 보다 확실한 권위유지를 위해서이다. 권위가 무시되는 사태를 막기 위해 엄격한 역할분담이 이루어진다. 초년생들은 궂은 일들을 도맡아 하고, 고참은 명령만 한다. 각자의 개성에 따라 상호역할을 분담하기 위해 의견을 교환하는 일은 별로 없다. 그런 자유로운 의견교환의 과정에서 분쟁이 생기기 쉽고, 그것이 커질 때 걷잡을 길이 없기 때문이다. 그래서 '효율적 역할분담'이나 '대화' 등의 운영방식은 애당초 유기된 채, 절대적 규칙으로 밀고 나가게 되는 것이다.

실제로 의존성향을 가진 구성원들은 자기 소속 집단에서 자아정체성을 확인코자 하며, 자신감이 없기 때문에 눈에 보이는 분명한 결과나 보상에 집착하는 경향이 있다. 기대가 한번 어긋나면 감정적으로 '섭섭해지고' '이용당한다'는 등의 의심을 쉽게 품어 크고 작은 불화의 씨앗이 된다. 이와 뿌리를 같이하는 동질주의적 사고 역시 집단적 활동에 부정적 영향을 미친다. '모든 사람은 똑같이 사고하고 행동한다'는 전제가 기정 사실처럼 받아들여지는 상황에서 남의 의견을 듣고 이해하려는 의사소통적 과정은 자연스럽게 배제된다. '자신과 같지 않으면 모두가 적'으로 느끼는 감정적 성향은 집단들간의 유대형성에서뿐만 아니라 자체내 의견을 수렴하는 데 있어서도 저해적 요소가 되고 있다.

이런 경우, 성공적인 집단유지 방식은 온정적 모델이다. 즉 선배층에 의한 끊임없는 조직목표 주입과 감정적 결속, 그리고 거기서 다져지는 조직원들의 긍지, 지도자층의 헌신적이고 희생적인 역할, 복종하는 대가로 소속감을 갖게 된 것을 기꺼워하는 후배집단, 그리고 외부의 구체적 경쟁상대가 존재하는 한, 조직은 상당한 유대를 이루며 지속될 수 있다. 그러나 그런 조건들 중 어느 하나라도 깨어지면 적지않은 에너지가 조직 내부의 구성원 관리로 유출되어야 하며 대개 경우, 집단의 존속이 위태로와진다.

목표를 분명히 이해하고 주체적으로 모임에 참여한 경우 분쟁이 일어날 소지는 줄어들고, 대신 목표달성을 위한 창조적이고 긍정적인 에너지가 생겨날 여지가 커진다. 각자가 자신의 소질과 적성, 관심에 따라 스스로 분야를 찾고 일을 맡아 하며, 그 일 자체에서 보상을 얻기 때문이다. 때로 자신의 할일이 더 이상 없다고 판단되면 스스럼없이 그 집단을 떠나거나 다른 새 집단을 만들어도 별문제가 없다. 그러나 실제로 이런 원리로 움직여지는 집단이 우리에게는 아직 무척 생소하다.

최근에 들어 공동체의 운명을 염려하는 이들에 의한 좀더 자발적인 운동이 확산되는 기운이 일고 있으며, 이는 우리 역사의 새로운 조직의 시작을 의미한다고 하겠다. 자발적이고 주체적인 참여도를 높이고 조직의 경직화를 막는 길이 바로 고질적인 조직기피증을 고치는 길이자 더 많은 사람들이 주인이 되는 사회를 만들어가는 길이 될 수 있기 때문이다.

5. 보다 철저한 변혁을 위하여

답답한 마음
......
슬프다 이 나라 사람들이여
우리 속에 갇힌 듯 궁벽하구나
삼면은 바다에 둘러싸이고
북면은 높은 산이 구릉져 있어
사지(四肢)가 언제나 굽어 있으니
무슨 수로 큰 뜻을 채울 수 있으리요
성현은 만리 밖 먼 데 있으니
누가 있어 이 어둠을 헤쳐 줄 건가
고개 들어 사방을 둘러보아도
뚜렷한 맘 가진 자 보기 드물고
남의 것 모방에만 급급하니
어느 틈에 열심히 자기 일 연마하리
어리석은 무리들이 바보 하나 떠받들고
야단스레 다 같이 추앙케 하니

질박하고 꾸밈 없는 단군세상의
그 시절 옛 풍습만 못하리로다. (1782년 지음)

　나라의 크고 작음과 삼면이 바다로 싸인 지형이 백성의 삶의 질을 높이는 데 더 이상 결정적 조건이 되지 않는 산업사회에 들어서서 우리가 극복해야 하는 것은 과연 무엇일까? 우리가 실천에 관심을 두고 있는만큼, 실천의 가능성이 많은 이들에게 논의의 초점을 맞추어 보면 두 가지 문제가 제기될 수 있다. 하나는 주체적으로 공동체의 미래를 염려하면서도 자신의 생각을 행동으로 옮기지 못하는 경우 그 이유는 어디에 있을까 하는 것이고, 다른 하나는 행동으로 옮기기는 하지만 그것이 진정한 사회개혁으로 이어지기에 무리가 있다면, 이 또한 무엇 때문이냐는 것이다. 혹 말과 행동을 달리하는 이중인격자라거나 감정적 행동파이기 때문이라고 단순히 규정해 버릴 수도 있을 것이다. 그러나 필자는 여기에서 우리의 앎 자체가 철저하지 못한 때문이라고 말하고 싶다. 어설프게 알아 말로만 하려고 하고——이는 실제로 확신이 서지 않는 지식을 확인하기 위한 언어행위의 반복일지 모른다——자신이 없는 사실을 확인하기 전에 섣불리 행동을 '해버리는' 습관을 우리는 고쳐 나가야 한다.
　물론 철저한 앎에 이르는 것 역시 하나의 과정일 뿐이라는 인식이 중요하다. 전시대의 진실이 오늘을 밝히는 진실이 될 수 없듯이, 오늘의 진실이 더 이상 내일의 진실이 아닐 가능성은 항상 있다. 그러나 이 시대의 진실이 무엇인지를 찾는 작업은 오늘을 살아가는 우리가 해야 할 의무인 것이다. '자신의 운명은 스스로의 손에 달려 있다'는 진리를 외면할 권리가 없는 시대를 우리는 살아가고 있다. 자신과 자기 사회를 돌이켜 보고 객관화시킬 수 있다는 것은 더 이상 축복이 아니고 짐이다. 역사나 다른 사회에 대한 지식은 우리 스스로를 돌아보며 앞으로 나아갈 길을 찾기 위한 것이지, 더욱 문명된 세상에 살기 때문에 주어진 특전이 결코 아니다.
　이미 지적한 바와 같이 사회변화는 제도의 차원만이 아니고 행위자들이 공유하는 의미차원의 변화가 포함된다. 즉 '체제'와 '체질'의 구분, 그리고 그 관련성에 대한 분명한 인식이 요구되는데, 지금까지 그것이 외면당해 온 데는 몇 가지 이유가 있다. 첫째는 자본주의를 비판하든 옹호하든 자본주의 사회체제의 사고경향을 고스란히 수용한 경제결정론적 시각이 지배해온 것, 두번째는 일제통치기간을 통해 '친일'이라는 딱지가 붙어 버린 문화주의, 체질론 등에 대한 부정적 이미지, 그리고 최근의 급진적 성향에 따른 '개량주의'에 대한 무조건적 거부반응이 그것이다. 그러나 어떤 식의 변화이든 그것은 사회구성원의 의식을 통해 여과된 결정과 실천에 의한 것이며, 그런 점에서 정치제도의 변화가 정치문화의 변화를, 가족제도의 변화가 가족문화의 변화를 수반하지 않으면 참다운 변화를 이룰 수 없다. 즉 자신의 삶을 진정한 민주적 태도에 근거하여 이루어 가려는 노력이 없다면, 아무리 민주화를 향한 열망으로 불타 있더라도 우리는 아직 크게 부족하다. 현재 우리가 이루어 가는 운동의 전개양식 자체가 다음에 이룩될 사회의 성격을 결정하는 모태임을 인식할 때 주체적 태도와 민주적 협동양식을 배양해 나가는 작업이 얼마나 중요한지는 더욱 분명해진다. 그리고 그 작업은 바로 사회개혁운동 조직에서 시작되어야 하는 것이다.

개인적 행동이 갖는 정치성에 관한 새로운 명제, 즉 '사회성원은 개혁적 운동을 하든 안하든 어느 한 편에 속해 있는 것이다'라는 인식을 하게 된 지도 꽤 시일이 지났다.[8] 각 시민은 사회에 속해 있는 한 사회적 발언을 하고 있는 것이며, 차이가 있다면 그 발언을 공동체의 발전과 직접적으로 연결시키는 진보적인 가치지향성과 보수적인 지향성 간의 차이가 있을 뿐이다. 이때 가장 위험한 것은 자신의 지향성에 대한 인식이 되어 있지 않는 상태, 특히 '자신이 중립적이라고 착각하고 있는 상태'로서 자신의 신념에 절대성을 부여하는 경우이다.

이렇게 '정치성'을 포괄적 의미에서 받아들일 때 사회개혁을 꾀하는 운동집단은 비로소 그 목표와 방법에서부터 다양성을 인정·포용할 수 있게 된다. 인간다운 삶의 조건을 이루기 위해 풀어가야 할 과제는 많으며 이 과제를 이루어 가는 방식 역시 다양함을 인식하게 되는 것이다. 사회의 변동이 외부의 압력이나 자포자기한 분노에 의한 것이 아니기 위해서 우리는 운동을 좀더 이성적이고 현실적인 차원에서 전개해 나가야 하는 것이다. '현실적'이란 말이 타협적이고 그래서 부정적인 어감을 주고 있다는 사실에서부터 우리는 비현실적인 이상주의자의 경향이 있다는 자아성찰을 할 수 있어야 한다.

농경사회가 가능한 한 비슷한 인간을 재생해 냄으로써 질서를 유지해 나갔다면 산업사회는 다양성을 적극 장려하고 수용함으로써 체제를 발전시켜 나가는 원리를 택하고 있다. 다양성은 공통의 목표에 근거한 연합, 전문적 분업 및 원활한 의사소통을 토대로 구성되며 이때 사회구성원의 가치는 그가 갖는 상호보완적 특성에 의해 평가된다. 이러한 상황에서는 감정적 동조성을 기르는 것 못지 않게 다양

---

8. H. Becker, "Whose Side Are We On?" *Qualitative Methodology* (ed. by Filstead, Markham Pub, 1970).
B. Fay, 『사회이론과 정치적 실천』 (조형 역, 이화문고 24, 1983).

한 동기와 사고를 조절하여 여러 종류의 상호작용을 가능케 하는 '인지예측의 체계'를 공유하는 것이 중요해진다. 이때 상호합의의 기반은 객관적 사유와 언어적 상호작용에 근거하며 상대주의는 바로 이러한 상황에서 요구되는 기본적 관점이다. 다양성에 바탕을 둔 조직화의 문제가 개혁운동에 있어서 중요한 이유는 조직성원의 자발성과 창의성을 높이는 제도적 기제의 마련과, 다른 집단과의 상호보완적 관계를 맺는 토대가 되기 때문이다. 조직의 경직화는 외부의 압력에 비례하기도 하나 한편 민주적 방식으로 내부운영이 되지 못할 때 그 정도가 심해진다. 이 양자는 직결되어 있으면서 어느 것이 그 원인이라고 단정할 수 없는 상호자율적 영역인 것이다. 따라서 외부의 압력을 줄일 방법이 없다고 판단될 때에도 여전히 조직을 민주화시키고 유연하게 이끌어 나갈 작업은 남아 있으며, 우리는 이를 결코 소홀히 여겨서는 안 된다. 강조하건대, 조직활동이 사회의 부조리에 항거하는 개혁운동임과 동시에 참여자가 자신의 삶을 주체적으로 살아가며 새로움을 창조하는 현장이 되어야 함을 간과할 때, 조직의 경직화는 심화하게 마련이며, 운동의 확산은 어려워진다. 실제로 폭넓은 목표설정과 의사소통공동체의 결성은 현대 사회의 개혁운동의 성패와 깊이 관련되어 있다. 좁은 의미에서의 정치권력에 집착한 운동이나 경제결정론적 분석에 지나친 비중을 둔 운동은 자칫 상황을 악화시킬 우려가 없지 않다. 대수롭지 않게 생각했던 문제들이 실은 더욱 깊숙이 우리의 목표달성을 가로막고 있는 장애물일 가능성을 간과해서는 안 되며, 우리가 원하는 변혁은 '아래로부터 위로'의 분권적 민주주의의 실현으로서 사고의 질적 개혁을 포함한 생활양식의 전적인 전환임을 분명히 할 필요가 있다.

아옹다옹 싸움질 제각기 자기 고집
객창(客窓)에서 생각하니 눈물이 절로 나네

산하(山河)는 옹색하여 삼천리인데
서로 얽혀 싸우기 이백년이라

영웅들 그 얼마나 슬프게 꺾였는고
형제들 어느 때나 재산 싸움 그칠는지

저 넓은 은하수로 말끔히 씻어 내어
밝은 햇빛 온 천하에 비추이게 하고지고　 (1801년 지음)

다산의 탄식 소리가 우리에게 이렇게 가까이 들린다는 사실을 가볍게 여겨서는 안 된다. 다음 세대에까지 이 탄식을 물려주어서는 안 될 것이다. 그러지 않기 위해서는 우리들 자신의 사유양식에 대한 파악을 포함한 좀더 정확한 상황파악 능력을 길러가야 한다. 자아성찰의 작업, 자아진단능력을 기르기 위해 우선 우리 내부의 언로(言路)부터 트자. 그리고 대안을 모색해 가자. 사고의 지평이 열리지 않은 가운데서 어떻게 이 땅에 새로움이 뿌리내릴 수 있단 말인가? 보다 철저한 혁명은 새로운 의미가 창조되고 생활화되는 과정 속에 있다. ■

여성의 직업활동영역

한국 여성문학의 흐름
詩와 소설을 중심으로

高靜熙
시인

들어가는 말

한국문학사에서 여성작가군이 어떻게 진출해 왔으며 어떠한 세계를 형성하였고 또 새로운 문화개혁운동을 표방하는 여성운동의 차원에서는 어떤 비전을 제시할 수 있는가를 따지는 일이 이 글의 목적이다. 그러나 지금까지 그러한 여성문학사가 일목요연하게 문서화되어 있지 않을 뿐만 아니라 부분적으로 평가되어 있는 글들이라 하더라도 남성시각 일변도로 다소 왜곡·왜소화되어 있다는 편견을 전제하면서 쓰는 이 글은 관점에 따라서 뚜렷한 한계를 지닐 수밖에 없으며 동시에 객관적 정설이 될 수 없음을 서두에 밝힌다.

그럼에도 불구하고 여성문화운동의 발전적 논의를 위해서, 그리고 가능성을 전제한 문화개혁운동의 한 양식으로서, 가능한 한 필자가 가지고 있는 자료를 통해 한국 여성문학의 어제와 오늘을 요약해 보고 창작적 대안을 제시하고자 한다. 따라서 이 글에서 '여성문학'이란 넓게는 한국문학사에 등장하는 여성작가군을 지칭하는 말이며 좁게는 그 문학이 궁극적으로 도달해야 될 문화양식의 얼개를 상징하는 말로 한정짓고자 한다.

1. 근세 이전의 문학과 여성

한국 시가발생의 기원과 여성

인간의 역사가 시작되면서 삶과 제사의식이 함께했듯이 문학의 발생 또한 제사의 주술에서부터 유래했다고 보는 견해는 시가발생의 상식으로 간주되어 왔다. 즉 최초의 시가발생은 원시사회의 제축을 통한 집단의식의 분출, 혹은 제천의식에서 비롯되어 분화되었고 더 나아가 이런 앙천행사가 생활에 접목되면서 노동요로까지 분파되었으리라 추측해 왔다. 그런 의미에서 원시시가는 한 개인으로 났기 보다 구전으로 전승되어 왔기 때문에 문헌상으로 고증할 수는 없다.

그런데 문헌상으로 한국문학사에 최초로 등장하는 시가는 「공후인」(箜篌引) 이고 작자는 '여옥'이라는 여성이며 시대는 고조선에로까지 거슬러 올라간다.

당신은 물을 건너지 마오(公無渡河)
당신이 물을 건너가다가(公竟渡河)
물에 빠져 죽으면(墮河而死)
당신을 어이하란 말가(當奈公何)

배경설화와 더불어 전하는 이 노래는 중국 송나라 태종 태평흥국 2년(977)에 편찬된『태평어람』에 전해지고 있으며 출전은 진나라 최표의 『고금주』이다. 우리말로 불렸을 원문은 알 길이 없으며 한문으로 문자화된 것은 훨씬 후세인들일 것으로 전해질 뿐이다. 4행4구체인 공후인은, 고조선의 조선진이라는 나루터에 곽리자고라는 뱃사공이 살고 있었는데, 어느 날 백수광부가 달려와 물에 빠져 죽으니 이를 안타까이 말리며 뒤따라오던 여자(아내)가 아비의 죽음을 슬퍼하여 강변에 앉아 공후를 타며「공후인」을 부르고 자신도 따라 죽었다는 설화를 남기고 있다. 이 사실을 곽리자고가 아내 여옥에게 알리자 여옥이 노래로 정착시켜 동생 여용 등에게 전함으로써 전파되었다는 것이다.

그러므로 이 시가는 우리 나라 최초의 시가이면서 여성의 시가이나 작자를 과연 여옥으로 볼 것이냐는 김동욱 교수 등의 반론이 제기된 바 있다. 또한 후대에 와서 이 노래가 제사의식과 어떤 연관성이 있지 않느냐는 일각의 연구도 제기된 바 있지만 정설이 되지는 못하였다.

삼국시대 여성과 시가

삼국시대에 이르러서는 보다 많은 여성시가들이 배출되었을 것으로 간주되고 있지만『삼국유사』에 전하는 실전시가 14수의 신라향가 중 2수인「도천수관음가」(작자 希明, 신라)와「원왕생가」(작자 광덕의 처, 신라), 그리고『악학궤범』에 전하는「정읍사」가 백제여성의 시가로 전해지고 있다.

1) 무릎을 낮추며(무루플 느초며)

두 손바닥 모아(두볼 손보롬 모도누라)
천수관음 앞에(千手觀音 알파희)
기구의 말씀 두노라(비술볼 두누오다)
천의 손에 천의 눈을(즈믄 소낫 즈믄 누늘)
하나를 놓아 하나를 덜어(ᄒ둔핫 노하 ᄒ두늘 더럭)
두 눈 감은 나니(두볼 ᄀ만 내라)
하나를 숨겨 주소서 하고 매달리누나(ᄒ둔사 숨기주쇼셔 ᄂ리ᄂ옷ᄃ야)
아아 나라고 알아 주실신댄(아야여 나라고 아ᄅ실ᄃ)
어디에 쓸 자비라고 큰고(어드레 븐올 慈悲여 큰고)
　　──「도천수관음가」전문

2) 달이 어쩌서(ᄃ라리 엇데역)
서방까지 가시겠읍니까(西方ᄭ장 가시리고)
무량수불전에(無量壽佛前의)
보고의 말씀 빠짐없이 사뢰소서(ᄌ곰 함죽 솖고쇼셔)
서원 깊으신 부처님을 우러러 바라보며(다딤 기프신 ᄆᄅ옷 ᄇ라 울워러)
두 손 곧추모아(두 손 모도 고조 솔바)
원왕생 원왕생(願往生願往生)
그리는 이 있다 사뢰소서(그리리 잇다 솖고쇼셔)
아아 이 몸 남겨 두고(아야 이 모마 기텨 두고)
사십팔대원 이루실까(四十八大願 일고실가)
　　──「원왕생가」전문

3) 달이여 높이높이 돋아(돌하 노피곰 ᄃᄃ샤)
멀리 멀리 비치어라(머리곰 비춰오시라)
전주장에 이르셨나요(全져재 녀러신고요)
진구렁을 밟을까 걱정입니다(즌 ᄃᆡ를 드듸욜세라)
무엇이나 다 놓고 오시라(어느이다 노코시라)
내가 가는 데 저물까 걱정입니다(내가ᄂᆡ 졈그롤세라)
　　──「정읍사」전문

　　1)은 눈먼 아들을 위하여 천수관음 앞에 간절히 비는 어머니의 모성애와 관음숭배사상이 드러나 있는 기원시가이고 2)는 서방정토에 가 있는 지아비(남편 廣德)를 따라 서방으로 가기를 간절히 희구하는 신앙시이며 3)은 멀리 장사길을 떠

난 남편을 기다리는 백제여인의 사랑이 담긴 시이다. 즉「도천수관음가」가 관음신앙의 반영이라면「원왕생가」는 아미타신앙의 본보기인 동시에 신라향가 14수 중 유독 개인기원문의 성격을 뚜렷이 갖춘, 그러나 서로 다른 기원구조를 드러내는 기원시의 쌍벽으로 분류할 수 있다. 전자가 관음보살 앞에 직접 대좌하여 축수하는 즉석기원문이라면 후자는 달이라는 매개물을 의인화시켜 서방정토에 인도하는 안내자로 고백하는 간접기원문의 형식인 것이다. 또한「정읍사」역시 기원문 시가로 풀이할 수 있는데, 이병기·백철에 의하면 정읍사의 '달'은 천지신명임을 의미하였고 달 자체를 신격화하여 가시(可視)의 세계 안에서의 생의 애환과 그리움을 간절히 기원하고 있다는 것이다.

그러므로 이 시편들은 다른 신라향가와 마찬가지로 당대를 풍미한 사회이념, 즉 불교신앙과 정신을 그대로 반영하고 있다고 풀이할 수 있다. 또한 이 세 편의 시가가 모두 기원자는 여성이요, 그 기원의 내용은 남성을 주제로 삼고 있다는 점에서도 공통점을 갖고 있다.

인간주의, 그러나 무명의 고려 여성시가

고려조에 들어오면서 신라향가에서 보이는 종교적 도그마는 후퇴하고 가사문학과 구전시가가 성행하는 한편 이 지상에 발을 붙이고 역경과 수난의 삶을 헤쳐가는 인간주의 문학, 즉 인간을 주제로 하고 인간의 애환을 묘사하는 문학이 등장한다. 그러한 고려문학을 대충 분류해 보면 귀족층 사회를 터반으로 형성된 한문체의 '경기체시가'와 이두로 표기된 향가계열의 시가, 그리고 민간의 구전으로 전승된 속악(俗樂)으로 요약될 수 있다. 이 중 고려조를 대표하는 시가는 역시「속악」혹은「고려장가」이다.

『고려사』권71 악지2「속악조」에 의하면 45편의 시가 이름이 게재되어 있는데 이름만 알고 내용을 알 수 없는 시가는 28편에 속한다. 그러므로 실전가요는 17편인 셈이며 고려 여성문학의 참여범위는 바로 이 속악에 한정되고 있다. 이 고려가요 전승층 여성을 일별해 보면 고려사 혜종에서부터 등장하는 1) 궁녀와 2) 무녀 및 기녀, 그리고 막중한 조공부담을 안고 살아가는 3) 서민층 여성이었다.

천민이라 하여 고려 일반사회에서는 인간적 대우조차 제대로 받을 수 없었던 무녀와 기녀, 그리고 삶의 절절한 아픔과 역경 속에서 꾸밈 없는 감정과 애환을 노래한 기층 여성들에 의하여 전승된 고려가요가 오늘날 우리 국문학의 원류가 되고 있음은 많은 의미를 함축하고 있다. 이 실전가요 17편 중에는 8편(정읍사·사모곡·서경별곡·동동·쌍화점·가시리·이상곡·만전춘별사)이 여성시가로 분류되어 왔고 기녀 동인홍과 용성기녀 우돌의 시가 기명으로 남아 있으나 대부분 여성작품으로만 간주될 뿐, 이름을 달지 않은 구전가요라는 데 특징을 담고 있다.

그렇다면 그러한 고려 여성시가는 구체적으로 어떤 내용들을 노래하고 있는가? 그 주종은 '낭만주의 연애시'라고 말할 수 있으며 '무속신앙시' '대동놀이시' 등 서너 범주로 분류할 수 있다. 이 중 고려 여성시가의 특질을 가장 잘 나타내 주는 연애시편들의 예를 들어 보자.

1) 얼음 위에 댓잎자리 보아 임과 나와 얼어죽을망정
   얼음 위에 댓잎자리 보아 임과 나와 얼어죽을망정
   情둔 오늘밤 더디 새오시라 더디 새오시라

   외로운 침상에 어느 잠이 오리요
   서창을 여나니 도화 만발하구나
   도화는 시름없어 봄바람에 웃누나 봄바람에 웃누나

   넋이라도 임과 함께
   넋이라도 임과 함께
   우기시던 이는 누구이니까

   오리야 어린 비오리야
   여울이랑 어디 두고 소에 자러 왔느냐
   소 곧 얼면 여울도 좋나니 여울도 좋나니

   남산에 자리보아 옥산을 베고 누워
   금수산 이불 안에 사향각시를 안아 누워
   남산에 자리보아 옥산을 베고 누워
   금수산 이불 안에 사향각시를 안아 누워
   藥든 가슴 맞춥시다 맞춥시다

   아아 임아 원대평생에 헤어질 줄 모르압세
   ──「만전춘별사」의역

2) 만두집에 만두 사러 갔더니
   몽고아비 내 손목을 잡더이다
   이 소문이 이 집 밖에 나거들랑
   조그만 새끼광대 네 말이라 하리라

더러둥셩 다리러더러 다리러디러 다로러거디러 다로러
(함께 받는 후럼)
그 자리에 나도 자러 가리라
위위 다로러거디러 다로러
그 잔 데같이 울창한 곳 없거니

삼장사에 불공드리러 갔더니
그 절 주지스님 내 손목을 잡더이다
이 소문이 이 절 밖에 나거들랑
조그만 상좌중아 네 말이라 하리라
(함께 받는 장단)
그 자리에 나도 자러 가리라
위위 다로러거디러 다로러
그 잔 데같이 울창한 곳 없거니

들우물에 물길러 갔더니
우물용이 내 손목을 잡더이다
이 소문이 이 우물 밖에 나거들랑
조그만 두레박아 네 말이라 하리라
(함께 받는 장단)
……

술 파는 집에 술 사러 갔더니
그 집 아비 내 손목을 잡더이다
이 소문이 이 집 밖에 나거들랑
조그마한 바가지야 네 말이라 하리라
(함께 받는 장단)
그 자리에 나도 자러 가리라
그 잔 데같이 울창한 곳은 없나니
——「쌍화점」의역

3) 가시리 가시릿고 날 바리고 가시릿고
   날더러 어찌 살라고 날 바리고 가시릿고
   잡사와 두어리만은 섭하면 아니올세라

설혼님 보내읍나니 가시난듯 바삐 오소서
——「가시리」의역

　이러한 고려조 여성시가의 세 유형을 어떻게 이해해야 될까? 여기서 국문학적인 해석은 차치하고라도 필자의 단견을 말하자면 우리의 국문학사가 고려조 여성들의 황음을 대표하는 시라고 말하는「만전춘별사」는 연애시로서 희곡성과 통일된 정서를 갖춘 참된 사랑의 시이며, 윤리적 타락을 유감없이 발휘한 시가라고 보는「쌍화점」은 여성이 처한 참담한 억압사회를 풍자와 고발로 연희화한 대동놀이 시이고 고려조 이별시로 대표되는「가시리」는 현대시에서 가장 많은 양을 차지하는 서정시, 즉 소월의「진달래」등의 원형이라고 말할 수 있다.
　따라서 신라의 '향가'가 당시의 종교적 도그마에서 크게 벗어나지 못한 포교시의 영역이라면 고려 여성시가는 문학을 통해 인간을 발견한 한국적 르네상스, 혹은 낭만주의 문학의 형성기로 볼 수 있다.

유교 이데올로기와 여성문학

인간중심적이고 민중적인 고려 여성시가들은 이조에 넘어오면서 유교 가부장제 교리와 만나 다시 커다란 변모를 겪게 된다. 남성중심적이고 권위주의 일변도인 유교 이데올로기는 여성을 남성의 주변인물로 종속시키는 한편 남성은 하늘, 여성은 땅이라는 이분법적 율법을 고착화시켜 삼종지덕의 굴레를 명분화시켰다. 일례로 '여자는 재주를 날려서도, 글을 써서 읽혀서도 안 된다'는 노예윤리는 이 시대의 산물인 것이다.
　그럼에도 불구하고 이조 여성들은 훈학하는 부형이나 남형제의 어깨너머로 학문을 깨우치고 독학으로 우리 글을 익혀 내방가사와 시문을 지었으며 이조 규방 문학을 형성하였다. 즉 이조 5백 년에서 구한말에 이르는 여성작가는 1백 50 명에 달하고 이를 다시 분류하면 개인문집을 남긴 대가만도 21명이며 군소작가는 1백여 명에 달한다.
　그 21명이란 신사임당·이빙호당·김임벽당·정부인 성씨·황진이·정부인 송씨·허난설헌·이계생·이옥봉·정부인 장씨·김윤지당·서영수각·김삼의당·강정일당·김부용당·박죽서·남정일헌·강지재당·금원·홍유한당·오소파(구한말) 등이 이들에 속한다.
　그런데 김용숙(金用淑)의 연구에 따르면 경상도 일원에서 수집한 내방가사 2천여 점을 분석한 결과 이들 문학세계의 근간을 이루는 주제정신은 종교적 윤리도덕이 으뜸으로 가장 많고 그 다음이 자신의 생활 처지를 한탄하는 시문이며 그 다음은 풍류·멋·효심·모성애·서경묘사 순으로 집계되고 있다. 이는 경상도 일원 뿐이 아닌 대체적인 이조 여성문학의 흐름으로 보아 무리가 없을 것이다.

이렇듯 이조 당대의 사회이념인 유교 정신(가부장제)의 영향을 받은 시문이 주종을 이룸에도 불구하고 이조 규방문학을 통틀어 가장 큰 두각을 나타낸 3인 작가가 있었으니 그들은 황진이와 허난설헌과 이옥봉이었다. 또한 이들 3인 작가의 문학세계는 규방문학의 주종을 이룬 종교적 색채를 뛰어넘은 인간의 사랑과 쓸쓸한 낭만을 가히 절창으로 뽑아 올리는 데 탁월한 경지를 획득하였으며 한글 창제 이후 질량적으로 괄목할 만한 발전을 이룩한 주체세력이라 평가되고 있다.

> 동짓달 기나긴 밤을 한 허리를 베어내어
> 춘풍 이불 안에 서리서리 넣었다가
> 임 오시는 날 밤에 구비구비 펴리라
> ──황진이 시조

> 요사이 우리님은 어떻게 지내실까
> 사창에 달 밝으니 생각 간절해
> 오고가는 꿈길에 흔적 있다면
> 임의 문전 돌밭이 모래 되었으리
> ──이옥봉,「자적」전문

> 비단띠 비단치마 눈물 흔적 쌓였음은
> 임 그리며 일년 방초 한함이로다
> 거문고 옆에 끼고 강남곡 뜯어내어
> 배꽃은 비에 지고 낮에 문은 닫혔도다

> 달뜬 다락 가을 깊고 옥병풍 허전한데
> 서리친 갈밭에는 저녁에 기러기 앉네
> 거문고 아무리 타도 임은 안오고
> 연꽃만 들못 위에 맥없이 지고 있네
> ──허난설헌,「규원가」전문

좋은 시란 적어도 이중적인 얼개를 가지고 있다. 그 하나는 문자적 얼개이며 다른 하나는 문자 뒤에 나타나는 상징적 얼개이다. 이 세 편의 시는 언뜻 보아 '임을 그리는 사랑가'로 요약할 수 있지만 자세히 들여다보면 또 다른 상징을 가지고 있다. 즉 '임'을 무엇으로 볼 것이냐에 따라 이 시편들은 무한한 해석적 공간을 함축하고 있으며 세태를 풍자하고 사회의 부조리를 고발하는 다른 시편들과 대비해 볼 때 이들은 보다 근원적인 생의 본질에까지 시의 영역을 확대시키고 있다고 말할 수 있다. 또한 고려조에서 이조에 이르기까지 여성문학에 나타난 놀라운 점은 탁마에 비기는 언어솜씨와 고도로 절제된 정서의 표현이다. 이들의 시는 아무리 단시라 하더라도 그 시 속에 이미 크고 잘 다듬어진 '이야기시' 형식을 도입하고 있으며 현대시와 견주어 손색이 없는 언어균형을 훌륭히 성취하고 있다. 이러한 언어전통을 가진 근세 여성문학을 제외하고서 신문학을 논하기는 어려운 점이 바로 여기에 있다.

2. 신여성의 등장과 개화기 및 일제의 여성문학

1884년 갑신정변 이후 1894년 청일전쟁에서 일본이 승전하게 되자 일본을 통한 서구의 물결이 우리 나라에도 도도히 밀려오게 되었다. '개화기'로 대칭되는 새로운 문화바람이 형성되기 시작하였고 서구풍 문학의 영향을 받은 신체시가 등장하면서 일본에서 유학하고 돌아온 '신여성'이 등장하는 한편 서구 자유사상과 진보적인 정신을 수용한 여성문학이 대두하게 되었다. 이들의 공통점은 첫째, 일본유학의 경험을 가진 자들이었고 둘째, 여성도 인간으로서 살 권리와 자유를 가졌다는 데 자각하였으며 세째, 여성해방론과 계몽주의를 주창한 여성운동가들이었다.

1919년 삼일운동을 전후하여 본격화된 개화기 신여성을 대표하는 3대 문인이 있었으니 그들은 김명순·나혜석·김일엽이었다.

아아, 귀여운 나의 동생아
내 봄에 싹트는 움들과 함께
네 다시 깨어난다면야……

김일엽이 1907년에 '동생의 죽음'을 슬퍼하며 쓴 이 신체시는 한국 근대문학사에서 신시의 효시[1]로 재평가되고 있으며 1917년 김명순이 《청춘》지에 단편「의심의 소녀」[2]가 당선됨으로써 작가 겸 시인으로 문필활동을 전개하고 나혜석은 1920년부터 《폐허》 동인으로 다양한 창작활동을 시작하였다.

나는 인형이었네
아버지 딸인 인형으로

---

1. 임중빈,「김일엽 그 세계」(김일엽유문집『당신은 나에게 무엇이 되었삽기에』, 321쪽 참조), 1975.
2. 김명순의 데뷔작은 그로부터 2,30년 뒤 표절시비가 일어나나 그때는 이미 문인으로서 자기 위치를 굳힌 뒤였다.

남편의 아내인 인형으로
　　그네의 노리개였네

　　노라를 놓아라
　　순순히 놓아다오
　　높은 장벽을 헐고
　　깊은 閨門을 열고
　　자유의 대기중에
　　노라를 놓아라

　　나는 사람이라네
　　남편의 아내되기 전에
　　자녀의 어미되기 전에
　　첫째로 사람이라네

　　나는 사람이로세
　　구속이 이미 끊쳤도다
　　자유의 길이 열렸도다
　　천부의 힘은 넘치네

　　아아 소녀들이여
　　깨어서 뒤를 따라오라
　　일어나 힘을 발하여라
　　새 날의 광명이 비쳤네
　　　——나혜석,「노라」전문

　제5연으로 구성된 이 시는 매우 교시적이고 계몽적인 개화기 여성문학의 본보기이다. 제1연에서 화자는 자신이 인형이었다는 자의식의 갈등을 표출하고 제2연에서는 그 자의식이 직면한 제도적 인습에 도전하며 제3연에 이르러서는 자신을 인간이라는 영역으로 객관화시킨 뒤 제4연에서 인간으로서의 선언을 역설하고 제5연에서 모든 여성의 결단으로 부르짖는다.

　이렇듯 개화기 여성문학은 예술로서의 성숙 이전에 독립된 인간이기를 바라는 자각과 의지의 표출이었다. 즉 한국 신문학 초기의 트리오 여성문인이요, 이른바 '여류문학'의 제1기생3이라 불리는 이들의 문학적 공통성은 첫째, 시·소설·수필

---

3. 김윤식,「여성과 문학」(아세아여성연구, 1968), 206쪽.

·논설 등 전 장르에 걸쳐 작품활동을 벌였고, 둘째, 그 어떤 글이든 여성해방과 교시적 계몽적 메시지를 주제로 다루었으며, 세째, 선각자적인 메시지에도 불구하고 문학형식은 구식 스타일을 극복하지 못하였다. 그러나 당시 근대문학 초기의 수준에서는 이하도 이상도 아닌 평균작으로 평가되고 있다.

어쨌든 이들은 자신들이 처한 봉건적 사회인습과 성차별의 억압적 제도에 과감히 맞서 헌신적 저항과 투쟁을 표방하였으며 좌절과 패배의 역순환 속에서도 부단한 노력과 진취적 기상을 통해 소극적·정한적 순응에 길들여져 있는 여성들에게 새로운 불길과 바람을 불어넣기에 충분하였다. 그리하여 당시 여성문학은 크게는 계몽주의 물결에, 작게는 신여성 문화운동의 흐름 안에 있었으므로 여류문학 제1기생의 뒤를 이어 많은 문인들이 배출되었으나 여건은 비슷하였다. 즉 대부분 해외유학을 거친 사람들이었으며 신문사·잡지사·출판사에 근무하거나 교사 등의 직업을 가진 지식층 여성이었고 혼합적 문필활동에 참여하였다.

그러나 좀더 적극적인 활동을 드러낸 쪽으로 일제치하의 여성문인들의 데뷔작을 분류해 보면 다음과 같다.

- 詩(1907-1940)

　김일엽──「동생의 죽음」, 1907년 발표.

　장정심──「기도실」, 1927.2. 청년지에 발표.

　조애영──「유람시」, 1928. 발표

　김오남──「시조13수」, 1932.12. 신동아에 발표

　주수원──「편물」, 1934.2. 신가정에 발표

　모윤숙──「피로 새긴 당신의 얼굴」, 1931. 동광에 발표

　노천명──「밤의 찬미」, 1932. 신동아에 발표

　백국희──「밤·코스모스·녹음」, 1930. 발표

　오신혜──「수양버들」, 1939.5. 문장에 발표

　이봉순──「가을밤」, 1937.9. 이화에 발표　　(이상 10명)

- 소설(1917-1940)

　김명순──「의심의 소녀」, 1917. 청춘지에 발표.

　나혜석──「경희, 정순」, 1918. 조선문단에 발표.

　강경애──「어머니와 딸」, 1931.2. 혜성지에 발표.

　김말봉──「亡命女」, 1932. 중앙일보에 발표.

　최정희──「명일의 식대」, 1932. 시대공론에 발표.

　백신애──「나의 어머니」, 1929. 조선일보에 발표.

박화성──「팔삭동」, 1932. 자유예원에 발표.
장덕조──「아내」, 1934. 2. 신가정에 발표.
이선희──「오후 11시」, 1934. 조선일보에 발표.
임옥인──「봉선화」, 1939. 8. 문장에 발표.(이상 10명)

이들 중 김윤식의 분류를 좇아 1930년대를 '여류문학' 제2기라고 말할 수 있다면 이 시기는 동인지 중심의 문필 활동에서 일보 전진한 '문단중심시대'[4]요, 여류문학의 성숙기로 요약할 수 있다.

"……문단 중심의 경우를 생각한다면 문학인 상호간의 동지적 결합이 아니고 이념이 다르고 작품 경향이 다르다 하더라도 작품의 문학적 질에 의해 작품을 발표할 수 있다는 편리한 점이 있다."[5]

즉 여류문학의 제1기생들이 '작품 없는 문학생활에 골몰했다'는 지적을(김동인, 『김연실전』, 147쪽) 전면 거부할 수 없는 요지가 숨어 있었다면 제2기생들은 당당하게 자기 작품을 가지고 문단사회에 진출한 시기고 또 작품이 없을 경우 발붙일 곳이 없었다는 뜻으로 해석할 수 있다.

이 시기에 가장 두각을 나타낸 문인은 소설에 박화성·강경애·김말봉·최정희요, 시에 모윤숙과 노천명일 것이다. 사실상 박화성은 1925년에 이미 「추석전야」라는 소설을 《조선문단》에 발표한 바 있고 1930년대에 이르러 본격적인 작품활동을 전개하였는데, 그의 작품은 대체적으로 기층여성문제나 빈궁을 소재로 하여 그들의 삶을 사회구조적 측면에서 증언하려는 고발문학에 집중함으로써 여류로서는 드물게 보는 사상적 작가라는 평을 받았고, 강경애는 당시를 풍미한 프로문학 및 민족파 문학을 비판하는 한편 장편 「지하촌」, 「인간문제」(동아일보, 1933) 등을 통해 건실한 리얼리즘의 수준을 갖춘 작가로 등장하였다.

그러나 그러한 두 여성작가 중 박화성을 일컬어 김문집은 '여성성 소실 혹은 여성성 기피'[6]라는 흥미로운 표현으로 규정짓고 있다. 이 점을 수용하여 김윤식은 '이는 강경애에게도 해당되는 말이며 여류다운 여류라면 최정희의 고백체밖에 없을지도 모른다'[7]는 아리송한 비평을 가하면서 다음과 같이 요약했다.

"박화성이 프로문학 계열의 작품을 썼으나 남성작가들의 성급한 그것처럼 도식적 저항성이 가진 것이었고 강경애의 리얼리즘도 우리 소설사의 관점에서 볼

---

4. 김영덕, 「여류문단 40년사」(《한국여류문화논총》, 111쪽), 4291.
5. 김영덕, 같은 책, 112쪽.
6. 김문집, 『비평문학, 청색지사』, 1938, 359쪽.
7. 김윤식, 같은 논문, 112쪽.

때 특이한 봉우리를 말해 주지는 못하였다. 그러나 1935년 상업주의와 오락화의 저널리즘을 타고 등장한 김말봉은 우리 소설사의 폭과 깊이를 확대 심화한 중요한 작가라 할 수 있다. ……통속소설이 문단적 비중을 갖게 된 것은「밀림」(동아일보, 1935),「찔레꽃」(조선일보, 1936)으로 화려하게 등장한 김말봉부터라 할 수 있다."

여기에서 우리가 간과할 수 없는 점은 강경애는 후대의 평을 받기 전에 1943년 작고하였고 박화성의 그러한 탈 여류적 작품경향은 남성들의 남성 위주의 비평에 의해 이중적 부담을 안고 있었다는 것이다. 그리고 이러한 분위기는 후대 다른 여성작가들에게도 간접적인 영향을 주었을 것으로 추측할 수 있다. 즉, 진정한 여성에 의한 '여류문학'을 '여류 특유의 섬세함'에 기초한 것으로 간주하고 그것은 또한 역사성 혹은 사상성이 부재한 것으로 몰아붙이는가 하면 사회인식의 깊이를 갖춘 작품에는 '여성성의 소실'이라고 딱지가 붙었다. 이에 '여성다운 여류'라는 프레미엄을 안겨 주는 실로 성차별적인 비평풍토가 형성되고 있음을 보게 된다.

이 시기에 여류시단을 대표하는 시인으로서는 모윤숙과 노천명을 들지 않을 수 없다. 모윤숙은 1933년 첫시집『빛나는 지역』을 상재하였고 1937년 장시『렌의 애가』를 내놓음으로써 많은 비평적 논의를 불러일으켰다. 또한 노천명은 1938년 첫시집『산호림』을 상재하여 모더니스트 혹은 신고전주의 문학가들에 의해 높이 평가되었으며 모윤숙과 대조되는 여류시의 쌍벽으로 부상하였다.

1) 1만 화살이 공중에 뛰놀듯이/우리의 심장엔 먼 앞날이 춤추고 있다. / 은풍이 잠겨진 아름다운 복지에/우리의 긴 생명은 영원히 뻗어가리.//너도 나도 섞이지 않은 한 피의 줄기요/물들지 않은 조선의 새벽 자손이니/맑은 시내 햇빛 받는 아침 언덕에/우렁찬 출발의 선언을 메고 가는 우리이라네//포도원 넝쿨 안에 낙원의 노래 흩어지고/소와 말 한가로이 주인의 뒤를 따르는/4천년 황혼에 걸어 떠오르는 별/휘넓은 창공 우에 무덤을 밟고 섰네.//기려한 산봉우리 조용한 물줄기/오고가는 행인의 발길을 끄으나니/몽상하는 선녀처럼 고요한 내 산하여/너는 나의 영원한 여인의 가슴일러라.//우으론 고른 풍우 이땅에 숙박짓고/아래로 기름진 옥토의 넓은 들/이 땅은 빛나라 아픔 없으라/생명도 참되거라 깊이 가거라//1만 화살이 공중에 뛰놀듯이/우리 가슴엔 머언 앞날이 춤추고 있다. / 은풍이 감겨진 아름다운 복지에/2천만의 긴 생명은 영원히 흘러가리.
―모윤숙,「빛나는 지역」전문

2) 모가지가 길어서 슬픈 짐승이여
　언제나 점잖은 편 말이 없구나
　관이 향기로운 너는
　무척 높은 족속이었나보다

　물속의 제 그림자 들여다보고
　잃었던 전설을 생각해 내고는
　어찌할 수 없는 향수에
　슬픈 모가지를 하고 먼 데 산을 바라본다.
　──노천명, 「사슴」전문

　1)이 장강처럼 도도히 흘러가는 감정의 표출에 기초하고 있다면 2)는 명상적이요 회화적인 절제된 정서에 기초하고 있다. 또한 전자가 '민족사상·여성적·낭만적이다'는 평을 받는 데 비해 후자는 '개인적·실존적 자의식의 시'로 평가되고 있다. 따라서 모윤숙의 대체적인 시들이 교시적이고 과장된 감정노출로 장시 형식을 통해 낙관주의적인 역사신(神)을 신봉함으로써 모더니즘 비평가들 (김기림 등)에 의해 「빛나는 지역」이 세련되지 못하였고 지적 통제력을 잃은 감상성, 즉 센티멘탈 로맨티시즘에 가까운 것으로 평가되었으며 노천명은 단아하고 절제된 단시를 통해 '구상적이며, 개성을 내면화로 응결시킨 우리 시사에서 희귀한 존재'로 주목을 받았다. 이러한 두 여류시인의 시세계는 후대에 와서도 '여류문학'의 쌍벽으로 계승된다는 데 충분한 시사적(詩史的) 의미를 띤다 하겠다.

　이 기간 동안의 여류문학을 총정리한 「여류문단 40년사」에서 김영덕은 다음과 같은 결론을 유도해 냈는데, 설득력 있는 일견으로 받아들여 무리가 없을 것 같다.
　1. 실력으로 문단에 진출했다.
　2. 전 여류문인이 지식층에서 나왔다.
　3. 전체의 주류가 없다.
　4. 평론가가 없다.
　5. 시보다 소설이 성황하다.

　1940년대에 접어들면서 모든 문화운동이 착색되는 한편 문단에도 신체제문학, 즉 '친일문학'이 등장하게 된다. 문학에서 일본어 사용이 강제되고 그 내용은 식민지 국책에 영합하는 것이어야 했다. 이를 여류문학 제3기라고 분류한다면 이 3기의 주류는 제2기생들의 변절이었다. 즉 신체제문학이란 하나의 목적문학인데, 식민지 체제에 합일되는 내용이어야 하므로 세 가지 태도가 가능했다. 첫째는 붓을 꺾는 일, 둘째는 표면상 적극적으로 친일문학에 참여하는 일, 세째는 마지못해서 소극적인 협력을 하는 일 등이 그것이었다.

강경애가 신사참배의 소설을 썼고 최정희와 장덕조도 작품을 남겼으며 모윤숙과 노천명 등이 싱가포르 함락을 찬양하는 시를 남긴 것을 필두로 상당수의 여류가 이에 합세했다. 이는 제2기생들의 시대사적 비극이면서 민족의 비극이었다. 김윤식은 이 현상을 다음과 같이 쓰고 있다.

'이들 제2기의 여류들은 그들 등불적 존재(이광수)였던 당시의 페미니스트에 의해 인간적 혹은 윤리적 실수 없이 작품활동을 할 수 있었다는 이점이 있는 반면 그 때문에 종속적 사고에서 벗어나 자기를 세우지 못할 결함을 가지고 있었다.'[8]

여류문학 제1기생들과 근본적으로 다른 점도 여기에 있다 하겠다. 즉 제1기생들이 반 페미니스트의 무리 속에서 인간적으로 찢기고 윤리적으로 실패를 거듭했다 하더라도 그들은 종속적이라기보다 오히려 당시의 남성작가를 앞지르는 정신세계를 가지고 있었다.

그러나 3기생에 와서는 남성동료작가들의 눈치를 보거나 그들의 기대에 놀아난 듯한 인상을 준다. 이는 여전히 소수집단인 여성들이 이미 상당히 커지고 경쟁적인 문단에서, 그리고 암담한 역사적 상황에서 살아남기 위한 생존방편이었을지 모르나 여성문학의 발전적 측면에서 볼 때는 커다란 '후퇴기'였다고 말할 수 있다. 그리고 이러한 남성적 시각에서 규정된 '여성성'을 주제로 한 여류문학은 해방 후에까지 면면히 이어진다.

3. 해방 이후의 여성문학

1945년 광복을 맞이한 우리 문단은 감격과 새로운 창작의욕이 충일하였으나 46년을 전후해서 이미 문화계는 좌·우익의 극단적 대립에 들어가는 비운을 맞게 된다.[9] '문학가동맹'으로 불리어진 사회주의 문학그룹과 '국민파'로 불리어진 우익파 문학계열이 그것이다. 전자가 임화 등이 주축을 이루었다면 후자는 김동리 등이 주축을 이루어 팽팽히 맞서게 된다.

일제 말 쑥대밭이 되었던 문화의식과 타의적으로 안겨진 해방 이후의 과도기적 공백에서 좌우익의 대결은 불가피한 귀결이었을지 모르나 분명 창작활동에 있어 커다란 혼란을 반영하였다. 이때 손소희·노천명 등 다수의 여성문인들이 문학가동맹에 얼씬거렸다가 자진 후퇴하게 되며 대부분 여성문인들은 분파싸움의 주변

---

8. 김윤식, 같은 글, 120쪽.
9. 손소희, 『한국문단인간사』 (행림출판사, 1980).

인물로 머물러 개인적인 창작활동에 몰두하게 된다.
그리고 다시 문단은 1950년 민족상잔의 비극을 맞이하게 된다. 해방으로부터 50년까지인 이 소용돌이 속에서 여류문단은 다시 귀한 식구 몇을 보태게 된다.
· 소설(1945—1950)
  손소희——「맥에의 결별」, 1946.10. 백민에 발표.
  윤금숙——「파탄」, 1948. 백민에 발표.
  한무숙——「역사는 흐른다」, 국제신보, 1948.
· 시(1945—1950)
  이영도——「제야」, 1945. 죽순에 발표.
  조애실——「새벽제단」, 1946. 순간한보에 발표.
  이영희——「조가」, 1947. 죽순에 발표.
  노영란——「등불」, 1947. 동인지에 발표.
  홍윤숙——「까마귀」, 1947. 문예신보에 발표.
  김남조——「성숙」, 1950. 연합신문에 발표.

이들을 근대화시대 문학 선두주자들이라 이름붙일 수 있다면 이 기간의 가장 큰 성과는 훗날 여성문학을 좌우할 소설가 손소희와 한무숙, 그리고 시인 홍윤숙과 김남조를 배출해 낸 점일 것이다. 손소희는 데뷔 직후 상당한 문명을 날리고 있었는데, 그가 해방 직전까지 만선일보 기자로 있었던 당시 만주나 신경 등지에서 체험했던 독립운동을 인간사적 측면에서 소설화시키는 데 주력했다. 또한 전란의 어수선한 폐허 속에서도 김말봉은 고료가 가장 많은 대중소설가로 맹위를 떨치면서 공창폐지운동 등에 앞장섰고 모윤숙과 전숙희는 정치계에, 최정희와 박화성은 꾸준한 작품활동으로 탄탄한 자기 세계를 구축하였다.

그러한 여세를 몰아, 피난생활을 거친 서울수복 이후 60년대로 이어지는 한국 문단은 근대화 시대의 물결과 함께 매우 두꺼운 여성문인층을 형성하였다. 수많은 문예지와 일간지의 신춘문예 등용문을 통해 재량을 겨루는 여성문인들이 기하급수적으로 늘어나는가 하면 혹자는 동인지나 잡지를 통해, 혹자는 개인창작집을 통해 문단에 등단하였다. 1928년부터 신춘문예 등용문을 신설했던 조선일보는 1940년 일제식민문화정책에 의해 폐간되었다가 1946년 복간되면서 1954년부터 신춘문예 현상모집을 부활시켰고 1923년부터 1940년까지 신춘문예 제도를 운영했던 동아일보는 1955년 이를 부활시켰다. 같은 해 《현대문학》이 창간되어 권위 있는 등용문으로 부상하였고 1956년에는 《자유문학》이 창간되는 등(63년 8월 폐간) 이후 우후죽순처럼 수많은 문예지나 동인지들이 운영난을 무릅쓰고 창간과 폐간을 거듭했다.

그리하여 50년대 중반부터 60년대 말까지 10여 년에 이르는 기간은 지식인 사회에서 '문학'이 가장 사랑(?) 받은 시기요, 이른바 '여류문학'의 번성기였다고 말할 수 있다. 특히 1953년『목숨』이라는 첫시집을 상재하여 '노천명·모윤숙 이후 여류시의 공백기를 매꿨다'는 절찬과 함께 여성시의 건재를 입증한 김남조, 1962년『여사시집』을 상재하여 김남조 계열과는 또 다른 여성시의 새로운 지평을 열어 보인 홍윤숙 등의 활동이 60년대 여성시단을 화려하게 장식하였으며 이들의 뒤를 이어 등장한 허영자·김지향·김하림·김여정·임성숙·김윤희 등의 시세계는 60년대 여류시를 마무리짓는 최고의 수확으로 꼽아 마땅할 것이다.

여기에서 60년대 시단을 통해 가장 많은 독자를 확보한 홍윤숙·김남조·허영자의 시를 예로 들어 그 특성을 살펴보자.

  날지 못할 날개는 떼어 버려요
  지지 못할 십자가는 벗어 놓아요
  오척 단신 분수도 모르는 양심에 치어
  돌아서는 자리마다 비틀거리는
  무거운 짐수레 죄다 비우고
  손 털고 돌아서는 빌라도로 살아요
  상처의 암실엔 침묵의 쇠 채우고
  죽지 못할 유서는 쓰지 말아요
  한 사발의 목숨 위해
  날마다 일심으로 늙기만 해요
  형제여 지금은 다친 발 동여매고
  살얼음 건너야 할 겨울 진군
  되도록 몸을 작게 숨만 쉬어요
  바람 불면 들풀처럼 낮게 누워요
  아, 그리고 혼만 깨어 혼만 깨어
  이 겨울 도강(渡江)을 해요
  ——홍윤숙「사는법·2」전문

  그대만큼 사랑스러운 사람을 본 일이 없다
  그대만큼 나를 외롭게 한 이도 없다
  이 생각을 하면 내가 꼭 울게 된다

그대만큼 나를 정직하게 해준 이가 없다
내 안을 비추는 그대는 제일로 영롱한 거울,
그대의 깊이를 다 지나가면 글썽이는 눈매의
내가 있다 나의 시작이다

그대에게 매일 편지를 쓴다
한 귀절을 쓰면 한 귀절을 와서 읽는 그대,
그래서 이 편지는 한번도 부치지 않는다
—김남조 「편지」 전문

이 맑은 가을 햇살 속에선
누구도 어쩔 수 없다
그냥 나이 먹고 철이 들 수밖에는

젊은 날
떫고 비리던 내 피도
저 붉은 단감으로 익을 수밖에는
—허영자 「친전」 전문

필자 임의대로 골라 본 세 편의 시는 세 사람의 특성을 비교적 잘 드러낸 작품이라고 말하고 싶다. 홍윤숙이 여류에게서는 보기 드물게 타인의식(타관의 햇살)과 사회의식을 예리한 필치로 형상화하는 데 주력해 왔다면 김남조는 '사랑'이라는 원초적 감정을 절절한 아픔으로(뒷날 신의 사랑으로) 뽑아올려 애송시의 절정을 이루었고 허영자는 '휘발유 같은 여자'의 풍만한 모성애를 질 높은 독주로 빚어내는 단시의 극치를 이룩한 시인이다.

그러나 60년대를 번성기로 삼은 여류시는 질적 양적으로 눈부신 발전을 이룩하였음에도 불구하고 평론가들에 의해 몇 가지 반성의 여지가 있는 것으로 평가되고 있다. 1967년 한국여류문학인회가 편찬한 『한국 여류문학전집』(삼성출판사) 제6권은 15명의 시인 작품 및 해설을 싣고 있는데, 김우정·김현·김주현 등 3인 평론가의 평론이 포함되어 있다.

이 글에서 김우정은 '한국여류시개관'이라는 주제 아래 고대 여성문학과 현대까지를 개관하고 고대문학을 '창녀문학'으로 매도하는 한편 근대 여성문학을 1) 에로스의 축제 2) 풍속의 애환 3) 실향민의 영가로 요약, 「도천수관음가」와 김하림 이전까지를 구분지음으로써 김하림 이후 여성문학을 다르게 취급하고 있다.

「감상과 극기 ― 여류시의 문제점」이라는 평론에서 김현은 모윤숙·김남조·이영도·이봉순·박명성·김혜숙·김숙자·박정희·김정숙·허영자·추영수·김선영·김송희 등이 한국적이라고 알려져온 전통적인 감정의 폭 안에 있다고 전제, 한·고독·기다림·사랑 등으로 요약되는 이들의 시와 노천명·김하림에 이르는 최근의 여류시를 대조시키고 있다. 즉 그는 모윤숙 계열의 여류시들을 동양적인 서정파로 명명, 이들의 시는 1) 강한 액센트로 자신이 '여성적인' 여자임을 강조하고 2) 수동적인 몸짓을 즐겨 묘사하며 3) 나라는 주어를 강조함으로써 체념의 뉘앙스가 짙다고 분석하는 한편, '시작 과정의 가장 중요한 부분인 정서적 긴장감을 결여'하고 있다고 일침을 가했다.

김주연은 「여성과 탐구의 정신」이라는 평론에서 60년대 말까지의 여류문학은 첫째 노천명의 영향권과, 둘째 김남조·허영자파로 분류된다고 전제하면서, 전자가 '과거지향적 심리, 묘사취향적 문체에 문학적 기반을 두고' 있다면 후자는 '단일한 방법으로 전통적인 한국 여성의 심리를 반복하고 있다'고 분석하는 한편 노천명에서 김하림까지를 객관적인 풍경묘사 시인으로, 김남조에서 허영자에 이르는 시를 동양의 관습적인 윤리(가부장제 질서)와 자연에 순응하는 여류시로 파악하하였다. 이는 낭만의 공역이 될 수는 있으나 '탐구정신의 결여'라는 취약점을 극복하지 못한 탓이라고 결론짓고 있다.

이러한 견해가 얼마만큼 정설이 될 수 있는가? 오늘의 여성의 시각으로 새로운 평가의 지평을 열어보일 문학적 깊이는 아직 숨겨진 것일까, 이미 상실된 것일까? 필자는 60년대 여류시가 앞에서 열거한 대로 반드시 '감상의 영역'에 국한되거나 '탐구정신의 결여'로 몰아붙이기에는 상당한 무리가 따른다고 생각한다. 왜냐하면 문학성 자체가 질문의 다양한 양식으로 존재하며 획일화의 해답을 거부하기 때문이다.

다음으로 60년대 소설의 경우를 보자. 60년대 소설가라면 박화성·최정희·장덕조·김말봉·임옥인·손소희·한무숙·윤금숙·강신재·박경리·정연희·한말숙·손장순·구혜영·박기원·송원희·최미나·김의정·전병순·박순녀·김영희·이정호·이규희·이석봉·안영·오지영 등을 꼽을 수 있을 것이다.

이들의 작품을 집대성한 한국여류문학전집 제1권 서문에서 당시 여류문학회 회장인 박화성은 다음과 같이 말하고 있다.

"……오랜 세월에서 줄기차게 뻗어 내려온 남존여비의 완강한 관습과 지극히 인색한 사회의 모든 여건에도 꺾임 없이 꾸준히 자기의 문학을 키우고 확대시켜 온 우리 여성 문학인들의 창작활동은 자기미화의 향기로운 개화라기보다는 차라리 자기연소로 이루어진 피와 땀의 결정인 바로 그것이었다…… 여성만의 작품으로 이렇게 알찬 전집 여섯 권이 간행된 것은 우리 문학사상 처음 있는 일이요 현대문학의 태동기에서부터 오늘까지 여성작가들이 창작해 온 작품 수록의 집약이란 점에서도 가히 기념비적인 일이라 자부하고 싶다."

따라서 60년대 여성소설은 확실히 시보다는(시의 애매모호성을 포함) 정면적으로 사회와 인간의 문제에 대해 깊이 관여하였고, 일제치하의 유랑생활과 6·25 전란의 체험을 근간으로 한 역사의식이 집약적으로 형상화된 시기였다고 정리할 수 있다. 먼저 당시의 작가 자신들이 쓴 문학관을 들어보자.

"나는 불모지에 방치된 작가였다고 자인하고 있다. 과도기·전환기·격동기의 의식인으로서 하나하나 새로운 가치를 심고 가꾸어 나가야 할 무서운 책임만이 전부였다. 이러한 시대와 장소에서 문학을 해야 한다는 자격이 얼마나 불행한가…… 절실한 사회적 공약만을 중요시한다면 델리키트 한 문학본령이 소외되기 쉽고 문학본령만을 위주로 한다면 사회와 민중향도의 보편적인 사명이 삭제되기 쉽기 때문이다. 이러한 이율적인 합일은 결국 오늘에 사는 작가의 신뢰할 만한 역량에 달려 있다고 나는 믿는다." ─박화성

"나는 소설을 잘 모르면서 내 친척인 한 여인의 고달픈 얘기를 듣고 나서 울분과 동정이 섞인 착잡한 심사를 금치 못해 하다가 소설 「지맥」을 썼고 「정적일순」과 「찬란한 대낮」은 1·4후퇴와 6·25 사변으로 해서 생긴 비극을 그린 작품이다." ─최정희

"나의 작품 속의 인물들은 항상 무엇인가를 찾고 있다. 그것이 평범하고 정상적이거나 그렇지 않거나…… 그 많은 문제의 해결을 우리는 흔히 신에게 바라고 있다. 그러한 신을 만나시 못할 때 우리들 중 누군가는 미쳐 버릴 수도 있으리라. 그러나 문제는 그것으로 끝나지 않는다." ─손소희

"줄거리를 쫓아가며 어떤 특정한 인물의 운명이나 행정을 엮어 가는 일에 싫증을 느낀 때에 작품 「파도」를 구상하였다. 일단의 사람들이 살아가는 모양에다 이리저리로부터 카메라 앵글을 마주 대어서 나나름의 미학으로 처리해 보고 싶었다…… 감정이 억세고 좀 야비한 계집아이를 택했다. 세련된 인품은 여기서 내가 사용하려는 렌즈로 적당치 않았기 때문에……" ─강신재

"나는 무엇 때문에 창작을 하는가? 돈인가? 아니다. 자아의 표현인가? 그렇다. 그 무엇보다도 그것은 다만 뜻없이 살다가 죽어 없어진다는 이 기막힌 내 생명의 모욕을 거부하려는 도전이다. 그리고 면면히 흘러가는 인류의 역사에 한 알의 금강석 같은 빛이 되어 죽은 후에도 반짝이고 싶어서다." ─한말숙

"소설에 있어서 사회성과 예술성의 안배, 그것은 내가 소설을 구상할 때 언제나 생각해 보는 문제이다. 사회성이란 그것이 시사성에만 치우칠 때 소설의 예술적 가치, 즉 영원성을 상실한 결과를 가져올 수 있겠지만 개인으로는 절대 존속할 수 없는 인간들의 행동장소로서의 사회로 크게 뻗쳐 나갈 때 그것은 언제 어느 시대에서나 맥이 상통할 수 있는 영원한 가치를 지닌 문제성으로 취급될 수 있으리라 생각한다." ― 전병순

이처럼 60년대 여성작가들은 하나같이 그들이 한 지식인으로서 도달해야 할 사회적 이념의 실천적 객관화와 예술양식의 틀 사이의 갈등에 고민하였으며 적어도 문학이 인간의 진실과 총체성에 기여해야 한다는 신뢰를 어떤 식으로든 소화해 내기에 부심하였다. 박화성의 말처럼 그것은 미학이 아니라 각고의 결정체였던 것이다.

그 중에서도 특히 우리는 손소희·강신재·박경리·한말숙·이정호·이규희 등의 작품세계를 들여다봄으로써 60년대 여성소설의 윤곽을 잘 드러낼 수 있지 않을까 생각한다.

함경도에 고향을 둔 손소희는 일제치하에는 만주 등지에서 기자 생활을 하였고 해방 후 이남에서 여러 가지 언론·출판계에 투신하면서 자신의 체험을 근간으로 역사의 좌절과 상흔을 유려한 문체로 그려낸 작가이다. 당시 그의 대표작이라면 「남풍」과 「갈가마귀 그 소리」를 들 수 있는데 홍기삼은 다음과 같이 요약하고 있다.

"손소희의 소설은 상당히 커다란 '빈틈'과 관련되어 있는 것으로 보인다. 그것은 때때로 이상의 북방을 배경으로 해서 펼쳐지는 토속적인 순박의 세계와 티없이 맑은 인정의 세계가 되어 나타나기도 하고 지식인의 내면적인 갈등으로 표현되기도 하며 남다른 역사의식과 주체적인 민족사관으로 그 모습을 드러내기도 한다…… 단편「갈가마귀 그 소리」는 몇 가지 점에서 두드러진 특성을 보여주고 있다. 첫째 북방의 서민생활――의식주라든가 언어에 관계되는 삶의 형태라든가 풍습이라든가 하는 것들은 상당히 구체적으로 느낄 수 있다는 점이다. 이것은 좀체 그리고 당분간 발전하거나 개발되기 어려운 북방문학의 귀중한 자산으로 평가될 수 있을 것이다. 둘째 고을댁과 그의 남편되는 송영감과의 아름다운 인간관계이다…… 특히 고을댁의 착한 마음씨는 도저히 젊은 작가들이 흉내내기 어려운 것이며, 전통적인 이 나라 여인들의 어떤 모습이라 할 수 있다. ……과거의 여인들이 물리칠 수 없었던 숙명적 생활환경에 의하여 고을댁이 약혼중에 약혼자가 죽어 버리자 처녀과부가 되어야 하고 주위 사람들의 뜻에 의

하여 과부 아닌 과부로 홀아비와 재혼을 하고 수십년간을 그 남편과 살아왔으나 '머리를 틀어 삼년을 공양한 남편하고 함께 묻히기 위해, 훗세상에 가서 떳떳한 삶을 살기 위해' 약혼자의 양아들을 따라나서는 대목에서 우리는 과거 이 나라 여인들이 가졌던 못생긴 윤리감각을 탓하게 되는 것이 아니라 차라리 눈물겨운 삶의 원형질을 파악하게 되는 것이다…… 그녀의 슬픈 말년은 비극 이상의 처연한 붕괴이면서 그러나 순수무구한 운명의 수용과 긍정의 비극에로 승화된다. 또 한 작품「남풍」은 상당한 작가론적인 재검토가 뒤따라야 할 것으로 생각된다. 손소희의「남풍」은 일제 때부터 6·25에 이르는 역사적 격동기의 파노라마를 그린 역작이다. 이 작품은 손소희 문학의 대성과이기도 하지만 60년대 한국문학의 중요한 성과로 평가되지 않으면 안 될 것이다."[10]

홍기삼의 지적처럼 손소희는 당대의 문장가요, 줄기차게 장단편을 뽑아냈으며 그 많은 부분이 한국역사의 수난사에서 그 역사를 이끌어가는 인간의 양면적 핵심에 접근해 감으로써 역사와 실존 사이에 놓인 왜곡된 진실을 부단히 추구하였지만 그에 대한 평가는 제대로 이뤄지지 못했다. 이는 여성문학을 재평가하는 과제 속의 하나가 될 것이다.

손소희와 많은 부분에서 대조를 이루는 작가가 강신재이다. 초기에는 주로 현대 남녀들의 애정 모랄을 추구하는 데 몰두하였는데, 그들의 상태를 리얼하고도 감각적인 수법으로 그리고 인물을 희화적으로 다루는 데 능숙하였다. 60년 초에 발표된 단편「젊은 느티나무」에서는 본래의 인간성과 사랑의 순수한 경지를 추구하는 작가로 정평을 굳혔고[11] 장편「임진강의 민들레」에서는 6·25 사변에서부터 9·28 서울수복까지의 이화 일가가 겪은 이야기를 통해 사회의식, 현실의식으로 확대된 작가정신을 유감 없이 발휘하였다. 이러한 작가정신은 1963년 6월에《현대문학》에 연재된 장편「파도」를 통해서 더욱 심화되었다.

이 작품은 앞의 작가노트에서도 잠깐 언급되었거니와 암담한 일제하의 어느 북국의 항구를 무대로 거칠고 활달하면서도 '적당히 야비한' 한 소녀의 시선을 통해서 여러 인물과 신개지의 풍정을 사실적으로 묘사하였는데, 이에 대해 천이두는 다음과 같이 적고 있다.

"작중의 모든 비극적 액션들은 영실이라는 소녀의 특정한 시선, 그것도 지극히 희극적인 분위기를 지닌 시선에 의하여 관찰되게 됨으로써 그것들은 이중적인 왜곡의 과정을 거치게 된다…… 비극적 액션의 현장에 희극적 요인을 대질시

---

10. 홍기삼,『남풍과 갈가마귀 그 소리』(한국현대문학전집 17), 470쪽 이하.
11. 세계문학대사전 上, 43쪽.

킴으로써 기묘한 아이러니를 빚어 내려는 방법은 작가 강신재가 비교적 꾸준하게 시도하여 온 방법인 듯하다. 이루지 못한 사랑 때문에 발광하고 만 '난아'의 처참한 몰골을 그와는 아무런 정신적 연계성이 없는 며느리나 식모를 대질시켜 놓는다거나(「이브의 변신」), 순탄치 못한 사랑의 우여곡절 끝에 죽음으로 끝막는 젊은 남녀의 애절한 모습을 나무터 장삼이사의 무심한 시선으로 목격하게 한다거나(「강물이 있는 풍경」), 착하기는 하나 대가 약하고 그래서 늘 주눅들려 지내는 외로운 남편을 정력적이고 독선적이고 위압적인 아내에 대질시켜 그들의 위축된 외로움과 기름진 탐욕을 각기 그로테스크하게 부각시킨다거나(「포말, 녹지대와 분홍의 에드벌룬, 투기」), 기괴하게 추악한 누이와 암울하게 외로운 오라비를 대질시킴으로써 전쟁의 후유증을 진단해 본다거나(「난리, 그 뒤」) …… 하는 것 등이 모두 그러한 방법의 소산이라 할 것이다."[12]

그렇다면 강신재가 60년대 소설을 통해서 일관되게 조망해 온 '대질의 미학'이란 무엇일까? 염무웅[13]에 의하면 이는 '남자와 여자가 이루는 세계의 부조화'이다. 또한 김주연은 '강신재의 모든 소설들이 남녀관계를 다루면서도 때로는 여성의 맹종, 때로는 여성의 탈출, 때로는 여성의 잠정적 타협으로 나타나는 양상이야말로 50년대 성의 현실이 혼란과 동요의 시기였음을 반증'하는 것이라고 지적, 전란을 전후하여 일어난 성의식의 변혁이 70년대 여성소설에로 이어지고 있다고(강석경 등) 추적하고 있다.[14]

그러므로 강신재의 애정모랄은 단순한 남녀관계를 넘어선, 사회변동과의 연관 속에서 파악되어야 하며 전통의 붕괴와 자의식의 변화가 사회의 구성원인 남녀에게서 어떻게 전이되어 나타나는가를 소급해서 연구할 만한 자료를 제공하고 있다고 말할 수 있다.

이와는 조금 다른 각도에서 주로 전쟁미망인의 문제를 사회의식에로 연결시키면서 등장한 작가가 박경리이다. 여성작가로서 지반을 굳힌 그의 초기작 대부분은 6·25때 남편을 잃고 홀어머니와 함께 살고 있거나 딸 하나를 데리고 사는 전쟁미망인을 주인공으로, 휴머니즘에 입각한 사회의식을 형상화시키는 데 주력하였다. 단편 「계산」(55), 「흑흑백백」(56), 「군식구」, 「불신시대」 등이 이에 속하며 최초의 장편 「표류도」(59)에서 고독한 인간의 존재조건을 깊이 파헤침으로써 작가적 기량과 인기를 한몸에 담았다.

---

12. 천이두, 『대질의 미학』(한국문학전집 22), 466쪽 이하.
13. 현대한국문학전집 2, 477쪽.
14. 김주연, 『사회변동과 여성 성의식의 변화연구』(아세아여성연구 24집, 182쪽.)

장편「김약국의 딸들」(1962)에서는 종래의 전쟁미망인을 즐겨 등장시킨 자전적 사건에서 벗어나 객관적인 시점을 확립함과 동시에 제재와 기법에서도 다양한 변모를 보인 전환점을 이룩하였다. 이 작품은 지금의 충무시(통영)를 작품배경으로 설정해 놓고 고종이 등극한 1814년부터 1930년대 일제 식민지정책이 극도에 달한 무렵까지를 소설무대로 삼고 있다. 이 작품의 초점은 김약국 댁의 성쇠 과정을 그린 것이지만 그러나 김약국은 단순한 김약국으로서가 아니라 한국의 역사적 흐름과도 얽히고 통영이 한국의 전체적인 상황과도 얽혀 흥하기도 하고 몰락하기도 하면서, 한국 사람의 보편적이고 기막힌 내력으로 승화될 수 있다는 데 큰 공감대를 형성하였다. 이어 60년대 문단을 강타한 역작「시장과 전장」(1964)을 통해서 그는 6·25 사변을 정면으로 다루었는데, 전쟁이 지닌 문제와 그 상처를 당시까지의 어느 전쟁소설보다 더 큰 캔버스 속에 부각시키고 있다는 평을 받았고 박경리 소설의 커다란 봉우리를 형성하였다. 또한 그는 60년대 말부터《현대문학》에 대하소설「토지」(69.9)를 연재, 70년대 소설의 최고봉을 획득하였으며 암암리에 여성문학을 비하시키는 식으로 통용되어 오던 '여류'라는 접두어를 자연스럽게 제거시켰다.

한편 전후파의 반항적 모랄을 추구하면서 다양한 실험을 시도한 한말숙은 소설「장마」를 통해서 자연의 위대한 파괴력에 도전하는 인간의 의지와 그 의지는 원시적인 섹스와 관련된다는 특이한 기법으로 주목을 받았으며, 이정호는 함경도 지방의 화전민에 얽힌 토속적이고 한서린 여자의 이중적인 삶의 명에(성과 가난)를 질박한 시선으로 그려 냄으로써 그 한을 비극의 미학에로까지 심화시켰고, 60년대 말「속솔이뜸의 댕이」로 화려하게 데뷔한 이규희는 여성작가에 있어서 농촌소설의 새로운 지평을 열었다.

이렇듯 60년대를 변성기로 삼은 여성문학은 질적·양적으로 눈부신 발전을 이룩하였음에도 불구하고 문단의 주도적 흐름에서 상당히 고립되어 있었다는 감을 감출 수 없다. 예를 들면 60년대를 풍미한 문학논쟁, 즉 '순수'와 '참여' 논란에서 여류문학은 무관한 자리를 고수하였으며 70년대 거센 회오리를 일으키며 등장한 '민족문학' '민중문학' 논쟁에서도 여성의 참여는 희귀하였고 많은 문인들이 정치적 입장으로 투옥되었을 때는 여성은 제외되었다. 또한 남성작가들이 활발한 동인집단을 형성하며 스스로의 발전과 문학의 사회적 효용성을 추구해 가는 이 기간 동안 여성들은 여전히 개인적인 문학활동에 머물러 있었다. 다른 한편 여류시인이니 여류작가니 여류○○이니 하는 명칭은 인간의 보편화된 휴머니즘에 참여하는 작가정신을 암시하기보다는 매우 특정한 신분집단(다분히 귀족적)을 지칭하는 프레미엄으로 통용되기도 하였으며 평범한 여성들에게는 여류명사 신화를 조장하기도 하였다.

4. 산업화시대와 탈 여류문학

그렇다면 60년대와 대별되는 70년대란 무엇인가? 혁명정부 이후 급격하게 촉진된 경제개발 계획과 산업화 정책은 국민소득 1백불 안팎을 천대로 올리는 숫자상의 기적을 낳긴 했지만 가속화된 양극화 현상, 빈부의 격차와 경제불황 등 사회적 모순을 극대화시키는 역기능을 초래하였다. 이러한 70년대의 사회적 상황을 일축하는 한마디가 있다면 그것은 '비인간화 현상' 혹은 '정치화 현상'일 것이다.

정신보다 물질을 우선으로 하고 인격보다 생산을 우선으로 하는 물신주의 가치관이 대중문화를 지배하는 가운데 사색적이고 추상적인 주지주의(혹은 귀족주의) 문학이 후퇴하는 한편 감각을 자극하고 카타르시스적인 충격을 조장하는 상업주의 문학이 전성기를 맞게 된다. 또한 거듭되는 긴급조치와 언론탄압으로 인해 70년대 문학의 거대한 흐름은 '순수문학'이라는 미명하에 쇠퇴를 자초하는 한편, 이 암울한 정치현실을 뚫고 문학 본연의 자율성을 획득하려는 갖가지 몸부림의 결과로 민중문학 혹은 민족문학이 대두되어 70년대 문학적 공백기의 분수령을 마련하였다. 그 여세를 몰아 현장문학, 르뽀문학, 노동문학 등의 새로운 장르가 활발하게 전개되었으며 60년대 말까지 비교적 많은 독자를 확보하고 있던 시문학은 김지하·고은 등 몇 사람의 민중시인을 제외하고는 급격하게 소설문학에게 그 자리를 양보하게 되는 현상을 초래하였다.

확실히 70년대는 '민중문학' 혹은 '노동문학'의 시대로 요약할 수 있으며 이는 지금까지 고수되어 오던 예술적 양식보다는 '인간화'에 기반을 둔 메시지에 충실한 문학활동을 표방하였다. 이전의 문학이 가지고 있는 장식성이나 엘리트 중심의 폐쇄성의 틀을 깨고 보다 보편화된 민중의 삶 속으로 들어와 인간의 아픔과 고통에 동참함으로써 공동체의 이데아를 제시하려는 데서 민중문학은 출발했던 것이다. 이는 문학의 저변확대, 혹은 대중화의 의지이자 70년대의 억압적 정치현실에 대한 처절한 창조의지이기도 하였다.

그러나 70년대의 문학이 인간주의나 소시민적 휴머니즘을 그 나름대로 조명하고 비인간화의 역사현실을 탁월하게 해부해 내고 있음에도 불구하고 '보다 많은 눌린 자의 사건 속에 있는 여성의 고통과 소외 현실'을 '역사적 사건'으로 포착하는 문학작품은 거의 없었다. 이때 '역사적 사건'이란 부당하게 차별받고 억압받는 여성현실을 남자와 여자라는 단순한 성의 차이로 치차하는 시각이 아니라 '역사 속에서 사건이 일어나고 있는데 그 사건의 내용은 누르는 자와 눌림받는 자의 사건'으로 보편화시키는 시각을 의미한다.

지배문화를 거부하는 민중작가까지도 여성의 문제를 다루는 때에는 지배문화 (가부장제 문화)에 착색된 시각의 한계를 크게 벗어나지 못하였으며 통시적 안목이 제거된 공간적 틀을 고수하는 것으로 자족하였다고 지적하고 싶다.

그렇다면 여성작가들은 어떤가? 70년대를 여성문학의 새로운 분기점이라고 말할 수 있다면 그것은 '탈 여류문학'의 면에서 논의할 수 있을 것이다. 이는 물론 여류문학 전성기로 불릴 수 있는 60년대 여성문인들과 '여류'가 아니라는 찬사를 받아온 몇몇 여성문인들의 혁혁한 노작들이 밑거름이 된 것이겠지만(특히 소설에서 강경애·박화성·박경리·이정호·한말숙·이규희, 시에서 홍윤숙·김여정·강계순·임성숙·김윤희·노향림 등으로 이어지는), 70년대 초반 전문단에 신선한 충격과 감동을 몰고 온 강은교의 등장과, 소설에서 박완서·오정희의 활약은 탈 여류문학을 본격화시킨 중요한 성과로 평가되어 마땅한 것이다.

이들은 종래의 '여성의 감상성' 혹은 '감성적 신비주의'라는 편견을 깨고 예리한 안테나에 포착된 시대적 경험을 보편적 공감대 안에 심화시킴으로써 자연스럽게 '여류'라는 프리미엄을 거부, 제거시켰다. 이들의 뒤를 이어 배출된 후진 여성문인들은 70년대 중반까지 오랫동안 여성을 액세서리로 취급해 온 남성전용의 문단등용관문(특히 신춘문예)에서까지 '여성파워'를 유감없이 과시한 시기였으며 다양한 양식과 소재로 80년대 문단을 풍요롭게 개척하고 있다. 이는 중요한 시대적 변화로서, '여성'이라 해서 한 자리 양념으로 끼워 주거나 따로 취급하여 안배당하는 시대는 지났다는, 능력우선주의와 평등주의적 흐름이 반영일 수도 있다.

모든 예술분야가 다 그러하겠지만 문학은 철저히 개인의 삶과 경험에 기초하며, 동시에 그 개인이 속한 공동체의 고통과 운명에서 자유스러울 수 없다. 전제주의 시대의 산물인 영웅시대의 종말과 더불어 평범한 인간의 창조적 시대로 향해 가고 있는 지금은 이 세계의 절반인 여성의 잠재력과 창조의지를 부르고 있다. 여성독자의 증가와 함께 이 시점에서 80년대 여성문학은 진정한 여성을 위한 여성에 의한 여성의 문학이 형성될 만한 터전이 웬만큼 확보되어 가고 있다 해도 과언이 아니다. 그러한 시작으로써 일제치하 정신대 문제를 현대여성의 자의식으로 확대시킨 「에미이름은 조센삐였다」의 윤정모, 역사적 소재를 현대시각에서 재조경한 「혼불」의 최명희와 이남희, 기층 여성문제와 현실을 산업사회 구조 속에서 파악하려는 「밤과 요람」의 강석경, 「겨울숲」의 김향숙, 「귀머거리 새」의 양귀자, 서영은 등이 현재 주목받는 소설가들이고 시에서는 강은교의 뒤를 이은 최승자·김옥영·김승희·김혜순·박경미·천재순·김경희·한영옥 등이 탄탄한 자기세계를 구축하고 있다.

그렇다면 80년대 여성문학의 당면과제는 무엇이며 그것은 여성문화운동과 어떤 연관성을 가지고 있는가를 간단히 살펴보자.

우리는 최선의 이념으로서 참된 민주공동체의 형성을 지향하고 있다. 더 구체적으로 문학인들이 추구하는 궁극적 목표 중의 하나가 일차적으로는 인간을 인간답게 만드는 민주문화형성이라고 말할 수 있다면 여성문학은 진정한 여성문화양식을 형성시켜 나가는 데 자기 자리를 확보할 수 있어야 한다. 이때 여성문화란 현재 우리가 직면해 있는 지배문화 혹은 가부장제 부성문화의 모순을 극복하려는 '대안문화'를 의미한다. 즉 여성문화운동은 지금까지 주종의 관계로 일반화된 남녀를 동시에 구원하려는 해방적 차원을 지니고 동시에 새로운 사회의 비전을 제시하는 모성적 생명문화의 차원이어야 한다고 본다. 이를 위해서는 두세 가지 구체적 과제가 요구된다.

첫째는 비평적 과제이다. 신문학 70년사를 포함한 한국문학 전 유산을 계열별로 검토하고 여성문화적 시각에서 이를 재해석하는 일이다. 여기에는 여성들의 비평계로의 진출이 급선무로 보이며 남녀 평등적 시각이 보편화의 경지를 획득해야 함이 전제된다.

둘째는 창작적 과제이다. 오랜 가부장제 전통과 주종의 위계질서 속에서 고착된 지배문화와의 결별을 선언하는 여성문화운동은 여성문학 양식에서 크게 두 가지 관점으로 수용될 수 있다. 그 하나는 여성을 억압하고 비하시킨 사회구조와 시대적 이데올로기가 지니고 있는 신비와 은폐성을 과감하게 폭로하는 한편 종속과 소외를 정당화해 왔던 관습과 제도를 인간해방적 차원에서 비판하는 고발문학적 차원이며, 다른 하나는 전혀 다른 시각과 다른 문화의식을 창작에 수용하는 혁명주의적(혹은 이상주의적) 차원이다. 이때 '새로운 문화감각'이란 비인간화된 현실로부터 창작의 모티브를 찾는 것이 아니라 작가 자신의 새로운 세계관으로부터 유토피아적 비전을 제시하는 것을 의미한다. 여기에는 작품을 구성하는 언어, 역할, 질서, 관습, 남녀관계의 혁명이 불가피할 것이다. 또한 소설양식 자체에서도 기존의 틀을 깨는 실험정신이 다양하게 시도될 수 있다. 이는 작가 자신의 체험적 깊이, 창조적 상상력, 그리고 이 세계의 불행과 고통에 입맞추려는 작가적 진실에 따라 좌우될 문제이겠으나 다른 한편으로는 '이미 시작되었지만 아직 성취되지 못한' 인간해방의 역사에 대해 작가가 어떤 안테나를 세울 수 있느냐의 문제이기도 하다.

　셋째는 공동체적 윤리형성의 과제이다. '자매는 강하다'는 연대의식의 힘을 믿는 우리는 우선적으로 '누르는 자'와 '눌림받은 자'의 부조리한 정황을 개인의 사건으로 보는 것이 아니라 '역사적 사건'으로 조망할 수 있는 혜안을 잃어서는 안 된다고 못박고 싶다. 우리는 개인과 집단의 삶을 지배하는 일체의 이념체계에 대해 끊임없이 질문할 수 있어야 하며 그것이 빚어내는 부조리한 현실에 대해 형제애의 진실로 맞설 수 있어야 한다. 동시에 참된 인간의 해방과 진실을 추구하는 여성들의 다양한 실천운동에 부지런히 귀를 기울이고 대화할 수 있어야 한다. 왜? 문학은 궁극적으로 '사람을 위하여 사람에 의하여 사람다운 세상'을 꿈꾸는 일에 관여하기 때문이다.

　결론적으로 여성주의 문학은 '여성들이 하는 문학이다'는 성별분업에 있는 것이 아니라 지배문화를 극복하고 참된 인간해방 공동체를 추구하는 대안문화로서 '모성문학' 혹은 '양성문화'의 세계관을 보여주는 문학이어야 한다. 따라서 이때의 여성문학은 굳이 여성만이어야 할 필요는 없지만 이 문제를 자기 경험 속에서 아프고 혹독하게 인식하는 사람들에 의해서 형성될 것은 자명한 사실이다. ■

＊자료 : 여성문인 진출 과정

현대문학(1956 – 86. 3현재)
시•
김최연 김후란 김정숙 왕수영 추영수 김선영 허영자 김송희 주정애 김윤희 이향아 김초혜
조유경 안혜초 천양희 임성숙 유안진 김여정 신달자 박명자 조정자 곽현숙 김경희 강경화
정은명 김정란 안경원 강유정 손보순 김수경 배경란 홍명희 고세연 곽상희 신필주 서은숙
곽우희 최문자 박귀례 김성식 김녕리 남궁현순(이상 42명)
소설•
박경리 한말숙 손장순 최미나 송숙영 김영희 이정호 오지영 안 영 이세기 김지연 송정숙
박시정 이 순 김지이 노순자 조은광 문명자 김채원 기일혜 이향원 채정운 오정아 김경남
이 은 강호영(이상 26명)
월간문학(1969 – 86현재)
시•
김양식 문정희 노향림 이정강 김옥영 이영춘 구영주 양은순 안양자 김경옥 박진숙 김소원
김현숙 정은희 정재희 황영순 김명숙 김영주 김정원 남궁경숙 홍오선(이상 21명)
소설•
서영은 김이연 윤남경 안양자 곽의진 김애나 김진옥 허정수(이상 8명)
문학사상(1972 – 86. 3현재)
시•최애리 이사라(이상 2명)
소설•강석경 양귀자 김형경(이상 3명)

문예중앙(1977 - 86.3현재)
시•신연주 김정숙(이상 2명)
소설•양순석 이숙자 정기련 신경숙(이상 4명)
소설문학(1977 - 86.3현재)
소설•김옥섭 김인숙 권혜수 최영이(이상 4명)
문학과 지성(1975 - 80)
시•최승자 김혜순(이상 2명)
현대시학(1969 - 86.3현재)
시•
이성애 추명희 이명자 한영옥 천재순 고정희 이옥희 박정남 진경옥 구순회 조구자 국효문 이정연 김경자 김추임 김운지 조인자 박서혜 서경은 박소연 박송죽 진경옥 고경희 유동희 (이상 24명)
시문학(1972 - 86.3현재)
시•
전경자 이정기 가영심 조남순 백추자 김연수 백이운 이구제 강옥구 강만영 이혜선 안초근 이은경 김혜연 박혜숙 송길자 문송산 최정자 김종희 이남수 이은미 이선외 이상백 강정화 조미나 배동숙 우미자 강순례 이혜영 이혜목 권오욱 이신강(이상 32명)
심상(1973 - 86.3현재)
시•
허영선 백미혜 김용옥 홍주희 신미철 이명희 강안희 전인숙 임종숙 장순금(이상 10명)
사상계
시•강계순 강은교(이상 2명)
소설•구혜영
한국문학(1976 - 86.3현재)
시•김진자 김소영 한상남 노창선 김경자 차옥혜(이상 6명)
소설•송우혜 김계림 강난경(이상 3명)
실천문학(1980 - 86.3현재)
시•노영희
자유문학(1956 - 63)
시•김하림 추영수 추은희 김숙자 최선영(이상 5명)
소설•노순환 전순란(이상 2명)
여원신인문학상(1955 - 1960)
소설•박기원
시•박현령
문학예술
소설•송원희
신문학
소설•정병순
태극신문
시•김지향
개인시집
함혜련 석계향 조순애
경향신문(1950 - 86.1현재)
시•김정자 김승희 박정숙 황인숙(이상 4명)

소설• 김의정 오혜령(가작) 김채원 엄인회 백정섭 강유일(이상 6명)
조선일보(1950 - 86.1현재)
시•
이춘희 정순정 지희순 김명회 이사라 최화순 김송희 이정림 권정자 강경화 이경희 박연신 김용주 염명순(이상 14명)
소설•
정순정 박순녀 김자림 박현숙 이정림 노영숙 오혜령 김몽실 조규순 김인숙 심연숙 김혜정 엄인회(이상 13명)
대한일보(1972)
소설• 이순
한국일보(1955 - 86.1현재)
시• 김은자 이은실 이경희(이상 3명)
소설• 임완숙 우선덕 김정례 김진자(이상 4명)
동아일보(1950 - 86.1현재)
시• 이영숙 이혜숙 김혜숙 이성애 이정미 강미영(이상 6명)
소설•
신필희 김덕혜 정연희 오춘자 이규희 이석봉 윤명자 이덕자 김청조 정영현 박완서 윤명혜 정혜연 오세아 노순자 유덕희 이향숙 이 순 조혜정 남지수 박진숙 이혜숙 이향림 안혜성 이남희 최명희(이상 26명)
서울신문(1950 - 86.1현재)
시• 박 현 이정숙 배찬희 한분순(이상 4명)
소설• 신희라 신희수 이경자 이덕재 이미란 김성희 김청조 조용희(이상 8명)
중앙일보(1966 - 86.1현재)
시• 배미순 국효문 양애경 전연옥(이상 4명)
소설• 오정희 정상미 박계형 김지인(이상 4명)
여성중앙 중편소설 공모
윤정모 공순애 이승실 최순애 윤명혜(이상 5명)

＊도움받은 글
1. 일연, 『삼국유사』, 동서문화사, 1978.
2. 양주동, 『고가연구』, 일조각, 1965·1982.
3. 이병기·백철, 『국문학전사』, 신구문화사, 1980.
4. 진단학회, 『한국사 : 고대편』, 을유문화사, 1980.
5. 김부식, 『삼국사기』Ⅰ·Ⅱ, 동서문화사, 1978.
6. 白江徐首生박사회갑기념논총, 『한국시가연구』, 형설출판사, 1981.
7. 이대여성연구소, 『한국여성사 : 고대편』, 1978.
8. 김용수, 『고대여성과 문학』, 숙대출판부, 1981.
9. 『삼국유사』Ⅰ, 세계고전집, 이재호 역, 1973.
10. 『국사대사전』, 백만사, 1975.
11. 문덕수 편저, 『세계문예대사전』上·下, 성문각, 1975.
12. 『한국문화사대계』Ⅳ, 고대민족문화연구회, 1970.
13. 『한국여성문화논총』, 이대출판부, 1958.
14. 양주동, 『여요전주』, 을유문화사, 1971.

15. 안자산, 『조선문학사』, 한일서점, 대정 11.
16. 정병욱, 『한국시가문학사』上, 한국문예사대계 V.
17. 조윤제, 「시가의 한역시대」, 한국시가사망, 단기 4287.
18. 이능우, 「고려가요의 성격」, 『고려가요연구』 2, 정음사.
19. 최정여, 「고려의 속요가사논고」, 18과 같은 책.
20. 이능화, 『조선해어화사』, 소화 2년.
21. 국역 익재집.
22. 『한국학대백과사전』 2.
23. 『고려사절요』 권 18 - 26.
24. 여증동, 「쌍화점고구」 1·2·3, 《국어국문학》 19·47·53.
25. 이은상, 「고려시대의 여류문학」, 《신가정》 1권 2호.
26. 서재주, 「고려노래되새김질」, 『한국시가연구』, 1981.
27. 김태준, 『조선가요집성』, 조선어문학회, 1934.
28. ──, 『고려가사』, 학예사, 1939.
29. 「고려가요에 나타난 여심특질과 그 원인고」, 《숭전어문학》, 1974.
30. 박용옥, 『이조여성사』, 한국일보사, 1976.
31. 『역대여류한시문선』, 1973.
32. 『조선역대여류문집』, 1949.
33. 김안서, 『한국여류한시선집』, 정음사, 1973.
34. 김용숙, 『조선조여류문학의 연구』, 숙대출판부, 1979.
35. 『한국여류문학전집』 1 - 6, 삼성출판사, 1967.
36. 『역대한국여류 101인 시선집』, 한림출판사, 1985.
37. 손소희, 『한국문단인간사』, 행림출판사, 1980.
38. 문경현 편역, 『허난설헌전집』, 보연각, 1972.
39. 『한국현대문학전집』 17·22·24·34·42·47, 삼성출판사.
40. 김윤식, 『여성과 문학』, 아세아여성연구소, 1968.
41. 김주연, 『사회변동과 여성의식의 변화』, 1986.
42. 기타 인용된 개인문집.

여성의 직업활동영역

여성 언론인의 역사

김경희
중앙일보 기자

우리 나라 저널리즘 분야에서 여성의 진출은 잡지쪽이 일간신문보다 한발 앞서 있다. 1918년 일본 도쿄에서 유학중인 여학생들이 창간한 《여자계》의 나혜석(羅惠錫)이 주간 겸 기자. 그 후 1919년에는 김원주(金元周 : 필명은 金一葉)가 《신여자》의 주간·주필·기자를 겸했다.

그러나 이 글에서는 한국여기자클럽을 중심으로 신문·방송·통신사의 여기자들만 다루기로 한다(신문사의 자매지 제작부서 여기자 포함).

1. 초창기 여기자의 진출 과정과 현재까지의 숫적증가 추세

'부인기자 채용.'

한국 일간신문 여기자의 역사는 매일신보의 1단짜리 사고(社告)로 시작되었다. 1920년 7월 2일 '세계의 사조는 각일각(刻一刻)으로 추이(推移)홈을 따라 우리 사회에도……' 이렇게 부인기자 채용 이유와 필요성을 밝힌 것이다. 여기서 '가장(家長)이 있는 부인'이어야 한다고 못박은 사실이 흥미롭다. 아직도 '결혼＝퇴직'을 관행으로 삼고 있는 신문사가 있는 형편이고 보면 오히려 기혼여성을 찾는 모집요강이 여간 이채로운 게 아니다. 그 밖에도 나이는 20세 이상 30세 이하, 학력은 고등보통학교 졸업 정도 이상으로 문필에 취미가 있는 사람이어야 한다는 조건이 덧붙어 있다.

이로써 채용된 부인기자가 이각경(李珏璟) 씨. 1921년 1월 1일자에는 '본사기자 이각경 여사'라고 큼직하게 이름을 밝힌 계몽적 논설이 실렸다.

「신년벽두를 제(際)하야 조선가정의 주부끠」란 국내 최초 여기자의 첫 기명기사에서 이각경씨가 조선여성들에게 당부한 것은 다섯 가지. 시대됨을 아시오, 위생 사상을 기르시오, 여자다와야겠어요, 공덕심을 기르십시오, 우리의 장처(長處)는 보존하세요 등이 그것이다.

흔히 최은희(崔恩喜)씨를 한국 최초의 여기자로 알고 있으나 사실은 이각경씨보다 4년 뒤늦게 신문기자생활을 시작했다. 그러나 이각경씨는 불과 수개월 동안 주로 유명인사들에 대한 방문기사를 썼을 정도. 따라서 본격적으로 활동한 최초의 여기자는 최은희씨라고 할 수 있다.

춘원 이광수(春園 李光洙)의 추천으로 1924년 조선일보에 입사한 최은희씨의 활약은 실로 눈부셨다. 처음에는 정치부에서 통신을 번역하는 일이 고작이었으나 조선일보의 부인견학단 행사를 계기로 그의 '기자기질'을 유감없이 발휘할 수 있게 된 것이다. 쓰개치마조차 못 벗은 여성들이 숱하던 시절에 부인들을 이끌고 무선전화방송국을 견학한 뒤 쓴 취재기사를 높이 평가받아 본격적인 기자생활을 시작하게 되었다.

그 이후 최은희씨는 장안의 관심거리를 재미있는 기사로 써서 독자들의 인기를 모았다. 동아일보와의 경쟁을 위해 지면의 특색을 살리고자 여기자를 채용한 당초의 시도가 적중한 셈이었다.

조선일보의 부인기자 채용이 성공을 거두자 동아일보도 여기자 허정숙(許貞淑)씨를 채용했다. 잇달아 1926년에는 시대일보가 여기자 황신덕(黃信德)씨를 맞아들였다. 일본여자대학을 졸업하고 사회과학을 본격적으로 공부한 그는 국내 첫 여류논객으로서 평론을 썼다. 그러자 동아일보도 이에 자극되어 일본유학을 마치고 돌아온 이현경(李賢卿)씨로 하여금 평론을 집필케 했다. 이처럼 여기자 채용이 신문사간 경쟁의 한 방법처럼 여겨졌던 시기였다.

그 당시는 "여자가 웬 기자노릇을 하느냐"는 이야기를 종종 들을 만큼 여기자는 매우 별난 존재 취급을 받았다는 김자혜(金慈惠)씨. 동아일보 기자였던 그는 여기자들이 어려운 원고청탁을 도맡다시피 했다고 밝혔다. 좀처럼 원고를 써주지 않는 필자에게 신문사측은 희소가치가 높은 여기자를 내세우는 미인계(?)를 썼던 모양이다.

특히 최은희씨의 활동은 나날이 활발해져서 장안의 명물처럼 인기가 높았던 듯하다. 상금 20원(쌀 5가마 상당)이 걸린 '변장탐방기자 찾기' 행사 때는 행랑어멈으로 감쪽같이 변장하여 우승했고 1925년의 대홍수 때는 부인구호반을 조직해 구호활동을 폈다. 또 1926년에는 악명높던 일본형사를 미행하여 특종, '신문계의 패왕'이란 극찬과 함께 비단 1필을 타기도 했다. 뿐만 아니라 아편굴·공창(公娼) 등 사회 비리를 파헤치면서 부녀계몽을 위한 갖가지 기사로 부인란을 만들었다.

조선일보 정치부·사회부·학예부 기자, 그리고 학예부장으로서 종횡무진 활약하던 최은희씨의 기자생활은 8년 만에 끝났다. 늑막염으로 건강이 악화되는 바람에 신문을 떠나게 된 것이다. 그 동안 최은희씨는 여성이기 때문에 겪어야 하는 어려움도 많았겠으나 '여기자'라는 희소가치 때문에 상당히 유리한 점도 적지 않았던 것 같다. 1927년 무선전화 공개방송의 사회자로서 전파에 목소리를 실어본 첫 한국인이 되었는가 하면 한국여성으로는 처음으로 비행기를 타보게 된 일 등이 바로 그런 예이다.

최은희씨가 가정주부로 돌아가자 조선일보는 일본에서 대학을 마치고 귀국한 신여성 윤성상(尹聖相) 씨에게 부인란을 맡겼다.

그 후에도 조선일보에 조경희(趙敬姬)·노천명(盧天明) 씨, 경성일보에 김혜순·전희복(田姬福)씨가 입사하는 등 여기자가 차츰 늘었다. 그러나 해방 전까지의 여기자는 불과 10명 안팎. 해방 후 각종 신문이 쏟아져 나오면서 여기자도 갑자기 많아졌다. 특히 1950년대 말 각 신문사가 견습기자를 공개채용함으로써 여성들도 자유경쟁을 통해 기자가 될 수 있는 길이 열린 것이다.

그 무렵만 해도 여성들이 신문사를 직장으로 삼기까지 상당한 어려움이 따랐던 것 같다. 예컨대 1947년 어린이 신문의 기자로 출발한 박현서(朴賢緖) 씨의 경우 오빠가, "조경희 여사처럼 왈가닥이 되면 어쩌려고 신문기자가 되려느냐"며 매를 때리면서까지 여기자가 되는 것을 말렸다고 한다. 이것은 당시 사회상황으로는 파격적이랄 정도로 자유분방했던 여기자에 대한 사회적 평가를 짐작케 하는 일화지만 어쨌든 여기자의 진출은 계속되었다.

마침내 여기자들의 자질향상과 친목을 도모코자 한국여기자클럽이 창설된 것은 1961년. 30여 명의 회원을 가진 이 모임의 초대회장에 정충량(鄭忠良)씨가 선출되었고 2대 조경희 회장, 3대 정광모(鄭光謨) 회장으로 이어졌다. 1970년 4대 박현서 회장에 이르러서는 《여성저널》이란 회지가 창간되어 여기자들의 여러 가지 문제점들을 구체적으로 따져 보기 시작했다. 당시 신문사와 통신사에 근무하던 한국여기자클럽 회원은 107명으로 한국기자협회에 등록된 2,878명의 약 3%. 클럽에 가입하지 않은 채 전국 지방신문사에 재직중이던 여기자를 포함하면 약 150명은 됐으리라는 추산이다. 한국여기자클럽이 창설된 지 불과 10년 이내에 그 회원으로 가입한 여기자 수는 약 3배로 늘어난 셈이다.

그 후에도 여기자의 진출은 계속 활발해져서 1985년 8월 말 현재 전국 신문사

(출판국 포함)·통신사·방송국에 근무중인 여기자는 219명(〈표 1〉'전국 언론인 인원현황' 참조). 이는 4,391명에 이르는 전체 기자의 약 5%이다. 방송 기자가 없던 초창기와의 비교를 위해 방송을 뺀 신문·통신 분야만 따져 보면 전체 3,343명 가운데 여기자는 약 6%인 196명. 방송국의 경우는 전체 1,008명 중 2% 남짓한 23명이 여기자이다.

인력거를 타고 다니며 취재하던 시절에서 취재용 승용차로 누비는 시대로 변한 60여 년 사이에 여기자도 그 숫자를 손가락으로 꼽던 단계에서 200여 명을 헤아리는 전문직업여성집단으로 발전했다. 그러나 각 사별로 구분해 보면 여기자는 역시 극소수임을 알 수 있다. 특히 일간신문을 만드는 신문사 편집국과 방송국의 경우는 여기자가 더욱 적은 형편, 전국 22개 신문사 중 편집국 여기자가 제일 많은 매일경제도 전체기자 121명 가운데 약 10%에 해당하는 12명이 여기자다. 다음은 코리아 헤럴드 *Korea Herald* 11명, 대전일보 10명이며 나머지는 모두 10명 미만. 중앙일간지들 중에는 동아일보와 한국일보가 각각 5명씩으로 가장 적고, 지방신문 중 대구매일에는 1명도 없다. KBS와 MBC의 경우는 전체기자 1,048명 중 여기자는 약 2%인 23명.

1985년 9월 13일자 기자협회보에서도 지적했듯이 전체언론인의 5% 가량에 불과한 여기자들이 전국민의 절반 이상을 차지하고 있는 여성의 입장을 얼마나 잘 대변하고 그 요구를 충족시킬지 의심스럽다. 이것은 언론이 제기능을 다하려면 국민 각계각층의 여론을 치우침 없이 골고루 수렴할 수 있어야 한다는 대전제에 위배되는 게 아닌가. 그나마 여기자들이 일하는 부서의 내용을 살펴보면 여기자 활용이 얼마나 제한되어 있는지를 더욱 실감케 된다.

2. 여기자들이 겪어온 성차별과 해결해야 될 문제들

숫적으로는 여기자가 과거보다 크게 늘었지만 그같은 양적 팽창이 여기자에 대한 처우개선을 동반하지는 못했다. 여기자의 희소가치에 따른 '최은희 시대'의 혜택(?)은 점점 사라지고, 오히려 여기자에 대한 경계심과 부당한 차별만 늘었다는 의견들이다. 여기자들의 진출이 활발해지면서 예전 같은 호기심이나 특별한 관심은 없어지고 '무시 못할 경쟁자'로 부각된 여기자들에 대한 경계심만 커졌다는 것.

중앙일보 박금옥(朴今玉) 기자는, "여기자가 한 명쯤 있는 것도 괜찮겠다는 식으로 구색을 맞추듯 여기자를 채용하던 시절에는 여기자에 대해 요즘보다 훨씬 너그럽고 후한 편이었던 것 같다"고 말한다. 그러나 점차 경계하는 정도를 넘어서

〈표 1〉 전국 언론인 인원현황

1985년 8월 말 현재, ( )안은 여자

사별	편집	정치	경제	사회	외신	문화	체육	특집	조사	교열	사진	논설	기타	소계	주간	월간	기타	총계
경향	23(1)	14	9	35	10	15(2)	8	4	6(2)	16(1)	9	13		162(6)	17(2)	20(6)	30(2)	229(16)
동아	23	11	10	36	13	16(5)	7		6	15	9	19		163(5)	18	52(14)	37(2)	280(21)
서울	36(1)	10	9	29	11	15(6)	6	2	7	16	9	11	10	158(8)	49(5)		35(4)	242(17)
조선	32	9	9	24(1)	16	9(2)	9		8(4)	19	12	8	8	167(7)	10(2)	43(6)	31(4)	251(19)
중앙	28(1)	11	13(1)	36	14(1)	16(3)	11	2		16	11	7		165(6)	14	49(8)	36(1)	264(15)
한국	30		8	29	13(1)	11(4)	4	5(1)	12(3)	18	11	17	8	181(5)	46(1)	38(5)	22(3)	287(15)
매일경제	15	15(1)	14	15(1)	6	7(4)	4		4(1)	13(6)	4	5	25	121(12)	17(1)			138(12)
한국경제	22	13	13	9	10	5(2)	4		7(1)	8(3)	5	5	32	130(11)				130(11)
KH	8	7	8	8(1)	4	5(2)	3		2	6(1)	5	2	14(7)	72(11)				72(11)
KT	10	6(1)	6	7	4(1)	4(1)	4	4		7	7	3		62(3)				62(3)
일간스포츠	28					17(2)	18(2)			11	6	2	2	82(4)				82(4)
스포츠서울	24			20		22(2)	22(1)			14	9	1		93(3)				93(3)
연합통신	16	11	22	35(5)	52(2)	13(6)	45(3)	4	8(1)	9(1)	14	6	8	186(18)	출판16(1) 지방120 국제15			337(11)
KBS	71(2)	14	21(1)	39(1)	9	14(4)	22	22		14	83	13	8	360(13)	지방국 162			522(13)
MBC	43(1)	12	17(1)	7	28(1)	14(4)	48	18		9(1)	55(1)	5	6	247(8)	계열사 279(2)			526(10)
부산	21(1)	10	10	35	5	8	4	4	3(2)	12(3)	9	7	6(3)	121(10)	15(1)			136(1)
대구매일	20	3	8	18	5	11	5	7		13	6	6	29	126	18(2)			144(2)
강원	15	2	5	11		4(1)	2		4	9(2)	4	3	39	100(3)			3	100(3)
충청	10(1)	2	3	6		4	2		4	9(1)	4	4	19	69(3)				72(3)
대전	19(3)	10	5	18		4(2)	2		1(1)	9(4)	2	3	16	57(8)				57(8)
경남	14	7	10	10		8(2)	4		3(1)	13(4)	4	4	23	91(10)				91(10)
전남	8	2	2	19		6(3)	1	6		10	3	6	16	91(3)				91(3)
전북	14	4	5	7		3(2)	2	2	3(2)	9(1)	6	4	6	60(5)				60(5)
광주		2		12		5(2)	5	7(1)	3	8	2	8	1	83(2)				83(2)
제주	5			내근16(1) 외근15		6(1)						3		42(1)				42(1)
계														(157)			(219)	

* 편집·방송·해설위원 : 논설
* 국장단·국장석·뉴스제작실 : 편집
* 사회1·2부 사회생활·사회문화부 : 사회
* 특파원 : 외신
* 생활·학술·문예·교양·교육·여성·문화과학·과학부 : 문화
* 스포츠국·스포츠제작실 : 체육
* 기획보도실·보도특집·보도제작부·특집
* 카메라취재·영상편집부 : 사진
* 신앙·증권·유통·해외연수·수습 등 : 기타
* 제주신문은 편집국 부서 구분 없이 내·외근으로 분류했음.
* KH : Korea Herald
* KT : Korea Times

고의적인 견제와 차별을 일삼는 예가 늘고 있다는 것이다.
　여성에게는 입사시험에 응시할 자격조차 주지 않는 것에서부터 극히 한정된 부서 배치, 승진시기의 차별, 결혼·출산시의 사표종용 등을 모두 그런 맥락에서 보아야 한다는 견해가 지배적이다. 물론 남성들에 의해 좌우되는 언론사측은 나름대로의 애로점들을 나열하면서, 결코 무분별한 성차별이 아님을 주장한다. 하지만 그런 것들이 '이유' 아닌 '핑계'에 지나지 않음을 드러내는 근거가 수없이 많다. '여기자가 할 수 없는 일'이라든가 '결혼한 여기자는 집안일에 신경쓰느라고 업무에 태만해진다' 등의 '지레걱정'과 상관없이 여느 남기자들 뺨치게 일해 낸 여기자들이 적지않기 때문이다.
　제1회 최은희 여기자상을 받은 서울신문 신동식(申東植) 기자의 숱한 특종과 취재담은 그 좋은 예로 꼽을 만하다. 기자실의 남기자들이 화투치기·이발·목욕 등을 즐기는 동안에도 그는 쉴새없이 취재원들을 만나러 다녔다고 한다. 또 퇴근시간 후라든가 토요일 오후의 조용한 시간에 중요한 서류를 처리하는 공무원들의 습성을 이용, 항상 남보다 제일 늦게 출입처를 떠나는 등의 열성으로 큼직한 기사거리를 혼자 캐낸 일화들은 널리 알려져 있다. 창경원을 출입할 때는 관리인들이 사슴의 뿔을 감쪽같이(?) 잘라 먹어치운 사실을 그만이 알아차릴 수 있었다. 매일 홍학의 숫자까지 일일이 셀 정도로 성실하게 취재 구역을 살피고 다녔기 때문이었다. 이처럼 어떤 일을 맡든 동료 남기자들을 심심치 않게 '물먹인' 그는 세 자녀의 어머니이다.
　두드러지게 활약한 여기자들은 그 밖에도 적지 않지만 아직도 여기자들의 '불리한 게임'은 입사과정에서부터 시작된다. 왜 여기자를 뽑지 않느냐는 질문에 어느 신문사의 인사담당자는, "우리도 젊은 여기자를 뽑고 싶지만 고참 여기자들이 그만두질 않아서 어쩔 수 없다"고 대답했을 정도. 농담 섞인 이야기라지만 '반드시 여기자가 해야 할 일이라는 게 있기는 있으니 꼭 필요한 여기자 수만 확보하면 된다'는 사고방식을 잘 드러내는 이야기이다.
　지난 1984년 11월 서울시내 9개대학 신문방송학과 여대생들이 신문방송학과 여학생협의회를 발족시켰을 때 꽤나 착잡한 심정을 털어놓는 여기자가 적지 않았다. 다른 직장 여성들이 당하는 성차별에는 유독 민감한 반응을 보이면서도 정작 자신들의 문제에 대해서는 속수무책(?)이던 터에 여성언론인이 되기를 꿈꾸는 후배 여대생들이 정식으로 문제를 제기하고 나섰기 때문이다. MBC를 비롯한 몇몇 언론사들이 입사원서를 교부하면서, "여기자를 한 명도 안 뽑을 계획이니까 여대생들은 아예 원서를 가져갈 필요도 없다"며 애초부터 실력경쟁의 기회를 막아

버린 데 대한 항의시위를 벌였던 것. 이는 취업상의 성차별문제에 있어서 여기자들이 오랫동안 '남의 다리 긁기'만 되풀이해 온 사실을 또다시 절감케 한 계기였다. 특히 1981년에야 처음으로 여기자를 공개채용한 MBC가 1984년 수습사원 모집 요강에 여기자를 뽑지 않겠다는 방침을 명시한 것은 한국여기자들의 현주소를 단적으로 보여준 예이기도 하다.

어쨌든 여기자들은 이 무렵 취업에 있어서의 갖가지 남녀차별 실태와 그 부당성을 역설하고 나섰다. 각자 자신이 속해 있는 언론사의 문제점을 직접적으로 거론할 수는 없는만큼(물론 그럴 수 있어야 마땅하지만) 국내기업체 전반의 문제를 다루면서 해마다 쏟아져 나오는 여학사들의 심각한 취업난을 거듭 걱정해 주는 기사들을 썼다. 여성취업제한에 정면도전한 '신문방송학과 여학생협의회'의 거센 반발을 고스란히 보도하면서 좀더 열심히 편들고 격려해 줄 수 없었던 여기자들의 심정을 굳이 설명할 필요가 있을까?

신문사라는 직장에서의 남녀차별이 입사시키느냐 마느냐에서 끝나는 것이 물론 아니다. 부서배치며 승진에 있어서의 부당한 차별문제는 한국여기자클럽 회지 《여성저널》에서도 여러 모로 지적되고 있다.

우선 '여기자의 현황과 제문제'를 다룬 《여성저널》 창간특집에 따르면 여기자의 62%가 여성이라는 이유로 불공평한 대우를 받고 있다는 주장이다. 여기자들이 불공평한 대우라고 여기는 점은 1)진급이 남기자들보다 늦다 2)봉급도 남기자들보다 적다 3)출장을 안 보낸다 4)출입처를 주지 않는다 5)결혼시 퇴사를 강요한다 6)야근이나 당직을 시키지 않는다 등이다.

현재 여기자는 수습기자에서 평기자·차장·부장·국장·논설위원에 이르기까지 두루 걸쳐 있지만 경력이 10년을 넘어선 중견여기자들 가운데는 입사동기들과 나란히 진급하지 못한 경우가 적지않다. 예컨대 신동식 기자는 현재 서울신문의 부국장급 생활부장. 그가 23년 동안의 기자생활에서 단지 여기자라는 사실만으로 당해야 했던 승진에 있어서의 차별은 거짓말 같을 정도다. 평기자에서 차장대우로 진급할 때부터 시작된 차별은 계속 누적되어 입사동기인 남기자들보다 1, 2년도 아닌 5년이나 승진이 늦었던 것이다.

"너무 속상하고 치사해서 그만둬 버릴까 하는 생각도 수없이 해봤지만 그때마다 더 열심히 일에 몰두하면서 위기를 넘겼는데 이제와 생각하면 역시 잘한 것 같다"고.

그러고 보면 올해 서울신문에서 2명의 여기자가 입사동기생들과 나란히 차장으로 승진된 것을 그가 남달리 기뻐하는 이유도 가히 짐작할 만하다. 약오르고 치사하게 만드는 온갖 차별대우 때문에 사표도 여러 차례 썼지만 결국 오기로 버티면서 현재와 같은 여건을 보게 된 자신이 얼마나 대견스러웠을까.

그러나 이처럼 '오래 참고 버티기'가 결코 쉽지 않은 것은 물론이다. 한국일보의 '여기자 컬럼'으로 제2회 최은희 여기자상을 차지한 장명수(張明秀) 기자는 《여성저널》의 창간특집에서 「왜 중견여기자가 없는가」라는 글로 그 이유를 설명한 바 있다. 기혼여기자에 대한 신문사측의 푸대접, 월급이 더 많은 직장으로의 이동 등이 여기자가 사표를 내게 되는 일반적 이유인데 그 중에서 가장 대표적인 이유가 결혼이라는 것.

그때나 지금이나 여기자의 결혼을 당연한 퇴직사유로 명문화한 신문사는 없다. 그것은 근로기준법에 위배되는 규정인만큼, 결혼하려면 사표를 내야 한다는 사규를 만들지는 않으나 관행 또는 내규처럼 그것을 당연시하는 경우가 흔하다. 동아일보는 한때 수습기간을 마친 기자들에게 일제히 각서를 받으면서 여기자들에게만 '결혼할 경우는 퇴사하겠다'는 문구가 적힌 쪽지를 나눠 주고 각서 맨 끝부분에다 붙이도록 했다. 물론 이것이 입사 후 결혼하는 여기자를 강제로 내쫓을 근거는 못 되지만 심리적으로 상당한 영향을 미쳤을 것은 틀림없는 사실. 그러나 여러 명의 수습기자들 가운데 소위 홍일점이던 여기자가, "그따위 각서는 절대로 쓸 수 없다"고 반발함으로써 그 이래 여자기들을 위한 결혼퇴직조항은 없어졌다.

어쨌든 여기자의 결혼이 한껏 축하해 줄 일일 뿐 퇴직여부를 따져 볼 계기가 아닌 것으로 되어 있는 신문사는 그리 흔치 않다. 심지어 국내 최초로 여기자 최은희씨를 본격적으로 활용하고, 윤호미(尹浩美) 기자를 프랑스특파원으로 파견함으로써 여성해외특파원 제1호를 배출한 조선일보에도 최근까지 결혼한 여기자가 한 명도 없었다. 모든 여기자가 늦어도 30세 이전에 결혼했어야 한다는 이야기는 물론 아니다. 그러나 어느 미혼여기자가 고민고민 끝에 회사 모르게 결혼하고 형식상의 미혼으로서 근무하게까지 된 여건이 문제다.

'결혼이 무슨 죄라고 비밀리에 해치우냐'거나, '차라리 결혼하겠다고 떳떳이 밝힌 다음 신문사측이 사표를 요구하면 정면으로 맞서 법정투쟁이라도 벌여야 하지 않느냐'고 나무라는 여기자는 없다.

그렇다고 해서 옳고 그름을 가리거나 치사한 입장이기를 거부하는 일에 여기자들이 남달리 무심한 것은 결코 아니다. 오히려 정당하고 떳떳하기 위한 노력이 유난한 집단으로 보아도 큰 무리가 없을 것이다. 그럼에도 결혼하지 않은 체하며 계속 근무하는 동료 여기자를 비난하지 않고 "참 억울하고 어처구니없는 일을 당하게 되어 정말 속상하겠다"고 소극적 위로나마 나누게 되는 까닭이 무엇이겠는가.

그것은 여기자가 신문사측의 결혼퇴직방침에 맞서 싸우기가 매우 간단치 않은 속사정을 너나없이 잘 알고 있기 때문이다.

장명수 기자의 말대로, 결혼하려는 여기자한테서 사표를 받아 내기란 정말 쉬운 일이다. 대개의 남성들은 아주 자연스럽게 결혼하겠다고 밝히며 당연스런 듯 축하받지만 여기자들은 공연스레 쑥스러워하거나 은연중에, 행여 사표를 요구하지 않을까 하고 담당부서의 데스크나 신문사 인사부의 눈치를 보게 되기 때문이다. 따라서 여기자에게 정식으로 사표내라 말아라 할 필요도 없이 은근하고 간접적인 표현을 써서 회사측의 입장을 알려 주는 것만으로 충분하다. 이제까지 숱한 여기자들이, "도대체 무슨 이유로 사표를 내라는 거냐"며 따지거나, 사표를 강요한다면 법정투쟁이라도 벌이겠다고 덤벼들지 않고 후딱 '한장' 써내고는 신문사를 떠나곤 했으니까. 때로는 신문사측의 방침을 알아볼 겨를도 없이 "결과가 뻔하니 사표 내라기 전에 차라리 자진해서 내버리는 게 덜 흉하다"는 생각으로 지레 사표를 내밀기도 했다.

신문사에 따라서 결혼까지는 묵인하되 임신이나 출산을 계기로 퇴직을 종용해 온 경우도 있다. 결혼한 사실을 문제삼지 않았다면 임신이나 출산도 그에 따른 당연한 결과인만큼 역시 문제삼지 말아야 한다는 상식을 모르는 기자나 신문사는 없다. 만일 출산휴가에 대해 특별한 사규가 없다면 근로기준법에 준하는 것이 마땅하다.

하기야 한국일보처럼 여기자가 결혼하고 임신해서 출산하는 것을 당연지사로 여기는 경우도 없지 않다. 만삭이 된 여기자도 사표걱정하지 않고 태연히 일하다가 출산한 뒤에는 한 달쯤 쉬고(물론 근로기준법상에는 2개월의 출산휴가가 보장되어 있지만) 또다시 출근한다. 그러나 기혼여성이라면 무조건 외면하든가 결혼이나 출산을 계기로 일단 사표를 받은 다음 회사가 꼭 필요로 하는 능력 있는 여기자라면 다시 채용하는 신문사가 흔하다.

세 명의 자녀를 낳을 때마다 일단 사표를 냈다가 복직하는 형식으로 계속 일해 온 신동식 기자. 임신중에도 몇 차례나 특종기사를 쓰는 등 여느때와 다름없이 열심이었지만 출산 당시엔 꼬박꼬박 사표가 수리되었으므로 퇴직금이 별로 쌓이질 않았다고 밝힌다. 즉 1962년에 입사했지만 앞으로 받을 퇴직금은 1973년부터 가산되게끔 되었으니 경제적으로 상당한 손해를 입은 셈이다. 이것이 금전상의 피해 이상의 큰 의미가 있는 문제임은 말할 것도 없다.

우리 나라의 여기자 역사를 돌이켜볼 때 결혼이나 출산에 따른 권고사직은 명백한 퇴보현상임을 알 수 있다. 예컨대 시대일보와 중외일보에 근무했던 황신덕 기자가 결혼하고 나서 동아일보에 다시 나가던 무렵에는 세번째 아기를 임신하고 있었다는 것. 당시 동아일보 기자이던 남편과 결혼한 그는 동아일보 자매지《신가정》을 만들다가 이 잡지가 폐간되자 편집국 교정부에서 일했다고 한다. 즉 부부가 함께 동아일보 편집국 안에서 근무한 것이다. 그러나 현재는 사내(社內) 결혼을 하면 둘 중 한 사람이 그만두도록 하고 있다. 물론 중앙일보처럼 사내 결혼을 하더라도 굳이 어느 한 사람을 그만두게 하지 않는 경우도 있다. 그럴 때는 둘 중 한 사람을 출판국 등 다른 부서로 인사이동시켜서 같은 국 내에서 근무하지 않도록 한다. 신문사측이 부부기자 본인들의 불편을 덜어 주기 위한 배려라는 설명이다. 그러나 우리 사회가 어느 모로든 한결 보수적이던 일제시대에도 같은 신문사 편집국에서 부부가 함께 근무한 선례가 있다. 따라서 그렇게 일하는 것이 과연 불편할지 어떨지를 당사자들에게 먼저 물어보고 그대로 일하고 싶다면 별도의 인사조치를 취하지 않아야 옳다는 여기자들이 많다. 그럼에도 불구하고, "부부기자 본인들은 아무렇지 않게 일할 수 있다손 치더라도 다른 동료나 데스크가 불편하지 않겠냐"며 두 사람 중 어느 한 쪽(물론 여기자이기 십상이다)을 권고사직시키지 않은 것만도 다행으로 여기라는 식의 우스갯소리(?)를 들어야 하는 것이 '비교적 괜찮은 여기자들의 형편'이다.

물론 초창기 여기자들이 활동하던 무렵에는 활용할 만한 고급여성인력이 크게 부족했다. 그런 데 비해 요즘은 고작해야 여기자를 한두 명 뽑거나 말거나 하게 되는 수습기자 채용시험에 수백 명의 여학사나 여석사가 몰려든다. 얼마든지 미혼 여기자를 뽑아 쓸 수 있게끔 여건이 딴판으로 바뀐 것이다. 그러나 고도로 훈련된 전문기자 양성의 필요성이 점점 더 절실해지는 상황에서 여기자만은 오랜 경력을 통한 전문성이 불필요할 리 없다. 뿐만 아니라 뭇사람들의 노동문제에 남다른 관심을 가지고 그들의 일할 권리를 지켜 주고자 최선을 다하는 것이 신문의 사명이라면, 그것을 만드는 기자에게 결혼을 권고사직의 이유로 삼는 것 또한 터무니없는 넌센스 아닌가.

그런가 하면 집안일에 신경쓰느라고 신문사일에 소홀해질까봐 기혼 여기자를 기피한다는 것도 '정말 뭘 모르는 처사'라는 게 베테랑급 여기자들의 한결같은 이야기다. 신문사처럼 경쟁이 치열한 직장에서 여기자가 어엿한 일꾼으로 인정받으려면 웬만한 기자들보다 적어도 120%쯤은 더 일해야 되므로 출근해서 퇴근할 때까지 집안일에 마음쓸 겨를이 없다는 것. 대강대강 일하면서 버티기란 좀처럼 어려운 직장인 신문사에서 하물며 결혼한 여기자가 계속 근무키로 결심했을 때는 남다른 각오가 있었으리란 것쯤은 누구라도 쉽사리 짐작할 만한 일이다.

여성면을 비롯한 극히 제한된 분야에만 여기자를 활용하려는 신문사측의 부서 배치 경향도 여기자들이 매우 불만스러워하는 문제들 가운데 하나.《여성저널》이 1971년에 한국여기자클럽 창립 10주년 기념으로 조사한 '여기자의 가치관 및 의식구조'에 따르면 '일할 수 있는 부서를 한정시킨다'는 점을 남녀 차별 사례로 꼽은 여기자가 제일 많다. 조사 당시 서울시내 8개 일간지에 근무하던 75명의 여기자들을 보면 문화부 기자가 20명으로 가장 많고, 주간부 14명, 소년부 9명, 조사부 7명, 사진부 3명, 지방부·편집부 각 2명, 그리고 사회부·외신부·정치부·체육부·교정부 등에 각 1명씩 배치되어 있다. 〈표1〉에서도 볼 수 있듯이 여기자들의 부서별 배치상황은 현재도 비슷한 형편. 출판국 소속의 월간지 제작 부서가 전체의 29%인 56명으로 가장 많다. 다음은 문화부 39명(20%), 교열부 35명(20%), 주간부 17명(9%), 조사부 15명(7%) 등으로 이들 5개 부서에 전체의 85%가 집중되어 있다. 그 밖에 논설위원 1명(서울신문), 정치부 1명(*Korea Times*), 경제부 1명(중앙일보), 사회부 3명(조선일보·매일경제·*Korea Herald*) 등이다. 이 조사 후 약간의 상황변동으로 MBC 본사의 경우는 여기자 5명 전원이 문화과학부에 배치되어 있다. KBS도 "말이 사회부 기자지 여기자들은 출입처도 변변히 없는 형편"이라고 남승자(南勝子) 기자는 말한다.

결코 부서별 우열을 가리자는 게 아니다. 기자 개인의 자질이나 취향을 무시한 채 단지 여기자라는 이유로 소위 '여성적인 일'을 맡기는 게 문제다. 각 부서를 고루 돌아가며 기자수업을 쌓는 수습기간 동안 파악된 특성에 따라 부서를 배치해야 한다는 상식조차 아무렇지도 않게 무시해 버리는 예가 흔한 것이다. 심지어 여기자에게는 수습기간에도 일부 부서에서만 훈련시킨 뒤 수습 딱지를 떼고 정식 기자가 되자마자 기다렸다는 듯 '여성적인 일'을 맡기기 일쑤다.

"데스크로서 후배들에게 일을 맡겨 보면, 여기자라서 못해 내는 일 같은 걸 좀처럼 볼 수가 없다"는 신동식 기자. 한밤중에 강도 사건을 취재하는 경우라면 행여 어떨지 모르지만 여기자라서 절대 못할 일이란 그리 흔치 않다고 한다. 짐짓 보호해 준다는 명목으로 남녀차별하는 것일 뿐, 그 이상의 의미는 찾아보기 어렵다는 이야기다.

"나는 새벽 두 시까지 간통사건에 대한 사회면 기사를 쓴 적도 있다"면서 "알맹이 없는 보호 같은 거 마다하고 열심히 일하는 게 자기발전을 위해 한결 큰 도움이 된다"고 신동식 기자는 말한다.

여기자를 정치부나 경제부·사회부 등에 배치하지 않는 것을 유능한 여기자들에 대한 남기자들의 견제 수단으로 해석하는 여기자들도 흔하다. 고명삼아 한두 명씩 채용해 보았던 여기자들이 점점 그 숫자가 늘고 활동분야도 차츰 다양해지면서 기대 이상의 능력을 발휘했기 때문이라는 것이다. 즉 '한수 접고 너그럽게 보호해 줄 상대'로 여겼던 여기자들이 결코 만만치 않은 경쟁상대로 부각되자 일종의 위협을 느낀 게 아니냐는 견해다.

1968년 KBS에 공채된 이래 문화공보부·과학기술처·보건사회부·문교부·농수산부 등을 두루 거쳐 현재 보도본부의 문화부 차장인 남승자 기자는, "내가 특별히 성차별당한다고 느끼지 못했던 것은 당시 내가 유일한 여기자여서 의도적인 견제가 없었기 때문일 것"이라고 말한다. 과거에 비해 여기자가 제법 많아진 요즘은 후배 여기자들이 부서배치나 구체적인 업무 분담 등에서 상당한 성차별의 피해를 입는 듯하다는 것. 그 자신도 평기자시절에 지방출장이나 야근을 제외시키는 부장도 있었지만, 견제를 위한 차별이라기보다는 나름대로의 보호방법이라는 느낌이었다고 한다. 그러나 사정없이(?) 출장·야근을 지시하는 부장 아래서 일할 때가 훨씬 신나고 일맛도 나더라면서, "나와 가족들은 아무렇지 않게 여기고 너끈히 잘 해내는데 정작 남들이 더 큰일이라도 날 듯이 걱정하더라"며 웃는다. 하여튼 "여기자가 제법 잘 해내는군" 식으로 홍일점 여기자를 대견하게 바라보던 시대는 막을 내린 듯, 차장까지는 아무런 차별 없이 지냈다는 그도 부장으로의 승진은 남기자들보다 늦어지고 있는 형편이다.

견제당하는 게 속상하기로서니 '보호받던 처지'(?)를 그리워할 수는 없는 일. 여성이기 전에 기자로서 자신의 개성을 살려 맡은 분야에서 가장 뛰어나고자 노력해야 함은 물론이다. 남승자 기자도, 없어서는 안 될 존재로서 남다른 책임감을 발휘하는 것이 이 위기를 이겨 내는 최선의 방법이라고 강조한다. 어차피 여기자는 계속 많아질 것이므로 어느 고비만 넘기면 여기자의 진출에 비례해서 부당한 성차별도 점점 사라지리라는 이야기다. 그러나 실력대결이 지나치게 표면화되어 남기자들의 신경을 곤두세우게 하는 것은 절대 금물.

"어째서 모든 여성을 모든 남성보다 열등한 존재로 취급하느냐"는 식의 정면대결로 어색한 관계를 조장하면 곤란하다고 경력이 오랜 여기자들은 입을 모은다. 지금은 폐간되고 없는 대한일보에서 부녀부장을 거쳐 국장대우로 승진, 국내 최초의 국장급 여기자가 된 박현서(朴賢緒)씨.

주어진 부서에서 최선을 다해 일하면서 넓고 깊은 인간관계를 이룬 뒤 담당데스크에게 자신이 꼭 일하고 싶은 분야를 밝히라고 당부한다. 여기자가 드물던 시절에 여기자를 주로 부녀부에만 배치했던 것과는 달라서 여기자들의 능력과 자질이 이미 증명된 요즘까지 '여기자니까 여성·가정 페이지만 만들라'는 조처에는 반발의 여지가 많다. 그렇더라도 처음부터 다짜고짜 그런 인사조치를 납득할 수 없다고 불만을 터뜨리지는 말라는 것이다.

하지만 자신이 제일 원하는 부서에서 일할 수 있을 때까지 그저 묵묵히 일하며 참고 기다리기란 쉬운 일이 아니다. 동아일보에 입사한 지 채 1년도 안 되는 김세원(金世媛) 기자는, "언젠가 기회가 올 때까지 최선을 다하자고 다짐해 보면서도 마음 한구석에서는 '계란으로 바위치기'란 느낌을 떨칠 수 없다"고 털어놓았다. 각 부서를 돌며 기초훈련을 받는 수습기간에도 다른 입사동기들은 5개월쯤 사회부에서 일을 배우게 하면서 그 자신과 또 한 명의 수습여기자만은 "너무 힘들테니 2주일만 사회부에 있으라"더라는 것. 좀더 있겠다고 우겨서 3주일 동안 사회부 수습으로 일했지만 "어차피 여성면 기사나 쓸텐데 뭣하러 고된 사회부 수습기자 생활을 계속하려 드느냐"는 식의 속셈이 들여다보여서 이미 심각한 좌절감을 맛보았다고 했다. 이처럼 여기자의 개성이나 능력을 제대로 파악하기도 전부터 '시킬 일'을 정해 놓는 풍토라면 과연 언제 어떻게 자신이 가장 기꺼이 잘할 수 있는 일을 해보게 될지 막막하지 않느냐는 이야기다.

여기자의 결혼·출산에 따른 사표 강요나 승진·부서배치의 부당한 남녀차별 등은 그저 일종의 관행에 의한 것인만큼 편집국장이나 그 밖의 책임 있고 영향력 있는 고위층이 여기자에 대해 어떤 견해를 갖고 있느냐에 따라 인사방침도 크게 달라진다. 예컨대 과거 서울신문의 경우 편집국장이 문화부 여기자의 자질과 적성을 고려해서 사회부로 발령을 냈었다. 그런가 하면, 최근 새로 입사하는 미혼 여기자들에게, 결혼해도 계속 근무할 용의가 있는지를 물어본 편집국장도 있었다고 한다. 동아일보 최두선(崔斗善) 전 사장도 권영자씨가 입사할 때, 결혼하더라도 그만두지 말라며 신문사를 평생직장으로 삼을 것을 당부했다고 한다.

한편 대한일보에서 편집국장 대우로까지 승진했던 박현서씨는 승진 문제에 관한 한 별다른 남녀차별을 모르고 진급을 거듭했다고. 한때 동료 남기자를 제치고 그가 먼저 차장대우가 되기도 했다. 그러자 경쟁에서 밀린 남기자가, "여기자한테 밀리다니" 하고 몹시 수치스러워하며 그 충격으로 한동안 의기소침해져 있더라고 박현서씨는 회고했다. "대개의 남기자들은 동료 여기자가 자기보다 훨씬 선배거나 후배인 경우는 그리 문제삼지 않으면서도 상대가 비슷한 또래의 여기자일 경우는 매우 불편하게 여기는 경향"이라고.

어쨌든 여기자들은 남기자들과의 1대 1 경쟁에서 '물먹기도 하는' 정도가 아니라 입사동기들이 나란히 승진할 때도 당연한 듯이(?) 제외되는 예가 흔하다. 여기자가 다른 입사동기보다 1, 2년쯤 진급이 늦는 것은 다반사이고 심지어 조사부

차장으로 정년퇴직을 맞은 여기자도 있었다.

유능한 아내를 가진 남기자일수록 여기자에 대한 편견도 적은 경향이라는 박금옥 기자. 남편이 벌어다 주는 돈으로 살림만 하는 부인을 둔 남기자들은, "여기자 주제에 나와 같은 월급을 받으며 일하다니" 하는 식으로 무의식중에 억울하고 괘씸하게 느끼는 것 같다고 말한다. 따라서 동료이기 전에 여자로 취급하고 싶은 여기자들에 대해 매우 인색하고 차별적인 태도를 보인다는 것. 결정적인 잘못을 저지르지 않는 한 그럭저럭 직장에서 살아남을 수 있는 남성과 달라서 평범한 정도로는 배겨 내기 어려운 전문직 여성들의 입장을 고려할 때 여기자들이 얼마나 고되게 일해야 하는가는 넉넉히 짐작할 만한 일이라고 강조한다.

신동식 기자도, 여기자가 만만치 않은 실력을 발휘하기까지는 단지 여성이라는 사실만으로도 업신여김을 당하기 십상이라면서 '제값'을 인정받기까지는 무조건 남보다 두 곱 노력할 것을 거듭 당부. 처음부터 제대로 대우받으려니 기대하면 억울하다는 생각 때문에 크게 좌절하게 된다는 것이다. 따라서 언젠가는 자신의 실력을 인정할 수밖에 없으리라는 믿음을 가지고 꿋꿋하게 버텨야 한다고 말한다. 입사 후 3년 정도만 참고 견디면 일단 가장 힘든 첫고비를 넘기는 셈이라고.

한편 장명수 기자는 커피심부름처럼 사소한 일 때문에 '오래 버티기'를 처음부터 포기한다면 정말 곤란한 문제라고 지적한다. 커피심부름을 시킨다고 해서, 아니꼽고 치사해서 차라리 그만두겠다며 사표를 내던진다면, 여기자라는 이유만으로 커피심부름을 시키는 것과 마찬가지로 분별없는 행동이라는 것이다. 이는 여성학 강의를 통해서 남녀평등이라든가 부당한 남녀차별에 대해 학문적으로 배운 요즘세대들이 자칫 저지르기 쉬운 실수라고 그는 지적한다. 따라서 여성학 교육은 여성의 권리나 남녀평등의 개념 등 추상적인 측면에만 치우칠 게 아니라 실제 사회에서의 여성에 대한 차별이나 편견을 슬기롭게 헤쳐나갈 준비도 시켜야 한다고 강조. 즉 여기자에게 야근을 시키지 않을 경우, "나도 야근을 하겠다"고 나서는 것과, "여기자라고 해서 야근을 시키지 않는 이유가 뭐냐"고 따지는 것은 전혀 다르다는 사실을 알아야 한다는 이야기다. 가당치 않게 여겨지는 차별에 대해서도 대뜸 "아니, 여기자라고 해서……"라는 식으로 발끈하면 오히려 역효과만 초래하기 십상. 행여 여성이라는 이유로 차별대우를 받지나 않을까 하고 잔뜩 신경을 곤두세우고 있거나 실제로 '억울하고 분한 일'을 몇 차례 당하고 나면 피해의식 때문에 자기 자신도 모르는 사이에 지나치게 예민한 반응을 보일 수도 있다. 그러나 마음의 여유를 가지고 여기자에 대한 편견들이 크게 잘못된 것이었음을 계속 일깨워 주게끔 최선을 다하는 자세가 아쉽다는 것이다.

과거에도 납득할 수 없는 남녀차별이 화나고 아니꼬와서 사표를 내던진 여기자들이 물론 있었다. 지난 1965년 이화여대 신문학과에서 여기자 65명을 상대로 설문조사한 바에 따르면 한국여기자의 연령구조가 20대 79%, 30대 19%, 40대 2%이고 25세 미만인 여기자의 79%는 1,2년 이내에 퇴사하기를 바라고 있다. 장명수 기자는 이미 10여 년 전 《여성저널》에서, '왜 중견여기자가 없는가'를 따지면서 쉽사리 포기해 버리는 여기자들의 나약성을 크게 걱정했다. 그는 여기자들이 처한 여건부터가 그리 좋은 편이 아니지만 사명감보다는 꿈과 야심에 더 매달리는 젊은 기자들의 세태를 반영하는 것이기도 하다고 지적했다.

"선배 여기자들은 황무지를 개척하는 입장에서 일했다. 그러나 오늘의 여기자들은 선배들이 이뤄 놓은 수많은 성취의 패턴을 갖고 있다. 부국장도 될 수 있고 청와대 출입기자도 될 수 있으며, 세계일주 취재도 할 수 있고, 풀 페이지full page 기사도 쓸 수 있고, 몇 권의 저서를 가질 수도 있다는 구체적인 꿈을 갖게 된 것이다."

이런 논리라면 여기자들은 갈수록 초창기의 선배들보다 활동하기 좋은 여건을 가진 셈이 된다. 그러나 장명수 기자가 "너무 구체적인 야심이 너무 빠른 좌절을 갖다 주기도 한다"고 언급한 바 있듯이, 선배 여기자의 눈부신 성공이 모든 후배들에게 격려가 되지는 않을 듯하다. 예컨대 결혼 또는 출산 후에도 자신이 계속 근무할 수 있을는지조차 의심스런 여기자에게는 장명수 기자가 이미 수백 회째 연재되고 있는 '여기자 컬럼'으로 제2회 최은희 여기자상을 수상한들 무슨 격려가 되겠는가. 차라리 절망감만 가져다 주는 까마득하고 부러운 꿈일 뿐 아무런 도움이 안 될 것이다. 여기자들이 든든한 중견기자로 자라지 못하고 도중에서 도태되어 버리는 이유를 '여기자가 될 동기의 변화'에서 찾아보는 것도 매우 의미 있음 직하다.

"제가 일하던 무렵(1930년대)은 신문사 경영이 아주 어려웠을 때여서 월급이 반년씩이나 밀렸던 적도 있읍니다. 빚장이가 차압을 해서 신문을 못 돌리기도 하고, 신문기자는 집세를 안 낸다고 셋방조차 얻기 힘들 정도였지만 모두들 지사(志士) 정신에 살았어요. 그러니까 집안을 돌본다는 건 불가능하고 신문사에서 먹고 자고 다니는 사람도 꽤 많았지요. 한번은 신문사 단골 떡집 할머니가 떡 다섯 개 값을 받으러 왔는데 단돈 5전이 없어서 뒷문으로 슬그머니 뺑소니친 기자도 있었으니까요. 그래도 월급 잘 주는 매일신보에서 오라면 친일신문이라고 경멸하고, 동아나 조선에서 일하는 것을 큰 긍지로 여겼읍니다."

윤성상(尹聖相) 씨는 《여성저널》 창간특집 좌담회에서 이렇게 밝히고 있다.

이미 작고한 황신덕씨도 이 초창기 여기자들의 좌담회에서, "그땐 기자들이 모두들 잃어버린 나라의 구국을 위해 일하는 기분으로 신문사엘 들어오고 또 다녔으니까"라고 술회했다. 신문사가 각종 구호사업까지 도맡던 시절인만큼 1925년에 대홍수가 나자 최은희씨는 조선권번, 한성권번 등 기생조합을 총동원, 의연금을 모으고 주먹밥을 짓는 등 수재민 구호활동을 펴기도 했다는 것이다. 그 밖에도 사명감에 차서 혼신을 다해 일한 에피소드는 무궁무진하다.

그런 선배들에 비하면, 남녀차별이 억울하고 분해서 사표를 내던지거나 은행·외국인상사 등 좀더 수입이 많은 직장으로 옮겨 가기도 하는 후배 여기자들은 숨고 싶을 정도로 부끄러워해야 됨직도 하다. 그러나 여기자들이 신문사를 직장으로 선택한 동기가 초창기와 상당히 달라진 사실을 감안하지 않을 수 없다. 최근의 조사자료는 없으나 1971년 한국여기자클럽이 창립 10주년 기념으로 실시한 '여기자의 가치관 및 의식구조' 조사결과도 그런대로 참고가 될 듯싶다. 당시 98명의 여기자클럽 회원을 대상으로 조사한 바에 따르면, 기자가 자유로운 직업 같아서 신문사에 입사했다는 응답자가 약 23%로 가장 많다. 다음은 '전공과목과 관계가 깊다' 19%, '적성에 맞기 때문' 18%이며 '가치 있는 일을 할 수 있을 것 같아서'와 '어쩌다 보니 그렇게 되었다'가 각각 12% 등의 순서. 즉 자기의 개성과 능력을 살린다는 것이 가장 큰 선택기준이 되고 있다. 또 여기자들이 하고 싶다는 일은 해외취재를 빼면 다방면에 걸쳐 제각각으로 컬럼니스트, 르뽀담당기자, 논설위원, 문학평론, 기획기사 등 남의 간섭을 덜 받으면서 독자적으로 할 수 있는 일이 많은 편이다. 이같은 개성파 여기자들을 여성·가정 페이지에 매어놓고 온갖 차별을 일삼을 경우 어떤 결과가 나타날 것인가. 아까운 잠재능력을 계속 잠재워 버리게 될 뿐더러 여기자들의 좌절감과 무기력감을 조장하게 될 것임은 자명한 일이다.

한편 이 조사결과에 따르면 일반적으로 직업을 갖는 세 가지 의미 중에서 여기자들은 수입을 얻어서 경제생활을 한다는 측면은 별반 중시하지 않는 것으로 되어 있다. 그런데도 '동료남성들보다 봉급이 적다'는 점을 불만의 요소로 꼽는 이유는 무엇인가. 그것은 차액이 얼마나 되느냐는 사실보다도 남녀차별이란 점을 훨씬 더 언짢게 여기기 때문으로 볼 수 있을 것이다.

돈 벌 목적만으로 여기자가 된 것이 아니라면(그럴 바에는 좀더 봉급이 많은 직장을 택했겠지만) 단순히 봉급이 적다는 이유만으로 크게 속상해 하지는 않을 것이다. 신동식 기자는 60년대 당시 그야말로 '신발값도 못 되는' 봉급 3,500원이나마 한 달에 두 차례로 나누어 받았다면서도 그 자체는 별다른 불만의 요소가 아니 있다고 밝힌다. 그가, "너무 속상한데 사표를 써버릴까, 그래도 첫직장에서 견뎌내야 되는 게 아닐까 하고 끝없이 고민하며 무심결에 뜯은 쑥이 어느새 치마폭에 가득 찼더라"며 털어놓는 '속상한 사연' 인즉, 기자들 모두가 함께 겪는 어려움보다 여기자이기 때문에 당한 설움이나 푸대접 같은 것들이었다.

한때 근무태도와 근무성적 등을 A·B·C로 평가하고 그에 따라 보너스 지급과 승진에 차등을 둔 중앙일보의 경우도 거의 모든 여기자들이 번갈아 그 피해를 입었다고 한다. 부서별로 기자의 10%에게 각각 A와 C를 주어 B를 받은 기자들보다 보너스를 더 주고 덜 주게 했다는 것. 여기자가 있는 부서에서는 물론(?) A 받은 남기자 대신 C받은 여기자가 생겼는데 그 이유인즉, 여기자는 한 가정의 생계를 책임져야 하는 형편이 아니니까 좀 손해봐도 괜찮지 않으냐는 식이었다고 한다. 이것은 금전적인 손해일 뿐 아니라 연거푸 C를 받으면 진급이 늦어지거나 사표를 내야 하는 상황이었다니 억울하게 당하는 여기자들로서는 여간 심각한 문제가 아니었을 것이다. 결국 이 말썽 많은 고과제(考課制)는 1978년 대다수 기자들의 공동합의로 폐지되고 말았다. 그 동안 여기자들이 번갈아 C를 받으면서도 그 부당성에 대해 공동으로 대처하지 못한 것은 여기자들이 각각 자기만 그런 '창피한 일'을 당한 줄 알고 혼자서 벙어리 냉가슴앓이를 해왔기 때문이라고 박금옥 기자는 말한다.

그에 비해 기자들의 노조결성 움직임이 활발하던 1974년 무렵 동아일보 여기자들의 단결된 노력은 매우 주목할 만하다. 당시 차장급 이상으로는 권영자(權英子), 오일영 두 여기자만이 노조에 가입했으며 평기자들 중에도 여기자는 거의 대개가 노조운동에 동조함으로써 동아일보 경영진에 충격을 주었던 것. "이 사실을 동아일보사측은 여기자들이 생계를 책임지지 않아도 되는 입장이라서 여느 남기자들보다 과감한 행동을 취한 것으로 생각한 것 같다"는 게 현재 한국여성개발원 교육연수실장으로 일하는 권영자씨의 설명이다. 그러나 사실은 신분보장이 되어 있지 않은 채 여러 모로 차별당하던 여기자들이 남달리 노조운동의 필요성을 절감하고 있었기 때문이라는 것. 그 당시 미혼 여기자는 결혼할 때, 기혼 여기자는 출산할 때 사표를 내야 한다는 내규가 새로 생겨서 동아일보 여기자와 동아방송 여직원 등 20여 명이 한데 모여 이를 시정할 것을 요구했다고 한다. 이때 결혼이나 출산을 문제삼지 않겠다는 언약을 받았으나 내규를 완전히 폐지시키지는 못함으로써 어느 여기자가 출산을 계기로 해임통지서를 받았다. 이에 대해 여기자들은 공동으로 항의하여 편법이나마 출산 때마다 정년연장신청서란 것을 내고 계속 근무할 수 있도록 하는 데 성공했다는 것이다. 이미 결혼해서 자녀까지 낳은 터여서 그 후 생긴 결혼·출산 퇴직 내규에 직접적인 피해가 없는 선배 여기자들이 앞장서서 회사측과 맞섰다는 사실은 특히 높이 살 만하다. 후배, 또는 여기자 전체의 신분보장을 요구한다는 차원에서 여기자들이 한데 뭉쳤던 것이다.

그러나 동아일보 여기자들에 대한 성차별 문제는 그 정도로 해결된 게 아니었다. 동아일보 기자노조에 여기자들이 대거 가입했다가 해고되기까지 노동조합에 대한 여기자들의 요구와 기대도 상당했다. 동아자유언론투쟁위원회 위원장으로서 활약했던 권영자씨의 경우도 입사 이래 성차별을 겪었다고 밝힌다. 1959년 권씨와 함께 입사한 수습동기 남기자들은 모두 10년 만에 차장으로 승진했으나 그는 3년 뒤늦게야 차장이 되었다는 것. 또 입사 직후에는 동기생들의 월급을 4,800원으로 올려 주면서 그에게는 4,600원만 주기에 이유를 물었더니, "여기자는 담배를 피우지 않는데 뭘 그러느냐"더라고 어이없어했다. 이같은 남녀의 차이에다 내근과 외근에 또다시 차이를 두었는데 여기자들에게는 주로 내근을 맡겼다니 여기자들은 임금상으로도 네 그룹 중 제일 낮은 대우를 받은 셈이다. 그러나 억울한 차별이라고 항의하면 남기자들은, "여자가 직장에 붙어 있는 것만으로도 고마운 일일텐데 뭣 때문에 그런 걸 가지고 싸우느냐"더라는 것이다.

성차별의 부당성에 대해 수시로 기사를 쓰면서도 정작 여기자들 자신의 문제는 해결하지 못해 이율배반의 갈등이 컸다는 권영자씨. "동아사태 이후 동아일보측의 여기자에 대한 처우는 한층 억압되고 특히 결혼한 여기자를 기피하는 경향이 엿보인다"면서, "그러나 장기적·거시적인 안목에서는 여성계 전체에 손해만 끼치지는 않았음을 느낀다"고 말한다. 동아사태는 일단 실패로 끝낸 셈이지만 뭔가 매우 중요한 사실이 우리 가슴에 내면화되지 않았겠냐는 것이다.

한편 전국출판노조 한국일보사 지부장이었던 이창숙(李昌淑)씨의 활약도 언급하지 않을 수 없다. 1974년 당시 11년 경력의 중견기자였던 그도 여기자들만의 문제를 해결코자 해임사태를 무릅쓰고 노조지부장으로서의 희생과 고난을 감수한 것은 물론 아니다. 한국일보측의 해고조치에 대항하여 과감하고 끈질긴 법정투쟁을 벌인 그 자신은, 여성이라는 생각 없이 다만 기자로서의 양심을 지키고자 최선을 다했을 뿐이라고 밝힌 바 있다. 그런 이씨는 여기자를 장식적이고 부수적인 존재쯤으로 여겨온 사람들에게 여기자의 존재가치와 역량을 유감없이 보여주었음에 틀림없다. 우여곡절끝에 이씨는 결국 복직되지 못했으나 그 사건을 승소로 매듭짓기까지 그가 발휘한 용기와 희생정신은 실로 놀라왔기 때문이다.

요즘 여기자들은 과연 어떤가. 성차별이나 여성의 권리에 상당히 의식화(?)되어 있는 전문직 여성들인만큼 가족법 개정이라든가 차별정년 철폐 등 여성계가 다함께 추진하는 여성운동에 대해 여기자들은 유난한 관심을 가지고 이 문제를 되도록 자주 최대의 지면에 반영시키고자 노력하고 있다. 그러나 여기자들 자신의 문제에 대해서는 어이없을 정도로 소극적이라고 말하는 장명수 기자. 그는, 신문사측의 출산퇴직방침 때문에 고민하는 후배 여기자들이 상의하러 올 때마다 정말 곤혹스럽다고 말한다. 자기 자신은 전혀 거론되지 않은 채로 문제가 해결되기를 바라는 후배들이 걱정스럽다는 것. 물론 신동식 기자의 말처럼 그런 문제로 신문사측과 마찰을 빚으면 공연히 더 큰 피해를 초래할지도 모른다는 생각 때문에 지레 위축되어 전혀 반발하지 못하는 경향도 없지 않다. 조용하게 대처하면서도 문제를 풀기 위한 최선의 방법을 강구해야 되는 것은 물론이다. 그러나 정작 난관에 부닥친 당사자는 아예 자신의 입장이나 의견을 공식적으로 밝히지도 않은 채 문제가 저절로 해결되어 주기만 기다린다면 씨뿌리지 않고 거두기만 하겠다는 억지와 다를 바 없지 않은가. 거칠고 메마른 땅에 씨뿌리는 기분으로 자기 자신의 감정적 불편을 감수하고 나설 때 비로소 동료 여기자나 한국여기자클럽이 함께 김매 주고 거름도 주는 뜻으로 힘과 의견을 한데 모아 성원할 수도 있을 것이다. 막상 문제를 당한 입장이 되면 '씨뿌리는 사람'이 된다는 게 결코 간단하고 쉬운 일이 아니겠으나 누구든 언젠가 해내야 할 과제임에 틀림없다.

여기자들을 위해 회원들의 목소리를 모아 실력을 행사할 수 있는 유일한 중간집단인 한국여기자클럽의 역할도 간과할 수 없다. 한국기자협회가 있는데 왜 여기자클럽을 따로 만들어서 여기자 스스로가 성차별하느냐는 지적도 있다. 그러나 여성이라는 이유로 온갖 차별을 일삼으면서 형식적으로만 '다 같은 기자'라고 한다면 여기자들의 불이익은 누가 대변해 줄 것인가. 여기자들의 권익보장이나 처우개선을 위해 동료 남기자들이 앞장서 주기를 기대할 수 없는만큼 스스로 나서야 하는 입장이다.

1961년 4월 한국여기자클럽이 창립된 이래 한동안은 그 활동이 비교적 활발했던 듯하다. 외국 언론계를 시찰하고 그곳 여기자 대표들과 간담회를 가졌으며 세미나를 열어 회원들의 자질을 높이고자 노력한 흔적도 보인다. 또 비록 제4호에서 중단되고 말았지만 1970년에는 언론전문지《여성저널》을 창간하여 회원들의 연구와 실무에 상당한 도움을 주기도 했다. 그 밖에도 여기자의 권익옹호와 상호간의 연구생활과 친목을 도모한다, 저명한 지도자와 각 부문의 전문가를 초청하여 회합과 세미나를 가짐으로써 지적 수준을 높인다, 회지 등 간행물을 발간한다, 한국여기자클럽과 비슷한 목적을 가진 국내외 단체들과 교류를 갖는다 등을 내세운 한국여기자클럽의 창립목적에 부합되는 활동들이 제법 눈에 뜨인다. 그러나 차츰 그 활동이 보잘것없어져서 회원들의 원망과 비난을 샀던 것 같다.
 지금도 '여기자들의 공동대처'를 주장하는 여기자들은 예외 없이 한국여기자클럽의 역할을 강조한다. 1985년 6월 한국여기자클럽 제8대 회장으로 선출된 연합통신 이정희(李貞熙) 기자는, "회원들의 동정을 알릴 수 있는 뉴스레터를 만들고 해마다 정기세미나도 열겠다"며 제몫을 다하는 회원단체로 이끌겠다고 다짐했다.
 여기자 개인으로서, 또는 각 언론사 여기자끼리 해결하기는 어려워도 한국여기자클럽이 상당한 영향력을 행사할 수 있는 문제들은 수없이 많을 것으로 보인다. 예컨대 육아문제로 고심하는 여기자들을 위한 탁아소 마련 등 여기자들의 당면문제가 적지않은만큼, 재정비를 서두는 한국여기자클럽에 대한 회원들의 기대도 만만치 않다.
 그러나 여기자 개인들의 노력도 새삼 강조하지 않을 수 없다. 신동식 기자는, 적당히 사회경험 좀 쌓다가 결혼하면 그만둘 생각이라면 아예 여기자가 되지도 말아야 한다고 말한다. 여기자들의 재능과 의지가 차츰 높이 평가받고 있는 판에 쉽사리 포기해 버리는 사례를 남기면 다른 여기자들에게 직접·간접으로 피해를 입히게 된다는 것. 따라서, 평생 몸담을 전문직으로 여기고 어떤 어려움이라도 이겨내겠다는 결심으로 일해야 한다고 거듭 강조했다. 그 밖에도 그가 여기자들에게 당부하는 것은 서로간의 긴밀한 협조. 여기자가 많아질수록 결과적으로 서로에게 큰 힘이 된다면서, 특히 선후배끼리 서로를 소홀히 여긴다면 그야말로 최악의 문제라고 덧붙인다.
 "여기자에 대한 제약과 차별이 그 어느 때보다도 심한 경향이지만 앞으로도 신문지면이 계속 늘어날 추세이고 보면 여기자들의 진출전망도 그리 어둡기만 하지는 않은 셈"이라는 장명수 기자. 그도 여기자들이 남기자들 못지 않는 단결심을 발휘할 수 있어야 한다고 강조한다. 그는 담당데스크가 여성인 자신의 부서에서조차 남기자들이 다른 부서의 유능한 남기자를 맞아들이고 싶다면서, 그러려면 으레껏 여기자가 자리를 내놓고 떠나야 하는 것으로 알더라며 어이없어했다. 그렇다고 해서 희생양으로 지목된 여기자가 평소에 동료 남기자들과 특별히 사이가 나쁜 편도 아니라는 것. 남성이라는 이유만으로도 상당한 기득권(?)을 누리고 있는 남기자들은 서로 치열한 경쟁을 벌이다가도 막상 여기자들과의 문제가 생기면 놀라울 정도의 단결심을 발휘하는만큼, 그에 도전하는 입장일 수밖에 없는 여기자들은 한층 더 굳은 유대감을 가지고 서로 힘이 돼주어야 한다는 이야기다.
 "여기자란 매우 진취적 여성임을 자타가 공인하던 초창기 여기자들은 서로간의 동료의식도 매우 강했던 것 같다"고 회고하는 박현서씨. 앞으로도 그 당시 못지 않은 결속력을 갖춘다면 여기자가 많아지면서 잃은 '희소가치' 대신 그보다 한결 값진 '남녀평등한 경쟁관계'를 얻게 되리라고 낙관한다. 또 국내 최초의 여성해외특파원인 윤호미 기자를 예로 들면서, "빼어난 외국어실력을 갖추고 있으면 금방망이를 가진 도깨비처럼 매우 유리한 입장에 설 수 있다"며 외국어공부를 게을리하지 말라고 충고. 점점 본격화되는 국제화시대를 누벼야 하는 기자로서 외국어실력이 보잘것없다는 것은 매우 곤란한 결격사유라는 것이다.

3. 맺는 말

우리 나라 일간신문에 여기자가 진출한 지 60여 년. 그 동안 여기자에 대한 인식과 그 위치는 초창기에 비해 크게 달라졌다. 여기자의 숫적 증가와 활동분야의 확대라는 긍정적 측면과 아울러 고질적인 성차별의 심화라는 부정적 측면을 가진 것이 오늘날 한국여기자의 현실이다.

무시 못할 경쟁상대로 부각되면서 점점 더 견제당하고 있는 여기자들이 좌절하지 않고 앞날을 슬기롭게 헤쳐 나갈 방법에 대해 오랜 경력의 선배 여기자들은 다양하면서도 일맥상통하는 의견들을 제시하고 있다. 개인적인 최선의 노력과 더불어 단결된 힘을 통해 정당한 권리를 찾아야 한다는 것이다. 어쨌든 그리 순탄치만은 않은 현실을 극복한다면 한국 여기자들은 결코 어둡지 않은 미래를 맞으리라는 전망이다.

이제 우리 여기자들은 최은희 여기자상이라는 감격스런 상을 갖게 되었다. 본격적으로 활동한 국내 최초의 여기자가 평생 모은 원고료 5천만 원을 조선일보에 기탁함으로써 매년 빼어난 역할을 수행한 여기자를 격려토록 한 것이다.

국내 최초니, 유일이니, 홍일점이라는 등의 '특별한 입상'에서 벗어나 낭낭한 전문직 여성집단으로 든든히 뿌리내리기 위한 중요한 시기를 맞은 여기자들. 과연 구체적으로 어떻게 살아 내야 할 것인지는 앞으로도 여기자 모두가 함께 머리를 맞대고 곰곰 생각해 봐야 할 것 같다.

끝으로 이 글을 정리하기 위해 필자가 직접 만나 이야기를 나눈 여기자들이 각 매체와 지방까지 고루 미치지 못하고 서울 시내의 현·전직 여기자들에만 한정되어 있어 매우 유감스럽다는 점을 덧붙인다. ■

* 도움받은 글
한국여기자클럽,《여성저널》1-4호, 1970-1973.
李鍾洙,『한국근세여성사화』, 규문각, 1985.
그 밖에 한국기자협회의《기자협회보》와 매일신문 및 각 일간지.

여성의 직업활동영역

여성 은행원의 지위는 향상되었는가?

우혜전
주간경향 기자

1. 서론

여성과 직업의 문제를 살펴봄에 있어 여자은행원이 차지하는 비중은 결코 적지 않다. 그것은 우선 동일노동, 동일임금이 적용될 수 있는 여러 가지 업무조건을 갖추고 있기 때문이다. 업무의 성격이 육체적으로 힘이 센 남자라야 할 수 있는 것도 아니고, 특별히 집안불화를 일으킬 정도로 야간업무가 많은 것도 아니다. 그러므로 같은 시간에 출근해서 같은 일을 하고 같은 시각에 퇴근하는 은행원들 사이에 남성일, 여성일로 은행업무를 나누기에는 너무 자의적이다. 적어도 고객을 유치하고, 일을 원활히 하여 은행의 수지타산에 도움이 된다면 굳이 담당자의 성별이 문제될 필요가 없는 것이다.

1878년 일본 제일은행(第一銀行)이 부산에 지점을 설치하면서 시작된 우리 나라 근대은행은 초창기부터 여행원들을 썼다고 한다. 돈을 다루고, 이익계산에 가장 민감한 은행에서 여성들을 쓰기 시작했다는 사실은, 여성을 채용하는 것이 경제적으로 효율적이었음을 알 수 있다.

해방 후 여성들에게 근대교육을 받을 기회가 확대되었을 때 여자상업고등학교를 졸업한 후 은행에서 일하는 여성들이 더욱 늘어갔다. 더우기 머리가 좋고 똑똑한데도 경제적인 이유로, 혹은 남동생의 대학진학에 밀려 대학에 갈 수 없었던 여성들이 많이 은행에 진출했다.

그들 중 월급으로 가계를 꾸려 나가는 처녀가장도 많았으며, 낮에는 일하고 밤에는 야간대학에 다녀 못 이룬 대학진학의 꿈을 이룬 여성들도 있었다.

현재 우리 나라 은행은 조흥, 상업, 제일, 한일, 서울신탁, 국민, 중소기업, 산업, 주택, 외환 등 10개 시중은행과 국책은행인 한국은행과 농협, 그리고 지방은행이 있다. 또, 세계각국의 은행이 진출해 있다. 여기에 고용된 전체 은행원은 8만 5천 명 정도이며 이 중 여성은 4만 명 선으로, 전체의 47%를 차지한다.

10개 시중은행에는 노동조합이 결성되어 있는데 각 노조별로 여성부장이 있고 전국적인 차원에서는 전국금융노동조합연합회의 여성부장이 있어 여자은행원들의 특수한 이해관계가 반영될 수 있는 제도적 장치가 마련되어 있다. 미약하나마 노조의 여성부장을 중심으로 추진한 차별철폐를 위한 운동이 여성의식을 고취시켜 여성운동사에 중요한 영역을 차지하고 있다. 이러한 조직적 도전이 결국 부당한 여성차별조항의 공식적 철폐를 획득해 냈던 것이다.

결혼하면 그만두어야 하던 관행을 결혼하고도 다닐 수 있도록 했고, 간부가 될 수 없도록 되어 있던 조항을 누구나 시험에 응시하여 합격하면 책임자 자리에 오를 수 있게 만들었다.

그러나 고위직 진출이 순탄치만은 않다.

앞으로의 은행은 민영화 추세에 박차를 가하는 한편 기계화, 경영합리화의 물결을 맞이하고 있다.

지금까지는 자격시험에 통과한 뒤 근무기간이 길어짐에 따라 자동적으로 진급되었으나, 앞으로는 점차 능력별 승진제도가 도입될 전망인 반면, 아예 직무별로 채용하여 여성들을 창구업무 등의 단순업무에 고정시킬 수도 있다는 우려가 있다. 그렇게 된다면 오히려 여행원의 지위는 퇴보하게 되는 것이다. 여행원들은 단결하여 미래에 대비하는 노력을 해야 할 것이다.

2. 여행원의 지위

먼저 이 글에서 여행원이란 말을 쓰는 데 있어 생길지도 모를 오해부터 풀고자 한다.

보통 일반인들은 여행원이라 하면 여성으로서 은행에 다니는 사람을 지칭하는 것으로 이해한다. 남자가 은행에 다니면 남행원이듯이, 여자가 은행에 다니면 여행원인 것이다. 이러한 상식에 근거하여 어떤 직급에서 어떤 일을 하든 은행에 다니는 여성을 여행원으로 부를 수 있음은 타당하다고 본다.

그러나 은행에서는 이 여행원이라는 말이 고졸 여성들에 대한 인사관리의 차별적인 명칭으로 쓰여지고 있어 은행사정을 아는 사람에게는 자칫 혼돈을 불러일으킬 수가 있기에 이를 밝혀 두고자 한다. 은행에서는 남행원과 여행원으로 나뉘는 것이 아니라 일반행원과 여행원이라는 신분으로 나뉜다. 이 두 갈래 길에서 어느 쪽에 속하게 되는가는 남자냐, 여자냐의 문제로 결정된다.

즉 고등학교를 졸업한 남성은 은행에 입사하면 일반행원 6급으로 출발하지만, 고졸 여성은 여행원 6급이 된다. 물론 초봉도 다르고 매년 오르는 액수도 낮아 만약 함께 출발한 고졸학력의 남녀가 계속 한직장에 근무한다면 12년 후에는 남자 월급의 절반을 여행원이 받게 된다(별도의 차별적 봉급체계를 갖고 있다).

여행원 6급에서 5년 근무하면 여행원 5급이 되며 여행원으로서 그 이상의 승급은 없다. 단지 특별전직고시에 합격하면 일반행원으로 신분이 바뀔 수 있다.

1977년부터 대졸 여성에게 중견행원 채용시험에 응시할 수 있도록 기회가 주어짐에 따라 바로 일반행원으로 출발하는 대졸출신 여성들이 소수나마 나오게 되었다. 이렇게 되자 은행에 다니는 여성 중에 일반행원이 있고 여행원이 있는 기묘한 사태가 빚어지면서 여행원이란 직급이 더욱 낮은 직급으로 인식되었고 차별적 명칭으로서 사용되고 있다.

그렇다고 해서, 은행에서 여행원이라는 의미가 차별을 뜻한다고 해서 우리가 상식적으로 사용하는 일상언어를 은행사정에 맞춰 바꿀 수는 없는 일이다. 따라서 이 글에서는 은행에 다니는 여성을 전부 여행원으로 지칭하여, 은행 내에서 일하고 있는 여성의 지위를 살펴보고자 한다. 단지 직급에 관한 언급을 할 필요가 있을 때는 여행원 6급, 여행원 5급으로 표시할 것이다.

여행원을 공개채용한 것은 1974년이었다. 그 전에는 개인적인 경로를 통해(이른바 '연줄'로), 혹은 학교 추천으로 은행에 다니다 결혼하면 그만두는 것이 상례였다. 대학졸업한 여성들도 꽤 있었지만 하는 일과 보수는 고졸출신과 같았다.

당시만 해도 여성이 다닐 만한 직장이 흔치 않고 은행이 비교적 근무환경이 좋은 곳이라 권력층이나 부잣집 딸 등 비교적 가정환경이 좋은 여성들이 근무할 수 있었던 곳이기도 했다. 또 은행경기가 좋을 때는 보너스, 수당 등이 푸짐하게 나왔고 어차피 결혼하면 그만둘 것이니까 이렇다저렇다 따질 필요가 없었다.

이들을 여행원들 사이에서는 '빽순이'라고 불렀다.

그런데 이 '빽순이'들 때문에 은행이 골치가 아파졌다. 보통 처음 입행하면 지점의 창구업무를 하게 마련인데, 이들 중에는 본부에서 근무하겠다며 로비활동을 벌여 인사담당자들이 높은 분한테 불려가는 소동까지 벌어지게 되었다. 인사관리의 계통이 흔들리기 시작한 것이다.

이 당시 노조 여성지도자와 은행 간부 사이에 이런 실랑이가 오갔다고 한다.

"여행원들도 계통을 잡아야지 안 되겠다."

"그러니까 제대로 뽑아 제대로 대우를 해야지요."
"제대로 일 안하는데 어떻게 남자와 같은 대우를 해주나?"
"결혼하면 그만두라고 하니까 자연 애착이 없어지지요. 연수도 안 시키지 않습니까!"

그리고 또 한때는 서비스 업무를 강조한 나머지 예쁜 여성들을 뽑아야 한다고 하여 미스 코리아를 은행창구에 앉힌 일도 있었다.

아뭏든 1974년부터는 남자 고졸행원처럼 여고졸업자들을 대상으로 한 공개채용이 부분적으로나마 이루어지고 있다.

고졸학력을 필요로 하는 은행원을 뽑으려면 남녀를 구분하지 않고 경쟁시켜 합당한 사람을 골라야 할 터인데도 따로 시험을 쳐서 따로 뽑고 있는 실정은 은행에서 얼마나 성별로 모든 일이 구분되어 왔나를 말해 주고 있다.

1977년부터는 대학을 졸업한 여성들이 중견행원시험에 응시할 수가 있게 되었고 고졸 여성은 입행 후 5년, 대졸 여성은 입행 후 1년이 지나면 전직고시를 쳐서 대리 이상의 책임자급에 올라갈 수 있는 길도 마련되었다. 이러한 것은 유엔이 정한 세계여성의 해였던 1975년을 전후하여 여성들이 권리의식에 눈을 뜨기 시작하면서 개인적 노력과 함께 집단운동을 벌인 끝에 얻어 낸 귀중한 결과이다.

1977년 재무부가 '여자행원의 직무범위 확대 및 활용방안'을 마련하여 각 은행의 인사관계 고시규정을 반영하도록 지시함으로써 오랫동안 막혀 있었던 벽들이 하나 둘씩 무너져내리게 되었다. 그래도 너무 오랫동안 고위직 진출이 막혀 있었던 탓에 여행원의 지위는 전체 숫자에 비해 아직까지 너무도 보잘것이 없다.

10개 시중은행을 중심으로 직급별 현황(1985년 3월 현재)을 살펴보면, 전체은행원 6만 7천 1백 87명 중 2만 4천 7백 72명이 여성으로, 전체의 37%를 차지하고 있다. 이 중 여행원 6급에 1만 5천 8백 90명, 여행원 5급에 8천 57명으로 하위직인 여행원 직급에 97%가 몰려 있다.

일반행원의 직급으로 근무하는 인원은 전체 3%로서 그나마 5,6급에 706명이며 대리 이상의 관리자급인 4,3,2,1급에는 모두 119명뿐이다. 4급인 대리가 115명이고 3급이 주택은행 노주현씨 한 명, 2급이 장도송(조흥은행), 이정자(부산 조흥은행), 최영희(외환은행) 3명으로 나와 있다.

연령별로는 19-24세가 70-80%, 평균근속년수는 5년이다.

3. 벽을 깨뜨린 사람들

여행원들이 은행에 입사할 때 제출되는 정식서류 중의 하나가 결혼하면 그만두겠다는 결혼각서였음은 웃지 못할 사실이었다. 채용에서부터 임금, 승진기회의 불평등은 그렇다치고 퇴직까지 못박아 놓음으로써 여성들에게 발을 못 붙이도록 완벽한 제도적 장치를 갖춰 놓았던 것이다.

여행원들의 불평등한 지위에 대해 여성단체 쪽에서 처음 언급이 된 곳은 전문직여성클럽이었다. 1974년 11월 월례회에서 유엔이 정한 세계여성의 해인 1975년의 의제를 무엇으로 할 것인가 하는 논의를 하던 중 여성들이 많이 진출한 교직자, 공무원, 은행원의 지위 향상을 위한 총특별사업추진위원회가 구성되었다. 이 중 은행원에 대한 문제가 심각하게 대두된 것은 회원 중 조흥은행 이한순씨, 당시 영업부 대리였던 장도송씨 등이 있어 실태를 소상하게 알 수가 있었기 때문이었다.

1975년 4월 서울 YWCA에서 노조간부교육을 실시함으로써 시중은행 지부노조 다섯 군데의 여성부장이 한자리에 모일 기회를 갖게 되었다. 이들은 이 자리에서 여행원들이 받고 있는 불평등을 해소시켜야 한다는 데에 의견을 모으게 됐다.

문제는 세 가지였다. 첫째는 결혼각서제 폐지, 둘째는 승진과 관리자 도전, 세째는 동일노동·동일임금 문제였다.

당시 여행원에게 대리시험 자격을 주고 있는 은행은 상업은행과 한일은행이었다. 그래서 상업은행의 이필영씨와 한일은행의 김광옥씨가 시험에 도전하여 고위직 진출에 나섰고, 조흥은행의 이명숙씨와 산업은행의 노미숙씨는 결혼하고서도 계속 근무하여 결혼각서를 폐지시키겠다고 하였으며 조흥은행의 이한순씨는 대학원에 진학하여 여행원 차별의 부당성을 이론적으로 밝히고자 하였다.

이화여대 약대를 졸업하고 의무실 약사로 근무하던 조흥은행 이명숙씨는 당당히 특휴를 신청하고 11월 20일 결혼식을 올렸다. 이날 결혼식에 참석한 동료여행원들은 인사담당자에게 전부 불려가 외출부에 체크하고 나갔는지 무단으로 자리를 비웠는지 문책을 받았다. 그러나 이들은 신혼여행을 갔다 온 한복 입은 신부를 낚아채 절대 사표를 내서는 안 된다고 격려했다.

인사담당자는 "돈 많은 데 시집갔는데 뭐하러 나오느냐"고까지 빗대었으나 이명숙씨는 "그 돈은 내 돈이 아니라 시아버님 돈입니다. 돈은 많을수록 좋습니다"라고 응수하면서 꿋꿋하게 버티었다.

이런 와중에 이 문제에 동조했다고 해서 장도송씨는 멀리 떨어진 지점으로 전근발령이 났으며 그 후에도 여행원들의 차별철폐투쟁이 벌어질 때마다 여행원들을 다른 곳으로 발령을 내는 인사보복이 꼭 뒤따른 것은 결코 우연한 일이 아니었다. 즉 여성들의 도전을 미리 무마시키려는 의도에서 나왔던 것이다.

견디다 못한 여행원들은 전략을 바꾸기로 했다. 조직적인 반발에는 거부반응이 뒤따르니 개인적인 접촉을 통해 풀기로 의견을 모았다. 당시 여성문제에 관심이 있던 강기원 판사의 아버지가 은행계에 있어 그 쪽을 통해 접근했다. 그 결과 은행장을 설득하는 데 성공하여 계속 다닐 수 있게 되었으며 이명숙씨는 아기 하나 낳고까지 은행에서 근무했다.

산업은행의 노미숙씨도 결혼하고서 계속 출근하자, 돈 많은 데 시집갔는데 왜 나오느냐는 소리를 들었으며, 계속 버티자 은행측은 개인적인 한 사람은 봐줄 수 있다면서 문제를 끝내 버렸다.

노미숙씨는 "나 한 사람 생각해서였다면 못했을지도 모른다. 수천 명 여행원 후배들의 앞날이 달려 있다고 여겨져 파면시키려면 시켜라, 내 손으로는 사표를 못 쓰겠다는 각오로 이를 악물었다"고 당시에 말했다.

결혼각서제는 이렇게 해서 허물어지기 시작했으며 요즘은 결혼하면 퇴직하겠다는 각서를 쓰고 입행하는 여행원은 없다.

두번째 문제인 승진과 관리자 도전 문제를 거뜬히 해치운 여성은 상업은행의 이필영씨였다. 당시 여행원들은 직장생활을 잠시 머물다 가는 정거장쯤으로 여겼으므로 시험칠 엄두를 내지 못한 상태였다.

1976년 3백 명의 남자와 함께 책임자1고시를 보게 되었을 때 남자행원들은 이필영씨가 시험감독을 들어오는 줄 알았을 정도였다. 과목은 실무로 예금과 대부, 제2과목은 법률·경제·경영 중 택2, 그리고 논문은 필수. 다양한 업무의 기회가 적어 실무가 상대적으로 불리하였으나 기어코 합격의 영광을 안았던 것이다.

이필영씨는 1965년에 고등학교를 졸업하고 상업은행에 입사했다. 딸 셋인 가정에서 자랐는데, 그의 고등학교 학비는 두 언니가 벌어서 댔으며 경제적으로 어려워 대학진학을 할 수가 없었다. 그는 낮에 은행에서 열심히 일하고 밤에 야간대학을 다녀 꿈에도 못 잊던 대학 졸업장을 1970년에 손에 쥐었다.

"그렇게도 가고 싶었던 대학을 경제적인 이유로 못 갔을 때 무척 가슴이 아팠읍니다. 그런데 은행을 다니면서 야간대학을 다닐 수 있게 되자 그렇게 직장이 소중할 수가 없더군요. 대학졸업 후에도 은행일이 내 적성에 맞는다는 것을 알았고 누구에게 의지하지 않는 주체적 생활을 누릴 수 있어 직장에 만족하는 생활을 했읍니다. 관리자가 되겠다고 나선 것도 은행이 내 인생에서 빼놓을 수 없는 부분임을 깨달았기 때문입니다."

그는 1978년 3월 대리발령을 받았고 5년 후인 1983년 11월에 책임자제2고시인 차장시험마저 통과, 제2관문을 뚫었다. 이 제2관문을 통과하기 위해 그는 친한 친구가 3분만 시간을 내라고 해도 1분도 안 된다면서 6개월을 몰두했다고 한다. 남자행원들이 가족, 친구들 문제로 시험에 몰두할 수 없는 환경인 데 비해 자신은 혼자라 오히려 좋은 조건이었다고 말하면서, 노력하면 반드시 이루어진다는 것을 믿는다고 담담하게 털어놓았다.

그는 은행에서 여성이라는 조건이 항상 불리한 것만은 아니더라고 전한다. 돈 빌려 달라고 매달리는 부실기업 경영자 동창은 없는 반면 착실하게 예금하는 주부고객이 친구인 것이 장점인 것을 이용하여 예금유치를 많이 한 공로로 은행에서 표창까지 받았다.

한일은행에서도 책임자고시를 치르는 여성들이 몇 명 있었다. 그런데 신청을 하자 수험번호가 나오질 않았다. 이때 전문직여성클럽에서 구성한 특별사업추진위원장직을 맡고 있던 정광모씨가 한일은행장을 찾아가, "내 조카가 이 은행에 다니는데 시험을 못 치게 되었다고 밥도 못 먹고 있는데 혹시 시험 못 치게 한 것이 사실입니까" 하는 식으로 물었다.

그때 댄 이름이 김광옥. 그 당시 김광옥씨의 근속연수가 13년으로 나오자 은행측에서 그럼 13년 이상 된 사람만 시험을 치라고 하여 그 후에도 계속 13년이 적용되어 내려오고 있는 것이 웃지 못할 현실이다.

김광옥씨는 얼마 후 시험을 통과하여 현재 대리로 근무하고 있다.

1954년에 은행에 들어와 이런저런 소용돌이를 지켜 보며 최초로 여성지점장이 된 장도송씨(조흥은행 청파동 지점장)의 얘기를 들어보자.

"처음 은행에 들어가니까 남녀구별이 없었어요. 출근부도 섞여 있고 그랬지요. 내가 대리가 된 1968년의 일입니다. 노조 여성부장인 이봉춘씨가 직업을 가진 여성들끼리 모이는 단체가 있으니 같이 가 보자고 그래요. 그것이 전문직여성클럽에 관여하게 된 시초입니다. 여성단체 가입은 나에게 좋은 영향을 끼쳤읍니다. 직장에서의 차별문제가 나에게만 해당되는 것이 아니라 전체여성의 문제인 것을 확인할 수 있었고 서로를 격려하면서 좌절하지 않고 끝까지 버틸 수 있는 힘을 얻었읍니다. 여행원들이 지금 이만큼이라도 권리를 갖게 된 것은 여성단체와의 연결 속에서 국회의원을 찾아가는 등의 조직적 운동을 펴면서 한편으로는 개인적인 접근을 시도하는 양면작전을 폈기 때문입니다. 그리고 용기 있는 몇 사람의 행동이 결정적이었다고 생각합니다."

자신들에게 씌워진 부당한 굴레를 차버리겠다고 용기 있게 나서자 여성단체와 여성국회의원도 이에 가세해서 힘을 합했다. 대한 YWCA와 BPW 등에서는 1975년 당시 결혼각서 폐지를 촉구하기 위해 한국은행장을 방문했으며 재무부 당국에 요청도 했다.

1976년 3월에는 서영희 의원(유정회)이 '은행내의 남녀차별실태 및 이의 시정을 위한 정책건의서'를 정부와 국회에 제출했으며 대한YWCA에서도 그해 9월 정기국회에 발맞추어 보수체계상의 남녀차별 폐지, 승진기회의 남녀균등 제공, 남녀구별 없는 완전공개채용시험 실시 등을 포함하는 6개항의 건의문을 내고 재무부 이재국장과 여당국회의원을 방문하여 개선을 촉구, 여행원들을 뒷받침했다.

이렇게 해서 1977년 재무부의 '여은행원의 직무확대 및 활용방안'이라는 지시가 나오게 되어 결국 봇물이 터지게 되었던 것이다.

결혼각서를 거부한 산업은행의 노미숙씨는 그 후 또 한차례 시련을 겪었다. 그 역시 전직시험을 치러 중견여행원으로 승급했는데 대한YWCA 주최 중견여행원 세미나에 참가한 뒤 은행측으로부터 그 사실을 조사받고 다른 참가자 두 명과 함께 지방발령을 받았다.

그 당시 그는 돌이 채 안 된 아기를 두고 있었으나, 그만두지 않고 아기를 떼어놓고 울산으로 내려갔다가 10개월 동안 근무한 뒤 다시 서울로 발령을 받아 되돌아왔다. 노미숙씨도 다른 사람들처럼 여전히 근무중이다.

조흥은행의 이한순씨는 「한국여자은행원의 직업의식과 그 형성요인에 관한 연구」라는 석사학위 논문을 통해 직업의식 형성에 영향을 주는 요인이 학교교육보다는 실제적인 경험으로써 직장에서의 제도와 환경, 기대수준에 의한 동기부여에서 나타남을 밝힌 바 있다.

현재 그는 전국금융노동조합연맹의 여성부장으로 일하고 있다.

4. 노조 내의 벽

여행원들의 문제가 바깥으로 터져나오면서 여성운동으로 발전, 결혼각서제가 폐지되고 승진기회는 얻을 수 있었으나 내부적으로는 더 못하게 되는 사태가 발생했다. 이는 직장여성의 처우개선이 얼마나 복합적인 장애요소를 갖고 있나를 말해주는 것이다.

바로 세번째 목표였던 동일노동·동일임금은 노동조합이라는 자신들의 이익단체의 손으로 퇴보의 길을 걸었다.

금융경기가 나빠지자 1975년 4월 45시간이었던 시간외 수당을 남자는 45시간 여자는 29시간으로 차별을 두기 시작했고 그 후 남녀분리호봉 제안이 바로 금융노조안(案)으로 제시되어 노사합의를 통해 1977년부터 시행되어 왔다.

이 당시 금융노조에는 여성부장이 없었으나, 40%가 여성회원인 노동조합에서 여성들을 차별하는 임금체계를 앞장서 주장했다는 사실은 사회의 벽 못지않게 노조내 벽이 두터웠음을 입증해 주는 것이다.

당시 조합원의 40%가 여성이었다고는 하나 세력이 없는 유명무실한 회원들이었다. 들어올 때 떳떳지 못했고, 결혼하면 그만둘 터인데 노동조합이니 뭐니에 관심이 있을 리 없었다. 노조 집행부에서 만약 여행원 지위향상을 내세우면 자기당락에 불리하다는 판단이 설 때였다.

현재 제일은행 노조 여성부장인 허문영씨의 말은 이렇다.

"나부터도 그랬어요. 노조대의원 선거를 한다고 해도 그런가 보다 하다가 아는 선배언니가 어느 사람 찍어 달라면 마지못해 가서 나눠 주는 빵 하나씩 얻어먹고 찍어 줬지요. 자신의 권리가 대의원선출권 행사에서부터 지켜진다는 것을 생각해 본 적도 없었어요. 여성의 권리니 하는 것에 거부감마저 갖고 있었어요. 성격이 조용한 편이라 앞에 나서서 하는 일도 잘 못했답니다. 그런데 직장에서 한 해 두 해 근무하다 보니 그게 아니에요. 남자행원들은 습관적으로 여행원들을 무시하고, 하는 일은 같은데 월급은 갈수록 차이가 나니 억울한 생각이 들기 시작해요. 그런데 우연히 노조 여성부장을 하라고 그래요. 부드럽고 소극적인 성격이라서 여권을 주장하지 않을 것 같아 보여서 시켰는지도 모르겠어요. 알면 알수록 개선해야 할 일은 많고 아무리 부드러운 성격이지만 엄연한 차별을 모른 척할 수는 없고 해서 갈등이 컸어요. 울기도 많이 하고 우울증 비슷한 증세도 앓았어요. 그러나 포기할 수는 없다는 그런 신념으로 지내고 있습니다."

노동조합은 이런 구조로 되어 있다. 조합원들이 우선 대의원을 뽑고, 그 대의원들이 어느 특정한 노조 집행부를 선택한다.

노조에 근무하면, 은행일은 하지 않고 노조 사무실에서 일하면서 월급은 은행에서 받는다. 임기가 끝나면 다시 은행으로 복귀하게 되는데, 남자의 경우 노동조합을 거치면 큰 경력이 되고, 직접 경영자들과 만나 조합원들의 권익을 대변할 기회를 갖기 때문에 경합이 꽤 치열한 편이다.

우리 나라 노동조합이 지금까지 그래왔듯이 남성조합원의 문제만을 문제로 여기는 풍토라 여성의 차별대우가 노조 자체 내에서 거론되지 못하는 상태에 처해 있다. 여성문제를 꺼내면 노조팀 자체 내에서 싫어하고, 여성조합원들을 생각하면 미안하고 그래서 노조 여성부장들은 심각한 갈등을 겪게 되는 것이다.

차츰 결혼 후에도 다닐 평생직장으로 생각하는 여성들이 늘어나면서 조금씩 노조에 대한 관심도 높아지게 되었다. 여성의 권리를 대변해 줄 지도자가 누구인가에 눈을 돌렸고, 여성들 스스로 대의원으로 선출되었다.

1977년 산업은행에서는 의장단 선출 때 여성들의 표가 결정적으로 당락을 좌우한 사건이 발생한 적도 있었다.
  요즘은 자기가 지지하는 지도자를 노조위원장으로 당선시키기 위해 남자간부 못지 않게 열성적으로 뛰는 여성도 나오게 되었다.
  여성들의 헌신적인 노력으로 올해 당선된 서울신탁은행의 어느 위원장은 첫날 간부회의에서, "이제 의사 남자 가리지 말고 일합시다. 처음에 가르기 시작하면 안 됩니다. 같은 조합원이니 모두의 권리가 향상되도록 노력합시다"라고 말함으로써 이제 노조 내에서도 조금은 벽이 무너지고 있음을 보여주었다고 한다.

5. 기혼 여행원

결혼각서제가 폐지된 후 현재 여성직원의 약 10%가 기혼여성이며 앞으로 더욱 늘어날 전망이다. 결혼각서가 폐지되었으니 한번 들어갔다 하면 안 나갈 거라고 우려를 하는 인사담당자들도 있었으나 여전히 결혼하게 되면 직장을 그만두는 경우도 많고 또 아이가 태어나면 봐줄 사람이 없어서 직장을 포기하는 등 각종 이유로 은행을 떠나고 있다.
  예를 들어 중소기업은행의 경우를 보면 1972년 142명의 은행원이 채용되고 121명이 퇴직했는데, 1973년은 102명 채용에 92명 퇴직으로 채용과 퇴직 숫자가 비슷하였다.
  1974년부터 1980년까지는 퇴직이 채용의 절반으로 줄어들어 결혼각서제 폐지의 영향을 받은 것으로 볼 수 있다. 1974년은 216명에 103명, 1980년이 411명에 179명이 퇴직한 것으로 나타났다.
  1981년, 1982년은 퇴직이 채용의 삼분의 일 정도로 줄어들어 피크를 이룬다. 그러나 1983년 251명 채용에 133명이 퇴직하고 1984년은 176명 채용에 146명 퇴직을 기록함으로써 퇴직하는 숫자가 다시 늘고 있다.
  이것을 전체은행이 모두 그런 것으로 해석할 수는 없겠으나 안 나갈까 봐 전전긍긍할 상태는 아닌 것으로 판단된다.
  보통 개인차를 고려하지 않고 평균적으로 따질 때 업무의 효율성은 입행 후 3년이 가장 높고 업무에 대한 숙련도는 6,7년이 가장 높다고 한다.
  현재 여행원 평균근속년수가 5년이라는 것은 일이 숙련될 즈음 빠져 나가는 셈인데, 이것이 본인을 위해서도 그렇고 은행 스스로의 이익에 바람직한 일은 아닐 것이다.
  결혼한 여성이 직장생활을 할 때 직장인으로서 부정적으로 보이는 현상으로는 다음과 같은 것들이 있다. 일찍 퇴근하려고 한다, 가정일로 휴가를 쓸 일이 자주 생긴다, 업무 외 활동에 참여율이 저조하다, 임신했을 경우 외관상 표가 나고 산전산후 휴가가 필수적이다, 행내결혼일 경우 인사이동에 제한점을 준다 등등이다.

그러나 이러한 것들이 모든 기혼여성에 나타난다고 보기는 어렵다. 시대의 변화에 따라 생활의 패턴이 바뀌고 있고 결혼생활이란 개인차가 현저해 모든 것은 본인에게 달린 문제이기 때문이다.

남자행원은 전부 바람직한 직장인이라고 할 수 있는가 한번 반문해 보면 남녀의 성이 직장인의 적합성여부를 따질 수 있는 유일한 기준이 아님을 알 수 있다. 지난 밤에 술먹고 지각하거나 결근하는 남자의 경우 남자라는 것을 들먹이지 않지만, 기혼여성이 지각했을 때는 선입견 때문에 역시 여자가 가정일과 직장일을 함께 하기란 어렵다는 쪽으로 결론이 내려지기 쉽다. 그래서 기혼여성은 남다른 노력과 주의가 필요하다.

여행원들은 근로기준법에 따라 산전산후 휴가 2개월을 기준으로 출산휴가를 가질 수 있다. 아무래도 은행은 서비스업이고, 손님들을 맞는 곳이라 임신으로 배부른 여성들이 근무하는 것을 꺼리는 의식구조가 아직도 남아 있다.

이런 발상에서인지 산업은행은 84년 임신한 여성들이 배부른 동안 집에서 지낼 수 있도록 6개월 무급휴직제를 만들었다. 산전 5개월, 산후 1개월로 못이 박혀 나온 것으로 보아 사무실에 배가 불러 다니는 임신한 여직원이 없었으면 하는 의도임이 분명한 제도였다.

그러나 정작 이를 이용하는 여행원이 없었다. 산전산후 2개월 유급휴가만을 택하지 6개월 무급휴가를 쓰지는 않았다.

그러자 85년 7월부터는 2개월 유급과 4개월 무급 출산휴직제로 바뀌었다.

결혼한 여성의 경우에는 경조금도 가끔씩 남녀차별의 시비거리로 등장한다. 조흥은행의 경우는 자기 부모 50만 원, 배우자 부모 20 - 30만 원으로 못을 박아 문제를 해결했다.

즉 결혼한 여성의 친정부모가 돌아가셨을 때 자기 부모 몫으로 경조금을 받고, 시부모가 돌아가셨을 때는 배우자 부모 몫을 받는다. 남자행원이 장인·장모는 배우자 부모, 자기 부모는 자기 부모의 몫을 받는 것과 마찬가지이다.

차츰 기혼여성들의 남편이 지원세력으로 등장하고 있음도 주목할 만한 일이다. 어느 은행 노조 여성부장 남편은 자신의 아내가 속한 노조 집행부 남자간부들과 함께 만나 술도 마시면서 허심탄회하게 얘기를 나누는 사이이다. 아내가 단조로운 은행업무만 하다 보면 사회를 보는 눈이 좁아지지 않을까 걱정했는데, 이런 활동을 통해서 세상을 더 알게 되면 결국 자기의 세계도 더 잘 이해할 수 있을 것 아니냐며 격려한다는 것.

그리고 안정된 직장생활을 하는 기혼여성 중에는 친정어머니나 시어머니와 함께 살면서 육아문제를 할머니 할아버지에게 맡기는 경우가 많다.

어느 여행원은 결혼하게 되어 사직을 하고 출산을 했는데 시어머니는, "젊었을 때 일해서 한 푼이라도 벌지, 아이는 내가 키워 줄텐데 왜 그만뒀는지 모르겠다"는 얘기를 했다고 한다.

현대의 가치관은 이렇듯 변하고 있다. 이러한 현상이 꼭 바람직한 것인지는 알 수 없으나 여성이 결혼했다고 해서 집에서 편안하게 살림만 할 수 있는 세상이 아닌 것만은 분명해지고 있다.

6. 여행원의 전망

지금 각 은행에서 경영합리화를 위한 여러 가지 방안을 연구·검토하고 있음은 다 알려진 사실이다.

그 중 확실한 것은 직무별 채용방식이다. 이미 선진국에서는 출납만을 맡는 텔러 teller, 중간관리자 클럭 clerk, 고위직인 오피서 officer와 매니저 manager 등 세 가지 직무로 구분되어 있다.

우리 나라의 경우 지금까지는 에스컬레이트식으로 자연적으로 승급되어 왔으나, 앞으로는 직무별로 채용하고 월급이나 승진·정년도 별도의 체계를 세울 것이 확실시된다.

그런데 한 가지 우려할 만한 것은 지금까지 은행관리자들이 보여온 사고방식으로는 이러한 직무별 경영방식을 들여오는 과정에서 여성이 희생자가 될 수도 있다는 점이다.

예를 들어 여행원은 무조건 키펀처 일만 하도록 한다든가 또는 손으로 하는 업무가 기계로 대체되면서 불필요한 인원을 감축할 때 첫 대상을 여행원으로 삼을 수 있다는 가능성 등이다.

전국금융노동조합연맹 이한순 여성부장은, "직무별 도입도 좋고 경영합리화도 다 좋은데, 이때 남녀로 구분하는 일만은 없어야 할 것"이라는 주장을 펴고 있다. 그러려면 우선 남녀 따로 뽑는 일부터 없어져야 한다는 것이다.

현재 초급행원 정도의 자격요원을 관리사무직으로, 여행원 수준을 일반사무직으로 하면 고졸 남자의 경우 능력이나 자질에 따라 일반사무직이나 관리사무직에 채용될 수 있듯이 고졸 여자인 경우도 자기의 능력과 자질에 따라 일반 사무직이나 관리사무직에 채용될 수 있어야 한다는 것이다.

또 일반 사무직에서 관리사무직의 전환은 인사고과나 자격요건에 따라 할 수 있도록 하고, 승진은 누구나 일정한 자격요건을 갖추면 가능하도록 일관성 있고 공정한 원칙만 지켜진다면 여성들이 두려워할 필요는 없다고 생각하고 있다.

외국은행에서는 이미 개별고과성적에 의한 관리를 실시하고 있으며, 능력별 봉급제 시행이 큰 성과를 거두고 있음은 잘 알려진 사실이다.

이런저런 사정을 놓고 볼 때 앞으로의 은행은 일을 잘하는 능력 있는 직장인이라면 여성이고 남성이고 가릴 필요가 없는 직장이 되어갈 수밖에 없고, 이에 대비하여 열심히 일한다면 여성으로서 무난히 성공할 수 있는 직장이 될 전망이다.

단순하고 반복적인 업무는 점차 기계가 대신해 주므로 폭넓은 인간관계와 성실한 태도 등으로 고객을 확보하고 신용을 거래하는 것이 중요할 것이다.

분업화·전문화에 발맞춰 외환업무·신용장업무 등에도 눈을 돌려 자꾸 여성에게 창구업무 등의 서비스와 보조적인 일만 맡기려는 고정관념을 깨뜨릴 수 있는 여성이 늘어나야 한 명의 여성지점장에 머물고 있는 현재의 여행원 지위가 향상될 수 있을 것이다. ■

* 도움받은 글
최옥자, 「여행원의 지위향상 어디까지 왔나」, 대한YWCA, 1977.
이한순, 「금융기관 여직원 인사관리의 구체적인 방안모색」, 금융노조, 1984.
장도송, 「은행경영의 연구」, 동국대 경영대학원 석사학위논문, 1985.

* 이 밖에 각 신문에 보도되었던 여자은행원에 관한 기사와 노조에서 낸 통계자료 직업사전(미국) 등을 참고했으며 금융노조의 이한순씨, 조흥은행의 장도송씨, 제일은행의 허문영씨, 상업은행의 이필영씨, 서울신탁은행 여행원 등을 만나 도움을 받았다.

은행 초창기에 일했던 여행원에 관한 기록을 찾지 못해 다루지를 못했다. 여행원 진출의 역사가 곧 사무직 직장여성 진출의 역사로도 이어지므로 앞으로 여행원사를 누군가 정리해서 낸다면 좋은 참고가 될 줄 안다.

여성의 직업활동영역

농촌여성은 초인인가?
가사, 농사일, 부락일까지

김주숙
한신대 사회학

1. 옛날의 농촌어머니와 요즘의 농촌어머니

　요즘의 농촌어머니들은 30 - 40년 전의 어머니들과 무엇이 같고 무엇이 다른가? 같은 점은 쉽게 열거해 볼 수 있다. 농사철이면 새벽에 일찍 일어나, 온몸으로 부대끼며 농사일을 하고, 그러다 보면 자기 몸이 부서지는지 병이 나는지도 모르는 채 농사철이 지나간다. 별이 총총한 밤까지 일하고 나야 잠을 잘 수 있다. 추수한 후에 셈을 해 보면 헛농사를 지었다는 낙망감만 남는다. 항상 허리가 쑤시고 아프다. 자식들을 보면, 부잣집 아이들처럼 잘 먹이지 못해 속상하고 공부도 끝까지 못 시켜 서러워한다. 그러나 너무 바빠서 이것저것 길게 생각할 겨를도 없이 한 철이 지나고 한 해가 가버린다. 그런 속에서도 억세게 일을 한다. 인내하면서 농촌어머니들은 초인적으로 일하고 있다. 바로 이 점이 옛날의 농촌어머니와 요즘 농촌 어머니의 같은 점이다.

　옛날의 농촌어머니와 요즘의 농촌어머니가 다른 점은 무엇일까? 우선은 자녀 수가 적어졌다. 또, 농사의 종류가 논농사 외에도 특용작물이나 고냉채소 재배 등으로 다양해졌다. 남편들은 경운기나 분무기 등을 사용하게 되고 어머니들은 공동모내기 등 논일이 많아졌다. 딸들이 도시로 나가 버려 집안일 돕는 일이 적어진 대신 딸들이 사보내 준 전기밥솥, 밥통이 방안에 놓여 있다. 뒤를 이어 농사 지을 아들이나 젊은이가 시골에 없고 보니 하얀 머리의 어머니가 여전히 논·밭을 오르내린다. 한편 농촌도 잘살아 보자는 구호에 맞추어 공동으로 해야 하는 행사와 작업이 많아졌다. 농촌여성역할의 확대라는 미명하에 농가 주부들은 여태까지 해왔던 집안일에다가 더 많은 농사일과 동네일까지 떠맡게 되었다. 그런가 하면, 빚통장은 더욱 늘어났다. 왜 이렇게 되었는지 어리둥절해 있는 동안 농사철이 또 다가오고, 그러면 반복해 농사를 짓고, 빚은 더 늘어나고, 그래서 어디가 잘못돼도 크게 잘못된 곳이 있다는 것을 생각하는 농촌어머니들이 늘고 있다. 그리고 죽도록 일만 할 것이 아니라 따져서 고쳐 보아야겠다고 주먹을 불끈 쥐는 농촌어머니가 늘어가고 있는 것이다. 미련한 초인적 노동의 결과를 되새겨 보면서, 머리를 써야 한다고 생각하는 어머니들이 늘고 있다.

2. 농촌의 상일꾼 : 농촌여성들

그러면 오늘날 농촌여성들은 농사일을 어느 정도 하고 있는가? 또 농사일 중에서도 주로 어떠한 일을 하는가? 농촌의 할머니들도 농사일을 하시는가? 농촌의 어린아이들은 어떠한가?

가정의 농업생산 참여는 남자들뿐 아니라 농사에 속한 모든 사람이 농사일을 하는 것이 우리 농촌의 실정이다. 농가의 주부, 할머니, 어린 여성들을 가릴 것 없이 모두 농사일을 하고 있다. 5년 전에 실시된 농가조사 결과를 보면, 570명의 농가주부 중에서 88.6%가 자기 집 농사일을 한다고 응답하였다. 또 이들 중 43.5%는 품일도 하고 있었다. 같은 조사에서 농가의 13세 이상 동거여성 1,048명에게 농사일을 어느 정도 하는지 물어본 결과 25.9%의 여성은 사철 내내 농사일을 한다고 하였으며, 31.7%는 농사철에만 일한다고 했고, 18.7%는 필요할 때만 농사일을 한다고 하였다. 이들 중 23.2%는 농사일을 거의 하지 않는다고 대답하였는데 이들은 중·고등학교에 다니는 학생이거나 다른 사정이 있는 여성이었다. 이 조사에서 나타난 사실로 보아, 농촌여성들은 나이가 많아져도 계속 농사일을 거들고 있음을 알 수 있다. 이러한 사실을 놓고 농촌노동력이 여성화, 고령화되었다고 말한다. 또한 농가의 경작규모가 크거나 작거나 상관없이 여성들이 농사일을 하고 있었다. 다시 말하면 우리 나라의 농사는 가족원들이 중심이 되어 남·녀 모두 같이 하고 있는 것이다. 그 이유는 우리 나라 농가의 경작규모가 매우 작고, 이 작은 농토를 식구들이 중심이 되어 농사를 짓고 있기 때문이다. 1982년 현재, 우리 나라 농가의 경지규모는 6,000평 이상이 5.3%에 지나지 않으며, 3,000-6,000평 미만이 27.5%, 1,500-3,000평 미만이 36.8%, 그리고 1,500평 미만이 29%이었다. 이는 우리 농가의 경지규모가 매우 영세한 것을 통계로 보여준 것으로서, 이와 같이 영세소농이 지배적인 우리 농가에서 가족노동력을 중심으로 농사를 짓게 되고, 여기에는 남자와 여자의 구별이 있을 수 없다. 더우기 지난 60

년대 이후로 산업화가 진전됨에 따라 도시에서 직장을 갖는 추세가 늘어나자 이미 앞에서 보았듯이 농촌노동력 중 부녀노동력이 더욱 중요하게 되었고, 나이가 많은 노인들의 노동력도 동원될 수밖에 없는 실정이다.

농촌에서 여자들이 하는 농사일 종류는 예나 이제나 크게 달라지지 않았다. 전통적으로 여성들은 밭일을 주로 했었다. 집 부근의 텃밭에 채소나 양념감을 심고 가꾸는 일을 많이 했고, 집에서 떨어진 밭에 나가서도 콩·팥·감자·고추 등을 가꾸었다. 아이를 낳아 기르는 여자들이 집 가까운 밭에서 부식장만을 위해 온갖 채소를 가꾸는 일은 자연스러운 역할이었다. 오늘날에도 밭농사는 여전히 부인들이 많이 하고 있다. 밭농사에서 밭갈이 하는 일은 주로 남자들의 일이지만 그 외의 일, 예컨대 씨뿌리기, 김매기, 이식하기, 밭작물 수확 등은 부부가 같이 하거나 혹은 여자들이 더 많이 하는 일이다.

논농사의 경우는 밭농사와는 다르다. 50년대까지만 해도 우리 나라의 많은 농촌지역에서 논농사는 주로 남자들만이 하였었다. 평야가 특별히 많은 지역에서는 물론 예외적으로 여자들도 논농사에 참여하였으나 그 외의 지역에서 논농사, 즉 모심기·김매기·벼베기 등이 주로 남자의 농사일로 여겨졌었다. 그러나 오늘날의 상황은 크게 변하였다. 이제는 논농사에서도 여자들의 노동력이 매우 중요해졌다. 무엇보다도 모심기 대열에 서 있는 오늘날 여성들의 모습이 이를 말해 준다. 오늘날 모를 심는 것은 여자들의 손이거나 아니면 이앙기이다. 논농사에서 농약을 살포하거나 비료를 주는 일은 주로 남자들의 일이었다. 경운기로 짐을 운반하는 일 등도 주로 남자의 일로 생각되었다. 그러나 최근에 와서 여자들도 도구를 사용하거나 기계를 사용하려는 의욕이 높아지고 있고 실제로 기계사용 여성의 수가 증가하고 있다. 요즘에는 분무기를 등에 메고 논 가운데서 농약을 뿌리는 여성의 모습을 간혹 볼 수 있다. 또한 호기당당하게 경운기를 몰고 동네골목을 다니는 농촌부인의 모습도 볼 수 있다. 그러나 아직까지는 논농사에서 기계나 도구를 사용하는 농약살포나 비료주기 등은 주로 남자의 일로 되어 있고, 여자들은 맨손으로 허리를 굽혀 모를 심는 일 등 보다 원시적 농업방법에 매달려 있음을 볼 수 있다.

3. 농촌여성의 터진 일복 : 농사·가사·동네일까지

집바깥 일이 많아졌다고 전부터 해오던 집안일이 줄어든 것은 아니다. 잡다한 가사와 힘든 자녀양육도 그대로 어머니들 일이다.

우선 식사준비, 집안치우기, 빨래 등을 생각해 보자. 식사준비가 이전보다 쉬워진 것은 사실이다. 시골에서도 돈만 있으면 부식은 쉽게 구입할 수 있고, 또 냉장고에 보관할 수도 있다. 전기밥솥이나, 보온밥통을 사용하여 일손을 덜 수도 있다. 더구나 농사철에도 일꾼들에게 식사제공하는 기회가 줄어들었고 빵이나 우유를 사서 새참을 주기도 한다. 식사와 관련해서 여성의 일이 줄어든 것처럼 보인다. 그러나 식사준비는 여전히 손이 많이 가는 일이다. 더구나 전 같으면 어머니를 도와 줄 수 있었던 딸들도 도시로 나가고 없고 남편들은 식사준비를 돕는 것을 이상하게 생각하는 경향이 아직도 있다. 1960년대 중엽까지도 농촌에서의 가사활동은 완전히 부인의 일이었다. 남편은 바깥일, 부인은 집안일을 한다는 전통적 역할 분담이 확고해서 남편이 가사일을 돕는 일은 전무했다는 것이다. 이때는 이미 부인들의 농업참여도 증가되기 시작된 때였으므로 농촌부인들의 노동시간이 매우 길어졌다. 1966년 농촌진흥청의 조사보고에 의하면 당시 농번기에 농촌주부의 농업노동 및 가사노동을 합한 시간이 13시간 19분이나 되었다. 1970년대 후반기의 농촌조사에서도 농가의 가사노동이 여전히 전적으로 여자의 역할이었다고 보고되었다. 농가에서 남자들이 마당을 쓴다거나 물건을 옮겨 놓는 등의 가사는 해주고 있으나 식사준비는 조금도 도와 주지 않으며, 식사 후 설겆이·청소·빨래 등에는 거의 손을 대지 않고 있다. 1980년도의 조사결과에서도 거의 마찬가지이다. 이전보다 여성들의 농사일이 질적·양적으로 늘어난 데 비해 볼 때 남성들의 가사노동에의 협조는 극히 적다.

농촌여성들은 부락개발사업이나 취로사업에도 남자 못지 않게 참여하고 있다. 부락사업에 농촌여성들이 동원되는 것은 어제 오늘의 일이 아니다. 이미 1958년 이후 수년간 지역사회개발사업에서의 여성참여는 당시로서는 괄목할 만했다. 또한, 1970년대에 들어와 농촌새마을운동에서 여성참여와 공로를 제외한다면 과연 무엇이 남을 것인가? 새마을운동의 전략의 하나로 여성을 잠재적 저력에서 현대적 저력으로 바꾼다고 지적하였을 정도로 새마을운동 과정에서 여성의 참여나 동원이 컸다. 1973년 1월 5일의 국무회의의 보고사항 속에는 농촌사회 내의 구조적 변화로서 부녀층의 사회참여가 거론되었고 앞으로의 개선사항으로도 부녀층의 더욱 폭넓은 참여가 지적되었던 것이다. 1970년대를 통해 농촌부락마다 진행되었던 새마을 가꾸기, 환경개선, 마을 안길 넓히기, 지붕개량, 부뚜막개량 등 모든 사업에서 여성들이 물을 길어 나르고, 자갈을 머리에 이어 나르고 또한 기금을 모아 사업자금으로 썼던 예는 많았다. 새마을 사업이 성공했다는 부락에 가보면 으례 부녀회가 조직되어 활발하게 운영되어, 부락전체사업에 앞장섰던 사실을 볼 수 있었다. 따라서 새마을 운동에서 부락 내의 사업은 남녀 구별 없이 함께 이룬 것으로 보아야 한다. 때로는 새마을사업이 성공했다는 부락의 사업내용 중 부녀회원들의 노력의 결과가 대부분이었던 부락도 많았다. 따라서 새마을 운동기간중에 농촌부녀층은 부락활동에 그 어느 때보다도 많이 참여했고 찬사와 포상을 받기도 했다.

같은 시간에 농협지도에 의한 부녀활동도 많았다. 초기 농협의 조합원은 주로 남자농민 가구주였고, 여성들은 단위농협의 하부조직이 아닌 협력조직이었다. 그러나 부녀회를 통한 저축독려와 구판사업이 인정되어 부녀회가 재편성되었고, 부녀회장은 저축반장을 겸임하게 되었다. 1970년대에 농촌부녀자들은 농협조직원으로서 구판장활동, 저축활동, 그리고 새마을운동에의 참여 등으로 가외 활동에 참여한 정도가 도시여성들에 비해 월등하였다.

부락 내의 활동은 가사, 농업생산 참여와 더불어 농촌여성의 세 가지 주요 역할 내용이 되었다. 그러면 농가주부라는 유일한 지위로부터 농업생산자 지역사회 활동참여자로 역할이 증가된 이후 농촌여성의 사회적 지위는 향상되었는가? 이러한 질문에 대해서는 농촌여성의 역할증대가 지위향상을 곧바로 가져다 준 것은 아니라는 비판적 시각이 있다.

4. 가난해지는 농가살림과 더욱 고달픈 여성들의 삶

농촌여성들이 주부의 역할을 다하면서 동시에 농사일도 남자들과 비슷하게 하고 있고, 또 잘살아 보기 위해 부락일에 성심성의껏 참여해 온 결과는 어떠한가? 도시 일부층의 부인들이 가사만을 수행하는 데 비해 농촌여성들이 가사, 농사, 지역사회개발사업까지 해온 농촌가구의 생활수준은 그들보다 훨씬 월등한가? 실제는 그 반대이다.

도시가구 소득에 비해 농촌가구의 소득수준은 전반적으로 낮다. 농촌가구 소득은 도시의 근로자가구 소득에도 못 미치는 때가 많다. 대부분의 농촌가구들은 빈곤선상에 놓여 있고, 상당한 부채를 짊어지고 있다. 오늘날 가난한 농가들이 부채에 눌려 있고, 농가의 빈곤이 심화될수록 여성들의 삶의 질은 남성들보다 더 저하된다.

도대체 농가는 왜 가난한가? 왜 부채를 그토록 많이 지게 된 것일까? 그것은 농가의 소득이 낮기 때문이다. 농가소득은 농업에서 얻는 소득과 기타 겸업소득이 있는데 우리의 농가들은 주로 농업소득만으로 산다. 농업소득은 농산물 판매액이 주가 되는데 우리 나라의 저농산물가격정책에 의해 농가소득이 타격을 받게 된 것이다. 농촌빈곤의 원인 중에 경작지의 영세성도 들 수 있겠으나 무엇보다도 농산물가격을 저렴하게 책정하는 데서 농가소득은 커다란 손실을 입을 것이다.

그 이외에도 농사짓는 데 필요한 비료나 농약 등의 가격이 매우 비싸기 때문에 농가가 타격을 받고 있다.

농가의 빈곤은 부채의 증가에서 그 심각성을 알 수 있다. 최근에 농가부채는 1호당 수백만 원에 이르며, 농가부채는 해마다 증가되고 있다. 농가의 부채가 늘어나고 생활이 어려워짐에 따라 여성들은 더 피해를 입는다. 가난한 농가에서는 자녀교육에서도 우선 딸들의 교육을 희생시키는 경향이 있으며, 농가의 주부로서는 쪼들리는 생계에 도움이 되기 위해 더 많이 일하게 되고, 이로 인해 농촌여성의 건강상의 문제가 발생하게 된다. 대개의 경우 허리가 아프거나 팔다리가 아픈 정도는 참아 버린다. 병에 걸려도 병원에 가지 않고 겨우 약국의 약으로 버틴다. 그뿐인가, 임신·출산시에도 충분한 보호와 휴식을 취하지 못한다. 산전·산후의 진찰도 받지 못하며 아이도 집에서 낳는 경우가 많다. 산후 몸조리도 할 사이 없이 집안일과 농사일을 해야 한다. 아이 낳은 지 일주일이 지나면 부엌일을 하고, 삼주일이 채 되기도 전에 논·밭일을 하기도 한다. 불충분한 영양섭취, 과로, 산후의 무리한 노동 등은 모두 여성을 일찍 늙게 만든다. 한마디로 농가의 생활이 궁핍할수록 여성의 육체적 고통은 커진다. 시골의 어머니들은 같은 나이의 도시여성들보다 10년은 더 늙어 보이는 경우가 많다.

가난해지는 농가살림 속에서 가장 어렵게 사는 사람은 자녀도 없이 홀로 사는 노인들이다. 최근 농촌부락에는 자녀를 도시로 내보낸 후 농촌에 홀로 남아 있는 노인가구가 늘어나고 있다. 이들 중 토지가 있거나 자녀들이 넉넉히 송금을 해오는 경우는 농촌에서 노후를 유복하게 보낸다고 볼 수도 있겠으나, 많은 경우에 홀로 사는 노인들은 가난하게 살고 있다. 필자가 알고 있었던 한 할머니도 그런 분 중의 한 사람이었다. 그 할머니 경우는, 젊었을 때부터 늙을 때까지 도시에 나가 여기저기 다니면서 식모살이 등으로 모았다는 돈(약 200만 원)을 가지고 고향땅에 돌아온 후 몇 푼은 떼이기도 했고, 그 나머지는 생활비로 다 쓰고 말아 노후를 빈털터리로 고생하다가 외롭게 사망하고 말았다. 또 이런 예도 있다. 도시로 나간 자녀들이 그곳에서 생활적응을 할 수 있도록 조금 가지고 있던 농토를 팔아 버린 후, 오로지 자녀들의 송금에 의지해서 살던 노인이 자녀들의 송금이 간혹 끊길 때는 굶을 지경이 되기도 하였다. 이처럼 생계유지조차 곤란한 처지에 놓인 노인들 중에 할머니가 더 많다. 그것은 여자들이 남자들보다 평균수명이 길기 때문인 듯하다. 그들에게는 젊은 시절의 피나는 노동의 대가가 노후에 전혀 남겨지지 않는 것이다. 어릴 때부터 살아오던 고향산천을 떠나기 싫고, 또 도시의 자녀들 집에 가도 방이 넉넉하지 못하기 때문에 가능하면 아는 사람들이 남아 있는 시골부락에 남으려는 노인들이 늘고 있다. 그리고 이들은 때로는 가난과 외로움의 상징처럼 되기도 한다.

5. 농촌과부의 한

남편 없이 자녀들을 양육하며 살고 있는 과부들은 도시·농촌 할것없이 고달프게 마련이다. 경제적으로 고통을 받게 되고 정신적인 고통도 크다. 특히 농촌과부의 육체적 고통은 더욱 클 수밖에 없다.

본래 농사짓는 일에는 힘든 육체노동이 따른다. 논·밭을 소나 기계를 이용하여 깊이 갈아야 하고, 흙더미와 싸우며 씨를 뿌리고 풀을 뽑아야 한다. 비료·농약 사용에도 육체적 힘이 든다. 도시의 사무직이나 판매직에서의 노동과는 다른 힘든 육체노동을 필요로 한다. 이 모든 일을 남편 없이 부인 혼자서 해야 하는 것이 농촌과부의 입장이다. 자녀들이 성장해서 어머니를 도와 농사를 지을 수 있다면 다행이지만, 나이가 어리다거나 또는 학교에 다니는 경우 위의 모든 힘든 일을 홀로 남은 부인 혼자 해야 한다. 더구나 농사일은 집안에서 홀로 할 수 있는 일이 아니고 논·밭에서 손발을 걷어붙이고 해야 하는 일이기 때문에 더욱 고통스럽다.

홀로 된 농촌부인은 힘든 농사일 때문에 고통스럽고 남편의 죽음 때문에 슬프다. 농촌에 가보면 많은 경우 독한 술을 많이 마셔서 위병이나 기타 병에 걸려서 남편이 사망했다는 이야기를 듣게 된다. 힘든 농사일을 하는 중에 으레 소주나 막걸리를 마시게 되고, 빈약한 안주로 마신 술이 건강을 해쳤음에 틀림없다는 것이다. 농약중독을 일으켜 사망했다는 경우도 가끔 볼 수 있다. 농약을 뿌릴 때 마스크를 하지만 허술한 마스크 때문에 농약에 중독되어 사망하는 것이다. 농사에 불만족하고 인생을 비관한 가장이 농약을 먹고 자살해 버린 경우 부인과 자녀들의 한은 극에 달하게 된다. 남편 사망 후 농가과부들의 적응은 어떻게 이루어지는가? 남편이 사망했다 해도 직업전환은 거의 불가능하며 지어 오던 농사를 계속할 수밖에 없다. 이런 경우 자녀들의 희생이 뒤따른다. 만일 일가친척이 이웃에 살고 있어서 농사를 돌봐 줄 수 있다거나 경제적으로 넉넉해서 직접 농사일을 안해도 될 처지이면 몰라도, 직접 농업노동을 해야 하는 경우 남편의 사망은 그 가족에게도 치명적이다.

충청도 한 외진 부락 농가의 이야기는 이들의 고통이 얼마나 큰지 보여준다. 자녀 여섯을 두고 한 가장이 사망하였다. 당시 부인 나이는 37세. 다행히 시부모님이 한집에 같이 살고 있고, 그 이웃에 시동생이 분가해 살고 있었다. 큰아들은 고등학생, 둘째 아들은 중학생, 그 다음인 큰딸이 국민학생 그 아래로는 어린아이들이었다. 큰아들은 고등학교를 졸업하였으나, 중학생이던 차남은 학교를 중단했고 이웃에 살던 숙부를 도와 자기 집 농사일을 해야 했다. 국민학교를 다니던 딸도 학교 졸업 후 서울에 올라와 공장생활을 했다. 그 밑에 동생들은 모두 고등학교를 마쳤다. 둘째 아들과 큰딸의 교육받을 몫이 희생되었던 것이다. 남편 사망 당시에는 경작면적이 그 동네에서는 가장 크다고 하였으나 자녀들 교육시키느라고 논밭을 팔았다. 남편 사망 후 어린 아들을 데리고, 시동생의 도움을 가끔 받으며 부인이 모든 농사일을 해냈다. 국민학교만 마치고 서울로 올라와 공장생활을 했던 큰딸의 공로도 컸다. 그 적은 수입을 쪼개서 농촌에 보내 주었기 때문에 동생들을 가르칠 수 있었던 것이다.

　이 소녀의 경우와 비슷한 예는 공단주변에서 흔히 볼 수 있다. 가난한 농가에서는 딸의 교육을 희생시킨다. 겨우 국민학교를 졸업했거나, 중학교를 힘겹게 졸업하고 진학열에 불타는 소녀들이 직장을 찾아 도시로 몰려온다. 그들은 공장에 취직하거나, 때로는 불행한 길로 빠지기도 한다. 시골을 떠나 도시에 직장을 구할 때의 꿈이란 돈을 벌고 중단한 공부도 할 수 있을 것이라는 것이다. 그러나 힘든 공장생활에 쥐꼬리만한 수입을 가지고 이 꿈을 실현하기는 결코 쉽지 않다. 그리고 공장에 다니면서 공부도 할 수 있는 실업체 부설 학교의 수가 극히 적으므로 실제 취업과 학업의 동시실현의 꿈은 이루기 어렵게 되어 있다. 거기에 시골집으로부터 들려오는 소식은 불안하기만 하다. 동생들의 학비가 없고, 비료값을 내지 못하고 있고, 집안식구가 아프다는 소식인 것이다. 이런 상황에서는 진학열도 다 없어지고 돈을 버는 대로 송금하기 바쁘다. 잔업까지 하고도 십만 원 남짓 받는 월급 중에 본인의 식비, 필수품 구입비를 제외하고는 시골집에 보내지고, 그 돈으로 남동생들이 교육을 받는다. 이런 생활이 몇 년간 계속된다. 그리고 남는 것은 무엇인가? 지친 이 여성은 도시에서 결혼하고 끝내는 도시 하류층의 부인이 되어 다시 생활고에 시달린다. 이번에는 파출부·판매업 등으로 다시 생활전선에 나온다. 도시의 비공식 부문 여성노동자 대열에 끼게 되는 것이다.

6. 여성농민의 직업활동과 사회적 역할

한여름 동안 농사일을 해서 얼굴이 까맣게 그을은 농촌부인에게 직업이 무엇이냐고 묻는다면? 나는 직장에 안 다닌다, 그냥 농사나 짓는다고 대답할 것이다. 농사는 직업이 아니냐고 묻는다면 무엇이라 대답할까? "농사도 일은 일이지만, 무척 힘든 일이고, 남들이 안 알아 주어서 걱정이지"라고 대답할 것이다.

　농업에 종사하는 것은 하나의 직업이다. 우리 사회에서 매우 중요한 일, 식량과

공업원료를 생산해 내는 직업이다. 큰 농장에서 일하지 않고 자기 집 농사를 짓는 일도 물론 농업종사이다. 우리 나라 여성들의 경제활동 참가율을 보면 농촌지역이 도시지역보다 월등 높다. 그 이유는 말할 것도 없이 농사일을 하는 여성들이 여기에 포함되기 때문이다.

농촌에서 살면서 일년 내내 농사일을 하면서도 자기가 경제활동을 하고 있는 줄을 모르는 여성도 간혹 있다. 그들에게 직업의식이 있을 수는 없다. 직업의식이 없으면 자기가 하고 있는 일에 대해 긍지를 느낄 수도 없으며, 자기 일을 발전시키려는 노력도 하기 힘들다.

최근에 우리 나라에서는 '농촌여성'이라고 하기보다는 '여성농민'이라는 용어를 사용하자는 의견도 나왔다. 필자도 우리 농촌의 여성들을 농업생산과 관련하여 몇 개의 범주로 나누어 호칭할 수 있다고 생각한다.

첫째는, 농촌에서 살고 있고, 집안에서 농사일을 하지도 않고 할 것으로 기대되지 않는, 물론 바쁠 때는 농사일을 약간 거드는 정도로 하고 집안살림과 아이 돌보는 일을 그 부인의 가장 중요한 일로 여기는 부인네들이 있을 수 있다. 이들을 '농가주부'라고 부를 수 있겠다. 가족노동력을 주로 농사를 짓고 있는 우리 농가 형편에서는, 농가주부로만 남아 있는 농촌여성은 매우 적을 것이다.

둘째로, 첫번째 부인들과 비슷하면서도 농사일 참여가 더 많은 경우이다. 남편과 더불어 농사일을 하고 따라서 집안살림과 농사일 두 가지를 모두 잘하려고 하기 때문에 혼란이 온다. 물론 농사일 내용에서는 남편과 부인의 일이 달라지지만 남편과 짝을 이루어 농사를 짓는 '농사 보조자'의 입장이다. 우리 농촌여성의 많은 비율이 이 범주에 속한다.

세째는, 주 관심이 농사일이고, 농사일에 시간을 가장 많이 쓰며, 규칙적으로 농사일을 하는 독립적 농업생산자로서의 '여성농민'이 있을 수 있다. 농촌의 여자가장의 경우에 '여성농민'이 될 가능성이 높으며, 남편이 농민일 경우도 '농사보조자의' 입장에서 그치지 않고 나아가 농민으로서의 역할과 지위를 가질 수 있다.

첫째 범주에 속하는 여성들은 농촌에서도 경제적 여유가 있는 가정에 속하거나, 갓난아이가 딸린 젊은 부인들일 가능성이 많다. 대개의 농촌여성들은 원하건 원하지 않건 정도의 차이는 있을지라도 농업생산에 참여하게 된다. 이리고 이들에게 농업은 엄연히 하나의 직업이다. 여성농민의 개념이 보편화되고 있고, 더우기 농민운동의 주체로 인식되는 것은 발전적인 모습이다.

농민을 위한 사회보장의 필요 : 농업을 직업으로 가지는 여성에게는 농업생산의 기본요소인 토지, 소유에 대한 인식이 싹터야 한다. 그리고 과학적 영농, 농업생산성 향상을 위한 노력이 마땅히 있어야 한다. 철저한 직업의식과 또 자기 직업을 통한 소득의 확보뿐 아니라 자기실현의 길을 같이 모색해야 하기 때문이다.

직업으로서의 농업생산에서 정당한 소득보장은 여성에게도 역시 심각한 문제이다. 농업소득 향상을 위한 다각적인 노력 중에는 농산물가격 보장이 선결문제일 것이다. 농산물이 정당한 가격받기를 위한 농민운동 대열에 이미 여성들도 참가하고 있다. 그리고 기타 농민권익운동에도 여성들이 농부의 아내로서가 아니고 한 명의 농업직업인으로서 참여하는 실정이다.

농업인구 집단에 소속되고 있는 농촌여성들에게 꼭 필요한 것은 자기 직업집단의 이해관계를 위해 일할 수 있는 협동적 조직체를 가지는 일과 이 조직 속에서 적극적으로 활동하는 일이다. 농협은 본래 이런 목적으로 시작된 조직이었으나 농민의 욕구를 충분히 만족시켜 주지 못하는 것 같다. 농협에서 여성들은 저축독려의 대상이 되거나, 구판활동의 소비자쯤으로 인식되는 경향이 있을 뿐 여성농민의 권리로서 참여하는 일은 드문 것 같다.

관제화되고 있는 농협사업에 대해 농촌여성들이 모순을 지적하고 시정을 요구하는 일은 당연한 권리이다.

농협이라는 직업활동에 따르는 일부 위험에 대처하는 일과 직업활동이 끝난 후의 노후 생계보장에 대한 생각도 다른 직업의 사람들과 마찬가지로 가져야 된다. 즉 농약중독 증세를 개인의 문제로 보지 말고 직업병 차원으로 끌어올려서 대책을 마련해야 한다. 농번기의 출산을 피하는 일과 출산 후의 충분한 휴식 등의 여성농민 복지문제를 스스로 인식해야 하고 대책을 강구해야 한다. 더욱 심각한 것은 노후의 생계보장책이다. 아직도 자녀교육비를 위해 농촌자본이 도시로 유출된다. 게다가 자녀가 성장한 후 도시에 나간 자녀들이 도시정착을 위해 상속받은 토지까지 팔아다 살게 되면 농촌에 남은 노부부의 생계는 보장할 길이 없게 된다. 농민들은 현존 사회보험제도에 거의 편입되어 있지 않기 때문에 의료·노령·퇴직 등의 문제에 무방비상태에 있다. 농민들의 비극은 실상 예견되어 있다. 이들 문제의 해결은 직업집단으로서의 농민들의 자기문제 인식과 이를 제도적으로 해결하고자 하는 노력에 달려 있다. 농민집단의 거의 반을 차지하고 있는 농촌여성들이 해야 할 일이다.

우선 할 수 있는 일로서 가사역할 협동화를 생각해 볼 수 있다. 이미 앞에서 지적했듯이 농촌여성은 남자와 같이 농업생산에 관여하면서도 가사역할은 혼자 맡고 있다. 여기서 오는 과로와 무리는 이루 말할 수 없다. 이것은 과로하는 부인에게만 해로운 것이 아니고 전 가족성원에게도 똑같이 불리한 영향을 끼친다. 도시에서 직장여성이 있는 가정의 가사역할이 부부간에 분담되는 경향이 많아지고 있는데 농가에서도 가사역할이 분담되어야 하고 자녀양육 부담이 가벼워질 수 있도록 제도적 장치가 필요하다.

　　농번기 공동식사는 오래전부터 우리 사회에서 전해내려오는 좋은 관습이다. 최근에 농촌부락에서 공동취사 관습이 사라져가고 있는데 이는 작업능률을 위해서나 부락공동체의 새로운 삶을 가꾸기 위해서 권장되어야 할 것이다. 물론 공동식사준비를 여자들만이 해야 할 이유는 없다. 식사준비를 할 수 있는 부락의 남녀가 마치 농사일에 같이 참여하였던 것처럼 함께 식사준비를 할 수 있어야 할 것이다.

　　농번기 탁아사업은 농촌에서의 출산자녀 수의 감소로 쇠퇴하는 사업 중 하나가 되었다. 그러나 자녀 수가 적어질수록 자녀들을 더욱 잘 길러내기 위하여 농촌 탁아사업은 여전히 중요하다. 농촌의 생활 리듬에 맞추어 어린아이들의 공동양육 시간을 조성하고, 농촌에 어울리는 노래·춤 등으로 정서함양을 함으로써 도시 유아원에서와는 다른 농촌문화가 깃든 프로그램을 발전시키는 탁아사업이 가능할 것이다.

7. 부락 민주주의의 실현과 여성역할

농촌부락의 발전과 농가의 사회·경제적 지위향상을 위해서는 농민의 조직화와 농촌부락 내의 민주주의는 필수적이다. 현재 농촌가구가 당면하고 있는 문제들, 예컨대 농가의 저소득과 부채문제, 저농산물가격 해결, 여성들의 과잉노동, 건강악화, 비료·농약공해, 비민주적 농협, 기타의 문제해결을 위해 농촌부락의 민주주의는 절대로 필요하다. 이는 또한 농촌여성의 지위향상을 위하여 선행되어야 할 조건들이다. 성과에 대해 의문을 표시하는 사람도 있다. 특히 낙후된 농촌부락에서는 민주적인 회의절차에 의하여 주민들의 의사에 따른 부락일을 처리하기보다는 지시에 의한 일사불란한 개발사업이 효과적인 것처럼 보이기도 한다. 행정관서의 집중적인 지도와 외부의 재정적 후원으로 농촌부락이 빠른 시간 내에 발전할 수 있다고 생각하는 사람이 있다. 그러나 우리 농촌의 역사적 경험에 의하면 상부지시에 의한 개발사업 수행은 처음에는 성공인 듯이 보이지만 결과적으로는 실패하는 경우가 많다. 그리고 요구하지 않는 농민의 권익이 저절로 주어지지도 않았다.

　　여기에서 농촌여성들이 조직의 민주적인 운영을 통해 합리적으로 농가의 고민을 해결해 나가는 사례를 들어보자.

　　경기도의 어느 농촌마을에 그 마을 학생들이 통학에 이용할 수 있는 유일한 교통수단인 시외버스가 통과하고 있었다. 그러나 그 배차시간이 너무 이르고 불규칙적이어서 학생들이 버스를 타지 못하는 때가 많았다. 이런 불편을 겪고 있는데도 남편들이 버스회사와의 교섭을 차일피일 미루자 부인들이 모여서 버스회사를 찾아가 시간의 조정, 비오는 날 학교 앞까지의 학생수송 등을 요구하여 목적을 달성했다. 부락에서 공통으로 느끼는 이런 문제들을 어머니들이 모여 조직적 힘으로 버스회사와 합리적 대화를 함으로써 합의를 볼 수 있었다. 물론 처음에는 버스회사에서 부인들과는 상대하지 않으려 했고 심지어 사무실 밖으로 몰아내기도 했으나, 어머니들의 집단적 요구를 들어주지 않을 수 없었다.

충청도에서 부인들이 주동이 된 요구는 농지세 징수라는 심각한 농촌문제 중의 하나를 여성들이 해결하고자 시도했던 것이다. 불합리한 면이 보이는데도 남자들은 체면이나 앞으로 있을지 모를 압력이 두려워 말을 못하고 있는데 부인들이 용감히 나선 것이다.

경북 성주를 비롯하여 곳곳에서 있었던 여성들에 의한 민주적 이장선출 운동은 농촌을 민주화하는 첫걸음이라고 말할 수 있을 것이다. 그런가 하면, 소값 하락과 이에 따른 농가의 피해보상을 요구하는 전북 부안 농민들의 대열에 농촌어머니들이 참여하여 시위를 하는 모습도 있었다. 이들은 단지 농촌에 대한 정책이 잘못되었으니 이를 시정하라고 어머니의 심정으로 농가의 피폐를 막기 위해 온몸으로 부르짖었던 것이다.

농촌여성들에게는 농촌이 안고 있는 일반적 문제 이외에도 성차별에 의한, 즉 여성이기 때문에 가지는 문제와 억울함이 있다. 여자를 무시하고 억압하는 제도와 관습이 아직도 농촌에 남아 있기 때문이다. 농촌의 여아들이 남아에 비해 교육을 덜 받는 일이나, 같은 일을 해도 여자의 품삯이 적다는 것은 모두 여자의 지위가 낮다는 점을 보여준다. 이뿐 아니라 오랜 전통 속에서 여자를 열등하게 취급하는 관습이 농촌에 아직도 많다.

한편 여성들은 과거의 봉건적인 사고방식이나 부락 내의 기존의 이해관계 및 인간관계에서 남자들보다 더 자유스러울 수 있다. 즉 여성들은 기존의 지배체제를 형성한 일도 없으며, 현재 살고 있는 동네로 시집와서 전입했다는 점이 중요한 이유가 될 것이다. 그래서 여성들은 현재의 부락 내 권력구조상의 경쟁자들이 아니다. 이러한 점은 여성들이 동네일을 조직적·민주적으로 해가는 데 있어 커다란 장점이 될 수 있다. 이러한 장점을 최대한도로 이용하여 노동과 권익보호에 적극 참여한다면 평등한 남녀관계, 균등한 도시―농촌관계를 위하여 중요한 기여를 할 수 있다. ■

여성의 직업활동영역

첨단과학은 여성을 환영하는가
컴퓨터 소프트웨어 산업에서의 여성진출

한현옥 外
전 과학기술원 연구원, 자유기고가

1. 보라빛 전망의 실상과 허상

첨단과학이라고 불리는 컴퓨터 분야는 국제경쟁력을 키우는 데 있어서 중요한 기반이라는 측면 외에도 여성의 사회진출에 있어서 중요성을 띠게 되리라는 전망에서 기대와 관심을 모으고 있다. 특히 소프트웨어 부문은 천연자원이 부족하나 인력자원이 비교적 풍부한 우리나라 상황에 적합하다고 보는 정책적인 관점과는 별도로 전문직에 종사하려는 여성들의 눈길을 끌고 있다. 이러한 관심의 약간은 첨단분야에 대한 호기심 때문에 일어나겠지만 대부분은 이 분야가 여성에게 상대적으로 취약한 부분이라고 여겨졌던 육체적인 완력을 별로 중요시하지 않는 반면 지적 능력을 강조한다는 특성에서 비롯되는 것 같다.

이미 연구보고서나 잡지, 신문 등에서는 소프트웨어 분야에로의 여성진출을 낙관적으로 바라보고 있으며 여성들에게 적극적으로 권하고 있다.

이러한 판단이 나오게 된 논리적인 근거는 대략 세 가지 정도로 볼 수 있다. 우선 첫째로 인력 수요전망에 대한 공식통계상으로 볼 때 여타 산업에 비해 컴퓨터 산업의 인력수요가 획기적인 규모로 계속 증대하리라는 것이다. 과학기술처가 추정한 전산인력 수급전망에 따르면 1986년에 고급인력 2만 1천 명, 초급인력(기계조작수 등)이 1만 3천명으로 총3만 4천명 정도가 요구된다. 이것은 1983년의 3천 2백 17 명에 비해 10배 이상의 증가를 뜻하는 것이며 5년 후(1991년)에는 고급인력이 11만 4천명, 초급인력이 10만 3천명으로 총21만 7천명에 이를 것으로 보여 수요의 신장세가 날이 갈수록 높아진다는 것이다. 이러한 수요의 급증은 일단 여성들에게 유리하게 작용하리라는 기대를 낳고 있다. 특히 최근에 대기업들이 너도나도 정보산업에 뛰어들고있는 현상은 이러한 기대를 한층 뒷받침해 주고 있다.

둘째로 컴퓨터산업은 역사가 짧은데다 첨단산업인만큼 구시대적인 성차별적 분위기에서 많이 벗어나 있으리라는 기대가 있다. 역사가 짧으므로 여성들에 대한 남성의 '텃세'가 적을 것이고 첨단산업인만큼 전문적인 일이 요구되므로 전문성을 확보한 여성이라면 마땅히 성차별의 폭력에서 벗어날 수 있다는 것이다. 더우기 앞으로 가능해질 것으로 보이는 가정내근무 take-home job 는 과거 기혼여성의 사회진출을 가로막았던 장애물 제거에 크게 공헌할 것으로 보인다.

마지막으로 자주 지적되는 것은 이제까지 여성적이라고 인식되어 왔던 사회적 특성들이 컴퓨터산업과 아주 잘 어울린다는 점이다. 여성들은 보편적으로 섬세하고 꼼꼼한 성향을 지니고 있으므로 정확성을 요구하는 프로그래머 등에 적합하다는 것이다.

이러한 이유로 해서 컴퓨터산업, 특히 소프트웨어산업에로의 진출이 여성들에게는 적극 권장되고 있고, 또 앞으로 인기직종의 하나가 될 것이라는 전망이 제시되고 있다. 그럼에도 불구하고 섣부른 판단은 금물이다. '84년부터 심화되어 온 불황에 따라 대졸 실업인구가 증가하고 있는 상황이 컴퓨터산업이라고 해서 예외일 수는 없기 때문이다. 남녀를 불문하고 현재 전산 관련학과 졸업생들의 낮은 취업률(한국여성개발원이 조사한 3개 대학의 경우 평균 33.3%, 전문대학은 53.7%), 특히 전산 관련학과 졸업생이라고 하더라도 정작 전산업계로의 진출은 소수에 그치고 있다는 점(대학은 38.4%, 전문대학은 49.7%) 등이 이러한 측면을 직접적으로 나타내 준다 하겠다. 특히 불황에 따른 각종 감원조치에서 여성들이 첫번째 대상이 되어왔다는 점은 이미 다른 산업에서 보아 왔던 경험이었다.

또한 컴퓨터 분야라고 하여 성차별적인 문제가 완전히 해소되어 있는 것은 아니다. 이 부분은 뒤에서 상세하게 다룰 것이므로 여기에서는 문제제기에 그치고자 한다.

마지막으로 '여성은 반드시 섬세하다' 하여 컴퓨터산업에 적합하다고 보는 견해는 옳지 않다. 섬세함에 있어서 여성들보다 남성들이 더욱 뛰어나다는 일부의 경험담은 차치하고서라도 지적인 능력을 강조하는 컴퓨터산업에서 가장 중요한 것이 창조력이라는 공통된 지적들은 이 부문에 있어서 섬세함을 강조하는 사회의 피상적 인식이 매우 잘못되어 있음을 말해 준다.

이러한 몇 가지 의문점에도 불구하고 컴퓨터산업에서의 여성 진출에 대한 전망은 전산인 자신들에게 있어서조차 매우 긍정적인 것 같다. 《경영과 컴퓨터》의 전산인 의식조사에 따르면, 여성이 전산직으로 진출할 경우 '전망이 밝다'는 답변이 전체 응답자의 63.6%였으며 특히 여성종사자들 자신의 반응이 매우 긍정적으로 나타나고 있어(78.5%) 주목된다. 이러한 반응들은 설사 컴퓨터 업계에서 여성진출에 일정한 한계와 장애가 있다고 하더라도 앞으로 이를 극복해 나가리라는 장기적인 전망에서 비롯된 것으로 풀이된다.

따라서 현재 컴퓨터산업에의 여성진출을 모색해 보고자 할 때, 가장 중요한 관심사 중의 하나는 현재 컴퓨터산업에 종사하는 여성들이 부딪치는 문제가 무엇인가, 앞으로 어떻게 해결해 나갈 것인가 하는 문제로 모아질 것이다. 막연한 근거에 따른 섣부른 낙관적인 전망보다는 이러한 논의가 앞으로 전산직 취업여성의 적응력 향상에 훨씬 바람직한 길잡이가 될 것이기 때문이다.

일단 여기에서는 소프트웨어 분야에 주로 관심을 기울이고 있으므로 독자들의 이해를 돕고자 이 분야 전문직종의 특성과 숫적 구성을 간략히 소개하고자 한다.

소프트웨어 분야에 종사하는 사람들은 '82년도 현재 총 3,217명으로 추산되는데 이들은 대략 세 가지 유형으로 분류된다. 오퍼레이터 및 키펀처, 프로그래머, 시스템 분석가 및 고급기술자가 그것이다. 이 가운데 오퍼레이터 및 키펀처는 자료의 정리, 입력자료의 준비, 컴퓨터조작 등의 작업을 수행함으로 정보처리 분야의 전문적인 지식이 필요하지는 않다. 따라서 전문직이라고 볼 수는 없겠다.

〈표1〉 국내 소프트웨어 산업의 인력 현황(1982년 현재)

직 종	기술사 (고급기술자 책임연구원 포함)	시스템 분석가 (선임연구원 포함)	프로그래머 (연구원 포함)	오퍼레이터 (기능원 포함)	키펀처	계
인 원	51	681	1,382	768	335	3,217

자료 : 한국정보산업협회, 「정보산업」, 1983, 11 - 12.
＊산업연구원, 「우리 나라 컴퓨터 산업의 중장기 발전전략」에서 재인용.

두번째 부류인 프로그래머는 컴퓨터언어를 이용하여 프로그램을 작성하는데 응용프로그래머의 경우에는 응용분야에서의 전문지식이, 그리고 시스템 프로그래머의 경우에는 컴퓨터공학에 대한 전문지식이 필요하다. 그러므로 이들에게는 대학교육 이상의 전문적 교육과 훈련이 요구되는데 우리 나라에서는 현재 이 분야에 종사하는 사람은 1,382명으로 공급에 큰 부족이 없는 것으로 보인다. 마지막으로 세번째 부류에 속하는 기술사(고급기술자로서 기술사시험에 합격한 사람)와 시스템 분석가는 소프트웨어의 연구개발뿐만 아니라 컴퓨터공학 전반에 걸친 개발을 담당해야 하는 사람으로서 전문적인 교육과 훈련, 그리고 다년간의 경험이 필요하다. 이러한 고급인력에 해당하는 사람이 현재 약 70 여 명에 이르며 그 중 기술사급은 51 명에 불과하다.

 물론 이러한 구분은 업무의 전문성에 따라 도식화시킨 것이므로 실제 컴퓨터업체에서는 이들 몇 가지 용어 외에 전문직종을 가리키는 용어로서 시스템 엔지니어라든지 프로젝트 매니저라든지 시스템 디자이너라는 표현을 쓰고 있다. 특히 많이 쓰이는 시스템 엔지니어란 소비자의 요구에 부합되는 소프트웨어의 개발 혹은 시스템의 개발을 맡은 부서를 지칭하거나, 제품전시라든가 고객 상담 및 세미나 등을 통하여 컴퓨터 시스템의 활용을 높이는 데 기여하는 부서로서 주로 영업부에 배속되지만 따로 교육부로 구성되기도 한다.

 프로젝트 매니저란 앞의 분류에서 거의 세번째 부류에 해당하는 직위로서 개발 프로젝트를 총관리하는 역할을 하는데 대부분의 경우 고객을 확보하는 영업능력까지 요구된다. 그리고 시스템 디자이너란 시스템 분석가와 혼용되기도 하지만 하드웨어 분야까지 포괄하는 경우가 종종 있다.

 이러한 전문직종의 경우, 외국에서 박사학위를 받고 온다든지 혹은 외국기업에선 오랜 경륜을 쌓은 뒤 스카웃되어 오는 몇몇 예외적인 경우를 빼놓는다면 그 출발은 프로그래머에서 시작한다. 따라서 대학을 졸업한 뒤 소프트웨어 분야에서의 전문직 기술자를 꿈꿀 때 제일 먼저 접하는 일자리가 프로그래머이다.

 이러한 프로그래머 직종에로의 여성진출은 숫적으로는 소수라고 하더라도 오래전부터 꾸준히 명맥을 이어왔다.

2. 뒤늦은 출발, 꾸준한 증가

이 땅에 컴퓨터가 첫발을 들여 놓은 것은 경제기획원이 인구조사의 통계처리를 위해 미국으로부터 IBM 1401 을 수입했던 1967 년이다. 당시만 해도 컴퓨터에 대한 국내의 인식이 희박했던만큼 당장 전산요원의 확보가 시급한 문제로 제기되었다. 지금처럼 대학 내에 교육시설이 갖추어져 있지도 않았고 사설강습학원도 없었으므로 당시의 전산요원이라고 하면 각자가 컴퓨터 앞에 앉아서 컴퓨터 매뉴얼을 읽어 가며 하나부터 열까지 스스로 깨우쳐 나가야만 했다.

 이렇게 황무지 같았던 전산업계에서도 신개척분야에 대한 도전의 꿈을 키웠던 여성들이 있다. 『컴퓨터 한국사』에 따르면, IBM 1401 을 들여 놓기 위한 준비 요원 중에 이미 유성자, 최희정 등의 여성들이 있었다. 또한 경제기획원에 뒤이어 FACOM 222를 들여와 통계처리업무로부터 기업의 업무전산화에로의 길을 연 생산성본부 산하 전자계산소(뒤에 한국전자계산소로 새로이 발족)가 공개채용으로 뽑기 시작한 전산요원의 명단에서도 박애자, 남순희, 김양자, 이춘희 등의 여성을 찾을 수 있다. 그러나 앞서 말했듯이 당시의 전산요원들은 컴퓨터에 대한 사전지식을 전혀 갖추고 있지 않았고, 때로는 부서이동에 따라 뜻하지 않게 컴퓨터분야에 배치된 소수의 행운아(?)들이었다. 그렇지만 이 행운아들이 프로그래머로서 업무를 중점적으로 담당하게 되는 것은 훨씬 후의 일이었다. 컴퓨터 이용업무가 분화되지 않은 상태인데다가 프로그램 개발보다는 자료입력을 위한 키펀치 일이 쌓여 있었으므로 설사 프로그래머라는 직위로 입사하였어도 대부분의 시간을 펀치일에 쏟아야 했기 때문이다.

　여성들이 개발인력으로서 안착하기 시작한 것은 아마도 과학기술원의 전산계산실이 발족하고 본격적인 개발업무가 시작되면서부터가 아닌가 한다. 1969년 이후 정부의 굵직한 용역을 받아 처리한 업무들 가운데 1970년 11월에 마쳤던 '중앙관상대 기상통계업무의 EDPS화'에는 염문자가 참여하고 있었고 또 한국전자계산소에서 과학기술원으로 옮겨간 이춘희가 '전화요금 계산업무 EDPS 개발 및 운영' 프로젝트에 참여하고 있었다.

　그 후 서울컴퓨터센타(1969년에 창립), 중앙전자계산소(1970년에 창립), 한국보험전산주식회사(KICO, 1972년에 창립)가 설립되면서 컴퓨터요원의 층이 두터워졌으며 각 은행의 온라인화, 각 기업체 내에서의 전산실 설치 등으로 전산요원의 교육문제가 더욱 크게 부각되었다. 각 업체들이 자체적으로 교육프로그램을 갖추어 전산요원을 확보하기도 했지만 여기에 한몫 거들었던 것이 1970년부터 대학에 신설되기 시작한 전산학과다. 1976년 이래 연평균 28.7%씩 늘어나기 시작하여 '83년도 1,114대를 기록한 컴퓨터도입량(과기처 통계)과 '82년 이후 연평균 44%로 늘어나리라는 국내 컴퓨터보유대수의 증가에 발맞추어 80년대에 들어와 전산학과의 개설이 급증하고 있다. '84년도 현재 전국 대학에 설치되어 있는 컴퓨터관련학과(전자계산학과, 전산과학과, 정보공학과, 전산정보학과)는 총 59개 학과다.

　이러한 성장 속에서 여성들의 진출도 꾸준히 증가해왔다.

　한국여성개발원이 정보산업협회 산하의 컴퓨터업체 21개를 대상으로 조사한 바에 따르면, 전체 종사자 1,196명 중 22.5%인 269명이 여성인 것으로 나타난다. 이 중 전문직으로 볼 수 없는 오퍼레이터와 키펀처, 기타 I/O 체크 및 사무를 담당하는 잡급직을 제외하면 전문직 가운데 9.7%가량이 여성이다. 이러한 수치는 《월간컴퓨터》에서는 8%로(활동중인 전체 프로그래머의 수를 5천 5백 명으로 보고 그 중 여성이 4백 50명이 넘을 것으로 추산), 《경영과 컴퓨터》에서는

〈표2〉 전산요원의 직종별 남녀 구성비

직종명	종사원수	비율(%)	성별		남녀비율 (남%/여%)
			남	여	
시스템 분석가	211명	17.6	211명	—	100/—
시스템 엔지니어	50	4.2	49	1	98/2
프로그래머	644	53.8	557	87	86/14
오퍼레이터	99	8.3	99	—	100/—
키펀치	165	13.8	—	165	—/100
기타 (I/O체크,사무)	27	2.3	11	16	41/59
계	1,196명	100명	927명	269명	77.5/22.5

자료 : 한국여성개발원, 『80년대 여성 유망직종 개발에 관한 연구— 컴퓨터 프로그래머와 통역 안내원을 중심으로』, 1984.
* 정보산업협회 산하 기업체 21개를 무작위 선정하여 조사한 결과임.

13.8%로(전체 830명을 대상으로 한 전산인 의식조사에서 소프트웨어 관련업무 종사자 638명 중 88명이 여성으로 구성) 보는 차이가 있지만 전체적으로 10% 안팎이라는 추정이 타당해 보인다. 그렇지만 앞의 표에서도 알 수 있듯이 같은 전산직이라 하더도 비교적 초보적 수준인 프로그래머에만 여성들이 몰려 있어 전문적인 자질의 향상이 절실히 필요하다고 하겠다.

3. 전산직 여성의 가슴앓이

초창기에 여성프로그래머들의 가장 큰 고민의 하나는 '툭하면 밤샘하는 일'이었다고 한다. 제한된 시간 안에 특정 프로그램을 완결시키기 위해서는 업무의 막바지에 이르러 곧잘 밤샘을 해야 했는데 업무가 체계화되지 못했던 초창기에는 밤샘이 다반사로 있었다는 것이다. 밤샘작업을 며칠씩 견뎌 내기가 고통스러웠지만 그보다는 여성들에게 보수적이었던 사회적 분위기 속에서 설사 직장일 때문이라고 하더라도 '다 큰 처녀가 외박을 한다'는 것이 용납되지 않았고 결혼한 여성의 경우에는 '큰일날 일'로 생각되어 많은 여성프로그래머들이 도중하차하기도 했다. 실제 새로운 컴퓨터 관련기관이 생겨날 적마다 거의 예외없이 여성프로그래머들이 진출하였었지만 현재 10년 이상의 장기경력자로서 활약중인 여

성들은 열 손가락 안에 꼽힐 만큼 소수에 지나지 않는다. 이들의 경험담 중에 빠지지 않는 추억거리가 '밤샘'이고 보면 적어도 초창기에 '밤샘 작업'이 가져다 주었던 심리적인 압박감이 어떠했는지 가히 알 수 있다. 아직까지도 프로그래머들이 밤샘작업을 해야 될 경우가 종종 있지만 초창기와 다른.점이 있다면 그것은 아마도 지금의 여성들이 그것을 별로 두려워하지도 않으며 심리적인 부담감도 그리 크지 않다는 점일 것이다. "일이 많이 쌓이면 하는 거죠 뭐" "프로젝트가 끝나갈 때에만 며칠씩 하지요" 하는 가벼운 답변들은, '툭하면 하던 밤샘작업'의 풍토가 업무의 체계화와 함께 많이 사라졌음을 나타내기도 하지만 직업을 매우 적극적으로 받아들이는 태도의 일면을 나타낸다고 하겠다.

　이렇듯 초창기 여성들이 고민하던 문제가 이제는 별로 문제가 되지 않는 것도 있지만 그렇지 않은 예도 있다.

좁은 취업문

취업의 문이 좁은 것이 그 중의 하나. 《경영과 컴퓨터》의 조사에 따르면, 컴퓨터 업체 근무자 중에는 컴퓨터 관련학과를 졸업한 경우(44.1%)보다 그렇지 않은 경우(55.5%)가 더 많은 것으로 나타난다. 많은 업체들이 입사시험 과목으로 영어와 논문을 채택하고 있고 컴퓨터에 관한 전문지식은 입사 후에 실시하는 별도의 교육과정으로 충당하고 있어서 프로그래머가 되기 위해 반드시 컴퓨터과학을 전공으로 해야 되는 것은 아니다. 그렇지만 여성에게 있어서 프로그래머로서의 취업이 그리 쉽지 않다는 것은 여성프로그래머라면 누구나 한번쯤 실감했던 바이다. 대학에서 전산학을 전공한 뒤, 현재 IBM개발실에 근무하는 박정화씨는 졸업을 앞두고 기업체들로부터 날아오는 추천의뢰서들이 한결같이 남학생들만을 요구하는 데서 자신이 여성이기 때문에 겪어야 하는 불리함을 뼈저리게 느끼지 않을 수 없었다. 그는 전산실을 갖춘 D건설의 문을 두드려 보았으나 "대졸여성은 쓰지 않는다"면서 "고졸대우를 해주면서 고용할 수는 있으니 원하면 들어오라"는 친절한(?) 조언에 좌절감을 느끼기도 했다. 삼미전산의 윤현숙씨는 미리 특정인을 정해 놓고도 형식적으로 내보내는 모집광고나 실제 뽑는 인원은 3-4명이면서도 '○○명'을 모집한다는 광고들의 기만성을 얘기한다. 한국여성개발원의 조사에 의하면 21개 업체 중 66.6%가 공채로, 28.6%가 공채와 특채로, 4.8%가 특채로 프로그래머를 뽑고 있다고 하지만 공채로 뽑는 업체의 반수 이상이 여성을 모집대상에서 제외시키고 있다는 것이다. 《경영과 컴퓨터》에서는 조사대상 107명 중 31.8%에 해당하는 34명이 '추천'에 의해 입사했음을 보여주고 있다. 이렇게 좁은 취업의 문 때문에 단순작업요원인 키펀처를 모집하는 데도 4년제 대학 졸업생이 찾아오는 웃지 못할 일도 생긴다는 것이 연합키-엔트리 대표 이은숙씨의 설명이다.

취업의 문이 좁은 것은 신참자에게만 국한되지 않는다. 전산직 경력 6-7년의 프로그래머들도 직장을 구하지 못하고 있는 것이 오늘의 현실이다. 우리 나라 컴퓨터업체의 대다수가 중소기업으로서 자금난에 허덕이다 보니 보수수준이 높은 고급인력을 회피하기 때문이다. 따라서 여타 직종에 비해 이직율이 높은 전산직이라고 하지만 이러한 유동인력을 흡수할 만한 체질을 갖춘 업체는 극히 소수이다. 웬만하면 주부사원을 임시직으로 쓰는 편이 유리하다는 것이다. 이 때문에 이제까지 몸담고 있던 회사의 파산으로 실직한 프로그래머들은 또다른 실업자군을 형성하게 된다는 것이다.

어려운 관문을 통과해서 입사하면 또다시 보수와 승진에서 여성이라는 이유로 불리한 위치에 서지 않을 수 없다.

보수의 차이

프로그래머의 경우, 대졸 남성의 초임이 25-35만 원(고졸은 22-25만 원)인 데 비해 여성의 초임은 그보다 3-5만 원이 낮아 25-30만 원(고졸은 18-25만 원)선이다. 여기에는 기술수당, 전산수당 등 특별수당이 2-3만 원씩 포함되어 있는데, 전산수당의 경우 초임일 때 2만 원이며, 입사 후 2-3년이 경과하면 3만 원, 4년 경과하면 4만 원으로 오르고, 호봉은 6개월마다 5천 원씩 또는 1년에 최저 2천 5백 원에서부터 최고 2만 원까지 오르게 된다.

남녀간의 봉급 차이는 '남자들의 군복무를 인정해 2호봉 내지 3호봉이 많다'는 이유에서도 생기지만 별다른 이유 없이 여성이기 때문에 전산수당이나 기술수당이 지급되지 않는 데서 비롯되기도 한다. 이렇게 시작된 봉급 차이는 시간이 지날수록 벌어져서 최악의 경우 2배의 차이를 낳기도 한다. 현재 S사 개발실에서 일하는 경력 8년의 시스템 디자이너인 J씨는 "일 자체를 좋아해 거기에 매몰되어 있다 보니 봉급문제는 잊고 지냈다"면서 그러나 "어느 날 우연히 내 월급이 남자 동료들의 그것에 절반이라는 것을 알고 무척 놀라왔다"고 말한다. 이러한 봉급차이는 컴퓨터산업이 아직 안정된 산업이 아니기 때문에 더욱 심하게 나타나는 것 같다는 것이 그의 설명이다. 그러나 '밤샘'도 마다하지 않고 남성 못지않게 열심히 일해보겠다는 의욕적인 여성들에게 이러한 봉급의 차이는 좌절감을 안겨 주고 있다.

고위직 여성은 소수

한편 승진에 있어서 남·녀간의 비교는 봉급의 경우처럼 한마디로 '차별적이다' 또는 '동등하다'고 말하기는 어렵다. 장기 경력자들 중에는 "때로는 밟혀 보기도 하고 때로는 밟고 올라서기도 하는" 일관되지 않은 승진속도를 경험했던 경우가 있기 때문이다. 그러나 직위별 남녀 통계를 살펴볼 때 고위직에 몸담고 있는 여성들은 확실히 소수이다. 《경영과 컴퓨터》의 조사에서 평사원의 16.8%가 여사원으로 구성되어 있지만 대리·과장급에서는 그 구성비가 2.4%로 급격히 줄고 부장·차장 및 이사급에 이르면 여성이 전혀 없는 것으로 나타난다. 여기에는 그 동안 많은 여성들이 도중하차했기 때문에 장기경력자가 적고 따라서 높은 직위로 갈수록 여성층이 급격히 줄어든다고 하는 설명도 있을 수 있다. 그러나 5년 이상 근무경력자가 남성의 경우 269명인데 초급관리자(대리·과장) 이상의 직위를 가진 남성이 216명으로 80.3%가 상급 직급으로의 승진을 했던 반면에 여성의 경우 5년 이상의 경력자가 24명인데 초급관리자 이상의 직위는 4명으로 16.7%만이 승진을 하고 있다는 점을 볼 때, 여성들의 낮은 경력만을 낮은 승진율의 이유라고 보기는 어렵다. 10년 이상의 경력 여성들의 대부분이 외국회사에 근무하고 있거나, 정부 산하의 연구기관에 재직하고 있다는 점도 이같이 국내기업 내에서 여성이 겪는 어려움과 관계가 깊다. 이 때문에 신한전산의 이사로 일하는 정화자씨가 컴퓨터업계에서는 입지전적인 여성으로 손꼽힌다. 1982년 여성으로서는 최초로 정보처리기술사 자격증을 따내 세간의 주목을 받기도 했던 정화자씨는 15년 전 서울컴퓨터센터에 프로그래머로 입사한 이래 KICO를 거쳐, 영업능력을 발휘하는 프로젝트 매니저로서 활동하는 신한전산의 이사직에 이르기까지 이른바 '밑에서부터 각종 어려움을 이겨내고 꾸준히 성장한 대표적인 인물'로 평가된다.

결혼퇴직

결혼 후 퇴직제도도 아직 전산업계에서 완전히 해소되지 않은 문제이다. 한국여성개발원의 조사에 따르면 '여직원일 경우 결혼이 퇴직의 조건이 된다'고 답한 회사가 57.1%를 차지한다. 결혼 후 퇴직조건의 이유로 업체들이 들고 있는 것은 '사내규칙'(41.7%), '관례상'(41.7%), '지금까지 선배 여직원이 퇴직해 왔으므로'(16.6%) 등으로, 업무능력이나 자질과는 관계없는 것들이다. 이러한 일방적인 제한은 능력 있는 여성들의 도중탈락을 가져올 뿐만 아니라 '으레 결혼하면 그만둘 직장'이라는 생각에 여성 스스로 나태해지는 계기가 된다. 그리고 결과적으로는 기업들로 하여금 대졸여성의 채용을 기피하게 만든다. 대졸여성이 취업하는 시기를 대략 21 - 22 세로 볼 때 3 년 정도의 경력을 쌓아 '이제 일을 할 만하다'고 생각되면 '혼기'를 맞아 결혼하고 그만두려는 하므로 "차라리 고졸 여사원을 써서 6 - 7 년간이나마 근무하도록 하는 편이 기업주로서도 유리하다"며 삼성데이터시스템의 과장 민경수씨는 계속되는 악순환을 염려한다.

결혼과 함께 퇴직조건으로 자주 오르내리는 것이 출산의 문제. 출산기간 동안에 업무가 지연된다는 이유로 여성의 퇴직이 종용되고 있지만 이러한 문제를 극복한 사례들은 얼마든지 있다.

데이터통신의 시스템 개발실에서 일하는 유소란씨는 '82 년에 공채 1 기생으로 입사한 후 결혼은 물론이고 출산을 거쳤어도 이러한 것들이 일하는 데 전혀 문제가 안 되었다고 말한다. 그의 경우 출산 일주일 전까지 근무했고 출산휴가 2 개월 후에는 다시 전과 같이 일할 수 있었다는 것. 대학에서 영문학을 전공하고 지금은 한국IBM에서 근무하고 있는 계혜실씨는 대학 4 학년 때 공채로 입사, 다른 부서에서 일하다가 3 년 전 시스템 엔지니어로서 고객지원부서에서 일해 왔는데 지금 1 년 6 개월된 아이의 어머니지만 그 때문에 업무의 지장은 전혀 못 느낀다는 것. 이렇게 볼 때 결혼이나 출산이 업무수행에 차질을 빚는 것은 개인적인 능력과 자세의 문제임을 알 수 있다.

이미 "업무의 흐름에 맞추어 임신을 조절할 수 있잖아요" "출산휴가 동안 업무에 관한 정보원으로부터 멀어지는 것이 문제된다면 시간제 근무라도 계속 해나가면 되지요" 하며 일에 의욕을 보이는 여성들이 늘어나고 있는 가운데 동일직장 내 부부 프로그래머도 생겨나고 있다. 스페리사에 근무하는 장진영 과장과 이원영 과장 부부가 그 경우이다. 남편보다 조금 일찍 '78 년 7 월에 입사한 장진영씨는 1 년 뒤 직장 내 동료이던 지금의 남편과 결혼해 5 살된 아이의 어머니가 되었지만 지금까지도 이들 부부는 같은 직장 내에서 일하고 있으며 설사 같은 장소에서 일하게 된다 하더라도 전혀 화제거리나 농담거리의 대상이 되지 않는다고 한다. 이러한 새로운 혁신적 기류는 경영자의 합리적인 경영태도 속에까지 파고들고 있다. 여성을 채용할 때마다 "결혼 후에도 반드시 회사를 계속해서 다닌다"는 새로운 형태의 각서를 받는 삼미전산이 그 대표적인 예다. 이미 과거의 편견들이 기업의 필요에 의해서 하나씩 둘씩 컴퓨터 업계에서 깨져 나가고 있는 것이다.

기회 불균등

그 외에 전산직 여성들이 갖는 불만은 기회를 주지 않는다는 점에 있다. 모회사

인사담당자는 "처음 출발선에선 여사원이 훨씬 일을 잘해요. 하지만 능동적으로 움직이는 남사원이 일년쯤 지나면 일을 더 잘하지요"라고 말하지만 여성프로그래머들은 이렇게 항의한다. "어렵게 입사한 뒤에 기대감에 부풀어서 출근하면 일을 잘 맡기려 하지 않아요. 여자에게는 왠지 맡기기가 불안하다면서요. 기회를 줘야 능력을 발휘하지 않겠어요?" 이러한 문제의 발생 원인은 여성들의 소극적 태도에서도 찾을 수 있겠지만 결혼퇴직제 등의 내규에 더 큰 문제가 있다. 이러한 내규가 암암리에 작용하면서 여성들이 주요업무에서 밀려나 보조적인 업무에만 계속 매달려야 하기 때문이다. 여기에서 오는 심한 심리적인 좌절감 또한 적지 않다. 그래서 일거리가 자신에게 주어질 때까지 기다리지 않고 무작정 일거리를 만들어내서 적극적인 모습을 보여줌으로써 이러한 주위의 태도를 바꾸어놓는 예도 있다. 입사한지 6개월이 지나도록 일을 맡아 보지 못하고 단순한 일이나 보조적인 역할만을 해야 했던 B씨는 혼자서 나름대로 업무를 프로그램해 보고 입력시키기도 하니 자연히 웃사람들이 주시하게 되고 일을 꽤 잘한다는 평판을 얻어 드디어 일거리를 맡을 수 있었다고 한다.

그렇지만 남성 위주의 보수적인 경영자세가 지배적인 국내기업 안에서 계속 적응하고 승진하는 데는 한계가 있음을 느낄 때가 많으므로 여성들은 이러한 문제에서 벗어날 수 있는 돌파구를 모색하게 된다. 그 중 하나가 대학원 진학이라든가 외국유학과 같은 방법을 통한 실력 향상이다. 이것은 일단 학력수준이 높아지고 전문적 지식이 좀더 쌓이면 취업에 있어서나 직장 내 적응에 있어서나 유리할 것이라는 전제에서 나온 생각이다. 사실 과학기술원 전산학과의 경우 '85년도 석사학위 졸업생이 47명이었으나 15개 회사 및 연구소로부터 추천의뢰해온 인원 수는 120명에 달해 초과수요를 보였다(그 가운데 여학생은 2명이었는데 한 명은 재학중에 취업하고 다른 한 명은 졸업 후 연구기관에 취업). 이런 사례에 비추어 고학력의 유리함을 주장할 수도 있겠으나 과학기술원이 가지는 특수한 위치 때문에 이 경우가 국내 각 대학원 졸업생들의 상황을 대표한다고 보기는 어렵다.

그렇지만 '고급인력의 절대부족'을 들어 대학원 진학이나, 외국유학을 통한 전문적인 실력의 배양은 여전히 강조되고 있다. 외국유학의 경우, 귀국한 유학생들이 아직까지는 기업체로의 진출보다 대학교 교수직으로의 진출을 선호하고 있기 때문에 외국유학이 앞으로 기업체진출에 있어서도 얼마만큼 유리할 것인가를 구체적으로 가늠하기가 어렵기는 하다. 그러나 박사학위 소지자에 대한 충원 계획의 확대가 정부차원에서까지 강조되고 있으므로 당분간 이러한 방법이 긍정적으로 받아들여질 수 있을 것이다. 과학기술원 전산학과 교수 전길남씨는 "적어도 고급인력의 절대부족 상황에서 벗어날 때까지는 여성이라는 이유로 차별할 여유가 없을 것이므로 그때가 오기 전에 여성들은 실력을 쌓아 이 분야에서 자리를 잡도록 서둘러야 한다"고 강조한다.

대학원 진학이나 외국유학 외에 또 다른 돌파구로서 여성들이 택하는 것이 외국인 컴퓨터업체이다. 국내에 있는 현지법인 외국인회사로서는 한국IBM, 한국후지쯔, 스페리, 콘트롤데이터코리아 등이 있고, 외국기업과 국내기업의 공동투자로 설립된 회사로는 삼성HP, 효성NAS, 금성반도체 등이 있는데 이 중 여성들의 주목을 끄는 것은 다른 업종과 마찬가지로 현지법인 외국인 회사이다. 이들의 경우, 국내기업에 비해 임금이나 대우에 있어서 남녀간의 성차별이 거의 없고 모성보호제도가 철저히 지켜지고 있으며 결혼퇴직제도 없기 때문에 자연히 여성들의 관심이 모아질 수밖에 없다. 또한 그 보수 수준에서도 국내기업보다 훨씬 높다는 장점이 있다.

이러한 장점을 바라보고 막상 이들 회사에 입사한 여성들은 새로운 고민에 부딪치게 된다. "뼈빠지게 일해서 남의 나라 좋은 일 하고 있는 것이 아닌가" 하는 자책감이 그것이다. 한국후지쯔 소프트웨어 개발부에서 프로그래머로 일하는 신영희씨는 "국내기업에서 문제가 발생했을 때 해결을 위한 데이터를 요청해 오더라도 그 데이터를 가지고 있으면서도 외국회사라는 이유 때문에 내주지 못해 갈등을 느낀다"고 털어놓았다. 한국IBM개발실에서 일하는 다른 여직원도 마찬가지 심정을 토로한다. 어쩌다가 친구들과 만나 직장 얘기를 나누다가 '다른 나라 돈벌어 주는 일을 한다'는 지적이 나올 때면 괴롭다는 것.

이러한 갈등은 단지 개인적인 차원에서 볼 문제가 아니다. 자본주의 초기단계에서 여성들이 노동조합의 파괴활동에 이용되었던 서구의 경험을 생각해 볼 수 있다. 노동조합이 기업주들을 압박하자 기업주들은 노동조합에 속해 있지 않았던 여성들을 고용하였는데 워낙 일자리가 없었던 여성들은 그러한 제의를 받아들일 수밖에 없었던 것이다. 그렇다고 과연 이러한 여성근로자들을 암적 존재라고 규정해 버릴 수 있을 것인가? 그것은 옳지 못하다. 어떠한 조건이든 마다 않고 일자리를 구했던 여성들을 탓하기에 앞서 그런 역할이라도 받아들여야 했던 사회적인 모순을 먼저 탓해야 할 것이다. 오늘날 우리 사회에서 국내기업과 이해관계상 대립되는 외국기업에 종사하는 여성들도 이러한 맥락에서 이해되어야 한다. "성차별이 없어지고 내게도 성취감을 느낄 수 있는 일이 주어진다면 국내기업으로 옮기고 싶다"고 한결같이 말하는 이들의 소망은 그와 같은 구조적인 해결 없이는 단지 소망에 그칠 뿐이다.

또한 외국기업에 종사하는 여성들을 무조건적으로 부정적인 눈으로 볼 수 없는 이유가 여럿 있다. 우선 국내기업에서 일한다고 해서 그것이 반드시 건전한 국내자본을 튼튼히 한다고 볼 수 없는 것이 현재 복합적인 국제경제체제하에서의 우리 나라 현실이다. 국제적 교역이 국가의 경제를 크게 좌우하는 상황에서 외국기업에서 근무하는가 아니면 국내기업에서 근무하는가의 의미는 산업화 초기와는 상당히 다른 차원에서 문제삼아야 할 것이다. 여기서는 경제구조의 문제를 다룰 의도를 가지고 있지는 않으나 외국기업에서 종사하는 기술직 여성근로자의 차원에서 긍정적인 요인을 찾아보는 것이 현실적으로 도움이 될 것이다. 즉 제한된 범위 안에서나마 이들이 기여하는 부분이 있지 않을까 하는 적극적인 모색이 필요한 것이다.

컴퓨터산업의 발전이 자생적인 기반 위에서 형성되기 어려운 우리 나라에 있어서 외국기업과 국내기업의 기술 및 경영상의 연계는 날로 확대되고 있다. 이러한 상황에서 외국기업에 종사하는 국내의 여성기술인력은 유리한 연계설정에 의미있는 거점이 될 수도 있기 때문이다. 외국기업의 체제 및 기질을 알고 있다는 점만으로도 외국기업에 대한 대외전략에 좋은 발판이 될 수가 있을 것이다.

나아가 외국인 업체에서 일하는 여성들의 자질향상이 국내 산업발달과 결코 무관하지 않다. 적어도 전문기술의 확보 그 자체가 앞으로 국내의 기술개발 과정 속에 통합될 수 있다면 말이다. 국내기업과 외국기업의 보수 격차 때문에 외국기업에서 일하는 여성들의 국내기업으로의 이직이 현실적으로 불가능하다고 하더라도, 전문기술인력을 중심으로 기술의뢰 전문업체 등이 우리 사회에서도 활성화된다면 이들 인력의 통합이 새로운 측면에서 이루어질 수가 있는 것이다. 그러므로 문제는 외국기업에서 일하는가 아니면 국내기입에서 일하는가에 있는 것이 아니라, 제도 차원에서는 각 기업에서 일하는 인적 자원을 앞으로 어떻게 활용할 것인가, 그리고 개인적으로는 여성 자신의 역사의식이 어떠한가에 있을 것이다.

4. 조심스럽게 그러나 서둘러 확보해 나갈 분야

짧은 컴퓨터 산업의 역사에서도 성차별문화라는 우리 사회의 지배문화가 예외없이 나타나고 있다. 그렇지만 이러한 장애에도 불구하고 그것을 넘어서고 고쳐 나가려는 노력을 게을리하지 않는다면 전산직은 여성진출에 좋은 근거지가 될 가능성은 크다. "여성들이 처음 능력을 인정받기는 어렵지만 일단 한번 인정받으면 과잉평가되는 곳이 전산직"이라는 전산직 종사자 여성의 말에서 그 의미가 단적으로 드러난다. 이제 이러한 과제 앞에서 여성들은 어떻게 행동해야 할 것인가를 생각해 보자.

정화자씨는 여성취업의 어려움을 들면서 "현재로서는 어디에든 일단 들어가서 뿌리를 내리는 것이 중요하다"고 거듭 강조한다. 이직율이 높은 전산직이지만 한곳에 오래 머물면서 주변사람들로부터 신뢰를 얻는 것이 앞으로 계속 활동하는 데 유리하다고 한다. "최소한 한 직장에서 5년은 버티도록 해야 한다"고 말하는 그 또한 자신이 맨처음 입사한 회사에서 2년 정도 일하고 다른 회사로 옮겼지만 새로운 회사에서는 불만이 있었어도 8년간을 일하면서 신뢰기반을 닦았다는 것이다. 한곳에서 5년 정도 일하면서 닥치는 대로 일을 맡아 하고 5년 뒤부터 자기 분야를 정해 깊이를 더해 가야 한다는 것이 그의 지론이다.

또한 일단 입사하면 "여성임을 내세워 차별에 항거하기에 앞서" 남자 동료들과 동료애를 심는 데 노력하는 것도 잊어서는 안 된다. 남자 동료들이 경쟁상대로 생각이 들더라도 일단은 내편으로 만들어야 하기 때문이다. 이것은 직장 내에서 앞으로 자기 주장을 펼 수 있는 기반 조성인 셈이다. "입사동기인데 왜 반말해요?"하고 남자 동료와 다투기 잘했다는 정화자씨는 자신의 그런 행동이 문제해결을 가져오지는 않고 불화만을 일으켰다고 한다. 그러다가 "우연히 어려움에 봉착한 동료를 성의껏 도와 주었던 일이 계기가 되어 내게 대하는 태도들이 달라지더라"는 것이다. 이런 점에서 기존의 여성교육이 너무 여성들에게 공격적 자세만을 가르쳤다는 지적도 나올 수 있다.

S사의 J씨는 "현실과 괴리된 채 과도한 의욕만을 심어주고 전략적인 측면을 소홀히 했기 때문"이라고 말한다. 분노가 끓어오르는 현실 앞에서 감정을 누르고 침착하게 동료들을 대하려고 하다 보니 목소리조차 하이소프라노에서 낮은 저음으로 바뀌었다는 나이든 선배의 경험담이 이제 웃어넘길 일은 아니다.

대부분의 업무가 개인단위로 이루어지기보다는 팀 단위로 진행되는 전산직에 있어서 이러한 태도가 매우 중요한 변수임에도 불구하고 전문적인 지식이나 기술만을 강조하다 보면 무시되기 쉽다. 사회화 과정에서 남성들에게는 직장 내의 동료나 상사와의 관계를 자신에게 유리하게 통제할 수 있는 행위방식이 반복적으로 주입되는 반면에 여성들에게는 기껏해야 가족관계가 관심의 초점이 되어 왔으므로 직장 내에서 적응하는 데 있어서 여성이 훨씬 어려움을 겪게 된다. 그러므로 여성들의 직장 내 적응력 향상을 이루기 위해서는 가족관계 이외의 사회적 관계를 주체적으로 통제해 나가는 기술을 익힐 계기가 마련되어야 할 것이다.

승진상 뒤떨어지는 데서 오는 불안감을 잘 조절하는 기술도 필요하다. "낮은 자리에 앉아 본 사람만이 밟힌 사람 심정을 알 수 있다"는 말은 한때 남보다 처졌던 승진이 나중에 약이 될 수 있음을 염두에 둔 말이다. 그러므로 우선은 "정성을 다해 일하면 반드시 대가가 온다"는 신념이나 실력을 쌓겠다는 집념이 중요하다. 또한 일단 승급했다 하더라도 겸손함을 잃지 말아야 한다는 것도 여성에 대한 편견이 강한 직장에서 지켜야 할 사항이다. 여성프로그래머들에게 "잘 대우해 줘야 한다"고 주장하는 남성들이 막상 그 여성의 대우가 나아지자 태도를 바꾸어 험담을 하는 예도 있다. 여기에는 남자들의 시기심이 작용한 탓도 있겠으나 이른바 여성들의 '콧대'가 부정적인 이미지를 심기 때문이라는 지적도 가능하다. 적어도 주위 사람들의 신뢰기반을 깨뜨리지 않기 위해서라도 겸손한 태도를 잃지 않아야 하는 것도 원만한 직장생활의 요령이다.

그렇지만 남자 동료들과의 우호적인 분위기를 만들어 놓았다고 해서 모든 문제가 쉽게 풀리는 것은 아니다. 앞에서 든 봉급의 차별, 승진의 차별, 결혼퇴직제 등의 제도적 차원의 문제는 단지 이런 개인적인 노력만으로는 해결되지 않기 때문이다. 이런 경우는 개인적인 노력과 함께 집단적인 압력을 가할 수 있는 여성모임이 있을 때 더욱 효과적일 수 있다. 아직 전산직 여성들의 수가 너무 적어 집단 운운할 수조차 없는 경우가 기업체 내의 일반적 사정이긴 하지만 100여 명의 프로그래머 중에서 5명뿐이었던 여사원들이 힘을 합쳐 성차별의 장벽을 깬 사례가 있다.

삼미전산에서 일하는 5명의 여성프로그래머들은 남자동료들이 받고 있는 특별수당이 자신들에게는 지급되지 않고 있다는 것을 발견하고는, 휴식시간을 이용해서 모두가 함께 경영자를 찾아가 "우리도 남성들과 똑같이 일하려고 노력하고 있으니 수당도 똑같이 달라"고 요구하였다. 그 결과, 이 요청은 받아들여졌고 수당에 있어서 남녀차별이 사라졌던 것이다. 이러한 사례는 경영자의 합리적 판단에 크게 힘입은 것이긴 했지만, 개별적으로 분산되어 있는 채 부당한 대우에 개인적인 불평만을 가질 뿐 적극적이고 집단적인 대응을 모색해 보지 못하는 풍토에서 매우 고무적인 사례임에는 틀림없다. 프로그래머에 한정된 경우는 아니더라도 은행지로관리소의 경우 '은지회'라는 여직원회의 결성이 여성들에 대한 남성들의 태도를 바꾸는 데 크게 기여했던 것도 집단적인 대응의 좋은 예가 될 것이다.

이같이 직장 내 여성들의 모임 형성과 함께 전산직 종사 여성들간의 정보교환 및 연대감 형성을 위한 모임도 꼭 필요하다. "내가 밟았던 어려운 길을 내 후배들은 밟지 않기를 바라는 마음에서 나의 실수와 경험담을 얘기해 주고 싶다"는 정화자씨의 선배로서의 바람이나 "누군가 내게 조언을 했었더라면 훨씬 수월하게 적응할 수 있었을 것"이라는 아쉬움들은 선배들의 경험이 후배들에게서 적절히 활용되지 못하는 한 그저 바람이나 후회로 그치고 말 것이다. 따라서 여성들이 개인적으로 겪어 왔던 수많은 시행착오가 반복적으로 계속되지 않기 위해서는 서로간의 정보교환과 문제해결의 집단적인 모색을 구할 수 있는 그런 단체의 형성이 시급히 요구된다고 할 수 있다.

한편 어떤 분야로 나가는 것이 여성들에게 유리한 것인가 하는 문제도 있을 수 있다. 장기적인 전망에서 볼 때, 각종 자료의 보관 및 이용을 다루는 데이터베이스database, 소프트엔지니어링soft engineering, 각 컴퓨터를 연결시켜 응용수준을 높이는 네트웍Network 등이 일단 전망 있는 분야로 손꼽히고 있다. 그런데 여성들의 경우 어느 분야로 나가든 영업 및 응용분야보다는 연구개발R&D 분야가 당분간은 훨씬 유리하고 장기적인 안목에서 바람직하다고 할 수 있다. 과학기술원 전산학과 교수 전길남씨는 "영업 및 응용분야로 나갈 경우 고객유치 및 관리업무가 필연적으로 요구되는데 우리 나라의 고객관계란 주로 각 기업체 중진들과의 인맥이 주요변수로 되고 있고 이러한 인맥은 각종 술자리를 통해 맺어지기 때문에 이러한 분야에서 자리잡는다는 것은 여성으로서는 아주 어려운 일일 것"이라면서 "연구직은 전문적인 지식만으로도 계속해서 생존해 나갈 수 있으므로 당분간은 연구직 쪽이 여성에게 유리하다"고 말한다. 이러한 조언은 여성들의 능력이 향상되고 또 업무방식이 합리적으로 개선되면서 쓸모없는 것이 되기는 하겠지만 일단 현단계에서는 충분히 고려되어야 할 사항이다.

적절한 분야의 설정과 집단적인 해결 못지않게 전문직여성으로서 가다듬어야 할 자세 또한 불합리한 현실타개에 중요한 변수가 된다. 과학기술원의 이춘희씨의 표현대로 "끊임없는 자기 개발의 가능성을 발휘하는 데 있어 그 노력과 나태의 결과가 뚜렷이 남는 곳이 전산직"인만큼 "여자니까 봐주겠지" 하는 안일한 태도에서 벗어나는 것이 우선 중요하다. 컴퓨터 업계에서 인정받고 있는 여성들의 공통적인 경험담이 자신에게 주어진 일을 어떻게 해서든지 완결시켜 냈다고 하는 점이라는 것을 볼 때 확실한 책임감과 적극성이 프로그래머의 기본자세라 해도 틀리지 않다. 그러나 아직까지도 여성들의 적극적인 면모가 취약한 부분이 있다. 인력관리의 측면이 그것이다. 즉 자기가 맡은 일에는 충실하지만 4-5명씩 한조가 되어 주로 진행되는 작업에 있어서 스스로 팀장이 되기를 꺼려하는 경향은 앞으로 여성들 스스로가 깨쳐 나가야 할 심리적인 장벽이다. 이와 동시에 여성들도 다양한 인간관계 및 경영기술을 익혀가야 할 것이다.

새로 들여놓은 컴퓨터기종이 1-2년 만에 폐기처분되는 빠른 순환 과정 속에서 '10년 공부가 휴지화될까 봐' 두려움을 느끼면서 새로운 지식으로 늘 재무장해야 되는 전산직. 그것이 이제 창조적이고 진취적인 여성들의 능력을 펼치는 좋은 마당이 될 날도 그리 멀지는 않다. ■

*도움받은 글

한국여성개발원, 『'80년대 여성 유망직종 개발에 관한 연구 - 컴퓨터 프로그래머와 통역안내원을 중심으로』, 1984.
산업연구원, 『우리 나라 컴퓨터 산업의 중장기 발전 전략』, 1984.
경영과 컴퓨터, 『컴퓨터 한국사』, 《경영과 컴퓨터》 지령 100호 기념 별책부록, 1985.
경영과 컴퓨터, 「컴퓨터맨의 직업관 조사」, 1984.
월간 컴퓨터, 「특집/여성과 컴퓨터」.
경영과 컴퓨터, 「스페리사 장진영 과장 인터뷰기사」, '85. 2 ; 은행지로관리소 시스템운영과 조영숙 대리 인터뷰기사, '85. 11. 이춘희, 「컴퓨터, 그 깊고깊은 수렁, 그 길에 비워 버린 내 젊음」, '84. 12. 경영과 컴퓨터, 「전산 취업 All Guide」, '85. 11.
월간 컴퓨터, 「컴퓨터는 여성을 좋아한다 - '86 취업전선/일본」, 1985. 8.
컴퓨터월드, 「여성방담/컴퓨터는 여성을 차별 않는다」, 1985. 11.

현장연구

공간활용 방식과 표정에 나타난 남녀의 차이

김수근
한국과학기술원 전산학과 연구원

서론

우리는 매일 무심코 앉거나 서거나 표정을 짓는다. 하지만 가끔 그러한 우리의 몸짓과 자세가 진정 가장 자유롭고 편안한 상태에서 행해진 것이라고 할 수 없을 때가 많다. 이러한 사실을 알면서도 우리가 계속 그러한 불편한 몸짓과 자세를 취하게 되는 것은 다분히 사회적인 이유에서이다. 이러한 아무런 의미가 없고 권력과 관련되어 있지 않은 것 같은 수많은 무언의 행동은 사실상 궁극적으로 권력의 차이에 기초를 둔 성 sex 특전의 측면이거나 사회적 편견의 반영인 경우가 허다하다.

우리에게 기대되는 몸짓과 자세가 기본적으로 인간이 사회에서 살아가기 위해 지켜야 하는 예의 및 행동규범 이상의 규제라는 성격을 띠게 될 때에는 억압 및 구속이 된다. 개인에 따라 이러한 구속과 억압을 의식하는 정도는 다르지만 여하튼 편안함과 자유로움에 상반되는 몸짓과 자세가 요구되었을 때 그리고 그 요구에 따라야 했을 때 정신적, 심리적 및 신체적 억압과 구속으로까지 확대되는 것은 부정할 수 없는 사실이다. 이 글에서는 남녀에게 기대되는 비언어적 행동의 차이, 특히 통념적으로 더욱 인위적 몸짓과 자세가 기대되는 여성의 경우를 구체적으로 살펴봄으로 해서 인간을 자유롭지 못하게 하는 또 다른 숨겨진 차원의 실체를 벗겨 보려고 한다.

우리가 일반적으로 커뮤니케이션 행위를 한다고 할 때 언어로써 전달되는 공식적인 영역과 비언어적인 영역으로 나뉘어진다. 대개의 경우, 우리가 일상생활에서 인간간의 커뮤니케이션을 할 때 이 두 가지 영역이 함께 존재한다. 커뮤니케이션의 비언어적인 요소는 언어적인 요소에 못지 않게 커뮤니케이션에서 커다란 비중을 차지한다. 부릅뜬 눈이라던가 책상을 두드리는 손가락 등은 언어적인 요소는 아니지만 그러한 행위를 하는 사람이 화가 났다든가 초조하다는 메시지를 그러한 비언어적 행위를 통해 전달하기 때문이다.

여기서 주로 살펴보고자 하는 비언어적 커뮤니케이션 행위는 형식화되고 공식적인 영역이라기보다 비공식적이고 덜 형식화된 일상적인 생활무대에서 행해지는 몸의 언어이다. 우리가 매일 타인과 상호작용을 하는 데 있어서 비언어적 신호는 끊임없이 메시지를 보내고 기본개념을 수정하거나 심화시킨다. 비언어적 행동들은 이미 의미를 갖고 있으며 우리는 이미 그 의미를 깊이 내면화시키어 왔기 때문이다. 실제로 우리가 앉은 모습, 입은 의상 그리고 표정 모두가 우리의 문화를 기초로 하여 해석되고 재구성되는 것이다.

이러한 몸의 언어는 대개 무의식적으로 행해지기 때문에 의식적으로 행해지는 것들보다 그 뿌리가 깊다고 할 수 있다. 얼핏 봐서 특정한 결론을 내린다거나 차이를 발견할 수 없다는 어려움이 있지만 분명 존재하는 양성간의 미묘한 차이점은 특히 여성의 억압이 깊은 곳에까지 존재함을 보여주는 특성을 지닌다.

비언어적 메시지의 두 가지 타입은 크게 지배 또는 지위를 나타내는 것과 애정 또는 감정을 전달하는 것으로 나눌 수 있다. 이 비언어적 메시지의 두 타입은 성차의 연구와 관계가 깊은데 그 이유는 여기서 성차가 비교적 명료하게 나타나기 때문이다. 일반적으로 남성은 비언어적인 차원에서 지배적이며 위계서열 의식을 과시하는 데 반해 여성의 경우 좋아하는 감정이라든가 온정 같은 감정을 더욱 많이 표시함을 알게 된다. 이것은 우리가 알고 있는 전형적인 남성과 여성상에 일치한다. 전형적인 남성은 능력 있고 자기주장이 강해야 하며 여성은 반대로 자기주장이 상대적으로 약하나 따뜻함과 풍부한 표현력을 지녀야 한다고 믿어지고 있다. 이러한 차이점은 우리가 남녀의 비언어적 메시지를 해석하고 다시 우리의 행위를 통해 보내어지는 메시지의 형성을 좌우한다.

보다 체계적으로 이러한 다음과 같은 비언어적 커뮤니케이션의 방식으로 나누어 살펴 보겠다.

1. 몸의 크기 및 형태
2. 의복의 형태
3. 공간의 이용
4. 몸의 위치 및 자세
5. 표정 및 머리 자세

6. 접촉의 이용
7. 미소

　다음에 살펴볼 비언어적 커뮤니케이션의 방식들은 그 자체가 중요하다기보다 이를 매체로 하여 전달되는 메시지가 지니는 의미에 그 요점이 있다. 특정한 메시지가 전달되었을 때 그 메시지의 출처가 남자냐 여자냐에 따라 그 해석이 달라지는 점에 주목할 필요가 있다. 단적으로 여성의 특정 몸짓과 자세는 여성의 억압된 상태의 반영인 것이며, 이는 상대편 남성이 행위를 했을 때와 대비시켜 볼 때 더욱 확실히 드러난다.

　여기서 논의되는 사실들은 실제상황 및 광고라는 특수한 현실반영의 매체를 통하여 얻어진 것들이다. 광고라는 매체를 선택한 이유는 광고는 한 인간이 어떻게 사회적 상황에 연결되어 있나를 단순화시켜 보여주기 때문에 일반적으로 믿어지는 고정관념을 쉽게 파악할 수 있다. 여기서 제시되는 남성과 여성의 비언어적 행위들은 기존사회가 양성에게 기대하는 고착화된 형상과 두 성간의 구조적 관계를 여실히 보여주리라 믿는다.

1) 몸의 크기 및 형태

사회적 상황에 반영되는 사회적 비중——권력, 권위, 계급, 직위 및 명성——은 신체적 크기 특히 키로서 종종 표현된다. 키가 크고 작음은 유전적으로 규정된 사실이지만 개인의 행동을 제약하는 요소가 되고 있다. 키가 작은 남성들이 그것을 신체적 약점으로 생각하고 이를 보완하기 위해 다른 사회적 신분의 획득 통로를 더욱 열심히 개발하는 것은 이의 한 단적인 면이다. '작은 고추가 맵다'는 키 작은 사람에 대한 찬사처럼 들리는 표현의 이면에서 우리는 키 작은 사람에 대한 사회적 편견을 엿볼 수 있다. 여성과 남성의 경우, 우선 대체로 여성은 남성보다 키가 작기 때문에 올려다봐야 하는데 '큰 것이 좋다'는 이데올로기가 지배하는 한 여기에서 이미 여성은 상호작용상 열등한 위치에 서게 된다.

　그러나 키에 관계된 더욱 중요한 점은 대부분의 여성이 남성보다 작지만 여성은 남성보다 작아야 한다고 생각하는 점이다. 우리 나라의 경우 2세를 생각하는 풍토로 인하여 어머니가 될 여성의 키는 커야 한다는 또 다른 생각이 존재했으나, 연애나 결혼을 앞둔 당사자들은 여전히 남성은 여성보다 커야 한다는 관념을 강하게 갖고 있다. 결혼식 때 납작한 구두를 신고 키를 조정하느라고 신경을 쓰는 키 큰 신부들을 우리는 흔히 보아 왔다. 이는 광고에서도 잘 나타나고 있다.

　사회적 비중이 신체적 크기와 관계됨은 광고라는 단순화된 표현매체에서 잘 보

큰 것이 좋다?   아동스런 차림

여진다. 광고에서는 일반적으로 남성의 지위가 여성의 지위보다 높은 것이 몸의 넓이나 키로 표현된다. 그래서 한눈에 봐서 그 사진이 이야기 하고자 하는 것을 알게 하기 위해 크기와 사회적 비중 사이에 상관관계를 매우 분명히 한다.

　몸의 형태에 있어서도 성차는 두드러지게 나타난다. 남성과 여성에게 기대되는 이상적인 육체는 다르다. 우리가 소위 말하는 건강한 육체라는 것은 남성의 경우에만 해당된다. 이제까지 연약하고 갸날프고, 근육이 없는 늘씬한 육체가 이상적인 여성의 육체로 여겨져 왔다. 더군다나 최근 남성 위주의 언론매체가 만들어 놓은 날씬한 이상형에 맞추기 위해 여성들은 자신을 최대한으로 약화시키고 축소시킨다.

　이러한 육체상의 차이점은 남성들이 일반적으로 어려서부터 자신들의 근육을 다듬고 다양한 운동을 통해 자신의 육체를 단련시키도록 장려되어 온 반면 반대로 여성들에게는 심한 운동이 금지되어 왔다는 점에 유래된다고 볼 수 있다. 현대에 와서 운동은 신체적 및 정신적 건강에 좋다 하여 권장되지만 여성의 운동량은 남성에 비해 많이 모자란다고 할 수 있다. 대학시절 야구를 매우 좋아하는 여자 친구가 한 남학생과 피칭을 하고 있을 때 지나가던 남학생들은 '신기하다' 또는 '여자가 야구를 해'라고 하며 혀를 차는 것이었다. 이에 대한 여학생들의 반응 역시 비슷한 것으로서, 대개 얼굴을 찌푸리며 보거나 야구하는 친구를 이상히 여기는 듯했다. 이렇듯 여러 운동이 여성을 여성답지 못하게 한다 하여 금지되거나 피하도록 유도되어 왔다.

2) 의복의 형태

의복의 선택은 그 자체가 매우 정적인 것으로 들리나 사실상 우리는 특정 의복을 걸치고 거리에 또는 사람들 앞에 섰을 때 이를 통해 자신을 표현한다. 이런 이유에서 또한 의복은 성차를 보는 데 있어서 가장 눈에 띄는 영역이라 할 수 있다.

여성의 의복은 여성성 특히 여성들의 연약함을 강조하는 요점이라고 할 수 있다. 옷감은 주로 약해서 세탁하기 어려우며 장식이 많이 달려서 조심스럽게 움직이지 않으면 의복의 형태가 흐트러지는 것이거나 몸의 모양을 강조하기 위해 몸에 꼭 맞게 재단된 것이 많다. 이러한 복장은 여성들로 하여금 부자연스럽고도 불편하며 조심스러운 자세를 취하게 하는 데 기여해 왔다. 자연히 활동량이 많은 일에는 적합하지 않으며 비상시에도 그들의 의상 때문에 조심을 해야만 한다. 꽉 조여진 가슴과 허리는 숨을 제대로 쉬지 못하게 하며 높은 신발은 계단을 오르내리기에 적합하지 않을 뿐 아니라 오래 걷지 못하게 한다. 여성의 자세와 몸짓이 움츠러들고 팔다리를 포개야 하는 이유도 이러한 의복의 부자유스러움과 관계가 있다.

소위 말하는 여성적인 의복의 다른 한면은 아동스러운 데 있다. 레이스나 리본으로 장식된 의복들은 여성을 귀여운 존재화하여 가벼운 상대자로 대하게 유도한다. 즉 여성의 의상은 그들의 자세를 부자연스럽게 하고 행동을 제약해 왔으며 아이들과 동일시하게 함으로써 스스로를 심각하게 받아들이지 않게 하며 마냥 보호를 받아야 하는 존재로 간주하게 하는 데 영향을 끼쳤다고 할 수 있다.

이러한 모습은 광고에 잘 나타나 있다. 광고에 나타나는 남성은 점잖고 사무적인 의상을 걸치고 있으며 이는 그가 매우 심각한 사람이며 그 사람 인격 자체로서 인정되는 듯 보이게 한다. 반면 여성들은 여러 용도에 맞는 복장을 함으로써 마치 그들이 이 세상을 하나의 의상 무도회장으로 여기고 있는 듯이 보여진다. 이러한 이유로 여성이 점잖고 사무적인 의복을 걸쳤다 하더라도 그 의복에 맞는 심각한 일을 하는 사람으로 보여지기보다는 마치 또 하나의 패션쇼를 하는 것처럼 받아들여진다.

3) 공간의 이용

높은 지위와 지배를 나타내는 데 공간거리는 매우 적절히 이용된다. 공간이용에

공간을 넓게 활용하는 남성

있어서의 성역할과 관련된 성적 차이는 여러 연구에 의해서 여성이 남성보다 더 적은 공간을 통제하며 여성의 개인 공간은 남성의 것보다 더 작고 더 자주 침해된다고 보고하고 있다.[1] 집안에서 어머니의 공간은 부엌이다. 하지만 부엌은 현대에 와서 모든 사람이 같이 공유하는 식당이 되어 버렸다. 응접실과 식탁에는 무언중 지정된 아버지의 자리가 있으나 어머니의 자리는 정해져 있지 않은 경우가 많다. 여성의 이렇듯 개인적 공간이 없는 것은 여성의 상대적 위치가 낮음을 보여주며 동시에 독자적인 일을 할 수 없다는 의미도 포함된다.

이러한 공간 이용에 있어서의 유형은 일터에서도 보여진다. 여성이 주류를 이루는 비서의 자리는 모든 사람의 공간이며, 반면 상관의 공간은 상관 자신에게만 확보된 공간이며 넓다. 또한 비서의 자리는 대체로 입구나 구석에 위치한다. 이러한 양상은 전통적인 가정에서 밥상 모퉁이에는 남자를 앉히지 않는 관습과 같은 원리이다. 제사를 지낼 때나 가족 모임에서도 여성은 주로 주변부의 공간을 차지한다. 이러한 여성이 주로 차지하는 주변부의 공간은 다른 사람들에 의하여 손쉽게 방해받는다는 특성을 지닌다. 광고에서 흔히 여자와 아이들은 남자보다 마루나 침대와 자주 나온다. 마루는 가족들 모두의 공간이라 개인영역이 확보될 수 없으며 침해가 쉬운 곳이기 때문이다.

1. 낸시 M. 헨리, 『몸에서의 심리학』(일월서각, 1984), 52쪽.

공간의 이용을 자세와 관련시켜 본다면 일반적으로 남성의 자세는 밖으로 향한 팔꿈치, 벌려진 두 다리로 공간을 넓게 활용한다. 반대로 여성은 모아진 팔, 포개지거나 아니면 모아진 두 다리로 되도록이면 차지하는 공간을 축소시킨다. 또한 권력관계와 연관지어 보면 일반적으로 지위가 높은 사람은 낮은 사람보다 몸의 긴장을 풀고 있음으로 해서 공간의 활용을 최대화하고 있다.

4) 몸의 위치 및 자세

우리는 흔히 다리를 모으고 다소곳이 앉아 있는 남자를 표현할 때 '여자같이 앉아 있다'라고 한다. 이것은 남녀의 몸의 위치나 자세에 눈에 띄는 차이점이 있음을 알 수 있다. 자세는 한 사람의 심리적 상태 및 사회적 위치를 잘 보여주는 영역이다. 성차가 많이 나타나는 자세는 앉을 때의 다리의 위치인데 여성들은 전형적으로 무릎과 무릎을 교차하여 아래에 있는 다리를 함께 나란히 하는 반면에 남성들은 무릎 위에 발목을 얹어놓는다든지 다리를 활짝 펴고 앉는 모습을 흔히 볼 수 있다. 권력관계의 차원에서 보면 지위가 높은 남성은 그보다 낮은 남성에 비해 더욱 경감되어 있다라는 설명이 가능하다. 딱딱한 그리고 꼿꼿한 몸, 팔 및 다리 자세는 특정상황에서 자신의 상대적인 열등함을 의식함에서 나오는 것으로 해석되어질 수 있다. 지위가 높은 사람은 한편 뒤로 기대며 최대한의 공간을 차지하는 비대칭적 자세를 취한다. 여성이 그러한 긴장을 푼 자세를 취했을 때 건방지다는 식의 비판을 받는다. 즉 여자인 자신의 열등한 위치를 잊고 행동한다는 이유에서다. 또한 일반적으로 여성의 다리자세에서 공통적으로 나타나는 것은 '무릎을 굽힌 수줍은 자세'이다. 흔히 무릎을 굽힌 자세는 준비태세를 갖추고 있는 것으로 해석되어질 수 있다. 주위에 있는 사람들이 그들을 해칠 수 있다는 것을 예감하고 있는 매우 방어적인 자세인 것이다. 이는 인종차별을 받고 있는 집단, 그리고 빈곤층에서도 자주 발견되는 자세이다. 이러한 포즈는 여성이 남성의 옆에 서 있을 때 흔히 취한다. 그 이유는 한 여성의 무릎을 굽힌 자세는 또 다른 한 사람의 도움을 수반하기 때문이다. 즉 위험한 상황에서 보호받으려는 여성의 의존성이 반영된 자세라고 할 수 있다.

남녀의 자세의 차이는 어려서부터 나타난다. 그 좋은 예로 남아의 돌사진을 들 수 있다. 남아인 경우 성기부분을 노출시킨 채 떡 벌리고 앉아서 사진을 찍는다. 이는 남자로 태어났음을 자랑스럽게 여겨야 한다는 생각을 은연중 남아의 뇌리에 심어 준 동시에 여아의 경우, 같은 대우를 받지 아니한 이후로 성기와 관련된 것은 수치스러운 것이라는 생각을 갖게 해주며 동시에 활개치는 모습은 여성의 자세가

편한 남성, 우아한(?) 여성

아니라는 생각을 심어 주게 된다.

성에 대한 태도의 차이 역시 자세에 잘 반영되어 있다. 남성의 경우 성적으로 흥미가 있음을 그리고 적극적으로 뛰어들려는 면을 솔직하게 표현하고 있으며 그렇게 해도 좋도록 허용되어왔다. 여성의 경우 정숙한 여성은 성이 없는 것같이 행동해야 하고 남성을 흥분시키는 행위를 해서는 안 된다고 믿고 있다. 그렇기 때문에 다리는 모아져야 하고 옷이 잘 여미었는지 확인해야 하며 가슴을 너무나 자신 있게 내밀거나 하면 안 된다고 훈련받아 왔다. 특히 여성들은 다리를 꼭 모은 자세가 강요되는데 이는 자연의 이치와 상반되는 경향이 있다. 여성들은 골반의 형태로 인하여 남성과 비교해서도 다리를 더 넓게 벌릴 수 있는 신체적 조건을 갖추고 있고 또 골반이 튼튼해야 할 생물학적 필요성이 있다. 그럼에도 불구하고 다리를 벌리는 것이 여자에게 금지되는 이유는 문화적으로 성을 금기화하는 한 산물로서 여성의 성적 능동성 및 적극성을 억제하려는 의도가 숨어 있다.

위에 언급된 억압된 그리고 의존적인 자세를 더욱 고착시키고 심화시키는 데 기여한 것으로는 에티켓을 들 수 있다. 에티켓은 '바지를 입어도 남성처럼 걷거나, 두 다리를 벌리거나, 책상 위로 발을 올려 놓으면 안 된다……'고 가르치고 있었는데 이는 곧 비록 몸은 바지를 걸쳤어도 심리적으로 여성은 '바지를 입어서는 안 된다'라고 가르치고 있는 것이다.

남녀가 함께 있을 때 두 사람 사이에 행해지는 자세와 몸의 위치는 비대칭인 양상을 띠고 나타난다. 어깨를 잡는 것은 비대칭적 관계를 나타낸다. 주로 잡는 사람은 잡히는 사람보다 키가 커야 하며 잡히는 사람이 상대방의 지도를 용납하는 것이 된다. 이는 남성의 여성에 대한 잠재적인 소유권을 나타내고 있는 듯 보이게 한다. 나이가 같거나 특별히 차이날 만한 지위를 갖지 않았다 하더라도 남성은 여성의 어깨를 잡는 경우가 많다. 손을 잡아 주는 것 또한 비대칭적일 수 있는데 그 예는 남성이 여성의 손을 잡아 주는 경우이다. 우리는 등산을 갔을 때 남자의 손에 매달리는 여자를 자주 본다. 심리학자이며 『육체의 정략 Body Politics』의 저자인 Nancy Henley 는 말한다. "한쌍의 남녀가 함께 다닐 때 남성은 여성을 데리고 다닌다. 즉 길을 건널 때 잡아 준다거나 모퉁이를 돌 때 뒤에서 밀어 준다거나 하는데, 그들은 이러한 사실을 눈치채지도 못하고 있다." 방향을 설정하고 이끄는 것은 조정자의 특권이다. 대부분의 여성은 이러한 특권을 포기하고 남성에게 자신을 맡기고 있다.

이러한 행동들은 대개 무의식적으로 행해진다. 이러한 사실은 여성들의 억압된 자세가 그 뿌리를 깊이 내리고 있음을 말해 준다. 그 심각성은 그들이 '숙녀다운 자세'가 매우 불편하고 지속시키기 힘들다고 생각하지만 자신이 숙녀다운 자세에서 벗어났을 때 얼마나 재빨리 자세를 고치는가를 보면 알 수 있다. 특히 남성이 존재하는 상황에서 이러한 자기감시가 심화된다.

일찍이 폐쇄적인 것으로 묘사된 많은 자세, 즉 팔을 모으고, 다리를 꼬고, 옷을 여미는 따위는 우리 사회에서 여성들에게 규정된 것이다. 피어시가 여성들에게 특징적인 것으로 묘사한 것처럼 그것들은 공간과 그 자신을 제약하는 것이지만, 동시에 소위 여성답다고 하는 것을 온존시키는 것이다. 니렌버그와 칼레로는 여성이 손으로 앞가슴을 가리는 몸짓, 즉 손바닥을 앞가슴에 얹는 것은 방어하는 것이라고 지적한다.² 남성들에게는 그 몸짓이 솔직한 것을 상징하나, 여성에게는 갑작스런 충격이나 놀라움을 나타내는 '방어적' 몸짓이라는 것이다. 이러한 해석상의 어긋남 역시 남녀 유별을 이해하는 데 중요한 자료가 된다.

5) 표정 및 머리자세

얼굴은 우리가 상대방에게 인상을 주고자 하는 수단이며, 이것은 지위, 권력, 혹은 권위를 나타내는 주요한 초점이 된다. 광고에 비추어진 전형적인 남성과 여성의

---

2. 앞의 책 176쪽.

 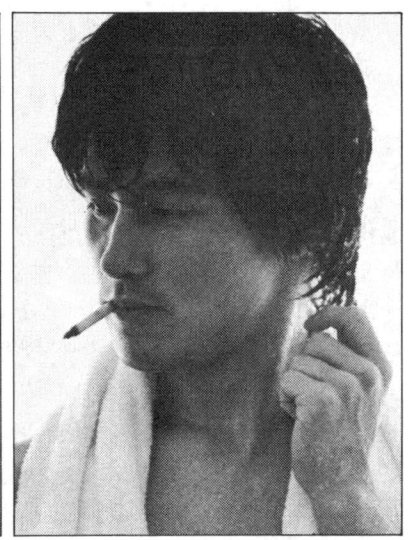

광고에 나타난 남녀의 표정

표정은 다음과 같다. 남성은 이마를 찌푸린다거나 얼굴을 거칠게 보이게 함으로 해서 심각하게 생각하는 듯한 인간으로 드러낸다. 여성은 의상 및 육체로 관심을 돌리게 한다. 얼굴 표정은 부드러운 엷은 미소를 띤 순진한 모습이 자주 등장한다.

  여성들에게 있어서 전통적인 머리 자세는 머리를 약간 낮추고, 눈은 아래로 까는 복종적이고 겸손한 것이다. 남성들과 있을 때 전통적인 여성의 자세는 더욱 노골화된다. 눈은 크게 뜨고 머리는 약간 옆으로 기울인 채 얼굴에는 미소를 띤다. 여성들에게 자주 나타나는 몸짓으로 머리카락을 가지고 노닥거린다든가 머리를 잡아맨다든가 하는 것을 들 수 있는데 이는 여성을 아이들처럼 받아들여지게 한다. 이러한 몸짓들은 남성들에게서 별로 찾아볼 수 없는 것들이다.

  능력 있는 지위에 있는 여성 역시 될수록 지배적 표시를 억누른다고 한다. 그들은 그들의 지위를 지키는 데 있어서 복종, 온순함, 무력감 등을 무언의 행동으로 나타냄으로 해서 적어도 남성의 반발 내지 반감을 사지 않는 것이 유리하기 때문이다. 이는 지배종속 관계에서 얼굴표정이 다른 무언의 의사소통보다 우위를 차지한다고 보는 니렌버그와 칼레로의 주장에서 잘 나타난다. 그리고 무언의 신호의 수신에 대한 조사에 의하면 여성은 남성에 비해 비언어적 신호에 더욱 민감하며 남성보다 메시지를 해석하는 데 뛰어나다고 한다. 소위 눈치가 빠르다는 이러한 민감성은 지위가 낮은 사람이 그들의 생존을 위하여 상급자의 비위를 맞추어야 함에서 훈련된 것이다. 여성의 경우 가부장적 구조 내에서 지배받는 입장으로서 남성을 의식한 채 행동해야 했기 때문에 생겨난 특질이라고도 볼 수 있다.

모든 표정들이나 표현들이 남녀에게 허용되는 것은 아니다. 예를 들어 남성의 경우 슬픔이나 울음 같은 약함을 보이는 행위는 그들의 남성성을 약화시킨다고 믿어지기 때문에 은근히 억제되어 왔다. 여성의 경우 화를 내야 하는 상황에서도 표현할 줄 몰라서 못하는 경우가 많다. 여성들간에는 비록 대결해야만 할 일일지라도 이를 피한다. 왜냐하면 여성들은 공격적이거나 경쟁적이어서는 안 된다고 교육받았기 때문이다. 여성은 어려서부터 노려보지 마라, 토라지지 마라, 눈쌀을 찌푸리지 마라, 미소지어라 등을 강요당했으며 화를 내는 것은 금지되었다. 그러나 여성들만의 공격적 표현은 아마도 대부분 인정된 감정표현의 형태, 즉 패배적인 표현일 것이다. 정신적인 고통, 실망, 두려움과 자책감 등이 울음과 함께 수반되는 감정의 부정적 표시는 분노를 위장한 유일한 감정표현의 형태일 것이다. 가끔 분노를 직접적으로 표현해 보겠다고 하면 신경질적인 웃음이나 엉뚱한 행동으로 변하는 일이 자주 일어난다. 도덕적으로나 논리적으로 정당하다고 느껴지는 경우에도 약간의 죄의식이 분노의 표현에 뒤따랐다. 분노의 표현은 무언의 행동영역에서 여성들에게는 별로 알려지지 않은 공격적 행동의 중심이다. 표현력도 훈련을 통해 길러지는 것이기 때문이다.

6) 접촉의 이용

접촉은 우월을 나타내는 한 표현이다. 이러한 사실은 우리가 자신보다 더 지위가 높은 사람을 마음대로 접촉하지 못하지만 우리보다 어리고 지위가 낮은 사람은 별생각 없이도 접촉할 수 있는 데서 잘 나타난다. 여성이 남성보다 더 접촉당한다는 것은 그만큼 여성이 열등한 위치에 선다는 사실을 잘 말해 준다. 이러한 접촉의 불균형은 여성의 사회화에서 시작된다. 여성은 사회의 요구에 따라 수동적이고 의타적으로 훈련되기 때문에 자신이 싫어하는 접촉에 대해서도 항의나 반대의사를 표현하지 못하는 경우가 많다. 이러한 소극적인 태도는 남성 어른에 의해 여성에게 행해지는 많은 성적 가해행위의 희생물이 되게 했다.

이 점에서 Henley의 '접촉의 정략' 개념은 여성 및 남성간의 관계를 해명하는 데 유용하다. 전혀 필요치 않은 경우에 여자를 이끄는 남성적 관습을 다른 형태의 여성학대와 가벼운 희롱(어깨를 친다든지 히프를 치는 따위)에서부터 부인구타와 강간에 이르기까지를 하나의 연속체로 생각한 것이다. 그렇다고 자기 부인을 침실까지 데리고 가는 남편이 강간범과 똑같다는 얘기는 아니다. 다만 이처럼 평소

여자를 이끄는 남성적 관습

에 자신의 행동거지를 남에 의하여 지배당하는 여성은 원치 않는 간섭이나 폭행에 저항할 준비가 충분히 되어 있지 못하다는 것이다. 지금 당장 예의에 어긋난다는 현실이 미래에 폭행당할지도 모른다는 생각보다 더 앞서 있다는 것이다.

여성은 비관례적이고 무심코 행하는 접촉의 대상이 되는 한편 익미 있고 관례적인 접촉에서는 제외된다. 악수라는 특수한 형태의 접촉은 남을 긍정적으로 인정한다는 것을 표시하는 관례적인 행동으로, 남성의 사교성을 지속시키고 그 사교모임에서 여성들을 제외시키는 역할을 해왔다. 악수는 두 여성 사이에서는 거의 사용하지 않는 동작이며, 남성과 여성 사이에서는 그때그때 상황에 따라 다르게 사용된다. 두 남성이 악수할 때 그들은 그 의식에 동등하게 능동적으로 참여하며, 그들의 가치를 서로 인정한다. 그러나 여성들의 경우는 때에 따라 다르고 가끔 수동적인 불평등한 지위를 의미하기도 한다.

7) 미소

통계에 의하면 여성의 93%의 미소가 상대방에게 가지만 상대방으로부터는 그것의 67% 밖에 받지 못한다고 한다. 남녀가 대면을 할 때 주로 여성이 더욱 자주 그리고 많이 미소 짓는다. 미소는 주로 상대방의 기분을 풀어 주고 상대방의 언사나 행동에 대해 인정 및 이해를 표현하는 기능을 한다. 또한 남녀의 관계나 여러 사람이 모인 가운데 농담이나 우스개 말을 한 사람이 말을 끝내자마자 재빨리 반응하는 웃음이나 미소는 즐거움에 그 행동의 이유가 있는 것이 아니라 대개의 경우 분위기를 맞추고 상대방의 우월감을 더욱 만족시켜 주는 기능을 하는 웃음이나 미소일 때가 많다. 또한 여성의 미소는 애교로서 흔히 받아들여진다.

    Firestone은, "모든 10대 소녀들의 신경질적 안면경련과 같은 마음에 없는 거짓 미소를 짓지 않도록 나 자신을 훈련시켜야 했다. 그리고 이것은 내가 별로 웃지 않았다는 것을 의미하며 실제로 웃을 만한 일은 별로 없었다. 여성해방운동을 위한 나의 '꿈'과 같은 행동은 미소를 거부하는 것이다"라고 했다. 이것은 모든 여성들이 상대방을 즐겁게 하는 미소를 즉각 포기하고, 이제부터는 어떠한 일이 그들 스스로를 즐겁게 할 때만 웃는다는 것을 의미한다.

    여성들에게 있어서 미소는 직접적인 자기의사 표현과 관련이 있다기보다는 상황적이거나 규정된 역할일 때가 많다. 전통적인 여성의 역할은 공적인 경우에 온화하며, 고분고분한 행동을 요구한다. 미소짓는 얼굴 표정은 이러한 인상을 보여주는 것이다. 만일 미소가 여성들에게 있어서 이러한 기능을 한다면, 미소를 짓는 것과 메시지의 진의와는 아무런 상관도 없을 것이다.

    자주 여성의 미소는 남성들의 일의 능률을 올리는 촉진제와 같은 기능을 하며 일이 더욱 부드럽게 돌아가기 위해 필요한 기름과 같은 요소로 생각되어져 왔다. 외국에서 일어난 한 예가 이를 잘 말해 주고 있다. 사기촉진의 임무가 NBC(방송국) 여성들에게 부과되었고 그 역할은 남성을 제작자, 업무수행자의 위치에 고정시키는 데 필수요건이 되었다. '미소를 지어라'는 것은 무언의 명령처럼 강요되었다. 사무실(혹은 승강기 혹은 식당)에 상사가 들어설 때마다 미소를 짓지 않는 여성과 상사 앞에서 규칙적으로 미소를 짓지 않는 여성은 '그렇게 침울한 표정을 짓지 마시오'라는 일종의 명령을 듣게 된다. 그리고 미소짓지 않았을 때 '왜 뾰로통해 있소? 무슨 일이 있소?'라는 마치 미소 짓지 않은 평상적인 표정이 비정상인 양 의문을 제시한다. 이는 여성의 미소가 얼마나 무조건적으로 항상 뿌려져 왔으며 제공되어 왔는지를 알 수 있다. 남성의 경우 항상 웃는 사람은 좀 부족한 사람이거나 심지어는 미친 사람으로까지 간주되는 일이 흔히 있다. 미소는 여성적 여성이 되기 위한 필수조건임과 동시에 노예를 포함한 낮은 지위의 집단에서 예외없이 발견되는 생존전략의 하나이다.

자연스런 웃음과 어색한 미소

결론

남성위주의 사회 즉 가부장적 사회에서 성적, 신체적, 행동적 및 심리적으로 누릴 수 있는 자유는 너무나도 좁은 범위에 국한되어 왔으며 이는 다양한 여성형 또는 인간으로서의 여성을 새롭게 만드는 데 저해요소가 되어 왔다. 행위 유형상에 나타난 남녀차이는 그들이 살고 있는 사회구조의 불균형상태를 단적으로 나타내 준다. 여성의 자세나 몸짓은 그 특징상 첫째, 불편하며 강요된 것이라는 점, 둘째, 자연스러운 것이 아니라 의식적이라는 것, 세째, 폐쇄적이며 방어적이라는 점으로 요약된다. 물론 위에서 언급된 여러 몸짓, 자세 및 표정들의 일부는 억압된 것들이라기 보다는 개인차에 의한 것일 수 있다. 앞에서 살펴본 것과 같이 이러한 행위유형은 여러 요인에 의해 영향받아 형성된 것이지만 무엇보다도 가부장적인 사회체계의 가치가 여성들로 하여금 소극적이고 무기력하게 남아 있도록 한 데서 비롯된다고 본다. 또한 이러한 지배적 가치에 기초하여 설정되어진 사회화교육도 무시할 수 없는 이유들 중 하나임에 틀림없다.

이러한 여성의 억압은 권력구조상에 놓고 보았을 때 그 정도와 형태를 더욱 확실히 볼 수 있었다. 물론 억압된 몸짓과 자세가 여성전반의 억압의 근본적 이유라고 할 수 없다. 그러나 사고가 부자유스럽고 억압되었을 때 자세와 몸짓은 자유로울 수 없는 것 같이 자세와 몸짓이 억압되고 부자유스러울 때 사고가 자유스러울 수 있다고 할 수 없다. 이러한 이유에서 여성은 여성을 구속하고 진정한 자신의 발전과 창의력의 개발에 장애가 되는 구속에서 해방되어야 하며 자유스러워지기 위해 노력해야 한다.

해방을 위한 방도로서는 여러 가지가 있지만 희생자인 여성의 재교육 과정을 그 궁극적 결과로 얻게 될 광범위한 사회적 계획에 주의를 기울이는 것이 바람직하다고 볼 수 있다. 이제부터라도 여성들이 타인의 왜곡된 평가나 기대에 수긍하지 않고 자신이 가장 편할 수 있고 자유로울 수 있는 자세를 취하는 것도 하나의 주요한 시작이 된다. 더 나아가 보다 나은 행동을 위한 준비로써의 자기주장 훈련은 매우 중요하다. 자연적인 자기주장이 분쇄되지 않을, 그리고 자기주장 훈련이 더 이상 필요하지 않을 상황을 창조하는 것이 우리의 목표이며 이를 통하여 정신적 및 육체적 조화를 이룩할 수 있다.

우리는 타인에 의해서 강요되어진 우리 자신의 행위를 차차 극복해 나가면서 더욱 창조적이고 자유로운 자신을 발견하게 될 것이다. 또한 그 과정에서 더욱 다양한 방식을 구축할 수 있는 새로운 대안을 제시할 수 있을 것이다. 우리의 작은 움직임이 가부장제를 기초로 하는 사회를 수정해 나가는 하나의 길이 되는 것이며 평등주의의 발전을 꾀하는 비권력적인 구조의 기초가 된다. Firestone이 말하는 대로 진정 웃고 싶을 때 웃는 것이 여성해방운동의 꿈이라는 말은 여성이 자신에 대해 보다 자신감을 가지고 능동적으로 행동하며 주체적인 인간이 될 것을 강조한다. 여성은 이제까지 너무나 눈치를 보며 강요된 것에 순응하는 데 분주해 왔지만 이제부터는 자신이 원해서 그리고 자유롭게 느끼기 때문에 행동하는 움직임을 보여야 할 때이다. ■

* 도움받은 글
1. 낸시 M. 헨리, 『몸의 사회 심리학』, 일월서각, 1984.
2. Irene H. Frieze, Jacquelynne E. Parsons. Paula B. Johnson Dianne N. Ruble, Gail L. Zellman, *Women and Sex Roles: A Social Psychological Perspective*, W. W.
3. Norton & Company, New York, 1978.
    Marianne Wex, *Let's Take Back Our Space*, Frauenliterturverlag Hermine Fees, Berlin, 1979.
4. Erving Goffman, *Gender Advertisements*, Harper & Row, New York, 1976.

현장연구

광고에 나타난 여성상

고석주
덕성여대 여성학

 광고가 없는 생활을 상상할 수 있을까? 우리가 어디서 언제 무엇을 하거나 광고는 그 속에 깊숙이 파고든다. 현대의 새로운 종교라고 일컬어지는 텔리비전은 말할 것도 없고, 라디오·신문·잡지·거리의 간판 심지어는 우편물에까지도 광고가 침투하고 있으므로 그것들에 둘러싸여 사는 우리는 싫으나 좋으나 끝없이 광고의 세례를 받을 수밖에 없다.
 광고는 새로운 상품과 서비스를 널리 알림으로써 소비욕구를 자극하여 사람들이 그것들을 사게 만드는 역할을 한다. 이러한 기능을 하는 광고가 오늘날 우리 생활에서 빼놓을 수 없는 부분을 차지하고 있어 현대문화를 광고문화라고 부르는 사람도 있다. 그러나 이렇게 제한 없이 마구 쏟아지는 광고 앞에서 사람들은 무기력할 수밖에 없는 것을 헤아리면, 실제로 우리는 광고공해 속에서 숨쉬고 있다고 할 수 있다. 또 광고는 자본주의사회에서 자본주의 자체를 지속시키는 역할의 큰 부분을 담당하고 있기 때문에 '상업주의의 꽃'으로까지 불리우나 한편으로는 현대의 필요악이라고까지 불리는 점에서 광고가 가지고 있는 양면성을 쉽게 알아차릴 수 있다. 공기오염·수질오염 같은 생태학적인 공해를 물질적 오염이라 한다면 광고는 정신적 오염으로 풀이될 수 있을 것이다.
 광고에 대한 비난은 얼마 전까지는 과대광고·허위광고에만 국한되어 왔었으나 최근에는 광고에 나타나는 여성상에 대한 문제가 제기되기 시작하였다. 바꾸어 말하면 이제까지는 광고의 표면적인 목적에만 치중하여 어떤 특정한 광고가 얼마만큼 진실한 내용으로 되어 있는가에만 관심이 모아졌으나 이제는 광고에서 여자가 상품과 아무 관련 없이 다만 장식적인 목적을 위해— 특히 여자의 성적 매력을 이용하여— 쓰인다는 사실에 주목하기 시작한 것이다. 곧 여자가 광고에서 성적인 대상물로 쓰인다는 것이 비난의 새로운 측면으로 등장하였다.

성적인 대상물이라고 하면 과잉노출, 선정적인 것 같은 성과 바로 이어지는 광고들을 떠올리기 쉽다. 그러나 굳이 그런 광고(보기 1)만이 여자를 성적인 대상물로 다룬다고 보면 잘못이다. 그런 광고가 아닌 광고에서 여자를 성적인 대상으로 이용하는 경우가 실제로 더 많기 때문이다. 이런 광고의 좋은 예가 신촌 로타리의 5층 건물 옥상에 세워진 커다란 광고판에 작년 여름 내내 있었던 광고가 아닐까 한다. 이 광고는 분명히 컬러 텔리비전을 선전하는 것이었으나 광고를 도안한 사람은 건강한 한 여자의 커다란 사진을 광고에 담아 오고 가는 사람들이 쳐다보게끔 만들었다. 물론 광고판 자체를 텔리비전으로 생각하여 그 화면에 바닷가의 젊고 건강한 한 여자의 모습을 담았다고 할 수 있다. 그러나 과연 이 광고가 텔리비전 광고인지 아니면 이 여자를 선전하는 것인지 자세히 보기 전에는 확실히 알 수가 없다. 물론 젊고 아름다운 여자의 건강미를 선전하는 것이 무조건 나쁘다는 것은 아니다. 다만 여자의 건강하고 아름다운 모습이 남녀노소 모두가 사용하는 제품의 선전에 이용되었고 그것이 결국 남성의 소비를 촉진시키기 위해 여성을 상품화한 것이라는 점이 문제가 된다. 이런 경우에는 '광고하려는 상품— 이 경우에는 텔리비전— 을 선전하지 여자의 육체를 선전하지 마시오'라는 주장을 하여야 될 것이다.

상품을 소개하여 구매효과를 높인다는 광고의 기능을 생각했을 때 사람들의 눈길을 끌기 위해 이러한 광고가 제작되는 이유를 이해할 수 있으나 한편으로 광고가 우리들에게 끼칠 수 있는 영향을 생각하면 이러한 문제들을 심각하게 우려하지 않을 수 없다. 왜냐하면 광고에서 나타나는 여자의 모습, 남자의 모습이 우리들에게 끼치는 영향은 대중매체가 우리 생활에 미치는 그 절대적인 영향과 같기 때문이다.

대중매체가 상상할 수 없을 만큼 커다란 영향을 우리에게 끼친다는 사실에 이제 이의를 제기할 사람은 아무도 없다. 대중매체가 보여주는 여성상, 남성상은 어린이들에게는 사회화의 중요한 모델 역할을 할 뿐 아니라 성인들의 의식구조에도 많은 영향을 미치고 있다. 한마디로 말하면 광고의 여성상, 남성상은 미국의 유명한 사회학자인 어빙 고프만의 말대로 '남자 또는 여자로서 어떻게 행동하여야 하는가, 또 어떻게 생각해야 하는가에 대한 생각'을 보여준다고 할 수 있다. 적어도 광고를 만드는 사람들은 광고하려는 상품과 함께 그들이 가장 이상적이라고 생각

보기1

하는 여자와 남자의 모습들을 광고에서 보여주려 한다고 할 수 있지 않을까? 그렇다면 그들이 생각하는 이상적인 모습——이에 대해 고프만은 선택된 모델, 연출된 배경, 발달된 촬영술 등을 이용하여 실제 현실보다 한결 더 좋아 보이는 유사현실이 광고에 나타난다고 하였다—— 이 과연 남녀노소 모두에게 이상적인 모습이며 가장 바람직한 모습일까 하는 의문이 떠오르게 된다.

'깨끗하다면 더욱 사랑받을 것입니다' '가지세요, 입술' '얼굴만이 전부인가, 바스트!' '그이에게 빨리 보여드리고 싶어요' 따위의 문구가 의미하는 것은 무엇일까? 그리고 '보여줄 수는 없읍니다. 그래도 보여드리고 싶읍니다'라는 문구와 함께 팬티만 입고 있는 모델을 보여주는 팬티와 손수건 세트의 광고가 과연 이상적인 여자의 모습을 나타내고 있는 것일까? '남편의 지위는 아내의 기품에서 알 수 있읍니다'라는 다이아몬드 광고는 기품이 있는 여자라면 다이아몬드를 가져야 되고 아내는 고작해야 남편의 지위를 알리는 존재에 지나지 않으며, 자신을 위해서가 아니라 남편의 지위를 알리기 위해 기품을 길러야 한다는 이야기를 담고 있는 것이 아닐까?

한 어린이가 고등학교를 졸업할 때까지 최소한 15만 개의 광고를 보게 된다고 한다. 그렇다면 아이들이 자라면서 만나는 수많은 광고들 속에서 여자가 어떠한 모습으로 그려지는가를 생각해 보자. 광고에서 보여지는 여자의 모습은 자아실현, 이성적인 사고 또는 지성이나 정신생활에 관한 것은 하나도 없이 오로지 어떻게 하면 매력적이 되고, 얼굴을 젊고 예쁘게 가꾸며, 날씬한 몸매를 갖게 될까, 어떻게 하면 맛있는 음식을 만들고, 집안을 아름답게 꾸밀까, 그리고 어떻게 하면 사랑받는 아내가 될 수 있을까에 전념하는 모습들임을 부인할 수 없다. 다시 말하면 여자는 남자를 위해 있는 존재로 비치며 남자에게 서비스를 해주고 남자한테서 지시를 받는 모습으로 나타난다. 즉 남녀 사이가 평등이 아닌 종속적인 관계, 요즈음 흔히 쓰이는 말로 성차별적인 관계로 그려지고 있다. 인구의 절반을 차지하는 여자들, 그 여자들의 거의 반수가 가정 밖에서 다양한 방면에서 일을 하는 현실을 생각해 볼 때 대부분의 광고는 현실과 동떨어진 여성상들을 보여주고 있다고 지탄받아도 아무 할말이 없을 것이다.

　이른바 이러한 성차별적인 광고들이 우리에게 끼칠 수 있는 영향 중에서 특히 아이들에게 미치는 힘은 막대하다. 아이들이 광고를 통해 집안일만을 돌보는 어머니의 모습, 사랑받는 아내나 연인의 모습 등의 한정된 역할로 나타나는 여자를 보는 한편으로 그와 비교할 수 없을 만큼 다양한 역할로 나타나는 남자를 보며 클 때 성숙한 판단력을 갖추지 못한 그들로서는 그처럼 그릇된 여성관을 그대로 받아들이며 성장한다는 것은 너무나 뻔히 내다보이는 일이다. 심지어 아이들이 등장하는 광고에서까지도 여자 아이는 남자 아이에게 서비스를 하는 것으로 나타나는 경우까지 있어(보기 2) 그러한 그릇된 관념을 더욱 굳혀 놓게 된다.

　요즈음의 광고에 대한 비난은 여자를 광고에서 성적인 대상으로 사용한다는 것에 집중된 듯한 느낌이 든다. 하지만 광고에 나타나는 성차별은 이것뿐만은 아니다. 앞에서 말한 여자가 성적인 대상물로 쓰인다는 면과 광고에 나타나는 역할 면에서의 남성과 여성의 차이 말고도 성차별적으로 나타나는 광고의 여성상에 대해 분석할 측면들이 많다. 그러한 측면들이 무엇들인가를 여기서 간단하게 살펴보기로 한다.

　첫째, 광고에 나타나는 배경을 생각해 보자. 광고 속의 배경은 광고에 나오는 인물이 맡고 있는 임무나 직업을 상상하도록 도와 준다. 대부분의 광고에서 여자는 가정이라는 배경에서 묘사되고 있고 이와 대조가 되게 남자는 직장이라는 배경에서 묘사된다든지, 아니면 매력적인 분위기에서 여자에게서 봉사받는 것으로 그려진다.

　둘째, 광고에 나타나는 남자와 여자의 자세 및 표정을 들 수 있다. 광고에 나타

보기 2

나는 인물의 자세 및 표정은 남자와 여자 사이의 관계를 간접적으로 이야기해 준다. 여자는 남자에게 기댄 자세, 불안정한 자세, 누운 자세로 나타나는 경우가 많고 남자는 굳건하고 자신만만한 자세로 나타난다. 표정 면에서도 여자는 남자를 그윽히 바라보고 있거나, 눈길을 아래로 향하거나, 먼 곳을 쳐다보거나, 아니면 눈을 감고 있는가 하면 남자는 자신에 가득 찬 표정으로 정면을 똑바로 바라보는 모습으로 그려지는 것이 대부분이다. 가구 같은 것의 선전에서 보면 기대거나 누운 자세로 나타나는 인물은 거의 다 여자이지 남자인 경우는 드물다. 남자라고 앉거나 누울 때가 없지는 않을텐데…… 고프만에 따르면 이러한 자세들도 역시 성적인 암시를 포함하고 있다고 한다.

세째, 손길이 남자와 여자가 다르게 표현된다. 여자손이 광고에 쓰일 때는 상품을 어루만지거나, 상품을 가리키거나, 또는 살짝 손대는 것으로 보이는 경우가 대부분이다. 그러나 남자 손은 상품을 꽉 움켜쥐거나 힘을 표현할 때에 이용되고 있다. 어떤 물체의 윤곽을 따라 어루만지고 그 표면만을 쓰다듬는 것은 애무를 연상시키니 이 또한 성적인 것을 암시하는 것이다.

네째, 권위를 생각해 보자. 텔리비전 광고에서 화면에는 등장하지 않으면서 상품에 대해 설명을 해주는 목소리의 주인공은 여자보다 남성인 경우가 훨씬 많다. 남자의 목소리가 더 믿음직스럽고 남자가 더 권위가 있다는 고정관념을 그대로 반영해 주는 것이다. 또 어떠한 상품에 대해 설명을 하거나 이용방법을 말해 주는 사람은 남자이고 설명을 듣거나 지시를 받는 사람은 여자로 나타난다. 이러한 점은 성인에게만 해당되는 것이 아니고 아이들을 모델로 할 때에도 남자아이가 여자아이에게 가르쳐 주는 것으로, 여자아이를 이끄는 모습으로 묘사되고 있다.

다섯째, 감정적인 면을 생각해 보면 광고에서 여자가 남자보다 한결 정도가 심하게 감정적인 것으로 나타난다. 남자는 대부분이 침착하고 초연하며 지성적인 모습으로 나타나는 반면에, 여성은 하찮은 일에 감격하며, 웬만한 일도 제대로 못하고(예를 들면 전자 렌지가 편리한 것으로 광고되기보다는 집에서 있으면서 밥도 제시간에 할 수 없는 여자에게 필요한 것으로 광고된 경우가 있다) 조그만 일에도 호들갑을 떨며 과대반응을 보이는 것으로 나타난다.

지금까지 살펴본 것이 광고의 남성상·여성상의 차이를 보여주는 총괄적인 것은 아니다. 우리 나라에서는 이제까지는 성적인 대상으로서 여자가 광고에서 이용되는 경우의 문제만이 사회에서 다루어졌으나 앞으로는 그뿐만이 아니라 여러 측면에서 고루 다루어져서, 이를테면 항상 기다리는 여자, 바보스러운 여자, 불안정한 여자로 나타난다든지, 관심도 없어 보이는 남자에게 아양을 떠는 여자로 나타나는 광고 등에 대해 다시 생각해 볼 여지를 마련해야 할 것이다. 이처럼 우리가 평소에 생각하지 않는 여러 측면에서 광고에 나타나는 여성상을 분석해 볼 수 있는데 그 중의 하나가 폭력이라는 시각에서 보는 것이다. 우리는 흔히 폭력은 서구사회의 광고에나 있지 우리 사회의 광고에는 있지 않다고 믿기 쉽다.

우선 여자에 대한 폭력이 대중매체에서 어떻게 그려지는지에 대해 생각해 보자. 대중매체, 특히 영화에서는 강간·구타 같은 것이 많이 다루어지며 영화광고에서 여자에 대한 폭력이 집약적으로 나타나는 예가 많다. 그러한 광고를 얼핏 보면 마치 구타당하거나 강간당하는 여자는 그러한 폭력을 폭력으로 여기지 않고

보기 3

오히려 즐기고 있는 것처럼 보여 폭력 자체를 미화시키고 있다. 그러나 실제로 폭력을 당하는 여자에게는 폭력이란 무섭고 두렵고 아픈 것이지 결코 멋있는 것은 아니며 즐거운 것은 더우기 아닌 것이다. 그럼에도 불구하고 대중매체에서는 성적인 폭력을 쾌락과 연관시켜 보여주는 경향이 있다.

이러한 광고들은 여자는 폭력을 고통으로 여기지 않고 오히려 즐긴다는 관념을 심어 줌으로써, 가해자들을 죄책감에서 해방시켜 주며 여자에 대한 폭력을 부추기는 결과를 초래한다고 하겠다. 상처와 고통이 매혹적인 것으로 보여지며 피해자들이 즐거움이나 쾌락을 느끼는 것으로 묘사되는 광고가 영화 광고들에서 가장 많이 나타나지만 일반 상품광고에서도 같은 내용이 은근하게 암시적으로 보여지고 있다. 실제로 예를 들어가면서 살펴보기로 하자.

이 광고에는(보기 3) 셔츠 하나만 입은 것처럼 보이는 한 젊은 여자가 있는데,

세 명의 남자 손들이 이 여자가 입은 셔츠——광고상품——를 세 방향에서 움켜쥐고 당기는 바람에 여자의 한쪽 어깨가 드러나고 있다. 그런데 이 여자는 그런 것에 아랑곳하지 않고 웃고 있다. 과연 이러한 상황에서 어떤 여자가 그처럼 여유 있게 웃을 수 있을까? 여기서 손들의 임자, 곧 가해자인 남자들은 누구인지 보이지 않아 전혀 알 수가 없다. 그리고 이 광고의 문구 '말이 필요 있을까?'의 의미는 무엇일까? 이처럼 여자의 옷을 강제로 벗기는 데는 말조차 필요 없다는 의미를 가진 것으로도 이해될 수 있지 않을까?

　또 하나의 예로 팬티를 선전하는 이 광고(보기 4)를 들 수 있다. 이 광고에서는 한 여자가 윗몸은 완전히 위로 거꾸로 올라간 치마에 휩싸여 보이지 않고 팬티와 다리만 보여지고 있다. 영화 '7년만의 외출'에서 여주인공의 치마가 지하철 송풍구에서 나오는 바람에 치켜올라간 장면이 있긴 했어도 이처럼 완전히 치마가 위로 뒤집혀 올라가는 일은 서 있는 자세에서는 불가능하다. 더구나 이와 같은 상태를 상상하면 이런 때에 여자는 시야가 완전히 가리운 채로 동작의 자유를 잃어버리게 된다. 곧 꼼짝 못하게 되는 상태에 놓이는 것이다. 이처럼 여자의 행동을 속박하고 시야까지도 가린다는 것은 여자에 대한 폭력이라고 할 수 있다. 이 광고에서는 폭력이 은근하게 나타나고 있다.

　얼핏 보아 어딘가 꺼림칙한 느낌을 주는 이 수영복 광고(보기 5)에서는 젊고 늘씬한 한 여자가 조용한 바닷가에 누워 있다. 눈을 감고 주위에 신경을 안 쓰며 마치 백일몽에 잠겨 있는 것처럼 보이는 이 여자는 모로 누워서 상반신은 반쯤 일으켜 약간 비튼 채 다리를 꼬고 한 손으로는 모자를 잡고 한 팔로 몸을 지탱하며 목은 치켜올리고 있어 보기에는 물론 실제로 해보아도 불안정스럽고 힘든 아주 취약적인 모습으로 보인다. 그 옆에 얼굴이 안 보이고 하체만 보여 누구인지 알 수 없는 한 남자가 어디선가 바다에서 걸어와 막 서 있는 것 같은 느낌을 주고 있다. 이 여자는 이 남자와는 모르는 관계인 것 같고 마치 이 남자가 가까이 온 것도 모르고 있는 것처럼 보인다. 남자의 손에는 금방 죽은 듯한 물고기가 꽂혀 있는 긴 창이 들려져 있는 것으로 보아 아마도 이 남자는 조금 전에 바다에서 창으로 살아 있는 물고기를 잡았다는 느낌이 든다. 이 남자가 들고 있는 저 창은 어느 순간에든지 남자가 원하기만 하면 여자를 공격할 무기로 쓰일 수 있다는 가능성을 이 광고는 은근히 암시하고 있다.

　이러한 측면 말고도 광고에서 우리가 꼭 생각해야 할 것은 남아선호사상이다. 사실 성별은 신생아나 유아기에는 얼굴 같은 외모만으로는 가려 내기가 어렵다. 아마도 그래서 아기가 태어나면 분홍색이나 파란색의 포대기로 여자아기와 남자

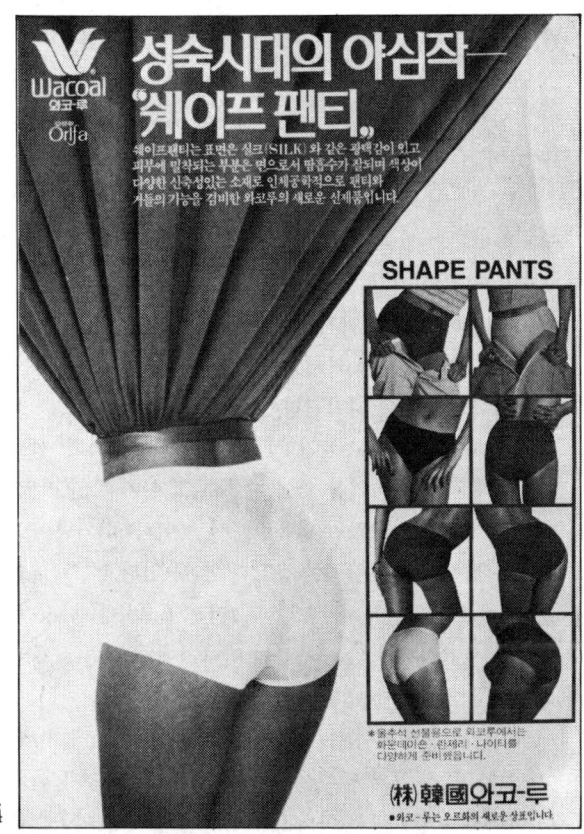

보기5   보기4

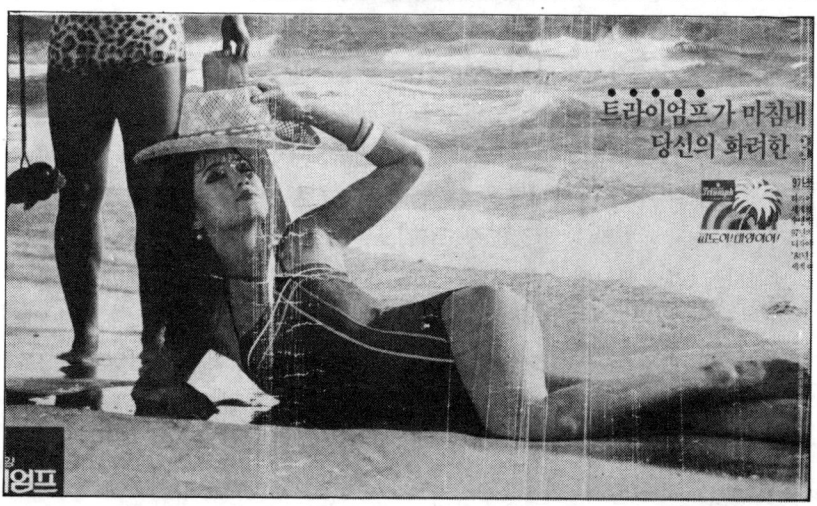

아기를 구별하는가 보다. 그런데 광고에서 아기나 어린이가 나올 때는 광고상품이 여자아이용이 아닌 남아와 여아 공용인 경우에는 대부분이 남자아이를 등장시키고 있다. 이러한 면은 광고에 국한된 것이 아니고 유아용 상품의 외장에서도 볼 수 있어, 슈퍼마켓에서 분유·이유식·종이기저귀 따위를 진열해 놓은 곳을 가보면 잘 생긴 남자아이들의 얼굴—그것도 상품이 외국과 기술제휴라도 했으면 서양 남자아이들의 얼굴—들이 줄을 지어 있는 것을 볼 수 있다.

아주 어린 아기가 등장하는 광고들에는 여자아이라는 확신이 드는 광고, 아니면 여자아이 같이 느껴지는 광고는 거의 없고 대부분이 남자아이 같은 인상을 주고 있다. 그리고 조금 커서 성별을 가려낼 수가 있을 때에는 일반적으로 전형적인 남자아이의 모습이 나타난다.

이 종이기저귀 광고(보기 6)에서는 엄마, 아빠와 함께 나들이 가는 아기를 보여주는데 아빠가 아기를 안는 띠를 매고 아기를 안고 있어 자녀를 돌보는 것은 엄마의 일이라는 전통적인 양육관에서 벗어나 성 역할이란 면에서 보면 흔히 볼 수 없는 진보적이고 바람직한 광고라 할 수 있다.(이와 비슷한 예가 젊은 아빠가 어린 딸아이에게 우유를 먹이는 모습이 그려진 광고이다) 하지만 아기는 남자아기 같아 보이는데 광고회사에 있는 사람의 이야기에 따르면 실제로는 여자아이였으나 남자아이 같은 옷차림을 입혔다고 한다.

이처럼 광고에서는 유아기 때부터 여자보다는 남자에 대한 선호 경향을 보여주고 있다. 또 한 가지 남아선호사상과 이어지는 것은 아버지가 광고에서 보여질 때는 아버지와 딸보다는 아버지와 아들을 함께 보여줌으로써 부자 사이의 가까움을 강조하고 있는 점이다.

인구문제가 심각한 우리 사회에서는 인구 정책의 일환으로 산아제한을 적극적으로 추진하고 있다. 아들 딸 가리지 않고 한 자녀 낳기 운동을 전개한 가족계획 운동은 남아선호가 가족계획의 가장 큰 장애이기 때문에 '잘 기른 딸 하나 열 아들 안 부럽다'와 '훌륭하게 키운 딸 새 시대의 주역들'이라는 여아선호 표어까지 내걸고 있다. 피임약 등의 많은 광고에서도 이러한 표어를 광고 한 귀퉁이에 집어 넣는다. 그러나 광고에서 한 자녀만 있는 가정이 나타나는 경우를 보면 부모와 함께 있는 그 한 자녀는 남자아이인 경우가 여자아이인 경우와 비교할 수 없을 만큼 많다. 앞에서 말했듯이 광고에서 보여주는 것은 가장 이상적이고 바람직한 모습이라고 할 수 있다. 그렇다면 이처럼 남아선호의 경향이 짙게 나타나는 광고를 보는 사람들은 자연스럽게 남자아이를 더욱더 선호하게 된다는 것은 너무나 자명한 일이다.

보기6

    그렇다면 이러한 광고의 문제들의 해결은 무엇이며, 그 시작은 어디서부터 어떻게 해야 하는가를 생각해 보아야만 한다. 무엇보다도 가장 먼저 광고를 만드는 사람들에게 이러한 문제가 있다는 것을 깨우치게 해야 하고 여기에 대해 심각하게 생각해 볼 계기를 마련해 주어야 한다. 몇몇 사람들은 남자들이 광고를 만들기 때문에 이러한 성차별적인 광고가 생긴다고 한다. 물론 여태까지 광고계에 종사하는 사람들의 거의 전부가 남자들이었던 것은 사실이고 과거에 비해 요즈음은 많은 여자들이 진출하여 일선에서 활동하고 있어 앞으로는 분명히 변화가 있을 것이다. 하지만 여자가 광고를 만든다고 무조건 그렇지 않은 광고가 제작된다고는 볼 수 없다. 중요한 것은 광고를 만드는 사람의 성별이 아니고 그 사람이 갖고 있는 의식이기 때문이다. 여자라 해도 인간으로서의 자유와 권위 그리고 권리를 제대로 갖추지 못하고 오로지 남자들만을 위한 존재가 바로 여자라는 남성중심적인 시각을 갖고 그러한 견해를 자기 스스로도 당연한 것으로 받아들여 사물을 판단한다면, 그 여자의 사고방식은 남자의 것과 하나도 다를 바가 없게 된다.

남자용 화장품 이름을 '나의 마스터즈'라고 지어낸 사람이 여자이고 그 광고 문안을 작성한 이도 여자라고 한다. 상품 이름을 '마스터즈'—'주인의 것'이라는 영어를 사용하고 있으며 그 단어 앞에다 '나의'라는 말을 덧붙여 여자의 목소리로 선전하게 하여 남자 화장품을 주인의 물건으로 부르게 함으로써 여자는 남자를 마치 주인을 대하듯이 만들어졌다. 그리고 '기대'라는 문구와 함께 벗고 엎드려 있는 여자의 모습이 보여지고 '흥분'이라는 문구와 함께 애무하는 남녀의 모습을 보여주고 있어 남성과 여성의 성관계에서 남자가 여자의 주인이라는 관념을 싣고 있다. 여자가 만들었다는 이 광고는 여자들이 갖고 있는 의식에 대해 많은 것을 각성하게 한다.

언제나 남자를 기다리고 있는 여자가 등장하는 화장품·속옷·잠옷 그리고 피임약 광고들, 여자를 마구 벗기는 속옷광고, 자신의 아름다움에 빠져 있는 듯한 여자의 모습을 보여주는 화장품 광고, '사랑받는 아내'가 되기에 급급한 모습을 보여주는 갖가지 광고들에 대한 책임을 모두 남자들에게 돌려서만은 안 된다. 이제는 왜 그러한 광고가 만들어지는가에 대해 심사숙고할 때가 되었고 그리고 광고를 만드는 사람들은 여자에 대해 새로운 시각을 가지고 광고를 제작해야 할 때가 되었다.

법적인 규제의 강화, 모니터 활동과 압력단체의 활동 그리고 나아가서는 소비자들의 불매운동들이 광고 여성상 개선의 대응책으로 제시되고 있지만, 남자이거나 여자이거나 광고를 제작하는 사람들의 의식의 변화가 무엇보다 더 중요하다. 미국의 전국광고심의위원회의 자체 지침서에서 나타나 있는 것처럼 광고 제작자들이 '과연 이 광고 속의 여성상은 나의 딸이 그렇게 되어도 좋을 만큼 바람직한 여성상으로 그려졌는가?'라는 질문을 마음속에 항상 간직한 채 광고를 제작한다면 어느 해결방안을 사용하는 것보다 빠르고 쉽게 바람직한 여성상이 실린 좋은 광고들이 만들어질 것이다. ■

현장연구

일상적 언어생활에 나타난 성차별주의

윤양헌 外
이대 여성학과

1. 시작하는 말

언어는 인간과 동물을 구별하는 중요한 특징 중의 하나이다. 인간은 언어를 학습하고 올바른 언어를 사용하는 일에 많은 노력을 기울인다. 상황에 따라 적절한 인사말·사과말 등을 배우고 상스러운 말은 쓰지 않으며 정확한 문장을 구사하도록 교육받는다. 그래서 우리는 자기의사를 정확히 전달하는 '고운말 바른말'을 익히게 되는 것이다.

그러나 여성에 대해서는 바르지도 곱지도 않은 습관적인 단어가 묵인되고 있다. 대표적인 예가 우리의 전통적인 속담에서 드러난다.

· 암탉이 울면 집안이 망한다.
· 여자와 명태는 사흘에 한번씩 패야 제맛이 난다.
· 여자가 셋이면 접시가 깨진다.

우리 나라 문자문화의 근간을 이루고 있는 한자(漢字) 역시 여성에 대한 편견이 강하게 나타나 있다. 자전에서 女(계집 녀) 部를 찾아보면 흥미로운 훈들을 발견하게 된다.

奸 : 간사할 간   妄 : 망령될 망   妨 : 방해할 방   妖 : 요망할 요
妬 : 투기할 투   姦 : 간음할 간   婪 : 탐할 람   媚 : 아첨할 미
嬈 : 간들거릴 뇨   嫉 : 투기할 질   嫌 : 의심할 혐   嫖 : 음란할 표

이러한 글자는 여성을 인간사의 부정적인 측면과 연결시키는 사고체계를 나타내 주고 있다.

여성을 비하하는 성차별언어는 과거의 유산만은 아니다. 오늘날 대중매체의 생리는 여성을 비인간화시키는 언어문화를 대량생산한다. 산딸기, 애마, 깊은 숲 속 옹달샘, 피조개 뭍에 오르다, 고추밭의 양배추…… 등의 영화제목은 한결같이 여성을 남성의 정욕을 채우는 도구로 사물화시키고 있다. 또 TV 드라마의 언어습관들은 재래의 위계적인 남녀관계를 그대로 답습하고 있다. 남편의 명령조의 반말과 아내의 순종적인 존대말로 구성되는 부부간의 대화는 아주 일반적인 대화 패턴이다.

성차별언어의 문제점은 반말과 존대말의 표면적인 어투나 여성의 비하에만 국한된 문제가 아니다. 보다 중요한 것은 성차별언어가 불평등한 남녀의 지위 및 역할체계를 반영할 뿐만 아니라, 이를 유지·강화시키는 힘을 갖고 있다는 데 있다. 예를 들어 여성이 가사노동과 직장업무를 함께 수행하면서 어떤 실수를 했을 경우, 비난을 받게 되는데 이런 비난은 언제나 기왕의 불합리한 성역할분업을 강화하는 방향으로 흐르게 된다. 결과적으로 성차별언어는 여성을 억압하는 구조를 형성하는 것이다.

현대사회는 남녀의 평등한 관계를 지향하고 있으며, 그러므로 이러한 성차별언어는 더 이상 당연시될 수 없다. 남녀의 불평등을 바로잡기 위한 노력의 일부로서 성차별언어에 대한 이론적 논의와 함께 실천적인 노력이 병행되어야 하겠다.

이 글은 이러한 작업의 일환으로서, 삶의 현장에서 나타나는 일상적인 언어습관을 되짚어 보고자 한다. 우리 주위의 대화나 글 속에 무의식적으로 뿌리박힌 성차별적 요소들을 걸러내 보고, 아울러 그러한 언어의 사용이 여성을 억압하는 성폭력임을 지적할 것이다. 삶의 현장으로 가정, 직장 그리고 그것의 투영물인 대중소설이 선택되었다.

2. 부부대화

가정이라는 장(場)에서의 부부간의 대화형태는 의외로 다양하게 나타나며 일반적인 대화와도 분명하게 구분된다. 자녀문제 의식주문제 등을 결정하고 실행하는 과정에서 생겨난 부부역할 분담인식은 눈짓이나 분위기만으로도 의사전달이 가능하다는 대화형태의 독특함을 창출한다. 역할분담인식이 개입되지 않은 대화에서는, 또 다른 언어형태로서 남녀지식수준에 대한 인식이 개입되기도 한다. 그러나 이런 대화형태에서 부-부/남-녀가 동등한 구별이 아닌 차별로서 인식되고, 인식하는 한에서는 부부대화는 차별적 언어형태일 수밖에 없다.

부부가 동등하게 대화를 나누냐 아니냐에 따라 가정분위기는 윤택해질 수도,

건조해질 수도 있다. 어느 한 편이 명령적 언어를 사용할 때 부부간의 대화라는 것은 다만 착각일 뿐, 명령-복종의 주종관계에 지나지 않는다. 이는 한 사람의 의견을 가지고 두 사람이 대화하는 것으로 당초 결론을 강요하는 명령자의 언어 속에서 복종자는 그 결론을 변화시킬 만한 언어를 제시하지 못한다.

이제 부부간의 대화가 일반적으로 건조해지는 경우를 보고자 한다.

요즘은 연애결혼으로 맺어진 부부의 많은 경우가 서로 반말을 사용하고 있다. 그러나 이것이 항상 부부가 동등함을 의미하지는 않는다. 대부분의 남편언어는 '-해'인 데 비해 아내의 언어는 '-해줘'인 경우가 많다.

'물!' 아내 얼굴 바라보며 나즈막히 그러나 여운을 남기지 않는 스타카토는 예외 없이 '물 갖고 와'하는 주인의 명령어이다. 간혹 아내의 언어일 수도 있다. 그러나 이 경우 순순히 물을 가져다 주는 남편에겐 그럴 만한 이유가 있다. 미안한 표정을 지은 아내의 무릎에 앉고 있는 아들이 물을 찾고 있는 것이다. 아내가 마실 물도 아니려니와 "물 좀 갖다 주시겠어요?"하는 미안한 부탁의 언어이다. 만일 남편이 하인에게 지시하는 어조로 '물 갖고 와라'고 한다면 아내는 고분고분하지만은 않을 것이다. 그러나 같은 명령어임에도 불구하고 아내는 그 뉘앙스의 비밀을 쉽사리 눈치 채지 못한다. 눈치 채야 할 필요성을 느끼지 못하는 것이다. 그것은 당연히 아내가 수행해야 할 역할이므로.

그러나 '물 갖고 와라'하지 못하고 '물'하는 남편은 그 일이 아내의 당연한 역할이라고 주장하기엔 왠지 억지 같다고 느끼고 있기 쉽다. 따라서 남편의 명령어를 아내와 동등한 부탁의 말로 변화시킬 여지는 충분히 있는 것인데, 이는 성차별적 뉘앙스를 눈치 챈 아내의 지혜를 필요로 한다. 적어도 아내 스스로가 과잉역할을 수행함으로써 남편을 무자비한 명령자로 만들지는 말아야 한다.

"애들부터 씻겨!"－조금 전 밥 빨리 달라고 재촉했던 남편의 명령이다.

"이불 깔았어?"－소파에서 꾸벅꾸벅 졸면서 다림질 끝내길 기다리다 못해 하는 남편의 명령이다.

"전화 받어!"－국수 삶는 아내의 귀에도 벨 소리는 들리건만, 그러나 신문 보는 남편은 명령한다.

"문 모두 잠궜어?"－아이들의 옷 입힐 동안 가만히 누워 있던 남편이 집 밖에 나오자 잊을세라 명령한다.

이 같은 말들을 아내가 사용하게 될 경우 앞에서와 같이 특별한 상황에서만 가능한데 이는 불합리한 부부역할 분담인식에서 비롯한다. 남편의 일방적인 언어는 가사에 관한 경우에 가장 두드러지며, 여기에는 주부로서의 의무만 있을 뿐 권한은 배제된다. 가정을 관리하는 주부의 권한 위엔 이에 다시 제동을 걸 수 있는 남편의 권한이 있기 때문이다.

　부부대화의 내용이 가정의 장을 떠나서 정치·경제 등에 관한 토론에 이를 경우가 있다. 여기에는 명령어가 개입될 여지가 없으므로 대화는 비교적 윤택해질 수 있다. 사회적인 정보에 밀접하여 유리한 위치에 있는 남편이 보다 해박하여 아내가 주로 듣는 입장이라고 하더라도 중요한 것은 의견교환에 차별이 있을 수 없다는 점이다. 그런데도 문제는 또 발생한다. 아내의 논의나 질문들이 남편을 곤란하게 만든다 싶으면 갑자기 제동을 건다. "먹고 사는 데 지장이 없으면 되지 살림하는 여자가 그런 건 알아 뭐하니?" 남편 입장에서 볼 때 먹고 사는 데 무관한 아내의 박식함은 오히려 불필요한 것일 뿐이다. 따라서 아내의 역할을 충격적으로 일깨워 주어 그 분수를 지키게 해주는 것도 가장으로서의 더 없는 권한이 된다. 지장 없이 해주는 자가 바로 남편 자신이라 생각하므로 이는 분명 명령이며, 곧 이어 아내의 쌀 씻는 소리로 토론은 막을 내릴 것이다.

　그러고 보면 부부대화에 영향을 미치는 요인들은 다양하지만, 결국은 주부역할에 대한 인식이 대화의 시발점이요 종착역이다. 다시 말해서 가족언어 특히 부부대화의 언어는 불합리한 성역할인식에 가득 찬 성차별언어일 뿐이다.

　한 예로서, 지난번 필자가 심층연구했던 한 부부의 생활 중 일면을 상기해 보겠다.

남편—날씨 좋은데 산에 가자.
아내—오늘 할일 많아요.
남편—꼭 오늘 해야만 돼?
아내—애들이나 데리고 가요. 이불 호청 다 뜯어 놓았는데…….
남편—나 혼자 어떻게 애 둘씩 데리고 가니? 다른 여자들은 어디 가자면 좋아한다는데 넌 왜 그러니? 남편이고 애들이고 간에 모두 귀찮아 죽겠지?
아내—그럼 산에 갔다 와서 자기가 호청 빨아 줄 거야?
남편—미쳤니?
아내—빨래 좀 해주면 미친 거야?
남편—도대체 넌 무슨 낙으로 사니? 집안일에 취미 좀 가질 수 없니?
아내—그래서, 자기한테 집안일 해달라고 조른 적 있어? 또 해본 적은 있구?
남편—다른 집 여자들은 혼자서 잘만 하더라.
아내—당연하지. 마지못해 하고 있다고 소리치지는 않으니까.
남편—그래도 너처럼 불만 많은 여잔 없을 거다.
아내—파출부 쓰면서 자기 하고 싶은 일 하는데 집안일에 불만이 있을라구.

남편—넌 그런 여자밖엔 안 보이니?
아내—그러는 자긴 왜 그런 여자들은 안 보이지?
남편—넌 남편이 도둑질이라도 해 오면 신명날 여자야.
아내—그러는 자기는 아내가 손이 터지든 빈혈로 쓰러지든 그저 쓸고 닦고 아끼고 또 아껴야만 신명날 남자 아냐? 그래두 반질한 손 가진 여자 보면 아내가 한심스럽겠지?
남편—시끄러워! 앞으로 어딜 가자고 해봐라.
아내—누굴 위해 가는 건데?
아이들—아빠, 빨리 산에 가자.
남편—엄마 때문에 안 가. 아빠 잠 잘 거니까 엄마하고 가봐.

어느 일요일, 가족등산으로 인해 부부싸움이 일어났다. 등산을 좋아하는 남편은 평소 아내가 산을 좋아하지 않는다는 것을 알고 있다. 그러나 애들 둘을 데리고 가려면 부득이 아내의 동행이 필요하다. "앞으로 어딜 가자고 해봐라"라는 위협조의 말은 부인을 위해 외출계획을 세운 것이 아닌 자신의 이기심을 감추려는 것이며, 아내는 이미 이를 알고 있기 때문에 더욱 가기가 싫다. 그러나 보다 중요한 의미는 외출을 시켜 주고 아니고는 남편 자신에게 달려 있음이다. 즉 가사일에서 해방시켜 주는 것도 남편이요, 외출경비의 지출 권한도 남편 손에 달려 있음을 의미한다. 덧붙여 남편 없이는 가정 밖을 한발짝도 나갈 수 없는 아내임을 세뇌시키는 것이다.

남편은 가사일을 힘들다고 하는 아내를 이해할 수 없으며 아내의 불만은 가사일에 취미를 못 붙인 불완전한 여자인 때문으로 여긴다. 따라서 가족외출을 즐기고 돌아와 편히 쉴 수 있는 남편은, 오히려 바쁘게 움직여야만 하는 부인의 노동을 한번쯤 눈여겨 보려고도 하지 않으며, 이러한 남편의 몰이해는 노동 자체에 지친 부인의 신경증을 더욱 부추긴다. 따라서 남편은 그런 아내가 더욱 불만스러워질 뿐이다. 그러나 부인의 신경증세가 높건 낮건 간에 가사노동을 파업한 경우가 없는 것이고 보면 결정권을 가진 남편의 명령어가 자연스럽게 행해지고 받아들여지는 반면, 부인은 기껏해야 불만의 언어를 표시할 뿐이다.

정해진(눈에 보이는) 남편의 월급이기에 더 많이 벌어오도록 명령할 수도 없는 아내이다. 따라서 아내의 경제적 불만에 남편은 당당히 할말이 있다. 그러나 눈에 보이지 않는 (정해지지 않은) 가사노동이기에 남편의 불만에 아내는 당당히 할말이 없다.

한편, 아내와 남편은 각자가 원하는 주부상을 말하고 있다. 즉 가사일을 파출부에게 맡기고 자기 자신을 위한 일에 바쁜 여자들은 아내의 눈에 잘 뜨인다. 반면에 불평 한마디 하지 않고 알뜰히 저축해 가면서 자신의 몸만 축내고 있는 여자들은 남편의 눈에 잘 뜨인다. 원하는 유형이 정반대임에도 불구하고 아내의 실제 모습은 남편이 원하는 주부상에서 벗어나지 못하고 있다. 아내의 불평·불만은 남편만이 그 해결사가 될 수 없는 데 반해, 남편의 불평·불만은 아내만이 그 해결사가 되어 줄 수 있다는 것을 아내는 무심코 인정해 왔다. 그래서 오늘도 남편의 불만을 해소시켜 줄 수 있는 자는 자신뿐이라는 유혹에 빠져들지도 모를 일이다. 좀더 가사일에 불평 않고 좀더 알뜰해지며 좀더 자신의 몸을 혹사시킴으로써.

가족등산이 무산되면서 아이들의 실망은 매우 크다. 산을 좋아하는 남편의 실망은 당연하나, 산을 좋아하지 않는 아내의 실망도 크다. 아내가 바라는 바는 산에 가지 않는 것이 아니었다. 호청 꿰매는 일이 남편의 역할이라면 아내는 천방지축 뛰어다닐 애들을 데리고 자리를 피해 주었을 것이며 그렇게 하도록 남편의 명령이 떨어졌을 것이다. 그러나 이는 아내의 역할이기 때문에 이부자리를 질겅질겅 밟고 다니는 아이들과 싸우는 것은 남편이 관여할 바가 아닌 것이다. 그러나 때가 되면 아내는 자기 앞에 밥상을 차려다 놓으리라고 남편은 생각한다. '네가 할 일이니 네가 해라' 하는 남편의 언어형태이다. 아내는 자신의 역할에 자부심을 갖고 수행하려다가도 이러한 남편의 차별적 언어형태에 대해 설명할 수 없는 신경질로만 표출될 뿐이다. 이불을 꿰매고 있는 자신이 편히 누워 있는 남편의 당당한 명령대로 움직이고 있다는 생각이 든다. 아이들에게도 엄마 때문에 화가 난 아빠의 표정이 위엄 있는 언어로 느껴질 것이다. 따라서 이불 꿰매는 엄마의 위치도 달리 보일 참이다. 그러나 그러한 남편의 명령어들을 고민으로 받아들일 줄 알기에 한 뜸 한 뜸 움직이는 손끝을 따라 아내의 지혜는 동등한 언어를 추구해 나갈 것이다.

3. 직장내 언어

대부분의 사람들은 자신의 삶을 스스로 꾸려 나가기 위해 경제적 자원을 획득하고자 한다. 그 방법으로서의 직장생활이 적성과 능력에 적합하고 지속적인 자아실현이 가능할 때, 그는 일에서 기쁨을 느낄 것이다.

그러나 이러한 원론적인 이해만으로 직장생활이 이루어지고 있지는 않다. 그곳에는 각자가 맡아야 하는 역할 외에 눈치껏 수행해야 하는 많은 역할들이 기다리고 있다. 특히 여직원에게는 여성으로서의 역할이 요구된다. 그것이 바로 '직장의 꽃'이며 '보조업무자'로서의 처신이다. 그가 지닌 전문능력에 상관없이 서비스와 단순업무에 한정당한 대졸여사원의 첫 직장생활은 업무파악을 위한 고민이 아닌, 예기치 않은 벽에 부딪치게 된다. 사무실에서 오가는 대화 속에서 여직원은 끊임 없이 여자임을 강요받는다. '여자가 무슨……' 혹은 '여자가 제법……' 하는 식의 부정적인 서술이 그것인데, 여기에 논박하는 여성의 주장은 골치아픈 반항으로 몰리거나, 또는 똑똑한 여자의 마지막이란 어떠한가에 대한 점잖은 경고로 이어지게 마련이다.

인격적·경제적 자립을 위해 힘차게 직장문을 들어선 대졸여성이 맞닥뜨릴 성차별적 언어의 현장을 살펴본다.

1) '남편될 사람이 반대하면……'
여자사원을 채용하는 면접시험관은 특별한 질문을 준비하고 있다. "결혼은 언제쯤 할 예정입니까?" 혹은 "남편 될 사람이 반대하면 어떻게 하겠읍니까?"라는 직장생활과 별상관 없는 사적 질문이 그것이다. 남자사원을 고용하는 자리라면 "아내가 반대하면 어떻게 하겠는가?" 따위의 질문은 하지 않는다. 결혼과 관계없이 직장생활을 할 것이며 직장생활에 동의하지 않는 남자와는 결혼하지 않겠다는 여자응시자의 대답은 면접시험관을 혼란에 빠뜨린다. 자기 직장에 성실하겠다는 의지에 대한 반가움과 드센 여자가 회사에 들어올 경우의 불편함 사이에서 "글쎄, 아무리 그래도……"로 얼버무리는 것이다.

대졸여사원을 처음 뽑는 직장이라면 중요한 또 하나의 질문이 던져진다. 남자사원보다 30분 일찍 출근해서 책상정리를 할 것이며, 커피 심부름을 해줄 것인가를 지긋이 묻고 확인해야 한다. 어디까지나 '여사원간의 인화와 사내 분위기를 위해서'이다. 그것도 자신의 업무에 포함되는 것인지를 물으면 규정된 업무는 아니라고 말한다. 그러나 어디까지나 업무 외의 플러스 알파가 있고 그 알파가 여성다운 희생정신인 것은 말할 것도 없다.

2) 잃어버린 나의 이름
직장에서 부모가 지어준 이름 석 자를 사용할 수 있다는 것은 커다란 특권이다. 입사하는 날로부터 여성의 이름은 사라져 버리고 '미스 O'으로 불리어진다. 남자사원의 경우에도 마찬가지로 '미스터 O'라고 불리어진다면 '미스'라는 호칭이 문제될 것은 없다. 그러나 남자사원은 'OOO씨'라고 불리게 마련이다. 다양한 개성의 인격체들이 단지 여자라는 이유만으로 사회적 범주를 지칭하는 '미스'라는 호칭으로 그 고유성을 무시당하곤 한다.

'미스'라는 호칭이있은 후에 정중한 표현은 어울리지 않는다. '-해'또는 '-해줘' 정도면 된다. 처음 보는 사원이라고 말을 높이던 남자사원도 얼굴이 좀 익으면 반말을 자연스럽게 사용하려 든다. 조용히 따져 묻기라도 하면, "여동생 같은데……"로 오빠의 위치에 있는 연장자임을 강조한다. 아무런 경제적 혈연적 유대가 없는 두 남녀가 직장에서는 남매 사이가 될 수도 있다.

"미스 O, …… 해줘"라는 말을 들을 때마다, 나의 이름이 성이 미씨이고 이름이 '스O'가 아님을 강조하고 나의 이름은 'OOO'라고 밝히고, 남자사원이 연장자라고 해서 반말을 사용할 자격이 없음을 지적해 줄 수도 있다. 그러나 언어습관은 집요하다. 언어사용자의 의식이 바뀌지 않는 한 고쳐지지 않는 것도 사실이지만, 그 의식변화에 자극제가 될 수 있는 것도 또한 언어이다. 출발점은 그 말이 감추고 있는 성차별의식의 본질에 대한 인식이다.

또, 한 명의 여자사원의 항변은 골치아픈 여자라는 낙인으로 충분히 해결된다. '미스'라 불리는 여사원의 집합적인 항변이 있다면, 여성은 2등 직장인의 호칭인 '미스'를 버리고 잃어버린 이름을 되찾게 될 것이다.

3) '그 고운 손길로 찌개 좀……'
회식을 하는 자리에서 여자사원을 두고, self-service를 한다는 것은 좀 어색한 일이다. 또 식탁에서 서비스하지 않는 여자직원은 눈에 거슬리는 법이다. 부글부글 끓는 찌개를 눈앞에 두고 여자사원이 떠주기를 기다리다 지친 남자사원은 그의 '센스 없음'을 나무란다.

"미스 O, 이런 때 그 고운 손길로 찌개 좀 떠서 돌리면 어때?"

그런 경우에 "내가 홍길동씨 찌개 떠주면 나도 좀 떠줄래요? 나도 홍길동씨의 그 정성어린 손길로 떠준 찌게라면 더욱 맛이 있을 것 같아요."이럴 바에야 그 남자사원은 자기 손으로 떠먹고 만다. 홍길동씨는 그 좋던 넉살을 깨끗이 접고 식사를 마친다. 가정에서 어머니, 아내, 여동생으로부터 온갖 서비스를 받던 습관은 서비스하지 않는 여성이 거칠게만 느껴진다.

4) '누가 데려갈지 그 남자 걱정된다'
직장생활에서 여성의 20대 후반이란 매우 귀찮은 관심을 받게 마련이다. 직장상사와 동료들은 그가 언제쯤 결혼할 것인지에 대해 물어온다. 그들은 결혼적령기를 일깨워 주고, 여자의 행복이란 이러이러하다는 충고를 잊지 않는다.

"여자는 뭐니뭐니 해도 제때에 결혼해서 집에 들어앉아 남편 귀염받으며 벌어다 주는 돈으로 살림하며 사는 게 가장 큰 행복이지."

전업주부인 자기 아내가 행복하다고 믿는 직장상사는 다른 여자의 행복도 다 그러리라고 생각한다.

"이게 무슨 소리야! 미스 ○! 큰일날 소리 하고 있네. 나는 결혼하고서도 직장생활하겠다는 여자를 보면 좀 이상하더라. 남자가 능력 없는 사람이 아니고서야 여자를 남자들만 다니는 직장에 내보내려 하겠어? 그리고 애도 낳아야지. 아이고! 여자가 임신해서 배가 나온 모습으로 회사에 나와 봐. 그거 회사에서 좋아하겠어?"

이에 대해 여자사원이 "여성의 직장생활도 이해 못하는 남자라면 어디에 쓰겠어요? 그리고 임신부의 배나온 모습이 보기 싫다구요? 모성애를 찬미할 때는 언제구요?"라고 반박하려 하면 더 이상 설득의 여지가 없음을 인정하면서 마지막 경고가 나온다.

"미스 ○, 누가 데려갈지 그 남자 걱정된다."

5) '타이프 좀 치지'

남자사원의 직장생활은 가장의 경제행위이고, 여자사원의 직장생활은 가장의 경제행위를 보조하는 일이라고 인식된다. 업무배분상에서 창의적이고 결정권이 많은 일은 남자사원이 담당하고, 여자사원 일은 단순노동에 국한시킨다.

"전화 좀 받지." "타이프 좀 치지." 여자가 있는 부서에서는 타이피스트를 따로 고용하지 않는다. 기존의 여자사원에게 타이프 치라고 명령하면 그만한 인건비가 절약되기 때문이다.

여자사원은 늘 업무회의에서 제외된다. 어쩌다가 급한 일이 생기면 그때시아 업무배분은 비교적 평등해진다. 그래서 여자사원이 일을 배워야겠다는 적극적인 의지를 가지고 이것저것 물어보면 따가운 눈총이 주어진다. '말많은 여자 골치아픈 여자'가 되는 것이다.

타부서에서 업무문의를 하러 온 남자사원은 되도록 남자사원을 찾는다. 그가 찾은 남자사원이 문제를 잘 모르고 있을 때, 여자사원이 나서서 "아, 그거요. 제가 아는데요. 잠깐만요, 서류 찾아서 확인해 보겠읍니다" 하고 호의를 베풀어 봤자 소용없다. 타부서의 남자사원은 그냥 나가 버린다. 묻지도 않은 말에 대답하는 여직원의 태도는 호의라기보다 무례로 받아들여진다. 무의식중에 '여자가 말참견을 하는' 것에 대한 무시가 표현된다. 그들에게 있어서 여자사원의 고유업무는 따로 있기 때문이다.

4. 대중소설의 성차별언어

대중소설은 지금까지 살펴본 가정과 직장의 경우처럼 구체적인 현실의 장은 아니지만, 현실을 투영하고 있다는 점에서 잠재적인 현실이라 불러도 무방하다. 특히 대중소설은 매스미디어와 더불어 사람들의 의식 속에 은연중 커다란 영향력을 미치고 있음을 생각할 때, 그 속에서 나타나는 성차별언어의 규명은 구체적 현실의 불평등한 언어습관들에 대한 지적에 못지 않게 큰 의미를 지닌다. 또한 가정과 직장이라는 현장에 비하여 대중소설에서는 작가의 의식에 따라 성차별언어 사용의 불식이 보다 용이할 수 있고, 이것이 다시 대중에게 영향을 미칠 수 있는 가능성이 크다는 점에서 중요성을 갖는다.

여기서는 대중소설 가운데 베스트셀러로 알려진 최인호씨의 자서전적인 소설 「가족」을 분석대상으로 하여, 그 속에 나타난 성차별적 묘사들을 살펴보기로 한다.

「가족」은 월간잡지 《샘터》에 10년간 연재된 것을 모아 단행본으로 출간한 소설이다. 이 책은 가정의 일상사를 다룬 논픽션이며 각색되어 TV드라머로 방영된 바도 있거니와 84년 5월에 초판을 낸 이래 85년 6월 현재 8판을 거듭했다는 점에서 대중소설의 대표성을 지니고 있다고 평가내려도 무방한 듯하다.

이 소설에서 작가는 '나'라는 화자를 통해 그의 가족을 묘사해 내고 있으며, 그 속엔 작가 자신의 어머니, 아내, 딸, 여성일반에 대한 사고방식을 담고 있다. 따라서 이것을 분석하면서 대중소설에 나타난 성차별적 요소들을 지적하고, 그 의식의 한계를 살펴볼 것이다.

1) 어머니

'나'의 어머니는 일찍 남편을 여의고 6남매를 키우느라 갖은 고생을 했으며 이제 자녀들이 모두 장성하여 다소 여유를 갖게 된 칠순이 넘은 노인이다. 자녀가 살고 있는 미국을 다녀온 칠순 되신 어머니의 손톱을 보고 나는 어머니의 뒤늦은 '여성 자각'을 확인하고 이를 '자유의 자각'이라고까지 확신한다.

  1. "······ 그 어머니가 일흔이 다 되어서 손톱을 기르시고 매니큐어를 칠하신 것이다. 나는 이것이 독립 2백주년을 맞는 미국의 선물이라고는 생각지 않으나 어머니에게 새삼 여성임을 자각시킨 이 서구적 사고방식이 결코 우리가 맹목적으로, 혹은 막연히 경멸해서는 안 될 자유의 자각이라고 확신한다. 칠십노모에게 꽃피우게 한 여성자각의 사상이 거기서 싹트게 한 것이라면 나는 반성할 수밖에 없다."

'나'가 어머니의 나이를 묻자 대답을 꺼려하는 대목에서 '나'는 다음과 같은 평가를 내린다.

   2. "하기야 어머니는 노인이라기보다는 여성이시니까 아직까지도 나이를 대답하기 싫으신 모양이고 늙기조차 서러우신데 나이를 묻는 내 심보가 고약스럽게 여겨지실 것은 분명하다."(p. 136)

   그리고 '나' 자신의 '정서미숙아적 기질'을 막연히 아버지의 부재, 다시 말해 어머니의 영향 탓으로 돌리고 있다.

   3. 아버지가 열 살 때 돌아가신 탓으로 "아버지의 영향보다는 어머니의 영향을 받으며 자라나 정서미숙아의 기질을 다분히 가지고 있는 편이다."(276)

   작가는 어머니에 관한 묘사를 통해 여성을 다음과 같이 표현하고 있는 셈이다.
   1. 여성으로서의 자각은 외모를 치장하는 데 있으며 자유롭게 외모를 치장하는 여성은 인격적으로 자유롭다. 2. 나이든 여성은 열등감에 차 있다. 3. 편모슬하의 아들은 정서미숙아가 되기 쉽다.

2) 아내
'나'의 아내는 대학 동기로서 '나'보다 7개월 먼저 태어났다. '나'는 이런 아내에 대하여 존대어를 쓰도록 강요함으로써 남편의 권위를 찾았다고 인식한다.

   1. "그래서 조금쯤은 남성의 권위를 되찾고 싶어서 나는 결혼 전에 '야, 야, 너 결혼하고 나서두 인호야 밥먹어 그럴래'하고 눈을 부릅떴었는데 결혼하고 나니까 아내는 내게 차츰 존대말을 쓰며 나를 '보여— 보여—' 부르기 시작했다…… 물론 지금은 자연스럽게 최고 경칭이 사용되곤 하는데 놀랍게도 부부싸움할 때는 연애시절의 그 쌍스럽고, 야비하고, 버릇없고, 교양없고, 되어먹지 못한 반말지거리가 튀어나오는 것이다…… 누가 도대체 요즘 여인들의 교육을 시키고 있는가."(p. 79)

   '나'의 일상적 반말지거리는 '남성의 권위'의 상징이고 아내의 반말지거리는 '쌍스럽고, 야비하고, 버릇없고, 교양없고, 되어먹지 못한' 것이라는 견해이다.

   아내를 통해 본 여성 일반의 직업관에 대하여는 다음과 같은 단언을 내리고 있다.

   2. "흔히들 여인들은 학교를 졸업하고 나면 대부분 결혼할 때까지 소위 사회를 경험해 보겠다고 직장생활을 하곤 한다. 고등학교를 졸업하고 나서 직장생활을 하건 대학교를 졸업하고 나서 직장생활을 하건 여자들의 직장생활은 결혼과 동시에 끝나게 되는 법이다."(p. 197)

   3. "아내의 직장생활은 전혀 나의 환경 여하에 따라 끝이 날 수밖에 없었다."(p. 198)

4. "집에서는 설겆이도 하지 않던 남의 귀한 딸들이 직장에 들어선 순간 제 오빠도 아닌 사람들의 명령에 의해서 손님대접용 커피도 끓이고 남보다 일찍 출근해서 청소도 하는, 좋게 말해서 갖은 일거리를 싫다마다 하지 않고 배우기 시작하는데 아내 역시 예외는 아니었다."(p. 197)

'나'는 여성들의 직장에서의 '잡무'의 부정성을 인식하고 있으나 그것의 해결을 직장생활의 탈피에서 찾고 있다.

아내에 대한 묘사에서 나타난 작가의 의식은 다음과 같다. 1. 연인관계는 평등하나 부부관계는 지배-복종 관계다. 따라서 아내가 남편에게 반말을 써서는 안 된다. 2. 여자의 직장생활은 결혼과 동시에 끝난다. 3. 아내의 직장생활은 남편의 사정에 좌우된다. 4. 대졸여성들이 직장의 온갖 잡무를 하는 것은 안됐지만 어쩔 수 없는 일이다.

3) 딸

나는 남매를 자녀로 두었는데 딸이냐 아들이냐를 놓고 바라는 기대가 사뭇 차별적이다.

딸에 대하여 바라는 미래상은,

1. "결코 나는 다혜에게 위대한 피아니스트가 되기를 원치 않는다. 예술가의 길은 힘들고 더구나 여자로서의 예술가는 불행과 고난의 길이라서 나는 행여 장난처럼 나중에 다혜가 아빠 흉내를 내서 고등학교 문예낭독회 때 '노오란 은행잎이 폐병 걸린 오누이의 기침소리처럼 떨어지도다'라는 감상적인 시를 읽는 문학소녀가 된다면 다리몽둥이를 부러뜨리겠다고 공언하고 다니곤 했었다. 나는 그저 다혜가 감수성이 풍부한 여인으로서 예쁘고 매력적인 미인이 되어 평범한 가정주부가 되기를 바랄 뿐이지 여류명사가 되어 주기를 원치 않는다."(p. 154)

이 말의 요지는 다음과 같은 것이다. 1. 여자예술가나 여류명사는 불행하고 힘든 삶을 산다. 평범한 가정주부가 되는 것이 딸의 행복이다.

이른 바 '현모양처'의 이데올로기가 딸의 사회화 과정에 본격적으로 도입되고 있는 것이다. 인간은 자신이 자라온 생활환경에 따라 자아성장을 위한 선택이 제한되게 마련이다. 그런데 유독 여자아이의 경우는 어렸을 적부터 무조건 '현모양처'의 미래상만이 주입되어 다양한 자기개발의 가능성이 일방적으로 차단되는 현실을 반영해 주고 있다.

한편 '나'는 아들에 대하여 다음과 같은 낙관적 기대감을 표현하고 있다.

1. "아들녀석은 딸보다 나이도 어렸지만 결정적인 순간에는 남자만이 가질 수

있는 낙관을 획득하고 있었다."(p. 351)

2. "이봐, 여자란 것은 말이다, 별게 아니다. 니가 이담에 무엇이든 이룬 훌륭한 사람이 되면 여자는 자연 네 앞에서 무릎을 꿇게 되어 있는 거란다. 큰 여자도 네 앞에서 무릎을 꿇게 되는 것이다. 알겠니. 여자란 것은 말이다, 이를테면……알겠니?"(p. 399)

어떤 난제에 부닥친 어린아이에게 순간적으로 무심코 던져진 충고가 일생 깊이 새겨지는 경우를 흔히 본다. 아이는 그런 식으로 의식의 한 구석을 채워 나가기 시작하는 것이다. 작가가 아들에게 심어 주는 교육관은 1. 여자는 성공한 남자 앞에서 무릎을 꿇게 되어 있다는 세속적 영웅주의이다. 마침내 작자의 영특한 아들은 아빠의 가르침을 소화해 냈다. "알았어요, 아빠. 그러니까 여자는 …… 로구나."(p. 399) 끔찍한 남성우월주의가 2대에 걸쳐 재생산되고 있음을 보여준다.

4) 여자 일반

여자 일반에 대하여는,

1. "아무래도 입이 가벼운 쪽이 남자보다 여자쪽이라지만……."(p. 190)

2. "……여자 나이 스물 넷이면 이미 대부분 장래에 대한 어떤 확신이 서 있을 나이였다. 일테면 이미 대부분 연애를 걸었건 중매를 통해 선을 보았건 확실한 직업의 남편감과 전도유망한 애인에게 장래를 맡겨야만 하는 중요한 고비의 나이였다."(p. 101)

작가는 1. 여자는 수다스럽다, 2. 여자의 일생은 남편의 능력에 달려 있다는 것을 자신 있게 말하고 있다. 일상적으로 거론되는 여자에 대한 구설수를 집약적으로 표현해 놓고 있다. 따라서 이 소설의 독자는 여성에 대한 고정관념을 다시 한 번 확인하게 된다.

여기서는 '가족'이라는 소설의 작품성을 논하려는 것이 아니다. 소설이라는 대중문자매체가 의식적으로든 무의식적으로든, 간헐적으로 혹은 빈번히 여성에 대해 편견에 차고 왜곡된 표현을 서슴지 않음으로써 독자에게 끼치는 영향을 지적하고 싶은 것이다. 여성을 독립적인 인격체로서가 아닌 성적 대상물로 정형화하는 경우는 무수한 애정소설 속에서 발견되며, 그렇지 않더라도 기껏해야 무력하고 나약한 존재로 묘사된다.

본 글에서 분석의 대상에 오른 소설 「가족」은 그런 여성상을 그대로 답습하고 있다. 변화하는 사회 속에서의 다양하고도 새로운 여성상을 찾아보기 어렵다. 옛날(어머니)이나 지금(아내)이나 장래(딸)에도 여성의 이상형은 남편에게 모든 것을 떠맡긴 채 별주장 없이 살아가는 '현모양처'일 뿐이다.

혹 운(?)이 없어서 모든 것을 내어맡긴 남편을 잃게라도 되는 경우에, 여성은 더 이상 여성이 아닌 비여성으로 간주되는 것이다. 그러기에 '나'는 하필이면 손톱에 바른 메니큐어에서 어머니의 여성다움을 발견한다. 또 뭔가 자질이 보이는 여성의 경우에는 그것이 드센 팔자를 자초하는 것으로 터부시되어야 마땅한 것이다. '더구나 여자로서의 예술가는 불행과 고난의 길'이며 '남편에게 모든 것을 내어맡긴 여자이기에 대화에 있어서 최고존칭의 사용'은 불가피한 일이 되고 만다.

현실이 변화하는 만큼 여성의 일과 삶 또한 다양하게 변화하고 있다. 이와 함께 불평등한 사회구조와 내면화된 수동성을 극복하려는 여성의 의식 또한 크게 강화되었다. 이러한 사회의 변화, 여성의 변화를 읽어 내지 못하고, 소비적이고 의존적인 여성상과 현모양처의 이상형을 당당하게 표현하는 대중소설은 이제 재고되어져야 할 것이다.

5. 맺음말

지금까지 부부대화, 직장 내 언어, 대중소설의 여성묘사에 나타난 성차별언어를 불합리한 역할기대와 관련시켜 살펴보았다. 이러한 성차별언어가 평등한 언어로 변화하기를 바라는 것은 새로운 사회질서에 대한 소망이다. 사회질서가 성차별적으로 온존하면서 언어습관만 바뀔 수는 없을 것이기 때문이다. 성차별언어가 사라지는 것의 전제조건은 평등한 남녀관계의 수립이다. 사회의 모습이 평등하게 될 때, 성차별언어는 설 땅을 잃고 만다.

그러나 역으로 언어의 변화가 사회변화를 촉발시킬 수도 있음을 간과해서는 안 된다. 1960년대 미국 여성운동의 성과로 등장한 Ms. (Miss : 미혼녀와 Mrs : 기혼녀의 합성조어) 라는 단어는 혼인신분에 따른 편견을 고치는 데 크게 기여한 바 있다.

성차별언어를 변화시키려는 노력은 기존언어의 성차별적 요인들을 지적하고 제거하는 일과 더불어 이를 대신할 새로운 상징어를 창조해 내는 일이 이루어져야 한다. 이러한 두 방향의 노력이 함께 수행될 때, 성차별언어를 바로잡으려는 작업은 평등사회의 실현을 앞당기는 촉진제가 될 것이다. ■

현장연구

자라나는 세대가 가진 자아상
'내가 원하는 삶'을 주제로 한 고등학생들의 글을 중심으로

안정남
숙명여대 인류학

1. 머리글 : 글을 통한 이해

우리들의 아이들은 중고교 6년을 다니면서 무슨 생각을 하며 지내고 있을까? 분식점이나 오락실에 삼삼오오 모여 무엇을 담소하며 무거운 가방에 매달려 새벽별을 보고 집을 나서고 달밤에 돌아오는 길에서 그들은 무슨 생각을 할까. 우리가 '선진조국' 건설에 여념이 없어 그들에게 눈을 돌리지 못한 동안 그들은 과연 건재한가? 이러한 질문을 가지고 나는 서울시내 고교생의 생각을 그들이 쓴 글을 통해 알아보고자 하였다. 인문고교 1년생의 남녀 1클라스씩을 선정하여 '내가 원하는 삶'이란 제목하에 쓴 글을 모아 보았다. 모두 120명의 글 중에서 남을 의식하지 않고 자신의 생각을 성의 있게 전개한 50편(남녀 각각 25편)의 글을 다시 선택하여 그들의 생각을 읽어 보고자 하였다. 먼저 전체적인 틀로서의 사고관이나 가치관에서 남녀의 차이는 두드러지게 보이지 않았다. 단지 글을 쓰는 표현에서 약간 차이가 보이는데 남학생이 구체적이고 의지적인 데 비해 여학생은 감상적이고 완곡한 표현으로 씌어진 쪽이 많았다. 이는 아마도 삶의 목표나 이상이 남학생이 현실적이고 구체적인 데 비해 여학생의 경우 대부분 막연하고 모호하다는 점과 연결될 것이다. 이 글에서는 남녀 공동적으로 나타나는 가치관과 사고관, 즉 출세주의와 안전주의적 삶의 선택과 그들의 사회비판적 시각에 대해 집중적으로 다루어 보고자 한다.

2. 평범한 삶과 결코 평범하지 않은 삶의 이분법

학생들의 글에서 남녀에 관계없이 가장 빈번하게 나타나는 어휘나 용어는 진실과 사랑, 희생과 봉사, 노력과 성실, 신용과 용기, 진선미 등 주로 교육적으로 쓰이는 류의 단어들이다. 또 살아가는 태도로서 많은 학생들이 평범하고 착하게 살겠다라는 데에 상당한 일치를 보이고 있다. 이는 '나는 남을 속이고 나 혼자 발뻗고 잘 위인이 못 되므로 남에게 해를 끼치지 않는 생활'이나 '남의 간섭을 받지 않고 조용히 살다가 기회가 있으면 좋은 일을 하는 것' 또는 '무리한 희망이나 욕망을 갖지 않고 분수에 맞게 사는 생활' '보통사람들처럼 안정된 직장에서…… 마음 편히 살고 싶다' 등으로 표현되고 있다.

"……나는 거창하게 위대하거나 또는 거룩하게 사는 삶을 원하지는 않는다. 입신양명을 하는 것도 좋지만 나는 그런 것이 싫다. 왜냐하면 그런 생활은 상당히 피곤하고 내가 그런 일을 하기에 적당치 않기 때문이다. 나의 마음 한구석에는 권력 잡아 보고 싶고 대중의 스타가 되어 즐겁게 살아 보고 싶기도 하지만 나는 내 주제를 잘 알기 때문에 하지 않으려는 것뿐이다. 나는 보통사람들처럼 안정된 직장에서 어머님의 소망이신 단독주택을 하나 장만해서 동생과 함께 부모님 모시고 한 아들로서 단란한 가정을 이루고 마음 편히 살고 싶다……"
　　――남학생의 글

여기서의 평범한 삶이란 적어도 부도덕하지 않고 번거롭지 않으며 간섭받지 않으므로 마음이 편한 생활이다. 이런 생각은 한편 "……시장에서 리어카를 끌까, 종업원이 될까, 남에게 굽신거리게 될까, 하는 생각을 하면 정신이 바짝 난다……"라는 표현에서 생존에 대한 불안과 직결되어 있음을 볼 수 있다. 더 구체적으로 말하면 그 불안은 경쟁사회에서 오는 두려움과 독자적인 삶이 가져오는 불안정성에 대한 두려움에서 기인한다.

이들은 청소년기의 일반적 특징으로 보이는 이상을 한껏 펼쳐 나가기보다는 벌써 언젠가 평범한 삶을 선택하고 있는 것이다.

"……우선은 기술고시에 도전해 성공하면 그길을 그냥 개척해 나가고 성공을 못할 때에는 그냥 평범하게 살겠다……"　　――남학생의 글

"……내가 원하는 삶은 일생을 아무 일없이 평범하고 편안하게 사는 것이다. 그것이 무슨 의미가 있느냐 하겠지만 아주 뛰어나지 못할 바에는 그저 중간층에 속해 평범하게 사는 것이 훨씬 낫다……"　　――남학생의 글

"……나는 야망과 정열에 찬 삶을 좋아한다. 그러나 내가 지금 그런 삶을 좋

아한다고 해서 그것이 원하는 삶은 아니다. 나는 안정된 삶을 살고 싶다. 야망과 정열은 좋은 말이지만 그런 삶은 날뛰는 야생마를 안장 없이 타고 있는 거나 다름없다…… 난 모험에 호기심은 있어도 직접 할 용기가 없다. 나는 그렇게 소극적인 알맹이에 번지르르한 가면을 쓰고 있다……"   ——여학생의 글

여기서 평범한 삶이란 특출하거나 성공하지 못한 차선책의 삶이다. 우선책은 성공이며 그 성공은 많은 도전과 긴장, 경쟁과 좌절이 따를 것이 예상되므로 상당수가 이미 포기를 하고 있는 인상을 짙게 남긴다. 이 차선책과 우선책, 평범과 성공의 이원적인 대립은 실제 학생들의 글을 통해 대부분의 평범하게 살겠다는 부류와, 소수지만 결코 평범해지지 않겠다는 부류의 두 집단으로 분명히 나뉘는 것을 통해서도 알 수 있다.

'절대로 평범해지지 않겠다'라는 유형은 남녀에 관계없이——단지 여학생의 경우 숫자적으로 열세하다——자신의 독자적인 분야나 일을 갖겠다는 것이다. 그 분야란 대개가 사회적 지위가 높은 의사, 판검사, 대학 교수, 예술가 등이며 남학생의 경우에는 정치가나 기업가가 첨가된다. 자유직의 경우에도 '○○분야의 제일인자, 아무도 따라오지 못하는 유명한 의학자, 반 고호보다 더 훌륭한 화가, 이사도라 던컨에 필적할 만한 무용가' 등의 형용사가 붙는다. '절대 평범해지지 않겠다'는 결국 '평범해지겠다'는 의식수준에서 크게 벗어나지 않음을 알게 된다. 어떻게 사느냐보다는 구체적인 무엇이 되겠다는 것, 그것도 기존의 '무엇'보다 더 출세하겠다는 것을 선택함으로써 삶의 목표는 사회적 성공이라는 틀에서 맴돌고 있음을 보게 된다. 결국 평범하게 살겠다, 또는 결코 평범해지지 않겠다는 두 태도는 사회적 출세라는 획일적 척도가 우리 삶에 얼마나 일찍부터 자리잡게 되는가를, 그리고 우리를 일찍 시치게 하고 있는지를 여실히 얘기해 준다.

3. 안전주의

학생들이 쓰는 평범이란 개념의 이면에 그림자처럼 함께 사용되는 가치는 분수를 아는 것과 성실이다. 한 학생은 분수에 관해 다음과 같이 적고 있다.

"……난 나무가 거꾸로 자라는 것을 본 적이 없으며 밑에서 위로 흐르는 물을 만난 적도 없다. 또한 호랑이가 사자를 흉내내는 것을 본 적도 들은 적도 없다. 그러나 유독 인간만이 분수를 알지 못하고, 아무 준 것도 해놓은 것도 없이 더 많은 것, 더 풍요로운 것을 얻으려 하고 있다……"   ——남학생의 글

분수를 안다는 것은 인간의 도리라는 사고며 또 시체말로 주제파악을 하라는 뜻과 함께 도전하는 자세, 독창적이고 개성적인 자세와는 거리가 멀다. 성실이란

개념도 책임을 다한다는 의미보다 제도나 인습에 순응하는 의미로 나타난다. 성실한 삶이란 사회에서 손가락질 받지 않으며 이 역시 사회의 기존가치를 저항 없이 받아들이는 상식적 소시민의 분수를 가리키고 있을 뿐이다.

야망과 정열에 찬 삶을 좋아하지만 그것은 모험에 찬 위험하고 불안정한 것이므로 그런 인생을 살지 않겠다는 표현에서 이 점을 알 수 있다. 또는 이상은 이루어지지 않을 것이라는 단념 상태 또는 '○○처럼 되지 않겠다'거나 '○○처럼 살지 않겠다' 등의 부정적이며 막연한 제시를 통해 상상력이 마비된 듯한 인상을 받게 된다.

이렇듯 기존의 틀 속에서만 사고하고 안존과 편안함을 추구할 때 무엇을 철저히 사고하며 무엇에 대해 밑바닥까지 고뇌해 볼 것인가. 철저히 사고하기를 거부함으로써 이상은 결국 아무런 실체를 갖지 못한 것으로 전락하고 단편적으로 기억하거나 암기된 한 조각의 지식처럼 쉽게 잊어버리고 마는 것이 아닐까? 그렇다면 이들이 외쳐 대는 '진실하고 정의로운 삶'이라거나 애타주의와 희생정신에의 찬미, 또는 '아스팔트의 인생을 가기보다는 비포장도로의 인생을 황소처럼 우직하게 걸어가겠다' 등의 포부는 공허한 약속이 될 가능성이 커진다. 이들에게 있어 좋아하는 것과 원하는 것이 다르고 믿는 것과 행동하는 것 역시 서로 다르다는 점은 중대한 의미를 갖고 있다. 이렇듯 인식세계와 행동세계를 엄격히 구분하는 언행불일치 경향은 결국 어려운 것을 피해 가는 안전주의의 또 다른 얼굴일 수 있기 때문이다.

"……난 모험에 호기심은 있어도 직접 할 용기가 없다. 나는 그렇게 소극적인 알맹이에 번지르르한 가면을 쓰고 있다." ——여학생의 글

"……실천력이 없다. 버스나 전철 속에서 노인에게 자리를 양보하는 것이 좋다고 생각되지만 한번도 해본 적이 없다. 편한 맛도 좋지만 남들이 위선자라는 눈길로 쳐다볼 것만 같다……" ——남학생의 글

여기서 주목되듯이 학생들 자신이 생각하고 있는 바대로 실천하지 못하는 데에 대해 내면적 갈등과 부담감을 느끼고 있다. 그러나 이러한 부담감은 성적이 좋지 못하다든가, 공부에 힘써야겠다 등의 피상적인 반성으로 해결점을 찾아보려고 한다는 것이다. 현재 성적이 부진하지만 성적이 오르면 자신의 내면적 불성실이나 갈등도 점차 개선될 것이라는 허망된 예측을 하고 있다. 아니 어쩌면 극단적인 성적 위주의 분위기에서 성적만 좋으면 저절로 자신감이 생겨 실제로 모든 문제가 해결되는 정도로 약한 자아의식을 지닌 것이 우리의 현실인지도 모르겠다. 또 현재 당면한 구체적 목표는 대학입시이기 때문에 어떻게 살겠다는 것은 차선으로

미루든가 혹은 대학입시를 통과하면 행복한 삶의 문이 저절로 열릴 것처럼 생각하는 경향과 맥을 같이하는 생각이다. 입시는 학생들로 하여금 내면적 노력이나 자기성찰을 포기하는 당당한 구실이 되고 있는 것이다.

4. 비판적 사회의식

그러나 그들 중에는 부담스런 양의 학과공부 틈틈이 독서나 음악, 친구나 친지와의 대화, 교제에서 의의를 찾으며 자신의 삶과 사회에 대하여 진지하고 건실하게 사고하는 학생들도 많이 있다. 그들의 통찰과 비판은 때때로 기성세대보다 더 날카롭고 정의롭다. 그것은 다음의 글에서도 잘 나타난다.

"……나는 진실되지 못한 인간의 일면을 국회에서 보게 된다. 나는 청구국민학교에서 열린 유세에 참여하였는데 전적으로 동감이 갔고 그 사람들을 모두 지지하였다. 그 중에서 누가 국회의원이 되든 일을 잘해 줄 것을 확신하였다. 그러나 현실과 생각과는 차이가 있었다. 매스콤을 통해 국회의원 등의 활동을 관심 있게 지켜 보는데 유세 때 하던 말과는 전혀 다른 행동을 하는 것 같다……" ──남학생의 글

건강한 시민의식을 갖고 깨어 있고자 하는 예리한 눈과 진지한 태도는 위의 글에서 잘 나타나 있다. 그러나 이러한 학생들이 가정과 학교에서 그들의 사고를 더욱 발전시켜 갈 충분한 자극과 격려를 받고 있는가 하는 것은 또 다른 차원의 문제다. 오히려 그러한 격려와 조언을 줄 학교 선생님과 친지나 부모는 아님을 안타까와하는 글들이 많았다. 한 건강하고 행복한 시민으로 자라기 위하여 갖고자 하는 이러한 관심과 노력은 많은 경우 벽에 부딪쳐 회의적이고 냉소적인 태도로 발전하는 것을 볼 수 있다.

"……나는 수학시간에 짧은 시를 썼읍니다.
'기다림'
조례시간에는 종례를 기다리고
종이 울리면 다시 종이 치길
기다리고
수학시간엔
칠판이 끝에서 끝으로 세 번 채워지길
기다릴 뿐이다.
염광에 다니는 내 친구는 자기 학교를 염광주식회사라 부르고 나는 우리 학교를 ××수용소라 부릅니다……" ──여학생의 글

"……전인교육, 전인교육 하지만 우리가 언제 그런 교육을 받아 보았던 가……" ——여학생의 글

"……그 높은 지위를 위해, 그 많은 부를 위해 얼마나 많은 사람을 희생시키고 얼마나 많은 사람을 밟고 올라섰을까……" ——남학생의 글

무언가 잘못되어 있다는 생각, 사랑 없는 교육, 문화가 없는 교육, 우리는 이러한 교육을 원하지 않았다라는 그들이 처한 입시 중심의 학교생활 전반에 대한 불만은 사회에 대한 불만과 불신과도 무관하지 않다. 보다 우수하고 보다 진지한 학생들이 애초에 갖게 되는 긍정적이고도 건실한 물음은 사회에 대한 의문부호로 바뀌며 그것은 매우 부정적이고 회의적인 시각에 차 있게 된다. 이러한 물음이 비뚤어지고 냉소적인 사회의식으로 급진화될 수 있는 소지가 없다고 우리가 부정할 수 있을 것인가?

5. 맺음글 : 다시 생각해야 할 청소년기의 억압

이 학생들이 속해 있는 16-18세의 청소년기는 성숙을 위하여 발돋움하며 모색하는 시기다. 피아제에 의하면 청소년기는 논리적이고 이상적인 사고가 만능이라는 자기중심적인 신념으로 대담해지는 시기라고 한다. 자기가 현실에 적응하기보다는 현실을 자아에 적응시키려는 자기에너지에 충만한 나이라는 것이다. 그런데 우리의 아들딸들은 이 시기를 어떻게 보내고 있는가? 특출하여 남의 선망을 받아 보겠다는 야심에 찬 소수의 학생과 특출하지 못할 것이기 때문에 아예 평범하게 살겠다는 다수의 안전주의 학생들, 소수지만 극히 비판적이며 회의에 찬 학생들과 시민의식을 거의 갖지 못하고 있는 대다수의 학생들, 이 모습들의 뿌리는 행복한 삶에 대한 획일주의적 척도와 스스로의 소리를 길러 갈 수 없는 시간과 입시에 쫓기는 상황과 깊은 관련을 갖는다.

'대강대강 살겠다'든가 '너무 철저하면 갑갑하니까 약간 멍청하게 살겠다'든가 '진리를 위하여 살고 싶지만 아마 매우 힘들 것이다' 등의 성급한 포기를 스스럼 없이 자기의 것으로 삼고 있는 청소년들의 자아상을 우리는 어떻게 받아들여야 할까? '이상주의적 위기'라고 일컬어지는 창조적 청소년기가 아니라 순응의 청소년기가 된 것을 차라리 다행스럽게 여기고 있는 것은 아닌지? 그들로부터 인간적인 성숙과 자아확립을 위해 철저하게 사고할 기회를 박탈할 자격을 가진 사람은 도대체 누구인가? 이 질문에 대해 다시 한 번 진지하게 생각해 보아야 할 때가 온 것 같다.

다음에 실은 글들은 나름대로의 고민과 아픔을 담은 글이다. 여기에 그들의 목소

리를 싣는 것은 이들의 생각이 더 이상 좌절되지 않도록 격려하고 지지하기 위함이다. 그들의 고민은 그들 자신들만의 것이 아니라 우리 모두의 것이며 함께 풀어 나가야 할 것이다.

이 글들에서 특히 주목되는 점은 인문계 학생과 실업계 학생들간에 나타난 차이점이다. 인문계 학생의 경우, 제도교육이 얼마나 자신들의 삶을 구속하고 있는가를 절실히 느끼면서 그러한 제도가 개선된 좀더 자유로운 삶을 꿈꾸었으며, 실업계 학생의 경우, 경제적인 문제로 인한 갈등에서 교육제도 자체의 문제를 제기하기보다는 그 제도에 편입하지 못하게 하는 경제적인 문제가 해결된 사회를 꿈꾸었다.

노동의 의미를 정당하게 인정하고, 그 속에서 새로운 삶을 실현하기 위해 노력해 나가기보다는 제도교육에의 편입만을 열망하게 되는 것은 대학 가는 삶만이 가장 바람직한 삶이라는 획일적 논리와 불평등한 경제구조에 그 기반을 두고 있다고 하겠다. ■

현장연구

내가 바라는 삶

고교생들의 글

깨어 있는 교사가 되고자 —— 제주여고 2년 김진제

오랜 만에 찾아든 고맙도록 포근한 날씨였다. 굵직한 빗줄기와 함께 몰아치던 제주 특유의 바람으로 온몸을 사렸던 엊그제가 거짓말처럼 생각될이만큼 깨끗하고 조용한 토요일이었다.

엊그제 끝낸 시험 생각으로 죽을상을 하고 앉았기엔 너무나 창 밖의 유혹이 강했다.

그즈음 교지에 낼 '삼별초와 제주'에 관한 글을 준비하던 친구와 함께 '항몽 순의비'가 있는 항몽 유적지를 찾아가자는 데 의견을 모았다.

승차권 한 장이면 갈 수 있는 곳인데도, 2학년에 올라오면서 주변에 대한 탐구욕이 시들어 가고 있어서 보통때는 좀체로 가볼 생각을 못했던 곳이었다.

시가지의 메마른 건물들과 곧은 아스팔트길만을 보며 달려왔던 우리에게, 비스듬한 초가와 검보라빛 고구마밭들의 전경은 오래 잊고 있었던 사랑을 불러일으키기에 충분했다.

버스에서 내리고도 한참을 걸어 닿은 '항몽 순의비' 앞에서 나는 방금전까지의 설레임과 기대가 와르르 무너지는 것을 느꼈다.

내가 실망한 것은 '도민의 정성을 모아……' 어쩌고 한 안내문과는 달리, 고 박대통령의 글씨가 박힌 번듯하니 크기만한 비석도 비석이었거니와, 그 앞에서 입장료만큼의 향을 집어넣고 사진 몇 장 찍고 나오는 관광객들이었다.

하기야 그들이 돌고 있는 관광 코스라는 게, 관(官) 주도로 깔끔하게 닦아 놓은 곳들이지 제주의 실체를 보여주는 곳들이 아니기에 그리 새삼스러울 것도 없었다.

작년에 성읍 민속촌에 놀러 갔을 때도 이와 비슷한 느낌을 받았었다. 처음에는 가볍게 놀러 갔던 길인데, 그곳에서 '관광'이라는 이름 아래 엄청나게 왜곡되고 있는 제주를 보고는 참담한 심정으로 돌아왔던 생각이 난다.

열 여덟 해를 이 땅에서 살면서 지금까지 막연히 나를 지배하고 있는 것은 '뭔가 고쳐져야 한다'는 느낌인데, 그렇다고 특별히 내가 제주도를 위해서 뭔가를 할 생각이 있는 것은 아니다. 다만 내가 이 관광 제주에 길들여지는 것을 거부하는 의식이라고나 해둘까. 어쨌든 길들여지는 것처럼 끔찍한 것은 없기 때문이다.

요즘들어 장래에 대한 생각을 많이 하게 된다. 아직도 확고하게 얘기할 어떤 것은 없지만, 적어도 내가 살아야 할 방향만큼은 그 윤곽을 붙잡은 것 같다.

나는 나 한 사람이 남에게 피해를 주지 않는 범위 내에서 그저 선하게 사는 것 보다는, '사회적 양심'이라고 얘기되는 것들을 위하여 살고 싶다.

우리 사회가 추구하고 또 지켜야 할 정의를 위해서 살고 싶다면 너무 막연한 얘기일까? 그럴지도 모르겠다. 하지만 소녀적 감상만은 아니라는 확신을 한다.

아직은 사회적 정의라는 것이 어떤 모습을 띠어야 하는지 확실히 알 수가 없다. 우리가 접할 수 있는 책은 너무도 한정되어 있고 오로지 학력고사를 겨냥한 학교에서 그 밖의 것을 배운다는 건 꿈도 꿀 수 없는 노릇이니까, 이 짧은 지식과 경험을 가지고는 구체적으로 얘기할 수 없는 것뿐이다.

어쩌면 나의 이런 생각을 맹목적인 저항의식이라고 말는지도 모르겠다. 그러나 우선 우리가 거의 모든 생활을 접하고 있는 인문계 고등학교의 경우만 예로 들어 보자. 불합리하고 모순된 것들이 얼마나 많은지.

전인교육, 전인교육 하면서 전인교육이 이뤄지고 있는 고등학교가 어디 있을까? 하루가 다르게 바뀌어지는 교육정책은 우리를 카멜레온으로 만들 뿐 무엇을 위한 것일까? 보충수업은 도대체 왜, 또 어떻게 행해지고 있을까?

이러한 것들에 대한 대답을 생각해 보면 내가 이 다음에 사회에 나가서 해야 할 일이 자명해진다.

교육을 위해서건 우리 제주도의 올바른 발전을 위해서건, 좀더 거창하게 우리 나라의 진정한 부강을 위해서건, 나는 사회적 정의라는 것에 내 실천의 몫을 두어야 할 것 같다.

굳이 대학에의 진로를 꼬집어 얘기해 본다면 국사학과를 가고 싶다.

우리가 항몽 유적지를 찾게 된 것과 내 친구가 교지에 그에 관한 글을 내겠다는 것도, 우리가 알고 있었던 지식과 제주도의 항몽 사실과는 엄연히 다른 차이가 있다는 걸 누구에겐가 들었기 때문이었다.

고등학교에서는 배울래야 배울 수 없었던 '역사 속의 진실'을 찾아보자는 것 외에도 국사학과에 대한 유혹은 여러 가지가 있다.

한반도의 역사와 함께 우리 제주도의 역사를, 아니 우리 도민들이 처했던 모든 상황을 이해하기 위해서, 내가 이 땅에 태어난 뜻을 이해하기 위해서도 나는 국사학과가 최선의 선택일 것 같은 생각이 든다. 더 현실적으로 말하자면, 나는 정치 연단에 설 성격이 못 되므로 교단에 서는 것을 내심 보루로 생각하고 있는데, 그 때 되도록이면 국사를 가르치고 싶기 때문이다.

결국 얘기가 좁혀지지만, 교사는 철이 들기 훨씬 이전의 내 꿈이기도 했다. 더 보태어진 것이 있다면, 교사는 살아 있는 교재물이어야 한다는 생각이다.

모든 것에서부터 길들여지는 것을 거부하고 늘 깨어 있고자 하는 의식을 가르치려면 바로 내 자신이 그걸 보여주어야 할 것이다.

그래서 나는 사소한 것에서 권위를 세우지 않고 그들이 하고 싶은 대로 놔두겠다. 선생님인 내게 대들어도 그게 정당하면 사과를 하겠다. 절대 편애하지 않겠다. 늘 공부하는 교사가 되겠다……

이런 상념들에 잠겨 보는 시간이 싫지 않음은, 나는 나와 내 미래를 사랑하고 믿기 때문이다.

그것이 내가 이제까지 받은 교육에 대한 보복이기도 하고, 이 반역이야말로 더 큰 사랑이기 때문이다.

스스로 서기 위해서 —— 김해여고 3년 구명옥

엄마는 새장 속의 붉은 종다리처럼 나를 길렀다. 내 그 새장은 아늑하고 편안했다. 모이와 물도 충분했고 고양이도 없었다. 난 엄마가 가르쳐 주는 대로 노래를 배웠고, 나는 법도 배웠다.

"얘야, 그 부분에선 그렇게 노래하는 게 아냐. 날개짓은 이렇게 하는 거란다."
"예, 어머니. 이렇게요?" "바로 그거야. 아주 잘하는구나."

그렇게 착하고 칭찬받는 아이로 컸다. 엄마가 빚어 주는 대로 얼굴을 만들었다. 그러던 어느 날, 거울 속에서 키가 풀쩍 커버린 아이를 보았다. 깊고 푸르러진 눈빛을 가진 새를 보았다. 그리고 새장 밖엔 푸른 하늘이 넓디넓게 퍼져 있다는 것을 문득 깨달았다. 내 이름이 종다리라는 것도 새삼스럽게 되뇌어 보았다. 봄하늘을 높이높이 솟아오르는 종다리! 그래! 난 종다리야!

이렇게 나의 탈출계획은 시작되었다. 어머니는 아직도 나를 가두어 두고 싶어 하지만, 그러기엔 내가 너무 커버렸다는 것을 조금씩 깨달아 가고 있는 듯하다.

내가 맨 처음 탈출이라고 인식하지도 못한 채 탈출을 시도한 것은 12살 되던 해 봄이었으리라 생각된다. 아주 어렸을 때, 포근한 봄기운이 돌기 시작하면 꽃무늬 치마를 입고 싶었다. 내 또래 친구들이 모두 치마를 꺼내 입고 있을 때도 난 겨울내의와 바지를 입고 있었다. 아무리 엄마를 졸라도 감기든다고 입혀 주질 않았다. 언제나 4월이 꼴깍 넘어갈 때가 되어서야 치마를 입을 수 있었고, 제일 늦게 봄을 맞는 아이가 되었었다. 그렇게 네댓 번의 봄이 지나가고 12살 되던 해 봄, 나는 엄마 몰래 꽃무늬 치마와 희고 긴 양말을 꺼내 입었다. 그 이후로 아침마다 입을 옷을 고르는 일은 내가 혼자 하게 되었다. 난 그때의 기쁨과 홀가분함을 아직도 기억하고 있다.

'어머니, 하늘은 꼭 파란색으로 칠해야 한다고 말씀하지 마세요. 전 보라색 하늘이 좋아요. 여기에 집을 그리고 저기에 길을 그리라고 하지 마세요. 저는 맑은 강을 갖고 싶습니다.'

나는 그렇게 한 겹 한 겹 어머니의 나래를 벗어 나갔다.

바깥, 이제 바깥이 몇 달 후면 나에게 완전히 허락된다. 하지만 우습게도 바깥에서 혼자이고 싶던 내가 다시 어머니의 치맛자락 뒤에 숨고 싶은 심정은 왜일까? 두려움인 것 같다. 어른이 된다는 것, 학교의 울타리를 벗어나야 한다는 것은 낯선 거리에 혼자 버려지는 것 같은 두려움으로 다가온다.

하지만 두려움만이 아니란 걸 난 알고 있다. 그 두려움 뒤에 희망이 같은 무게로 올려져 있음을 안다.

어릴 적부터 그리다 지우고, 다시 그렸다간 또 지우고 했던 내 인생의 그림. 이제야 스케치가 끝난 그림.

난 선생님이 되고 싶다. 국어선생님이. 좀더 나이가 들면 대학교 선생님이 되고 싶다. 지금 고3의 위치에서 하는 탐욕스럽고 비린내나는 공부 말고 진정한 지적 호기심과 탐구욕, 지혜에의 사랑을 가지고 학문에 열중하고 싶다.

내 주위에는 '대학가면 신나게 놀아야지' 하고 얘기하는 친구들이 많다. 물론 고3이라는 이름표가 지겹고 힘겨워 하는 소리겠지만, 대학 가는 걸 결혼하는 데 필요한 멋진 배경을 하나 장만하는 것쯤으로 생각하는 친구들도 많다. 대개는 졸업하면 대학간판 붙이고 결혼하는 걸, 아니 시집가는 걸 당연한 것으로 받아들이고 있다. 적당한 조건과 배경을 가진 사람과 부동산계약하듯이 철커덕 그냥 결혼해 버리는 것이다. 왜 여자와 남자는 결혼해야만 하고, 여자는 남자에게 의존하며 살아야 하는가에 대한 아무런 질문 없이 말이다.

　나이가 들면 무조건 결혼해야 한다는 생각도 우습지만 중매결혼은 더 웃기는 얘기다. 나이, 집안, 학벌, 외모 따위로 결정되는 결혼은 복덕방에서 이루어지는 매매계약에 지나지 않는 것 같다. 몇 번의 만남에서, 그것도 결코 벌거숭이일 수 없는 만남에서 얻게 되는 얄팍한 호감을 가지고 그 사람의 조건과 결혼한다는 것은 죄악이다. 그런 조건들과의 결혼은 편히 살기 위한 타협일 뿐이다.

　나는 공공연히 이루어지는 그런 타협들을 받아들일 수 없다. 충만한 사랑 없이, 여럿 중에 하나를 고르는 상업적 결혼을 미워한다. 결혼은 두 영혼을 함께 묶는 것이다. 진실한 사랑만이 그걸 가능하게 해주는 길이라 믿는다. 그러기에 결혼이란 인간이 치르는 의식 중에서 가장 순수하고 진실한 것이어야 한다. 진실로 사랑하는 사람을 만나지 못할 때는 결혼하지 않아야 한다고 생각한다. 사랑 없이 결혼하는 것은 합법적인 강간을 허락하는 것과 같다.

　사람들은 누군가를 영원히 사랑할 수 없기에 결혼이라는 틀에 스스로를 묶는다. 그건 어쩔 수 없는 일일 것이다. 그러나 적어도 결혼하는 그 당시만은 그 사람만을 영원히 사랑하리라고 믿을 수 있어야 하리라 본다.

　내가 나를 사랑하는 것만큼 사랑하는 사람을 만나지 못하면 나는 결코 결혼하지 않을 것이다. 나는 나의 내면세계를 구축해 나아갈 것이고 진리와의 영원한 사랑을 만들어 갈 것이다. 요행히 사랑을 만나게 되어 영혼을 묶게 되어도 나는 여전히 국어선생님일 것이고, 나의 세계를 내팽개치지 않을 것이다. 둘이 손잡고 한 별을 보며 같은 길을 걷는다 할지라도 그에게 기대지는 않겠다.

　또한 쓸고 닦고 씻고 짓고 또다시 쓸고 닦고 하는 일에 내 인생을 허비하진 않겠다. 그러한 일들만큼 값지고 사랑의 향내가 물씬한 것도 드물다지만, 아무런 성취감 없이 계속되는 쓸고 닦는 일은 자칫 인간의 이성과 영혼을 타성에 젖게 하고 나태에 빠뜨릴 위험이 있기 때문이다.

　자기의 일을 가지고도 얼마든지 집안일을 잘할 수 있다고 생각한다. 시간은 쪼갤수록 많아진다는 것을 체험했기 때문이다. 바쁜 고등학교 생활에서 교과서 외의 양서를 대한다는 것은 그리 쉬운 일이 아니다. 마음이 교과서 외의 책을 허락할 여유가 없다. 그러면서도 TV나 라디오에는 묻혀 산다. 그러나 한 권의 문학작품을 읽었을 때 내 영혼의 키가 풀쩍 자라는 걸 느낄 뿐 아니라, 시간을 아끼게 되고 또 그만큼 보충해야 한다는 생각으로 공부를 더 열심히 하게 되는 것을 경험으로 알고 있다.

　시간을 쪼개어 쓰면서 나 자신의 세계를 멋지게 만들어 나가겠다.

정직하고 순수하게 살기가 어려운 사회 — 동구여상 2년 허진숙

가을 바람에 낙엽이 뒹군다. 벌써 이 해가 저물어 간다. 올해는 내게 여러 가지 일이 한꺼번에 닥친 복잡한 한해였다. 여러 번 사업에 실패하신 아버님이 우리 모두를 떼어놓고 극약을 드셨다. 그 장례식에 갔다 오는 길에 얼마나 많이 울었던지 ……

그 이후 나는 취업을 하여 근근이 학교에 다니고, 어머니는 파출부며 야쿠르트 배달을 하면서 집안을 꾸려 나가시게 되었다. 아버지 한 분이 우리 온 가족들에게 미친 영향이 얼마나 큰 것이었는지 새삼 깨닫게 된 한해였다.

어머니는 국민학교 교사를 하다가 그만두신 분이다. 이렇게 어려울 때 다시 선생님을 할 수만 있다면 우리 가족이 이렇게까지 절망하지는 않을텐데라는 생각을 여러 번 했다.

나는 지금 상업계 고등학교에 다니고 있지만, 여자도 기술을 갖고 있어야 한다는 생각이 많이 든다.

우리 집에는 내 밑으로도 여동생만 둘이 있다. 평소에 아들이 없다고 늘 근심하시던 아버지 모습을 떠올리며, 딸들에게도 같은 일을 맡기실 수 없었던 상황이 이해가 간다. 내가 다니는 회사만 해도 결혼한 여직원은 한 사람도 없다. 내가 보기에 우리 엄마가 무척 유능해 보이지만, 정식으로 월급받는 회사에 입사하기는 힘들 것이다. 그러니 앞으로 내가 커서 직장을 갖게 될 때까지는 어머니가 저렇게 계속 다리가 떨어지도록 돌아다니셔야만 생활이 가능할 것이다. 불쌍한 우리 엄마를 내가 모시고 살고 싶은데, 결혼을 하게 되면 나도 남들처럼 시부모를 모시게 될 것이고, 아들이 없는 우리 엄마는 결국 혼자 사셔야 된다는 결론이 나온다.

요즈음은 가끔 돈 많은 남자에게 시집을 가버릴까 하는 생각을 한다. 참 우스운 생각인데, 그래야만 내가 처한 지금 상태에서 벗어날 수 있을 것 같기 때문이다. 이 땅은 참으로 불공평하다. 매일 등교하다 보면 길 양편에 잘 닦인 번쩍이는 자동차가 죽 늘어서 있다. 그 안에서 운전사 아저씨는 의자를 뒤고 젖히고 곤히 잠들어 있고, 가끔은 잘 차려 입은 중년부인들이 떼지어 그 차에 오르는 모습도 보인다. 왈칵 엄마 생각이 난다. 하루종일 리어카를 끌고 다니시는 모습이 한없이 초라하게 떠오른다. 우리 엄마도 잘 차리시면 훨씬 귀티가 날 것이다.

오늘은 서둘러 집에 가서 엄마에게 효도를 해야겠다. 따끈한 물이라도 끓여 드리고 따뜻한 말 한마디라도 해드려야겠다. 2년 후에는 좋은 직장에 취직해서 엄마를 더욱 편안히 해드려야겠다. 내가 결혼을 늦게 하면 오랫동안 회사에 다닐 수 있을 것이다. 가능하면 결혼 후에도 계속 일할 수 있는 전문기술을 익혀야겠다. 내가 여자로 성공하여, 아들 없어도 우리 엄마가 당당하고 자랑스럽게 느낄 수 있도록 하고 싶다.

또 낙엽이 우수수 진다. 정직하게 살고 순수하게 살고 싶은데 뜻대로 되질 않는다. 나도 학교고 뭐고 다 그만두고 돈 많이 벌 수 있는 데나 나갈까 하는 생각도 들지만, 참아야 한다. 나의 꿈을 포기하기는 너무 억울하니까.

공부할 수만 있다면 —— 혜성여상 3년 유정남

5년 전, 연합고사 합격통지를 받고도 가지 못해 밤새 울었던 일. 작은 아버지 도움으로 겨우 등록금을 가지고 갔을 때는 이미 마감이 끝난 뒤였던 일들이 생각난다. 그 슬픔을 잊기도 전에 아버지의 병환, 기울어져 가던 가정형편, 빚더미에서 헤어나기도 전에 아버지는 암으로 우리 곁을 떠나셨다.

그 후 돈을 벌어야겠다는 생각에 무작정 서울로 올라왔다. 언니집에서 살면서 직장을 구하려 했지만, 중학교 졸업의 실력에 나이도 어려 구하기가 힘들었다. 그 속에서도 배우고 싶은 생각은 지울 수 없어 밤마다 교복 입고 학교가는 모습을 꿈꾸고, 교복 입은 친구들을 보면 가슴이 찢어질 것 같았다. 그러던 어느 날, 실오라기 같은 희망을 갖게 되었다. 중학교 동창이 일하면서 학교에 다닐 수 있다고 말해 준 것이었다. 난 너무도 기뻤다. '이제 나도 여고생이 된다. 이제 가방을 들고 학교에 갈 수 있다.' 이런 생각에 뛸듯이 기뻤지만 그것도 잠시뿐이었다. 친구가 다니는 회사에 입사하기가 쉬운 일이 아니란 걸 알게 된 것이다.

무슨 일이 있어도 입사하고야 말겠다는 의지를 갖고 혼자 회사를 찾아갔다. 그러나 시험장에 도착했을 때는 이미 시간이 늦어 아무도 없었다. 하얀 칼라의 보라색 교복을 입은 그 회사에 다니는 친구를 만나 입사하게 해달라고 사정을 했지만, 그 애도 달리 방법이 없었다.

다음달에도 모집이 있었지만 면접에서 손이 너무 이쁘다는 이유로 떨어졌다. 그 다음 달 훈련생 모집에는 행운이 따랐는지 합격되었다.

그러나 합격의 기쁨도 오래가지 못했다. 훈련기간이 끝나고 직접 현장작업이 시작되면서 난 다시 슬퍼졌다. 현장의 온도가 얼마나 높은지 매일 35℃ 이상 되는 것이었다. 얼굴에는 땀이 주르르…… 그렇게 굵은 땀방울은 태어나서 처음인 것 같았다. 얼마나 신기했던지 흐르는 땀을 닦지도 않고 화장실로 뛰어가 그 땀을 확인한 적도 있었다. 정말 송올송올 맺힌 땀방울이 신기하기까지 했었다.

그런 세월이 6개월이 지나 혜성여고를 알게 되었고, 그곳 언니들의 소개로 원서를 넣고 입학을 하게 된 것이다. 고생스럽긴 했지만 여상의 배지를 달게 된 기쁨은 이루 말할 수 없었다. 언니들은 축하와 충고를 해주었다. 난 꼭 이겨 낼 거라고 나 자신과 굳은 약속을 했다. 처음 학교에서 선생님이 해주신 말이 아직도 기억에 생생하다. "사람은 일생에 행운이 세 번 온다. 그 행운을 잡지 못한 사람은 평생 불행하게 살아간다. 그러므로 너희들은 세 번의 행운 중 이제 한 번의 행운을 잡은 것이다. 회사에서 학교 다니지 않고 돈벌 때는 행복하지만 미래는 그렇지 않다. 돈만으로 인생을 살 수 없는 것이다. 여자도 고등학교 정도는 나와야 한다." 이런 말이 얼마나 위안이 되었는지 모른다. 2년이나 늦게 들어왔지만 너무 잘했다고 생각했다.

공부도 공부지만 회사일도 소홀히 할 수 없었다. 힘든 하루하루가 계속되었다. 3교대로 쉴 새 없이 돌아가는 기계 속에서 갑·을·병 세 팀이 8시간씩 일하는 것이었다. 8시간 동안 서서 기계와 일을 해야 했다. 남자손은 저리가라 할 정도로 손마디가 굵어져 갔다. 나무토막 같은 손마디가 그렇게 처량할 수가 없었다. 하얀 손을 볼 때마다 부러웠고, 좋은 옷을 보면 입고 싶고, 맛있는 것 먹고 싶고, 온통 부러움 투성이건만 누르고 또 눌러 참아야 했다.

손이야 사실 별상관이 없었다. 제일 괴로운 건 모자라는 잠이었다. 이 잠을 원 없이 한번 자고 싶었다. 밤일일 경우 저녁 10시에 출근해서 새벽 6시까지 서서 일하고 나서도 잠은커녕 비가 오나 눈이 오나 추우나 더우나 따뜻한 기숙사 방을 나와 학교로 가야 했다. 그렇다고 아침을 먹은 것도 아니고 학교 근처에서 우유와 빵을 사먹고, 쏟아지는 잠을 이기며 선생님 말씀에 귀를 기울여야 했다. 꾸벅꾸벅 졸 때가 한두 번이 아니었다. 아예 엎드려 자는 애도 있었다. 못 먹고 못 자고 배운다는 건 정말 쉬운 일이 아니었다. 학교가 끝나면 겨우 네 시간 정도 자고 다시 출근해야 했다. 현장에서 졸려 너무나 힘이 들 때면 이런 생각을 했다. 졸업 후에 무엇을 할 것인가. 계속 이 회사에 다니며 불쌍한 소리를 들어야 하나 하고 생각하면 퍼뜩 잠이 깼다.

참으로 사람이 꿈을 갖고 사는 것은 좋은 일인 것 같다. 희망이 있고 꿈이 있었기에 모든 고통, 쏟아지는 잠도 이길 수 있었던 것 같다.

이 생활도 어느 정도 습관이 되어 고생보다는 즐거움과 배우는 보람으로 느껴지려 할 때, 또 한번 시련을 겪어야 했다. 졸음을 참고 힘들어도 참고 모든 고통도 참을 수 있었으나, 현장에서의 수모와 학대는 참을 수 없었다. 나보다 먼저 들어오고 나이도 나보다 세 살이나 많은 언니가 날 학대하고 미워하여 도저히 견딜 수가 없었다. 내 고향이 전라도라고 학대할 때는 정말 참을 수 없는 슬픔을 느꼈다. 그러던 어느 날 갑자기 병이 생겼다. 늘 서서 일하기 때문에 가끔 다리에 쥐가 나고 마비가 생기더니 결국 관절염이 된 것이다. 초기라서 금방 치료가 됐으나 그 일을 계속하면 안 된다는 의사선생님 지시에 따라 직장을 그만두었다. 앞으로 남은 1년 동안의 학비도 벌어야 했기에 나올 때의 걸음은 무겁기만 했다. 퇴직금으로 그 동안의 생활은 겨우 꾸려 나왔다. 3학년이 되면서 소속을 야간으로 옮기고 다시 직장을 구하려 했지만 마땅한 일거리가 나타나지 않았다.

이제 졸업이 다가왔다. 힘겹게 받는 졸업장인만큼 내게는 소중하게 느껴진다. 비록 앞으로 내가 넘어야 할 산들이 많지만, 숱한 어려움 속에서 단련된 나 자신을 믿어 본다. ■

현장연구

중학생이 즐겨 읽는 로맨스 소설 분석

민채원, 김소연
연대 사회학과

1. 머리글

현대에 오면서 진정한 남녀평등을 이룩하려는 외침이 점차 높아져 가고 있다. 여러 부분에서의 작은 소리들은 큰 소리로 뭉쳐지고 그 세력은 이제 사회를 변화시킬 수 있는 단계로 이행하고 있다. 그러나 적어도 우리 나라 경우 그러한 여러 노력들은 근본적인 사회질서 안에서 흡수되고 아무도 모르는 사이에 슬며시 사라져 버린다. 그것은 무슨 이유에서인가?

이 글은 현재까지 남녀평등이 공허한 외침이 될 수밖에 없었던 이유 중에서 특히 소설의 상황에 초점을 맞추어 보고자 한다. 성역할규범은 사회화의 과정을 통해 개인에게 습득되는 것이며 사회화이 매체로서 소설은 나름대로 큰 역할을 담당한다. 소설은 그것을 읽는 독자들에게 어떤 행동규범을 가르치는 탁월한 기능을 갖고 있다. 소설이 성역할규범에 대해 무엇을 가르친다면 소설의 내용은 그 소설을 읽는 대상의 성역할규범에 크게 영향을 미칠 수 있다. 대개 성역할에 대한 인식이 싹트고 이성에 대해 눈을 뜨기 시작하는 시기가 중학교 시절이라 생각한다면 중학시절에 읽는 소설의 내용은 그들의 성역할규범 형성에 아주 중요한 역할을 함으로 중학생들이 읽는 소설의 내용을 분석하는 작업은 나름대로 뜻있는 일이 될 것이다.

그래서 먼저 남녀중학생 10명——남자 5명, 여자 5명——을 대상으로 개별 인터뷰를 통해 그들 사이에 유행하고 있는 소설에 대해 알아보았다. 결과는 별로 좋지 못했다. 중학생들은 독서를 거의 하지 않고 있었다. 만화책을 제외한다면 그들의 독서량은 미미한 것이었다. 그들이 처음에 제시하는 소설은 『테스』, 『데미안』, 『적과 흑』 등 교사들이 우량도서(과연 이 시대에 맞는 우량도서일까?)로 지정해 준 것들이었지만 좀더 많은 대화를 통한 후 그들은 그 소설들을 읽지 않았음을 알았다. 그렇다면 적은 독서량의 대부분을 차지하는 책은 어떤 종류일까 조사했더니 여학생들은 거의 전부가 로맨스 소설만을 읽고 있었다. 『말괄량이 학창시절』, 『베르사이유의 장미』, 『올훼스의 창』, 『사랑의 아프로디테』, 『남녀공학』 등이 그것이다. 남학생들은 이와는 약간 다른 양상을 보였다. 그들은 여학생들보다 훨씬 더 만화를 많이 보며 독서량이 적었다. 그 적은 독서 중 대부분은 역시 로맨스 소설이었고 그 외에 탐정소설이나 무협소설 등이 간간이 읽히고 있었다. 그들이 예로 드는 소설 역시 『올훼스의 창』, 『남녀공학』 등이었다.

　이 조사를 통해 중학생들의 독서에 대해 특이한 점을 하나 발견했는데 이는 대개 낭만적 연애소설은 중학생들을 대상으로 하는 잡지의 부록이나 여러 출판사들에서 경쟁적으로 펴내고 있는 중학생 대상의 '—문고' '—로맨스' 등의 타이틀이 붙은 시리즈물이었다는 것이다. 《학생중앙》, 《여학생》 등 이루 셀 수도 없이 많은 청소년 대상의 잡지들은 예외 없이 그 부록으로 로맨스 소설집을 끼워 팔았는데 주로 사랑에 사로잡힌 소녀를 그 내용으로 하고 있다. 또 일반출판사에서는 청소년들을 대상으로 '파름문고' '핫 로맨스' '하이틴 로맨스'라는 제목하에 남녀간의 사랑을 내용으로 하는 여러 단편·중편소설들을 펴내고 있다.

　이런 현상은 이성에 대해 관심을 갖기 시작하는 나이이기 때문에 쉽게 로맨스 소설에 심취하는 것이라고 생각되지만 상업성에만 가치를 두는 무분별한 출판사들의 로맨스 소설 양산은 그대로 중학생들의 남녀관, 성역할규범에 직접적인 영향을 주는 것이므로 이에 대한 대책이 강구되어야 할 것으로 본다.

2. 내용 분석

무분별하게 쏟아져나온 로맨스 소설들은 대개 서구작품의 번역판들이다. 이런 서구작품들을 많이 대하면 그 나라에서의 규범·가치도 함께 수용하게 되므로 한국의 중학생들은 은연중에 서구의 성역할규범 내지 여성상·남성상에서 영향을 받으리라 생각된다. 근대화라는 이름 아래 이루어진 서구화의 와중에 사랑에만 가치를 두는 성규범이 그대로 제3세계에 마치 '진보적' 이념처럼 심어져서 자라나는 세대의 사고에 큰 영향을 미친다는 사실은 매우 불행한(?) 일이다. 한 여성과 남성이 여러 가지 사회조건에 구애받음이 없이 만나서 오로지 사랑을 하고 결합한다는, 그야말로 '낭만적'인 사랑의 환상은 또 다른 의미의 남녀불평등의 온상이 되기 때문이다. 로맨스 소설은, 근본적으로 여성이 자신의 구원이 남성을 통해서 이루어진다고 생각하도록 하는 전제로부터 시작된다.

먼저 로맨스 소설의 주요 등장인물의 성별을 보면 거의 예외 없이 여자주인공 중심이다. 그러나 남자가 비록 보조적 역할로 등장하더라도 그의 위치가 갖는 비중은 대단한 것이다. 여자주인공의 생활 속에 한 남자가 등장하고 여자주인공은 그 남자로 인하여 무한한 심리적 갈등, 심경의 변화를 일으키며 남자의 사랑을 갈구하고 결국 사랑에 성공하여 결혼을 한다는 이야기가 주를 이룬다. 말하자면 로맨스 소설의 내용의 대부분은 사랑을 얻는 과정에서 보이는 여성의 섬세한 감정의 묘사가 차지하고 있다.

다음, 로맨스 소설에서 성별에 따른 성격과 행동의 특성은 어떻게 나타나고 있는가 살펴보자. 여성에게 있어서 제일 중요한 문제는 '여성적 아름다움'을 갖는 것이다. 그들은 아름다운 용모가 근사한 남자친구를 얻을 수 있는 첫번째 조건이 된다고 생각한다. 남자친구를 얻으려면 어깨까지 내려오는 금발머리, 독특한 색깔을 가진 눈, 날씬한 몸매를 가져야 하고 만약 그렇지 못하면 사귀던 남자친구를 오히려 빼앗기게도 된다.

그러한 내용은 『말괄량이 학창시절』에 잘 나타나고 있다. 16살 난 여학생 스잔은 아주 아름다운 소녀이다. 그녀는 자신이 키가 크고 다리가 길어 어느 옷이라도 잘 어울리며 눈과 머리칼도 멋지기 때문에 남자들이 모두 자기를 좋아할 것이라고 생각하고 있고, 실제로 자기 친구들의 남자친구들을 유혹한다. 테리의 남자친구인 토미는 그녀를 보고 말한다. "스잔, 너 참 예쁘구나. 어째서 이제까지…… 네가 다른 애들보다 특별히 멋있다는 것을 얘기하려던 거야. 넌 정말 아름다와. 그 머리카락 무슨 색이지?" 데비의 남자친구인 미켈은 말한다. "나도 네가 좋아. 어제밤 촛불 아래에서 본 너는 정말 예뻤어……" 인기 있는 여학생은 우선 용모가 아름다와야 한다는 것은 너무나 명백한 사실로서 로맨스 소설에 잘 그려지고 있다.

그러면 인기 있는 남학생은 어떤 타입일까. 그들은 대개 검은 머리, 검은 눈, 곧게 뻗은 다리, 넓게 벌어진 가슴, 건강하고 검게 그을린 살갗을 갖고 있다. 그러나 그들에게 있어 더 중요한 것은 용모가 아니다. 적극적이며 자주적인 성격, 만능 스포츠맨, 사교적이고 의리 있는 행동, 확실한 직업, 부유한 집안 배경 등이 중요하다. 역시 『말괄량이 학창시절』의 주인공 스잔은 그녀의 남자친구인 존에 대해 다음과 같이 표현하고 있다. "존은 누구나 좋아할 타입이다. 그는 상냥하고 쾌활하며 뛰어난 스포츠맨이다. 누구든지 그를 인정해 주었다. 그 바람에 우리들 주위에서는 늘 사람들이 모여들었다. ……그와 사귀기만 하면 그 누구라도 '멋진 여자아이'가 되어 버린다. 행복한 존, 그리고 존 덕택으로 행복한 나" "존은 내년에는 레더깃 컬리지에 들어가기 위해 용돈 1센트라도 저축하고 있었다. 안소니家는 상당히 유복하게 살고 있었고 존의 아버지는 건설회사 사장이었다. 그러나 존은 아버지의 교육방침에 따라 두 동생과 겨울에는 파트타임으로, 여름에는 풀타임으로 아르바이트를 하고 있었다."

성에 따른 행동특성의 차이를 살펴보면 남성의 경우 우월감, 활동성, 자유로움을 즐기는 유형이 두드러지게 그려지는 한편, 여성의 경우는 대체로 두 부류로 나뉜다. 한 부류는 남성의 그늘 밑에 안주하고자 하는 수동적 집단이며 다른 부류는 남성적 우월감을 열망하여 남성적 행동을 하고 남자의 직업에 도전하는 집단이다. 『말괄량이 학창시절』이 남성의 그늘에 안주하고자 하는 주인공을 그렸다면 『사랑의 랍소디』, 『안개낀 바르셀로나』에서는 남자의 직업에 도전하는 여성을 주인공으로 하고 있다. 그러나 결국 그녀들도 남성을 사랑하고 남자와 결혼하는 것을 통해 행복을 얻는다.

『사랑의 랍소디』의 주인공 트리셔는 23세의 패기 있는 신출내기 신문기자, 『안개낀 바르셀로나』의 주인공 펠리시아는 스페인어 교사로서 삶을 스스로 개척하며 자기 가족들을 돌본다. 그리고 각각 건실하고 착하며 소시민적인 청년들을 애인으로 갖고 있다. 그러나 그들 앞에는 육체적 매력이 뛰어나며 얻기 힘든 직업을 가진 몹시도 부유한 청년들이 나타난다. 자연스럽게 트리셔, 펠리시아의 마음은 부유한 청년들에게로 옮겨가고 그들이 정말로 그녀들을 사랑할까 고민하고 확인한 끝에 그 청년들과 사랑에 골인한다. 이 소설들에서의 여성들은 자기실현을 노력하며 자신이 좋아하는 직업에 종사하는 등 전통적 여성들과는 다른 면모를 보이지만 결국 그들은 백마를 타고 나타난 왕자의 품안에서 그들의 행복을 확인하게 된다. 이런 남자를 통해 신분상승을 하는 내용의 소설들은 결국 이브는 아담의 갈비뼈에서 나왔다는 서구의 전통적인 남녀관계로 귀결되는 것이다.

이런 다수의 로맨스 소설의 틀에 박힌 전개 과정과는 다른 소설도 가끔 있다. 『남녀공학』은 모든 일에 적극적이고 활동적인 소녀를 그리고 있다. 주인공 캐서린 에머스, 애칭 미키는 14세의 중학생으로 그녀가 대도시의 중학교로 전학오는 장면에서 소설은 시작된다. 미키는 전학온 첫날부터 짝인 남학생과 싸워서 벌을 서게 된다. 벌을 받는 중에 미키는 짝인 앨빈과 화해를 하고 앞으로는 잘 지내자고 한다. 미키는 또 수업시간에 앨빈과 클럽을 만들자는 이야기를 하다가 선생님의 지적을 받는다. 그러나 미키는 선생님께서 시험적으로 내준 문제를 척척 풀어내 모든 사람들을 깜짝 놀라게 한다. 그녀는 전학온 후 첫 시험에서 당당히 2등을 하였다. 뿐만 아니라 체육시간에 미키는 소프트 볼 softball을 멋지게 해내 또 한 번 사람들을 놀라게 한다. 즉 미키는 모든 면에서 열심이며 의욕적이다. 그리고 자신이 여자다와야만 진정한 여성이라고 생각지 않는다. 반 학생들은 그러한 그녀에게 처음에는 냉소적이었다. 남학생들은 그녀가 건방지다고 생각했으며 여학생들은 여자답지 못하다고 생각했다. "미키, 넌 여학생이야. 멜빵까지 달린 진을 입고 학교에 오는 건 결코 단정한 차림은 아니잖아?" 그러나 미키는 오히려 그들에게 반박한다. "갑자기 전학을 와서 미처 교복을 준비하지 못했어. 그러나 진을 입었다고 여학생이 남학생으로 변하는 건 아니잖아?" 또한 미키는 체육시간에도 적극적이지 못한 다른 여학생들에게 이렇게 말한다. "운동을 하면서도 여자라는 것을 생각하다니! …… 슬라이딩을 했으면 공을 잡을 수 있었어. 그러나 여학생이기 때문에 예쁘게 보이려고만 생각해서 흙 위를 차마 뒹굴지 못한 거야."

　미키의 활동적인 성격에 점차 반 학생들은 호감을 갖게 되고 미키는 친한 친구 5명—남3, 여2—과 함께 '악동 클럽'을 조직하여 학급일도 앞장서고 공부와 기타 모든 일을 열심히 하게 된다. 『남녀공학』은 미키를 중심으로 한 '악동 클럽'이 벌이는 활동으로 엮어 가게 된다. 체육회, 담임선생님의 중매, 운동경기, 수학여행 등, 미키를 비롯한 친구들은 즐거운 학창시절을 만들기 위해 노력한다.

　그런 가운데 미키는 상급남학생인 지노비아를 알게 된다. 지노비아는 "어깨까지 닿을 듯한 긴 금발을 한, 우수에 젖은 듯한 눈을 가진" 화가 지망생이다. 미키는 그를 보는 순간 몹시 슬퍼 보이고 창백해 보이는 얼굴에 강한 매력을 느끼게 된다. 그러나 지노비아는 병약하고 선천적으로 지능이 떨어지는, 그러나 매우 아름다운, 미키의 쌍동이 언니인 비올렛에게 약혼을 신청하면서 미키에게 이렇게 말한다. "캐서린…… 너는 강한 여자야. 조그만 가슴속에 무한한 가능성과 희망을 묻고 꿋꿋이 버티며 살아가고 있어. 내가 널 염려하지 않아도 되겠지?" 미키는 비록 짝사랑이 이루어지지 않았으나 꿋꿋하게 일어선다. "길고 긴 인생의 입구에 이제 막 서 있는 내가 겨우 한 남학생의 사랑을 얻어 내지 못했다는 사실 하나만으로 풀이 죽을 이유는 뭔가?"

　『남녀공학』은 현 사회 기존의 남녀관을 그 기본으로 하고 그것을 이겨 나가는 한 여학생의 이야기인 것이다. 그러나 주인공 미키만이 진정한 의미의 남녀평등적 사고를 하고 있고 나머지 등장인물들은 전통적인 성역할 규범에 얽매어 있다. 어머니는 항상 화사하게 차려입고, 집안을 돌보고, 미키와 친구들에게 차와 과자를 대접하는 모습이 대부분이다. 개구장이며 활동적인 미키에 대해 어머니는 "저대로 나가다가 반 남자가 되어 결혼도 못하고 처녀로 늙는 게 아닌가"라고 걱정한

나. 미키의 '악동 클럽' 친구들 중에 플로라는 매우 연약하고, 전통적인 여성의 표상으로, 자신의 요리가 제대로 되지 않았다고 울기도 하는 소녀이다. 즉 미키 외의 여성들은 전통적 여성의 표상에서 크게 벗어나지 못하고 있다. 사회에서 활동하는 사람은 거의 모두 남성이며 게다가 아무도 그런 상황에 의문을 제기하지도 않는다.

또한 등장 남학생들은 한결같이 내조적이고 보조적인 여성상을 요구하고 강화시킨다. '악동 클럽'의 한 회원인 자비스는 자신이 플로라를 짝사랑했다고 밝히면서 그 이유를 다음과 같이 설명한다. "…… 저처럼 나약하고 청순한 소녀는 내가 보호하고 인도해야 할 책임이 있다고까지 생각이 되었지." 자비스는 미키에 대해서는 다음처럼 말한다. "미키는 다른 어느 누구보다 좋은 소녀야. 그러나 내게는 벅찬 상대지. 네 넓은 마음을 사로잡아 가슴에 포옥 감싸기에는……"

『남녀공학』의 작가는 꿈많은 사춘기의 학생들 이야기를 엮어 가는 중에서 미키라는 비전통적인 인물에 초점을 두어 진정으로 올바른 남녀관계를 제시하려는 의도를 어느 정도 갖고 있다고 볼 수 있다. 계집애답지 않다는 친구의 말에 미키는 그럼 "사내답냐"고 대꾸하면서 자신을 여성이기보다는 한 인간으로서 단언한다. "여자가……" 운운하는 친구들에게 이렇게 말하는 것이다. "넌 어지간히 돌대가리인 모양이구나! 난 여자가 아니라 캐서린 에머스야."

그러나 미키에게도 평범하게 보아 넘길 수 없는 점이 있다. 미키의 집안은 매우 유복하여 친구들이 모두 깜짝 놀랄 정도이다 그러므로 미키는 친구들과의 모임을 위해 자기 집에서 장소를 제공할 수 있으며 여름에는 풀장을 빌려 주기도 한다. 이렇게 우월한 경제적·사회적 배경 외에 미키는 결코 못난 용모가 아니라 누구에게나 귀염을 받고 아름답다고 여겨지는 여자이다. 또한 미키의 모든 면에서 악착 같은 성격은 선천적으로 병약하고 지능이 떨어지는 쌍둥이 언니의 몫까지 해내야 된다는 어릴 때부터의 결심에 영향받은 수퍼우먼인 것이다. 결국 이 소설에서는 자유로울 수 있는 여성은 탁월한 능력과 배경을 갖추어야 한다는 식의 암시를 함으로써 남녀평등의 보편적 실현이 아직 요원하다는 인상을 주고 있다.

3. 맺음글

여성의 지위향상 내지 인간화 등의 여성문제는 우선 여성 자신의 문제라고 나는 본다. 때문에 사회제도적인 면에서의 역할, 지위의 변화도 중요하나 여성들 스스로의 의식면에서 변화가 더 우선적인 문제라고 나는 생각한다. 여성들은 알게 모르게 자신들의 종속상태를 내면화하고 있다. 한완상은 여성들 스스로가 여성 열등감에서 탈피하여 의식화되는 작업이 여성문제의 해결책이라고 제시함으로써 여성의 의식화가 대단히 중요함을 강조하였다. 즉 남성의 활동을 통해서 자아를 발견하기보다는 독립적인 자아를 발견하려는 성취가 필요하다.

문제는 우리 나라 대다수의 여성들은 여성의 미래, 즉 여성으로서의 자화상을 제대로 갖고 있지 못한 데 있다. '여자 팔자는 버드나무 팔자'여서 남편에 따라 인생의 행로가 결정된다는 생각은 아직 뿌리가 깊다. 여성 스스로의 주체적 활동과 사고를 무시하고 여성 자신들과는 실제로 거의 아무 관계가 없는 대중화된 여성상의 위력이 그들의 삶을 너무나 크게, 너무나 오랫동안 지배해 온 것이다. 여성은 이제껏 인간으로서의 자신의 역할에 대한 준비를 하지 못했다. 여성문제의 핵심은 성적인 것이 아니라 자아의 존재에 관한 문제—즉, '남성의 사랑을 통한 자아실현'이라는 환상이 영속화시킨 성숙에 대한 기피증과 장해이다.

현재 우리 나라 중학생들에게 노출되어 있는 낭만적 사랑에 대한 회구를 담은 소설들은 바로 이 환상을 부추기고 지속시키는 데 주요역할을 하고 있다. 아마도 서구의 여학생들에게조차 이미 별로 읽히지 않는 이러한 류의 이야기는 진정한 인간으로서의 여성해방을 가져오기는커녕 새로운 남녀 불평등의 씨를 이 사회에 심어 주고 있는 것이다. 이성에 눈을 뜨기 시작하고 자신의 정체감 identity 을 제대로 확립하지 못해 고민하고 불안을 느끼는 사춘기의 남녀학생들에게 환상과 같은 로맨스 소설의 흡수는 그들의 장래에도 큰 영향을 끼칠 것이다. 더우기 현사회에서 점차 활동적이고 적극적인 여성들, 사회적인 영역에서 남성과 동등하게 참여하면서 '낭만적 사랑'의 희생물이 되지 않으려는 여성들의 수가 늘고 있는 상황에서, 중요한 초기 사회화 과정 때 노출되었던 로맨스 소설의 내용은 중학생들에게 갈등을 초래한 것이라는 추측은 쉽게 예상할 수 있다.

대개의 작가가 남성들이라는 점은 소설 내용에 성차별 태도를 더욱 빈번하게 반영시키게 하는 요인이 될 수도 있을 것이다. 하지만 여성들의 작품이라고 해서 그다지 다른 것은 아니다. 또한 직접저작이 아니고 번역물인 경우에는 원문에 충실한 번역보다는 만화는 흥미 위주로 바꾸고, 소설은 한국적 상황과 너무 다르지 않게 번안하는 식이 많다. 따라서 번안물은 서구식도 순수한 한국식도 아닌 이상한, 시대구분이나 사회적 배경구분이 힘든, 값싼 흥미 본위의 혼합소설이 나타나게 된다. 문제는 소설작가나 번역인들 자신들의 사회관이다. 왜냐하면 소설에는 그들이 가지고 있는 잠재적인 성역할규범이 그대로 독자들에게 영향을 미치기 때문이다. 그러므로 소설작가들은 남녀 모두 인간으로서 개성을 발휘할 수 있는 사회를 묘사하거나, 아니면 적어도 성차별적 표현을 피하도록 노력해야 할 것이다. 또한 진정한 의미의 남녀평등을 내용으로 하고 있지도 않는 서구작품을 흥미 위주로 번역, 수용할 것이 아니라 독자들에게 자신 있게 읽힐 수 있는 창작소설을 만드는 일이 중요한 과제인 것이다.

많은 부모들은 자녀들이 읽는 소설에 대해 관심을 가지고 있으리라 본다. 그러나 부모들이 실제로 보이는 관심은 글의 조악성이나 소설의 내용 중에서도 혹시 성인소설이 아닐까 하는 정도이지 그 소설이 은연중에 주입하는 매우 위험하고 그릇된 전제에 대해서는 무심하다는 것은 몹시 안타까운 일이다.

왜곡되지 않고 진정한 남녀관계, 그리고 참다운 여성상과 남성상을 그리고 있는 소설이 중학생들에게는 매우 필요하다. 여기에 의식 있는 교육자, 부모, 문학창작자, 기업가들의 적극적인 참여가 요청된다. 왜 다른 소설들보다 로맨스류의 소설들이 중학생들에게 읽히는가 하는 문제는 단지 사춘기적 특성이라는 점뿐 아니라 기성세대의 가치관, 출판물의 지적 수준, 중학생들의 교육제도 등 여러 복합적인 면에서 필히 다루어져야 할 문제이다. ■

획일문화를 거슬러 사는 여성들

먹고 자고 숨쉬듯 해온 나의 일

김화련
건축가

나는 월터 디즈니를 몹시 부러워한 적이 있다. 사실 아직도 나는 그가 부럽다. 그 한 이유는 그가 나이와 계층, 성별과 국적에 관계없이 세상의 많은 사람들을 즐겁게 해주었기 때문이며, 또 다른 이유는 그가 자기의 직업이 곧 자기의 취미이기도 했던 삶을 살았었기 때문이다. 사람이 무엇을 그의 업(業)으로 하여 살고 있는가 하는 것은 실로 매우 중요한 일이다.

1. 마산, 풍요에서 빈곤으로

우리 할아버지는 아마도 지주이셨던 모양이다. 아주 어렸을 때 가을이면 시골 곳간에 나락을 잔뜩 쌓아 놓던 기억이 아지도 새롭다. 할아버지께서 사셨던 본가는 창원이었지만 아버지 형제분들의 공부를 위하여 마산에 큰 집을 사셨는데, 내가 태어난 곳이 바로 이 마산집이다.

내 위로 언니가 셋이니까 네번째인 나는 틀림없이 아들이어야 하고 아들일 것이라고 확신했었는데 막상 태어난 내가 딸이었기 때문에 할머니께서는 삼신님을 모신 판을 때려부수고 욕을 하시는 것으로 분풀이를 하셨다. 아들이 아니라서 지레 주눅이 들어 그랬는지 어렸을 때 난 그저 기척도 없이 항상 잠만 자곤 했었다고 한다. 잠자는 나를 흔들어 깨워 젖을 물리면 한참 먹다가 스르륵 다시 잠들어 버렸다는 얘기를 들은 적이 있다. 잠자느라고 유치원에도 못 간 적이 있었다. 국민학교에 입학한 뒤 어느 날인가는 잠자다가 일어나 보니 모두 학교에 가고 없어서 낭패하여 울음보를 터뜨렸던 것과 그때 단 한 번의 지각으로 6년 정근상을 받았던 것을 기억하고 있다.

할아버지께서 돌아가시고, 토지개혁이 되고, 식구들이 한방에 모여 앉아 돈을 세고 부대에다 돈을 넣어 몇 부대 싣고 나가던 일이 기억난다. 그 후 곶감 빼어먹 듯 놀고 먹는 동안 살림이 줄어들었다. 내가 고등학교 때쯤에서야 줄어드는 살림에 놀란 아버지께서 시장에 점포를 하나 사셔서 양품점을 내시게 되었다. 양품이기 때문에 사계절 철따라 물건을 준비해야 하는데, 들어가는 돈과 나오는 돈이 맞지 않았다. 일년이 좀 넘게 버티다가 결국 점포는 치워졌고 그 후로는 시골의 논이며 밭이며 산까지를 차례로 팔아 대는 게 연례행사였다.

고등학교 3학년이 되었을 때, 드디어 내가 태어나서 세상 어려움 모르고 잘살았던 큰 집(연못이 있고, 작은 동산이 있고, 그네를 매고 놀던 굴밤나무와 좋은 정원이 있었다)을 팔아 버리고 작은 집으로 이사를 할 수밖에 없게 되었다. 우리가 옮겨간 작은 집은 우리 산에서 쳐온 나무로 숙부님을 위하여 큰집 가까이에 여벌로 지어두었던 집으로 6·25 사변의 피난민들이 그 동안 세들어 살고 있었다. 우리가 이사할 무렵이 되어서는 집이 이미 말이 아니었다. 정원의 나무들은 어느새 다 없어져 버렸는데 사랑채 앞에 그래도 치자나무 한 그루가 악착같이 살아남아 꽃을 피우고 향기를 내뿜어 주어서 얼마나 고맙고 좋았던지, 지금도 좋아하는 꽃을 물으면 '치자꽃'이라고 대답한다.

공부 잘하는 팔남매를 슬하에 두었고 일가친척간에 우애 있고 솜씨 좋고 복많은 부인으로 칭찬받던 우리 어머니께서 작은 집의 살림 궁색한 부인이 되자, 갑자기 통이 큰 여자로 친척들의 비난을 받게 되었다. 하루아침에 변하는 인심을 보는 슬픔과 분노는 당시 내게는 참으로 심각했다. 작은 집에서 가난이 현실로 닥치자 우리 팔남매의 학비와 여러번의 제사를 모시는 일이 큰일로 여겨지게 되었다. 어머니 심부름으로 친척집에 돈을 전하고 오면서 초생달을 쳐다보고는 나는 '기어이 내 손으로 더 나은 우리 집을 만들리라'고 눈물을 흘리며 맹세했다. 내 나름대로는 돈을 많이 벌어서 우리 식구들의 분을 풀어 줄 수 있는 능력 있는 사람이 꼭 되어야 한다고 스스로에게 다짐했던 것이다. 그런데 막상 이런 내 희망과 다짐을 다 들어 줄 수 있는 대학의 학과가 없다는 것을 알고서는 고3인데도 맹렬히 입시 공부를 하지 않았다.

2. 서울, 대학, 돈벌이, 힘겨웠던 삼박자

해마다 가을에 진주에서는 개천예술제가 열리고 있었는데, 고3 때 거기에서 내 그림이 최고상인 부통령상을 받게 되자 내가 그림을 대단히 잘 그리는 줄 착각하게

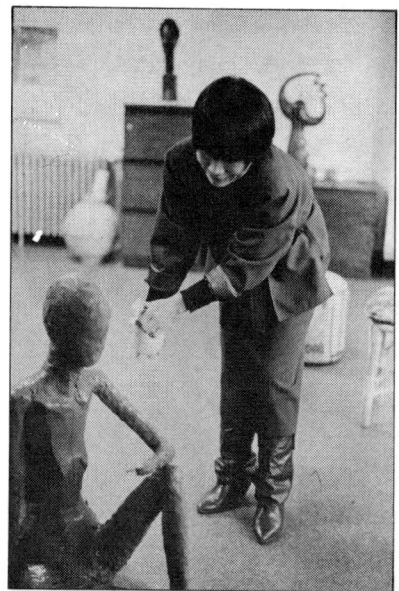

남녀의 차원을 떠나 훌륭하게 작품활동을 한다.

되었다. 때문에 주저없이 미술대학으로 가야 한다고 서울대학교 미술대학에 응시원서를 내고서 서울로 올라왔다. 서울에는 효자동에 큰고모댁이 있었다. 그런데 큰고모댁에도 마침 대학입시를 보아야 할 사촌이 있었는데, 한집에서 둘이 시험을 치면 하나만 합격한다는 미신 때문에 내가 온 것을 그 집에서는 대단히 싫어했다. 입학시험날 아무도 나를 시험장으로 데려다 주지 않아 혼자서 전날 익혀 둔 길을 더듬어 시험장으로 갈 수밖에 없었다. 효자동 종점에서 전차나 버스를 타고 지금의 종합청사 근처에서 내려서 길을 건너 경기도청 앞에서 다시 버스를 갈아 타야 하는 것으로 요령을 왰었는데, 막상 효자동 종점에서 버스를 타고 보니 정말 막연하기만 했다. 버스는 만원인데, 마침 바로 앞의 남학생 교복에 고Ⅲ, 그리고 팔레트 모양의 배지가 달려 있었다. '옳지! 미술반원이니까 미술대학 시험치러 가겠구나'싶어 뒤따르기로 했다. 내리는 곳에서 따라 내리고 타는 곳에 얼른 따라 탔었는데 버스가 하도 붐비다 보니 차 속에서 그만 놓치고 말았다. 창경원이 보여서 내리긴 했는데 도무지 길을 종잡을 수가 없었다. 더듬어 올라가 보니 어제 익힌 곳이 아니었다. 성균관대학교 입구였던 것이다. 어떻게 하다가 서울대학교 쪽을 찾아 가니 이미 시간이 늦어 있었다. 사정사정하여 뛰어올라가 학과시험을 치르고 실기시험을 보았는데, 그때 입시를 치르면서 인체 데생이라는 것을 처음으로 하게 되었다. 시험 결과 2지망인 조소(彫塑)과에 합격이 되었다. 이 조소과 합격이 결국은 오늘의 나의 일을 정해 준 계기가 된 것이라 여겨져 지금 생각해 보면 정말 다행한 일이지만, 당시 마산이라는 조그만 지방도시에서 듣고 본 안목으로는 조소란 것은 너무나 생소한 것이었다.

　학교공부는 뒷전으로 미룬 채, 학기중인데도 수시로 서울과 마산을 오가면서 '어떻게 하면 돈을 많이 벌어 절박한 우리 집을 구할 수 있을까?'를 골똘히 연구하고 또 연구했다. 말하자면 나는 이때부터 돈벌이에 눈을 뜨기 시작했던 것이다. 시장조사를 해보니 마른 멸치와 젓갈 값이 서울이 마산의 두 배였다. 마산시장에서 외상으로 마른 멸치를 떼어다가 큰고모집에 쌓아 놓고 팔아서 학비를 해결했다. 얼마 후에 세째 언니가 다니는 경희대학교 근처에 방을 얻고 남동생들까지 다 올라오도록 하여 우리들끼리 자취를 시작했다. 지금 생각해 보면 정말 억척스럽고 고생스러운 생활이었다. 그런 중에서도 미술대학 3학년 때 '나'라는 조각작품을 국전에 출품하였다. 낙선하자 '다시는 국전에 출품 않겠다'고 건방진 다짐을 했던 기억이 난다. 이 무렵 도학시간에 이상순 교수로부터 주택설계를 배웠는데 매우 흥미로와서 어쩐지 내게 맞는 일일 것 같다는 생각이 들었지만 그때는 생각으로 그쳤다.

졸업을 한 뒤, 봉급생활로는 우리 집을 일으켜 세울 수 없겠다는 판단으로 당시 선풍적 인기를 끌던 청기와 같은 독점제품을 만들어 팔아야 돈을 확 벌 수 있을 거라는 결론을 얻었고, 청기와 같은 독점제품으로 생각해 낸 것이 가죽염색 제품이었다. 몇 개월 연구한 끝에 물감이 안 빠지고 안 변하는 염색약을 내 스스로 만들어 냈다. 그 물감으로 가죽에다 그림을 그려 지갑도 만들고 핸드백도 만들어서 친구들에게 팔았더니 예상 외로 반응이 좋았다. 그래서 그 무렵 문을 연 반도조선 아케이드에 빌린 돈으로 쇼 케이스 한개짜리 점포를 얻었다. 소매도 하고 도매도 하여, 부산과 대구의 도매상들이 와서 사가기도 했다. 밤잠을 거의 안 자다시피 하면서 하루저녁에 지갑 200개씩을 미친 듯이 그렸다. 일년 정도 지나니까 약간의 여유가 생기면서 그 동안 맘껏 못했던 공부를 해야겠다는 생각이 들었다.

내 적성에 맞겠다고 생각되었던 건축공부를 하기 위해 공대 건축과에 편입시험을 치렀고, 미술대학 졸업 2년 후에 건축공학과의 학생이 되었다. 건축과에 다니면서 1년 동안 배운 짧은 실력을 총동원하여, 그 무렵 고향 창원으로 가서서 과수원을 일구고 계시던 부모님께 기와집을 한 채 지어드렸다. 아무리 하찮은 시골집이라 해도 불과 1,2년간의 상점 운영으로 벌어들인 돈으로 서울의 많은 식구들 생활비와 동생들의 학비를 해결하면서 그 위에 새 집까지 지어드렸으므로 혼자 감당해 내기가 매우 힘들었다. 게다가 고등학교 때부터 워낙 수학을 싫어했는데 공과대학에 들어가니 미분, 적분, 대수, 기하, 고체역학 등 내게 어려운 과목들이 필수과목이었으므로 예습 복습을 하면서 가게 운영을 함께 하기가 너무 벅차 '돈은 나중에라도 벌 수 있다'는 생각으로 가게를 그만 정리해 버렸다.

그리고는 섬유과의 여학생 백종숙과 함께 그때까지 금녀의 집이었던 서울공대 기숙사에 들어갔다. 여학생들이라고 하여 특별히 교수용 방을 각각 차지하여 여러 가지 혜택을 누렸는데, 무엇보다도 등교할 때의 그 지긋지긋했던 교통지옥에서 벗어날 수 있어서 좋았다. 짧은 기숙사생활이었지만 이 기간을 통하여 백종숙을 알게 된 것을 지금까지 고맙게 생각하고 있다. 이천여 명이 넘는 남학생 가운데 여학생이 네 명뿐이었고, 여학생실이 따로 있어서 모두 잘 알고 지냈지만 기숙사생활을 통하여 많은 시간과 다양한 경험을 가질 수 있었던 것은 특히 좋았다. 백종숙을 보면서, 확실히 자기 실력이 있을 때 요란한 웅변도 필요 없고 남녀의 차이도 있을 수 없다는 것을 알게 되었다.

기숙사생활이 거의 끝날 무렵, 졸업을 얼마 남기지 않고 아버지께서 세상을 떠나셨다. 결혼이 늦어 버린 언니들의 혼인을 치러 줄 아무도 없는 상태였고, 우리 집의 맏아들인 내 바로 아래 남자동생은 대학 3학년이고 여덟째이자 막내아들은 겨우 중학 3학년이었다. 아버지께서 돌아가셨다는 전화를 받고서도 "나를 아버지 안 계시는 딸로 만들다니……"할 정도로 그때 나는 치기만만했었다. 나는 상복을 다소곳이 입고 아버지의 별세를 슬퍼하며 우는 그런 딸이 아니었다. 지관을 모셔와 우리 산에 모실 자리를 함께 보러 다니고 시장을 보아다 나르고, 마치 장례위원장같이 오직 이 일을 처리할 사람이 나뿐인양 착각한, 어떻게 생각하면 건방지기 짝이 없는 딸이었다. "사람이 돈을 위해서 일을 하면 안 된다. 남을 위해 열심히 일하다 보면 저절로 돈이 따라오게 마련이다"라는 말씀을 아버지께서 하실 때면 "피이— 착하기만 하면 뭘 해. 가장이면 경제력이 있어야지!"따위의 소리없는 항의를 늘 가슴속에 품고 있었고 혼자서 여러 차례 아버지를 성토했던 나였다. 말년에 무능했던 아버지를 보면서 나도 모르는 사이에 남자란 조금은 덜 착하더라도 아주 강하고 능력 있고 자기직업이 확실히 있어서 세월이 갈수록 그 업적이 빛나는 그런 정도는 되어야 한다는 식의 엄격한 틀을 만들고 있었던 나는 딱하게도 도리어 그 아집 속에 나 자신을 가두어 둔 꼴이 되어 버렸다.

3. 일상처럼, 그러나 마지막 기운까지 일 속에

간신히 졸업을 하고 이광노 교수의 추천으로 국회사무처 건설국 건축과의 기술촉탁으로 취직을 하게 되었다. 사무실은 지금의 세종문화회관 제삼별관 옆의 낡아빠진 건물에 있었다. 여의도 국회의사당의 신축준비를 하고 있던 때였는데 내가 들어갔을 때는 이미 현장설계가 끝난 후였으며 본설계도 거의 끝나가고 있었다. 내 임무는 그 모형을 축소해서 만드는 일이었고, 담당업무는 실내장식 부문이어서, 고 유강열 교수가 맡은 디자인팀을 독려하고 다른 자문위원 선생님들께 소집 전화를 드리는 정도의 있으나마나한 일을 맡고 있었다. 당시의 여의도는 사막 같은 모래벌판으로, 섬 한 귀퉁이에 가건물로 서 있던 우리 현장사무소가 유일한 건물이었다. 교통수단으로는 '신진에이스'라고 하는 반트럭이 광화문 사무실에서 여의도 현장까지 다녔을 뿐이었는데, 그나마도 과장님이 특석인 운전수 옆에 앉으시는 날이면 나는 별수없이 뒤의 짐칸에 앉아 흔들거리면서 타고 다녀야 했다.

거의 2년쯤 다니다 보니 현장에서 피로도 많이 쌓였고 또 점차 내가 그 직장에서 너무나 보잘것없는 존재임을 확인하게 되었을 뿐 아니라, 우리 집 형편도 쥐꼬리만한 월급으로는 살아가기 힘든 처지여서 좀더 대우가 좋은 직장으로 옮길 궁리를 하게 되었다. 그 무렵 여자가 국회의사당 짓는 일에 참여하고 있다 하여 어느 신문사에서 나를 찾아와 의사당 건설현장에 세워 놓고 사진을 찍어 가더니 다음 날 조간신문에 사진과 함께 내 얘기가 크게 실려 나오게 되었다. 민망하고 쑥스러

위하고 있는 참이었는데 같은 과의 행정직 남자직원이 다른 과의 남자 몇 명과 머리를 맞대고 "지 혼자서 국회의사당을 다 짓는 거야?" 하면서 내가 실린 신문을 오려다 놓고 한 줄 한 줄 짚어가면서 성토하고 있는 장면을 목격하게 되었다. 말은 옳은 말이겠지만 눈이 마주친 현장이라 어쩔 수 없이 헤집고 들어가 신문조각을 집어서 찢어 버리고 "당신이 배아플 이유가 무엇입니까! 당신 같은 남자 꼴을 매일 보아 넘길 자신이 없으니 처자식 없는 내가 그만두겠소"라고 모든 이유가 그에게 있는 양 화를 내고는 그 길로 사표를 내고 직장을 그만두었다.

그 후 집 근처인 서대문에 사무실을 열어 닥치는 대로 일하기 시작했다. 우선 친구들의 집, 가게, 사무실 등을 꾸미는 일부터 맡아 했다. 미술대학 다닐 때 아르바이트하는 친구들 어깨넘어로 배웠던 실내장식 일들이 현장을 뛰는 데 많은 도움이 되었다. 설계디자인을 마친 뒤에 목수, 조적공, 미장, 칠하는 사람들을 데려다 일을 진행시키다 보면 언제든 일이 끝날 무렵쯤 되어서는 약정한 공사비가 바닥이 나기 때문에 쉬지 않고 일을 해야 했다. 그런데도 사무실을 꾸려나가는 경비가 항상 부담스러울 정도여서 몇 년 동안 몇 차례씩 문을 닫았다 열었다 할 정도였다. 이때 나는 어릴 때부터 돈을 셈하고 따지는 일을 경험할 필요가 있다는 것을 절실히 느꼈다.

사무실 운영의 어려움으로 약간 지쳐 있을 때 명동 옛 국립극장 옆에 새로 짓는 백화점의 실내장식 교섭이 들어왔다. 미술대학 다닐 때의 남자친구와 후배를 포함한 여섯 명이 디자인 팀을 만들어 백화점 직영공사인 건축마감공사와 백화점 운영에 필요한 모든 디자인을 맡아 일을 하게 되었다. 색과 디자인을 고려하여 모든 마감재료들을 선택하고, 백화점의 상징인 상표와 색, 글씨 등을 정하고, 층마다 점포를 배치하고, 입주점포들의 실내깅치 디자인을 짐김하는 일 등을 했다. 백화점의 기구가 커지면서 유능한 남자기획실장이 뽑혀 왔고 그는 디자인 팀을 기획실에 두어야 한다고 주장했다. 나는 그때 당장 사장을 찾아가 디자인실을 따로 두고 내가 디자인실 실장이 되겠다고 자청했고, 결국 디자인실의 실장이 되었다. 그렇게 되니까 남자동창이 여자 밑에서 일하는 것이 기분 나쁘다고 투덜거리며 부어 있었다. 그러나 워낙 술을 좋아하는 친구길래 술로 풀면서 다시 좋은 동료 사이로 회복해 나갔다. 거의 2년간 일하며 4백여 명이 넘는 입주상인들과 디자인 상담을 해오는 동안 나는 사람들이 무일푼으로 일을 시작하여 몇 십억짜리 건물을 짓는, 한마디로 무에서 유를 창조하는 과정을 목격할 수도 있었고, 현장에서 일하는 각양각색의 수많은 사람들을 만날 수도 있었다. 이러한 체험이 오늘의 나에게 커다란 도움을 주었음은 말할 것도 없다. 또한 새 백화점에서 일하는 동안 우리 디자인실에서 고안하고 만들어 낸 글씨체라든지 색상, 도안 또는 백화점 마크로 만든 포장지를 건물이나 거리에서 자주 만나게 되었는데 그때마다 내가 하고 있는 일에 대한 흐뭇함과 만족감을 느낄 수 있었다.

공사가 다 끝난 뒤 디자인실 인원을 줄여서 백화점측에 예속시킨 나는 백화점 6층을 다시 기획·디자인하여 유명 의상디자이너 여섯 분을 초대, 입주시켰다. 곧 이어 나도 20여 평의 장소를 얻어 장신구와 실내장식 소품점을 열었다. 그리고는 6층을 '디자인·7'이라고 이름지었다. 내가 그 동안 실내를 꾸민 것 중에서 가장 마음에 드는 '디자인·7'이 그럼에도 불구하고 오래 계속되지 못하고 없어진 것을 유감스럽게 생각한다. 그 해의 목화아가씨 쇼를 '디자인·7'이 맡았고, 나도 목면실을 얻어다 스웨터 몇 개를 만들어 출품했다. 세종문화회관 별관에서 쇼를 했었는데, 팜플렛에 디자이너들의 경력을 소개하는 글이 있었다. 그런데, 내 옆에 앉은 한 한복연구가(목화아가씨에게 국적 불명의 한복을 입힌)가 자기 동반자에게 서울 문리대 불문과 출신의 김희씨와 나를 가리키면서 "이것들은 가짜야! 이런 데는 없는 학력을 일부러 써넣는 거야. 같은 값이면 서울대학이다 이거지. 아, 서울대학 건축과를 나온 년이 미쳤다고 스웨터나 뜨고 있겠어?"라고 말하는 것이었다. 그 소리를 듣고서야 남들이 나를 보는 눈이 시퍼렇게 살아 있다는 사실을 알게 되었고 이러한 현실에 놀라지 않을 수 없었다. 이 놀라운 소리에 나는 잠깐 동안 내 자신이 하는 일에 대해 객관적인 시선으로 평가해 보게 되었다. 나는 문득 진득하게 한우물을 파저 못하고 너무나 난분스럽게 이것저것 모두 해본다고 수선만 떨었지 무엇 하나 제대로 한 일이 없음이 부끄러워졌다. 그러나 반면 사람이 어떻게 한가지만 한평생 하고 싶을 것이며 또 모든 사람이 반드시 그래야만 한다면 이 세상이 무슨 재미가 있겠는가 하는 생각도 들었다. 사람은 갖가지 자질과 성격을 갖고 있지 않은가? 나는 남 때문에 시달리지 않고 오직 내 일에 빠져서 내 식으로 살 수 있었음이 한편으로는 다행스럽게 여겨져서 며칠간의 고민을 걷어치웠다. 그리고 내가 하고 싶은 일, 내 마음대로 할 수 있을 때까지 해보자는 결론을 내렸다.

한창 아파트 붐이 일면서 아파트 모델하우스 만드는 일을 몇 번 했다. 아파트의 실제모습과 똑같이 짓고 분양하기 때문에 매우 중요한 작업인 동시에 재미있는 일이기도 했다. 대구에서는 새로 생긴 회사의 아파트 모델하우스를 꾸미는 일을 해주고 가구와 문짝을 납품하기로 계약하기도 했다. 그런데 그때 마침 중동취업 바람이 불어 많은 인력이 그쪽으로 빠져나갔고 이로 인해 국내에서는 별안간 수요가 급증하게 되어 일할 사람이 턱없이 부족해지는 예기치 않은 현상이 벌어졌다. 우리 아파트현장에서도 사람 구하는 일로 바빠져서 통 일이 진전되지 않아 뒤죽박죽이 되고 말았다.

엎친 데 덮친다고, 가구와 문짝을 납품하기로 했던 나는 계약의 경험이 없었던 까닭에 커다란 실수를 저지르고 말았다. 계약 당시 문짝을 도착시키는 순간까지 책임지는 조건으로 문서화해야 하는 것이었는데 무조건 계약만 했다가 결국 문짝을 달아 주게 되었는데 인부도 구하기 힘든 어려움까지 겹쳐 결국 이 일은 완전무결한 실패로 돌아가고 말았다. 문들이 제대로 각이 맞는 것이 하나도 없어서 문을 달기 위해서는 문틀을 몽땅 뜯어 고치는 일까지 감당해야 했다. 인부들에게는 이 일을 마무리시키기 위하여 일당도 더 주어야 했고 숙식제공도 해주어야 했으므로 공사비는 엄청나게 들어가고 진행 속도는 매우 더디고 세금은 바쁘게 쫓아오고 정말 혼이 났었다.

설상가상으로 고등학교 동창의 소개로 계약서 없이 시작된 동업이 결국은 이상한 사기극에 말려들어 급기야는 법원의 소송문제까지 부르게 되었고 거의 2년간을 그 일로 우울하게 시달리는 쓰라린 경험을 하게 되었다. 난생 처음 겪는 분한 일이라 옳고 그름을 따지고 들면 미쳐 버릴 것 같아 그 일 자체를 아주 잊고 지내기로 결심하고서야 마음의 평정을 찾을 수 있었다. 어쨌든 실수와 실패의 고통을 팽개쳐 버렸다는 사실 자체가 나로서는 중요할 따름이었다. 턱없이 세상에서 잘났노라 멋모르던 내게 생각해 볼 좋은 기회를 준 것, 그리고 싫고 좋음이 너무 분명한 나의 딱딱한 성격을 조금 누그러뜨릴 수 있었다는 것 등 그 체험이 준 이득만 기억하려고 한다.

4. 여성과 일, 먹고 자고 숨쉬듯이

얼마 전 건축과의 한 선배께서 여자건축가끼리 모여 친선과 정보교환을 위한 모임을 갖자고 제안하였다. 전 같으면 여류나 여성이란 이름을 가진 모임에는 결코 나가지 않겠다고 단호히 거절했을텐데, 그냥 아무런 거부감 없이 참여했던 것도 따지고 보면 여자로서 세파를 이겨내기 힘들다는 결론을 내릴 만한 일들을 겪었기 때문일 것이다. '여류소설가' '여류화가' 등에서 '여류'는 '남류소설가' '남류화가'가 아닌 그냥 '소설가' '화가'와 무엇이 다르다는 말인가. 아무래도 차이를 두자는 속셈인 것 같아서 '여류·여성'이란 단어에 지나치게 반발해 왔었는데, 막상 '여성'이란 말이 붙은 모임에 나가고 보니 여러 가지로 필요한 모임임을 절감하게 되었다. 우선 나는 그 모임에서 편안함을 느끼고, 감정적 지지를 받을 수 있다는 것에 만족한다. 그리고 건축을 전공한 여성들이 결혼과 출산 등으로 작품활동이

나 사회참여가 매우 어렵고, 그 기회가 극히 제한되어 있음을 나는 그곳에서 비로소 알게 되었다. 그래서 이 모임에서는 지금 활동을 쉬고 있더라도 건축과 출신이면 누구나 받아들여 중요한 정보를 제공하고 대화를 나누고 있다. 남자와 여자는 한 인격체로서 절대 평등하다. 그러나 상황이 상황인만큼 여성이라는 단어에 피해의식에 가까운 거부감을 느낄 것이 아니라 당당하게 여성 자체를 받아들이고 여성들간의 유대를 이루어 가는 것이 중요하다는 생각을 요즘 하게 되었다. 우리끼리도 선후배로서 서로 힘이 되어 주어야 한다. 이 조직사회에서 고립되어서는 모든 것이 너무 힘이 들고 삶의 기쁨도 적기 때문이다. 건축계에도 남녀의 차원을 떠나 훌륭하게 작품활동을 하고 계시는 좋은 선배여성건축가들이 몇 분 계시다. 나는 그들이 무척 자랑스럽고 또 그분들의 존재가 내게 힘이 되고 있다. 그들을 보면서 나 역시 후배를 아끼고 밀어 주어야겠다는 생각을 하게 된다.

내 나름대로는 건축적인 일에 자부심을 갖고 이제껏 열심히 일하여 왔지만, 건축가로서 어떠한 평가를 받을 것인가 하는 생각은 피하고 있다. 너무 부족한 것이 많고 앞으로도 배울 것이 많기 때문이다. 그래서 나는 국내외 여행을 자주 다닌다. 그때마다 나는 완벽한 작품을 보는 기쁨과 나 자신 더 노력해야 한다는 부끄러움을 동시에 느낀다. '왜 직업을 가졌는가?'라든가 '왜 건축을 하는가?'라는 질문에 대해 나는 아직 한마디로 세련되게 대답할 말을 준비하지 못했다. 단지 먹고 자고 숨쉬듯이 자연스럽게 나는 일을 해왔고 성취감을 느껴 왔다는 말 외에는……
"왜 사람들은 직업을 안 가지는가?"라는 질문이 오히려 내게는 더 질문다운 질문으로 들린다. ■

획일문화를 거슬러 사는 여성들

자유로운 삶을 춤에 담으며

南貞鎬
부산산업대 현대무용

1. 아버지의 세계와 엄마의 방

나는 1952년 12월 31일 경상북도 김천시 황금동에서 태어났다. 당시 아버지는 31세의 젊은 나이로서 김천고등학교 교감으로 재직하고 계셨다. 아버지는 충청북도 황간의 높은터라고 불리는 지역에서 태어나 청주고등학교를 졸업하고 동경에서 대학을 다니셨다. 일본 상지대학에서 독일인 퀘베트 신부와 동창생 김수환(현 추기경) 신부의 생활태도에 감명을 받아 가톨릭 신자가 된 후 고향으로 돌아와 사회사업가(보육원 원장)의 둘째딸인 엄마와 결혼을 했다. 엄마는 당시 20살이었으며 여고를 막 졸업하고 유치원 보모노릇을 하면서 결혼보다는 자신이 가진 다방면의 예능소질(성악·무용·배구 등) 중의 하나를 계속 개발시키고 싶었지만 주위의 권고와 다음에 있을 동생의 혼담이 지연된다는 두려움에, 또 동경유학을 다녀온 얼굴이 하얀 미남자에게 그런대로 마음을 빼앗겨 결혼을 승낙했다 한다.

내가 태어나고 2년쯤 후에 아버지는 엄마에게 언니와 나를 맡기고 벨기에의 루벤 대학으로 3년간의 유학을 떠났다. 그러나 내 기억에 남아 있는 어린시절은 아버지와 함께 산 시절부터다. 유치원을 가기 전인 어릴 때부터 나는 집안에 있는 두 가지 세계를 넘나드는 버릇이 있었다. 한 세계는 아버지의 방으로서 그곳에는 책상과 옷장 그리고 1인용 침대가 있고 벽 한가운데는 십자가가 달려 있는, 수도사의 방과 같은 곳이었다. 그 방에서는 항상 오래된 책들이 가지는 매캐한 냄새와 청결한 소독약 냄새가 혼합되어 있었다. 아버지의 책상서랍에는 모든 필요한 물건들이 가지런히 놓여 있었는데, 예를 들면 첫째 서랍에는 약종류들, 둘째 서랍에는 편지 쓰는 도구들, 세째 서랍에는 사용했던 선물포장지와 노끈들이 잘 정리되어 있고 마지막 서랍에는 연장류들이 꽉 차 있었다. 가운데 큰서랍은 대개 잠겨 있어 나의 호기심을 항상 유발시켰음은 물론이다. 나는 가끔 아버지가 없는 빈방에 살그머니 들어가 그 방에서 들리는 정적의 소리와 학구적인 냄새를 맡기를 좋아했다. 그러나 이 방은 가끔 공포스러운 방이기도 했다. 무언가 잘못한 일이 있을 때 우리 형제들은 이 방에 불려가 무릎을 꿇고 아버지의 매서운 질문에 답변을 해야 했고 또 회초리를 맞거나 벌을 서는 장소가 되기도 한 곳이다. 아버지에게 야단을 맞고 나면 엄마의 따뜻한 위로가 항상 아쉬웠지만 그때마다 엄마는 무관한 척, 아니면 당연하다는 태도로 나를 섭섭하게 만들었다.

또 다른 하나의 세계는 엄마의 방이었다. 6남매를 둔 엄마는 항상 가장 어린 동생들과 함께 기거를 했기 때문에 거기에는 우유병, 아이속옷, 기저귀(비오는 날이면 벽에 줄을 걸어 거기서 건조를 시켰다) 등이 엄마의 몇 가지 화장품 용기들과 돈지갑 등과 함께 뒤죽박죽이 되어 있었다. 아랫목은 따뜻했고 적당한 지저분함과 마음편한 무절제가 있었으며 큰 장농에 붙어 있는 거울 앞에서 나는 곧잘 나를 보며 이야기를 하곤 했다. 나는 거울의 나를 달래고 나에게 화를 내고 또 나에게 반하여 사랑을 고백하기도 했다. 엄마의 외출복을 꺼내 입고 엄마가 아끼는 머플러를 뒤집어 쓰고 나는 춤을 추면서 연기를 하기 시작했다. 연기에 필요한 대개의 도구는 엄마의 방에 있었고 그 보잘것없는 도구들로 나는 끝없는 공상의 세계에 빠져들곤 했다.

아버지가 학교를 바꿈에 따라 우리는 김천에서 대구로, 또 마산으로 이사를 했다. 마산에서 우리는 가톨릭 재단 학교 내의 사택에 살았는데 학생들이 모두 돌아가고 난 후의 학교의 넓은 공간과 커다란 나무들, 그리고 각 반에서 서로 경쟁하며 가꾼 화단 등은 모두 다 나의 것이었다. 나는 가끔 어두운 학교 운동장을 껑충껑충 뛰어다니며 춤을 추었고 거기서 비추이는 나의 그림자에 황홀해 했었다.

엄마는 아버지의 박봉으로 새옷을 우리에게 사줄 수 없어 외할아버지의 보육원으로부터 구호물자를 얻어서 우리에게 입혔다. 나는 레이스가 달린 원피스와 꼭 끼는 고무바지, 목이 긴 가죽구두, 산타클로스 같은 외투를 입고 학교에 갔는데 모두들 나에게 '아이노꼬'라며 놀렸으며 나는 다른 아이들 같은 포플린 원피스나 고무신을 사주지 않는 엄마를 원망했다. 그러나 우리 형제들은 가끔 영어가 많이 씌어 있는 모양이 예쁜 지우개나 색연필 등을 사용할 수 있어 그런대로 보육원 할아버지를 둔 것을 자랑스러워했다.

아버지는 언니와 나를 위하여(내 밑의 동생은 나보다 5살 연하임) 60권으로 된

가족과 함께

무용과 함께

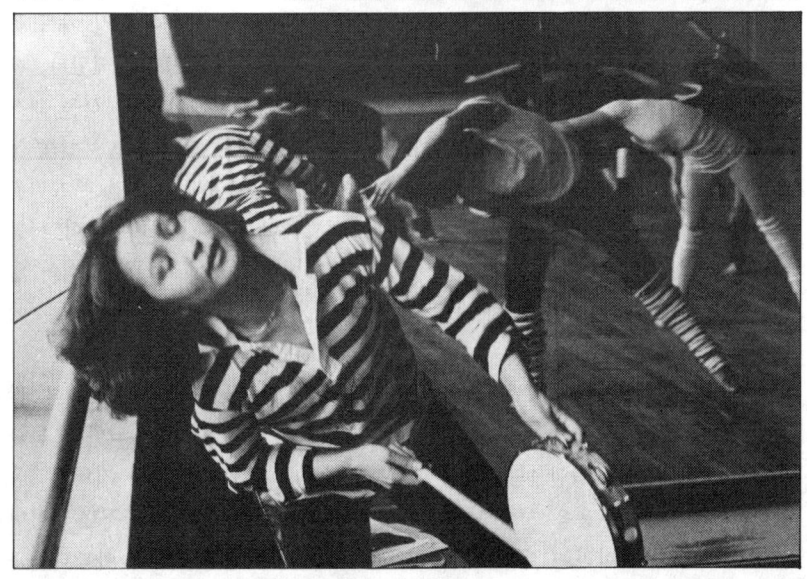

자유로운 삶을 춤에 담으며 266 — 267

소년소녀 세계명작 대전집을 월부로 사주셨는데 나는 이 모든 책들을 국민학교를 졸업할 때까지 전부 세 번 이상은 다 읽었다. 소공녀의 세라 크루 같은 총명함과 기품을, 신데렐라와 같은 아름다움과 행운을, 또 톰 소여와 같은 엉뚱함과 기지를 다 갖고 싶다고 생각하게 되었으며 이것들을 가지기 위해서는 어떠한 희생이나 고통도 감수해야 한다고 스스로 다짐하게 되었다.

내가 국민학교를 졸업한 해 아버지가 부산으로 전근을 하시는 바람에 우리는 이사를 하게 되었다. 마산에서 살았던 보통 정도의 집을 팔아서 부산에서 살 수 있었던 것은 가게가 붙은 조그맣고 납작한 학교 앞의 집이었다. 엄마는 나날이 돈을 더 많이 요구하게 되는 여섯 아이들을 위해서 문방구를 열었고 나는 당시에는 별로 명예롭지 않다고 생각한 문방구집 딸이 되었다.

2. 무용에 사로잡힌 학창시절

내가 다닌 수녀님들이 경영하는 성모여중의 분위기는 조금 보수적이었으나 따뜻하였고 또 가족적이었다. 그 중에서도 무용시간을 손꼽아 기다렸는데, 무용선생님은 상냥하고 정서가 풍부하여 모든 학생들의 동경의 대상이었다. 나는 특활반을 무용반으로 정하고 정규수업 외에 1주일에 한 번 무용반에서 지도를 받았다. 무용 선생님이 펜싱을 추천했는데 돈은 없지만 귀족적인 취미를 가진 아버지를 둔 덕분에 그것이 가능하게 되었다. 펜싱은 집에서 버스로 두 정거장 정도 가면 있는 도장에서 배웠다. 그곳에는 태권도를 배우러 온 사내아이들이 항상 가득 몰려 있었고 나는 약 1년간 펜싱을 하면서 신체를 단련시키는 즐거움을 배웠다. 깨끗이 빨아서 꽉 끼는 흰 연습복을 입고 움직이면서 모두들 쳐다보는 시선을 의식하며 몸을 놀린다는 것은 부끄러우면서도 신나는 일이었다. 그러나 그 무렵(중학교 2학년) 몸매가 여성적으로 변하기 시작하여 꽉 끼는 연습복을 입으면 부끄러워졌다. 저녁에 연습을 마치고 돌아오는 길에는 여드름이 잔뜩 난 사내애들이 나를 따라와서 친구가 되자고 말하곤 했고, 나는 부모님이나 학교에 이러한 사실이 알려질까봐 두려워하게 되어 점차 사내애들이 우글거리는 도장으로 간다는 것에 공포감을 가지게 되었다.

그 당시 무용특활반 친구 중의 하나를 따라 무용연구소를 구경할 기회를 갖게 되었다. 무용연구소는 도장과 다른 느낌으로 가득 차 있었으며 저녁마다 몸을 움직이는 것에 맛을 들인 나는 펜싱으로부터 자연히 무용으로 나의 저녁시간을 할애하게 되었다. 무용을 시작하자 마자 나는 바로 이것이 내가 늘 꿈꾸던 것이며 앞으로 해야 할 것이라는 것을 깨달았다. 거기에는 나의 환상과 꿈과 아름다움과 그리고 그것들을 위해 요구되는 희생과 고통이 있었다. 나는 무용을 통해서 세라 크루도 신데렐라도 또 톰 소여도 될 수 있다는 것을 예감하게 되었다.

중학교 시절에 나는 한때 사내아이의 역을 했다. 계집애들만 있는 사회에서 리더가 되기 위해서는 그 역이 필요하다는 것을 무의식적으로 느꼈기 때문이다. 나는 대담한 척했고 솔직한 척했으며 아주 강한 듯이 굴었다. 친구들은 내가 하는 직설적인 이야기와 과장된 제스처, 꼬마깡패 같은 태도를 재미있어 했으므로 나는 그 역할을 기꺼이 했다.

고등학생이 되자 나는 심한 수치심과 열등감에 싸이게 되었다. 당시 내가 탐독하던 책들은 그리스 신화집이나, 모파상이나 플로베르, 톨스토이, 헤세, 모음 등이었으며 주인공은 대개 무한한 힘을 가진 이들이나 경제적으로 아주 부유한 자들이었다. 나는 연탄냄새와 김치냄새가 나는 우리 집의 가장 구석에 나를 위하여 어설프게 다시 만든 조그만 방에서 아랫목에 배를 깔고 때묻은 이불을 덮고 누워서, 벽난로가 있고 양탄자가 깔려 있는, 마차를 타고 밀회를 하는, 예의바른 집사가 손님을 접대하는, 생일선물로 보석목걸이를 받는, 흰 에프런을 두른 가정부가 아침식사를 날라오는, 요정을 암소로 만드는 바람둥이 신의 이야기들을 열정적으로 읽었다.

당시에 연애소설들을 역시 많이 읽었는데 그 이야기들이 실현되는 것을 상상하기도 했다. 문방구에 물건을 사러 오는 남학생이나 성당에서 만나는 남학생 그리고 길거리에서 부딪치는 남학생들로부터 몇 개의 연애편지를 받기도 했지만 모두가 솔직이 무용 이상으로 나의 관심을 끌진 못했다.

나의 발레 실력은 점차 향상되었으며 나는 발레를 지도하는 남자 선생님과 파트너가 되어 TV에 출연도 하였다. 그리고 신문, 잡지, 심지어는 집안의 대백과사전에 있는 무용사진도 오려서 스크랩도 할 정도로 발레에 빠져 버렸다.

대학입시 시험을 치르러 상경했던 날은 유난히 추웠다. 다른 수험생들의 당당함과 학교 앞의 화려함은 나의 기를 죽여 놓았지만, 나는 자신만만한 척 허세를 부렸다. 결국 합격을 하여 4년간을 기숙사에서 지내면서, 매달 부쳐오는 빠듯한 생활비와 학교 앞의 화려함 속에서 나는 심한 갈등을 느꼈고, 기대한 것만큼 대학 강의들이 흥미가 없다고 느끼게 되었다. 나는 발레 담당교수와의 불화로 인하여 전공을 발레로부터 현대무용으로 옮기게 되었는데, 그것은 여태까지 내가 가진 발레에 대한 열정을 배반하는 일처럼 생각되었으므로 심한 패배감과 열등감에 시달리게 되었다. 그래서 방과 후의 전공 실기연습보다는 프랑스 문화원을 기웃거리거나 소극장 연극을 보거나 학교 강당에서 열리는 연주회 등을 들으러 다녔다.

종로를 걸어다니며 별로 흔하지 않는 비싼 무용원서를 사는 재미를 알게 된 것도 이때이다.

매달 어김없이 부쳐오는 생활비 속에는 항상 엄마와 아버지가 같이·편지를 써서 보내 주었는데 내용은 대개 돈은 없는 듯 생각하며 쓰고 기도중에 만나자로 일관하였다. 나는 기숙사 작은 침대에 누워 나를 둘러싼 애정에 가끔 눈물을 흘리면서도 올가미에 얽힌 듯한 가족관계로부터 떠나고 싶었다. 가족으로부터 빠져나오는 가장 첫번째 해결점은 경제적 자립이었다. 대학에서 몇 번 장학금을 탈 수도 있었지만 나는 방학이 되면 부산에 내려와 아르바이트 자리를 구하곤 했다. 그런 돈으로 동생들에게 짜장면도 사주고 교수님들께 드릴 선물도 사며, 또 구두도 맞춰 신으며 노동을 한 대가로서 받는 자활의 기쁨을 경험하였다.

대학 졸업 후 대학원에 바로 진학하고 싶었지만 더 이상 다른 가족들에게 피해를 입히고 싶지 않아 나는 부산에 내려와 교생실습 1개월의 경험만을 가지고 아무런 훈련기간 없이 여고 무용교사로 취직을 했다.

대학을 졸업한 해 4월에 나는 모교인 성모여고에 부임했다. 깨끗하고 넓은 무용실이 있는 학교는 공기 좋은 산중턱에 위치하며, 집에서 약 15분 거리에 있었으므로 직장으로서는 아주 좋은 곳이었다. 학생들은 선배로서 나를 따르는 듯이 보였으나, 교무실에서는 아버지가 그때 교장이었으므로 교장딸이라는 편하지 않은 신분을 감수해야 했다. 나는 봉급의 대부분을 저금하여 그로부터 1년 반 후에 대학원 진학을 하였다. 1주일에 한 번 아침 첫 비행기를 타고 서울을 오르락거리며(직장은 그대로 유지했다) 수업을 받고 또 논문준비를 하였다. 어느 때는 침대표를 구하지 못해 밤새 앉아서 서울까지 와서 아침수업에 가면 예기치 않은 휴강이 있어 허탈감을 맛보기도 했다. 그즈음 프랑스 유학을 간 불문학 전공인 언니가 돌아와 나에게 유학의 꿈을 계속 불어넣어 주었고, 어느새 나의 목표는 대학원을 마친 후 유학을 가는 것으로 정해졌다.

3. 재즈강사, 식당종업원, 보모로 고학하며 지낸 유학시절

나는 78년 9월에 파리로 가는 KAL기에 홀트의 양자들을 데리고 유학길로 올랐다. 그리고 1년간 부르따뉴 지방의 렌느라는 도시에서 (언니의 가족이 거기 있었으므로) 어학 코스를 밟으며 렌느Ⅱ 대학의 예술학 박사 코스에 등록했다. 그리고 그곳의 조그만 문화센터에서 형부의 소개로 재즈댄스의 강사가 되었다. 한국에서 한 번도 본격적인 재즈댄스를 해본 적이 없는 내가 그것을 가르치기 위해서는 따로 재즈댄스 클라스에 가서 배우지 않으면 안 되었으므로 조금은 배우는 이들에게 미안함을 느꼈다. 다행히 가정부인들이 주 대상인 이 클라스는 그다지 수준이 높지 않았으며 클라식 발레와 현대무용에 비해 재즈댄스가 그다지 까다롭지 않아 나는 나름대로의 기초적인 수업은 할 수 있었다. 이 클라스를 가르치면서 내가 얻은 소득은 신체 각부의 명칭과 움직임에 관한 용어를 빨리 불어로 익히게 된 것이다. 나는 뚱뚱한 부인들에게 날씬한 몸매를 가지게 도와 주는 대신 그네들은 나의 엉터리 발음을 열심히 교정해 주었다. 그래서 1년 후에는 가끔 차도 같이 마시며 서투른 대화도 나눌 수 있게 되었다.

그러나 렌느에서 이렇게 재즈댄스강사나 하며, 또 같은 어학코스반의 외국인들과 엉터리 불어나 하며 시간을 보내는 것은 내가 원하는 것이 아니었다.

나는 파리로 떠나기로 결심했다.

마침 소르본느 대학 체육관에서 2주일 동안에 걸쳐 하는 무용강습회의 광고를 보고 나는 비싼 강습료를 우송하여 수강증을 손에 넣었다. 그리고 남은 전재산인 500프랑과 몇 개의 언니 친구 주소만을 들고 몽빠르나스 역에 도착했다. 언니 친구네의 좁은 아파트 거실의 침대의자에서 지내며 강습을 받던중 소르본느 대학의 무용 디쁠로므에 관한 정보를 얻게 된 것은 하나의 행운이었다. 프랑스 대학은 국립이라 1년 수업료 약 200프랑을 내고 모든 수업을 다 들을 수 있고 많은 곳, 예를 들면 여행이나 영화관람 등에서 할인을 받을 수 있게 된다. 나는 적극적으로 소르본느에 입학하는 아이디어에 매달렸고 그래서 드디어 학교측으로부터 입학 승낙서를 얻어냈다.

동시에 언니 친구의 소개로 한국식당의 종업원으로 일하는 경험을 가지게 되었다. 오후 5시부터 저녁 12시까지 저녁식사 시간에만 일하는 것이었는데, 손님들에게 식사주문을 받고 또 주문된 음식을 나르고 더러워진 식탁을 치우는 일이었다. 나는 물론 학생비자를 가지고 있었으므로 공식적으로 일을 할 수 있는 신분이 아니었다.

식당에서 일한 1주일 후 나는 이 일에 도저히 나의 체력이 감당할 수 없다는 결론을 내리고 그만두기로 했다. 그때 한국화단에서 꽤 유명한 한 화가의 집에서 한국 여자유학생을 구한다는 정보를 얻었다. 그 집의 아이들을 부부가 외출할 때 돌봐 주고 프랑스인인 부인에게 일주일에 한두 번 한국말을 가르친다는 조건으로 방을 얻을 수 있다는 것이다. 그 집은 몽빠르나스에서 가장 위치가 좋은 곳에 있었고 나에게는 6층의 다락방이 주어졌는데 거기에는 작은 침대, 작은 책상, 작은 식탁, 작은 냉장고, 이동가스를 쓰는 작은 부엌 그리고 6층의 사람들이 공동으로 사용할 수 있는 변소가 있었다. 나는 파리생활의 전반부를 이 6층 다락방에서 보냈다.

소르본느의 지도교수 추천으로 I.P.A.C (Institut pedagogie Art Choregraphy) 라는 곳에서 현대무용 시간을 맡게 된 것은 강의가 시작된 후 2개월이 지나서였다. 나는 지하철표 1장이나 커피 한 잔의 값에도 급급할 정도로 경제적 불안을 늘 가지고 있었으므로 살기 위해서라도 열심히 가르쳐야만 했다. 남보다 조금이라도 더 나은 수업을 하는 것만이 내가 계속 일자리를 가질 수 있는 유일한 길이었기 때문이다. 무용공연을 보러 가서 가장 싸구려 표를 산다거나 아니면 극장 앞을 어슬렁거리며 1막이 끝난 막간을 이용해 극장으로 들어간다거나, 카페에서 샐러드 하나 시키고 공짜로 따라나오는 빵을 챙기는 가난한 학생의 생활에 그런대로 익숙해졌다.

그 무렵 렌느Ⅱ 대학에서 시작한 박사과정의 문제로 나는 한 차례 갈등을 겪어야 했다. D.E.A.(3기 박사 준비과정) 코스를 힘들게 끝내고 보니 논문을 쓴다는 것에 대한 두려움이 더욱 커진 것은 사실이었다. 또한 수많은 세계수준의 공연과 훌륭한 실기선생들의 수업을 제쳐 놓고 하루종일 도서실에 틀어박혀 남의 나라 글로 논문을 쓴다는 것에 대한 회의가 더욱 컸다. 이대로 실기를 계속하며 프로페셔널 댄서로서의 경력을 쌓다가 기회를 보아 자기 작품을 발표하는 안무가로 두각을 나타내는 것으로 나의 방향을 일단 정하니 마음이 편안해지고 또 덩달아 무용실기에 따른 일자리도 생겨 조금씩 파리생활에 안정을 구할 수 있게 되었다.

파리생활의 후반부는 아주 바빴다. 1주간의 스케줄이 아침부터 저녁까지 빈 틈없이 짜여졌고 저녁에 돌아와 그것들을 다시 체크하고 다음계획을 세웠다. 소르본느의 무용 디쁠로므 과정에서는 시작하고 2년 후에 모든 필요과목의 점수를 다 획득했다. '쟝고당무용단'이라는 조그만 직업현대무용단에서 단원으로 일하면서(10개월간) 그에 따르는 공연수당도 받게 되고 직업댄서들의 실상을 알 수 있는 좋은 기회도 가졌다.

그 무렵 계속 편지를 주고받던 한국의 남자친구로부터 결혼신청을 받게 되었다. 의학을 전공한 그는 미국에 가서 전문의 코스를 밟겠다고 했으며 같이 미국으로 가서 공부를 하자고 했다. 얼마 동안 고민한 끝에 나는 구체적인 이야기를 나누기 위해 귀국하기로 결심했다. 힘들게 자리잡은 파리생활을 두고 떠나려는 나에게 주위의 친구들은 의아해 했다. 그러나 나 자신은 어디가서나 이방인 대접을 받는 것에 어느 정도 넌덜머리가 났으며, 만약 결혼을 하지 않게 되더라도 이제는 한국에 가서 그 동안 배운 것과 경험한 것들을 한번 발휘하면서 보람을 얻고 싶었다. 그리하여 나는 정확하게 한국을 떠난 지 3년 후(81년 8월) 귀국했다.

4. 결혼이 가져다 준 선물들

어릴 때 나는 막연하게 독신생활을 동경하고 있었다. 열쇠를 돌려 문을 열고 들어가 불을 켜고 음악을 틀고, 먹고 싶을 때 먹고 자고 싶을 때 자고, 사람을 만나고 싶지 않을 때 전화를 받지 않고, 내가 원하는 이들을 초대할 수 있는 나만의 공간에 대한 꿈을 늘 가지고 있었다. 그러나 막상 그런 것들이 실현될 때 나는 고독과 혼란을 느꼈으며, 불안해졌다.

결혼을 하기로 생각했던 남자친구는 의외로 보수적인 자세로 나를 기다리고 있었다. 즉 결혼을 하면 누구 위주로 생활을 하겠느냐는 질문을 한다든지, 실제로 내가 너무 개방적인 사고와 생활방식에 젖은 것 같아 좀 두려워하는 듯이 보였고, 나 자신도 지금까지 해온 무용을 결혼으로 말미암아 그만두고 싶은 생각은 조금치도 없어서 결국 우리는 서로 결혼하는 것을 포기하기로 작정했다.

그러나 만나는 이마다 왜 시집가지 않냐는 질문을 해대고, 공적인 일이나 다른 일로 남자를 만날 때마다 주위의 염치없는 시선을 받아야 하고 또 전혀 안중에도 없는 이들이 계속해서 열 번 찍으면 안 넘어가는 나무 없다는 식으로 데이트 신청을 해오는 통에 잔뜩 지쳐 있을 때 지금의 남편이 나타났다.

다른 남자들이 흔하게 가지고 있지 않은 담백함이 마음에 들었고, 그가 살아왔던 나와 다른 사회적 배경이 우선 나의 호기심과 흥미를 유발시켰다. 그의 지적 능력과 사회를 보는 지극히 객관적인 시각이 여태까지 내 주위의 다른 이들과 달랐으며 매력이 되었으므로, 또 우리는 상당히 나이가 들어 서로가 무엇을 원하는지를 빨리 알아낼 수 있었으므로(내가 30세, 그가 34세) 만난 지 3개월 만에 결혼을 약속하였다.

내가 그와 결혼을 작정한 첫번째 이유는 결혼을 하고도 무용을 계속할 수 있다는 것이었다. 다음으로는 그에게 있어서 내가 필요한 사람이 될 수 있다는 것으로서 그와 함께 살면서 그의 생활을 도울 수 있다고 생각했다. 우리는 그야말로 아주 간단하게 집 근처의 성당에서 금반지 하나씩만을 교환하고 식을 올리고, 그의 대학에서 준 지금의 사택으로 서로의 물건들을 옮겨와 살았다. 남편은 학교와 가까와 집에 있는 시간이 많아졌고 식사준비는 자연히 그가 떠맡게 되었다. 일주일에 한 번 파출부가 와서 청소와 빨래를 해주고, 나는 대개 환경미화나 설것이를 맡고 주말이면 같이 집 뒤의 산으로 산책을 갔다가 시장에 들러 1주일 동안 필요한 부식을 사서 들어오곤 한다.

남편과 살면서 나는 서서히 그가 나로부터 받는 영향보다 훨씬 크게 내가 그로부터 영향을 받고 있다는 것을 느끼게 되었다. 우선 문학서적의 범위에서 벗어나지 못한 내가 그가 권해 준 여러 책——『호모 루덴스』,『탈학교논쟁』,『숨겨진 차원』,『동물인가 천사인가』,『인간동물원』—— 등을 읽으면서 종래의 가치관에 대한 의문을 가져 보는 계기가 되었으며 그래서 결국은 그것들이 나의 작품세계를 형성하는 데 직접간접적으로 작용을 하고 있다는 것을 부정할 수 없다.

그리고 외면적으로 바뀌는 것은 화장을 별로 하지 않게 된 것과 인사치례적인 말이나 행동을 하지 않으려고 하는 것과 나 자신을 객관적으로 보려고 노력하게 된 것 등이다.

방학 때 일본에 가면 그를 아는 친지나 친구들이 그에게 분위기가 따뜻해졌다는 말을 한다. 그도 인정했다시피 그것은 내가 그에게 준 작지 않은 선물이리라. 그는 날림공사는 질색이다. 적당하게 넘어가는 모든 것에 대해서 지나칠 정도로 가혹한 태도를 취하는 덕분에 그의 옆에 있는 내가 가장 희생타가 되는 기분이나, 수업에 임할 때나 작품을 짤 때 적당하게 넘어가지 않으려고 나 자신도 신경을 곤두 세우게 된다.

우리는 3년간 아이 없이 너무나 잘 지내왔다. 그래서 앞으로 태어나는 아이로 인해서 빼앗길 시간과 공간과 에너지에 대해 조금 불안해 하고 있다. 그는 내가 공연을 좀 줄여야 한다고 말을 하고, 나는 그가 좀더 책임감 있는 가장이 되어야 한다고 응수한다.

5. 가깝고도 먼 이웃들

시내를 걷다가 가끔 내 이름을 부르는 동창생들을 만난다. 그들은 대개 아이들을 동반한 전업주부로서 생활을 하는 친구들이다. 부산에는 중학교 시절부터 친한 동창생(꽃꽂이사범 지망생)이 하나 있고, 또 고등학교와 대학시절을 같이 보낸 친구(분재애호가)와 대학에서 꽤 친했던 친구(KBS 어머니합창단원)가 있다. 가끔 바쁜 시간을 틈내 우리는 때로는 여자끼리만, 때로는 동부하여서 만난다. 그들은 모두 두 아이의 엄마로서 어느 정도 생활은 안정되어 있는 편이다. 나는 이런 친구들에게 공연 때 꽃다발을 가져오는 대신 티켓을 사달라고 부탁한다. 작년 공연 때는 모두 S석을 10장씩 사서 주위의 다른 친구들을 데리고 오는 성의도 보여주고 가끔 맛있는 김치나 고추장 등을 아파트 수위실에 맡겨 놓고도 가는 좋은 친구들이다. 그러나 이성이나 동성이나를 막론하고, 나의 주위에 작품에 관한 생각들을 거리낌없이 이야기하고 조언을 받을 수 있는 이가 지금 현재로는 남편밖에 없다는 것이 유감이다. 솔직이 나는 사람들을 만나서 사교적인 대화나 무용과 별관계 없는 화제로서 시간을 낭비하는 것이 아깝다. 그래서 더우기 부산에서 집과 학교를 왕래하며 혼자서 고민하고 혼자서 결정하게 되는지도 모른다. 작품을 만들 때마다 가장 부딪치는 문제는 같이 작품을 만들어 나갈 스탭진을 찾는 것이다. 음악, 미술, 의상, 조명을 누구에게 맡기냐는 문제로 항상 고민을 하게 되고 또 정작 작업에 들어가면 그들과 다투게도 된다. 같이 작업을 할 수 있는 사람들을 찾기에는, 또한 생각을 서로 주고받을 수 있는 친구를 가지기에도 부산은 좀 좁다는 생각이 들 때가 많다.

6. 관객에게 질문을 던지는 무용가

귀국 후 82학년도부터 바로 나는 지금의 직장에서 가르치게 되었다. 나는 가르치는 것을 좋아하니까 나의 직업에는 만족한다. 다만 대상이 좀더 우수하거나 더 성실하거나 더 진지하면 좋겠다는 아쉬움은 있다.

나는 때때로 학생들이 나보다 더 융통성이 있고 더 현실과 타협을 잘할 때 불쾌해진다. 나는 그들에게 앞뒤가 막혀 있고 조금만 약속을 지키지 않거나 시간을 어겨도 화를 내는 까다로운 선생일지도 모른다. 그런 학생들과는 단체로보다는 개인적으로 이야기할 수 있는 기회를 가져 서로를 이해하면서 그들을 변화시키는 계기를 주고자 노력한다.

힘든 것은 학생들을 가르치고 또 그 학생들과 같이 작업을 함으로 해서 선생역과 안무자역을 동시에 하게 되는데, 바람직한 학생과 바람직한 무용수가 일치하지 않을 때 이 두 역에 대한 한계와 회의를 가지게 될 때이다. 내가 하는 모든 말과 행동, 그리고 가르치는 것들이 젊은 학생들에게 끼치는 영향을 생각하면 어느 때는 옴짝달싹도 못할 것 같고 그러한 나 자신이 가련하게도 여겨진다. 또한 한국 사회에서 바라는 교수상 운운하며 주위에서 나에게 스트레스를 주면 반발하고 싶어질 때가 많은 것도 사실이다.

지난 겨울 파리에 머무르면서 머리를 아주 짧게 깎은 적이 있었다. 생각보다 파리의 무용연습실이 너무 더웠고 그 헤어스타일이 나에게 어울린다고 생각했기 때문이다. 귀국 후 그 머리가 다 자랄 때까지 나는 주위의 당혹스러운 시선을 견디어야 했다. 실제로 나는 별로 용감하지 못하다. 그래서 대부분의 여선생들이 입는 보편적인 옷들로 통근복을 지정해 놓고 출근할 정도다. 나는 모든 자유로운 것들을 찬미하지만 나 자신은 아직 그렇게 되지 못하고 있다는 것을 알고 있다.

그러므로 내가 만드는 무용에서 그 마음껏 누리지 못한 자유를 보상받으려 한다. 그래서 누가 어찌 생각하든 일단 내 주관대로의 작품을 만들고 있으며 때로는 주위의 힐난도 받고 있다. 나는 일반 관객들이 흔히 무용에서 기대하는 스테레오 타입의 형태나 이미지를 보여주는 대신 그들이 가졌던 종래의 개념에 대한 의문을 제기하는 작품을 만들고 싶다. 83년 봄에 발표한 '사인무'에서는 줄거리가 전혀 없으며 거창한 주제도 없이 단지 4명의 무용수가 가지는 각각 다른 움직임으로서 시간과 공간과 에너지를 변화시켜 보았다. 그리고 춤을 추는 댄서들이 철저히 즐기면서 추는 상태의 춤——보통 한국에서의 현대무용에서 보이는 표정들은 경직되어 있으며 너무 심각하여, 마치 온 세상의 고민을 혼자서 다 어깨에 짊어지고 있는 듯한 느낌을 종종 받게 된다——을 만들려고 했다. 그리고 84년 가을에 발표된 '유희'는 인간과 인간의 관계를 놀이로 생각하는 관점에서 시작되었으며, 역시 줄거리가 없다는 점에서 사인무와 비슷하다. '유희'의 탄생에는 호이징가 J. Huizinga의 인류학적 저서인 『호모 루덴스』의 영향이 있었으며, 85년 여름에는 '두번째 유희'를 만들었고 계속해서 이 주제를 가지고 춤을 만들 예정이다. 최근 작인 '도시이야기'는 평소에 내가 생각해 오던 극히 일상적인 행위들이 무대에서 무용으로 행하여질 때 지극히 극적으로 보이는 점을 시도해 본 작품이다. 뚜렷한 줄거리는 없으나 관객은 너무나 쉽게 표면화된, 어떻게 보면 통속적으로 보이는 사건들을 보게 된다. 그리고 지극히 사실적인 사건들과 병행하면서 그것들과 전혀 관계없이 보이는, 실은 도시적인 억압과 겉치레에서 벗어난 매우 자유로운 무용이 한 편에서 계속 이루어진다. 이 두 편의 대조적 세계가 펼쳐지는 방식은 마치 신문과 시집을 동시에 놓고 신문을 잠시 읽다가 다시 시집을 읽고 또다시 그것을 반복하는 것과 같다. 물론 신문을 다 읽고 다음에 시집을 읽을 수도 있으며 대부분 사람들이 그렇게 하겠지만 나는 그것이 싫다. 지극히 정상적인 것에 대해서는 별재미를 느끼지 못하기 때문이다.

지난 겨울 파리에서 본 영화 '소년이 소녀를 만나' boy meets girl에서 가끔 영화 도중에 화면이 찌그러지거나 잘려져 나간 부분이 있었다. 이것은 그 영화를 만든 이의 의도인 '완전한 것에 대한 부정'이라고 한다. 나는 또한 아가사 크리스티나 히치 콕이 줄거리 마지막에 가서 완전히 사건을 뒤집어 버리는 식으로 전개해 나가는 방식을 좋아해 왔다.

또한 '도시이야기'는 같은 여성에 대한 연민과 애정을, 그리고 그들의 속성을 그리려고 한 작품이다. 그런 면에서 여성으로서의 나의 자각이 이 작품을 통해 표현되었고 또한 깊어졌다고 할 수 있다.

나는 나의 작품세계에 있어 당분간 계속 새로운 방법론을 모색하고 그 영역을 확대해 나가고자 한다. 이 작업을 위해서는 수많은 독서와 실제의 경험, 그리고 주위의 조그만 것도 예사로 넘기지 않는 감수성과 이를 객관화시킬 수 있는 사고력을 길러야 한다는 것을 새삼 절감하고 있다.

7. 다시 태어나도 나는……

나는 그다지 풍족하지 않게 자란 나의 어린시절 환경을 다행으로 생각한다. 물질적인 결핍을 느낄 때마다 나는 좀더 열심히 하면 그 문제가 해결될 것을 믿어 왔고 그 믿음이 결국은 매사에 적극적인 나를 만들었다고 생각한다.

넉넉지 않은 환경 속에서 책은 가득 있었으므로 나는 실제적으로 가질 수 없고 경험할 수 없었던 대부분을 물론 문학서적에 대개 국한되었지만 책들을 통해서 얻을 수 있었다.

시골지주의 맏아들로 태어난 아버지가 동경유학과 벨기에 유학 그리고 가톨릭을 통해서, 비록 그것이 표면적인 것에 머물렀다는 애석함은 있지만 국제성에 영향을 입어, 나에게 전통적인 한국의 여인상을 한 번도 강요한 적이 없는 환경에서 태어난 것을 또한 다행으로 생각한다. 부모님은, 특히 아버지는 내가 결혼을 한다고 할 때 별로 기뻐하지 않았고 또 임신을 했다고 알렸을 때도 별로 반가와하지 않았다. 아마 내가 남들과 같이 결혼하고 아이 낳는 여자가 아닌 더 특별한 사람이기를 바랐던 것 같다.

어릴 때 드나들었던 두 방——아버지의 방과 엄마의 방——을 나는 지금도 여전히 드나들고 있다. 선생으로서 책을 읽고 구상을 하면서, 또 한편으로는 무용가로서 춤을 추고 만들면서…… 비밀스럽게 드나들던 두 방이 이제는 나의 생활의 균형을 잡아 주는 절대적인 당연한 요소들로 내 삶에 자리하고 있다.

다시 태어난다 해도 역시 무용을 히고 싶지만 프로페셔널 댄서로서 충분한 무대경험을 가지고 마음껏 춤을 춘 후 나이가 들어서 가르치고 싶다. 그리고 그때는 나에게 과연 안무자의 능력이 있는지를 확실하게 알아보고 안무를 시작하여야 할 것이다. 그러나 이미 내가 하여야 할 일은 정해진 것 같다. 계속해서 가르치며 그로 인하여 좀더 나은 무용가나 무용교사를 배출하는 것, 그리고 자신이 만족할 만한 좋은 작품을 만드는 것이다. ■

획일문화를 거슬러 사는 여성들

나는 국민학교 선생님

한청희
서울 성수국민학교

1. 자유로왔던 어린시절

나는 전라남도 진도군 진도면 성내리에서 태어났다. 2남 3녀 중 세째딸로, 위로 오빠와 언니들이 있었다. 섬이었지만 우리 집은 섬의 안쪽이어서 고기잡이는 몰랐고 농사를 짓고 살았다.

아버지는 농사꾼이었지만 농사꾼 체질이 아니셨고 한학에 능통하셔서 한서를 늘 손에서 놓지 않는 선비형의 사람이었다. 실제로 일을 하기보다는 큰 농사를 짓는 친척집의 농사일을 총책임맡아 재산관리 등 문자와 학식이 있는 사람이 할 수 있는 일을 하셨다. 사람들은 아버지를 '집사'라고 불렀다. 글을 잘 모르는 시골동네 사람들이 어려운 일이나 골치아픈 문제가 생기면 늘 발벗고 나서서 처리를 해주곤 했다.

아버지에 비하면 어머니는 지적인 수준은 낮았지만 집안의 일, 농사일 등 기친 일은 도맡아 하셨다. 우리 집안 식구를 위해서보다는 남의 일이라면 발벗고 나서는 아버지한테 어머니는 늘 불만이셨다. 그래도 어머니는 남한테 신세지는 것을 제일 싫어하셨고 당신은 못 배우셨지만 배워야 사람답게 살 수 있다는 확고한 신념을 갖고 계셨다.

간식이라곤 누룽지와 고사를 지낸 떡밖에 얻어먹을 수 없는 가난한 시골생활이었지만 별 부족함을 느끼지 못했다. 내가 어릴 때 살던 집엔 나무가 많아 감나무, 살구나무, 은행나무, 전나무, 자두나무, 대나무, 벽오동나무가 집 주위에 빽빽이 차 있었다. 나는 나무타기에 선수여서 두 길이 넘는 은행나무를 타고 올라가기

나의 직업선택을 후회해 본 적이 없다.

를 좋아했고 숨바꼭질을 할 때는 담도 후딱 뛰어넘을 수 있었다. 여자라고 그렇게 놀아서는 안 된다고 말하는 사람은 없었고 나 자신도 그렇게 생각하질 않았다. 병정놀이도 잘했는데 난 끝까지 덤벼 국기를 빼앗아 승리를 거두곤 했다. 딱지치기, 팽이돌리기, 구슬치기, 땅뺏기, 자치기 같은 놀이에는 이골이 날 정도여서 머슴애란 별명이 붙어 다녔다. 이렇게 남자아이들이 좋아하는 놀이에 열중하였는가 하면 큰 바구니를 들고 산과 들로 다니며 냉이, 씀바귀, 고사리, 보리 같은 나물을 캐러 다니는 데 심취하기도 했다. 앞이 안 보일 정도로 짙은 안개가 깔려 있는 산에서 안개에 젖어가며 고사리를 따는 즐거움이나 그 넓은 밭을 멋대로 휘저어 놓으며 밭주인에게 쫓기는 가슴 조이는 스릴을 느끼면서 보리를 캐는 재미는 어느 놀이 못지 않게 신나는 놀이이기도 했다. 또 막 여물이 들기 시작한 노릿노릿한 보리의 모가지를 잘라서 구워 먹는 보리서리의 맛은 얼마나 기가 막혔는지! 산에서 따먹을 수 있는 온갖 열매는 물론 진달래꽃까지도 한아름씩 꺾어서 먹던, 자연 속에 파묻혀서 자연물을 군것질하던 어린시절!

내가 그렇게 자유롭고 거리낌이 없이 어린 시절을 보낼 수 있었던 것은 내가 태어난 시골이라는 배경과 진취적 성격을 지니셨던 어머니 덕택이었다고 생각된다. 타고난 성격탓도 있었을지 모르지만 내가 할 일만 하면 무슨 짓을 하든 간섭하지 않았기 때문에 난 마음껏 뛰놀 수 있었다. 어머니는 나에게 방청소, 마당청소를 내 몫의 의무로 맡겨 놓고 그 일만 깨끗이 해놓으면 아무 말씀도 않으셨다. 또 어머니는 맏아들인 오빠에게보다 언니와 나에게 더 많은 기대를 하셨다. 오빠보다 언니와 나는 공부를 잘했고 공부하기를 좋아했기. 때문에 어머니는 딸이라도 능력 있으면 밀어 주어야 한다고 생각하신 것 같다.

어머니는 내가 어릴 때 점을 쳐 보았는데 돈복이 없다고 돈복이 없는 사람은 공부를 많이 해야 된다고 말씀하시곤 했다.

마음껏 뛰놀면서도 공부는 그런대로 잘했고 줄곧 반장에 뽑히곤 했다. 학교에서 반장을 하니까 나는 커서 국회의원이 되어야지 하는 생각을 한 적이 있었다. 국가를 위해서 가장 훌륭한 일을 할 수 있는 매력적인 직업이 국회의원인 것처럼 생각되었는데, 그러나 철이 들고 상당수의 국회의원이 학급의 반장처럼 뽑히는 것도 아니고 국가를 위해서 일하기보다는 다른 일에 더 정신을 파는 사람들이란 걸 알고부터는 그런 생각을 하지 않게 되었다.

국민학교 3학년 때 담임선생님은 지금도 잊혀지지 않고 늘 생각난다. 내가 국민학교 선생님을 하고 있으니까 더욱더 그 선생님이 나에게 남겨 준 것이 깊이 새겨져 있다. 그때 우리는 학교건물이 작아서 교실을 얻지 못해 마을의 향교의 방

하나에서 수업을 받았었다. 그분은 여선생님이었는데 세살쯤 되는 아들아이와 향교의 작은 방 하나를 빌어 생활했다. 그러니까 교실 옆에 선생님의 살림방이 있었는데 그분은 엄격하게 아이들을 교육시켰다. 책상도 없이 마루바닥에 앉아 공부를 해야 하는데 한 치도 줄에 어긋남이 있으면 수업을 시작하지 않았다. 그러나 일단 공부가 끝나면 향교 주위의 대나무숲 속에서 마음껏 뛰놀 수 있었다. 어느 추운 겨울날 선생님은 단팥죽을 쑤어 아이들 모두에게 한공기씩 나누어 주었는데 지금도 그 맛이 잊혀지지 않는다. 선생님이 기거하는 방은 늘 추웠지만 정갈했고 어찌 생각하면 고행과도 같은 생활이었지만 나는 그때 엄격 속의 자유, 질서 속의 사랑을 배웠다.

국민학교 다닐 때에 아버지는 병으로 일찍 돌아가시고 모든 가족에 대한 의무는 어머니에게로 돌아갔다. 식구들에게는 무심했던 아버지였지만 아버지가 돌아가시자 집안은 기울었고 어머니는 한스러운 표정의 사람이 되었다, 세상살이가 점점 더 팍팍해져 버린 것이다.

어머니는 견디기 힘들 때 남도의 창을 구성지게 뽑아냈다. 어릴 때는 그 소리가 왜 그렇게 싫었던지, 꿈많던 아이에게 그 청승스런 가락은 슬퍼서 싫었고 희망이 없어뵈서 싫었다.

그러나 어머니는 우리들에 대해서는 무척 진취적인 기대를 갖고 계셨기 때문에 상급학교는 대처로 나가길 바랐고 나도 서울로 가길 원했다.

2. 진도에서 서울로

중학교는 진도에서 다녔는데 고등학교로 유학갈 결심으로 열심히 공부했다. 새벽에 일찍 일어나 공부하면 어머니는 늘 같이 일어나 옆에 있어 주셨다. 누룽지 말린 것이라도 챙겨 주시며……

진도에서 중학교를 마친 후 나는 혼자 서울에 올라왔다. 시골에서는 공부를 좀 잘했다고 생각했기에 겁도 없이 서울의 명문여고에 너끈히 합격하리라고 생각했는데 진도에서 온 촌뜨기 여학생은 보기 좋게 미끄러지고 말았다.

나는 우물 안 개구리였다고 느끼긴 했지만 주눅들지는 않았다. 홍제동에다 방을 하나 얻어 자취를 하며 재수를 하기로 했다. 그러나 두번째 해엔 인문계 여고를 지원하지 않고 상업학교에 지원했다. 내가 다니고 싶어하던 명문여고에의 불합격은 머리(능력)와 노력의 한계성을 드러내서 대학진학에의 꿈을 버리게 했고, 또 아버지가 돌아가신 뒤 더욱더 집안 사정은 기울었기 때문에 대학에 진학할 경제적 능력도 없으면서 보통여고를 나오면 취직도 못하고 곤란하리라는 생각이 들었다. 그래서 고등학교만 나오면 취직할 수 있는 서울여상에 들어갔다.

그러나 막상 상업학교에 들어가 보니 학교공부가 조금도 즐겁지가 않았다. 과목이 적성에 맞지 않으니까 학교생활이 영 재미가 없었다. 상업, 부기, 주산 등의 과목을 공부하려니 학교생활이 무의미하게 느껴졌다. 점쟁이 말을 꼭 믿지는 않지만 돈복이 없는 사람이 상업, 주산, 부기를 공부한다고 돈에 대한 관념이 밝아지는 것이 아니었다.

그래도 그 당시 서울여상만 졸업하면 어디든 취직할 수 있었을 때여서 고등학교 졸업 후, 한 개인기업체의 경리사원으로 바로 들어갈 수 있었다. 상업고등학교 때의 재미 없고 적성에 맞지 않던 생활이 직장에서도 그대로 이어졌다. 스스로 능력이 없다고 생각하고 대학 가기를 포기하고 빨리 독립하기를 원한 것을 후회했다. 진도에서의 큰 꿈이 고등학교 낙방, 적성에 안 맞는 상업학교, 직장생활 등으로 이어지며 산산이 무너지는 느낌이었다. 하는 수 없이 낮에는 직장에 나가고 밤에는 대입 학원에 다니기로 했다.

그래서 나는 2년 뒤 서울교육대학에 들어갈 수 있었다. 나는 4년제 대학에 들어갈 엄두가 나지 않았다. 그 동안 나이가 들어 버렸고 내 힘으로 대학을 졸업하려면 2년제 교육대학이 적합하다고 생각되었다. 또 교육에 대한 매력과 관심이 컸기 때문이기도 했다.

대학에서 배우는 과목은 여상에서 배웠던 것보다 재미있었고 좋았지만 동료들보다 나이가 많으니까 친구가 없었고 활동적이지 못하고 소극적이 되었다. 그러면서도 한편 대담한 점도 있어서 한복이 어찌나 입고 싶었던지 가끔 통치마 한복을 입고 학교에 다녔고 발령받고 나서 교사생활을 하면서도 첫해엔 몇 번인가 한복차림으로 다녔다.

대학교 때 어머니가 유방암으로 세상을 뜨셨다. 좀더 그럴듯한 자랑스런 내 모습을 보여드리고 싶었는데 끝내 아쉬움만 남기고 말았다.

3. 교직생활과 '우리들'

교육대학은 그런대로 좋은 성적으로 졸업하고 홍제동에 있는 인왕국민학교에 부임받았다. 처음엔 3학년 담임을 맡았는데 나는 아이들에게 푹 빠지고 말았다. 국민학교 선생님은 만능을 요구하니까 능력이 못 미쳐 아쉬울 때가 있었지만 천직이란 생각이 들었고 기쁘고 만족스러웠다. 여전히 남의 집 방 하나를 빌어 자취생활을 했지만 좋은 집주인을 만나 특별한 사정이 생기지 않는 한 한집에서 오래도록 살게 되었다.

교단에 선 지 여섯 해가 되는 어느 봄날, '가슴을 설레이게 하고 생동감이 넘쳐 모든 것이 가능할 것 같은 이런 봄날 같은 꿈의 동산을 아이들에게 어떻게 안겨 줄 수 있을까?'하는 생각에 골몰했다. 자신의 소리를 낼 줄 아는 용기 있는 어린이, 자기의 개성을 살릴 줄 아는 슬기로운 어린이, 남의 아픔도 느낄 줄 아는 순수한 마음의 어린이, 자기보다 약한 이들을 업신여기지 않고 남의 인격도 내 인격만큼 존중할 줄 아는 공평한 어린이, 약속을 지킬 줄 아는 어린이, 사랑을 주고받으며 깊은 우정을 키워 가는 어린이…… 나의 학생들이 이런 멋장이 어린이들로 자라기를 바라는 기원을 담고서 아이들이 마음껏 뛰놀 동산인 '우리들'이라는 학급신문을 1976년 5월 어린이 날부터 펴내기로 했다. '우리들' 하면 어딘지 모르게 한 우리 속의 다정한 친구들 같아서 그렇게 이름지은 '우리들'은 한편으론 부끄럽기도 하고 한편으론 자랑스럽기도 한 나의 분신이다. 등사판으로, 그것도 겨우 16절지 시험지 12쪽밖에 안 되는 '우리들'이 5월의 화사한 햇살 속에서 그 첫 모습을 드러냈을 때의 내 기쁨이 얼마나 컸는지! 보고 또 보기를 수십 번 했는데 벌써 10년의 시간이 흘렀고 지금은 200쪽의 무거운 책으로 나오고 있다. 처음엔 150부를 찍어 내는 데 5,000원의 출판비용이 들었다. 시간이 갈수록 발행횟수는 줄이고 페이지를 늘여 가며 변형을 주었다. 1980년에는 1년에 네 번 내었고 지금까지 53호를 냈다.

  '우리들'에는 아이들의 편지, 일기, 제목을 정해 준 작문, 내가 아이들에게 주고 싶은 이야기, 내 주위의 사람들과 나와의 편지를 실었다. 점차 학부모들도 참여를 하기 시작하여 드디어는 아이들과 나와 학부모들의 만남과 이해의 장소가 되었고 공감대가 생겨 갔다.

  내가 '우리들'을 순조롭게 낼 수 있었던 것은 뜻밖의 분들의 도움이 컸다. 내 첫 부임학교에서 필경하시던 분이 창간호부터 여태까지 '우리들'의 모든 걸 맡아 주신다. 처음엔 5,000원의 출판비를 받고 '우리들'을 내 주셨다. 나는 원고만 갖다 맡기고 그분은 배열에서부터 삽화, 표지도안, 제본까지 맡아 주신다. 그분이 이걸 맡아 해주시는 것은 돈 몇 푼을 받기 위해서는 물론 아니다. 종이값, 수고비, 제본까지 합쳐 올해는 총출판비 50만 원이 들었는데 그 돈을 받기 위해서 200페이지가 넘는 걸 손수 써야 되는 수고를 하지는 않을 것이다. 한번은 '우리들' 만들기 힘들어서 직업을 바꾸려고 했다는 농담 섞인 이야기를 하셨다. 나는 항상 그분에게 고마움과 미안함을 함께 느낀다. 이런 순수한 마음으로 도와 주는 분들이 있어서 '우리들'을 계속 낼 수 있었다.

  '우리들'에는 잘 쓴 글만 싣는 것이 아니라 모든 아이들의 글을 실어 준다. 우선 아이들은 자신의 글이 책에 실린다는 걸 신기하게 생각하고 기뻐한다. 나는 솔직하게 자신을 표현할 줄 아는 능력이, 멋들어지게 꾸며 쓰는 것보다 훌륭하다고 생각하기 때문에 맞춤법이 틀린 조야한 글이라도 아이들의 진실이 담겨져 있으면 무조건 보석처럼 아끼고 싶어진다. 문방구에서 물건을 훔치기도 하고, 부모의 지갑에 손을 대고, 오락실에 매일 출입하고 그러면서도 그러지 말아야지 말아야지 생각하는 아이, 또 가난한 부모, 싸우는 부모가 싫은 아이, 자신이 왜 태어났는지 왜 학교에 다니는지 앞으로 어떻게 살아야 할지 아무런 희망도 기대도 없는 아이, 이 모든 아이들의 이야기가 '우리들'에 실려 있다. 나는 모든 아이들에게 생일 축하를 해 준다. 내가 아이들을 가르치면서 뼈저리게 느끼는 것은 아이들이 자신의 존재가치를 모르고 있고 부모로부터 많은 사랑을 받는 것 같지만 진실한 사랑을 못 받는 아이들이 많다는 것이다. 교사로서 물론 부모의 사랑을 대신할 수는 없다고 생각하지만 아이들에게 골고루 사랑을 나누어 주기 위해서 누구나 갖고 있는 생일에 자신의 존재 의미를 일깨워 주고 기쁨을 주기 위해서 생일잔치를 꼭 해준다. 생일잔치라야 생일카드와 생일선물을 주고 일일반장을 시켜 주는 것이지만 아이들이 열심히 공부하거나 신나게 놀거나 하는 모습을 담은 사진을 선물하기도 하고 이름이 새겨진 연필을 선물하기도 한다.

무언가에 열중하고 있는 모습이 제일 아름다운 모습이란 걸 아이들에게 꼭 인식시켜 주고 싶어 나는 틈틈이 아이들의 모습을 사진기에 담아 둔다.

"선생님은 공부를 잘해야지 된다(고 하신다), 공부를 못하는 애는 선생님이 될 수 없다. 나는 아무 꿈도 없다. 다른 애는 간호원도 되고 과학자도 되고 내 짝꿍은 선생님이 된다고 하였다. 그런데 나는 아무 꿈도 없다. 나는 진짜 아무 꿈도 안 되고 싶다." ─ 정주의 일기(5학년)

"나는 여자이다. 그래서 힘이 없다. 나는 남자가 되고 싶다. 남자는 힘이 세다. 모든 것을 지배할 수도 있다. 또 남자는 바지만 입어서 좋다. 여자는 치마를 입고 다니면 예뻐 보인다. 하지만 발을 들 수도 없고 뛸 수도 없다. 내가 남자여서 우리 반에서 제일 잘 생겨서 여자아이들에게 인기가 많다면! 남자가 여자를 때리거나 놀리면 한바탕 크게 싸우고 싶다. 그러나 용기나 힘이 없다. 역시 여자인가 보다." ─ 유명현(5학년)

아무것도 되고 싶지 않은 아이와 남자가 되고 싶은 여자아이의 글이다. 나의 닥달질에 못 이겨 쓴 글이지만 이런 아이들의 글을 보면 아이들에게 꿈을 심어 주는 것, 모든 사람이 평등하게 자신의 소망을 가질 수 있고 각자의 할일이 있다는 것을 심어 주기가 말처럼 쉽지 않다는 것을 새삼 느낀다.

"저녁에 『○○○』이라는 책을 보았는데 남자에게 인기가 많아지는 법, 데이트, 여자의 몸에 대해서 모두 자세히 나왔다. 그래서 그것이 재미있어서 열심히 읽었다. 그런데 남학생들은 머리 긴 여학생을 좋아하는 등…… 많이 읽었다. 왜냐하면 내가 좋아하는 아이에게도 이렇게 하고 싶었기 때문이다. 또 여자는 눈이 반짝반짝하면 남자아이들이 금방 좋아한다고 했다. 나는 내가 좋아하는 아이에게 그대로 하고 싶다. 그래서 내가 인기가 있었으면 좋겠다." ──한효숙(5학년)

나는 아이들에게 이 한심한(?) 일기를 읽어 주며 엉터리 같은 책을 읽고 빈껍데기 매력을 가꾸지 말아 달라고 장황하게 당부한다. 그러나 이미 가정에서, 사회에서 형성되어진 사고의 벽을 깨기란 참으로 힘든 일이다.

몇 년 전, 4학년 때 가르쳤던 남자아이가, 7년 뒤 고등학생이 되어 나에게 편지를 보내왔는데 '교육을 신성한 사업으로 여기시고 한 명의 낙오자도 없이 훌륭한 시민으로 키우려는 선생님의 정신과 인품을 존경한다'고 했다. 그런 편지를 받고 기뻐하지 않는 사람이 어디 있겠는가! 그런데 마지막 구절이 나를 크게 실망시켰다.

"선생님께서 만약 남자로 태어나셨다면 좀더 폭넓게 활동하셨겠지요. 선생님께서 여자로 태어나신 것은 조물주의 실수임이 분명합니다. 아마 조물주가 잠깐 졸았나 봅니다."

조물주까지 등장시켜 나를 추켜세웠지만 내가 가르쳤던 것과는 전혀 다른 엉뚱한 말을 하는 것이 아닌가!

"나는 결혼을 하고 싶다. 그래서 반아이들을 자세히 보아도 신랑감이 없어서 혼자 중얼거린다. 선생님은 시집가기 싫어요? 나는 가고 싶어요. 선생님은 그런 생각 떠오르지 않아요? 나는 빨리 시집가고 싶어요." ──김도영(1학년)

며칠 전 우리 반 여자아이의 일기 한토막이다. 국민학교 1학년밖에 안 된 아이가 시집가고 싶다고 한 일기가 하도 우습고도 재미있어서 나는 그 아이를 살짝 불러 물어보았다. "너 왜 시집가고 싶으냐?" 그랬더니 "공부하기 싫어서요"라고 말하는 게 아닌가? 나는 또 되물었다. "시집가서 엄마 되고 집안살림하는 것도 힘들어. 공부하는 것보다 더 힘들지도 모르는데……" 그랬더니 그애는 "엄마 하는 게 더 재미있어요" 한다. 나는 또 물었다. "공부는 하기 싫지만 학교에서 친구들과 어울려 노는 것은 좋잖니. 친구들하고 노는 것보다 힘든 엄마 일이 더 좋아?"

"노는 것 재미없어요. 엄마 일은 참 재미있어 보여요."

물론 그 애가 커가면서 많은 변화를 겪으리라 생각되지만 공부가 하기 싫어 시집가고 싶다는 그 아이의 당돌한 일기가 마흔 살이 다 되도록 결혼할 마음이 별로 없는 나에게는 신기하고 귀여웠다.

칭찬받기 위해서가 아니라 스스로가 좋아서, 즐거워서 한 일에 대하여 칭찬을 받는 것처럼 큰 기쁨도 부끄러움도 없다는 것을 나는 종종 느낀다.

"……현이는 '우리들'을 한 자도 빠짐없이 정독합니다. 선생님의 매력과 국민학교 아이들의 잊혀졌던 순수함도 다시 훔씬 다가오고. 선생님께서 그렇게 모든 아이들한테 사랑받으시는 게 참 즐겁고 요술 같아요. 한 가지 비밀은 알지만. 항상 젊으신 것. '우리들' 읽으면서 문득 선생님께 참 마음 가득히 깊은 애정을 느낍니다. 우리 선생님 행복하세요." ─'85.3.19. 정현

"보내 주신 '우리들' 잘 받아보았읍니다. 거듭 감탄과 존경의 뜻을 보냅니다. 모든 아이들을 평등하게 대해 주시는 것, 사랑으로 대해 주는 것, 틀린 생각은 따갑게 지적해 주는 것, 아이들에게 교과서 밖의 현실을 깨우쳐 주는 것, 이 모두가 너무 어려운 일이라 생각합니다. 아이들의 또 다른 목소리가 우리에게 또 다른 희망을 갖게 합니다." ─'85.3.14. 호원숙

"난 우울할 때마다 '우리들'을 꺼내어 읽습니다. 그러면 순수한 동심에 젖어 마음이 편안해져요. 아이들의 글 속에는 진실이 있고 순수함이 있고 삶의 여러 가지 모습에 마음 아픈 만큼 감동을 느끼며 엄마의 자세와 역할이 옳았는가 들어 볼 기회를 갖게 되고 겸허한 마음이 됩니다……" ─'82년 초여름 학부형 심소정

"참으로 어려운 일 하십니다. 학급신문을 꾸준히 낸다는 것도 어렵거니와 아이들이 그토록 자유롭게 표현할 수 있도록 아이들의 의식을 자유롭게 해방시킨 당신의 용기와 슬기에 존경을 보냅니다……" ─'77.12. 박완서

마흔 살이 다 되어 가도록 결혼을 하지 않고 혼자 사는 데 대해 사람들의 염려도 가지가지다. 진심에서 우러나온 염려도 있지만 대부분은 그저 심심풀이에서 나온 염려들 같다. "혼자 살아도 행복해요"라고 말해도 믿어 주질 않는다. 행복이란 남편과 아이들이 갖춰진 가족 속에서만 있을 수 있다는 고정관념이 너무 뿌리깊어서 나처럼 혼자 살면서 행복하다고 말하면 그건 적절한 표현이 아닌 것이 되어 버린다. 나는 독신주의를 신봉하는 사람도 아니고 남자가 내 생활을 함께 즐거워할 사람이었으면 결혼하겠다고 생각했는데 그런 사람을 아직 찾지 못했을 뿐이다.

한번은 누군가가 중매를 서서 맞선을 보여주려 했는데 남자쪽에서 결혼 후 직장을 갖지 말았으면 좋겠다는 단서를 붙였었다. 그래서 나는 처음부터 아예 보지도 않았다.

4. 전라도 사람

내가 고향을 떠나 서울에서 지내면서 참으로 어이없고 화나게 느낀 것은 지방에 대한 편견이다. 지금 생각하면 부끄러운 일이지만 교사가 된 후 2-3년쯤은 아이들에게 내 고향이 전라남도 진도라는 이야기를 하지 않았다. 지방에 대한 편견이 뿌리깊은 걸 알고 있었기 때문에 내가 그걸 미리 밝혀서 편견의 색안경으로 나를 보게 하고 싶지 않았기 때문이다. 물론 아이들이 아닌 어른들의 편견이다. 전라남도에다 진도 출신이라면 심지어 하와이의 하와이란 말까지 붙여진다. 도대체 하와이란 말이 무엇을 뜻하는지, 그 연원이라든지 겉속은 알 수가 없다. 그러나 기분 나쁜 멸시의 뜻이 담겨져 있구나 하고 눈치챌 뿐이다. 그 당시 우리는 고향을 모두 떠나면서 대구로 본적을 옮겼다. 본적을 옮길 때 나는 반대를 했지만 서류로 통하는 사회에서 서류가 필요할 때 남의 힘 빌지 않고 쉽게 뗄 수 있는 거주지에 옮기는 것을 무조건 반대할 수는 없었다. 그러나 나는 주민등록에 씌어진 본적지를 볼 때는 부끄러움을 느낀다. 그건 마치 내가 한국인임을 부정하는 것과 같이 느껴진다. 어쨌든 본적지가 오빠의 주소인 대구로 되어 있어서 고향을 속이고 대구 사람 행세를 충분히 할 수도 있었다. 나는 언제부터인지 그럴 필요가 없다고 생각했고(오히려 숨기는 것이 편견을 더욱 가중시킨다고 생각했다) 그 뒤로는 내 고향을 떳떳하게 밝힌다.

사람들은 참으로 고약할 때가 있다. 실컷 내 앞에서 전라도 사람 욕을 해놓고는 "한 선생님은 예외야" 한다. 그러면 내가 좋아하리라고 생각하는 걸까?

나는 나이가 들어 갈수록 내 고향 전라도 진도에서 태어난 걸 자랑스럽게 생각한다. 특히나 남도 특유의 가락과 춤을 대할 때 더욱더 그렇다. 어머니 살아계실 때 세상살이 팍팍하여 부르던 남도창을 되뇌어 보려고 애쓰지만 청승맞고 슬퍼서 귀담아 들어두지 않은 게 후회스럽다.

남한테 잘해 주고 친구들 도와 주기 좋아했던 아버지한테 어머니와 나는 불만이었지만 만약 아버지가 우리 식구만 생각했던 가족이기주의적인 사람이었으면 나는 어떤 사람이 되었을까? 가족들을 너무 고생시키는 건 곤란하지만 자기 가족밖에 모르고 남과 사회에 담을 쌓는 것은 좋지 못하다. 가족이기주의는 누군가를 소외시키고 더 나아가서 소외된 계층을 만드는 게 아닐까? 아이들을 고생시키기는 했지만 난 아버지에게 불만이 없다.

5. 아이들과 나의 천직

가끔 '내가 교단에 서게 된 것이 우연일까, 필연일까?'를 생각해 볼 때가 있다. 중학교 때였던가? 어떤 이름 있다는 역학가가 나더러 쓰보이 사카에라는 일본 작가가 쓴 소설 「스물 네 개의 눈동자」의 주인공 같은 국민학교 여교사가 될 것이라고 했었다. 교사가 될 생각이 없었던 때라 웃고 지나쳐 버렸었다. 그런데 지금 나는 국민학교의 교사가 되어 있으니 참 묘함을 느낀다.

나는 지금까지 여자로 태어난 것을 안타깝게 여긴 적도, 지금의 직업을 택해서 살아온 삶에 후회해 본 적도 없다. 우리가 살아가면서 느낄 수 있는 행복이나 기쁨 같은 것은 결코 엄청나게 큰 일이나 좀체로 일어나지 않는 굉장한 행운에서 오는 것이 아니다. 행복은 평범한 일상생활 속의 조그만 일들에서 즐거움을 하나씩 주워 모으려는 마음의 여유와 슬기로움에서 얻고, 인간관계에서의 사랑스런 관심과 서로의 미소에서 얻을 수 있다는 것을 갈수록 느낀다. 해마다 나는 내가 만나는 아이들에게 사랑의 옷을 입히고 싶은 마음, 그래서 아이들 각자가 갖고 있는 아름다움 이상으로 아름답게 하고 싶은 마음으로, 또 아이들이 필요할 때면 언제든지 마음 깊은 곳으로부터 느낄 수 있는 포근하고 싱그러운 별(사랑)을 안겨 주고 싶은 마음으로 학생들을 맡는다. 수많은 아이들! '꿈이 없다'는 슬픔을 주는 아이도, 도둑질을 하면서 1년 내내 나를 옭아매 놓은 아이도, 대도 조세형은 멋있는 도둑이어서 존경한다며 사회부조리에 감염되려는 아이도, 마음이 고운 아이도 미운 아이도, 나의 미소에 무표정한 아이도, 보랏빛 꿈을 꾸어도 좋은 자랑스런 아이도 모두 그 속에 있다. 그리고 그들은 내가 가르치던 시간과 공간의 장을 떠난 지금까지로 이어지는 놀랍고 신비스런 만남으로 내게 남아 있다.

"나에게 선생님 같은 신뢰를 주는 사람은 내 생애에 없을 것입니다. 이런 당신 곁에서 숨쉬고 있는 저는 정말 행복한 사람, 선생님께서 그 어느 순간 후회하신다 하더라도 저는 지금 행복합니다. 제게 흔들리지 않는 뿌리를 심어 주고 또 마른 가지와 잎에 촉촉한 비를 주시는 선생님께 저는 제 꿈을, 제 사랑을, 제 밝은 미소를, 제 젊음을 그리고 감사하는 마음을 한아름 드립니다."

― 1978. 11. 윤수

"선생님! 학교에서 씁니다. 선생님이 결혼하시는 것을 생각해 보았읍니다. 그런데 이상하게도 선생님 아저씨의 모습은 보이지 않고 아이들의 우는 모습만 보입니다. 그것은 선생님이 결혼하셔서 선생님의 아저씨가 좋으시면 선생님은 학교에 못 다니시게 되기 때문이고 또 아기를 낳으시면 더욱 그러실 테니까요. 또 선생님의 아저씨가 바쁘면 선생님이 고생하시고 좋지 않으실 것 같아서 불안답니다. 그러니 선생님은 결혼하지 마셔요. 제가 커서 선생님을 잘 모실 테니까요." —— 1976. 4. 13. 훈올림

이제 훌쩍 커버린 이 아이들! 최선을 다한다고 생각하면서 일년을 함께 생활하지만 헤어지고 나면 미안함과 안타까움을 느끼기도 하고, 이들이 또 다른 모습으로 다가오면 가슴이 촉촉히 젖어오기도 한다.

교사생활을 시작한 지 어느덧 열 여섯 해. 내가 교사가 되던 첫 해에 만난 3학년의 귀염둥이 꼬마들이 벌써 대학을 졸업했고, 윤수와 정윤이는 결혼도 했다. 작년 육사를 나온 한기는 전선으로 떠나면서 "선생님, 진급할 때마다 찾아뵙겠읍니다"는 놀라운 선물을 안겨 주었다. 전혀 소식이 없던 아이들이 휴가나왔다며 연락을 하여 놀라게 하는가 하면, "선생님 회춘시켜 드리려고 총각 일곱 명이 왔읍니다"며 귀여운 너스레를 떨며 연말 연시에 몰려오기도 한다. 꼬마 아이들이 이렇게 커버린 모습을 보면 내가 참으로 오래 산 것 같은 생각이 들기도 한다. 대학을 졸업한 아이들도 내게는 작년에 만난 1학년 아이들처럼만 보이고 가만히 보고 있으면 얼굴에 저절로 미소가 번지게 할 만큼 순수함으로 다가온다.

내가 그 많은 직업 중에서 교사라는 직업을 갖게 된 것은 축복 중에서도 가장 큰 축복이다. 티없이 맑은 어린이들의 모습을 보면서 '저 맑은 눈은 나의 어떤 모습을 볼까?' 하는 생각을 하면 신비스러움과 함께 부끄러움도 느끼고 또 한편은 나의 모든 귀한 것들을 가져가는 것 같아서 사랑스러움과 두려움을 느낀다.

어렸을 때의 꿈과는 전혀 달리 교사가 되어 있는 나의 모습을 보며 나는 로버트 프로스트의 「가지 않은 길」을 조용히 읊어 보기도 한다. ■

획일문화를 거슬러 사는 여성들

노조활동에서 얻은 삶의 자각

이영순
前 콘트롤데이타 노조지부장

'사막에서 물이 없어 죽어가는 사람 앞에 수천 개의 다이아몬드가 무슨 소용이 있겠느냐?'
사람과 물질의 가치를 따져 볼 때마다 중학시절 교장선생님의 이 말씀이 떠오른다. 사람으로서의 소중한 가치를 잃지 말아야 한다는 생각에 두근거리는 마음으로 많은 시간을 보냈던 지난날들. 용케도 많은 난관들을 이겨 냈다고도 생각되지만 더욱 알차게 살지 못한 아쉬움이 앞선다. 그래서 다시 굳은 다짐을 해보지만 이미 내 나이 중년에 접어들었다. 그러나 지금과 같은 때에 지나간 추억들은 더욱 소중하며 나에겐 새로운 힘을 준다.

1. 우울했던 어린시절

나는 해방 후 3년이 되던 1948년, 경북 의성에서 한 농가의 다섯째로 태어났다. 아버지는 그럭저럭 안정된 생활을 꾸려가는 농부의 외아들로 태어나 귀하게 자랐지만, 청년시절에는 일제치하에서 징병살이를 하셨다. 일본 나고야에서 바다를 메꾸어 육지를 만드는 강제노동을 하셨다고 한다. 그때 중매로 어머니를 만나 결혼하셨고, 그곳에서 내 위로 3남매를 낳으셨다. 고국이 해방을 맞이하자 '죽어도 고향땅에 가서 죽어야 한다'는 엄마의 고집에 온 식구는 고향으로 돌아왔다. 귀국 후에는 이미 조부모님은 돌아가시고 안 계셨으며, 그분들이 남긴 농토는 아버지의 사촌형에게 맡겨져 있었다. 그 때문에 추수기마다 자기 몫을 놓고 다툼이 일어나 형제간의 우애에 조금씩 틈이 생기기 시작하였고, 마침내 아버지는 그 땅을 처분하기로 결심하셨다.

내가 세 살이 되던 해, 6·25전쟁이 일어났다. 우리 식구들은 대구지방 근처인 청도로 피난을 갔는데, 공교롭게도 당시에 나는 얼굴만 빼고 온몸에 종기가 차마 눈뜨고 볼 수 없을 만큼 심하게 나 있었다고 한다. 전시라 병원에 갈 형편도 못 되었기 때문에 아버지와 엄마는 애를 태우며 매일 밤을 뜬눈으로 지새우기를 한달여, 곪아 있는 부위를 혀로 핥으면 낫는다는 말에 아버지는 주저하지 않고 온갖 정성을 다하셨다.

어린시절 그토록 사선의 고비를 넘어서 소생한 나는 어른들의 말에 넙죽넙죽 대답을 잘해 가족과 이웃의 귀여움을 받았다. 언젠가는 피난온 이웃들이 전쟁에 지쳐 심심풀이로 나에게 "영순아, 이제 고향에 돌아가면 살 수 있나, 죽나?" 하고 묻곤 했다. 나는 "지금 가면 죽어" "지금은 가도 돼" 하고 멋대로 대답했으나 뜻밖에도 그것이 전쟁중의 상황과 그대로 맞아떨어져 어른들로부터 한층 귀여움을 받았다.

전쟁이 끝난 후 고향으로 돌아온 부모님은 비료·밀가루 등을 기차 화물칸에 싣고 부산으로, 서울로 전국을 누비면서 장사를 하셨다. 아버지와 함께 생활전선에 뛰어든 엄마는 천성적으로 활달한 성격이 장사일에 맞아 아버지보다 더 많은 성과를 올리게 되었다. 외아들로 자라서 소심한 성격으로 굳어진 아버지는 자연 이런 엄마보다 뒤쳐지곤 했다. 이 때문에 아버지는 여자가 남자를 무시하고 망신시킨다고 엄마를 야단치는 일이 많아졌고, 급기야 심한 부부갈등을 초래했다. 이런 아버지의 불만은 화투놀이·손찌검·욕설·살림부수기 등의 버릇으로 이어지면서 애써 벌어들인 수입이 주머니에 고일 날이 없었다.

부모님이 서로 다투는 날이면 나는 집을 뛰쳐나와 거리를 쏘다니거나, 남이 보지 않는 한적한 곳을 찾아가 남몰래 기도를 하곤 했다. "불쌍한 우리 엄마 매맞지 않게 해주시고, 제발 웃으면서 오손도손 살 수 있게 아버지의 마음을 바로잡아 주시옵소서."

가정불화가 자식들의 인격형성에 얼마나 큰 영향을 미치는지를 지금도 나는 뼈저리게 느낀다. 그래서인지 때로 길을 가다가 어린아이에게 욕설과 매로써 꾸짖는 부모를 보면 요즘에도 나는 그냥 지나칠 수가 없다. 반드시 간섭하고 나선다. "말 못하는 아이지만 다 듣고 있으니 이해시키고 설득하고, 꼭 원하는 것은 들어주어야 좋은 사람으로 성장할 수 있다"고.

2. 꿈과 좌절의 학창시절

지금까지의 내 인생에서 가장 황금 같은 시기를 들라면 그건 단연코 중학시절과 노동조합을 알게 된 시기라고 자신 있고 자랑스럽게 내세우고 싶다.
　국민학교에서는 담임선생님이 모든 과목을 가르치고 평가했으므로 공정하지 못한 선생님은 학생에 대한 자기 개인의 선호를 성적평가에 반영하여 차별을 하곤 했다. 내가 고학년이어서 알 만한 나이였던 4,5학년 때 특히 이러한 부당한 차별을 심하게 느꼈다. 공부를 실제로 잘하지 못하는 학생에게 후한 점수를 준 것을 알았을 때, 나는 선생님께 따지면서 시정을 요구하고 나섰고, '중학교에 가면 학과목마다 선생님이 다르니 그때는 공정한 평가를 반드시 받을 것'이란 기대로 하루빨리 중학생이 되고 싶었다.
　중학생이 된 나는 국민학생 때 벼르던 일을 실현하기 위해 열심히 공부했다. 특히 영어와 사회는 내가 도맡아 만점을 받았고, 학급에서 1등을 차지하기도 했다. 남녀공학이었는데 체육선생님은 남녀구분 없이 똑같이 다양한 운동을 시키셨기 때문에 나는 탁구, 배구, 농구, 자전거경주, 뜀틀 등을 모두 잘해 낼 수가 있었다.
　중3 때는 수학선생님이 새로 와서 우리 반을 맡게 되었다. 첫시간에 인사를 하시면서 '수업분위기를 학생들의 자율에 맡겨 대학생과 같은 분위기로 만들겠다'는 말이 떨어지자 교실은 '와-' 하는 환호와 함께 박수가 터져나왔다. 멋쟁이 선생님이라고 후한 점수를 준 것도 잠시뿐, 날이 갈수록 불만이 터져나오기 시작했다. 반장과 나는 궁리끝에 교장선생님이 교실을 순회할 시간에 맞춰 우리의 불만사항을 얘기하기로 했다.
　"진학반인데 수학의 진도가 늦어져서 큰일났읍니다. 다른 분으로 교체를 해주셨으면 좋겠읍니다, 교장선생님!" 하고 심각한 표정을 지으며 간곡히 말씀드리고 난 후, 영락없이 계획대로 되리란 확신으로 교실은 한바탕 왁자지껄 개선장군처럼 승리에 도취되었다.
　교무회의에서 이 사실이 알려져 문제가 되자, 담임선생님은 우리 모두에게 반성문을 쓰게 했다. 나는 사실대로 솔직이 썼다. 결국 이 사건을 주동한 반장을 비롯해서 나와 몇몇 친구가 교무실에 불려가 담임선생님으로부터 대나무자로 호되게 손바닥을 맞았다. 그러나 조금도 아프지가 않았다. 때리는 선생님의 애정 어린 눈빛은 우리에게 사랑의 매를 준다는 것을 보여주었고, 우리 자신들이 떳떳했기 때문이었다. 마침내 수학선생님은 교체되었고 열띤 수업분위기로 바뀌었다.
　또 전교학생회장단을 선출하는 기회가 주어졌다. 동료들의 건의도 있고 해서 내가 부회장에 출마했으나 보기 좋게 낙선하고 말았다. 전교학생이 모두 모인 운동장에서 소견발표시간을 갖는데, 나는 단상에 올라 좌중을 내려다보았다. 그러나 아무도 눈에 보이지 않았다. 달아오르는 얼굴, 두근거리는 심장, 내가 무슨 말을 했고 시간이 어떻게 지나갔는지, 지금도 생각하면 웃음이 난다. 많은 사람 앞에 자신 없는 행동이 낙선의 이유라고 생각하고 그 충격으로 이를 극복해야겠다고 마음먹은 것이 오늘의 나를 있게 한 것이라고 여겨진다.

반장과 나, 그림을 잘 그리던 옥란이, 학예회 때 무용을 잘하던 복희, 우리는 학교 연못가 잔디 위에 앉아 힘찬 미래의 꿈을 키우며 서로를 격려했다. 나는 그때 외교관의 꿈을 꾸었다. 그렇지만 그러한 내 꿈은 친구들 앞에서나 얘기할 수 있는 것이었지 집안에서는 이해받지 못했다. 완고하고 보수적인 아버지는 내가 사춘기에 접어들자 바깥출입을 통제시켰다. 무겁고 딱딱한 집안 분위기를 벗어나서 찾아가곤 했던 교회에도 나가지 못하게 하셨다. 그뿐만 아니라 계집애가 책을 봐서 뭘하냐, 아는 것이 많으면 팔자가 세어진다는 말을 귀가 따갑도록 들어야 했다.

하지만 그러한 아버지의 간섭에도 불구하고 나는 학교일을 핑계삼아 친구들도 만나면서 답답한 집에서 기회만 있으면 뛰쳐나왔다.

고교진학을 앞두고도 딸의 의사는 무시한 채 아버지는 한사코 진학을 반대하셨다. '여자는 많이 배워야 소용이 없다'는 것이었다. 나는 더 이상 이해와 설득으로는 아버지의 태도를 바꿀 수 없다고 생각한 나머지, 식음을 전폐하고 누워서 죽어버린다든가, 기차에 치어서 죽겠다고 뛰쳐나오는 등, 애꿎은 엄마의 애간장만 녹였다.

결국 다른 방법으로 진학의 길을 찾아야겠다고 생각하고 집에는 은행에 취직시험을 보러 간다고 속이고 집을 나왔다. 대구에서 직장을 잡고 있는 둘째 언니의 도움을 받아 전부터 점찍어 둔 학교에 진학하기로 했다.

입학은 했지만 언니의 쥐꼬리만한 수입으로는 학비와 생활비를 감당하기가 여간 어렵지 않았다. 언니는 일본으로 수출하는 옷감에 홀치기하는 일을 했는데 나도 그 일을 해서 돕고 싶었다.

집을 속이고 떠나왔기 때문에 방학이 되어도 갈 수 없었다. 학교생활은 왠지 신이 나지 않았다. 선생님들은 기회만 있으면 학생들로부터 무엇인가 받기를 원했다. 중학시절에 선생님과 얘기하고 싶으면 사과밭으로 간다든가, 엿과 찹쌀떡을 싸들고 선생님댁을 찾던 오손도손한 분위기는 도시학교에서는 도저히 찾아볼 수가 없었다.

우울한 마음을 달래기 위해 집근처 교회에 갔다. 아버지의 그늘을 벗어나면 가고 싶었던 곳이었지만 막상 찾아간 도시의 교회는 나에게 또 다른 충격이었다. 벽보에 붉은색 막대그림으로 그려진 십일조 납부현황, 헌금시간이면 가슴팍에 갖다 대는 검은 주머니, 특별헌금자에게 하나님의 특별한 은총이 내려지기를 기원하는 목사님의 기도, 이런 것들은 어릴 때 보고 들어왔던 농촌교회의 모습, 목사님의 말씀과는 너무 대조적이었다. '아, 교회도 가난한 자를 두렵게 하고 소외시키는 구나!

이런 일들은 나를 더욱 주눅들게 만들어서, 당시는 생활의 비애 등으로 뒤범벅이 된 슬픈 시절이었다. 그럴 때마다 중학생 때, 엄마를 여의고도 아버지와 남동생과 함께 웃음을 잃지 않고 열심히 살던 친구 영란이가 나에겐 많은 도움과 의지가 되었다.

외교관이 되겠다던 나의 당당한 포부는 여군으로 바뀌기도 했고, 결혼하지 않고 혼자 살아갈 방법을 궁리하다가 수녀가 되는 길이 그 중 낫지 않을까 하는 생각도 했다. 이는 부모님의 애정 없는 싸움과, 자식은 낳았으되 잘 키우려는 의지가 없는 무책임한 아버지의 태도를 보면서, 아예 결혼하지도 않고 아이도 없는 것이 아무에게도 해를 끼치지 않는 삶이 될 것이라고 믿었기 때문이었다.

3. 직장생활의 시작과 좌절

힘겹게 고교를 마치고 나만 홀로 중소도시에서 대도시로 옮겨왔다. 서울로 시집간 큰언니한테 가면 취직도 하고 야간대학에라도 진학할 수 있으리란 생각에서 언니와의 의논 끝에 내린 결정이었다. 괴나리봇짐을 싸들고 올라온 초라한 촌뜨기인 내 모습을 누가 볼세라 몸이 굳어져 시선조차 좌우로 돌리지 못했던 것이 서울에서 첫발을 내딛었던 나의 모습이었다.

빌딩 속, 남자들이 많은 사무실 안에 여자 몇 명이 함께 일하는 그런 직장을 가슴설레며 찾아보았지만 쉽게 나타나 주지 않았다. 그러던 중, 이웃의 한 여자가 자기가 다니는 콘트롤 데이터란 외국인 회사를 소개해 주었다. 근무환경이 깨끗하고 일찍 퇴근하며 에어콘이 있으며 상여금도 주는 등 회사의 장점을 얘기하면서, 모두가 고졸 이상인데 일도 쉽고 마침 그곳에서 사원을 모집하니 응시하는 것이 어떠냐고 권유했다. 나에게 주어질 일이 어떤 것인지도 명확하지 않았지만 일단 지원해 보기로 결정했다.

1969년 2월. 30명 선발에 150여 명이 몰려왔다. 면접과 간단한 시험을 치른 뒤 30여 명 중의 한 사람으로 선택되었다. 설레는 가슴을 안고 직장이라는 곳에 처음으로 나가게 되었다. 나는 작업대에 앉아 무릎까지 내려오는 짙은 분홍색 작업복을 입고 컴퓨터 부속품을 조립하게 되었다. 회사측은 미국의 본사가 컴퓨터 업계에서 상당한 위치를 차지하고 있으며, 우리가 하는 일은 컴퓨터의 기억장치를 만드는 것이라며 긍지를 심어 주었다. 나는 애써 뿌듯한 긍지에 사로잡혀 보기도 하고, '나는 달러를 벌어들이는 애국자'라는 환상에 젖기도 했다.

그러나 긍지와 환상도 잠시뿐, 힘에 겨운 목표량, 감독자의 거친 말씨, 제일 고생하는 생산근로자에 대한 낮은 임금과 회사의 차별대우 등은 점점 내게 실의와 좌절감을 안겨 주었다. 회사에 다니며, 잡념을 버리고 열심히 일에만 전념하려던 나의 결심은 허물어지기 시작했다.

학교에서는 열심히 일한 자, 진리의 입장에 서는 자, 성실한 자는 그만큼 사회로부터 대가를 받는다고 배웠고 나 또한 그렇게 믿어 의심치 않았다. 그런데 첫 직장에서 겪는 경험으로는 이 사회가 그렇게 공명정대하지 못했다. 약삭빠르고 약한 자를 짓밟는 사람들이 더 세력을 떨치고 평가받는 사회라고 해야 옳았다. 왜 그런 것일까 끊임없이 의문을 가져 보았지만 내 힘으로는 그 의문에 답할 수가 없었다.

새해만 되면 학생모집, 사원모집 광고란을 들여다보면서 한숨과 좌절, 팔자타령으로 소일하면서도 이 직장을 떠나지는 못했다. 시청에서 주관하는 시민대학에 등록하여 3개월 과정을 열심히 쫓아다녔고, YMCA의 등산회에 가입하여 우울하고 답답한 마음을 떨치고 새로운 친구들을 사귀어도 보았다.

내가 다니던 회사에 입사한 다른 고졸여자들은 우리의 작업이 원래 국졸·중졸의 학력자들에게 적합하며, 다만 자신들은 재수가 없고 부모를 잘못 만나 공부를 더 많이 못해서, 혹은 '빽'이 없기 때문에 이 일에 매달리고 있다고 말하곤 했다. 이 비극의 운명론자들은 공장을 탈피하기 위해 입시공부·공무원시험·피아노 교습 등으로 갖은 노력을 다했다. 노동자라는 신분을 감추기 위해 옷만은 화려하게 입고, 때로는 가짜 대학배지를 달며, 친구들에게 재수한다거나 외국인회사 다닌다는 등, 자신을 속이는 풍토가 지배적이었던 것이다.

그러다가 적당한 나이가 되어 좋은 남자를 만나 결혼할 것을 꿈꾸었고 남편이 모든 것을 해결해 주는 행복의 해결사라고 생각했다. 사실 나도 결혼은 안하겠다고도 하고 늙으면 살아갈 방도가 막연해 한때 수녀도 생각해 보았지만, 동료들과 잡담중에 이층 양옥집, 잔디가 깔린 넓은 마당에서 내가 이웃아이들을 모아 놓고 기타치고 노래부르는 꿈을 꾼 적도 있었다.

4. 노동조합에 눈을 뜨다

나는 곧잘 친구들에게 사람이 운명을 개척하는 것이지 운명이 사람을 좌우하는 것이 아니라고 나의 처지를 변명도 하고 항변도 하면서 점차로 사회의 부당한 문제에 눈을 돌리게 되었다.

1971년 나는 우연히 한 남자와 토론을 하게 되었다. 버스 안에서 어린 꼬마들이 신문이나 껌 등을 팔면서 돈을 구걸하는 행위에 대하여 그와 나는 팽팽히 맞선 시각을 가지고 있었다. 그에 의하면 불우한 아동 뒤에는 배후조종의 인물이 있으며, 그들의 부모가 자식을 보살피지 않기 때문에 저런 일이 생기므로 도와 줘서는 안 된다는 것이었다. 그러나 나는 생각이 달랐다. 이같은 일은 근본적으로 가난에서 오는 것이며, 가난은 반드시 개인의 책임만으로 돌릴 수 없다. 자식을 미워하거나 나쁜 길로 가기를 원하는 부모가 어디 있겠는가, 부모가 안정된 수입원을 갖고 있어야 자녀들에게 교육과 보호를 해줄 수 있을 것이고, 그렇지 못할 때는 버려진 아이들이 잘 자랄 수 있도록 사회적 환경이 마련되어야 하는데 그렇지가 못해서 이같은 현상이 있는 것이다, 이런 문제는 사회구성원들이 공동으로 책임질 문제다, 대략 그런 얘기였다.

나는 그때까지만 해도 도덕적이고 양심적인 정치가가 나타나면 사회의 그같은 부당한 문제들은 해소될 것이라고 믿고 우리 나라에도 선진국처럼 빨리 그런 정치가가 나타나 주기만을 기다렸었다. 사실 선진국이 민주주의를 위해 얼마나 많은 세월과 희생의 대가를 치렀는지도 모르고 말이다.

'73년 12월, 정부의 석유 에너지 정책으로 유가가 73%씩이나 폭등하자, 모든 물가가 하늘 높은 줄 모르고 다투어 오르기 시작했다. 회사측은 평균 24%라는 수치를 내걸고 임금인상을 공공연히 발표했다. 하지만 사실 24%란 신입사원들에게 생색을 내는 데만 그쳤고 대다수의 직원들에겐 18%밖에 인상시켜 주지 않았다.

모두가 웅성거리며 불만을 품었지만 그것을 직접 노출하지 못하고 끙끙거리고 있었다. 그럴 즈음에 때마침 중간관리자와 일반사원들은 우리들 생산직 노동자들만 제외시킨 채 자신들의 집단항의로 회사를 굴복시켜, 기어이 25%인상에 합의했다는 소식이 들려왔다. 그 얘기를 들은 우리 눈에는 불똥이 튀었다. 이 공장에서 제일 고생하고, 회사의 부를 키우는 사람들이 바로 생산자들인데 어떻게 세상이 이다지도 거꾸로 돌아간단 말인가.

일단 나는 이 사실을 동료들에게 모두 알리기 위해 메모를 하여 돌리는 한편, 어떤 방법으로 우리의 처지를 개선시킬 것인지를 모색하기 시작했다. 귀동냥으로 들은 바에 의하면, 노조가 있으면 근로조건이 좋아질 수 있다고 해서 나는 인사과장을 찾아갔다.

"인사과장님, 왜 우리 회사는 노조를 만들지 않습니까? 우리도 다른 회사처럼 노조도 만들고 사내 신문도 발간하여, 하고 싶은 말 좀 합시다."

순진하게 내밀어 본 우리의 제안은, '이양, 지금 우리 회사가 노조나 신문을 만들면 수지가 맞지 않아요. 직원수가 천여 명 이상 되는 대기업으로 올라섰을 때, 그때 가서 생각해 봅시다"라는 답변만 듣고 말았다.
　당시 사회의 분위기는 매우 어수선했다. 보위법이니 긴급조치가 어떠니 하며 세상이 어떻게 돌아가는지 그 내막을 잘 알 수 없었던 노동자들에겐 정부가 뭔가 국민들에게 으시시한 행동을 한다는 느낌이 들었다. 이런저런 방법을 논의한 끝에 뜻이 맞는 동료들 20명이 모여 근로자들 사이에서 선교활동을 한다는 목사님을 찾아갔다. 크리스마스 캐롤이 귓전을 울렸지만 두근거리는 우리들의 마음은 흡사 전장에 나가는 기분이었다. 그분은 우리의 사정을 듣고 친절하게 설명해 주었다.
　"여러분의 불만은 노조를 만들어야 해결할 수 있읍니다. 지금 비록 노조 없이 집단적인 힘으로 이 문제를 해결한다고 합시다. 곧바로 다른 문제들이 끊임없이 발생할 것이며, 구체적으로 내년의 임금인상은 어떻게 하겠읍니까? 여러분의 권리를 보장하기 위해 헌법 제27조에 노조를 만들 수 있는 노동3권이 보장되어 있읍니다. 돈많은 회사는 많이 배운 사람을 채용하여 어떻게 하면 돈을 적게 들이고 많은 일을 시키느냐를 밤낮 없이 연구하게 하는데, 이것이 바로 경영입니다. 여러분들은 돈도 없고 덜 배우고, 또 시간이 없어 알 기회도 없읍니다. 그런 불평등을 시정하기 위해 헌법은 노동자의 권리를 찾을 수 있도록 단결권, 단체교섭권, 단체행동권, 즉 노동 3권을 명시, 보장해 주었읍니다."
　이 말을 듣자, 나의 온몸은 흥분으로 떨려왔다. 그럼 5년 동안 우리는 권리 위에 잠자고, 그 권리를 회사에 양도했단 말인가?
　회사로 돌아온 우리들은 저임금, 여성차별, 인격모독, 휴가 등의 시정사항을 끄집어내고, 이를 해결하기 위해 노조결성이 필요하다는 데 합의했다. 우선 고참들이 앞장서기로 하고 많은 동료들이 동참하기로 했는데, 막상 약속한 날에는 고작 8명밖에 참석하지 않았다. 나온 사람만이라도 상부단체의 노조간부들의 지도에 따라 노조결성을 하게 되었다.
　'노동조합이란 모름지기 보다 윤택한 생활을 위해, 가정의 평화를 위해, 질병의 퇴치를 위해, 인간의 평등을 위해, 실업자가 없는 복지사회 건설을 위해 근로자의 단결된 힘으로 쟁취하는 것'이라고 상부단체 간부는 역설하였다. 그 밖에 다른 나라의 노조활동의 사례를 들려주고, 여자도 남자 못지 않게 무엇이든 해낼 수 있다고 격려해 주었다. '72년 동일방직에서는 25년 간의 남성지부장 체제를 물리치고 여자가 당선되었고, 부산에도 여자대표자가 있다며 용기와 확신감을 북돋아 주었다.

 그때서야 비로소 나는 제2의 성경이 노동조합의 이념이라고 확신했다. 예수님이 버림받고 소외당한 자, 고통받는 자, 병든 자를 위해 목숨을 바치셨듯이, 노동조합이야말로 이같은 하나님의 나라를 건설하는 데 지름길이라고 믿었다. '이제까지 목마르게 찾던 것이 이것이었구나' 하는 생각과 함께 뜨거운 감격이 북받쳐 올라왔다.

 상부단체의 지도에 따라 8명은 간부직을 하나씩 배정받고 600여 명을 향해 더욱 분발하기로 했다. 우리는 3일 만에 전체 근로자의 2/3를 회원으로 가입시켰다. 우리의 탄탄한 조직력 앞에 회사측은 그 조직의 파괴 시도를 포기하고, 노동조합설립증 앞에 어쩔 수 없이 단체교섭권을 인정하는 눈치였다.

 마침내 끈질긴 노력 끝에 이번에는 노조가 중심이 되어 임금 8%를 인상시키고 물가수당 160%를 받아 낼 수 있었다. 그 밖에도 남자들이 생산직 여성들에게 '야' '자' 하던 거친 말씨도 싹 없어졌고, 2개월에 한 번씩 보건실에 가서 생리한다는 확인증을 갖고 와야만 생리휴가를 받을 수 있던 것이 즉시 시정되었다. 여자가 무엇을 할 수 있을까에 회의적이었던 동료들과 회사측의 불신, 무시하는 태도에 아랑곳하지 않고 오직 노조의 활동만을 열심히 함으로써 노조의 동료들은 결국엔 양쪽으로부터 모두 신뢰를 받았다.

 교육의 기회가 있으면 열심히 쫓아다녔고 좋은 선배를 찾아 부지런히 자문을 구하기도 했다. 한번은 여성근로자들만의 교육에 유정회 국회의원 이모씨를 강사로 초대했다. 나는 현장근로자들의 상태를 설명했다. 60-70% 이상이 농촌을 떠난 사람이며 여성근로자의 경우 연령도 15-21세가 주축을 이루고 있다, 이들은 부모형제의 정이 그리워 이성의 정에 쉽게 빠져들어간다, 이들은 저임금을 받기 때문에 함께 살자는 남자의 청에 쉽게 동조하게 되고, 남자가 마음이 변하면 여자만이 순결을 지켜야 한다는 이 사회에서 버림받게 되므로 결국 순식간에 유흥가·사창가로 가게 된다, 3만 원의 임금을 받아 1만 5천 원의 방값을 내고 나면 아침 저녁 식비마저 낼 돈이 부족하다, 우리가 바라는 것은 최소한 의식주 해결하고 인간대접받는 것이니 이같은 노동자들의 어려움을 국정에 반영하여 해결될 수 있도록 해달라고 부탁했다. 그런데 그 국회의원은 '나는 엄격한 가정에서 자라났기 때문에 이성교제를 건전하게 했다. 유흥가·사창가로 가는 사람들은 본래 그런 피가 있는 것'이라고 망언을 하질 않는가? 모두가 화가 났다. 나는 다시 일어나서 "그러면 의원님의 몸 속에는 태어날 때부터 국회의원의 피가 흐르고, 노동자들은 노동자의 피가 흐르고 있겠군요?"라고 말해다 그러자 그 의원은 얼굴이 새빨개져서 그제사 사과를 하였다.

'75년 노조대표가 결혼을 하고도 계속 회사를 다니겠다고 선언했다. 우리는 이 기회를 통해 결혼한 생산직 여자도 회사를 다닐 수 있게 만들자고 결의했다. 사무직 여자들에겐 결혼 이후의 근무를 허용했으나 생산직에게는 금기사항으로 내려오고 있었다.

그러므로 우리의 결의가 실행에 옮겨지자 회사는 벌집을 쑤신 듯 적극 반대하고 나왔다. 반대하는 이유는 현장의 분위기가 '더러워지고' 작업대에 앉아 있는 임신부의 모습이 외관상 보기 싫고, 따라서 회사 이미지가 나빠진다는 것이었다. 남녀가 만나 혼인하여 직장생활을 하는 것이 왜 생산직 여성근로자들에게만 흠이 되고, 분위기를 '더럽힌다'고 생각하느냐, 당신들의 결혼만 숭고한가. 인간차별의 발상에서 나온 사고방식이라고 반대의견을 몰아세우는 한편, 임신해서 근무가 힘들면 회사에서 내쫓기 전에 본인이 스스로 그만둘 것이니 염려하지 않아도 된다는 식으로 설득하기도 했다.

결국 본인과 노조의 끈질긴 노력으로 6일의 청원휴가와 축의금을 받아내었는데, 그것을 해결하기까지 꼬박 한 달이 걸렸다.

5. 노동조합을 이끌며

우여곡절 끝에 노조 부대표로 있던 나는 대표직을 맡게 되었다. 나는 여성조합원들이 올바른 사회관 및 직업의식을 갖는 것이 급선무라고 여기고, 그들을 위한 전반적인 교육을 계획했다.

노동자들은 낮은 임금, 인격 무시, 사회석인 노동천대 등의 사회풍토 속에서 소외당하고 있기 때문에 자신이 노동자임을 떳떳하게 내세우지 않는다. 우리의 교육과정에서 한 교수님이 직업에는 귀천이 없음을 역설했다. 스튜디어스가 고속버스 안내양을 무시하고 고속버스 안내양이 버스 안내양을 무시하는 것이 우리 사회의 풍조라면서 '여러분의 학력이 높다고, 학력이 낮은 노동자를 무시한 적은 없느냐'고 물었다. 아울러 모두가 우리 사회에서 필요한 귀중한 존재임을 강조하였다.

노조의 교육은 효과가 대단했다. 자신들이 갖고 있던 허영들을 버리고 솔직이 행동하면서 노동자의 신분을 떳떳하게 내세우기도 했다. 흑인들이 천대와 억압을 받을 때 검은 피부와 곱슬머리 때문인 줄 알고 그것을 없애기 위해 갖은 노력을 다하다가 마침내는 검은 피부와 곱슬머리를 자랑스럽게 내세우고 인간평등을 선언했듯이.

한편 이제까지 회사에는 생산직 여성근로자가 결혼 후 아기를 낳고도 계속 다닌 사례가 없었다. 회사측에서 출산휴가를 주지도 않았을 뿐더러 여성근로자 스스로 그것을 요구해 본 적도 없었기 때문이었다. 그러나 34세의 고참선배가 그 일을 시도하게 되었다. 회사는 사표를 강요하였고, 후배여성근로자들까지도 손가락질하였다. 하지만 노동조합이 분연히 지지하고 나서자 회사는 마침내 산전·산후 60일의 휴가를 주었다. 그 이후로 아이를 낳고 다니는 사례가 늘어났으며, 오히려 결혼 후에 더욱 사회·회사·노조에 대한 관심과 애착이 대단했다. 그들은 토론을 통해 '집에 있으면 낮잠이나 자고 남편만 의지할텐데, 맞벌이를 하니 가계에 보탬이 되고, 자기발전, 남편과의 대등한 대화' 등이 장점이라고 내세웠다. 대졸여성이 자신이 받은 교육을 전문직으로 살리지 않은 채 가정살림만 한다면 많은 시간과 돈의 낭비가 될 것이라고 지적하기도 했다.

노조신문을 발간하면서 나는 여성으로서 직업의식을 갖고 평생직업을 갖는 일의 중요성을 게재하고 바람직한 자녀양육에 대해서도 다루었다.

특히 자녀양육에 대해서는 핵가족화, 자녀를 적게 낳는 사회가 되면서 아이들이 더욱 이기적인 방향으로 양육되고 있다, 이를 극복하기 위해서는 집단훈련이 필요하고 탁아소가 중요하다는 점이 강조되었다. 이스라엘의 탁아소와 일본의 집단적인 유아교육의 장점을 소개하면서 탁아소는 가난하기 때문에 만드는 것이 아니라 어릴 때부터 협동심·지능개발·정서적 안정감 등을 주고, 여성의 사회적 역할을 돕는 데에도 필수불가결한 것이라는 설명도 덧붙여졌다.

한편 우리의 부모들은 자신이 하지 못한 욕구나 소망을 아이에게 일방적으로 요구해 온 경향이 있으며, 이와 함께 엄마의 제한된 생활공간과 남편으로부터의 무시와 소외 등에서 생기는 스트레스가 자식에게 얼마나 나쁜 영향을 끼치는가를 강조했다. 때문에 어머니가 일을 갖는 것이 자녀에게 무리한 요구를 하지 않게 하고, 가족의 생계를 위해 전전긍긍하는 남편의 인격을 되찾는 일도 될 수 있다면서 평생직업의 장점을 역설하였다.

조합원들을 상대로 한 교육 이외에 노동조합은 동일노동, 동일임금과 승진의 평등을 위해 노력했다. 노사회의를 통해 생산감독과 과장까지의 승진을 여성근로자에게도 허용할 것을 요구하였다. 회사도 우리의 주장에 수긍을 하여 생산직 여성도 경력 5년 이상이고 능력만 있으면 생산과장까지는 능히 승진할 수 있게 되었다.

생산감독직은 보통 대학을 갓졸업하고 입사한 남자사원들이었는데 생산직 여성근로자들과 곧잘 마찰이 빚어져, 심한 경우엔 노사분규의 쟁점이 되기도 했다.

대졸 남자감독자들은 고졸 여자감독자들을 무시하거나 따돌렸다. 작업자들까지 합세하여 생산에 차질을 줌으로써 여자감독자들에게 골탕을 먹였다. 결국 조합원들의 설득에도 불구하고 당사자는 3개월째 두 손 들고 물러났다. 이것이 실패로 돌아가자 회사측은 여자가 그저 평범하게 살아가는 것이 좋은 거라고 빈정거렸다.

한번은 통근버스 속에서 앞자리에 생산직 여성근로자가 앉았다고 한 남자관리자가 '건방진 기집년들 버릇을 단단히 고쳐줘야지. 야! 일어나' 하고 고함친 사건이 터졌다. 노조와 전 조합원들은 이 사건의 중요함을 느끼고 노사회의에 상정함으로써 장본인의 절대사과를 요구했다. 그는 현장에 앉아 있을 수가 없었다. 조합원들이 모두 쳐다보고 비난을 하기 때문에 회사도 결근하고 자존심으로 버티다가 결국은 우리의 극성 앞에 굴복하고 사과를 했다. 그 후로는 사내분위기가 여성을 존중하도록 바뀌었다.

노조는 우리 전통문화를 배울 수 있는 장을 마련하여 탈춤·농악 등을 보급시키는 동시에 조합원의 즐거운 여가활동을 유도하고자 노력했다. 지긋지긋한 공장이 아니라 눈뜨면 빨리 달려가고 싶은 직장분위기여야 한다는 목표 아래 이직률을 줄이는 데도 노조는 기여했다.

경험이 축적됨에 따라 나를 비롯한 노조간부들은 인사관리와 경영에도 눈이 밝아졌다. 우리가 제의하고 지적하는 것은 정확하고 옳았음에도 여자들의 소견머리라고 무시당한 적도 한두 번이 아니었다.

인사부장 외 3명의 부장과 사장이 해고를 당했을 때 노조는 그들의 그 동안의 객관적인 행동을 평가하고 그들을 지지하는 데 나섰다. 부장 이상을 제외한 모든 사원들의 서명을 받아 냄으로써 그들을 복직시킬 것을 요구하였다. 마침내 인사부장 및 사장은 복직되었고 2명의 부장은 후한 해고수당을 받는 정도로 해결되었다. 이 일이 계기가 되어 노조의 지지기반은 더욱 확고한 뿌리를 내리게 되었다.

6. 물질보다 인간이 앞서는 사회를 향하여

나는 노동조합 활동을 통해 물질이 우선이 아니고 인간이 우선이라는 것을 몸소 체험했다. 말 잘하고 힘센 사람보다 자기의사를 발표하지 못하고 힘이 없는 사람에게 더 많은 관심을 갖게 되었고 학력에 관계없이 잠재된 개성을 개발시키면 누구든지 발전할 수 있다는 확신도 얻었다. 반지와 목걸이·귀걸이 등은 나를 구속시키는 물질이라고 벗어 던졌다. 화려하고 값비싼 옷은 활달한 활동을 하는 데 방해꾼이었다. 미래의 먹고 사는 것 때문에 결혼할 수밖에 없다는 사고방식이 깨지고 내가 가고 싶을 때가 결혼적령기이며, 결혼 여부에 관계없이 미래의 삶에 대한 확신감이 생겼다.

　그토록 갈망하던 대학교육도 이제는 부럽지 않게 되었다. 박사 앞에서 대화를 나누더라도 주눅이 들지 않고 당당해졌다. 정말 내가 다시 태어난 것 같다. 지나간 시간들은 너무나 소중한 것. 늙어간다고 생각하면 안타깝다. 더 열심히 짜임새 있게 살지 못한 것도 같아 아쉬움도 있지만 시간을 붙잡아매어 둘 수도 없는 노릇이다. 다시 태어나도 내게 주어진 환경에서 최선을 다한다면 멋진 인생을 살 수 있다고 생각한다.

　아직도 많은 노동자들이 열악한 환경에서 인권을 보장받지 못한 채 어려움 속에서 살고 있다.

　'이 옷을 만들면 누가 입나요? 사장님, 사모님, 코쟁이, 노랑머리 사서 입나요? ……중략…… 사장님 강아지는 감기걸려서 포니 타고 병원까지 가신다는데 우리들은 타이밍약 사먹고 시다 신세 면할 날만 기다립니다.'

　이것이 노동현장의 실태이다. 이런 풍자적인 노래 구절을 들으면 나는 떠날 수가 없다. 내가 왜 사는지도 모르는 수많은 노동자들의 눈동자가 나의 발길을 끌어당기고 있는 것이다. ■

획일문화를 거슬러 사는 여성들

농촌, 도시, 근로, 불우여성과 더불어

김근화
前 한국노총 사회복지부장

1. 상록수가 되리라

1964년 12월 나는 가출을 했다. 농촌봉사활동이란 이름으로 3년 동안 여름과 겨울방학을 고스란히 쏟어넣은 인연을 따라 '상록수'가 되는 길을 택한 것이다. 당시 고등학교 3학년 졸업시험을 막 끝낸 후의 일이었다.

그 길로 대전에 있는 복지농도원이란 곳에서의 생활이 시작되었다. 그곳 원장님 한인수씨는 소문난 농촌운동가로서 덴마크의 달가스나 그룬트비히를 닮고자 노력하는 열혈청년이었다. 그와의 만남은 중학교 3학년 겨울에 이루어졌다. 그는 진실한 세 사람만 있으면 농촌은 잘살게 된다면서 동지규합의 필요성을 역설했다. 그때 왜 그리 흥분이 되었던지 나는 단순에 그의 숙소를 찾았고, 그때부디 빙힉을 이용하여 농촌봉사활동을 하기 시작했다. 특별한 이념이나 사상도 없으면서 단지 그 활동 자체가 마음에 들고 좋아서 주로 노력봉사를 했다.

그때까지 나는 상당한 모범생이었다. 나의 어머니는 총명하고 인정이 많은 분으로, 무엇이나 봉사하고 인내하는 종가의 맏며느리로서의 역할을 충분히 해내셨다. 아버지의 방탕한 생활탓에 못 볼 꼴을 수없이 보아야 했고 수모도 많이 당하셨으나, 본래의 고운 심성 때문에 찡그림이나 한탄 없이 밝고 명랑한 분위기를 유지하셨다. 더구나 우리 형제들은 나이 차이가 많아서 위에 두 언니는 나를 어머님 다음가는 양보와 사랑으로 감싸 주었다. 그래서 그런지 국민학교 시절부터 모든 면에 흥미가 왕성했다. 하고 싶은 일이 하도 많아서 늘 분주하기도 했지만 무엇이든지 두 언니가 뒷바라지를 해주니까 모자람이 없었다. 마음먹은 대로 이루어야 된다는 고집과 다양한 취미가 생기고 의욕이 넘쳤다. 학교성적은 늘 수위였고 취미과목인 체육·음악·미술도 잘하는 편이었다. 거기다가 늘 건강했다. '감기를 앓아도 일요일을 택해서 앓고 월요일은 거뜬히 일어나 학교에 가니 언제나 개근이었다'고 어머님은 지금도 말씀하신다. 그런 생활은 중·고등학교 시절도 마찬가지여서, 오히려 농촌봉사활동 덕분에 항상 이야기가 풍부했다. 방학이 아닌 때에는 도시주변의 구두닦이들에게 중등과정의 통신강의록을 가르쳤다. 놀고 있는 극장 창고를 빌고 많은 친구들이 호응하여 제법 야간학교 같은 형태를 이루기도 했다.

이런 학교생활 이외의 봉사활동이 결국 대학진학이라는 당연한 과정을 무시하고 가출소녀의 건방진 길을 택하게 한 것이다. 어머님과 선생님들은 극력 반대하셨다. 무엇 때문에 그런 길을 택했느냐, 일시적인 감정은 언제나 후회를 낳는다, 대학을 졸업하고 나서 진로를 정해도 늦지 않는다, 어린 네가 무엇을 아느냐, 누구의 꾐에 빠졌느냐, 아니면 네가 제정신이 아니구나, 그렇게 명랑하던 어머님마저 매일 밤 통곡을 하셨다. 그도 그럴 것이 언니들은 이미 결혼한 후라 어머님과 단 둘이서 살다가 그랬으니 가장 충격이 큰 사람은 어머님이셨을 것이다. 그렇지만 그 옹고집은 학생복을 입은 채 집을 나섰다. 이 세상에서 천국처럼 아름답고 이상적인 그곳, 농도원이란 상록수양성학원(내가 붙인 이름이지만)의 식구가 되기 위하여.

2. 집이 완성되면 떠나가는 목수

농도원에서의 생활은 처음부터 고생의 연속이었다. 완성된 곳이 아니고 설립 단계에 있는 사설학원이나 다를 바 없는 곳이니, 그것도 농촌지도자를 양성한다는 목적으로 세워진 곳이니까, 재단이 있는 것도 아니고 독지가가 있는 것도 아니었다. 오직 맨손의 정열과 봉사심과 의협심만 지닌 청년들의 모임이었다. 당시 그곳에는 나처럼 열성적인 학생들이 스무 명 가량 있었다. 모두들 학교에서 모범생이었고 가정형편도 어렵지 않았지만, 반대를 무릅쓰고 나온 처지이므로 똑같이 자립을 위해 고생하지 않으면 안 되었다. 먼저 생활비를 벌기 위해 닥치는 대로 일을 했다. 풀빵장사, 도너츠장사, 성냥골 붙이는 일, 그 외의 여러 일들. 모두가 한 가지씩 할일을 정해서 낮에는 돈을 벌고, 밤에는 의식을 다지는 생활을 계속했다. 생활신조는 '피와 땀과 눈물로써 새 역사를 창조하자'였고, 농촌지도론·개척론·경제학·철학·역사를 공부했으며, 주로 농업기술을 연마했다.

이렇게 일 년을 보내던 중 원장께서 5·16 민족상 사회부문 본상을 수상하게 되었다. 지금 기억하기에 그때의 심사위원들은 '공적이 너무도 뛰어나 나이를 의심

목수가 집을 짓는 것은 자기가 살려고 하는 것이 아니다.

했다'고 감탄했었다. 원장님의 나이는 서른이었다.

무에서 유를 창조하자던 원훈처럼 무엇인가 창조된 것 같았다. 상금이 주어졌고, 국내의 보도진과 유명인사들이 속속 찾아들어 산골짜기의 그 초라한 학원은 일시에 북적거리게 되었다. 그래서 얻은 상금으로 다시 일을 시작하게 되었다. 농민의 집(농민복지센타 같은 곳)을 건립하자는 것이다. 전국의 농민이 벽돌을 한장씩만 모으면, 아주 훌륭한 농민회관을 건설할 수 있다는 취지였다. 모금을 하기로 작정하고 우선 충청남도의 자연마을 3,000개를 상대로 길을 떠났다. 이미 처음 동지들은 많이 바뀌었다. 진학을 하기도 하고 집에서 붙잡아 가기도 하고, 어떻든 나는 그대로 남아서 계속 활동했다. 그 결과 7만 명의 서명과 3백만 원의 거금을 모을 수 있었다. 모금이 끝나자 건평 360평의 현대식 건물을 짓기 시작했다. 도중에 몇 번이나 중단하면서도 결국 1968년 완성을 보게 되었다. 현재는 학생과 직장인의 교육장으로 활용되고 있다고 하는데, 나는 이 집이 완성되자 그곳을 떠났다. 떠날 때의 변은, 목수가 집을 짓는 것은 자기가 살려고 하는 것이 아니라는 것이었다. 그리고 무조건 봉사한다고 무엇이 이루어지고 변화를 가져오는 시대는 지났다는 생각이 들었다. 현장체험은 중요하지만 체험을 바탕으로 다른 무엇을 창출해 낼 때가 온 것 같았다. 나의 경험 위에 공부를 더 한다면 무엇인가 쉽게 해낼 듯이 보였다.

그리하여 고등학교 졸업 후 4년 만에 대학이라는 곳을 가게 되었다. 이미 친구들은 졸업을 했고 새까만 후배들이 공부하는 곳에 끼어드니까 한심했다. 게다가 어찌 소문이 났는지, 이미 상당한 현장경험이 있는 사람이라 하여 계속해서 활동 쪽의 자문이 들어왔다. 전공도 농업경영이었으니까 앞으로 농촌으로 갈 각오는 단단히 되어 있는 셈이었다. 그래서 기꺼이 농촌연구회라는 서클활동을 하게 되었다. 학문보다는 활동으로 기울다 보니 생활은 바빠졌다. 당시의 교수님은 교육자적 자질이 엿보이니 공부를 열심히 해서 가르치는 일을 하라고 타이르셨지만, 그 뜻에 부응하지 못하고 대학 4년을 겨우 마칠 수 있었다.

막상 졸업을 하고 나니 갈 데가 없었다. 그 동안 대전의 한 원장은 장암으로 돌아가셨고, 모든 것은 벌써 질서를 잃고 있다는 소문이 들려왔다. 한때는 그곳에서 죽을 각오까지 돼 있던 나였지만, 변질된 이념과 상실된 순수성을 알고 그곳에 대한 미련을 버려야 했다. 각별히 대해 주시던 교수님의 배려로 농업문제 종합연구소에 연구요원으로 일하게 되었다. 그때는 한국농공병진정책연구, 농촌실태조사, 민통선북방주민실태조사 등의 일들을 했다. 그러나 왠지 연구소의 일은 그다지 재미가 없었고, 별로 신바람이 나질 않으니까 아무래도 나의 취향과는 맞지 않다고 생각하게 되었다. 그러던 중 연구소에 오셨던 교수님이 "다른 데 취직 안할래요? 아무래도 김양은 여성운동이 맞을 것 같은데"라고 하셨다. 그 순간 눈이 번쩍 뜨이는 것 같았다. 연구소 일보다는 무엇인가 활동적인 일을 하고 싶다는 마음이 들었다.

3. 여성운동과의 만남

1973년 3월 부녀보호사업전국연합회라는 사단법인체에 상무로 취직이 되었다. 상무는 항상 서서 일하는 사람을 지칭하는 말로 총무 같은 역할이었는데, 특별한 권한은 주어지지 않지만 일을 하는데 누구의 간섭이나 시달림이 없어서 마음이 편한 자리였다. 이 단체는 전국조직인데, 그 구성원은 모자원(과부세대보호소), 부녀직업보도소, 윤락여성일시보호소 등 34개 정도의 사회사업단체가 스스로의 권익보호를 위해 만든 연합체로서 각자 회비에 의해서 운영되고 있었다. 사무실에는 간사 한 사람과 원로급의 상담원이 있었고 일이 있을 때마다 회장님이 나오셨다. 당시 회원시설들은 모두 어려움을 겪고 있었다. 재단이 넉넉지 않은 점도 있었지만 새로운 사업방침의 정착이 어려웠던 것 같다. 거기서의 내 역할은 사회복지시설에 대한 사회적인 인식의 폭을 넓히고 그릇된 판단을 바로잡아야 하는 것이라는 생각이 들었다. 그래서 추진한 것이 자매결연사업, 즉 단체나 기업체에 안내문을 보내고 후원을 권유해서 시설에 수용중인 아동들과 결연하는 것이었다. 그 외에도 모자복지법 공청회를 열기도 하고, 모자세대실태조사 등의 사업을 추진했다. 이곳에서 있는 동안, 여성단체와의 인연을 비롯해서 부녀복지사업을 위해 애쓰는 사람들과 만나게 되었으며, 도움이 필요한 사람들이 많다는 사실을 절감했다. 함께한 사람들은 대부분이 좋은 분들이었지만 사업의 이상만큼 현실이 뒷받침되지 않는 것에 대한 불만과 갈등이 많은 분들이기도 했다.

어느 날 나는 '자립하는 여성, 용감한 여성'이란 캐치프레이즈를 걸고 전국의 특산물과 토산품을 모으고(물론 지방시설을 통해서) 서울근교 시설에서는 수공품을 만들고 해서 전국 토산품 바자회를 계획했다. 준비기간이 6개월 정도 걸린 사업이었고 결과는 성공적이었다. 이익금은 물론 각 시설에 공정분배했다. 그 후 토산품 바자회는 이곳의 전통사업이 되었지만 나는 이때부터 회의가 일기 시작했다. 참으로 남을 도와 준다는 것은 무엇인가. 완전한 자립을 위해서는 결국 물질적인 도움은 일시 보호수단밖에 안 된다는 생각이었다. 일 년에 한 번 부녀복지대책을 연구하는 세미나를 정기행사로 개최했는데 비전 없는 문제점 중심의 반복행사였다. 보사부가 후원을 했지만 대안 없는 세미나는 허전하기만 했다. 그러던 1975년

여성단체협의회 사무처장 박영숙씨가 크리스챤 아카데미 여성지도자 세미나로 안내했다. 그것은 여성단체의 젊은 총무들과 전문분야의 여성들을 대상으로 하는 일종의 의식교육이었다. 오랫만에 받아 보는 강의는 그 동안 다 빠져 버린 것 같은 의식에 충전을 시켜 주었다. 특히 좋았던 것은, 25세부터 30세까지의 분명한 자기일이 있는 여성들과의 만남으로써 같이 고민하고 토론하는 일이었다. 당시 우리 모임을 Young Adult 라 이름했는데 24명의 여성들이었다. 토론의 주제는 life work(평생일)을 어떻게 유지하고 가질 수 있는가, 결혼이란 꼭 필요한 것이냐, 지금 내가 당장 할 수 있는 정의로운 일은 무엇이냐 등이었고 매우 진지하고 고통스럽게 토론에 토론을 거듭했다. 그리하여 현장을 갖는 일이 얼마나 소중하고 바람직한 것인가 하는 확신도 갖게 되었다. 지금도 그때의 인연은 계속 이어져서 큰 힘이 되는 친구들이 많다. 대부분이 자기 전공을 살려 공부를 계속했지만, 현장에서 열심히 뛰는 사람과도 같은 뿌리임을 인식하고 서로 도와서 일을 하고 있다. 어떻든 기존의 형식과 의식을 깨고 새로운 의지로 작은 변혁이나마 시도할 때, 같이 고민할 수 있는 친구들이 있다는 것이 얼마나 중요한지 그때의 만남이 고맙기만 하다. 뜻을 같이하는 동지들이 곳곳에서 끊임없이 의식 있는 일을 행하고 있다는 사실은 우리 사회의 저력이기도 하지만 전통적인 여성관에 대한 도전이요 변혁이기도 했다. 만년 보조자로서의 임무만이 주어지는 상식을 벗어나기 위해 능동적으로 실력을 연마하고, 잘못된 의식과 싸우기 위해서는 깨어 있는 자세가 필요했다. 또한 일을 하려면, 그리고 성사시키려면 혼자 힘은 무력하며 조직이란 것이 필요하다는 생각이 들었다. 먼저 조직의 모체가 될 수 있는 소수의 핵을 구성하는 일이 필요함을 알게 됐다. 조직의 핵은 분명한 의식의 만남으로만이 가능하다는 사실도.

 1976년 여름, 자동차노동조합에서 안내양을 위한 연수회가 있었고, 나는 우연한 기회에 강의를 하게 되었다. 자동차노조 여성부장은 여성단체가 주최한 근로여성 세미나에서 만난 적이 있는 분으로서 그분의 권유로 강의를 한 것이다. 그런데 그것이 계기가 되어 나는 가장 전통적이고 방대한 조직인 한국노총에 추천형식을 빌어 들어가게 되었다. 당시의 한국노총 사무총장은 바로 자동차노조에서 안내양 연수를 주관했던 분으로서 발령을 받는 데 도움이 되었다.

 먼저 있던 직장에서는 나에 대한 신뢰가 두터웠고 아무리 좋은 직장으로 옮기는 것이라고 하더라도 그만한 자유와 능력을 보장하고 있는 곳에서 빠져나오기는 쉬운 일이 아니었다. 그러나 일의 성격에 대한 근본적인 회의 때문에 옮길 마음이 굳어졌다.

4. 산적한 근로여성의 문제와 노총에서 버터 내기

한국노동조합 총연맹은 조합원 백만 명을 가진 40년 역사의 방대한 조직체로서 16개 산업별 노동조합을 골격으로 한 근로자의 권익향상을 위한 유일한 합법조직이다. 단위노조가 3,000개나 되었고 시·도협의회가 10개, 지구협의회 16개, 합하여 26개의 노총직속 지방조직이 있었다. 최고의 의결기관은 대의원대회로서 1년에 한번씩 열리고, 임원을 선출하는 정기 대의원대회는 3년에 한번씩 열렸다. 내가 들어간 해가 바로 임원이 새로 선출된 해로, 새 임원진에 의한 인사가 있었던 것이다. 들어가서 보니 나와 함께 입사한 몇 분은 주로 노동경제학을 전공한 지식인들로서 기획연구실 소속이었다. 나는 서른이란 나이에 한국노총 사회복지부장이 된 것이다. 사회복지부장을 여자에게 준 것은 당시 복지부녀국장의 아이디어였다고 했다. 이는 인건비를 절약하는 효과도 가져왔다. 왜냐하면 전임자처럼 남자라면 부녀부장은 따로 채용해야 될 것이나 여자에게 복지부장을 주면 부녀부장을 공석으로 두어도 여성인 복지부장이 자연스럽게 책임질 것이라는 계산이 작용한 것이다.

내가 여기서 일하게 된 것은 행운이었다. 근로자가 주인인 조직체, 그것도 노동운동의 총본산이랄 수 있는 중앙연맹의 당당한 부장이라는 것은 대단히 벅차고 신나야 할 위치였다. 그러나 말이 부장이지 가장 말단의 실무자로서 주문은 많고 내용은 별것 아닌 허풍선이 같은 위치였다. 더구나 사회복지부란 업무가 분명히 규정된 부서가 아니었다. 제기능을 못하는 노동조합운동을 일종의 편법으로 도와주는 부서로서 복지의 기능을 임금이나 적절한 노동시간, 좋은 작업환경을 유지하는 것에 두지 않고, 협동조합운동을 통해 보다 자구적인 그리고 타협적인 차선의 노동운동을 돕는다고 되어 있었다. 노동조합의 규약이나 규정을 보아도 복지부의 서열은 부녀부보다 더 밑에 있었으니 독자적인 일을 하는 부서라고 기대하지도 않는 것 같았다.

노총의 구조는; 국장급 이상 임원(사무차장, 사무총장, 상임부위원장, 위원장)은 각급 조직에서 추천되어 선거의 형식을 빌어 선출된 분들이고, 부장 이하 직원은 전문직이었다. 소위 프로모터 같은 위치에서 노동운동선수들이 보다 잘 싸우게 하기 위해 기술을 연마해 주고 정보를 제공하고 때로는 연출을 도와 주는 노동조합운동의 전문가들이었다. 이런 전문인을 노동조합에서 필요로 한 것은 세상의 모든 일이 전문성에 의해서 좌우된다는 것을 노동조합도 깨달았기 때문이었다. 그러나 운동을 잘해 보자고 모셔온 전문인과 임원운동가 사이에는 마찰이 많았다.

겉으로는 협조가 잘되는 사이였지만 근본적인 운동관에는 차이가 많았기 때문이다. 조직에서 선출된 분은 조직의 뒷받침 때문에 당당하고 보다 적극적인 자세에서 근로자 문제를 다루어야 할텐데 현실은 그 반대였다. 자기 조직 눈치, 다른 조직 눈치, 각종 정보기관 눈치보느라 주관을 살리기에는 제약이 너무 많아 보였다. 후일에 깨달은 바였지만, 이들은 대부분은 그 조직으로부터 열렬한 후원을 받아 파견됐다거나 선출된 것이 아니라 조직 내에서 곤란한 인물 혹은 노총에 진출했었다는 경력이 필요한 사람들이 보내졌다. 노동조합 본래의 기능을 살려 보고자 사명감에 불탔던 소수의 사람들은 수명이 그리 길지가 못했다. 임기를 못 채우고 중간에 탈락하든지 다른 길로 빠져 버렸다. 그런 중에도 든든한 기반이 잡혀 가는 전문직원들은 오히려 경력이 쌓이고 전문성이 발휘되면서 노동조합에서의 할일을 굳혀 가고 있었다. 그들이 활동하기 시작한 후부터 노동조합은 체계를 잡았다고 할까, 상부에서 지시하는 것 외의 활동들이 원활해지게 되었다. 정책노총이라는 캐치프레이즈를 비롯하여 경제발전에 따른 소득분배 문제, 연간활동자료인 활동지침을 분야별로 발표해서 조직에 시달하고 노동조합운동사 등의 각종 교재를 발간하기도 했으며 또 여성과 청년근로자에 대한 관심을 높이기도 했다. 그 사이에 조합원 숫자는 날로 늘어서 110만 명을 넘었다. 그런데 이런 외형적인 발전과 내부적인 사무체계화에도 불구하고 조합원들의 권익은 날로 축소되어 갔다. 수출은 급성장을 하지만 근로조건은 좋아질 줄을 몰랐다. 특히 노동집약산업인 제조업에서의 80% 이상의 저임금 여성근로자가 오버타임, 철야근무로 모자라는 임금을 벌충하는 생활을 하고 있었다. 따라서 임금인상, 인간적 대우를 요구하는 노사분쟁이 끊이지 않고 있었다. 가장 임금이 낮고 작업환경이 나쁜 곳에 집중된 여성근로자의 문제가 새로운 노동문제로 제기되는 것은 당연한 귀결이라 하겠다.

   70년대 초반에 불어닥친 오일 쇼크와 늦출 줄 모르는 수출주도정책의 그늘에서 나이 어리고 배운 것 없는 순진한 처녀들이 결국은 그들의 피와 살을 깎으면서 일한 덕에 수출도 발전도 이룩할 수 있었다. 내가 노총에서 일하는 동안 우선으로 해야 할 여성운동의 핵심으로 근로여성문제를 생각한 것은 바로 이 어린 노동자들의 비참한 삶 때문이었다. 그렇다고 다른 분야의 여성들은 행복하게 일하고 있느냐 하면 그것 또한 문제가 많았다. 후일 전적으로 맡게 된 여성부에서는 주로 모자보건 문제와 성차별 문제가 내 업무의 대부분이었는데, 제조업의 저임금 근로자 못지 않게 어처구니 없는 차별에 시달리는 여성들이 많았다.

   여기서 근로여성의 어려운 현실 중 대표적인 몇 가지를 짚고 가고 싶다.

   먼저 근로여성의 열악한 근로조건은 노동조합이 조직된 경우라 하더라도 노동운동의 주요과제로 부상조차 하지 않았다. 그것은 근로여성은 고용시부터 '여성일'에만 채용되었기 때문에 업무분담에 따른 차별을 받아도 항의할 수 없는 조건에 놓여 있었다. 노동조합의 구조로 보아, 대부분이 남자임원으로 구성된 곳에서 여성차별문제가 중요하게 보이지 않는 것은 당연했다. 그 예로 봉제공장에서 재단사는 남자, 봉제공은 여자이고 고무공장에서 운동화부는 여자, 장화부는 남자다. 비제조업 분야에서는 주업무는 남자, 보조업무는 여자, 전문관리직은 남자, 일반사무직은 여자로 나타나고, 전자업체에서도 슈퍼바이저·기사 등 약간의 능력으로 좋은 대우를 받을 수 있는 자리는 남자만 채용했다. 결국 직종간의 차별을 엄격하게 보면 남녀차별이라 볼 수는 없었지만, 특별한 능력이나 기술이 필요 없는 자리라도 약간의 책임과 권위를 부여하는 것은 남자자리뿐이었다. 그러다 보니 노동집약산업의 발달이란 바로 값 싸고 질 좋으며 노무관리가 용이한 여성근로자의 불평 없는 손끝이 아니면 곤란했을 것은 분명하다. 자본가와 사용자는 본래 값싼 노동에 의해서 얻은 생산만이 흑자를 볼 수 있기 때문에, 저임금층의 폭넓은 이용은 말할 것도 없고, 그 넓은 저임금층보다도 더 싼 여성노동에 의존하는 것은 기업성장의 관건이었던 것이다.

다음은 작업환경의 유해도와 위험도를 보자. 낮은 임금, 나쁜 공기는 차치하고, 유해물질 즉 수은·납·포르말린·유기용제 등에 노출되어 있는 시간이 하루 12시간 된다고 할 때, 제 2의 노동력을 재생산할 모성의 파괴가 문제시된다. 소음과 고온다습의 작업장, 하루종일 무거운 짐을 들어야 한다든지 할 때, 결핵·소음성 난청을 만들고 시력감퇴·피부병·관절염 등의 질병과 이름 모를 난치병에 걸릴 위험성은 커진다.

한편 이들의 노동시간은 매우 길다. 남자보다도 여자가 일을 더 많이 하는 나라는 우리 나라뿐이라는 통계를 ILO연감에서 발견하고 여성의 근로조건에 대해 수치스럽고 가슴아픔을 느껴야 했다. 또한 노무관리는 어떠한가. 가장 흔한 사고, 노사분규의 원인은 폭행·폭언·인권유린 등의 사용자 태도에서부터 비롯된 것이다. 걸핏하면 몸수색이고 아니면 손이 올라가는 근로현장의 폭력은 심각했다. 심야근무로 지쳐 돌아가는 골목길에서 치한을 만나 돌이킬 수 없는 상처를 입고, 불편한 자취방에서 연탄가스에 질식되어 생사를 보장받기 힘든 생활을 보고 어떤 방법을 생각했어야 했을까? 인간다운 생활의 실현을 위해서 임금격차를 줄이고, 노동시간을 조절하고, 여자일의 한계를 없애고, 합리적 노무관리를 유도하고, 기숙사를 늘리고, 안전장치를 제대로 하고, 정기 건강진단을 하게 하는 등 모두가 꼭 해야 할 일이었다.

비제조업에서도 혹은 일반사무직에서도 억울한 사람들의 호소는 끝이 없었다. "신혼여행에서 돌아오니 지방발령이 났으니 어떻게 할까요?" "스물 일곱 살인데 무조건 정년이래요." "남자동료 한 사람이 뺨을 치길래 대들었더니 싸운 사람은 둘 다 나가래요." "지각 세 번이면 하루 일당을 깎았어요." "남자동료하고 야학에 갔다오니 품행이 나쁘다고 해고랍니다."

도대체 여성근로자에게서 들어오는 호소는 너무나도 어처구니없는 것뿐이었다. 또 때로는 "상사에게 몸을 버렸어요." 혹은 "무균실(제약회사 작업장의 일종)에서 오래 근무했는데 생리가 없어졌어요." 심각하고 가슴이 터질 것 같은 답답한 문제들이 쌓이고 쌓였다.

이런 문제를 위해서 해야 할 일은 무엇인가, 무엇부터 우선순위에 놓고 해야 할 것인가. 이것은 밤낮으로 내 마음을 짓눌렀다. 다른 큰 조직, 예를 들어 정당이나 정부기관 같은 곳에도 소수의 여성들이 여성복지를 위해서 특별업무를 하고 있다. 거기 책임자들 역시 공통적으로 느끼겠지만 부녀국·여성실·부녀과·여성부 이런 곳의 일이란 무엇을 하라는 부서가 아니라, 심심한 양념정도로 사무실을 장식하는 화분이기를 기대하는 것이 고작이다. 그것은 오랜 전통사회의 인습에서 비롯된 고정관념인 탓도 있겠지만, 또한 거의 굳어져 버린 구조가 결국 무슨 일이든 할 수 없게 만들고 있다. 노총의 경우도 규약이나 회무규정에 보면, 여성부가 할 일은 근로여성의 지위향상을 위하는 일은 무엇이든지 할 수 있게 되어 있다. 구체적으로 근로여성의 대표권 행사, 남녀차별시정, 여성교육 훈련, 여성정책건의, 신규조직 및 지도, 노사문제 등 무엇이든 할 수 있게 되어 있다.

그러나 막상 일을 벌이려면 제약이 너무나 많았다. 대개 거대조직의 생리는 주어진 일을 적극적으로 수행해 나가기보다 자신의 조직관리를 위한 내분·반항·음모를 사전에 봉쇄하느라 심혈을 기울이는 것이 더 큰 임무처럼 되어 있다. 그런 기본적 생리 때문인지는 모르지만 아주 작은 일에도 신경을 지나치게 쓴다. 만약 누구를 사적으로 만났다면, 어느 조직의 누구와 만났느냐를 따지면서 '현 집행부와는 반대조직이기 때문에 그 사람들과 관계하면 노총이 반조직행위자의 편이 된 셈이니까 삼가라'라는 식이었다. 또 '그쪽에서는 현재 집행부를 불신하고 있기 때문에 스스로 정보를 줄지도 모르는 위험을 안고 있다는 사실을 명심하라' 든지, 충고란 충고는 모두 조직과 결부된 것이었다.

노총에 있는 시간이 길어지면서 입사 초기에 겪었던 어처구니없는 오해나 불신은 많이 없어진 듯했다. 또 바로 위의 상사도 바뀌고 79년 10월 26일 정변도 일어나 근로자문제 즉 노동문제가 얼마나 중요한 우리 사회의 과제인가 하는 의식이 부상하게 되었다.

　또한 정치적인 굴레에서 독립하지 못한 경제부처들도 봄을 만난 듯 숨통을 트는 것처럼 근로자에게도 때를 같이하는 봄이 반짝 찾아왔다. 이구동성으로 성장의 그늘 속에서 희생당한 근로자의 공로를 치하했고 급진전한 수출산업의 동력으로 여성근로자의 빠른 손길을 추켜세웠다. 때를 같이해서 노동조합에서도 반성의 소리가 높았다. 아무리 노동 3권의 제한이 심하다고 해도 제구실을 못하고 조합비만 축낸 어용성을 스스로 비판했다. 이미 알려진 사실이지만 YH사건이 터지자 '그들은 본부조합에 회비를 안 냈으므로 우리 조합원이 아니다'라고 몰아세우면서 현 노동조합과는 전혀 무관한 근로자라고 발뺌하고, 오히려 야당당사를 찾은 정치성을 비난하는 성명을 내기까지 했던 곳이 반성을 하게 되었다. 그러나 따지고 보면 그 반성은 스스로 하게 된 것이 아니다. 이른바 억눌리고 짓밟히면서도 죽지 않고 살아 있던 조합원의 힘에 못 이겨 결국 손을 든 것이다. 알게 모르게 억울한 사람들끼리 의식을 다져온 저력이 잠깐의 봄을 만나 꽃을 피우게 되었다.

　그러나 그 봄은 진정한 봄이 아니었다. 늦추위를 모르고 일찍 피어난 들꽃처럼 그때의 활기와 무서운 힘들은 다시 시들어졌다. 노동조합으로서는 사상 유례가 없는 시련이었다. 80년의 노동관계법 개정과 더불어 정화바람은 노동계의 명실상부한 거물급 임원진과 가장 열렬했던 일선 단위사업장의 노조간부를 정화라는 이름으로 해직 또는 해고시켰다. 물론 정치적인 묘수가 숨어 있는 사건으로서 지금 제대로 파악할 수는 없지만, 곧 이어서 단행된 노동관계법 개정의 포석이었는지도 모른다. 당시 개정된 노동관계법의 중요골자인 노사당사자주의를 채택하여 3자개입금지, 노동조합의 유니온샵제도 폐지, 산업별에서 기업별 노동조합으로 전환, 노동조합 운영비의 복지비 50% 적립 의무화 등은 지금까지 다시 개정하자는 움직임이 있다. 또한 신설된 노사협의회법에 의해 노사협의회 설치가 의무화되었고, 근로기준법에서도 결국 오버타임의 연장, 휴일적치무용 등 노동의 강도만 높이는 개정안이 통과되었다. 이것은 노동조합에 커다란 타격을 주었다. 노동조합의 생명인 자율성에 금이 갔고, 조직의 와해가 찾아왔다. 지도자를 외부의 힘에 의해 잃었으며, 산업별 연합체 즉 본부조합이 무용하게 되었다. 노동조합으로서는 치명적인 시련을 겪게 된 것이다. 이때는 남녀차별문제를 떠나 모든 근로자의 권익이 바닥에 닿았다는 생각밖에 들지 않았다. 예상대로 조합원은 줄어들기 시작했다. 무려 2년 사이 30만 명이 줄어서 80만 정도까지 내려갔다. 제3자개입 문제로 현장에서는 계속 마찰의 소리가 높고, 노동조합을 신규조직하는 것은 별따기보다 힘든 작업이다 보니 조직하다가 해고를 당하는 근로자는 증가했다.

또 유니온샾제도가 무너지니 조합비가 들어오지 않고 운영이 곤란해졌다.

지역별 조직이 해체된 후 작은 영세조합에서는 독립적으로 운영할 능력이 없었다. 기술적으로나 경제적으로나 혹은 숫적인 힘 모두가 부족했으므로 반드시 상급조직의 도움이 필요했지만 3자개입 금지에 묶여 모두가 손을 들고 있었다. 사용자는 이 기회를 이용하여 부당한 노동행위를 자행하기 시작했다.

노동조합을 범죄조직시하고 조합간부출신 근로자를 전과자같이 취급했다. 한 곳에서 쫓겨나면 다른 사업장에 전력이 소개되어 취직이 되지 않았다. 그런 속에서도 신규조직은 속속 출현하여 숨은 저력을 과시하기도 했지만, 깨져나가는 소리가 높았다. 드디어 산별본부와 노총의 역할을 질타하는 근로자의 소리는 높아만 갔다. 노동운동을 포기하고 앉아만 있는 노총, 굿에는 마음이 없고 젯밥에만 마음이 있는 조합간부들, '어용'소리는 수천 번이나 들은 소리이고, 노동귀족·흡혈귀란 소리를 들어도 귀먹은 채 그대로 앉아 있기만 했다. 오히려 그 비난을 안 당하는 사람은 요주의 인물로 부상되고, 당국에서의 경계를 받아야 하는 형세였다. 여기서 내가 어떻게 견딜 수 있었는가를 말해야 될 것 같다. 월요일은 대부분이 직원회의가 있었다. 매월 첫째 월요일은 위원장 주재, 다른 월요일은 사무총장 주재로 돌아가면서 업무보고와 업무계획을 얘기한다. 그것이 끝나면 훈시가 있고, 자기나름대로 하고 싶은 이야기를 한다. 그런데 나는 유난히 말이 많았다. 그도 그럴 것이 나는 일당백, 내가 입을 다물면 35만 명 여성조합원이 입을 다문 결과라고 생각했기 때문이다. 또 나는 내가 가진 직장에 대해 애정이 갔다. 이미 이 집의 주인이 된 이상 좋은 평판을 듣고 싶고, 작은 일이지만 조합원의 아픈 곳을 도와 주고 싶었다. 그래서 언제나 회의에는 꼭 발언을 준비했고, 다른 직원들로 하여금 열심히 하는 사람은 그에 맞는 평가를 받게 된다는 것을 알게 하고 싶었다. 그러나 나는 조직이 표방한 목적에는 잘 맞는 사람이지만 본래 조직의 생리에는 어울리는 사람이 못 된다는 것을 깨닫게 되었다. 한편 실무적인 일은 비교적 잘 풀려 나갔다. 어떤 일을 시도해도 처음 기획단계에서는 장애가 많고 우려도 많지만 결과는 항상 좋았다. 예를 들어 전국조직근로여성 실태조사라든지 작업환경 및 직업성질환조사, 근로여성정책세미나 등의 큰 일들은 비교적 쉽게 처리할 수 있었다. 또한 일 년에 10여 회 실시하는 여성간부교육에도 인원이 차고 넘쳤다. 얼마나 호흡이 일치하였던지 이것은 교육이라기보다는 축제처럼 흐뭇하게 서로의 의식을 확인하고 우정을 다지는 계기를 만들기도 했다. 한편 일선조합에서는 여성간부의 숫자가 대폭 늘어 갔다. 70년대 초 한두 명의 단위노조 위원장이 84년도에는 80여 명까지 올라갔으니 장족의 발전을 하게 된 것이다.

그러나 이상한 현상이 벌어지고 있었다. 같은 근로현장에서 여성은 부당노동 행위의 희생자가 되는데, 남자들은 부당노동 행위의 가해자가 되어 있는가 하면, 노동조합 내에서 여성의 인권을 짓밟는 사례가 접수되기도 했다. 때에 따라서 여성의 조직은 조직적인 압력체로서 부상되기도 했고, 어떤 때는 여성의 표는 특정인 누구를 밀기로 했다고 선언해서 막강한 실력자의 가슴을 서늘하게 하기도 했다. 비록 성공율은 낮았지만 여성의 힘은 점점 강해지고 있고, 알게 모르게 조직화하기 시작했다. 이것은 근로여성 자신의 눈부신 변화이며 권익향상의 결과였다.

나는 1981년 평소 별로 생각지도 않은 결혼을 했다. 마치 잃어버렸던 숙제를 찾은 것처럼 깊은 생각이나 계획 없이 쉽게 결혼식을 올렸다. 그리고 연년생으로 두 아기를 낳았다. 화들짝 놀라서 치른 결혼에 비해 아이들은 아주 근사한 선물이라고 나는 생각한다. 육아는 참으로 중노동을 요구하는 것이지만 아이들이 주는 기쁨은 무엇과도 바꿀 수 없다.

그러나 육아는 그 주고받는 관계에서 사회적인 노동에는 영 부합되지 않는 부분이 너무나 많다. 어차피 자연노동과 사회노동이라는 이중의 짐을 진 노동자지만 아기를 돌보는 시간, 젖을 먹이고 최소한 엄마로서의 역할을 할애하는 시간은 절대로 다른 것을 할 수 없다. 동료간의 유대를 위한 시간도, 나를 인식시키기 위한 여가활동도 용납이 안 된다. 나는 육아가 더욱 사회적 인정을 받아야 하며, 더 많은 ──남성을 포함한── 사람들이 적극 참여하여 나누어 체험하고 감당해 가야 할 중노동임을 절감하고 있다. 난 결국 잃었던 숙제를 찾다가 더 많은 숙제를 평생 동안 안게 되었다.

5. 주체적인 여성조직의 필요성

노총에서 일하면서 가장 중요하게 얻은 결론은 여성만의 조직을 만들어야 한다는 것이었다. 그것은 독일의 노총 DGB이나 일본 DOMEI가 여성대의원 대회를 별도로 한다는 데서 힌트를 얻었다. 남자대의원 수백 명 중 불과 5-6명의 여성대의원이 앉아 있는 초라함이란 여성문제의 해결을 시도할 자리라기보다는 여성문제의 모델을 전시하는 느낌이 들었다. 남자들 그것도 여성에 대한 의식이 전혀 없는 사람들한테 우리 문제를 해결해 달라고 애걸하는 것보다는, 여성조합원 단독의 의회를 만들어 여기서 얻은 결론을 대표가 받아들이도록 조직의 복선을 시도해 보는 것이었다.

마침 미국의 여성노동자 연합에 관한 자료를 입수해서 그것을 참고로 골격에 관한 구상을 했다. 전단계로 몇 번의 교육을 하면서, 전국의 여성위원장에게 세미나를 통해 여성의 조직이 필요하다는 결론에 이르도록 했다. 예상대로 즉시 준비위원을 뽑고, 지방별 연락책을 정하고 규약을 초안하게 되었다. 그 규약은 설립의 근거를 노총위원장의 권한에 두고 우선 중앙조직만을 만들기로 한 뒤, 몇 가지의 준비가 끝나는 대로 근로여성협의회를 탄생시키기로 결의했다.

이 얘기는 여기서 줄인다. 방대한 계획은 살아 있지만 지금은 중단되었기 때문이다.

6. 일시적인 뒷걸음, 내일을 위하여

사사건건 검열을 당하는 상황에서는 창작활동이 위축을 당하듯이 무엇이든 순수한 눈으로 보아 주지 않는 풍토에서는 같이 불순해지지 않으면 살아남을 수 없는 것 같다.

항상 내 주위에 떠도는 이야기는, 도시산업선교회라든지 어떤 재야세력과 궤를 같이하고 있다든지 현상황에서 용납하지 못한다는 등이었다. 거기다가 여성근로자들의 노사분규가 있을 때마다 주동이라느니 배후조종이라느니 별소문들이 나를 괴롭혔다. 그 얘기는 주로 상급자에게 듣는 것인데, 진원지는 알 수 없지만 거짓말제조기에서 뽑아 내는 것 같은 거짓말뿐이었다. 그러나 미운 오리새끼 같은 신세라도 10년이 가까와지도록 별탈이 없었던 것은, 소문뿐이었지 그럴 만한 근거를 못 발견한 때문이었다.

그런데 막상 실수는 내 스스로가 저질렀다. 전화교환수 김영희씨가 남녀차별에 대항해서 정년무효확인소송을 내고 도움을 요청해 왔을 때, 나는 노총방침에 따라 '도와 줄 수 없어요' 그랬어야 옳았나 보다. 그러나 나는 그럴 수가 없었다. 양심적으로 오히려 소송을 걸도록 부채질을 했고 조직을 동원해서 후원회를 만들고, 계속해서 홍보활동을 했다. 또한 그 사건은 노동조합이란 조직의 차원을 넘어 전여성의 문제로서 여성운동의 일환이 되어야 한다고 주장했다. 노총에서는 '산별조직에서 건의하지도 않은 일을 노총의 여성부장이 떠벌이고 다니는 것은 위계질서를 무너뜨리고 조직을 죽이는 일이어서 이 여성을 버려둘 수 없으니 인사조치하시오'라는 압력이 왔다. 그렇게 된 또 다른 사건은 여성의 권익에 관한 일은 조직을 초월해야 된다는 내 생각 때문에, 어느 곳에든 가리지 않고 뛰어드는 버릇 탓이었다. 금융노조는 일찌기 결혼각서를 폐지하고 여자에게도 승급기회를 개방하는 등 활동이 활발했다. 그런데 이곳의 문제는 여성인력이 점점 양질화되고 노조 역시 여성간부숫자가 증대되는 것이었다. 한번은 시중은행 여성부장회의가 있다고 하며 격려차 오겠느냐고 하길래, 가야 할 곳이다 싶어 그곳을 다녀왔다. 돌아오자마자 반조직행위를 선동하고 격려했다는 이유로 호된 비난을 받았다.

또 어떤 때는 조직이냐 여성문제냐를 놓고 고민할 때도 있었다. 여성이란 공통분모 위에 조직을 놓고 보면, 조직보다는 여성문제가 먼저 보였고 중했다. 그러나 조직사회의 구성원으로서 조직을 볼 때, 여성이 예외적인 존재일 수는 없었다. 그런 고민 가운데, 여성은 별도로 조직을 가져야 한다는 확신이 생기게 되었다. 결국 사조직을 한다느니, 건방지다느니, 조직의 위계질서를 무시했다느니 하는 얘기를 듣도록 행동했던 것은 바로 나 자신이었다.

1985년은 많은 일이 겹치고 겹치는 해였다. 노총에 처음 와서부터 계획하고 마음속에 그려 보았던 전국근로여성대회를 치르었다. 어떤 것 하나 부족함 없이 마음먹은 대로 그리고 계획한 대로 성공적인 대회고, 열정적인 감동의 대회였다. 대회를 끝마치면서 나는 이제 죽어도 한이 없다는 고별사를 했다. 2천 명의 군중과 함께 노래부르고 춤추고 울면서 왜 그런 고별사를 했을까? 결국 불과 2개월 후 나는 다른 전문직원들과 함께 해고를 당했다. 76년부터 85년 7월 31일까지 가장 큰 긍지와 보람으로 일관해 온 직장생활은 타의에 의해 끝을 맺었다. 할일이 태산이라고 아무리 부르짖어 본들 이미 나는 둥지를 떠난 새와 같았다. 나는 사람들에게 노동운동을 도와 달라고 소리쳤었다. 밖에서 하는 비판보다는 아주 작은 일이라도 안에서 실천하는 것이 근로자를 위하는 길이라고 말했다. 그리하여 많은 지식인과 뜻있는 사람들을 나와 함께하도록 했다. 그러나 이제 터전을 잃어버렸다.

소속이 없다고 생각하니 슬프다. 85년의 실업자는 공식집계가 10만에 가까운 8민 2천 명, 이 실입자수는 1주일에 한 시간이라도 일한 사람은 제외된 것이니까 실제 실업자는 더욱 많을 것이다. 아무튼 나도 그 중의 한 사람이다. 해고무효확인소송도 못 내고 어디선가 방황하는 해고실업자도 많다. 그런 중에도 나는 특권층이 되어 변호사가 3명이나 되는 소송을 낸 실업자가 되었음을 죄송하게 생각한다. 무엇인가 근로자를 위해 진정으로 한 일도 없으면서 해고를 당할 만큼 위험인물이 되다니……

농촌여성에서 도시여성으로, 근로여성에서 불우여성으로 내가 했던 일의 대상처럼 나도 흘러가고 있는 것 같다. 그러나 나는 나그네가 아니고 주인이고 운동을 통해서 사회를 변화시켜 나갈 것이다. 내 열정은 고교졸업과 함께 가출했던 그때와 크게 다를 바 없다. 나는 내 삶을 사랑하듯 우리들의 삶에도 동참할 것이다. ■

획일문화를 거슬러 사는 여성들

농촌, 농민, 그리고 나의 삶

한명석
충남 거주

나는 지금 충남 홍성군 홍동면에 살고 있다. 이곳은 농촌이다. 내가 농민의 삶에 대해 깊은 관심을 갖게 된 것은 대학 2학년 때의 농촌활동을 통해서였다. 결국 그때의 경험이 내 삶을 방향지은 셈이다. 학생시절은 물론 졸업 후에도 쭈욱 나는 농촌지역에서 살고 있다. 중간의 우여곡절을 거쳐 지금 내가 있는 이곳은, '풀무학원'이라는 농업고등기술학교가 있어서, 비교적 널리 알려져 있다. 이 학교는 농촌발전의 책임을 짊어질 '위대한 평민' 양성을 목표로 하고 있는데, 그렇기 때문에 지역사회와 긴밀한 유대를 맺고 있다.

이 홍동에는 눈에 보이는 활동보다 더 소중한 것이 있는데, 그것은 공동체를 실현하려는 의지이다. 즉 공동체의 모습에 대한 의견이 개인마다 다소 다를지라도 공동체를 이끄는 원칙들에는 일치를 보고 있다. 사랑, 평화, 신뢰, 친절, 자기억제…… 이런 원칙들은 그들의 구체적인 생활에서 그대로 드러나고 있다. 28년간 살아오면서 나는 이만큼 겸허하고 이타적인 사람들을 보지 못했다. 나도 이들 속에 섞이고 싶었고, 그래서 위대한 평민을 양성하고 지역사회를 건설하는 일에 참여하며 살아가고 싶었던 것이 내가 이곳에 정착하게 된 까닭이다.

1. 만화를 즐겼던 말썽꾼 꼬마

나는 5남매 중에서 비교적 영리했던 편이라 귀여움을 받으며 자라났다.

나의 국민학교 시절을 특징짓는 것은 만화라고 할 수 있다. 만화책을 얼마나 좋아했던지 만화를 보기 위해 도벽이 생겼을 정도였다. 어린 날에 우리 집에는 교과

나의 최대 장애는
안일함과 도피의식이다.

서 외의 책이 거의 없었고 나는 책에 대한 욕구를 손쉬운 만화로 풀었다. 옆집에 빨간색 표지로 딱딱하게 장정이 된 동화책 한 질(50권)이 있었다. 나는 그 책을 빌어 보기 위해 전전긍긍하며 옆집 아이의 비위를 맞추려 들었고 빌어온 책은 숨도 못 쉬고 읽곤 했다. 또 만화가게에 가서는 내가 낸 돈보다 더 많은 만화를 보기 위해 책장을 빨리 넘기다 보니 속독의 습관이 생기기도 했다. 만화를 보지 않을 때는 집 근처의 야산에서 뛰어놀기도 하고, 손톱이 흙에 닳아 미처 자랄 틈이 없을 정도로 공기놀이도 많이 했다. 더 어렸을 때는 소꿉놀이도 심심치 않게 했는데 병원놀이를 할 때면 의사선생님이 간혹 부끄러운 곳도 진찰하려고 들었던 것 같다.

국민학교 저학년 때 이런 일이 있었다. 설날에 고모네 집에 세배를 하러 갔는데 세뱃돈을 두 살 아래인 남동생에게 나의 10배(액수는 기억할 수 없지만)를 주는 것이 아닌가. 얼마나 속이 상했는지 엉엉 울면서 집으로 돌아왔던 적이 있다. 그 외에 아들을 선호하여 차별대우를 받은 기억은 별로 없다.

나의 부모님은 두 분 다 농촌 출신이다. 아버지는 열 여섯 살 때 가족과 함께 이농하셨고, 어머니는 결혼하면서 서울에 오셨으며 지금도 외가에서는 농사를 짓는다.

아버지는 운송업 분야에서 사환으로 시작하셔서 지금은 영세하나마 같은 직종에서 직접 경영을 하시는데, 학력도 높지 않으시지만 그보다는 성품이 유약하셔서 이제껏 자식들에게 무엇을 강제하신 일이 없다. 내가 대학을 졸업하고 농촌에서 몇 년씩 수상한 꼴로 돌아다녀도 한 번도 강제로 귀가를 종용한 일이 없다.

부모님께서는 남에게 못할 소리 하느니 내가 손해보고 마는, 법 없어도 살 서민의 전형이다. 그래서인지 5남매가 전부 성격이 약한 편이다.

나는 부모님에게서 지적인 자극을 받은 적이 없다고 생각한다. 그리고 내심의 희로애락을 표현하는 데 서툰 것도 부모님을 닮은 탓이라고 생각한다.

돌이켜 보면 국민학교 때 나는 착실하게 두루 면모를 갖춘 문제아였다. 4학년 때 전학을 갔는데 담임선생님이 쌀쌀해 보이고 학급 아이들도 낯설어 드디어는 학교에 가는 것이 고역이 되었다. 학교에 간다고 나서서 사방으로 쏘다니다가 집에 들어가는, 소위 땡땡이가 한 달이 계속되었다. 회충약값이라든지 공책값 등 적절한 잡부금을 타서 군것질을 해가며 한나절을 메꾸던 일이 어제처럼 생생하다.

국민학교 때의 행각이 나이를 먹는 대로 발전했다면 커다란 말썽꾼이 되었을 텐데 그리 모나지 않게 성장할 수 있었던 것은 오로지 독서의 힘이었다. 워낙 읽을 것이 부족했기 때문에 손에 잡히는 것은 무엇이든 읽었다. 심지어는 당시 고등학생이던 오빠가 숨겨 놓고 보는 성인소설까지 훔쳐 보다가 오빠에게 들켜 민망했던 적이 한두 번이 아니었다.

어쨌든 나는 책을 통하여 많은 성격과 인생들을 만날 수 있었으며 그 결과 나의 인생을 관조할 수 있는 냉정함을 얻게 되었다. 나름대로 옳고 그름을 분별할 수 있게 된 것도, 창조와 진보가 없는 삶은 무가치한 것이라고 여기게 된 것도 모두 책을 통해서였다.

2. 중고교시절의 외로운 방랑

우리 학년이 중학교 무시험 진학이 처음으로 적용된 학년이었다. 6학년 여름까지 정신없이 계속되던 과외공부가 중단되고 이어서 나는 집 근처의 중학교에 배정되었다. 평범한 아이였다. 성적에 유독 신경쓰는 아이들을 우습게 보고 한번도 성심껏 시험공부를 하지 않은 채로 중학시절을 보냈다. 머리 좋고 모범적인 친구들보다 이성문제로 정학처분을 받았다든지 노래 잘 부르는 친구들을 더 좋아했다. 틀에 박힌 전형성을 싫어했기 때문이다. 고입에 실패해서 후기고등학교에 들어갔더니 재미있는 일이 생겼다. 나보다 공부 낮게 하는 애들이 모두 빠져나간 뒤라 여전히 공부를 안해도 성적이 상위급이었다. 선생님들이 나에게 내 이름이 발음되는 대로 명석한 사람이라고 자주 불러 주셨다. 그런데 중학교 때는 장난으로라도 선생님들에게서 이름 좋다는 말을 들어 본 기억이 없었다. 선생님들이 상당히 눈에 띄는 학생 중심으로 사고한다는 것을 비로소 알게 되었다.

물리·화학을 몹시 싫어해서 수업시간에 거의 듣지 않았고 예비고사 때도 이 과목은 모두 (나)번을 찍고 나왔을 정도였다. 그런데 왜 하필 (나)번이었는고 하니 객관식에서 가장 정답이 될 확률이 높은 것이 (다)번이라고 듣고 있었기 때문에 (다)번을 찍기 싫어했던 것이다. 아무도 보지 않는 장면에서도 약삭빠른 척하기 싫어하고 전형적이기 싫어한 나의 성격을 단적으로 드러낸 일이었다.

중·고등학교 시절을 돌아보면 우리네 중등교육의 따분함에 한숨이 절로 나온다. 한창 예민하고 순수하며 성숙해 가는 그 중요한 시기 6년간을 좁은 교실, 좁은 운동장에 가득 채워 놓고, 생활로 다가서지 못하는 허공에 뜬 지식의 전달뿐 개성을 키워 줄 통로가 없는 거대한 공장──바로 이것이 내가 다닌 학교였다. 이제 학교는 좀더 다양한 가치관과 선택의 여지가 있는 교과과정으로, 교사와 학생간의 관계가 살아 있는 자유와 창조의 공간으로 바뀌어야 한다고 생각한다.

3. 충격으로 다가온 대학시절의 농촌경험

나의 집이나 중·고등학교는 전혀 지적인 훈련의 마당이 되어 주지 못했지만 부모·

교사·학생 모두의 최대목표가 대학인만큼 나도 대학에 들어가게 되었다. 그러나 여자대학에 진학한 나는 특유의 화려하고 다소 경박한 분위기가 너무나 이질적으로 느껴졌다. 1학년을 친구 하나도 못 사귀고 외롭고 어정쩡하게 보냈다.

2학년 여름에 가입한 서클에서 부딪친 사람들은 내게는 완전히 '별종'이었다. 우선 나는 그때까지 학문이니 참여 같은 문제에 대해 그처럼 고뇌하며 연구하고 토론하는 사람들을 보지 못했다. 이후로 그 '별종'들은 내가 무슨 일을 하든 내 스스로를 비춰 보는 거울, 곧 준거집단이 되었다.

그즈음 내게는 가장 중요한 사건인 첫 농촌활동이 시작되었다. 긴 방학을 메꾸는 방편으로 '그저' 따라 나섰던 농촌활동에서 나는 철퇴로 얻어 맞은 듯한 경험을 하게 되었다. 농촌의 발견이라고나 할까? 지극히 평범한 서민가정에서 나고 고등학교를 나온 고급스럽지 않은 내 눈에도 농민의 삶은 비인간적일 정도로 비참하게 보였다.

우선 노동량이 너무 많았다. 오직 세 끼 먹을 때를 제외하고는 일만 하는 것이었다. 그럼에도 불구하고 농민들의 경제생활은 평균 이하였고 낮은 경제수준에서 교육수준의 낮음과 제반 의식의 전근대성이 비롯되었다. 이 모든 악순환에 첫발을 들여놓음으로써 나의 인생이 방향잡히게 된 것이었다.

전에는 휴식과 평화, 관조의 대상으로만 여기던 농촌에 그처럼 치열한 생존경쟁과 그처럼 수많은 절망이 숨어 있으리라고는 생각조차 하지 못했다.

활동다니던 강원도의 어느 마을에서는 두 해 잇달아 자살사고를 낸 집이 있었다. 한 해에는 서른 넘도록 장가를 못 든 총각이 농약을 먹었고 그 다음 해에는 육순의 나이에도 건장하기 그지없던 그 집 아버지가 자살을 했다. 찢어지도록 가난해서 땅이라고는 집터조차 그 집 소유가 아니었지만, 신체건강한 노동력은 풍부한 집이었는데, 그들로 하여금 산다는 것이 죽는 것만 못하게 만든 것이 무엇일까. 경제적인 어려움, 심리적인 무력감, 정신적인 가치관이 정립되어 있지 않은 아노미 현상…… 이런 것들 중에서 어느 것이 주범인지 나로서는 알 길이 없다. 극단적으로는 자살로 나타나는 농민의 좌절에 강한 일체감을 느끼면서 나는 대학시절 방학의 대부분을 농촌활동으로 보냈다. 그것은 유치부 학생으로부터 각 연령층으로 집단을 나누어 적절한 생활상식과 협동의식을 고취하는 활동이었는데 연령이 높아질수록 모이기도 어렵고 합의를 보기도 어려웠다. 농민들로부터 사심 없이 농촌의 발전을 바라는 학생들이라는 인식을 받기는 했지만 사실 활동지역에 변화를 가져왔다기보다 학생들 자체훈련으로서의 역할이 더 컸던 농촌활동을 나는 대학의 마지막 방학까지도 계속하게 되었다.

4. 농촌으로, 농민 속으로 — 막연한 시도와 좌절

대학 졸업 즈음, 대부분의 여학생들이 취직난과 사회진출에 대한 두려움으로 혼란을 겪고 있을 때 나는 한 치의 망설임도 없이, 졸업식도 하기 전에 활동다니던 지역으로 들어갔다. 이같은 결정에 어려움이 없었던 것은, 한 가지 목표를 세우면 타인의 평가에 무심할 수 있는 내 성격 탓도 있었지만 부모님의 자유방임적인 태도 덕분도 컸다. 부모님께서는 나의 결정을 이해해 주셨다기보다 그저 나의 결정이니까 받아 주셨다. 그리고 이런 태도는 지역을 한 번 두 번 옮겨 다닐 때도 마찬가지였다. 결혼도 안하고 전망 있는 직업을 가진 것도 아니어서 친지들에게 낯이 서지 않을 때도 많았을 텐데 그저 조심스럽게 결혼이 늦어지는 것과 경제력의 중요성에 대해 우려를 표하실 뿐이었다. 그러나 나 자신은 결혼이 늦어지는 것에 대해서 걱정해 본 일이 없다. 그 이유는 여자의 결혼생활에 대한 부정이 너무 강했고, 독립한다는 생각에 사로잡혀 자칫 의존적이 되기 쉬운 연애감정조차 생겨날 여지가 없었기 때문이다.

그런데 주로 생활하는 지역이 농촌인데다가 일하는 사람이 아름답다고 생각하는 터라 농촌청년에게 개인적인 관심을 갖은 적이 있었다. 학력이나 사회인식이 나보다 떨어져 그 점을 뒷받침하여 보충할 수 있으면 결혼하려고 했었다. 1년여 나름대로 노력을 하다가 결국 포기했는데 이제 생각해 보면 그에게 학업을 계속하게 하려 했던 나의 노력 자체가 잘못이었다. 농사일로 뼈가 굳은 사람에게 영어, 수학이 익혀질 리가 없고. 사실 앞으로의 농촌생활에 학력이 그다지 중요한 것은 아니었다.

그때 나로서는 자칫 상대방이 갖기 쉬운 열등감을 두렵게 여겼던 것인데, 정규학력보다는 농촌에서 그가 갖고 있는 경험을 그대로 살릴 수 있는 안목과 자기교육의 자세를 중요하게 여겼어야 했으리라고 생각한다.

경제력에 대해서도 그다지 고심해 보지 않았는데 그것은 낙천적이고 자유분방한 성격 탓이라고 할 수 있다. 풍족하게 성장하지는 않았지만 질병이나 기타의 이유로 절대적인 빈곤을 경험한 것도 아니고, 있으면 있는 대로 쓰고 없으면 불편한 대로 얼마든지 지낼 만하다는 나의 성격에는 부(富)의 구속력, 형식성이 싫다고나 할까. 이제껏 자립 가능한 한도 그 이상의 경제력을 구해 보지 않았다.

내가 학생 아닌 사회인으로서 생활한 첫 농촌지역은 대학 3, 4학년에 활동을 나갔던 지역이었다. 때문에 주민들과의 관계는 친밀했는데, 특히 그들은 나를 여자로서가 아니라 그저 농촌을 위해 일하는 일꾼으로 여겨 주고 있었다. 당시에는 이 점의 유리함을 잘 몰랐었다. 나중에 다른 지역에서 사사건건 여자에게 금지된 사항들이 사람을 지레 지치게 하는 것을 알게 되었을 때는 그때의 위치가 얼마나 아쉬웠는지 모른다.

나는 우선 농촌에 대해 경험하기도 전에 의견을 갖는 태도를 보류했다. 몇 차례의 농촌활동 경험과 산발적인 농촌관계 독서를 하긴 했지만, 이제부터 전격적으로 농촌생활을 해나감으로써 머리가 아닌 온몸으로 체득한 나의 이론을 정립하리라 다짐했었다. 그리하여 나는 전혀 의도적인 단계 목표를 갖지 않고, 그 곳 주민들과 똑같이 살아가는 생활을 시작하게 되었다.

다행히 동네주민 중에 내 생각을 이해한 사람이 있어 내게 농사일을 시켜 주고 가을에 내 몫을 나눠 주기로 하였다.

농민에게 가장 중요한 관심사요 경제활동이 되는 영농에 관해 잘 알고 싶었으므로, 그리고 농촌생활에 기본적인 관문이 될 것 같아서 나는 주로 영농에 매달렸다. 1년 동안 기한부로 농가의 주부 노릇을 한 셈인데 비오는 날이나 쉴까 매일 잠자는 시간을 제외하고는 자리에 앉을 새가 없었다. 논 10마지기, 밭 2,000평의 규모였는데 일손이 많이 가는 고추·가지 등 특수작물을 심었기에 일이 더 많았다.

농사일에 휘말려 바람직한 변화를 시도하는 어떤 일도 하지 못했다. 엄격하게 말하면, 나는 농촌문제에 관한 비전을 갖고 있지 못했고 중압적인 현실 앞에서 농민과 똑같이 속수무책으로 무력했을 뿐이었다. 그리고는 그나마의 농촌생활도 1년 만에 육체적으로 힘들고 정신적인 재무장이 필요하다는 핑계 아래 두 손을 들고 말았다.

어떤 자기합리화를 해보려 해도 게을렀다는 비난을 피할 수 없을 것이다. 농사를 짓는다는 사실만으로, 농민의 어려운 처지에 동참한다는 사실만으로, 그 이상의 어떤 노력을 하기에 게을렀던 그 1년은 어려웠을지는 몰라도 온전히 옳은 일은 못되었다. 요컨대 나는 나무만 보고 숲은 보지 못하듯이 전체적인 감각이 부족했고 오늘을 살아가는 데 어떤 인간형이 바람직하며 또 함께 지향해야 할 사회의 모습은 어떤 것인지 하는 미래에 대한 생각도 거의 갖고 있지 않았다. 이웃사람들은 내게 구체적인 육아법으로부터, 정세의 변화까지 질문해 오는데 내게는 아무런 전문적인 지식이 없었던 것도 지적하지 않을 수 없다.

나는 농촌현장에 다소 거리를 두고 이같은 문제점들을 해결해 보겠다고 생각했다. 특히 농촌에 필요한 어느 한 분야에 전문인이 되어야겠다는 생각을 많이 했다. 그러나 정작 집으로 돌아와서는 안일한 직장인이거나 무료한 실업자의 생활을 년씩이나 보내게 되었다.

취직할 때의 심정이 어떤 것이었는지 잘 기억이 나지 않는다. 우연히 기회가 생겼는데 비교적 관심이 있던 교직이고 해서 교사생활을 해보기로 했다. 나는 이렇게 단순한 데가 있다. 시작도 잘하고 끝내기도 잘한다. 여하튼 내가 찾아간 곳은 지방의 작은 사립중학교였다. 우리 학생들의 반은 농촌의 자녀였고 반은 광산촌의 아이들이었다. 평소의 관심으로 보자면 농촌권의 교사로서 바람직한 활동을 했어야 옳으나 내적으로나 외적으로나 그럴 만한 여건이 되지 못했다. 우선은 교사로서의 과중한 업무가 있었다. 1주일에 30시간이 넘는 수업에 담임업무보랴 자취하랴 통 다른 일을 할 틈이 나지 않았다. 다음으로는 심리적인 안일함이다. 교사라고 하는 공식적인 일을 하고 있다는 합리화에 직업상의 일을 제외하고는 새로운 작업을 시작할 생각을 하지 않았다. 요즘은 '글쓰기 연구회'니 'YMCA교사회'니 교사단체도 많지만 당시에는 지방에 고립되어서 이렇다 할 단체활동에도 참가할 길이 없었다.

착실한 월급쟁이로, 자상하게 교과서 가르치고 월급 타면 적금 붓고 서울집에 오르내리며 살았다. 나의 문제는 항상 나의 안일함이다. 의견 똑바르고 의지력 강한 사람에게 영향은 잘 받아도 내 자신이 바람을 일으키지는 못한다. 그 대신 바람직하지 못한 상황을 떠날 정도의 판단력은 있었다. 내가 근무하던 중학교의 설립자가 상당히 강압적인 성격의 소유자여서 젊은 교사들의 반발을 많이 샀다. 특히 설립자에게 아부하는 교사들의 작태는 희극적이기까지 했고 크고 작은 업무에서 많은 마찰을 불러일으켰다. 결국 권고사직 형태로 여교사 셋이 한꺼번에 그 학교를 그만두게 되었다. 뭐 그렇게 쉽게 사표를 낼 수 있느냐, 교권침해가 아니냐 하는 얘기도 많이 들었지만 나를 포함해서 여교사 셋은 그 학교에 일말의 관심도 남아 있지 않았다고나 할까, 도저히 잠시도 눌러 있고 싶지 않았던 것이다.

이번에는 실업자 생활이 시작되었다. 취직을 하려고 해도 자리가 없었고 사실 취직에 적극적이지도 않았다. 나는 내가 할 수 있는 일과 할 수 없는 일의 구분이 명확하기 때문에 다분히 소극적일 정도로 할 수 있는 일만을 가리는 편이다. 처음부터 나는 지역사회 개발활동 외에는 아무 일에도 관심이 없었다. 그러면서도 1년의 방황이 있었던 것은 주변사람들이 워낙 상식적으로 살기 때문에 스스로 위축되었던 탓이다. 종로 같은 번화한 거리의 횡단보도를 건너려면 맞은편에서 물밀듯이 밀려오는 수많은 사람들이 내게 상식적으로 살라고 소리치는 것 같았다. 특히 엄마 친구분들은 나에 대해 논란이 많았다. 시집도 안 가고 돈도 안 벌고, 그들로서는 이해하기 어려웠을 것이다.

5. '풀무원으로 가자' —— 다시 농촌으로

그런 어느 날 도시 빈민지역의 유아교육기관에서 자원봉사를 하던 중에 나는 월간지(마당 '84. 8월호)에서 풀무학원에 대한 기사를 읽게 되었다.

몇 년에 걸친 농촌생활 경험을 거쳐 '아, 이거다' 하는 마음으로 풀무골을 택했을 때 나는 이 지역의 구성원이 되어 제반 활동에 전면적인 참여를 하기로 결정했다. 그 기사를 읽으면서 관심을 쏟게 된 주된 이유는 이런 것이었다.

농민의 노동량은 살인적이다. 농가에서는 팔십된 노인일지라도 앓아눕지 않는 한 일손을 돕는다. 등이 90°로 굽은 한 줌밖에 안 되는 조그만 할머니가 쉬지 않고 일하시는 것을 보는 것만으로도 나는 숨이 찬다.

문제는 이같은 노동이 제값을 받지 못한다는 데 있다. 농산물도 상품이니 그것을 생산하는 데 들어간 원가와 이윤이 보장되어야 재생산을 할 수 있는데 오늘날 농산물 가격이 생산비에 못 미친다는 것은 상식이 되어 버렸다.

그렇다면 농민들이 어떻게 계속 생산해 나가는가. 한 치의 쉴 틈도 없는 과잉노동과 인간으로서의 품위를 유지하지 못하는 정도의 내핍생활로 의식주와 자녀교육을 해결하는 것이다. 그러자니 농민들은 일밖에 모른다. 83년 여름에 한낮에 일하던 농부 6명이 일사병으로 죽은 일이 있다. 자칫 미욱스럽게까지 보이는 일에 대한 욕심은 일을 해야만 먹고 살고 자식들을 가르친다는 생존에 대한 요구가 아닐 수 없다.

젊은이들이 이같이 가혹한 농촌현실을 견디려 들지 않는 것은 당연한 일이다. 한 부락에 처녀 한 명이 남아 있기가 어려운 형편이며 청년들은 30대 중반이 되도록 도시와 농촌을 오르내리며 방황하기가 일쑤이다. 이는 도시의 고용구조에 저학력 미혼여성이 흡수되기가 더 용이한 때문이다.

농촌의 부녀자들은 육아와 가사노동, 농업노동의 중압 속에서 이중 삼중의 부담을 지면서도 경제적 권리를 인정받지 못하고 있는 형편이다. 농가의 아이들은 남의 집에 일나간 엄마를 쫓아다니며 샛밥 얻어먹으며 자란다.

실제로 이런 일도 있었다. 역시 83년, 전북 부안에서 갓난아기를 논두렁에 눕혀 놓고 농약을 치던 어머니가 일하는 도중에 아기 울음소리를 들었다. 그러나 칭얼대는 줄만 알고 하던 일을 마저 하고 나와 보니 아기 입 속에 뱀꼬리가 조금 남아 있고 아기는 죽어 있었다고 한다. 아기의 처참한 죽음에 충격을 받아 그 엄마는 정신이상이 되었다는 것이다. (『농촌현실과 농민운동』, 돌베개, 1985, 161쪽)

70년대 들어, 농촌을 희생하는 공업화정책의 수정요구, 농산물 제값 받기, 농협 민주화 등 농촌운동이 활발하게 전개되었다. 물론 농촌운동을 해야 한다. 이제껏 거의 무방비상태였던 농민들이 농업정책과 농산물 유통 과정, 협동운동에 강력히 참여하여 자신의 권리를 회복해야 한다.

그러나 나는 사회적인 운동성의 강조만으로는 무엇인지 성에 안 차는 것이 있었다. 운동성만을 따로 떼어서 생각하기보다, 그것은 삶 자체여야 한다고 느꼈기 때문이다. 즉 오늘날 현대인에게 하나의 선택대안이 될 수 있는 미래도시로서의 완성감, 종합성을 원했던 것 같다.

홍동에 관한 기사를 접했을 때 그런 가능성을 보았기에 서슴없이 택할 수 있었던 것이다.

일반적으로 운동성을 강조하다 보면 운동의 주체인 인간을 제쳐놓게 되는 수가 있는데 이곳에서는 인간중심의 사고가 살아 있을 것 같았다. 어떤 추상성으로서의 인간이 아니라 구체적인 일상생활에서의 인간존중 얘기이다.

또한 의식화가 일원적으로 강조되는 것이 아니라 공업·교육·문화 전반에 걸친 종합적인 개발이라는 점이 내 생각과도 맞았다. 나는 개인을 형성하는 것은 다양하고 미묘한 총체적인 것이므로 보다 뿌리깊고 다양한 방법으로 사회운동이 접근되어야 하리라고 생각해 왔다. 생존하며 일하며 놀이와 운동성까지를 포괄하는 농민의 삶에 전면적으로 참여하고 싶은 평소의 생각이 풀무원의 활동과 부합되었다고 할 수 있다. 나는 몇 차례의 답사를 거쳐 '85년 2월에 홍성으로 이주하였다.

처음으로 내가 담당한 일은, '79년에 시작되었다가 중단된 도서실을 부활시키는 것이었다. 이처럼 도서실을 택한 동기는 다분히 소극적이었지만 막상 일을 하면서 보니 상당히 중요한 부분임을 알게 되었다. 지금도 나는 도서와 강연을 통한 성인교육과 기타 문화행사를 주최하여 '일'에 편중된 농촌에 '놀이'기능을 되살리고자 노력하고 있다.

내가 실무를 보고 있는 홍동도서실은 농촌 어느 부락에나 있는 마을회관을 빌어 4,000여 권의 도서와 50석의 좌석을 구비해 놓았으며, 도서 외의 매체개발을 위해 민요 설교 등의 녹음 테이프를 100개 마련하고 있다. '85년 11월 현재 회원이 370명이며 그 중 학생이 아닌 일반인은 80여 명이다. 조촐한 규모인데도 도서분류니 대출이니 혼자 일손으로는 무척 바쁘다. 나로서는 농촌의 면단위 도서실은 연구·보존기능보다 봉사기능이 더 활발해야 한다고 믿기 때문에 사무적인 일에 휘둘리기보다 다양한 특별활동에 더 신경쓰고자 한다. 이제까지 비디오와 16mm 영화상영을 각 1번, 탈춤공연 마련을 1회 했는데 지속적인 파급효과를 누릴 수 있는 장기계획이 필요한 형편이다.

그간 직접 살면서 느끼는 홍동의 분위기는 가능성이 충만하다는 것이다. 비교적 인력자원이 풍부하고 나름대로 일하고자 하는 활동력이 분출하고 있다. 풀무와 뜻을 같이하고자 하는 사람들이 속속 정착하고 있어 인구가 느는 농촌지역은 여기밖에 없을 것이라는 얘기를 했을 정도이다. 단지 무엇을 향한 개발이냐 하는 목표에 대한 합의는 미약한 실정이다. 각자 맡은 일이 힘겹고 분주하여 매일 바쁘기 그지없는 실정이나 기회를 만들어 홍동지역사회를 이끄는 철학과 목표에 일치를 보고 문서화하여 다른 지역에 선례가 되었으면 한다.

또한 홍동의 주민들은 나를 포함하여 정치적인 감각이 희박한 편이라고 할 수 있다. 그때그때 시사성 있는 농촌문제에 발언할 수 있어야 하고 때에 따라서는 적절한 행동으로까지 옮겨야 하는데 아직 그런 면모를 발견하지 못하였다. 그러나 부족한 대로 홍동은 소중한 시도이다. 자연이 파괴되고 기술발전은 다분히 공격적이며 인간의 자유와 품위가 날로 실추되고 있는 오늘의 위기를 극복할 수 있는 대안으로 성숙할 수 있다고 생각한다. 그것은 공생적인 가치관과 생산구조의 인간화와 자율적이고 창조적인 인간상의 공동체로 가능하다. 나는 홍동에 살면서 전문적인 운동가이기보다 생활적인 종합인이 되고자 한다.

홍동에서 일하면서 여자라는 이유로 불이익을 받는 경우는 없는 것 같다. 오히려 농촌지역에 대졸자가 희소하다 보니 활동에 대한 기대를 받고 있는 형편이다.

언젠가 토인비의 글에서 미래도시는 수많은 자기충족적인 소단위로 분할되어 주민들이 스스로 도시문제들을 해결하게 되리라는 글을 읽은 적이 있다. 그가 말한 것은 도시의 경우였지만 나는 많은 시사를 받고 있다. 즉 오늘날과 같은 극단적인 성장중심, 물질주의, 대형주의는 수정되어야 한다는 그의 주장에 동의하면서 그 대안으로서 지역주의에 주목하고 있다. 이곳 홍동(이곳과 풀무원은 별개임) 이곧 자기충족적인 소단위 농촌형 지역사회의 본보기가 될 것을 나는 확신한다.

이제껏 살아온 삶을 다시 산다면 또 이렇게 살 것인가? 나는 단연코 그렇다고 대답할 수밖에 없다. 단지 지금보다는 좀더 역동적이고 욕심이 많았으면 한다. 되풀이 말하는 거지만 나의 최대 장애는 안일함과 도피의식임을 알고 있다. 이제 나이 삼십이면 무엇으로든지 인생의 구획을 그어야 할 때라고 생각된다. 더 이상은 자신의 단점을 용인해서는 안 될 것이다.

나는 서른 살을 맞이하면서 스스로에게 이런 다짐을 주고자 한다. 첫째, 자주 개인적이고자 하는 나의 성격에서 온전히 개방적이고자 투철하게 노력할 것, 둘째, 나를 지탱하고 있는 삶의 철학을 완성하고자 노력할 것이다. 써놓고 나니 부끄럽고 때 늦은 감이 있으나, 그대로 어슬렁거리며 살아갈 참이다. ■

획일문화를 거슬러 사는 여성들

엄마는 현대판 현모양처

김화숙
원광대 현대무용

1. 전통적 가정에서의 성장

나는 전라남도 강진의 한 보수적인 가정에서 1949년 태어났다. 어머니는 전형적인 주부로서 매우 보수적인 사고를 가지신 분이었다. 아버님은 화나신 모습을 한 번도 기억할 수 없을 만큼 언제나 잔잔한 미소를 띄고 계신 온유한 분이셨고, 대신 어머님이 매우 강인하게 우릴 교육시켰다.

 어린시절부터 고등학교까지 아버님의 아홉 번의 전근 덕분으로 아홉 도시의 색깔과 향기를 느끼며 난 성장할 수 있었다. 자연과의 접촉에서 갖는 신선한 자극, 대지가 주는 소박함, 이방인을 느끼게 하는 항구도시 특유의 냄새, 이런 것들이 피부 깊숙이 스며들어 내 마음속엔 언제나 춤이 되어 살아 움직이고 있었다. 그러나 부모님이 보수적이어서 무용하는 것을 마땅찮게 생각하셨으므로 중학교를 졸업할 때까지 피아노와 성악공부만 조금 했다.

 그러나 다행스럽게도 내가 진학한 광주여고는 무용반이 유명하여 그때부터 본격적인 무용수업을 받을 수 있게 되었다. 나는 부모님 몰래 무용반에 들어가서 무용을 시작했다. '여자가 무용을 하면 버린다'는 부모님의 완고함 때문에 난 용돈을 아껴 교습비를 내고 무용 이외의 모든 것에도 완벽하려는 노력을 해야 했다. 몸이 약했던 나는 고된 훈련에 들어가면 매일 아침 저녁으로 코피를 터뜨리면서도 엄살 한번 피우지 못했고 온몸에 심한 통증을 느껴도 집에 와서 얘기 한번 할 수 없었다.

 부모님께서 결국 아시게 되어 학교성적이 떨어지기만 하면 무용을 당장 그만둘

다는 조건으로 간신히 허락을 얻었다. 그래서 합숙할 때는 행여 성적이 떨어질까 친구들이 곤하게 자는 옆에서 피곤함을 무릅쓰고 공부를 했다. 오직 무용을 계속 하기 위하여 그 나머지 모든 것에 흠잡히지 않도록 최선을 다했다. 그때의 습관이 몸에 밴 탓인지 지금도 내 자신에게 모든 일에 거의 지독할이만큼 완벽을 요구하는 경향이 있다. 부모님께서 그렇게 반대했던 무용수업은 대학을 무용과에 진학함으로 마침내 공식화되었다. 대학 입학식에서 어머님께서 "……만약 무슨 소리가 들리기만 하면 당장 집으로 데려오겠다"는 한마디로 무용 이외의 모든 생활에서 '정숙'할 것을 선포하셨다. 어머님의 이처럼 지나친 간섭은 언니가 고등학교 때 연애사건을 일으켜 집안을 벌집 쑤신 듯 만들었던 때문도 있다.

이러한 가정환경은 미팅에 나가서도 엄마 얼굴이 떠오를 만큼 나를 구속하여 대학시절을 오로지 춤과 음악감상으로 보내게 하였다. 어느덧 나는 음악감상실의 단골손님이 되어 있었고, '석녀' '온실 속에 가둬 둔 여자'라는 별명을 갖게 되었다.

대학을 졸업할 즈음 대학원 진학을 원했던 나는 '여자가 대학원까지 가서 뭐하느냐'는 어머니의 반대로 포기했으나 그 동안의 노력이 아까와 친구 김복희와 함께 1회 발표회를 계획하였다. 그때의 명동예술극장은 교수들에게나 내주던 무대였는데 대학을 갓 졸업한 우리는 겁도 없이 장소부터 정해 놓고 연습을 시작했다. 그러니까 발표회는 시작부터 모든 것이 어려웠다.

아무것도 걱정하지 않고 연습에만 열중하던 어느 날 극장 날짜가 잡혀 있지 않다는 소식을 들었다. 공연날짜를 선생님께 부탁해놓고 우린 안심하고 있었는데 그 급작한 소식에 너무도 당황했다. 즉시 공연일자를 정하기 위해 명동예술극장으로 출발해야 했다. 난 그때 무용과 조교직을 맡고 있었으므로 선생님께 시간에 30분 지각할 것이라고 양해를 받아야 했다. 그러나 허락을 얻을 수 없었다. 발표회에 관한 모든 일은 우리 손으로 직접 해야지 누구에게도 부탁하지 말았어야 하는 건데 하는 후회를 하기에는 이미 너무 늦었다. 이렇게 시작된 선생님과의 불화는 발표회까지 계속되었고, 집념과 의욕만으로 첫 발표회는 그런대로 잘 치렀으나 얻은 것보다 잃은 것이 많았던 공연이었다. 사랑했던 선생님과의 관계가 서먹서먹해졌고 무용 이외의 것들이 작용하는 무용계의 현실을 직시하지 않을 수 없었던 것이다. 최초로 겪었던 견디기 힘든 커다란 좌절이었다. 더 이상 무용을 계속하고 싶은 생각이 없어져 버렸다. 가장 인간다와야 할 예술의 세계에서 인간을 잃어버린다면 '춤'을 추는 일이 무슨 의미가 있겠는가!

나는 첫 공연으로 인한 무용에 대한 실망을 잊고자 미련 없이 그 다음해 결혼이라는 도피처로 내 자신의 욕망을 감추어 버렸다.

둘이라는 숫자는 하나가 둘 더해진 것보다 월등히 힘을 낸다.

2. 결혼생활 : 자유롭기 위하여는 솔직해질 것

나의 남편은 때로 내가 '자아가 없는, 남편밖에 모르는 여자를 얻어 살라'고 할 만큼 보수적인 사고를 가진 사람이다. 나 역시 어머니로부터 받은 교육이 있는지라 신혼 초에는 그저 남편의 모든 시중을 다 들어주는 착실한(?) 아내 노릇을 해왔었다. 그러나 남편의 요구는 끝이 없고, 난 이런 일상적인 아내 노릇에 만족을 느낄 수가 없었다. 학창시절 장래희망란을 항상 '현모양처'라고 채우곤 했는데 막상 닥치니 그것은 타성적 반응이었을 뿐임을 깨달은 것이다. 그러나 '현모양처'의 신화에 젖어 자라온만큼 남편이 요구하는 모든 것을 만족시켜 주어야 한다는 강박관념으로 나는 열심히 노력했다. 그러나 진정한 의미에서의 삶의 목표에 대한 회의감은 더욱 깊어갔다.

'이게 아니다, 내가 살고자 하는 삶은 이게 아니다'라는 생각이 들기 시작했다. 밥짓다가 갑자기 눈물이 쏟아졌다. 더 이상 이렇게는 못살 것 같았다. 그래서 여고 무용교사로 취직을 했다. 시간이 가면서 나는 춤을 추고 싶은 욕망을 억제할 수 없었다. 대학원에 진학했다. 학교일과 남편의 양말·손수건까지 챙겨 주는 가정일을 같이 해나가자니 여간 힘든 것이 아니었다. 바깥일을 열심히 하고 있는데 또 가정일을 하나에서부터 열까지 나 혼자서 해야만 하는 것은 절대로 불공평했다. 나는 그 문제를 해결하기 위해 남편과 싸움 같은 대화를 시작했다. 그때마다 남편은 말했다. "남편은 하늘인데…… 그까짓 양말·손수건 주는 게 몇 초나 걸린다구……" 나는 대답했다. "땅이 없으면 하늘도 소용 없다"고. 남편도 다른 많은 남자들처럼 그리 합리적이지 못하고 이기적인 데가 있어서 자기 아내가 적당한 바깥활동을 하면서도 집안일을 완벽하게 해주기를 바랐다. 나 역시 처음에는 그럴 생각으로 피곤해도 집에만 오면 수시로 닦고 쓸고 했다. 하지만 그것은 오래가지 않았다. 그렇게 자신을 학대하는 것이 옳은 일이 아님을 깨닫게 되었기 때문이다. 남편은 바깥일만 가지고도 피곤하다고 하듯이 나도 마찬가지이며 그러니 서로 함께 해야 한다는 생각을 하게 되었다. 그 이후 집안일의 책임을 나누어 갖자는 문제로 종종 토론이 벌어졌다. '자기일은 자기가 알아서 하자'는 모토가 이제 우리 집에서 통하게 되었다. 이런저런 일과 토론을 거치면서 남편은 달라졌다. 요즘은 "이것저것 챙겨 주면서 잔소리하는 마누라보다 당신 생활 이해해 주는 마누라가 더 좋지?" 하면 웃어보일 정도로 변했다. 남편이 나를 이해하고 돕게 된 또 다른 계기는 아마 내가 스승과의 갈등 때문에 좌절하고 괴로와하는 것을 보고 동정을 하게 되면서가 아닌가 생각한다. 워낙 주위의 압력이 거세었던 터라 곤란에 처해 있는 아내를 그냥 두고 볼 수 없었던지 남편은 나의 무용활동을 격려하기 시작했다. 연습 때문에 늦게 집에 들어가는 것, 해외공연으로 집을 오래 비우는 것도 이해하고, 바쁠 때는 심부름도 해주었다.

그러나 아직도 남아 있는 갈등이 없지 않다. 5년 전부터 지방대학에 출강하게 되어 일주일에 3일간 지방에 머무르게 되면서부터 문제가 생겼다. 아무리 시어머니가 살림을 맡아 주시고 도와 주는 사람이 있다고는 해도 주부가 일주일에 사흘씩 집을 비우는 것은 간단한 일이 아니었다. 그런 돌풍에 휘말려 고민하다가 나는 또다시 입장을 바꿔 놓고 생각해 보았다. 남자가 지방대학에 나가 사흘을 비운다면 그건 불평거리가 못 될텐데 여자이기 때문에 그렇다는 것은 불공평한 일이다. 당당해야 하는 일인데도 망설임이나 미안함을 갖고 있는 것은 보수적인 가정교육의 영향에서 내가 아직 완전히 벗어나지 못하고 있기 때문이다. 나는 요즘 내 자신 속의 보수성을 극복하려고 애쓰고 있다. 마침 남편은 산을 무척이나 좋아해서 신혼 초에도 살짝 거짓말을 하고 혼자 산에 다녀올 정도였는데, 최근에는 산뿐만 아니라 각종 운동에까지 관심을 갖고 스스로의 시간을 즐긴다. 그런데 한 가지 이상한 노릇은 가끔 자신의 야외활동이 아내가 집에 없기 때문인 듯 말하는 것이다. 자기가 좋아서 하는 일을 아내가 집에 없다는 핑계로 호도하는 것은 분명히 시비를 가려야 할 문제라는 생각이 들어 한판 싸웠다. 이러한 일로 우리 부부는 아직도 티격태격하는 대화 같은 싸움이 그치지 않고 있다.

3. 직장생활 : 출근이라는 이름의 여행

나는 지금 지방대학에 교수로 재직하고 있다. 그것 때문에 문제도 많지만 재충전의 기획으로 삼고 긍정적으로 받아들이려고 노력한다. 창자을 하는 사람은 늘 새로운 아이디어를 가지고 있어야 하는데 지방에서 혼자 있을 때 깊이 생각하는 시간을 더 많이 가질 수 있기 때문이다. 집안일과 완전히 분리된 나만의 생활, 자연과도 벗하고 음악도 들으면서 춤추고 가르치며 나의 모든 것을 쏟고 돌아온다. 지방에 있는 동안 나는 가능한 한 집안일을 잊어버리려고 노력한다. 일하면서 집안일에 연연해하는 것처럼 볼썽사나운 것도 없고, 그렇다고 상황이 나아지기는커녕 더욱 악화될 뿐이니까…… 얼마 전 집에 전화를 했던 나는 아빠도 할머니도 나가시고 딸아이 혼자 잠들었다는 소리를 듣고 아무 일도 손에 잡을 수 없었다. 그 후 두번 다시 밖에서 전화 안하리라 다짐했다. 아이도 마음이 약해지고 나도 마음이 약해질 뿐 나아질 것이 없기 때문이다.

사흘 동안의 '출근이라는 이름의 여행'에서 돌아와 서울역에 일단 도착하면 그

때부턴 가족과 집안일에 신경을 쓴다. 외출도 작업과 관계되는 것 외에는 안한다. 나는 그 흔한 미장원이니 사우나니 하는 곳에서 지내 본 적이 없다.

4. 창작활동 : 모든 어려움을 승화시키는 춤의 세계

71년 첫 발표회로 인한 무용세계에 대한 실망으로 72년 결혼이라는 도피처로 나를 감추었으나 75년 김복희씨와 난 다시 2회 발표회를 서둘렀다. 그 당시만 해도 무용계는 누구 아니면 안 된다는 식의 작은 세계였고 권위주의적이었기 때문에 두 사람이 다시 발표회를 갖는다는 것은 어려움 속으로 자진하여 뛰어드는 격이었다. 무용계의 어려운 풍토 속에서 우린 '오늘의 우리 춤'을 추어 보자는 신념 아래 동양적인 주제에 대한 탐구, 우리의 체형·체질에 맞는 움직임의 개발을 위해 노력했다. 이러한 두 사람의 지속적인 노력과 독자적인 발표회의 반복은 우리의 생각과는 달리 스승을 배신하는 행위로 받아들여지기도 했다. 어느 사이 우리는 한 계통으로만 이어지는 현대무용계에 이단자가 되어 있었고, 그랬던만큼 고독한 위치에 서 있었다. 그때부터 시작된 표현할 수 없는 어려움! 그러나 어쩌면 이 모든 상황은 당연한 것인지 모른다. 알을 깨고 나오는 아픔이 그 어느 곳에는 없겠는가! 우리 자신만의 춤의 세계를 이룩해야겠다는 노력, 불안한 질주, 나 자신의 새로운 언어를 창조해야 한다는 집념으로 '그것은 춤도 아니다'는 혹평 속에서 15년이라는 세월을 우리 둘은 서로를 격려하며 뒤도 옆도 돌아보지 않고 계속 달려왔다. 이제 그 동안의 좌절과 어려움은 실제로 행하면서 체득한 귀중한 체험이 되어 오히려 나의 춤의 세계를 풍성하게 하고 있다. 한편 생각하면 어려움이 있음으로 해서 우리가 더욱 분발하고 성장하게 된 것도 부정할 수 없다. 외부적인 압력이 강한 어려운 여건 속에서 살아나려면 좋은 작품을 무대에 올리는 길밖에는 없었으니까 우리는 피나게 노력해야 했다. 그토록 오래 김복희씨와 갈등 없이 함께 팀을 이루어 일해 온 것도, 남편들이 우리를 도와 주게 된 것도, 다 외부의 압력이 너무 강했다는 사실과 관련이 된다.

어쨌든 춤을 추는 일은 누구도 막을 수 없는 일이고, 무용계도 점차 합리화되어 우리의 숨은 노력이 결실을 맺어 갔다. 발표회를 거듭함에 따라 조금씩 우리의 후원자가 생기게 되었다. 당시 무용계는 슈퍼스타를 중심으로 한 왕국 같았는데, 한 편의 독주를 막는 길은 또 다른 한편을 키워 주는 일이라는 생각을 가진 뜻있는 이들이 우리를 도와 주었고 또한 가까이에서 우리의 춤을 좋아하고 어려움을 안타까와해온 친지들이 뒷받침을 아끼지 않았다. 1979년 우리 나라 여성들의 한을 그린 '창살에 비친 세 개의 그림'을 안무하며 그제야 우리는 자신의 소리(움직임)

를 표현하고 느낄 수 있게 되었음을 스스로 자부할 수 있게 되었다. 둘이란 숫자는 하나가 둘 더해진 것보다 월등히 힘을 낸다. 주위의 여건들이 안정되고 이제 우리는 정말 마음놓고 작업에 몰두해 좋은 작품을 해야 할 때다. 늘 추구해 왔던 한국적 몸짓, 춤사위도 창출해 내고, 우리의 현대무용을 보급시키는 일에도 욕심을 내고 있다. 춤에 대한 열정만으로 이룬 어려운 삶이었지만 그만한 보람이 있었던 날들이었다. 나 자신을 표현한다는 자유를 누릴 수 있었으니까. 나의 몸짓이 우리 사회의 빈 곳을 조금이라도 채워 줄 수 있다면 더 이상 바람이 있겠는가!

5. 자녀양육 : 독립적이고 성숙한 인간이기를 기대하며

우리 부부에게는 '솔'이라는 이제 국민학교 6학년이 된 딸이 하나 있다. 그 애를 낳고 한 해 동안은 교사생활과 대학원 논문준비로 무척 힘들었기 때문에 친정어머니께서 "이러다간 너 죽겠다" 하시면서 아이를 맡아 주셨다. 할머니께서 기른 데다가 그 후에도 바쁜 일이 있을 때마다 친정어머니께 맡겨 놓곤 했기 때문에 할머니가 제1엄마이고 나는 제2엄마인 셈이다. 게다가 요즘에는 지방에서 사흘씩 머무르니 딸아이와 함께 할 수 있는 시간이 더욱 적다. 하지만 나는 사랑은 '양보다 질'이라고 생각하므로 비록 같이 있는 시간은 적지만 함께 있는 시간을 최대한 활용하여 서로를 이해하고 또 사랑을 키워가는 시간으로 만들어 가려고 애쓴다. 그러나 나는 엄격한 어머니인 편이다. 내가 한번 '아니다'라고 말한 것은 절대로 들어주는 법이 없다는 것을 그 애는 잘 알고 있다. 딸과 어머니 사이에 있어 사랑만큼 중요한 것은 존경이라고 나는 생각한다. 나는 딸을 있는 그대로 믿고 받아들인다. 그 애가 마치 나를 받아 주듯이.

나는 딸아이에게 성적 같은 것을 가지고 잔소리한 적이 없다. 저 혼자 웬만큼 하는 것도 대견하고 또한 교육이라는 게 지적인 것뿐 아니라 정서적인 면이나 신체, 사회성 등의 면에서 이루어져야 한다고 믿고 있기 때문이다. 그런 면에서 나는 건강한 솔이를 무척 자랑스럽게 생각한다.

그 아이는 형제가 없는 대신 김복희씨네 아이들과 늘 함께 생활하는데, 숙제도 같이 하고 놀기도 같이 놀고 친자매처럼 지낸다. 김복희씨의 두 딸과 솔이는 어머니들의 활동을 본 때문인지 춤추기를 무척 좋아한다. 자기네들끼리 안무도 하고 크리스마스에는 친척과 이웃 친지들을 모아 놓고 정기공연도 연다. 공연에서 손님들이 성의껏 내는 입장료를 모아서 양로원을 찾아가 위문공연과 함께 선물을 드리고 온다. 엄마에게 돈 타는 걸 미안해하기 때문에 모자라는 돈을 보태 달라고 하면서 어려워하는 딸이 내게는 늘 대견스럽다. 사실 그 애가 엄마를 이해하기까지에는 어려움이 있었다. 국민학교 2학년 때 내가 다니는 지방대학 총장 앞으로 '우리 엄마를 돌려 주세요'라는 편지를 띄우기도 했었다. 지금은 자기가 무용을 좋아하니까 엄마를 더 이해하게 되고(장래희망이 무용가가 되는 것이다) 또 엄마가 밖에서 헛되이 시간을 보내는 것이 아니라 보람 있는 일을 한다는 생각에서 엄마를 무척 자랑스러워한다. 국민학교 4학년 때 그 애는 이런 글을 썼다.

우리 엄마는 현대무용가이시다.
그래서 늘 바쁘시다.
난 엄마와 같이 있는 시간이 너무나 기쁘다.
우리 엄마는 다른 엄마와 다르시다.
다른 엄마들은 집에서 일을 하시지만 우리 엄마는 밖에서 일을 하신다.
나는 엄마가 외국에 나가시는 날 운 적도 있다.
나는 너무나 슬펐다. 그런데 운 것이 너무나 후회가 됐다.
왜냐하면 엄마의 마음을 아프게 했기 때문이다.
엄마는 늘 열심히 무용을 하신다.
나는 무엇을 사려고 하다가도 엄마가 힘들게 버신 돈을 막 쓰는 것 같아서 안 쓴다.
엄마는 이리에 있는 원광대학교 교수이시다.
늘 월요일에 가셨다가 수요일날 오신다.
난 수요일은 왠지 기분이 좋다.
나는 엄마를 그리워한다. 그러나 나는 더 견뎌 낼 것이다.
우리 엄마는 훌륭한 분이시다.
난 엄마가 존경스럽다.
엄마! 내가 사랑하는 우리 엄마!

그 애는 개성이 강하고 적극적인 편인데, 한번은 자기는 도대체 여자들이 왜 결혼하는지 이해를 못하겠다고 했다. 그때 우리 부부는 그 애가 너무 강하게 자라는 게 아닌가 걱정을 했었다. 또 얼마 전에는 나더러 '현대판 현모양처'라고 했다. 어째서 그러냐고 했더니 요즘엔 현모양처가 집에서 밥만 하는 사람이 아니고 자기 일도 잘해내는 사람이기 때문이란다. 솔이의 학교 친구는 우리 집에 놀러와서 "엄마가 집에 없는 집 아이들은 비뚤어진다는데, 넌 어떻게 이렇게 밝게 자랐니?"라고 물은 적이 있다. 어린아이들은 일찍부터 자기 엄마들의 고정관념을 배우는 모양이다.

솔이는 외동이지만 김복희씨네 아이들과 친형제처럼 지내니까 혼자라는 어려움은 적으리라 본다. 그런데도 불구하고 남편은 아이를 하나 더 원하고 있다. 그러나 솔직이 아이 하나에 대한 책임감만으로도 벅찬데 '욕심 사납게'애만 낳으면 어떻게 할 것인가? 나는 책임 없이 감당할 수도 없는 아이를 낳고 싶지는 않다.

사실 나는 결혼이 울타리로서의 안정감을 주고 오래 사랑하는 사람을 갖게 하며 창작하는 사람으로서 삶의 깊이를 이해하는 데 도움이 된다고 생각한다. 그러나 한편으로 자칫 일상에 젖어 창작적 발상이 무더질 가능성이 있고 또한 여성이 사회인으로 성장하는 데는 너무나 많은 대가를 요구한다고 생각한다. 정신적으로 그리고 경제적으로 충분히 자신이 선다면 혼자 사는 것이 작업에 몰두하기에는 더 좋은 조건일 수도 있다. 사실 나는, 가정을 갖지 않았다면 나나 주위사람들을 위해 더 나은 일이 아니었을까 생각해 본 적이 있다. '스물 네 살'이라는 부모님이 심어 주신 강박관념에 쫓겨서 스물 네 살 때 그렇게 결혼하지 않았더라면, 아마 결혼 안한 채 살았을지도 모르겠다. 내가 가장 어려울 때 가까이서 함께 있어 주고 도와 준 남편에게는 미안한 말이지만 말이다. 아직 말다툼을 하는 사이지만 내가 그를 사랑하고 있음은 분명한 사실이고 그는 이를 잘 알고 있다.

내 주장을 고집스럽게 지키면서 내가 설정한 방향만을 향하여 주위는 의식적으로 무시한 채 살아왔다. 그러나 열심히 살다 보니까 이젠 모든 것이 궤도에 접어든 듯하다. 아이도, 남편도 '현대판 현모양처' 때문에 당면하게 된 상황에 잘 적응해 주었고 나 역시 훨씬 홀가분하게 일에 몰두할 수 있게 되었다.

항상 입버릇처럼 "남편에게 잘하라"고 말씀하셨던 친정어머니, 당신의 사고방식으로는 내 생활을 이해하기가 어려워 언제나 사위에게 내 대신 미안함을 감추지 못하셨다. 그러나 얼마 전엔 "너처럼 사는 게 현명한 것 같다"고 말씀하신 걸 보니 내 삶의 양식이 인정을 받은 모양이다. 덕분에 막내 여동생은 어려움 없이 유학을 갈 수 있었으니 어머니 또한 나로 인하여 새롭게 사회화가 되신 것이다.

나는 딸아이를 혼자 내놔도 당당히 살아갈 수 있는 독립되고 성숙된 인격체이길 바라며 길렀다(길렀다기보다 그렇게 되기를 바라며 지내 왔다는 표현이 적합하겠다). 온실의 꽃처럼 '조심해라 조심해라'는 얘기만 듣고 자란 나는 독립적 자세가 이 시대를 살아가는 데 얼마나 필요한 것인지 누구보다 절실히 느끼며 살아왔기 때문이다. 나는 어머니와는 달리 딸아이가 무엇이든지 자기가 원하는 것을 할 수 있도록 도울 것이다. 지금 솔이는 무용하기를 제일 원하지만 무엇이든 상관이 없다. 자신의 세계를 향하여 노력하는 삶의 자세라면 하나의 경지에 이르게 되리라고 믿기 때문에. ── 인터뷰·박정선 ■

획일문화를 거슬러 사는 여성들

내 삶에 최선을 다하여

박용희
파출부

보리짚과 운동회

나의 부모님은 충청도 토박이로 나 역시 충청도 시골에서 태어났다. 아버지가 22세, 어머니가 19세 때 결혼하여 14년 만에 처음으로 나를 낳으셨다. 아버지는 '맏딸은 살림밑천'이라시며 매우 기뻐하셨다. 나는 아버지의 사랑을 한몸에 받고 자랐고 6년 터울로 생긴 여동생과 남동생이 있었지만 나는 부모님의 각별한 사랑을 받았다. 아버지는 상당히 완고하고 엄한 분으로 형제들간의 작은 다툼도 용납하지 않으셨다. 그래서 형제들끼리는 지금도 우애가 돈독하다.

어린시절에 나는 성격이 몹시 내성적이었다. 사람을 사귀기는 어렵지만 한번 사귀면 변하지 않고 오래도록 친하게 지냈다. 그래서 친구가 적은 편이었다.

국민학교에 들어가기 전부터 나는 교회에 다녔다. 동네 애들을 따라다니다 보니 우리 집에서 나 혼자만 교회에 다니게 되었다. 나는 한 번도 빠지지 않고 열심히 다녔다. 부모님들도 반대하시지는 않았다.

국민학교에 입학해서 나는 제법 공부를 잘했다. 음악만 빼고는 다 잘했던 기억이 난다. 결혼해서 애들이 나를 닮아 음악을 못할까 봐 걱정했는데 다행히 노래도 잘하고 딸애는 피아노도 잘 친다.

시골에서는 일이 많다. 농사를 짓기 때문에 부모님들은 다 논에서 일하고 애들이 살림을 하게 된다. 나는 입학 전부터 밭에서 깻잎도 따고 잔심부름을 했다. 국민학교 2학년 때부터 학교에 갔다 와서는 살림을 도맡아 했다. 집에 오자마자 개울에 가서 보리쌀을 씻어온다. 그때는 지금처럼 연탄이나 곤로가 없을 때라 보리

파출부를 하기까지는 용기가 필요했다.

짚을 때서 밥을 해 놓는다. 어린아이가 보리짚을 때는 일은 쉽지 않아서 수제비를 할 때는 하나 뜯어 넣고 불 때고, 하나 뜯어 넣고 불 때곤 했다. 일요일에는 동생을 돌보고 들일 나간 부모님들 점심도 준비하고 저녁을 짓는 등 하루종일 바빴다. 그래도 교회는 빠지지 않고, 부모들이 들에 나간 새, 아침 9시부터 10시까지 동생들을 데리고 나갔다. 동생들은 언제나 내가 돌보아야 했다. 나는 자유시간이 적었지만 동화책을 좋아해서 교회나 친구집에 다니며 열심히 책을 빌어서 읽었다. 집에서 책을 사줄 형편은 아니었으나 부모님은 책 보는 것을 말리거나 야단치지 않았다. 동생들이 늘 나의 자유를 빼앗곤 했지만 나는 부모를 원망하거나 투정을 부리지 않았다. 그러나 소풍가는 날이나 운동회날, 학교에 가지 말고 종일 동생들을 돌보라는 것은 용납할 수 없었다. 소풍가는 날은 동생들을 방에다 가두고 아무 준비도 없이 소풍행렬을 따라 나선다. 선생님께서 벌써 알고 밥도 주고 간식도 주고 하셨다. 부모님들이 난리가 날 것을 알지만 하여튼 소풍만은 양보할 수 없었다. 운동회날은 동생들을 업고 참석한다. 이 날은 동네잔치날 같다. 동네어른들이 동생들도 봐주고 가끔 우리 부모님들도 오셔서 달리기도 하고 줄다리기도 한다. 이날만은 나도 마음 가볍게 뛰놀 수 있었다. 운동회의 추억은 내게 각별하여 요즘도 가을철에 시골에 가면 운동회에 참석한다. 거기서 국민학교 동창들이 모여 운동회 겸 동창회를 하기도 한다. 국민학교 때 친구들과는 아직도 친해서 고향에 가면 꼭 만나고 온다.

제2의 아버지, 담임선생님

나는 9살에 국민학교 입학을 했다. 내 어린시절은 행복한 편이었다.

그러나 내가 국민학교 5학년이 되던 해 우리집에는 불행이 몰아닥쳤다. 아버지께서 빚보증을 섰다가 온 재산을 잃어버린 것이다. 아버지께서 죽마고우의 사업자금을 위해 빚보증을 섰다가 그 친구가 본의 아니게 부도를 내는 바람에 모든 재산이 고리채에 넘어가고 만 것이다. 그 친구분은 마음이 착하고 우리에겐 아버지와 다를 바 없는 사람으로 몹시 죄스러워하며 회복이 되는 즉시 우선적으로 갚겠다고 했으나 이 일은 내 인생의 지침을 예상하지 못한 곳으로 돌려 놓았고 결국 아버지의 가슴에 평생의 한을 심어 놓은 결과가 되었다.

국민학교 6학년이 되자 중학교 진학의 문제가 다가왔다. 나는 매일 혼자서 울었다. 중학교에 못 갈 것이 뻔했기 때문이었다. 그때 담임선생님은 15리 길을 걸어서 우리 집까지 오셔서 아버지를 붙잡고 진학시킬 것을 권하셨다. 어린아이를 학교에 보내지 않는 것은 안타까운 일이라며 학비는 자신이 책임지겠다고까지 하셨다. 아버지는 그럴 수 없다고 하셨다. 선생님은 나를 부르셨다. '집에 가서 간다고만 우겨라. 나머지는 내가 책임지마'고 하셨다. 그러나 나는 도움을 받는다는 것이 싫어서 스스로 거절하고 진학을 포기하였다. 울고 있는 내게 아버지는 '잘했다. 남의 도움은 받지 않는 것이 좋다'고 하시며 위로하셨다. 그 당시는 아버지의 심정을 잘 몰랐으나 요즈음도 '내 유산은 다 네게 주마'고 하시며 술만 드시면 내가 불쌍하다고 하시는 아버지를 보고 또 내가 부모가 되어 보니 이해가 된다.

선생님은 지금도 가끔 만난다. 나의 진학을 위해 그렇게도 애써 주신 선생님! 그 후 선생님은 나를 만날 때마다 왜 학교에 가지 않았냐고 하신다. 지금 같으면 그 도움을 받았을까 가끔 자문해 본다. 내가 간다고만 했으면 갔는데…… 그 도움을 받았으면 내 생은 달라졌을 텐데. 아마 지금 같았으면 나는 도움을 받았을 거다.

선생님은 지금은 정년퇴직을 하셔서 시골에 사신다. 우리 아버지와 같은 연배이시니까 칠순이 넘으셨다. 그 선생님은 제일 기억에 남고 언제나 보고 싶다. 지금도 못 잊어서 고향에 가면 찾아보는데 우리 애들도 할아버지라고 부르고 친손주처럼 사랑해 주신다. 지금도 나에게 그때 왜 학교에 진학하지 않았냐고 안타까와 하시는 그분은 내 인생에 가장 큰 영향을 주신 마음의 아버지이시다.

나는 장녀

국민학교를 졸업했을 때 15살이었다. 집에서 1년 동안 가사일을 돌보며 지내다

보니 문득 불안한 생각이 들었다. 집안형편은 조금도 나아지지 않고 있는데 이러다가 남동생마저 학교에 제대로 다니지 못하면 어쩌나 하고 걱정이 되기 시작했다. 남동생은 우리 집의 기둥인데 큰일이라는 생각이 든 것은 지금 생각해도 신기하다.

나는 어떻게 해서라도 남동생만은 공부시켜야 한다고 다짐했다. 이때 집안 고모뻘 되는 아이가 나를 찾아왔다. 서울 가자고 했다. 내가 서울 가면 누가 밥 주냐 하니까 가면 다 생긴다며 가자고 했다. 나는 생각했다. 이대로 시골에 있어 봤자 아무것도 안 된다. 일만 죽어라고 하고, 생기는 것은 하나도 없고······

나는 아버지 옷에서 몰래 19,000원을 꺼내서 가출했다. 소위 무작정상경이었다. 이때가 17살이었다. 그러나 서울에 오니 갈 데가 없었다. 나는 와본 기억을 더듬어 아버지 친구분 집에 찾아갔다. 그분은 바로 우리 집 비극의 원인인 분이기도 했다. 그렇지만 두 분의 우정에는 변함이 없었고 우리들도 아버지처럼 여겼다.

나는 그 아저씨께 집에는 알리지 말고 취직이나 시켜 달라고 부탁했다. 아저씨는 나를 좌석버스의 안내원으로 취직시켜 주셨고 부탁한 대로 집에는 알리지 않았다. 같이 온 고모는 남의 집살이로 들어갔다.

떼국놈 안내양

처음 취직을 하고 반달치 월급으로 900원을 탔다. 그러니까 지금부터 약 20여 년 전의 일이다. 그 당시로서도 큰 돈은 결코 아니었으나 나에겐 지금도 못 잊는 첫 월급이다. 내가 돈을 벌다니! 나는 너무나 기뻤다. 당장 어른이 된 것 같았다.

나는 기숙사 생활을 하면서 가능한 한 조금만 쓰고 나머지는 저축을 해서 몫돈을 마련해 나갔다. 푼돈을 보내 보았자 당시는 좋을지 모르나 나중에는 흔적도 없이 다 써버릴 게 정한 이치이기 때문이었다. 두 번째 월급을 타서 집에다 송금을 하였다. 남동생 학비를 내라고 보낸 것이다. 물론 보내는 곳의 주소는 쓰지 않았다.

나는 일요일에도 외출하지 않고 멋도 부리지 않고 10원 한 장 쓰기를 벌벌 떨었다. 오로지 집안을 살리자는 의욕 하나로 나날을 버텼다. 낯설은 타향이라서 해만 넘어가면 집에 가고 싶어 처음 3개월간은 매일 울고 지냈다. 시골생활로 어려서부터 몸에 밴 부지런함과 필사적인 저축욕을 본 사장은 나를 착실하다고 칭찬하면서도 떼국놈이라고 불렀다. 객지에 나와서 돈 버는 중국 구두쇠들과 비슷하다고 느낀 모양이었다.

그러나 기숙사 생활은 어려운 점이 있었다. 첫째는 음식이 식성에 안 맞는 것이고 둘째는 불결한 환경이었다. 나는 워낙 깔끔한 성격이라 참 견디기 어려웠다.

그 다음이 빨래였다. 그러나 무엇보다도 참을 수 없는 것은 사감이 소지품을 검사하는 것이었다. 나는 어려서부터 신앙을 가진 사람이라 남의 것은 절대로 갖지 않았다. 소지품 검사가 증오스러웠다. 그러나 정말로 내가 사회의 불신을 배우는 사건이 나를 기다리고 있었다. 나의 새옷을 도둑맞은 것이다. 한달 월급의 반을 털어 난생 처음 맞춘 옷이었다. 돈을 벌어 나를 위해 써본 것도 처음이요, 평생 한 번이라고 큰맘 먹고 한 옷이라 아끼느라고 한 번밖에 입지 않은 귀한 것이었다. '기숙사 생활은 정말 안 좋구나, 같은 안내원 중에서 도둑질을 해가다니.' 교회에서는 좋은 것만 배웠는데 실지 사는 것은 나쁜 것만 배우게 되니 몹시 괴로웠다.

나는 며칠을 밥을 못 먹고 속상해 했다. 이 일은 지금도 못 잊고 있다.

이무렵 나는 교회에 다니지 않고 있었다. 안내원은 일요일에도 근무하므로 다닐 수 없었다. 그래서 나는 차를 타고 항상 기도했다. 조그만 성경책을 가지고 다니며 틈나는 대로 보았다. 이는 내게 큰 힘과 위로를 주었다. 지금도 내가 차를 타면 기도하는 것은 이때의 버릇이다. 안내원을 하면서도 나는 틈나는 대로 여러 가지 책을 많이 읽었다. 고작해야 잡지가 대다수였으나 있는 대로 읽었다.

1원 한장도 가계부에 기록해 가며 악착같이 저금한 결과 집을 사고 땅도 조금 살 만큼의 돈을 시골집에 송금할 수 있었다. 그 동안 나는 한번도 집에 가지 않았다. 만약 집에 갔다가 붙들리면 또 농사일 거들고 집안일 하느라고 세월 다 보내게 될 것이 뻔했기 때문이었다. 그러나 내가 안내원이 된 지 1년 반쯤 되었을 때 어떻게 알았는지 아버지께서 찾아오셨다. 아버지는 무조건 가자고만 하셨다. 그때는 친구분의 사업이 부흥해서 우리 재산도 회복되었을 때였다. 나는 지금 내려가 봐야 죽도 밥도 안 된다고 생각했다. 동생들이 모두 학교에 다니는지라 나도 학교에 가고 싶기는 했으나 이미 늦었다는 생각과 늙은 부모를 생각하니 책임도 느껴졌다. 나는 방을 옮겨 아버지를 피해 버렸다. 내가 명절에도 절대로 안 가고 찾아와도 피하니까 아버지께서 전보를 치셨다. 모친위독 급귀향. 나는 삼 년만에 고향땅을 밟았다. 이것이 안내원생활 7년 동안 한 번뿐인 귀향이었다.

퇴직금으로 땅을 사고

내가 직장생활에만 매달려 자꾸 나이가 들어가자 부모님은 날 시집보낼 궁리에 빠졌다. 그래서 안내원 시절에 나는 선도 많이 보았다. 지금은 살도 찌고 기미도 생겼지만 그때만 해도 나는 날씬하고 인물도 고운 편이었다. 22살 때 시골 고모할머니가 중신을 서서 만난 남자가 있었다. 내 스스로가 결혼할 마음이 없어 다른 선들은 다 깨졌지만 이 남자는 조금 마음에 들었다. 할머니가 너무 칭찬하기도 했지만 내가 보기에도 건실했다. 그쪽도 내가 싫지는 않았다. 그러나 나는 결혼하면 친정을 못 도운다는 생각에서 헤어질 생각을 했다. 몇 번 만나지도 않았을 때였는데 할머니가 '너 후회한다' 하고 타이르시는데도 '후회 안해요' 하며 당당히 헤어졌다. 그 남자는 지금 세운상가에서 큰 점포를 하고 있다. 얼마 전 우연히 그 곳에 나갔다가 만났다. 그는 나를 곧 알아보았다. 작년에야 결혼을 했다고 했다. 후회할 거라는 할머니 말이 떠올랐으나 인연이 아니라는 생각과 '남자들은 다 마찬가지지' 하는 생각으로 묻어 버리고 말았다.

내 나이가 24살에 이르자, 아버지는 자꾸 그만두고 오라고 성화가 대단했다. 나는 경력 7년의 노련한 안내원이었고 사장의 신임도 받으며 적응도 잘하고 월급도 괜찮게 받을 때라 그만두기가 아까왔고 결혼 같은 것은 하고 싶지도 않았다. 돈 벌어서 나 혼자 쓰며 살고 싶었다. 그러나 시골노인인 아버지는 '여자는 아무리 잘나도 시집가서 남편밥 먹고 살아야 한다'면서 아예 회사 앞에 지키고 앉으셨다. 사장님께 나를 제발 해고하라고 하기까지 했다.

나는 결국 아버지의 손에 이끌려 고향으로 돌아왔다. 사장님도 7년간 한 직장에만 있었던 내 성실함을 칭찬하며 놓치기 아까와했으나 아버지의 고집에 지고 말았다. 사장님은 그간의 내 공을 치하하며 퇴직금을 더 많이 주셨다. 나는 그 돈으로 시골에 땅을 샀다. 내가 벌어서 두번째로 땅을 산 것이다.

속아서 한 결혼 — 8남매 맏며느리, 시어머니는 무당

회사를 그만두고 집안일을 배우며 여러 차례 선을 볼 무렵 한 고향의 아버지 친구가 자기 동네 남자를 중신했다. 나이는 30세로 고등학교 나와 당시 재벌기업체에서 사무를 보는 청년인데 건실하고 능력 있으니 한번 만나 보라고 했다. 위로 형이 하나 있을 뿐 집안도 단출하고 장남이 아니니 시집살이할 부담도 없다는 것이었다. 나는 남자에 관심도 없었고 다만 집에서 하도 권하니까 그냥그냥 선을 보아왔기 때문에, 다 그저 그러려니 했다. 다만 여러 번 선을 보면서 '그래도 헤어진 먼저 남자만한 사람이 없구나' 하고 생각할 따름이었다. 그런데 집안어른들은 그 남자를 보고 와서는 건실하고 유능한 사람이라며 거의 확정적으로 생각하셨다. 어머니는 시집살이 안해도 되고 힘든 농사일 안해도 되니 좀 좋으냐시며 마음을 결정하라고 독촉하셨다. 그러나 나는 그 남자를 만나면서도 청춘의 무드 같은 것이 느껴지지 않았고 남들이 여자에게 호감을 주는 인상이라고 해도 별로 마음이 없었다. 그렇지만 주변어른들은 모두 다 좋다고 칭찬이 자자하기에, 나는 '열렬한 사랑은 소설에서나 나오는 것이려니' 하고 생각하며 '다들 이런 감정에서 결혼하는 거겠지' 하고 약혼을 했다.

그런데 약혼 후 얼마 있다가 나는 놀라운 사실을 알게 되었다. 아들 형제의 차남이라던 그는 8남매의 맏이고, 나는 기독교 신자인데 시어머니는 무당이라는 것이었다. 나는 이 사실을 알고 정이 뚝 떨어졌다. 당장 파혼하겠다고 했다. 아버지께서는 중신을 선 친구에게 달려가셨다. 그 친구는 자기도 몰랐다면서 직접 중매를 선 사람은 따로 있는데 그 사람이 자기 며느리를 중매했는데 아주 좋은 여자를 해주었기에 그 사람의 말만 믿고 소개했다고 자기도 속았노라고 억울해 했다. 나는 당장 파혼하겠다고 했다. 아버지는 안 된다고 하셨다. 속은 것은 분하고 괘씸하지만 집안의 체면이 있으니 파혼할 수 없다는 것이었다. 지금 같으면 내 고집대로 파혼했으련만, 그때는 아버지도 무섭고 파혼했다는 것도 창피해서 끝까지 우기지 못했다. 또 그 남자 하나는 성실하고 됨됨이가 좋아보여 속은 것은 불쾌하지만 오죽하면 그랬으랴 이해하는 방향으로 마음을 돌리고 결혼준비를 하나하나 해나갔다.

혼수는 장,차단스,화장대 등 가구와 이불 일곱 채 그리고 지금은 혼수에 잘 들지 않는 재봉틀이었다. 그때만 해도 가전제품이 흔치 않았다. 또 예단이라는 것도 없었다. 시부모께 옷 한 벌씩, 형제들에게는 손수건, 양말, 자기가 손으로 뜬 도장집 등을 선물하는 것이 전부였다. 그래서 결혼자금은 그리 많이 들지 않았다.

1971년 11월 23일, 우리는 결혼식을 올렸다. 내 나이 25세, 남편 나이 30세였다.

밥그릇 수 잊어버린 시집살이

시집살이 첫날부터 나는 애를 먹었다. 객지생활을 오래 해서 부엌일이 서툴렀기 때문이었다. 게다가 많은 밥을 하자니 쌀을 못 일어서 돌밥을 하기가 일쑤였다. 식사 때마다 식구들은 인상을 썼다. 또 반찬은 짜다고 했다. 10명이 밥을 먹다 보면 하루도 인상을 안 쓰는 날이 없다. 시어머니는 내가 시집간 그날부터 한 번도 부엌에 나와 보지 않으셨다. 시누이가 셋이나 있었지만, 둘은 직장에 나가고 막내는 국민학생이라 도와 줄 사람도 없었다. 처음에는 식구가 많아 밥을 푸다가 밥그릇 수를 잊어버린 적도 많았다. 나는 밥을 푸다 말고 그릇 수를 세어 보곤 했다. 분명히 10그릇이었는데 방에 들어와 하나씩 차지하고 보면 꼭 한두 그릇씩 모자라곤 했다. 그 인상쓰는 모습이라니! 이놈의 밥그릇이 발이 달려 도망을 갔나, 귀신이 곡할 노릇이지만 없는 걸 어쩐단 말이냐. 그러다보니 꾀가 났다. 부모님 진지만 주발에 담아서 들여가고 나머지 밥은 밥통에 담아서 방에서 한 사람 한 사람

얼굴을 보면서 밥을 퍼주었다. 그 후로는 밥이 없어 인상쓰는 일이 다시 없었다. 남편은 밥상을 들고 다니는 불편을 덜어 주기 위해서 나무로 식탁을 짜주었고 한 자리에서 한꺼번에 먹기 때문에 여러 번 차리는 번거로움은 겪지 않았다.

결혼 후 남편의 첫 월급날이었다. 남편은 월급봉투를 나에게 보여주지도 않고 시어머니께 직접 가져다 드렸다. 나는 별로 탓하지 않았다. 필요할 때마다 어머니께 타썼다. 그리고 나에게는 결혼할 때 친정아버지께서 주신 저금통장이 있었다. 아버지께서는 내가 공부도 못했고 고생만 시켰다고 늘 마음에 걸려 하시더니 40만 원이 들어 있는 저금통장을 준비해 놓으셨던 것이었다. 결혼식 전날 아버지께서는 통장을 내 손에 쥐어 주시며 '시집 가서 너 필요할 때 꺼내 쓰라'시며 눈시울을 적시셨다. 그 덕에 나는 월급 때문에 시어머니와 다투는 감정 상하는 일을 피할 수 있었다.

그래도 시누이, 시동생들과는 사이도 좋았고 모두 어렸기 때문에 나에게 잘해주어서 재미있게 지낼 수 있었다. 시아버지는 굉장히 호방한 성격으로 맏며느리인 나를 많이 사랑해 주셨다. 그러나 일이 너무나 많았다. 10식구 밥해대기도 힘들었지만 10식구 빨래는 기가 질릴 정도였다. 시골빨래는 때가 찌들 대로 찌들어 빨기 힘든데다가 개울까지 가서 빨아와야 하는데 겨울에 결혼한지라 고무장갑도 없이 찬물에 빨래를 해야 했다. 내가 손이 꽁꽁 얼어 감각이 없을 정도가 되어 돌아와도 시어머니는 한 번도 아는 체하지 않고 도와 주지도 않았다. 그래서인지 나는 시어머니에게 정이 가지 않았다. 지금 생각하면 시어머니 입장도 이해가 된다. 시집간 손위 시누이까지 9남매를 낳아 키우느라 좀 고생이 심했으면 부엌을 쳐다보기조차 싫어하셨을까. 게다가 호방하고 한량기질이 있는 시아버지 때문에 부부간의 금슬도 좋지 않으셨고 속도 많이 썩으셨을 거다. 그리고 무당영업을 하지 못해 쌓이는 스트레스도 시집살이를 더욱 심하게 시키게 만든 것 같다.

분가를 위한 투쟁

나는 일이 고되고 힘들 때마다 속아서 시집온 것이 새록새록 분했다. 게다가 시어머니가 교회에 나가면 집안이 망한다고 해서, 그렇게 열심히 다니던 교회에도 못 가는 것이 그렇게 속상할 수가 없었다. 안내원 시절에도 힘들기는 했지만 그때는 돈을 버는 재미도 있었고 기도를 하면서 위로와 용기를 얻을 수 있었는데 시집살이는 보람도 희망도 또 위로도 없었다. 다만 분노와 증오로 가득 찬 고달픈 나날의 연속이었다. 처음에는 교회에 못 나가는 대신 혼자 열심히 기도하리라 결심했지만 미워하는 마음이 있으니까 기도도 잘되지 않아 그만두고 말았다.

남편과도 자주 다퉜다. 처음에는 나를 속인 잘못이 있는데다 사람이 착하니까 내 투정과 짜증을 받아 주며 달래더니 나중에는 고부싸움에 지쳐서인지 화를 내며 큰소리를 치기도 했다. 시집살이 3개월 동안 속상해서 친정에 10번도 더 갔다. 친정에 갈 때는 비록 속은 상해도 '집에 좀 다녀올께요' 하고 좋게 말한다. 그러면 활달하고 이해성 많은 시아버지는 시장에서 고기와 과일을 사주신다. 지금으로 치자면 의리 있는 깡패 스타일의 우리 시아버지의 화끈한 성격은 내 시집살이를 지탱해 주는 유일한 힘이기도 했다. 그러나 집에 가면 친정아버지는 나를 보자마자 '너 왜 왔니? 가라' 하고 문전에서 호통을 치신다. 나는 안 가면 혼나니까 무서워서 돌아와야만 했다. 내가 이렇게 돌아가고 나면 아버지께서는 그 길로 중신선 그 친구집으로 단걸음에 내달으셨다. 가셔서는 원망을 하며 온갖 화풀이를 다 하셨다. 학교 못 보내고 고생시킨 것도 한이 맺혀 죽겠는데 못된 집에 속여 보내 고생을 시킨다고 분을 터뜨리시곤 했다. 중매를 잘못하면 뺨이 석 대라는데 그 친구분은 아예 고향을 떠나게까지 되었다. 가뜩이나 내 일이 있는데 친정조카 한 명을 첩의 아들에게 중신을 서는 바람에 아버지의 성화가 심해졌다. 그 친구분은 우정을 만회해 보고자 하여, 아버지 역시 친구지간에 척지고는 살 수 없는 정 많은 분이었기에 다시 한 번 중신을 서고, 또 그 중신을 믿었던 것인데 무슨 조화인지 두 분 다 또 속고 만 것이었다.

아버지의 시달림을 받다 못한 그 분은 아예 고향을 뜨고 말았다. 뺨 여섯 대가 아니라 고향을 떠나게 되었으니 아마 그 집은 '중매를 서지 말라'가 가훈으로 전해질지도 모르겠다.

시집온 지 넉 달째 접어들면서 나는 도저히 더 버텨낼 자신이 없어졌다. 나는 남편에게 도저히 못살겠으니 나가자고 말했다. 남편은 '내가 맏이인데 어떻게 나가느냐, 돈도 없는데 이중생활 말자'며 더 이상 말하려 들지도 않았다. 나는 저녁마다 속았다고 하면서 울었다. 죽으면 죽었지 더는 시집살이 못한다고 막무가내로 나갔다. 그러자 남편도 시어머니와 내가 너무 안 맞는 것을 알던 터라 분가하면 자신도 좀 편하리라 생각해서였는지 분가에 동의했다. 이제 문제는 이 일을 부모님께 어떻게 말씀드리느냐였다. 내가 말하면 더욱 혼날 테니 남편더러 말하라고 시켰다. 남편은 시아버지보다는 만만한 시어머니께 말씀드렸다. 의논보다는 오히려 통고에 가까운 것이었다. 우리의 예상대로 분가통고는 시아버지 귀에 즉시 들어갔다. 집안이 발칵 뒤집어졌다. 우리는 불려가서 무지 혼났다. 시부모님은 내가 너희를 키웠는데 왜 너희들 손에 밥 못 얻어 먹느냐시며 크게 노하셨다. 남편은 금방 기가 꺾였다. 분가할 생각은 천리 만리 달아나 버린 듯했다. 우리는 또 싸우기 시작했다. 거의 매일 싸웠다. 분가얘기가 나오자 잘해 주던 나어린 시동생 시누이들도 나를 미워하기 시작했다. 어떤 배신감과 서운함 같은 것이 있었기 때문이라는 것을 나도 잘 안다.

드디어 남편이 용기를 냈다. 직장 옆에 방을 얻어 버린 것이다. 다시 난리가 났다. 그러나 남편은 일요일에 이사를 강행했다. 나는 일요일마다 와서 빨래를 해준다는 조건으로 시어머니의 마지못한 동의를 얻었다. 물론 농번기에는 들어와서 집안살림을 전담하고 행사 때마다 미리 가서 준비 다 하고 월급에서 일정액씩 집에 보내기로 하고 말이다.

어쨌든 나와 사니 홀가분하고 좋았다. 부모의 부담감도 없고 자유스럽고 사는 듯 싶었다. 남편도 말은 안하지만 속은 편한 눈치였다. 적어도 고부사이에서 눈치보는 고역은 면했으니 말이다. 그러나 시부모님은 여전히 화가 나 계셨다. 시누이 시동생들은 이 일로 나중까지 사이가 안 좋아졌다. 그래도 나는 좋기만 했다. 일요일 하루만 맘먹고 빨래해 주면 되는 것이었다. 남편도 월급은 내게 주었다.

그런데 이 행복도 잠깐이었다. 장날만 되면 온 가족이 우리 집에 오는 것이다. 점심을 준비해서 먹고 나면 이제는 분가한 것에 대해 꾸지람을 듣는 차례였다. 그리고 시어머니의 결론은 내 아들이니 월급도 내가 관리하겠다는 것이었다. 내게는 월급을 받는 즉시 집으로 가져오라고 명령하셨다. 나는 그런 하루가 너무 싫어서 가끔씩 장날에 문을 잠그고 도망가기도 했다.

그래도 남편은 월급봉투를 고스란히 내 손에 쥐어주며 부모님께는 용돈 정도나 드리라고 했다. 나도 가난한 것은 싫어서 알뜰히 살림했다. 안내원 시절부터 몸에 밴 가계부 쓰기는 여전했다. 그러던 어느 날 남편의 직장동료 부인들과 만나게 되었다. 살림사는 여자들이니까 얘기는 자연스럽게 월급에 관한 것이 되었는데 얘기를 듣다 보니 부수입이라는 것이 있었다. 알고 보니 부수입은 월급에 웃도는 정도로 많은데 나만 모르고 있었던 것이다. 나는 그날 저녁 남편에게 부수입의 용처를 따져 물었다. 놀라는 남편에게 나 몰래 집에 준 것 다 안다면서 또 속이려 한다고 말하자 남편은 '일일이 여자에게 다 말하냐! 바깥에서 하는 일 알려고 하지 말라'고 한마디로 넘겨 버렸다. 나중에는 농사밑천으로 나 모르게 집에 갖다 준 것을 알았지만 나는 남편을 믿어야 한다는 마음에서 남편이 아니라고 하면 알면서도 속았다.

분가 후 1년쯤 뒤에는 시아버지께서 80만 원을 들여 집을 지어 주셨다. 이제는 우리의 분가를 정식으로 승인하신 셈이었다. 나는 분가시에 약속한 것을 그대로 계속 지켜나갔다.

이혼결심과 남편의 서울행

남편은 나 모르게 계속 집에다 돈을 대 주었다. 그렇지 않아도 속아서 결혼했다는 생각이 늘 마음에 남아 나를 속상하게 해왔는데 또 속인다는 사실이 괘씸해서 견딜 수가 없었다. 나는 그때 파혼하지 못한 것을 크게 후회하며 더 큰 후회를 하지 않으리라 결심하고 남편에게 이혼하자고 했다. 그때 나는 임신 4개월이었다. 나는 친정집으로 돌아왔다. 돈 문제로 나를 속이지 않는다고 하더라도 속아서 결혼했다는 것을 도저히 잊고 살 수 없을 것 같았다. 나는 아이를 유산시키고 혼자 돈 벌어서 부모님 모시고 재미있게 맘 편히 살 생각이었다. 그런데 아버지께서 또 만류하시는 것이었다. 지금까지도 참고 살아왔는데 조금만 더 참고 살라는 것이었다. 이혼을 하면 가문의 체면은 어떻게 될 것이며 애비가 죽어서 무슨 낯으로 조상을 대하겠느냐며 속이 상해서 우셨다. 그렇게도 딸의 행복을 원하는 아버지건만 집안의 체면이 무엇이길래 내 길을 막으시는 것인가 하면서도 나는 아버지의 체면을 세워 드리는 길을 택했다. 지금 같으면 체면이고 뭐고간에 딱 이혼을 했을 것이다. 그러나 나는 내가 그렇게도 사랑하는 아버지를 위해 다시 마음을 고쳐먹었다. 그래, 파혼을 포기하던 순간으로 다시 가자. 처음부터 맘에 꼭 든 것은 아니었으니까. 착하고 가정적인 것은 좋지 않은가!

1973년 9월 나는 첫 아이를 낳았다. 딸이었다. 아들이 아니라 서운했지만 나는 그저 신기했고 남편과 어른들도 반가와했다. 그리고 2년 있다가 둘째아이를 낳았다. 이번에는 아들이었다. 나는 뭔가 떳떳함을 느꼈다. 1남 1녀를 낳자 우리는 일찌감치 단산했다.

그런데 79년이 되자 남편은 돌연히 직장을 버리고 친구를 따라 상경해 버렸다. 배관을 배우면서 취직을 했다고 아이들 데리고 이사오라고 했다. 나는 서울이 싫어서 이사가지 않겠다고 우기고 7개월간을 시골에서 아이들 데리고 살았다. 남편은 그 동안 돈 10원도 가져다 주지 않았다. 자기가 다 썼다고 하지만, 서울에서 일다니며 사는 동생들에게 다 준 것임은 보지 않아도 알 수 있었다. 장남이 뭔지, 끊임없이 온 가족에게 원하는 모두를 해결해 주어야 하는 남편이 한편으로는 안되기도 했다. 그러나 나는 모아 둔 돈으로 쌀을 사다 먹으면서 내 고집대로 시골에서 살았다.

다시 서울로 : 셋방살이에 남편의 바람기

하루는 친정집에 갔다가 저녁할 시간이 되어 집에 와 보니 집안에 아무것도 없었다. 세간살이들이 모두 없어졌다. 남편이 시누남편을 데리고 와서 내가 없는 틈을 타서 다 싣고 서울로 이사해 버린 것이다. 남편은 애들의 학교입학 때문에 마음이 다급해졌던 것이었다. 당장 밥해 먹을 솥이 없으니 나는 그길로 서울 시누이네로 달려 올라왔다.

내집 놓아 두고 셋방살이 하자니 불편한 점이 하나 둘이 아니었다. 그러나 가장 참을 수 없는 것은 여섯 살 난 아들녀석이 해만 지면 집에 가자고 조르는 것이었다. 넓은 제 집에서 마음껏 뛰던 아이가 조그만 방에 갇혀 있으니 오죽 답답했으랴! 나는 아이가 조를 때마다 속상해서 울기도 많이 울었고 남편에게 원망도 해댔다. 그러나 남의 집인데다 애들도 제법 철이 들 나이라 작은 소리로 말다툼하는 것이 고작이었고, 아무 말도 하지 않고 다 들어주는 남편의 웃는 모습은 내 입만 아프게 했다. 결국 나는 제풀에 지쳐 버리고 말았다.

서울에 살면서도 나는 시댁을 자주 찾았다. 생신, 명절에는 물론이고 제사 때도 한번 거르지 않았으며 농번기에는 오래도록 머물면서 일손을 거들었다. 한번은 시댁 농번기에 가서 그만 7개월 동안 붙잡히게 되었다. 바쁘다는 핑계로 시어머니가 보내 주지 않으셨고 나도 상황을 보니 가겠다고 고집할 수가 없어서, 그냥 저냥 있다 보니 계절이 두 번 바뀌도록 있게 되었다. 나는 시골에서 지칠 대로 지쳤지만 집에서 반가이 맞아 줄 남편을 그리며 걸음을 재촉했다. 그런데 와서 보니 남편은 바람이 나 있었다. 나는 원망하지 않았다. 긴 시간 집을 비운 내 불찰도 있었으니까. 그러나 나도 사람인지라 한편으로는 이해가 안 되는 바도 아니지만 속상하는 것은 사실이었다. 특히 시골에서 죽게 일하고 왔을 때, 집에 있겠거니 했던 남편이 집에 없거나 혹은 다른 여자와 집에 있을 때는 속이 푹푹 썩었다. 이런 일이 계속되자 나는 점점 될대로 되라는 식으로 흘렀다. 남편이야 바람을 피긴 밀긴 맘대로 해라 하고 생각하니 차라리 속이 편했다. 애당초 죽자 살자 화끈하게 연애해서 결혼한 것도 아니고 마음에 꼭 들어 이 남자 아니면 죽는다고 매달려 한 결혼도 아닌만큼, 이제 자식들 키우며 내 일만 하고 살리라 마음을 정했다. 나는 더욱 부지런하게, 열심히 가계부를 쓰며 생활했다. 물론 남편에겐 아무런 내색도 하지 않았다. 질투나 강짜를 부리지 않기로 마음을 먹고 나니 얼굴에 기미가 생겨도 화장품 같은 것을 사지 않았고 군살이 쪄도 병 없이 건강해서 일 잘하면 그만이지 하고 가꾸는 일에는 통 관심이 가지 않았다. 물론 돈이 아까와서이기도 했다.

나는 안내원 시절처럼 무섭게 저축했다. 그러면서도 시동생 시누이 등록금 낼 때나 집안 행사 때에는 두말 않고 돈을 보냈다. 그런데도 시댁에서는 농사밑천을 달라며 걸핏하면 큰돈을 요구해 왔다. 안 주면 욕을 하고 대판 싸움이 벌어졌다.

시어머니는 "저놈은 지집한테 꼭 쥐어서 월급봉투를 지댁 준다"시며 "월급봉투 내 손에 쥐어 달라"고 역정이 대단하셨다.

이렇듯 고부간의 갈등이 끝없이 계속되니 남편은 외국이 더 편하다며 해외현장을 자원했다. 1980년도부터 배관으로 사우디, 리비아 등을 돌아다니게 된 것이다. "너 보기 싫어서 간다"고 농담 반 진담 반으로 말하고 간 남편은 한 현장이 끝나면 휴가차 나왔다가, 곧 다른 현장으로 간다며 출국했다.

남편은 해외로, 나는 교회로

남편이 아예 외국에서 살다시피 하니까 사람들은 나에게 얼마나 속상하냐고 물어 온다. 그러면 나는 맨날 붙어사는 것보다 낫다고 웃으며 대답한다. 그러면 내가 괜히 내숭떠는 줄들 안다. 그러나 나는 남편의 출국으로 한 가지 소원성취를 했다. 그렇게도 벼르던 교회에 다니게 된 것이다. 결혼 초부터 시어머니는 '교회 다니는 년은 다 나쁜 년이다. 교회는 연애대장이나 다니는 데라더라' 하고 욕하셨다. 남편도 '집안이 편해야지 교회는 다 뭐냐'며 못 나가게 말렸다. 나는 늘 언제는 나가야지 나가야지 하고 벼르다가 남편이 외국 나간 후 뜻을 이룬 것이다.

남편이 외국에 나가고 1년쯤 지나 우리는 서울외곽에 집을 샀다. 남편이 번 돈에다 친정집에서 무이자로 얻어온 돈을 합쳐 1,300만 원짜리 집을 산 것이다. 우리 아이들이 주인집 눈치 보지 않고 자랄 수 있게 된 것이 무엇보다도 기뻤다. 나는 빚을 갚기 위해 더욱 허리띠를 조여야 했지만 마음만은 풍성했다.

그런데 시댁에선 자꾸만 돈을 요구해왔다. 게다가 무슨 인연인지 우연히도 시누이, 시동생들이 다 우리 집 부근에 살게 되자 문제는 더욱 심각해졌다. 가까우니까 걸핏하면 찾아와서 돈을 바라는 것이다. 처음에야 빌려 달라고 하고 가져간다. 그러나 한번 가져가면 뚝딱 그만이다. 빌려 달라 하고 가져가면 뚝딱이 여러 번 있자 '으이그! 지겨워' 소리가 저절로 나왔다.

남편이 외국에 나가고 2년 있다가 시아버지가 돌아가셨다. 시댁에는 시동생 둘과 시누이 둘이 남게 되었다. 그 후 1년이 조금 지나 세째 며느리가 들어왔다. 정식결혼이 아니라 연애를 하다 동거에 들어간 것이었는데 공교롭게도 교회 장로의 딸이었다. 시어머니는 그 며느리와 매일 싸웠다. 그리고 보니 우리 시집은 종교전쟁의 싸움터가 되어 버린 느낌이었다. 큰며느리인 나와도 종교문제로 조용할 날이 없었지만 시어머니는 그래도 내가 좀 나은 편이었는지 우리 집으로 오셨다. 나는 시어머니를 모시면서 틈을 보아 교회에 함께 나가자고 권했다. 그러면 어머니는 퉁명스럽게 말씀하셨다. "난 안 간다. 너나 실컷 다녀라. 죽을 날도 얼마

안 남았는데 교회는 무슨 교회냐!"얼마 후 시어머니는 네째 아들 밥해 주신다며 성남으로 옮겨 가셨다. 그런데 거기서 그 아들과 말다툼이 생겼다. 내 흉을 보시는 시어머니께 "형수가 뭘 잘못했어요!" 하고 내 편을 들어 준 것이 화근이었다. 시어머니는 그 길로 아무 말 없이 집을 나가셔서 여태 소식이 없다.

누가 알면 창피해서 어떻게!

남편이 외국에 나가자 우리는 해외가족이라 불리우게 되었다. 그런데 남들은 해외가족이라면 이상하게 색안경을 쓰고 보는 것 같았다. 한때 해외가족의 부인들의 좋지 못한 행실이 크게 알려졌기 때문인지도 모르겠다. 나는 놀고 먹는 사람이 아니라 열심히 살려고 애쓰는 사람이라는 것을 인식시키고 싶었다. 또 애들도 점차 자라 학교에 다니게 되니 낮에는 집에서 할일이 없어졌다.

바로 이즈음에 나는 신문에서 파출부를 모집한다는 기사를 보았다. 나는 금방 마음이 끌렸다. 일이라면 어떤 것이든 다 자신이 있었기 때문에 잘할 수 있을 것 같았다. 나는 다음날 YWCA로 찾아가 접수하기로 마음을 정했다. 그러나 그날밤 잠자리에 들자 여러 가지 생각이 떠올라 쉽게 잠이 오지 않았다. 애들이 학교에 갔다왔을 때 누가 돌보아 줄까, 엄마가 파출부라는 것을 어떻게 생각할까, 그렇지 않아도 학급에서 반장이고 일등인 딸아이가 친구집에 다녀와서 우리 집은 왜 이렇게 작으냐고 불평을 하는데 이 일로 딸의 자존심에 상처를 주지나 않을지, 남편은 어떨까, 친정부모님은 고생한다고 속상해 하시겠지, 시집식구들은 어떻게 나올까, 동서들이 알면 창피해서 어쩌지, 등등 여러 가지 생각이 떠올랐다. 그러자 점점 그만두자는 쪽으로 마음이 기울었다.

그러나 그만두자 하면서도 마음 한구석에 자꾸 미련이 남는 것이었다. 그건 아무래도 친정조카 때문인 것 같았다. 이건 아무에게도 말하지 않았는데 나는 오래 전부터 사촌오빠의 아들에게 학비를 대주어 왔다. 그 오빠는 우리 큰아버지의 아들인데, 어려서부터 나를 아주 예뻐해 주었고, 나도 그 오빠를 몹시 따라 커서도 친하게 지냈었다. 그런데 그 오빠가 일찍 돌아가셔서 그 후로 올케언니가 혼자 삼 남매를 키우느라 무진 애를 쓰는 것이 참 안타까웠다. 나도 가난에 쪄서 학교를 못 다녀 지금 평생의 한이 되었기 때문에 저러다가 애를 학교에 보내지 못하면 어쩌나 하고 걱정이 되었다. 나는 올케에게 장조카의 학비는 내가 맡을 테니 좀 힘들더라도 대학에까지 꼭 보내라고 용기를 주었다. 사실 대학이라는 것이 사람의 일생에 큰 영향을 준다는 것은 내 삶과 남동생의 삶을 통해 절실히 깨달았기에 나는 배움을 강조했다.

그 후로 나는 매월 3 - 4만 원 씩을 조카의 학비로 보내 주고 있었다. 그러나 빤한 남편의 월급에서 매번 그만큼의 돈을 떼내는 것은 여간 눈치 보이는 일이 아니었다. 사실 집에서 살림하는 것도 같이 버는 것이나 마찬가지지만 어디 남자들 그렇게 생각을 해야 말이지. 다 자기집 주는 건 뭐라고 안하지만 친정 주는 것은 겉으로 말 안해도 싫어하는 것이 남자들의 마음이라는 걸 나는 잘 알고 있었다. 여자는 친정이 든든해야 시집가서도 기 펴고 살지 안 그러면 평생 죽어 지내야 하게 마련이라는 어른들의 얘기가 그래서 나왔나 보다.

그날 밤이 새도록 결정을 못 내린 나는 아이들을 학교에 보낸 뒤 집안도 치우지 않고 동생에게 달려갔다. 마침 내 바로 밑에 여동생이 결혼을 해서 우연히도 우리 집 근처에 살고 있었다. 그 애는 그래도 고등학교까지 나왔고 취직을 해서도 자기 시집갈 것 준비한다고 집안에 월급을 내놓은 적이 없는 실속파였다. 부모님께서도 장녀와 차녀가 이렇게나 다른 것이냐고 내게 민망해 하셨지만 나는 장녀로 태어난 것도 내 운명이거니 생각하며 아무쪼록 시집가서 행복하기만을 바랐다.

동생은 신혼살림답게 아기자기 예쁘게 꾸며 놓고 살고 있었다. 열 식구가 와글대던 내 신혼과는 다른 무드가 있어 보여 얼핏 부럽기까지했다. 그러나 나는 무드보다 급한 용무가 있었다. 이른 아침 갑자기 달려온 나를 멀거니 보고 있는 동생에게 나는 은밀히 파출부 이야기를 꺼냈다. "누가 알면 창피해서 어떻게?" 동생은 펄쩍 뛰었다. "내가 벌어 내가 쓰면 되지 뭐가 창피하냐!" 나는 나도 모르게 언성을 높였다. 움찔하는 동생을 보고서야 나는 내가 필요 이상으로 흥분했음을 깨닫고 조카를 돕고 있다는 사정이야기를 했다. 깜짝 놀라는 동생에게 "애 그러면 네가 좀 도와 줄래? 그래도 우리 친정으로는 종가집 장손이지 않니. 생판 남한테 장학금을 주기도 하는 세상인데……" 하고 의중을 떠보았다.

그러나 동생은 자기도 갓 결혼한 처지라 마음은 있지만 당장은 어렵겠다고 잘라 말했다. 나 역시 동생이 친정 돕느라고 남편 눈치 보며 살게 되는 것은 원치 않으므로, 여지껏 나 혼자서 해왔으니 내 힘으로 해 보마 하고는 집안 일이 밀렸다는 핑계로 일어섰다.

그런데 집으로 오는 내 걸음걸이가 모르는 새 자꾸 빨라지는 것이 느껴졌다. "9시까지 가려면 서둘러야 할텐데……" 나는 어느새 마음을 정하고 있었던 것이었다. 동생이 펄쩍 뛴 것에 대한 반발심 때문이었을까? 어차피 동생에게 지지를 얻으러 간 것은 아니지 않은가. 동생에게 함께 돕자고 했던 내 말에 내가 용기를 얻었던 것이었다. 접수를 하러 가 보니 사람들이 무척 많았다. 모두들 이렇게 열심히 일자리를 찾는구나 생각하니 새로운 용기가 생겼다. 또 파출부라고 무턱대고 되는 것이 아니라, 자격이 있나 없나 하고 시험까지 보는 것이었다. 시험문제는 덧셈, 뺄셈, 받아쓰기, 청소순서 같은 것이었다. 아마 시장에서 물건을 살 수 있나, 전화를 제대로 메모해 놓을 수 있나, 집안일을 맡길 만한가 등을 알아보려고 한 것 같았다. 필기시험 후에는 면접을 보았는데, 가족상황과 남편의 직업을 물어보고 또 손도 좀 보자고 해서 보여줬다. 서너 시간이 지나자 합격자를 알리는 방이 나붙었다. 800명 중에서 80명을 뽑았다는데 나도 그 안에 들어 있었다. 나는 마음이 두근거리며 아주 기분이 좋았다. 차를 타고 오는데도 자꾸 웃음이 나오려고 해서 억지로 참았다. 내가 시험을 봐서 붙었다고 자랑하고 싶었다. 그러나 생각이 애들에게 미치자 나는 더 이상 웃음이 나오지 않았다. 이 사실을 애들에게 말해야 하나 하지 말아야 하나 갈피를 잡을 수 없었다. 동서들이 알까 봐 창피한 마음이 자꾸 드는 것도 어쩔 수 없었다. 나는 아무에게도 말하지 않기로 결정을 내렸다. 애들한테는 YWCA에 공부 배우러다닌다고 말하기로 했다.

내 인생의 새 항로

내가 처음 파출부로 나간 집은 장위동이었다. 4식구가 사는 큰 사장님 댁이었다. 처음 간 날은 빨래, 청소, 유리닦기 등을 했다. 주인아주머니는 내게 파출부일이 처음이냐고 묻고는 내가 하는 일을 찬찬히 살펴보았다. 오후 5시가 조금 넘자 주인 아주머니는 일당 5,000원에 2,000원을 더 주시며, 유리 닦느라고 수고했다며 애들 과일이나 사다 주고 차비나 하라고 했다. 그 후 나는 매주 월·수·금요일에 9시 반부터 저녁 5시 반까지 그 댁에 가서 일을 했다. 아주머니는 내게 잘해 주었고 매일 차비하라고 6000원씩 주고 가끔 일이 많았을 때는 조금씩 더 주기도 하셨다. 나도 아주머니가 잘해 주는 만큼 성외껏 했다.

장위동 집에 다닌 지 반년이 조금 지났을 무렵 시어머니의 회갑이 다가왔다. 시아버지도 이미 돌아가시고 그렇게 의지하던 맏아들인 남편도 없는지라, 나는 더욱 잘해야지 하고 벼르던 참이었다. 주인아주머니께 며칠 휴가를 얻어서 내려갈까 하고 생각도 해 보았지만 시골의 회갑이란 동네잔치이기 때문에, 시일도 오래 걸리고 음식을 장만하고 하려면 아무래도 한 20여 일은 걸릴 것 같아 궁리가 많았다. 그 동안 정도 들고 일도 손에 익어 그 집에 계속 다니고 싶긴 하지만, 그렇게 오랜 기간을 비워 달라고 할 수는 없고, 그렇다고 맏며느리가 먼저 빠져 올라올 수는 또 없는 노릇 아닌가. 더구나 내가 직업을 가지고 있다는 것을 말할 수도 없으니…… 나는 다음날 일을 마치고 나오면서 주인아주머니께 사정을 이야기하고 다른 사람을 쓰시라고 말씀드렸다. 아주머니는 나와 같이 지내며 내가 하는 일을 보아 와서인지 놓치고 싶지 않다며, 일을 마치고 나서 다시 오라며 그 동안만 다른 사람을 쓰겠다고 하셨다.

그러나 시골에서 올라와 그 집에 가보니 다른 사람이 와서 일을 하고 있는데 내가 그 자리를 뺏으러 온 것 같아 미안한 마음이 들었다. 저 사람도 사정이 있어 파출부를 할텐데 하고 생각하니 내 욕심만 차릴 수 없었다. 나는 자꾸 붙드시는 주인아주머니께 애들을 핑계로 대고, 쓰던 사람을 그냥 두시라고 말씀드리고 그간 고마웠다는 인사를 마지막으로 그 집과의 인연을 마감했다.

그리고 얼마 있다가 Y의 소개로 지금 다니는 집과 새로운 인연을 맺었다. 그 집은 아파트에 사는 맞벌이 부부로 국민학교 1학년인 아들아이가 하나 있는 단출한 가정이었다. 이 집에서 가장 중요한 내 일은 학교에서 돌아온 아이를 어머니나 아버지가 돌아오실 때까지 잘 돌보는 것이었다. 나는 같은 여자의 입장에서 또 자식을 두고 나와 내 일을 하는 비슷한 처지에서 그 어머니의 마음이 십분 이해되는지라 내 아이처럼 여기고 돌본다. 마침 아이도 착하고 버릇이 좋아 돌보는 데 큰 애로 없이 지내고 있다.

그런데 한번은 이런 일이 있었다. 내가 일을 하고 있는데 학교에서 돌아온 아이가 느닷없이 바지를 내리고 엉덩이를 보이며 아줌마 이것 봐 하고 울먹이는 소리로 말하는 것이었다. 아직도 애기처럼 보들보들한 엉덩이가 파아랗게 멍이 들어 있었다. 나는 깜짝 놀랐다. 내게는 아이를 보살펴서 하루를 잘 넘기는 것이 최대의 문제였기 때문이었다. "어제 엄마한테 매맞은 거야." 아이는 나를 보자 반가운 마음에, 편을 들어 달라는 듯 사정이야기를 하는 것이었다. 순간 나는 가슴이 뜨끔했다. 어제 내가 아주머니께 아이에 관해 이야기한 것이 발단이 되어 맞은 것이 분명했다. 그러나 그것은 사소한 애일이었고 내가 야단치면 아이가 서운해 하고 아주머니도 전해 듣기에 거북하실 것 같아 지나가는 말로 슬쩍 비친 것인데 멍이 들도록 때리셨다니 좀 심하다는 생각이 들었다. 게다가 늦게 결혼하여 얻은 하나뿐인 자식인데 그럴수가 하는 생각이 들자, 혹시 내게 서운하신 게 아닌가 하고 슬며시 걱정이 되었다. 나는 우선 아이를 달래놓고 일을 하며 아주머니를 기다렸다. 6시가 조금 지나자 아주머니는 시계처럼 정확하게 현관에 들어섰다. "아줌마 여태 안 가셨네" 하는 말이 채 끝나기도 전에 나는 다짜고짜 "애는 왜 그렇게 혼내셨어요" 하고 원망 어린 말투로 물었다. 차분하고 말이 없는 아주머니는 코트의 단추를 끄르며 맥없이 웃기만 했다. 나는 그 입에서 무슨 말이 떨어질까 긴장이 되었다. "나도 하루종일 그것 때문에 마음이 아팠어요. 하지만 엄마가 나가서 일하는 것이 아이에게 무슨 죄를 짓는 거예요? 사실 나도 아줌마가 어제 그 얘기를 했을 때 야단을 쳐야 하나 아니면 그냥 둘까 망설였어요. 하루종일 엄마와 떨어져 있고 다른 애들처럼 엄마에게 어리광 한번 제대로 부리지 못하는 것이 안스럽기도 해서요. 하지만 다시 생각해 보니 그게 아니더군요.

 엄마 스스로가 아이에게 미안하다는 마음 때문에 꾸중 한번 하지 않으면 아이의 교육이 어찌 되겠어요. 조그만 일이라도 잘한 것 잘못한 것을 가려서 상벌을 내리지 않으면 나중에는 큰 잘못을 꾸짖어도 부모에게 서운하다는 감정이 반성을 하기 어렵게 만들고, 결국 엄마의 직장생활이 아이를 망쳤다는 비난을 면하기 어려울 거예요. 사회에서도 엄마가 직장생활을 하는 가정의 자녀 중에 비행 청소년이 많다고들 말하지만, 나는 자녀들을 모두 건전한 아이들로 키운 사람을 여럿 알고 있어요. 그들은 한결같이 자녀에게 죄책감이나 미안함을 갖는 것이 제일 나쁘다고 해요. 오히려 아이들과 자주 이야기하면서 각자 자기일을 스스로 알아서 하도록 깨우쳐 주는 것이 좋대요. 그 말을 들었으면서도 아이를 야단치는 순간에는 이 녀석이 엄마를 무서워해서 피하거나 미워하면 어쩌나 하고 걱정이 되더군요. 그렇게 멍이 들도록 때린 것도 내 마음이 약해질까봐 우려한 것도 있겠지요." 주인 아주머니는 안경을 만지며 고개를 숙이더니 잠시 후에 내게 물었다." 그런데 그 녀석이 아주머니한테 엉덩이를 보여줘요?" 나는 아까의 일을 이야기하며 "불쌍해서 혼냈어요. 다음에는 조금만 혼내세요." 하고 덧붙였다. 아주머니는 내 손을 잡으며 "고마워요. 우리 아이를 그렇게 감싸 주시니, 아줌마가 오고 나선 내가 마음이 한결 놓여요" 하는 것이었다.

 집으로 돌아오면서 나는 아주머니의 말을 다시 새겨보았다. 나도 늘 자식들에게 미안한 마음을 가지고 있었던 참이라 구구절절이 공감이 되었다. 맞아! 엄마가 일다니는 게 죄는 아냐, 그래 미안할 것 없다. 그러면서 한편으로는 나보나 한 살밖에 더 안 먹은 사람이 어쩌면 그렇게 현명할까 하는 감탄과 그런 사람이 나를 믿고 나가서 일을 한다는 생각이 들어 기분이 좋아졌다. 다른 날 같으면 동동거리며 신호등에 걸리지 않기만 기도하던 차 안에서, 나는 오랫만에 평온함을 느꼈다.

엄마, 또 나가?

여자가 밖에서 일을 하면서 제일 걸리는 것은 역시 아이들이다. 처음에 파출부로 나가느라 집을 비울 때는 아이들 때문에 크게 걱정이 되었다. 일을 하다가도 아이들이 돌아왔을 시간이 되면 마음이 불안했다. 학교에서 별다른 일이 없었는지, 점심은 잘 챙겨 먹는지, 빈집에서 울고 있지나 않은지 등등 마음에 걸리는 것이 많았다. 오후에 파출 나간 집의 아이들이 돌아와 내가 간식을 만들어 줄 때면 나는 애들 생각에 마음이 더욱 아팠다. 그 후로 나는 애들이 좋아하는 우유와 햄버거를 주문해서 학교에서 돌아와 자기들이 먹고 싶을 때 먹도록 하고 있다.

처음에는 엄마가 공부하러 다닌다고 했기 때문에 그런지 별불만이 없는 듯했다. 사실 어른들의 잔소리에서 벗어나 종일 마음대로 뛰어 놀 수 있는 것이 즐거웠을 것이다. 그런데, 얼마쯤 지나고 보니 아침에 등교할 때마다 아이들이 짜증을 부리고 힘이 없어 보이는 것이었다. 나는 애들이 공연히 학교에 가기 싫어 그러는 것이리라 여기고 서둘러서 학교에 보냈다. 나 역시 애들이 학교에 빨리 가야 집안일을 대충 하고 출근할 수 있기 때문이기도 했다. 그러기를 얼마쯤 계속했을까, 하루는 딸아이가 학교에 가다 말고 문간에 걸터서서 쭈뼛거리며 내 눈치를 보고 있었다. 뭐 잊어버린 게 있어서 그러나 싶어 주위를 둘러보고 있는데, 딸아이가 '엄마'하고 부르는 것이었다. 무슨 할말이 있나 보다 하고 내가 다가서자, 딸아이는 나를 올려다보더니 아주 작은 소리로, "오늘도 또 나가?"하고는 마치 못할 말을 한 것처럼 어색해 하더니 다람쥐처럼 달려나가 버렸다. 나는 마음이 서늘해지면서 나무토막처럼 한참을 서 있었다.

내가 무슨 정신으로 집을 나와 버스에 탔는지 나도 몰랐다. 나는 줄곧 딸아이의 울 것 같은 표정만을 생각하고 있었다. '그저께 있었던 학교 자모회의에 내가 참석하지 않은 것이 그렇게 속상했었나……' 나는 파출부 일을 다니기 전까지는 학교에 자주 들락거렸다. 학교에서 아이가 어떻게 공부하는지도 궁금하고, 학교에 찾아오시는 애가 부러웠던 기억이 있고, 또 학교에 가면 선생님들도 우리 아이 칭찬을 많이 해주시곤 해서 자주 학교에 간 편이었다. 그러다가 갑자기 찾아 가지 않게 되었으니 아이가 그렇게 서운해 하는 것도 당연했다. 나는 하루종일 심란했다. 파출부 일을 그만둘 수밖에 없다는 생각과, 조카아이를 공부시켜야 한다는 생각이 서로 엉켜 정리되질 않았다. '조카보다야 내 자식이 중하지'하면서도 나만 믿고 열심히 공부하는 조카를 생각하니, 선뜻 그만둘 수가 없었다. 그날 저녁 돌아오는 버스 속에서 나는 차분한 마음으로 눈을 감았다. 어렵게 용기를 내어 한번 시작한 일인데 여기서 중단할 수는 없었다. 내 손으로 돈을 벌면서 얼마나 떳떳했었던가. 나를 필요로 하는 곳에서 일하는 보람도 있었다. 나는 파출부 일을 계속하기로 마음을 굳혔다. 아이들의 문제는 집에 혼자 있는 시간을 줄여 주면 좀 나을 것 같았다. 나는 집에 돌아와 아이들과 의논해서 딸아이는 피아노와 주산 학원에, 아들은 태권도와 주산학원에 다니도록 해주었다. 아이들도 그전부터 다니고 싶어했던지라, 무척 좋아했다. 사실 나도 내가 못했으니 우리 아이들에게는 여한 없이 모든 것을 다 시켜 보고 싶었지만 돈이 들어 엄두를 내지 못했던 터라, 이 기회에 내가 번 돈으로 당당히 학원을 보내는 것도 의미가 있었다. 지금 생각하면 그때가 처음 결정보다 더욱 어려웠던 것 같다. 그러나 그것은 파출부에 대한 애착을 강하게 심어 준 계기가 되었다.

지금 딸아이는 피아노 대회에 나가 상을 타올 만큼의 실력이 되었고, 두 아이 모두 엄마가 없는 생활에 익숙해져서 학교에 다녀오면 밥 챙겨 먹고 학원에 다녀와서 자기들끼리 저녁밥까지 다 해서 먹게 되었다. 그래도 내가 파출부를 당장 그만두고 싶을 때가 있다. 그것은 아이들이 아플 때이다. 아파서 학교도 못 가고 누워 있는 것을 두고 나올 때에는 발길이 떨어지지 않는다. 내가 안 가면 그 집은 어쩌나, 이 집은 내가 꼭 가야 하는데 하면서 나오지만, 하루종일 천정만 바라보고 누워 있을 아이를 생각하면 당장 그만두고 싶은 생각이 굴뚝 같다. 그래서, 나는 교회에 가면 아이들 건강을 제일 먼저 기도드린다.

엄마는 이게 인생 공부란다

얼마 전이었다. 저녁늦게 전화벨이 울렸다. 내가 막 받으려는데 언제 깼는지 딸애가 먼저 수화기를 들었다. 그런데 딸애는 전화를 받자마자, "얘, 잘못 걸었어" 하는 것이었다. "번호는 맞는데 그런 사람 없어" 하는데, 뭔가 심상치 않아 누구냐고 물어보라고 했더니 영만이라고 하는 것이 아닌가. 내가 나가는 집 아이였다. 나는 반사적으로 수화기를 뺏었다. 영만이는 자기엄마가 시골에 가셔서 안 오셨다고, 내일은 토요일이지만 좀 와달라고 했다. 내가 알았다고 대답하고 전화를 끊자마자 딸아이의 날카로운 목소리가 날아왔다. "엄마, 파출부 나가?" 아이는 채 대답도 기다리지 않고, "난 Y에 가서 공부하는 줄 알았단 말야" 하고는 엎드려 우는 것이었다. 나는 "네가 파출부가 뭔 줄 알고 이러느냐" 하면서 야단을 쳤다. 그리고 나서 아이를 달랬다. "너도 이제 철이 들어 엄마 말 알아 들을 거다. 엄만 이게 인생공부란다." 딸아이가 좀 수긍하는 태도를 보인 것이 기뻐서 나는, "우리끼리 비밀이다" 하고는 세상 모르고 잠들어 있는 아들 녀석을 가리켰다. 그날 밤에 딸아이가 잠든 후에도 나는 잠이 오지 않았다. 딸애한테는 파출부 일을 하는 보람과 좋은 점만을 말해 주었지만, 세상에 불만 없는 직업이 어디 있겠는가? 사실 하루 일당 7,000원은 너무 적다. 못 줘도 만원 한 장은 받아야지, 돈 7000원 받아봤자 변변히 쓸 데가 없다. 회사에서 서류를 작성해도 월급 삼십만 원을 받는데, 우리는 못 배운 탓에 힘든 일을 하고도 싸게 받는 것이다. 파출부는 15,000쯤 받아야 한다고 생각한다. 일이야 손에 익히면 하는 것이지만 식성에 맞는 반찬을 해대는 것은 까탈스런 일이다. 그리고 가정주부가 집에 있으면, 내가 한 일에 대하여 눈으로 직접 보니까, 내 마음이 더 떳떳할 것 같다.

그러나 돈보다도 아이들에게 영향을 줄까 봐 제일 걱정이다. 얼마 전에 TV를 보니 혼사에도 거론되어, 엄마가 파출부라 결국 그 혼담이 깨지는 것을 보고 가슴이 섬찟했다. 내가 아무리 떳떳하게 생각하고 보람을 느껴도 사회적으로 낮게 취급되는 것이 문제다.

나의 하루

나의 하루는 예배로 시작된다. 새벽 3시 40분이면 일어나서 교회로 향한다. 깜깜해도 저절로 교회에 다다르게 된다. 우선 남편과 아이들을 생각하고 오늘 하루 내가 맡은 일을 무사히 마칠 수 있도록 도와 주십사 기도한다. 5시 30분에 돌아와 아침밥과 도시락을 준비한다. 아이들이 7시 30분에 등교하면 집안 청소를 하고 재빨리 빨래를 비벼 놓는다. 8시 20분이면 준비를 하고 대문을 나선다. 이렇듯 바쁘기 때문에 마음 또한 바쁠 수밖에 없다. 우리 집에서 파출부 나가는 집까지는 시내버스로 보통 1시간 걸린다. 차가 늦게 오는 날은 20분 정도 기다리는 때가 있는데 겨울에 발이 시리거나 여름에 땀이 흐르는 것은 괜찮으나 늦을까봐 마음이 여간 졸여지는 게 아니다. 그 집에 9시 30분에 가기로 되어 있는데 나는 절대로 늦고 싶지가 않다.

내가 청소와 빨래를 대충 마치는 점심때 무렵에 영만이가 돌아온다. 이때가 내 점심시간이기도 하다. 나는 점심상을 차려 놓고, 영만이의 손을 잡고 오늘 하루도 우리 둘이 잘 지내게 해달라고 기도한다.

파출부 일을 안 나가는 토요일과 일요일에는 더욱 바쁘다. 집안에 밀린 일도 좀 하고, 꽃시장에 나가서 꽃을 사다가 교회에 꽃꽂이를 하고, 애들을 데리고 교회에 간다. 일요일 저녁예배 때 구역예배 보고를 해야 하므로 늦게까지 교회에 있지만 마음은 더없이 즐겁다. 내게 있어서 종교는 힘도 되고 의지도 되는 가장 중요한 것이다. 그래서 나는 다른 데는 무섭게 절약하면서도 십일조 헌금은 꼭 한다.

남편의 월급은 현재 60만 원이 넘는다. 그런데 재형저축을 빼면 손에 들어오는 돈은 35만 원이다. 내가 푼푼이 버는 돈에서 조카에게 보내고 남는 것으로 생활비 일부를 충당하므로 목돈은 우선 저축한다. 아이들 우유값과 학원비로 8만 원이 나가는 외에는 큰 지출이 없으므로 나는 매달 내 이름으로 된 통장에 20만 원씩 저축을 하고 있다. 친정에서 집살 때에 빌어 온 돈도 이제는 다 갚아서 큰 집으로 옮겨 갈 수 있을 것 같다. 시댁에서 또 돈을 달라고만 하지 않는다면 내년까지는 좀 큰 집을 살 수 있을 것 같다. 금년 한 해만도 시댁에 나간 돈이 150만

원이 넘었으니 말이다.

아이들에게는 한 달에 용돈을 2,000원씩 주었었다. 아이들은 용돈을 넣어 준 봉투에 돈 쓴 것을 써서 내게 보여준다. 그러면 나는 그 내용을 자세히 보고 돈을 내준다. 그러나 자꾸 가불이 늘어 가는 것이 평균 5,000원은 드는 것 같았다. 그래서 딸아이는 6,000원씩 주고 있는데도 자꾸 올려 달라고 한다. 그러나 나는 아이들을 대학까지 보내기 위하여 지금부터 절약을 가르치고 있다.

딸애는 공부를 잘해서 걱정 없지만, 아들아이가 좀 못해서 안타깝다. 도시락을 싸서 보내는 정성은 딸에게 더 하지만 아들은 자기 앞날을 생각하고 또 우리 집안 장래를 짊어져야 하므로 공부에 신경이 쓰인다. 나는 딸아이가 출가를 잘하기를 바라는 마음이지만, 자기가 원한다면 결혼하지 않고 끝까지 공부해도 좋다. 나는 그 애가 판사가 되는 것이 소망이다. 판사가 되어 억울하게 당하는 사람을 인도해 주라고 말해 주었더니, 아빠에게 꼭 그렇게 되겠노라고 편지를 했다고 한다. 아이들은 아빠가 외국에 계신 것을 아주 싫어한다. 남편이 휴가를 끝내고 출국하려 하면 아이들은 '또 가?' 하면서 짜증을 냈다. 그래서 무슨 일만 있으면 아빠에게 편지를 쓴다. 나도 남편과 일주일에 두 번씩 편지를 주고받는다. 그러나 이제 9개월 후면 우리 아이들은 아빠와 헤어지지 않고 살 수 있게 된다.

새처럼 날아서

나는 가끔 남편 회사로 수기를 써서 보낸다. 내용은 애들 성장 과정도 있지만, 주로 지나온 일을 되돌아보는 내용이다.

그렇게 내성적이던 내가 주어진 일을 겁 안 내고 다 할 수 있는 오늘의 나로 된 것은 무엇 때문일까? 첫째는 아버지기 어릴 때부터 시킨 일들이 몸에 배어서이다. 어린 나에게 보리짚을 때게 하시다니, 불내면 어쩌나 싶어서 나 같은면 못 시킬 것이다. 아버지는 내가 남의 신세를 지지 않고 제 능력껏 살도록 강하게 만들고 싶으셨을 것이다. 그래서 나도 우리 아이들을 자기 앞에 닥친 일은 스스로 앞가림 할 수 있도록 키우려 한다. 그래서인지 나는 친정부모님에 대한 맘이 진하다. 지금은 시골에서 두 분만 살고 있는데, 1달에 1번씩 찾아뵙는다.

다음은 결혼이 변하게 한 것 같다. 우선 많은 시집식구들과 살다 보니 모르는 사이에 활달하고 외향적인 성격으로 변했다. 결혼은 내 일생에서 제일 후회되는 일이다. 결혼을 하고나서 나는 여자로 태어난 것을 말도 못하게 후회했다. 시어른들은 여자는 그저 땅이라고만 했다. 나는 남녀가 똑같은 대우를 받으면서 살고 싶었기 때문에 그 말 자체부터 싫었다. 사실 지금도 남자가 하는 일 여자가 다 한다. 남자 여자 일에 구별이 없으면 서로 편하고, 남자도 부엌에서 살림하고 빨래하는 것이 가능한데 여자만이 그것을 해야 하는가? 여자는 여자라서, 하고 싶은 것을 많이 하지 못한다. 나는 애들이 있는 것도 아주 후회가 된다. 살고 싶지 않을 때 뛰어나가도 아이들 때문에 아무것도 되지 않는다. 그리고 해외에도 나가고 싶은데 Y에서 그런 기회를 주었을 때 애들 땜에 못 가게 되어 후회가 막급이었다. 나와 같이 도망쳐서 서울에 왔던 그 고모는 남의 집 살다가 운전 배워서 운전사로 있다가 같은 운전사와 결혼했는데 지금은 운전기사를 둔 운수업자로 성공하여 떵떵거리며 잘살고 있다. 그 옛날 안내양과 가정부 시절 전화연락해서 만나고 서로 위로하며 고모 소리도 안하고 친구처럼 지내던 때가 새삼 그립다. 또 그 시절에 사귀던 남자도 생각이 난다. 그러나 나는 남자는 다 똑같다고 생각하므로 다시는 어떤 남자와도 결혼하고 싶지 않다. 나는 내가 혼자 벌어서 자유롭게 혼자 살고 싶다.

여자도 능력이 있으면 호화롭게 잘사는 세상이다. 생활능력이 있으면 구태여 결혼할 필요가 없다고 생각한다. 특히 공부하는 여자들은 결혼을 하지 않는 것이 좋다. 남편 뒷바라지 해야지, 시집에 행사 때마다 가야지, 마음이 거기에 쏠려서 공부하기 어려울 것이기 때문이다.

나는 매일 한강 다리를 건너면서 그 넓은 강물을 볼 때마다 새가 되었으면 한다. 새처럼 날아서 하고 싶은 일을 다 하고 살고 싶다. 더 넓은 세상을 보러 해외에도 한번 나가 보고.

그러나 지금의 내 소망은 고등학교 3학년인 우리 조카가 좋은 대학에 들어가고, 학교를 마치고 잘되는 것이다. 우리 애들도 애들이지만 아직 어리니까 급하지 않은데, 조카는 우리 친정의 장손으로 나의 희망이기도 하다. 나는 조카가 대학을 마칠 때까지 파출부를 계속할 예정이다. 그리고 돈을 더 모으게 되면, 공부는 잘하지만 돈이 없어 어려운 사람들에게 장학금으로 봉사하고 싶다.──인터뷰·오숙희■

획일문화를 거슬러 사는 여성들

나의 일이 가져다 준 것

박경아
연세대 해부학

더위가 제법 기승을 부리는 6월 중순의 어느 날. 한쪽 구석에 놓인 커다란 현미경이 인상적인 연구실에서 박경아 선생을 만났다. 그는 해부학을 가르치고 있는 교수. 전화로 처음 접했던 명랑한 목소리의 주인공과 해부학은 어떤 인연이었을까 하는 호기심은 그와 만나 이야기를 하는 동안 서서히 풀려나갔다.

"어떻게 해부학을 전공하게 되었냐구요? 그런 말을 종종 듣는데 사실은 아주 재미있는 학문이지요…… 현미경으로 보는 인체의 내부구조는 매우 아름답고 일종의 예술품 같답니다. 나의 부모님은 다 의사이지만 기초의학을 전공한 분들이었어요. 아버지는 병리학을, 어머니는 해부학을 전공하셨죠. 그러나 어머니의 영향이나 권유로 내가 해부학을 하게 된 것은 아닙니다. 어머니는 오히려 문과에 가는 것이 좋지 않겠냐고 하셨지요. 그러나 나는 제대로 선택했다고 생각해요. 대학에 와서 여러 교과목들을 접해 보면서도 이것이 가장 내게 흥미 있고 적성에 맞는 분야임을 확인했지요……"

아버지는 그가 태어나기 석달 전 6·25사변 때 납북되어 그의 출생 사실조차 모를 것이란다. 즉 그의 어머니는 결혼 1년 3개월 만에 남편과 생이별된 것이다. '아버지가 계셨더라면 자신이 많이 달라졌을까?'라는 물음에, "그런 일은 없을 거라고 생각돼요. 한때 아버지가 전공했던 병리학을 해볼까 하고 생각해 본 적이 있긴 하지만……"

어머니 세대에 의학이라는 분야를 선택한 것이 흔한 경우도 아닌데 더우기 해부학을 전공한 데는 무슨 사연이 있었을까 하는 생각을 불러일으킬 만도 하나 특별한 이유는 없었다고 한다.

"그때 어머니는 꼭 의사가 되어야만 한다고 생각하지 않았고 그보다는 교수직이 더 적성에 맞는다고 판단한 것이지요." 그의 어머니는 처음에 일본의 고등사범학교에 진학을 희망했으나 가족의 반대로 이루지 못하고 2년을 집에서 허송하다가 수학연한이 가장 길다는(5년) 이유로 의학의 길에 들어섰다고 하니 역시 남과는 좀 다른 생각을 가진 사람인 듯하다. 그의 어머니는 문학을 좋아하고 글도 잘 쓰고 노래나 연극을 잘하고 수도 잘 놓는다고 박경아 선생은 주저하지 않고 칭찬을 늘어놓는다.

그가 태어나고 한 달 후 9·28수복도 잠시의 꿈, 그와 어머니는 피난을 가야만 했다. 살을 베는 듯한 추위 속에 큰 트럭을 타고 6일 만에 부산에 도착했는데 어린아기를 데리고 있어 특별히 운전조수석에 태워 준 낯도 모르는 사람들의 호의를 지금도 잊을 수 없다고 한다. 피난은 왔으나 직업도 찾지 못한 어머니는 매일 갓난아기를 업고 영도 바닷가를 걸으며 혼자 눈물을 삼켰다고 한다. 그러다가 몇 달 후 어머니는 그곳에 있는 병원에서 근무하게 되었는데 단출한 두 식구였기에 그는 어머니와 같이 병원 내에서 생활화였다. 그는 두 돐이 넘도록 어머니 젖을 먹고 자랐다. 그 당시 그 병원은 입원실을 모두 피난민에게 제공하여 심지어 지하실까지 거의 60명의 식구가 살았는데 돌이 지난 박경아씨는 그런 공동체적 생활 속에서 많은 사람의 귀여움을 받고 자랐음을 어렴풋이 기억하고 있다.

국민학교 때는 어머니의 미국 연수로 1년 이상을 그를 길러 준 아주머니를 어머니처럼 생각하고 지냈다. 자연 그는 어머니를 아버지처럼 생각하게 되었다. 교수라는 직업을 가지고 생활해 나가는 어머니는 강한 느낌을 주었고 충분히 의존할 만한 대상으로 여겨졌다. 그리고 그는 외동딸이었지만 외할아버지 댁에서 5명의 외가 형제들과 함께 자랐기 때문에 항상 6남매의 한 아이였고 그들과는 지금도 친형제처럼 지내고 있다.

"나는 어머니가 기뻐하는 것을 보는 것이 제일 행복했기 때문에 열심히 공부하고 선생님께 칭찬받으려고 했어요. 어머니는 저녁에 들어오셔서 매일매일의 학교생활을 상세히 물어 보았고 우리 두 사람은 항상 이야기를 많이 나누었는데 이런 **관계**는 대학교 때까지 계속되었어요. 어머니의 기쁨은 나에게 좋은 동기가 되었고 우리 두 사람 사이의 친밀감으로 '잘해야만 한다'는 압박감 없이 나는 뭐든지 열심히 하는 편이었지요. 나는 어머니를 굉장히 신뢰했고 불만이나 반발심은 거의 느끼지 않았지만, 야단치는 어머니는 아주 무서웠다고 기억돼요. 국민학교 5학년 때 어머니께 보내는 편지쓰기에 '엄마는 다 좋은데 야단칠 때는 조금 살살

인체의 내부구조는 매우 아름답고
일종의 예술품 같답니다.

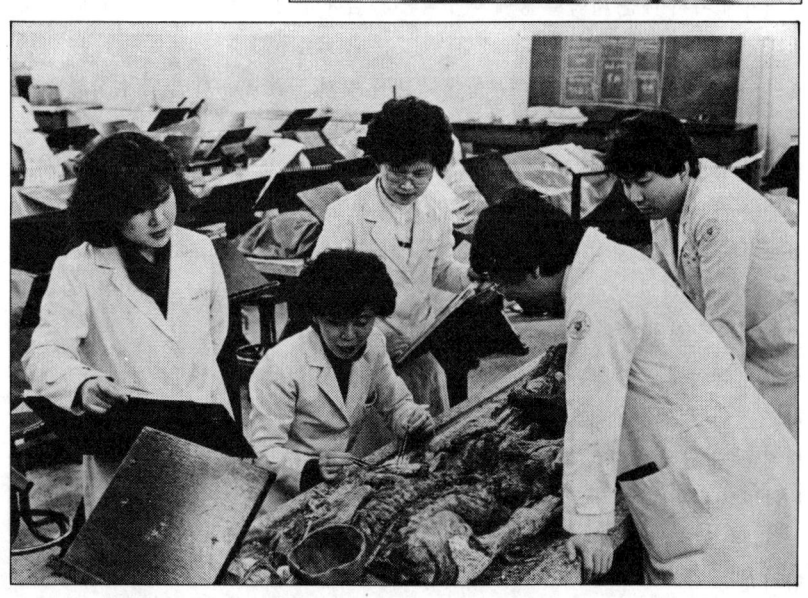

치세요'라고 써서 담임선생님의 동정을 받은 적이 있지요."

그는 '비교적 철이 일찍 든 편'이어서 어머니를 많이 도우려고 했다고 한다. "어머니의 일을 돕기도 하고 내 일은 내가 하려고 했어요." 민감하고 반발심이 많다는 사춘기를 지나면서도 어머니와 충돌한 적이 없었고 그렇다고 발산되어야 할 불만이나 감정이 억눌려 있었던 기억도 없었단다.

"나에게 어머니와 맞서 본다는 것은 생각할 수도 없는 일이었어요. 바쁘고 엄격한 생활을 해 나가는 어머니는 기대고 도움을 받는 대상이었지 충돌하고 반항할 수 있는 대상은 아니었지요."

그의 주위에는 여의사들이 많았다. 그런 환경 속에서 의사에 대해서 좋은 이미지를 갖게 되었고, 그 이외의 다른 영역에 대해서는 별로 생각해 볼 기회도 흥미도 적었다. 그는 고등학교 때 장래의 진로로 쉽게 의대 진학을 선택했다. 의학공부가 고된 편이라는 일반적인 견해에도 불구하고 어머니가 그에게 가졌던 기대감, 꾸준히 좋은 성적을 유지해 왔던 점들이 공부에 흥미를 가질 수 있게 해주었다. 그는 가르치는 일을 즐거워했기 때문에 친구들이 질문을 해오면 아는 한도 내에서 열심히 가르쳐 주곤 했는데 그것이 소위 말하는 '선생기질'이 아닌가 싶다고 술회하였다.

대학에 와서 배운 과목들 중에 해부학은 세심하나 강인한 성격인 그에게 잘 맞았다.

"나는 대학 1학년 때부터 해부학에 흥미를 갖게 되었고, 4학년 때 실시하는 임상실습 후에 결국 순수의학 분야가 내 적성에 맞는다는 결론을 얻게 되었어요. 많은 의학도들이 처음에는 해부학을 비롯한 기초의학 분야에 매력을 느끼는데 고학년에 가서 임상실습을 하면서 대부분 마음을 바꾸게 되지요. 역시 병든 이를 치료한다는 것은 큰 보람으로 부각되고 또 경제적인 면도 작용하여 임상의사를 하는 것이 좋겠다고 생각하게 되지요. 내 경우는 기초의학 분야를 이해하는 주위의 사람들이 긍정적인 영향을 주었어요."

그가 대학에 들어올 때의 계획은 학부를 마친 후 미국에 가서 의학공부를 계속하는 것이었는데, 졸업하던 70년대 초반에 미국에서 외국의사의 연구나 취업을 받지 않게 되어 대학원 과정을 독일로 공부하러 갔다. 그러나 처음부터 학위를 취득할 의도나 기대는 없었다.

"나는 그곳 대학 내에서 연구원으로 근무하면서 실질적인 일들을 배울 생각이었지요."

그러나 독일생활에 익숙해지면서 이왕 공부를 하는 바에야 학위를 취득할 수 있다는 자신감과 남편이 받는 넉넉한 연구비로 인한 경제적 안정이 공부를 할 수 있게 해주었다. 그는 얼마 후 자격 테스트를 거쳐 본격적인 박사학위 과정에 들어갔다. 전공은 '신경해부학'. 아주 중요한 기초분야임에도 불구하고 전공하는 사람이 드물었기 때문에 평생 갈 길로 결정하였다.

어머니와 떨어져 있는 2년여 동안, 그와 어머니는 2백여 통의 편지를 서로 주고받았다.

"딸을 멀리 떠나보낸 어머니는 직접적인 도움을 줄 수 있는 방도가 없으니 내가 하는 일이 잘되기를 기도하는 수밖에 없었어요. 그래서 열심히 성당에 나가시게 되었지요. 나도 그때의 생활경험이 작용하여 신앙생활에 들어가게 되었구요."

남편은 그가 생리학을 배우는 학부 1학년 학생일 때 그 과목의 조교였으며 그 후 6년 동안 연애했다. 그는 평소 결혼에 대해 '한다 또는 안한다'하는 의식적인 생각은 해보지 않았고 따라서 결혼 상대자에 대해서도 구체적인 생각이 없었다. 그저 막연히 '이 사람이다'라는 확신이 드는 사람을 만났기에 결혼하였고 그 확신은 아직껏 흔들린 적이 없으므로 제대로의 반쪽을 찾은 듯하단다. 그의 남편은 차남이고 말이 적은 편이며 원리원칙을 지키는 류의 사람이라고 그는 설명해 주었다.

"자신이 옳지 않다고 생각하면 직접적으로 맞서는 편이지요."

"나와 남편은 7년 차이인데 이것 때문에 내 마음에 안 드는 경우가 있더라도 함부로 기분대로 하게 되지 않더군요. 그리고 남편은 나를 많이 도와 주는 편이시요. 물론 내가 남편을 도울 때도 있구요. 나는 남편이 같은 분야의 종사자이기 때문에 서로에게 도움이 될지언정, 결혼 때문에 자신의 일을 못하게 되거나 방해를 받게 될 거라고는 생각해 보지 않았어요. 동질적인 직업이 우리에게 가장 기본적인 공감대를 형성시켜 주었기 때문에 그 외의 세부적인 문제들——남편의 여성관과 결혼관, 나의 남성관과 결혼관, 그리고 부부 각자가 분리된 일을 가졌기에 올 수 있는 단절——이 크게 부각되지 않았는지도 모르죠."

결혼하고 그들은 친정어머니와 함께 살았다.

"이 기간 동안, 나는 어머니와 남편의 긴장 완충지대 역할을 했고 신경을 많이 썼어요. 소위 말하는 남편의 처가살이가 편안하고 긴장 없는 생활일 수는 없지요. 나는 활발하고 말을 많이 하고 어머니에 비해 대범한 성격이어서 양쪽의 비위를 맞추려고 노력했읍니다. 미묘한 문제 때문에 나 자신이 회의를 느낀 적도 있었어요. 하지만 어떤 경우이든지 쌍방에게 어느 한쪽에 대한 불만을 절대로 표현하지 않았어요. 만일 한다면 상황을 더욱 복잡하게 악화시키는 수가 있기 때문이죠."

양쪽 부모님들에 대해 그와 남편은 다음과 같은 원칙을 정하고 꼭 지켜 나갔다. 부모님들과 의견의 차이가 있을 때 이유를 불문하고 무조건 양보한다는 원칙이다. 한쪽이 침착하게 행동함으로써 다른 한쪽도 조용히 다시 한 번 생각해 볼 수 있는 기회가 생기고 상황을 보다 좋은 방향으로 진전시킬 수 있다는 것이 그들의 생각이다.

시아버지가 돌아가시면서 그들은 혼자가 되신 시어머니를 모셔야 하는 상황에 부딪쳤다. 남편은 삼형제였으나 모든 조건이 그들이 모셔야만 하게끔 되어 있었다. 고민하던 그들 부부는 결국 두 어머니를 모시기 위해서는 나란한 두 집을 사서 담을 헐고 한집처럼 지내는 도리밖에 없다는 결론에 이르러 현재 그렇게 살고 있다고 한다.

"친정어머니는 집안 어디에선가 항상 제 목소리가 들리고 있기 때문에 함께 사는 것과 조금도 다름이 없다고 하셔요. 오히려 너무 자주 드나든다고 야단맞곤 하죠. 하지만 우리 물건의 반 정도는 친정집에 그대로 두고 살고 있죠."

"무엇보다도 어머니와 나의 관계를 용이하게 해주는 것은 어머니 자신의 일이 있고 나 자신의 일이 있다는 것이지요. 한쪽에서 충족시키지 못한 부족함을 어딘가에서 보완할 수 있다는 사실이 중요하다고 생각해요. 친정어머니와 우리 부부가 동일한 분야에 종사한다는 사실은 모두에게 더욱 도움을 주고 있어요. 함께 출퇴근하고 학교에서 일어난 일이나 전공을 공동의 화제로 삼아 많은 이야기를 하게 되지요. 시부모님들도 나에 대해 가정주부가 전업인 며느리처럼 가까이서 세심한 신경을 쓰진 못하지만 직업을 가진 사람이니까라고 이해해 주시지요."

그들에게는 아이가 없다. 그들도 원하고 그들의 어머니들도 원하지만 뜻대로 되는 일은 아니어서 모두들 순리에 맡기고 있다. 요즈음 와서 아이가 없어도 괜찮겠다는 쪽으로 생각이 기우는데 그 동안 국내외 학교와 연구소로 다니며 마음 놓고 일을 할 수 있었던 것이 그 덕분이었다고 여겨지기 때문이다. 주위에서 가끔 입양을 권유하기도 하는데 별로 내키지 않는다고 했다. 양자를 들이는 데 항상 말썽이 되고 있는, 아이가 어릴 때는 쉬쉬 하며 감추고 살다가 언젠가는 사실이 밝혀져 터져 나오는 문제를 감당 못해 후회하곤 하는 식의 삶을 그대로 답보하고 살기는 싫다는 것이다. 시댁 쪽으로 다섯 형제에서 조카가 아홉이니 그들로 충분하고 항상 자주 모이는 그 가족 속에 양자가 끼었을 때 과연 그 아이가 어떻게 받아들여질까 하는 점 등 문제는 끝이 없는 듯하단다. 자연스럽게 아이가 생기게 되면 책임이 따르니까 어떠한 어려움이라도 감수하여 양육해야 하겠지만 입양이라는 선택을 통해 현재의 생활양식을 바꾸고 싶지는 않다는 것이다. 지금 현재로서 생각하고 있는 것은 그들이 좀더 나이가 든 후 시간적으로나 경제적으로 여유가 있을 때 고아원에서 자라고 있는 어린이 중 취학연령의 아이들과 관계를 맺어 그들이 자립할 수 있을 때까지 교육을 시켜 주는 방식이 어떨까 생각중이란다.

그는 처음 직장생활을 하게 되었을 때를 상기하면서 여성의 성공적인 직장생활에 대하여 이야기해 주었다.

"처음에 직장생활을 하게 되었을 때 선임 여자동료가 한 명 있었어요. 일반적으로 대부분이 남성들로 이루어진 직장에 여성이 두 명 있다면 이 두 사람의 경쟁의식 때문에 사이가 좋지 않다고 말하는데 나와 그 동료는 매우 가깝게 지냈어요. 그분이 타대학으로 가고 다른 교수가 들어왔을 때도 마찬가지였구요."

전문 연구직이기에 동료들간에 불평등한 면은 없으나 여성의 장기근무와 그에 따르는 승진에 복잡한 요소들이 작용하고 있음은 의학계도 예외가 아니라고 한다.

"내 경우, 일을 처리하는 방식이 상이하다는 것에서 가끔 갈등이 생겨요. 의견 대립이 있을 때 나는 상세히 캐묻는 편이었는데 주위의 동료들로부터 그럴 때는 그냥 있는 편이 바람직하다는 '실질적인 충고'를 받곤 했죠. 이제는 주위 사람들과의 '인화'라는 측면을 많이 생각하고 있고 정면충돌은 일으키지 않으려고 하지요. 정면충돌이 효과적이 아닌 경우가 많기 때문이지요. 그렇다고 마냥 적응, 타협하는 것은 아닙니다. 할말을 다 하면서 서로 협동하는 풍토를 만들어가야 된다고 생각해요."

직장생활에 필요한 태도로는,

"내가 학생들을 가르치면서 중요하게 여기는 점들과 같다고 생각하죠. 책임 있게 열심히 맡은 일을 하는 것이지요. 내가 가르쳐 본 바로는— 물론 개인차가 있지만— 대체로 여학생들이 성실하고 더 열심히 공부를 해요. 이런 태도는 성공적인 직장생활에 필수적이라고 생각해요. 여자라서 덜 한다는 생각은 스스로에게 저해적인 요소이며, 오히려 여자라는 점이 주위 사람들과 화합하는 데 도움이 될 수 있다고 봐요."

일반적으로 어머니와 딸만으로 이루어진 가정에서의 문제점으로 간주되는 아버지 역할의 부재, 혼자 성장하는 아이의 편협성, 특별히 친밀한 두 사람 사이의 헤어짐, 장모와 사위와의 관계 등의 문제는 자신의 일을 가진 어머니와 딸에게는 적용되지 않음을 박경아 선생의 삶을 통해 분명히 알게 된다.

　가부장적인 사회구조 속에서는 아버지와 어머니에게서 처음으로 남성과 여성의 이분법적 이미지를 얻게 되고 또 그 역할습득을 강요받기 쉬운데, 박경아 선생은 그러한 고정관념적인 사회화 과정을 겪지 않아도 되었다. 남자와 여자라는 이분법적 사고를 획득하기 이전에 자신의 일을 가진 어머니에게서 양성적인 면모를 동시에 보게 되고 따르게 됨으로써 통념상의 결손가정이 오히려 다양한 생활세계를 익히는 데 긍정적인 요인으로 작용하였음을 보여준다.

　흔히 자기 일을 가지지 않은 상태에서 배우자와의 사별을 맞이하는 사람들이 정신적으로나 물질적으로 많은 충격을 받고 있음을 본다. 교환가치로서의 인정을 받고 있지 못한 가사노동에만 전적으로 매달려 왔던 전업주부의 경우 배우자와의 사별은 실질적인 경제적 시혜자의 상실이라는 결과를 초래, 경제적 무능력자를 사회에 내던지는 꼴을 야기시킨다. 능력이 있더라도 상대적으로 취업기회가 여성에게 불리한 여건에 있기 때문에 웬만한 경제적 기반이 갖추어지지 않은 대다수의 여성들이 생활을 꾸려나가기 위해 열악한 노동조건을 마다하지 않고 있는 것이 현실이다. 박경아 선생의 어머니의 경우 자기 일을 가지고 있었던 탓에 보다 용이하게 그 어려움을 딛고 일어설 수 있었던 것 같으며 자녀에게 미칠 수 있는 부정적 영향을 배제할 수 있었다고 본다.

　그러한 어머니를 가진 박경아 선생은 또한 같은 분야 종사자와의 만남으로 부부생활을 원만하고 윤택하게 꾸려나갈 수 있었다. 같은 분야에 종사하는 까닭에 많은 대화가 가능하였고 일의 성격상 많은 열과 성의를 요하므로, 일반적으로 아이가 없다는 것이 부부생활에 커다란 장애를 가져오는 것으로 인식되고 있는 상황으로부터도 벗어날 수 있었던 것으로 보여진다. 인위적으로 어쩔 수 없는 일을 해결하려는 데서 빚어지는 많은 갈등과 충돌을 피할 수 있었다고 할 수 있다. 박경아 선생 부부의 경우 전문직종에 종사하는 탓에, 일에서 채위지지 못한 욕구를 자녀들에게서 찾으려 하는 많은 경우와는 달리 오히려 아이가 없었기에 가질 수 있었던 연구시간들을 소중히 여기고 있다. 아이가 생길 경우 책임을 다하겠다는 말을 또한 잊지 않았는데 이는 결국 자신의 일에 충실할 수 있는 사람에게서 나올 수 있는 대답으로 여겨진다. 자신의 일에 대한 책임의식은 곧 모든 일에 임하는 태도와도 직결된다고 본다. ── 인터뷰·문숭숙 ■

획일문화를 거슬러 사는 여성들

해녀

안택근
제주도 거주

삼양3동은 바닷물이 쳐들어올 듯이 밀려든다고 옛사람들은 '버렁'이라 불렀다 한다. 지금도 현지 주민들은 그 이름을 즐겨 쓰고 있었다. 행정구역상으로는 제주시 일원이지만 시내 끝으로부터 동쪽으로 10여 킬로미터를 넘게 쑥 벗어나 바닷가로 숨어서 터잡은 전형적인 어촌이었다. 일주도로에서 1킬로미터를 조금 못 되게 실날 같이 가는 길이 새을(乙)자를 그리며 깊숙이 바닷가로 이어져 비로소 길 끝에 다다르면 첫대면하는 것은 연록색으로 깔먹은 바닷물이었다. 둥그렇게 육지를 후비고 들어온 바다는 마치 작은 호수 같았다. 썰물 때면 거기는 넓은 흰모래밭으로 탈바꿈했다. 물이 한껏 밀려난 저만큼 모래밭 언저리에 돌담이 둘러쳐져 있었다. 모래밭은 큰 동그라미를 그리고 있었다. 이것은 '원담'이라고 하는 원시 어로의 한 형태로 밀물과 함께 들어온 고기가 썰물 때에 빠져 나가지 못하도록 가두어 포획하는 작은 어장이다. 옛날 제주에는 동네마다 계를 조직해서 한마을에도 몇 군데씩 원담을 바닷가에 쌓았다고 한다. 어로장비가 현대화하면서 별로 쓸모 없어진 원담이 삼양3동에는 비교적 온전한 꼴 그대로 남아 있었다. 이 원담을 앞에 두고 끊어진 길은 느닷없이 원담 둘레로 가늘게 이어져 동그라미를 사분의 일쯤 돌면 그때부터 골목이 갈리고 집들이 여기저기 보이기 시작했다. 마을은 아주 작았다. 80여 호라고 했다. 주민 대부분이 농·어업을 겸한 생업에 종사하고 있었다. 삼양3동 어촌계에 가입된 잠녀는 15명이었고 사실 그 마을 잠녀의 전부이기도 했다. 안택근 할머니는 15명 중에 제일 나이가 많은 잠녀라고 했다. 할머니와 골목 어귀에서 맞닥뜨렸다. 머리칼을 검게 염색하여 훤칠한 키와 골격이 뚜렷한 얼굴을 더욱 도드라지게 했다. 그러나 눈매가 사뭇 어질어서 억센 인상을 감추어 주었다.

"나 살아난 예왁(이야기) 들엉 뭘허젠?"

음성이 노인답잖게 맑았다. 풍기는 인상에 비해서 낯선 사람 앞에서 부끄러워하는 시골 할머니 모습을 봤다고나 할까. 40대로 보이는 아주머니 두 분이 합세하여 할머니를 부추겼다. 아주머니 한 분은 할머니의 큰며느리라고 했다. 할머니는 망설이고 또 망설이다가 얼굴 가득 미소를 머금고 아직도 부끄러움으로 몸을 떨며 이야기 자리에 앉았다.

"비치럽주마는(부끄럽지만) 잘못 살아오진 안해어시난. 경허민(그러면) フ라보카(말하여 볼까)?"

할머니가 말을 시작하려고 운을 떼려 하자 와자하게 떠들며 지나는 잠녀들이 마른 우뭇가사리 공판이 연기됐다고 했다. 한나절 일거리가 없어진 할머니는 느슨하게 이야기를 시작했다.

버렁과 이웃한 마을 '설개'(삼양1동)가 고향이었다. 아버지는 어부였는데 각시를 얻는 데도 소질이 있었던지 부인을 셋이나 두었다. 안택근 할머니는 큰부인의 둘째 딸로 태어났다. 형제는 무려 열 세 명이나 되었지만 친형제는 사남매였다. 그 중에 막내가 아들이었다. 아버지 벌이가 괜찮았고 농사도 지었지만 워낙 식구가 많아서 풍족하게 살지는 못했었다. 그때에 설개 여자들은 물질을 하지 않고 양태와 망건을 짰다. 할머니도 철들고부터 시집오기 전까지는 그 일을 했다.

"돈을 몇 푼 벌면 맹질(명절) 때에 부모님께 버선 한 켤레라도, 동싱(동생)들 나시(몫으로) 댕기 한 끝, 주맹기(주머니) 하나라도 해주곡 또 다소 얼마 남으민 시집갈 밑천으로 쌈지에 감추어 두었주게."

열 여덟 살이 되던 해 정월에 버렁의 김가집으로 시집을 왔다. 몹시 가난한 집안이었다. 하기사 그 시절에 제주의 어느 집이 가난하지 않았을까마는. 작은 초가집 한 채와 보리 두어 되지기 밭 쪼가리가 재산의 전부였다. 시집 형제들은 2남 2녀였는데 남편이 맏이였다. 시부모를 모시고 시동생들 뒤치다꺼리며 제사 명절까지 맏며느리 어깨는 너무 무겁기만 했다.

버렁 여자들은 너나없이 '물질'을 하고 있었다. 친정이 바닷가 마을이었지만 여름에 멱 감으나 바다를 드나들었을 뿐, 물질을 배운 적이 없었다. 하지만 헤엄을 칠 줄 알았으므로 물질을 할 수 있으리라 자신을 가졌다. 그 시절에도 전복은 상당히 비쌌다. 소라는 반찬을 만들어 먹거나 통조림 공장에서 사가는 경우도 있어서 물질하는 집을 보면 살림이 그다지 옹색해 보이지 않았다. 혼자서 물질 연장

물질하는 재미에서 못 벗어나는 자신이 야속해진다.

을 마련했다.

　태왁 - 잘 여문 둥근 박을 골라서 작은 구멍을 뚫고 꼬챙이로 쑤시며 씨를 빼어내고 구멍에 코르크 마개를 하면 부표가 된다. 잠녀는 물에서 작업하다가 태왁을 가슴에 끌어안고 잠시 숨을 돌려 쉰다.

　망사리 - 채취물을 담는 그물망태. 에움을 두르고 태왁에 매단다. 옛날에는 미삐쟁이(억새의 어린 순)나 신서란으로 노를 꼬아서 그물을 싸서 썼는데 요즘은 나일론 그물을 쓴다. 에움은 덩굴보리수나무라야 한다.

　소살 - 고기를 물속에서 쏘거나 찔러 잡는 작살. 미늘은 쇠붙이로 만들고 자루는 해장죽으로 하며 자루 끝에 고무줄을 묶어, 늘여 당기면 자루와 미늘 사이에 오게 길이를 마련한다.

　빗창 - 전복 따는 도구. 길이가 30센티미터 정도 되는 납작한 쇠붙이로 끝이 날카로운 유선형이다. 자루 한쪽을 오그라지게 구부려 줄을 꿰어 작업할 때 손목에 걸고 할 수 있다.

　골갱이 - 김매는 호미 비슷하다. 돌 틈의 해물을 후벼 낼 때나 물속에서 돌을 들어 치울 때, 물 밑을 헤집고 다닐 때 사용한다.

　뽕돌 - 쉽게 잠수할 수 있도록 자기 몸무게에 맞추어 허리에 차는 납덩이.

통눈·쌍눈(족은눈) — 물안경. 상군은 통눈을 사용한다.

하루 밤낮 내내 노를 꼬아 망사리도 엮고 대장간에서 쇠붙이도 벼리고 부산하게 차려 나갔다. 모든 연장을 마련하고 나서 물질할 때 입는 옷인 물적삼과 물속옷을 만들었다. 물속옷은 한쪽 옆구리를 훤하게 터서 매듭 단추를 줄줄이 다는데 남에게 알몸을 보이지 않고도 입고 벗을 수 있는 멋있는 옷이다. 무명이나 광목에 검은 염색을 하여 속옷을 만드는 게 보통이었지만 그나마 염색약 살 돈이 아까와서 흰 속옷으로만 두 벌을 만들었다.

'물에 들레' 바다로 나간 첫날을 지금도 생생하게 떠올릴 수 있다. 상군 '불턱'과 하군 불턱에 따로 위 아래로 갈라져 있었다. 불턱은 옷을 갈아 입거나 또 물질하고 나오면 화톳불을 피우고 언 몸을 녹이는 자리를 말한다. 옛날 불턱의 위계질서는 대단히 강단했다. 상군의 말 한마디가 잠녀들 사이에서는 법이었다. 대부분은 물질에 서툰 하군을 교육시키느라고 이것저것 가르치는 말이었다. 아무래도 물질을 갓 배우는 하군에게는 그런 상군의 존재는 하늘 같기도 했다. 요만큼에 물건이 많다, 저만큼에서는 조심하라, 물살이 센 곳이다 등등을 상군은 불턱에서 하군에게 말로 해주고 물속에 들어가서는 구체적으로 지적해 주곤 했다. 또 상군이 빠뜨리지 않고 매일 하는 말 중에는 물질 서툰 잠녀들이 물속에서 욕심을 부리지 말라는 것이었다. 목숨은 하나뿐이라고. 불턱은 그 마을 잠녀들의 것이었다. 남자나 외방 사람이 함부로 들어갈 수가 없었다. 혹시 남정네가 아기 젖을 먹이려고 오는 경우에도 멀찌막한 곳에서 아기 어미를 소리쳐 불렀다.

불턱으로 내려서는데 다리가 몹시도 떨렸다. 하군 불턱의 끝자리에서도 한껏 물러나 앉았다. 잠녀들이 오들오들 떠는 신참잠녀에게 가까이 오라고, 괜찮다고 자리를 권했다. 자신도 모르게 너무 고마와서 눈물을 보였다.

"에에, 설갯년 못나기는. 어서 요래왕(이리 와서) 벗붙혀, 허멍 날 끌어다가 가까이 앉히는 거라이."

쉽게 버렁 잠녀패에 끼인 것이 꿈만 같았다. 그날, 처음으로 '숨비는(잠수하는)' 연습을 했다. 헤엄을 칠 수 있어서 자신이 있었는데 웬걸, 물 밑을 더듬고 다니는 게 그리도 어려웠다. 망사리에는 소라 한 톨 없었다. 빈 망사리를 들고 불턱으로 가니 잠녀들이 '궐쪼'라면서 소라를 두어 개, 문어 두어 발썩 망사리에 담아 주는 것이었다. 웬만한 중군 잠녀만큼 벌었다. 그렇게 얻은 해물로 정성을 다해서 시부모의 저녁상을 차렸다. 첫 물질에서 얻은 것이니 맛좋게 먹고 칭찬 한마디 해주길 은근히 기대하면서.

"시어멍이 보통어른이 아니었주."

저녁상을 받은 시부모는 어떻게 물질을 할만 하더냐는 인삿소리 한마디 없었다. 그날 이후부터 제딴에는 살림을 잘살아 보려고 시부모의 칭찬이야 있건 없건 기를 쓰고 물질을 했다. 남편은 육지로 쌀 실으러 다니는 배에 사공으로 나섰다. 일기가 좋은 날이면 하루도 빠짐 없이 물질하고, 물 때가 지나면 밭으로 달려가 일을 했다. 해가 진 후에도 한참 더 일을 하다가 앞이 안 보일 즈음 집에 돌아와 1킬로미터가 훨씬 넘을 만한 거리인 '가물개'로 물을 길러 몇 번 다녀야 했다. 어쩌다 집에 들른 남편과 얼굴을 마주할 시간조차 없었다. 단 하루도 남편과 잠자리를 할 여가가 없었지만 첫딸을 낳았다. 이레 만에 아이는 저세상으로 가버렸다. 자식이 뭔지 문득 생각하면 정신이 아뜩해지곤 했다. 부풀어오르는 젖가슴이 벅차서 많이 울었다. 그래도 시부모 보는 데서 어린것이 자식 잃고 연연해 하는 꼴을 보인다는 게 도리가 아닌 것 같아서 밤이면 부엌 구석에서 울곤 했다.

이럭저럭 물질을 하면서 남편이 버는 것과 보태어 시동생들 짝지어 주고, 그런 틈틈이 4형제를 슬하에 두었다.

시집 와서 햇수로 12년이 되던 해에, 아! 정말 청천하늘에서 날벼락이 친다더니, 그간 허리가 휘도록 고생만 하던 남편이 갑자기 죽은 것이다. 쌀 실으러 가서 독감을 얻고 온 남편은 약 한 첩 써보지 못하고, 그럴 사이도 주지 않고 숨을 거두었다. 남편이 서른 살 때였다. 한창나이였다. 스물 아홉 살에 과부가 되고 보니 맏아들이 열 살, 둘째가 여덟 살, 셋째가 네 살, 막내가 갓난이였는데 자식과 가난과 시부모 봉양만 남아 있었다. 살길이 딱 끊어져 버린 듯싶었다. 혼자 벌어서 시부모님 봉양하고 아이들 굶주리지 않고 또 잘 가르치고 할 수 있을까. 남편을 잃고 시름에 잠기고 어쩌고는 호강하는 사람들 몫이었다. 가야 할 길이 구만리인데 가던 길을 멈추고 퍼더버리고 앉아 울어 본들 무슨 소용이 있으며 또 그럴 시간은 있었으랴. 남편 생각을 정 안했다면 거짓말이다. 십 년을 살을 맞대고 살아도 저 사람 고생하는구나 하고 위로말 한마디 없었지만 그의 본심은 그게 아니었을 것임에야. 그러나 좋은 생각만으로 살아갈 수 있는 건 아니었다. 미역해경을 할 때면 왜 나에게는 하다못해 병신된 남정네라도 내몫으로 없어야 하는 것일까. 목이 메었었다. 몇 년 전까지만 해도 미역시세가 좋았다. 미역이 자라는 시기에 일정기간 동안 채취하는 걸 금했다가 날을 잡아서 일시에 온 잠녀가 다 동원되어 미역을 따곤 했다. 보통 음력 삼월 중순에서 하순 사이 이삼 일 동안이 미역 해경 기간이었다. 그때는 잠녀가족은 물론 일가친척까지 다 동원되었다. 단, 다른 마을 사람은 결코 들어올 수 없었다. 해경날짜가 되면 모두, 온 마을이 갯가로 내린다. 주로 마을 청년들이 주동이 되어서 그날 채취할 구역을 정한다. 잠녀들은 정해진 구역의 물가에 집결한다. 한 사람도 빠짐 없이 집결했음이 확인되면 신호를 맡은 사람의 동작에 따라 일시에 물속으로 뛰어든다. 일정한 시간이 흐른 다음 물 밖으로 나오라는 신호가 나자마자 잠녀들은 작업을 멈춤과 동시에 '눈'을 머리로 올리고 뭍으로 헤엄쳐 나와야 한다. 정해진 시간 안에 정해진 구역에서 능력껏 작업을 하므로 이때 잠녀 개개인의 기량이 온 마을에 드러나게 마련이었다.
 욕심을 부려서 망사리에 넘치도록 담고 망사리와 몸을 연결하는 '닻배'에 까지 미역을 걸치고 헤엄치다 보면 봄추위에 몸은 저려서 옹동고라지고 두 이빨이 마주쳐 딱딱 소리가 났다. 죽을둥살둥 망사리를 밀려와도 뭍으로 당겨 줄 사람 아무도 없었다. 뒤에 든든한 마중꾼이 있는 잠녀들은 물가에다 망사리를 팽개치고 불턱으로 내달려 뜨끈한 물에 푼 즉석 메밀옹이를 한 사발 들이켜고, 이미 하늘로 솟구쳐 타는 불길에 가랑이를 벌리고 앉아 언 몸을 녹이면 되었었다. 뒷처리하는 건 잠녀몫이 아니었으니까.
 물가에 겨우 당도하면 맏이가 "어멍" 하고 부르며 달려들 때는 너무나 반갑고 고마왔다. 맏이를 의지하여 망사리를 뭍으로 끌어올리느라고 실랑이를 하고 있으면 마중꾼 중의 누군가는 꼭 거들어 주곤 했다. 매번에. 그 다음엔 건조할 장소까지 져 날라야 했다. 미리 맏이가 터를 잡고 어린 동생들을 거기 앉혀 두었다. 맏이와 둘이서 큰 대바구니로 져 나르면 어린것들이 고사리 손으로 널곤 했는데, 마중꾼들이 자기 잠녀 것을 다 날랐으면 달려들어 한짐씩 져 주었다. 이웃들이 도와주어서 다음 물질을 놓친 적은 없었지만 단 한 번도 불턱에 앉아 몸을 녹이거나 따끈한 물 한 모금을 마셔 본 적이 없었다. 몇 번 미역 짐을 져 나르노라면 추위는 온데 간데 없이 사라지고 땀에 온몸이 감기는 것이었다. 남편 생각은 미역해경 때에 더욱 간절해졌다는 말은 이젠 곧이 들릴 것이다.
 "시부모님? 게메(글쎄), 애기도 봐주질 않더라."
 그래도 부모 버리는 말을 들어본 적이 없었다. 물질을 배웠기에 아이들과 더불어 시부모님께 끼니 때마다 상을 들여놓을 수가 있었다. 일제 말기에 공출이 그렇게 심하던 시절에도.
 예로부터 제주에서는 시어머니가 며느리를 구박했다는 소리가 그리 흔하지 않았다. 출가하면 모두들 딴살림을 나기 때문이다. 그러나 '육지사람처럼' 시부모님은 애초에 시집올 때부터 딴살림 차리는 걸 반대했다. 맏이니까 부모를 모시고 살아야 한다는 것이었다.
 남편이 세상을 떠났어도 시부님 집이 내집이려니 하고 아무 생각 없이 그냥 눌러 살았다. 시어머니는 그걸 빌미로 잡아 곧잘 구박거리로 삼았다. 아이들은 김씨 집안 자손이니 두어 두고 며느리는 집을 그만 나가라고 했다. 제 앞가림도 못하는 어린것들을 두고 나가면 뭘 먹이고 입히겠다는 말인지, 알 수 없는 노릇이었다. 하기야 밭이라고 있는 것에 시부모가 농사를 지을 수도 있었다. 그러나 먹기만 한다고 그게 아이들에게 전부일 수는 없는 것이었다. 아비 없는 자식은 그다지 눈을 여리게 하지 않지만 어미 잃은 어린것은 차마 볼 노릇이 못 되는 건 지금도 매한가지일 것이다. 그런데도 걸핏하면 시어머니는 평계를 잡아서 나가라고 마구 '올레' 밖으로 내밀었다. '서방 얻어서 떠나라'고 동네가 들썩일 만큼 소리치는 건 예사였다. 어떤 때는 정말 발길 닿는 대로 떠나 버리고 싶었다. 아이들이 배고파 울고, 부모 없는 떨거둥이가 되어 울고 하는 모습이 스쳐 지나가면 다시 집에 기어들어서 무조건 잘못했다고 빌었다. 트집잡을 게 없어지자 막판에는 시부모 내외가 잠자는 방을 기웃거렸다고 득달같이 몰아붙였다. '홀어멍'된 며느리를 데리고 살자니 잠자리마저 편치 못하게 군다고, 어서 재가해서 재미 보라고 말도 안 되는 소릴 해대었다. 시아버지는 간혹 여느 시아버지처럼 며느리 편을 들어 주기도 했다. 그럴수록 시어머니 구박은 더 가혹했다.

"요새 사람들은 내 말을 믿지 못할 테주마는 내 말이 빈말이 아니라."

안택근 할머니는 이야기 중간에 잠시잠시 울음을 삼키곤 했는데, 시어머니한테 당장 구박을 받은 며느리가 하소연하듯이 목놓아 울어 버렸다. 옆에서 지켜 보던 큰며느리도 따라 울고 하나 둘씩 모여 서서 구경하던 동네 여인들도 눈시울을 붉히고 있었다.

"그 할망 메누리(며느리) 구박허는 건 이 근간에 다 소문이 났었주."

할머니보다 다소 연배가 아래로 보이는 분이 혀를 차며 중얼거렸다. 큰며느리는 시어머니가 속이 깊어서 이날까지 이토록 구박 받은 이야길 한 적이 없다고 했다. 다만 동네 어른들이 몇 마디 들려줘서 어렵사리 시집살이를 했겠구나 하는 정도로 짐작만 하고 있노라고 했다.

할머니는 한참 후에 울음을 삼키고 하늘을 오래도록 보는 것이었다.

시부모는 두 내외가 정정하게 살다가 시아버지가 먼저 세상을 떠났다. 남편이 죽고 꼭 10년 만이었다. 시어머니는 그 후에도 여전히 며느리를 구박하며 20년을 더 살다가 84세를 일기로 떠났다. 할머니는 쉰 아홉 살이 되어서야 시집살이에서 놓여난 셈이라고 하며 멋적게 웃었다.

"시어멍 숭(흉) 보느라고 아이덜 예왁을 안해겨신걸."

아무리 발버둥쳐도 아이들에게 큰공부를 시킬 수가 없었다. 이제까지 자식들에게 어미로서 마음 아프고 면목 없음이 바로 거기에 있다고 했다. 겨우 세째만 중학교에 보내고 다른 것들에게는 국민학교까지만 가르쳤다. 세째는 몸이 약하고 여자 같아서 배를 탈 수 없을 것 같아 중학교에 무리하면서 보냈던 것이다. 장사라도 할 수 있도록 배려를 했다.

　자식으로하여 맘 아팠던 이야기부터 하겠다고 할머니는 허락을 받는 것이었다. 둘째가 '넋 난 것'을 몰라서 그냥 내버려 두었더니 식은땀을 밤낮 흘리며 잘 자라지 못했다. 그래도 하늘이 도와서 청년이 됐다 싶자 그만 죽고 말았다. 그 아들이 스물 여섯 살 때였다. 억장이 무너졌다. 하늘이 찢어지고 바다가 일어서서 덮치는 것 같았다. 세상이 끝나는 줄 알았다. 그때까지 많은 주검을 봤다. 첫딸을 잃었을 때는 너무 철이 없어서 아무것도 몰랐다고 하고, 남편이 죽었을 때는 마음을 단단하게 다져 먹을 수 있었다. 아이들 잘 거느리고 시부모 모심에 소홀하지 말자고 각오할 여유가 있었던 것이다. 시부모님이 이 세상을 파했을 때는 또 그때대로 그분들이 수를 누릴 만큼 누렸지 않았나 하는 위안이 스스로에게 왔다. 그러나 자식을, 다 큰 자식을 잃었을 때는…… 그 경우를 겪어 보지 않은 사람이 어찌 그 비통함을 헤아려 알 수 있겠는가. 왜 시절은 그리도 어려웠던지, 죽어가는 자식에게 쌀밥은커녕 보리밥 한 그릇을 배불리 먹여 보지 못했었다. 요즘의 절반만 생활이 폈어도 그토록 몽매간에 그리던 운동화를 사 신길걸. 타이어 고무신도 제대로 신기지 못했었다. 둘째는 어려서부터 유독 운동화를 탐했었다. 누구를 탓할 수 있으랴. 요즘처럼 그 시절에도 고무 잠녀복이 있었다면 아마 생활은 조금 누그러웠을지도 모른다. 고무 잠녀복이 없던 시절에는 아무리 상군이라 해도 물속에서 한 시간을 견디기가 어려웠었다. 그때는 사는 게 그랬다. 물질하러 바다에 가서 잠시 불턱에서 쉴 때면 '너패'라는 해초를 뜯었다. 물때가 지나서 밭에 가면 그때는 지천으로 널려 있는 무릇을 캤었다. 무릇은 나리과의 다년생 풀인데 그 알뿌리를 너패와 함께 오지 항아리에 담고 오랫동안 졸이면 먹음직스런 갈빛을 띤 엿처럼 된다. 제주사람에게는 무릇이 구황식물이었다. 아이들은 마다 않고 잘 먹어 주었다. 두 사발씩 꿀같이 먹었다. 그때의 소원은 아이들에게 실컷 쌀밥을 먹게 하는 것이었다.

　맏이가 국민학교를 졸업하고 두어 해 농사일을 거들다가 열 여섯 살이 되자 육지로 나가겠다고 했다. 배를 타겠다는 것이었다. 똑똑한 아이여서 믿고 내보내기로 했다. 멀리 떠나는 아들한테 한끼 배불리 먹여서 보내고 싶었다. 밀기울을 한 되 사다 두고 얼른 밭에 김매러 갔었다. 그 사이 세째는 집에서 밀기울로 떡을 빚어서 어미몫을 남겨 두고 형제들끼리 모여 앉아 하나씩 먹은 것이다. 밀기울 한 되로 떡을 몇 개나 만들 수 있겠는가. 밥은 고구마나 톳을 섞어서 하면 한 사발씩 배불리 먹을 수 있지만. 집에 돌아온 어머니한테 떡을 내밀었다가 세째는 흠씬 두들겨 맞았다. 아이를 때린 처음 일이자 마지막 일이었다. 그래도 세째는 딸몫을 너끈히 하곤 했다. 어미가 물질 간 후에 집안살림을 모두 했다. 끼니마다 조부모님 상을 봐드리고 어스름이면 '허벅'을 등에 지고 먼길을 가서 물을 길어왔다. 어머니가 한라산 밭치로 땔감을 하러 간 날이면 어김없이 마중을 와주었다. 어느 날 마중 나온 세째가 맨발이었다. 얼마 전에 중학교에 진학할 때 파란 운동화를 사줬었다. 왜 그걸 신지 않았느냐고 다그쳤다. 아껴 신느라고 늘 맨발로 다니다가 학교문 밖에서 얼른 신고 들어간다고 대답했다. 기특하기도 하고 불쌍하기도 했다.

"어머니, 올해랑 육지 물질강 오당 연필이나 하영(많이) 사옵서."

나무를 나누어 지고 집으로 돌아오면서 세째는 아파하는 어미 맘을 살피고 슬쩍 말머리를 돌렸다. 아이들이 어느 정도 자란 서른 세 살 무렵부터 한여름에는 육지로 물질을 다니고 있었다. 멀게는 강원도까지 갔었다. 어느 해였던가. 삼척 근처에 물질 갔다가 선주한테 속아서 5개월 동안 번 돈을 몽땅 사기당한 적도 있었다. 오늘이면 계산해 주겠거니, 내일이면, 모레면 하고 기다리다가 추석이 닥쳐오자 겨우 여비를 마련하여 집에 왔다. 시어머니의 불호령이 내린 건 당연지사였다. 시어머니한테 아이들을 맡기고 돈 벌러 떠난 며느리가 빈손으로 왔는데 구박을 안하면 도리어 이상했을 것이다.

"고픈 배 움켜쥐멍 악착같이 물질해영 남 좋은 노릇도 한번 해 본 거주."

흔쾌한 표정으로 옛날을 추억하는 안택근 할머니 모습은 남의 이야길 하듯 했다. 마치 제주 잠녀로 그 어수룩한 시대를 살아왔다면 당연히 한번쯤은 경험해 볼만한 세상사더라는 듯이. 그런 어리석음도 자신에게 있기는 했으나 잠녀로서는 순탄하게 살아온 셈이라고 했다. 더러는 물질하나가 바다에서 죽은 주검을 만나 놀라기도 한다지만 그런 어지러운 경험을 한 적이 없었다.

"난 아제까지 물질허멍 물길이 내앞을 흐리게 한 적도 없고, 또 물에서도 잠녀들과 다투어 본 적도 없는걸."

단지 성격이 모질지 못해서 거머쥐었다가도 아쉬운 소리를 누가 하기만 하면 얼른 줘버리곤 해서 헤픈 사람 소리를 듣지만 말이다. 그런 삶의 틈바구니에서도 조금씩 절약하여 밭을 몇 마지기 더 마련하고 장성한 아들들 셋을 장가들이고 집도 짓고 할 것은 다 했다. 물질하는 홀어머니 자식이라고 그 누구라도 선뜻 줄 것 같지 않았지만 맏이는 친정동네로, 세째는 중산간 마을로, 막내는 조천이라는 동네로 들어가서 모두들 짝을 얻었던 것이다. 하마터면 아들들 장가를 들이지 못할 것 같아 가슴을 조였었는데 얼마나 기뻤는지……

여자의 일생이 에멜무지로 살아가는 게 아닐까. 한평생을 넘기려면 생각지도 않던 일로 하여 기쁨도 일고 슬픔도 맛보게 되는 것이다. 젊었을 때는 장차 늙음이 자신에게는 빗겨갈 듯이나 오만해 보기도 하는 게 사람사는 모양일 것이라고 할머니는 전제하고 나서 젊은 사람들로 하여금 슬픈 맘을 토로했다. 젊은 잠녀들과 물질을 하다 보면 하는 짓거리가 너무 같잖아서 어이가 없다고 했다. 요새는 옛날의 상군은 없다고 했다. 다른 형태의 상군이 등장했다.
　잠녀를 대표하여 조합에 가서 말깨나 잘하고 악바른 젊은 사람이 상군이 되는 세상이다.
　"나한티 늙었젠 이제 물질을 그만하라고 압력을 놓주."
　최고참 잠녀의 권위도 늙음 앞에서는 무력하게 마련인가. 조합비를 꼬박꼬박 납부하고 남처럼 바다를 관리하는 데 게을리하지 않지만 젊은 잠녀들 두엇은 한사코 안택근 할머니의 퇴진을 요구한다고 한다. 공동작업으로 깨어낸 톳마여 배당할 때 할머니 몫은 젊은 잠녀의 절반이었다고 한다. 소라 양식장을 작업했을 때도 마찬가지였다.
　할머니는 단단하던 표정이 허물어지는 걸 여실히 알아볼 수 있도록 상심해 했다.
　"젊은 사람덜은 돈을 앞에 놓으민 사람 구실 하는 걸 잊어버리는 모양이라. 바로 짐승 맘과 다를 게 뭐 이서."
　같은 젊은 잠녀들에게서 따돌림을 당하는데도 불구하고 물질하는 재미에서 못 벗어나는 자신이 야속해진다. 제발 그만두어도 좋으련만 물질하기에 알맞은 물때에 이르면 오금이 쑤셔서 앉아 있지 못하고 안절부절 서성이다가 바다로 나선다고 했다.
　국민학교 아이들이 여름방학을 하는 때와 시기를 맞추어서 전복, 소라 물질을 금하는 게 삼양3동 어촌계의 관례라고 한다. 금채기간은 40일 정도이다. 할머니는 칠십 평생을 살면서 감기도 앓은 적이 없었는데 올 여름은 금채기간 내내 한쪽 다리를 신경통으로 앓았다. 할머니는 물질을 하지 않는 시기에 다리가 아픈 것을 천우신조로 여기고 있었다. 남들이 우뭇가사리를 뜯으러 나갈 때마다 아픈 다리를 끌고 며칠 나섰다가 병이 심해지는 바람에 큰며느리가 바다에 나가지 못하게 막았다. 지금은 맏이네 '밖거리'에 살고 있기 때문에 며느리 눈을 속일 도리가 없어서 별수없이 병원에도 다녀야 했다. 며느리가 억지로 모셨다. 그러나 아직도 의식주를 혼자서 해결하고 있었다.
　"나혼자 자급자족하주. 죽는 날까지, 걸을 수 있는 한 나대로 살아야지."
　가난한 집에 시집와서 이제는 제법 부자 소리 듣는 집안으로 일구어 놓은 며느리들이 고마와서도 짐이 되지 말자고 스스로에게 다짐을 둔다고 했다. 지금도 물질을 하면 하루벌이가 평균 육, 칠천 원을 웃돈다. 그거면 늙은이 혼자 충분히 살아갈 수 있다고 한다.
 더 할말이 없노라고 말을 맺을 듯하던 할머니가 혼잣소리로 중얼거렸다.
 "내 어릴적 생각으로는 늙으민 몹시 당당해지는 줄 알았지."
 아들 삼형제에 손주를 열 둘이나 얻은 할머니는 남부러울 게 없다면서도 결국은 마음이 더 왜소해지고 지난날을 돌이키면 하릴없이 부끄러움만 더해질 뿐이라고 머리를 곤추세운 무릎 사이에 묻었다. —— 르포·한림화 ■

詩 ■ 박상천

너는 새, 우리는 나무
──태어날 우리의 아이에게

애야,
네가 땅의 일에 매이지 않고,
날아오름의 의미를 아는 새가 된다면
엄마 아빠는 나무가 되기로 했다.
너의 보금자리를 두 손으로 받들어
소중히 머리에 얹고
하늘을 우러러 기도하는
나무가 되기로 했다.
너는 새, 우리는 나무.

이 땅에 뿌리박은 나무들이
바람과 비와 눈보라를
살갗 아래 숨겨진 푸른 힘줄로 견디어 내고
땅의 기쁨, 땅의 슬픔까지도
연약한 뿌리로 녹이고 빨아올려
푸르게 푸르게 자라듯
자라서, 새들의 보금자리가 되듯
우리는 너의 보금자리를 받드는
나무가 되기로 했다.

애야,
네가 네게 주어진 세계, 하늘의 의미를 찾아
그 막막한 세계를 날 때

우리는 너의 날개가 되지는 못하지만
네가 피곤한 날개를 접고 돌아갈 곳,
돌아가 쉴 나무가 될 것이다 우리는.
이 땅에 살면서도 우리가 소망을 갖는 것은
돌아갈 곳이 있기 때문이듯
우리가 깊이 뿌리박고 있는 한
너는 어디까지든지 멀리
날아오를 수 있을 것이다.
우리는 좀더 튼튼한 나무가 될 것이다.

더욱 무성하게 가지를 뻗어
비와 바람과 눈보라로부터
너의 보금자리를 지키고
더욱 튼튼한 줄기로 자라고
더욱 깊고 든든히 뿌리박아
쓰러지지도 꺾이지도 뽑히지도 않는 나무가 될 것이다.
그리하여, 더욱 힘찬 너의 날개짓을 지켜보며
즐거워할 것이다. 우리는,
높이 날아오른 만큼의 새의 행복과
깊이 뿌리박은 만큼의 나무의 행복이
서로 만나 이루어 내는
하모니를 듣는다.

날아올라라 우리들의 새야

엄마도 일하고 아빠도 일하고

캐롤 홀 지음/김미경 옮김

1. 엄마도 어렸을 땐 소녀였었대
2. 아빠도 어렸을 땐 소년이었대
3. 엄마도 어 아빠도 아이였었대

우리같은 개구장이 소녀였었대. 소녀가 자라 엄
우리같은 말괄량이 소년이었대. 소년이 자라 아
개구장이 말괄량이 아이였었대. 아이가 자라 어

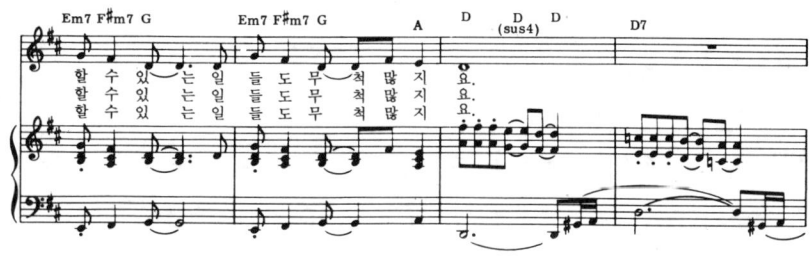

엄마도 일하고 아빠도 일하고

엄마도 일하고 아빠도 일하고

자유로운 어린이를 위한 창작물

멧돼지와 집돼지·흰나비의 날개옷

조장희
중앙일보 출판제작국장

멧돼지와 집돼지

며칠을 두고 함박눈이 계속 내려 쌓였읍니다. 흰눈에 덮인 산은 골짜기와 언덕도 구별이 가지 않았읍니다. 어느 것이 다북솔이고 어느 것이 바위인지도 물론 분간할 수가 없었읍니다.

눈 덮인 산속을 헤매던 멧돼지는 배가 고파 견딜 수 없었읍니다. 도토리 한 톨 줍기는 고사하고 나무뿌리 하나도 제대로 찾아낼 수가 없었읍니다.

멧돼지는 할수없이 마을로 내려왔읍니다.

마을이 보이는 동산에 이르자 구수한 냄새가 났읍니다. 더욱 배가 고파 왔읍니다. 그러나 사람들이 거리를 지나다니고 있어 먹이를 찾아 쉽사리 마을로 들어설 수도 없었읍니다.

■ 편집의 글

'또 하나의 문화'는 어린이들이 어른들의 고정관념에 얽매이지 않고 마음껏 상상을 펼치며 자기의 세계를 열어 갈 수 있도록 도와 주는 좋은 동화를 계속 싣고 있읍니다.

이번호에는 조장희씨가 지은 「흰나비의 날개옷」과 「멧돼지와 집돼지」를 소개합니다. 조장희씨는 동식물을 소재로 한 우화적인 동화를 많이 쓰는 분으로, 이 두 동화는 그의 『아기개미와 꽃씨』(샘터 파랑새문고 2, 1986)라는 동화집에서 옮겨 실은 것입니다.

멧돼지는 못 견디게 배가 고팠지만 동산에서 해가 지기를 기다릴 수밖에 없었읍니다.

마침내 밤이 되자 마을로 들어선 멧돼지는 코끝에 감겨드는 구수한 냄새를 따라 어느 한 곳에 다다랐읍니다. 그곳은 바로 집돼지의 우리였읍니다.

배가 고픈 멧돼지는 우선 우리 주변에 떨어져 있는 쌀겨며 무우쪽 등 음식 찌꺼기를 허겁지겁 주워 먹었읍니다. 그 바람에 우리 안에서 깊은 잠에 빠져 있던 집돼지가 잠을 깼읍니다.

"아니, 아닌 밤중에 웬 놈이냐?"

선잠을 깬 집돼지가 깜짝 놀라 소리쳤읍니다.

"쉿! 난 멧돼지야. 산엔 눈이 어찌나 많이 쌓였는지 먹을 것을 찾을 수가 없어. 닷새를 굶었더니 허기져서 참을 수가 있어야지. 먹을 것을 좀 나눠 주지 않겠니?"

멧돼지는 집돼지에게 통사정을 했읍니다.

"그래? 그렇다면 내가 저녁에 먹다 남긴 것이 저 죽통에 꽤 남아 있으니 네가 먹으렴. 오늘 밤에 내가 남긴 먹이가 죽통에 얼어붙으면 내일 아침 우리 주인에게 한바탕 야단을 맞을텐데, 마침 잘됐다."

집돼지는 선선히 허락했읍니다. 그러나 집돼지가 들어 있는 우리는 단단한 나무판자로 둘러쳐져서 멧돼지가 쉽게 들어갈 수가 없었읍니다.

"여기 이쪽 귀퉁이의 판자가 낡아 있어. 한번 힘껏 밀어 봐."

집돼지는 뜻밖에도 선선히 친절을 베풀었읍니다.

멧돼지는 집돼지가 가르쳐 준 대로 있는 힘껏 밀치고 우리 안으로 들어갔읍니다. 그리곤 죽통에 남아 있는 먹이를 모두 쓸어 먹었읍니다.

이튿날 날이 밝자 집돼지의 주인이 돼지우리 앞에 나타났읍니다. 그리곤 기쁨에 들뜬 목소리로 외쳤읍니다.

"눈이 그렇게 많이 내려 쌓이더니 멧돼지가 먹이를 찾아 여기까지 내려왔구나. 우린 횡재를 했어."

집돼지의 주인은 멧돼지가 우리 안으로 들어갈 때 떨어져 나간 낡은 판자 대신에 튼튼한 새 판자를 갈아 댔읍니다. 그리곤 여기저기 우리를 더욱 단단히 손질을 해서 멧돼지가 쉽사리 도망치지 못하도록 했읍니다.

집돼지의 우리 속에서 겨울을 보내고 있는 멧돼지는 먹고 사는 데엔 걱정이 없어졌읍니다. 때맞춰 주는 먹이를 배불리 먹고 토실토실 살이 쪄갔읍니다. 그러나 얼마 지나지 않아 멧돼지는 좁은 우리 안에서 지내기가 불편해졌읍니다.

산비탈을 마음껏 달리고 싶었읍니다. 가랑잎을 헤치고 도토리를 줍고, 좀 힘이

들지만 땅을 파고 칡뿌리를 캐는 등 먹이를 찾아 애쓰던 것이 이제 와서 생각하니 큰 재미로 생각되었읍니다.

그때부터 멧돼지는 우리를 빠져나갈 궁리를 하기 시작했읍니다. 코끝으로 힘껏 판자를 밀쳐 보았읍니다. 그러나 우리는 쉽사리 뚫리지 않았읍니다.

그래도 멧돼지는 단념하지 않고 계속 우리의 판자에 부딪쳤읍니다. 그러는 사이 코에는 상처가 나서 피가 흐르고, 그렇게도 소중히 간수했던 엄니도 한 개가 부러지고 말았읍니다.

"얘, 멧돼지야. 너는 무엇이 부족해 이 우리를 빠져나가려고 그러니. 주는 먹이나 받아 먹고 편히 누워 낮잠이나 자면, 바로 그게 낙원이 아니냐."

제가 누어 놓은 똥무더기 위에 질펀히 드러누워 있던 집돼지가 거슴츠레한 눈으로 멧돼지를 바라보며 말했읍니다.

"넌 시원한 산바람과 향긋한 풀꽃 향기를 맡아 보지 못해서 그래. 탁 트인 하늘 아래 가파른 산비탈을 땀흘리며 달리는 기분은 또 어떻고."

멧돼지가 말했읍니다. 그러나 집돼지는 디룩디룩 살진 몸뚱이를 돌려 누우며 아예 눈을 감아 버렸읍니다.

멧돼지는 계속 우리를 빠져나가려고 노력했읍니다. 판자 하나를 간신히 뜯어 놓으면, 그 이튿날 주인은 더욱 두꺼운 새 판자를 갈아 대고 굵은 대못을 땅땅 두드려 박아 놓곤 했읍니다.

그러는 사이 어느덧 겨울이 가고 봄기운이 돌자 향긋한 산냄새가 실려와 멧돼지의 코끝을 간질였읍니다. 멧돼지는 더 이상 참을 수가 없었읍니다.

그날 밤 멧돼지는 온몸을 던져 우리의 판자에 부딪쳤읍니다. 한 번, 두 번…… 열 번, 스무 번…… 마침내 우리의 판자벽 한 귀퉁이가 무너지고 말았읍니다.

온몸이 상처투성이가 된 멧돼지는 가쁜 숨을 고르면서 집돼지에게 말했읍니다.

"자, 마침내 나갈 길이 뚫렸다. 너도 이 기회에 나하고 함께 산으로 가자. 주는 대로 받아 먹고, 먹은 자리에서 싸고, 또 그 위에 드러누워 디룩디룩 살만 찌워 봤자 그게 누구 좋은 일 시키는지 아니? 금년 봄 이 집 주인 환갑잔치상에나 오를 게 뻔하지. 자, 집돼지야, 나하고 함께 아지랭이 감도는 저 산으로 가자."

"아유, 난 골치 아퍼. 그런 복잡한 것은 생각하기도 싫다. 귀찮게 굴지 말고 갈 테면 너나 가거라."

집돼지는 냄새나는 검불 더미에 코를 박은 채 귀찮다는 듯 일어서지도 않았읍니다. 할수없이 멧돼지는 혼자 떠날 수밖에 없었읍니다.

멧돼지가 이제 산으로 가면 힘들여 일해야만 먹이를 구할 수 있을 것입니다. 그

김복태 그림

리고 자신의 목숨을 지키려면 여러 힘센 짐승들과도 싸워야만 할 것입니다. 결코 우리에 갇혀 주인이 넣어 주는 먹이나 편안히 받아 먹던 때와는 다른 많은 고통이 따를 것입니다.

 그러나 우리를 뛰쳐나온 멧돼지의 힘살은 팽팽하게 당겨졌읍니다. 어둠이 채 걷히지 않은 새벽, 멧돼지는 산을 향해 힘차게 달렸읍니다. ■

흰나비의 날개옷

달콤한 꽃향기가 감도는 환한 봄날. 오늘은 나비들의 무도회가 열리는 날입니다. 노랑나비도 흰나비도 초대장을 받았습니다. 호랑나비·측범나비·모시나비·명주나비·공작나비·오색나비…… 나비란 나비는 모두모두 무도회에 초대를 받았읍니다.

나비들의 치장이 한창입니다. 얼굴도 예쁘게 가꿔야지만, 아무래도 나비들의 치장에 으뜸가는 것은 날개옷 치장입니다. 날개야말로 무도회에서 뽐내 보일 아름다운 드레스니까요.

모두모두 오색찬란한 날개를 갖고 있었읍니다. 보석보다 찬란하고 꽃보다 곱고 아름다와 눈앞이 어쩔어쩔할 정도였읍니다.

그러나 이처럼 기쁨에 들떠 치장이 요란스러운데, 오직 노랑나비와 흰나비만은 조용했읍니다.

"너희들은 참 좋겠다. 어쩌면 저렇게도 곱고 아름다운 날개를 가졌을까."

노랑나비가 호오, 한숨까지 쉬면서 시무룩하니 고개를 떨구었읍니다.

"어머, 얘는…… 네 날개옷이 어때서 그래. 햇빛에 반짝이는 네 황금빛 날개야말로 얼마나 아름답다고."

흰나비가 입가에 엷은 웃음을 띠며 노랑나비를 위로했읍니다.

"이 날개가 무엇이 아름다우니? 너나 나나 멋없는 흰색 아니면 노랑물투성이인데. 이것도 날개라고, 아유 속상해."

노랑나비는 여전히 볼이 퉁퉁 부었지만, 흰나비는 다소곳이 푸른 하늘에 눈길을 주었읍니다.

"어머나, 그렇지! 내가 왜 그걸 진작 생각하지 못했을까."

노랑나비가 별안간 손뼉을 짝 쳤읍니다.

"얘 흰나비야, 우리 날개에 꽃물을 들이자. 그러면 알록달록 아주 고운 날개옷이 될 거야."

그러나 흰나비는 살래살래 머리를 저었읍니다. 그러자 노랑나비는 흰나비를 남겨 둔 채 혼자서 훌쩍 날아올랐읍니다.

노랑나비는 진달래꽃을 찾아가 날개에 분홍물감을 들였읍니다. 이꽃 저꽃 찾아다니며 빨강, 파랑, 초록…… 물감이란 물감은 모두 들였읍니다.

얼마 지나지 않아서 마침내 향기로운 꽃이 융단처럼 깔린 꽃밭 위에서 무도회가 벌어졌읍니다. 점잖게 예복을 갖춰 입은 왕벌이 지휘봉을 휘두르자 앵앵 잉잉

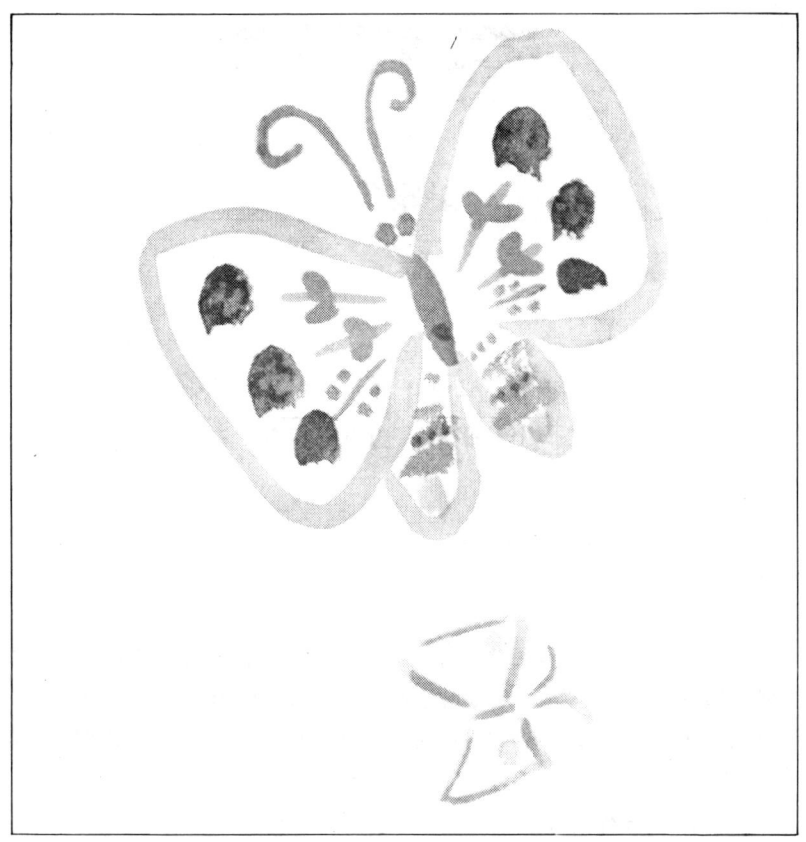

김복태 그림

웅웅, 꿀벌교향악단이 연주를 시작했읍니다. 이에 맞춰 나비들의 춤이 팔랑팔랑 어우러지기 시작했읍니다. 노랑나비도 꽃물이 들어 알록달록한 날개를 팔랑이며 열심히 춤을 추었읍니다.

얼만가 춤을 추고 나자, 노랑나비는 점점 숨이 찼읍니다. 날개가 왜 그리 무거운지 모르겠읍니다. 마침내 노랑나비는 땅 위로 곤두박히고 말았읍니다.

잠시 정신을 잃었던 노랑나비가 힘없이 눈을 떴읍니다. 그렇게 곱다고 믿었던 날개옷이 꽃물에 흠씬 젖어 흉하게 얼룩져 있고, 날개 끝도 찢어져 있었읍니다.

노랑나비는 하늘을 올려다보았읍니다. 나비들의 춤은 그때까지도 가벼운 날개짓으로 계속되고 있었읍니다. 그때 노랑나비는 보았읍니다. 여러 빛깔의 무리 속에서 유독 하얗게 반짝이는 흰나비의 아름다운 날개옷을. ■

자유로운 어린이를 위한 창작물

별배꼽오리

닥터 쉬스
번역 박정혜 · 그림 한은수

어느 호숫가에 두 가지 종류의 오리들이 살고 있었읍니다. 배에 별이 달려 있는 별배꼽오리와 배에 별이 없는 보통배꼽오리였읍니다. 그런데 이 별은 그렇게 큰 것이 아니라 아주 자그마해서 그다지 마음쓸 것이 못 되었읍니다. 그런데도 별배꼽오리들은 자기네들이 별을 가지고 있는 것을 늘 빼기고 다녔읍니다.
 "우린 이 호수에서 가장 잘난 오리들이라구."
 뿐만 아니라 별배꼽오리들은 코를 높이 쳐들고 호숫가를 거닐다가 어쩌다 보통배꼽오리를 만나기라도 하면,
 "보통배꼽오리 따위하고는 챙피해서 같이 얘기할 수도 없어!"
하고는 못본 척 지나쳐 버리기가 일쑤였읍니다.
 또, 꼬마 별배꼽오리들이 공놀이를 할 때에도 보통배꼽오리들은 낄 수가 없었답니다. 별배꼽오리들이 배꼽에 별이 있어야만 공놀이에 끼워 주었으니까요.
 별배꼽오리들은 소풍을 가거나 불고기를 구워 먹으며 잔치를 열 때에도 보통배꼽오리들을 초대하지 않았어요. 보통배꼽오리들을 어둡고 추운 호숫가에 남겨 둔 채 자기네들 근처에는 얼씬도 못하게 했지 뭐예요. 그리고 이런 차별대우는 내내 계속되었답니다. 그러던 어느 날, 아마도 보통배꼽오리들이 '나도 배꼽에 별이 달려 있었으면, 하고 생각하면서 별배꼽오리들을 부러워하고 있었을 때였을 거예요.
 묘하게 생긴 차를 탄 이상한 원숭이가 호숫가를 찾아왔어요. 그 원숭이는 보통

배꼽 오리들을 모아놓고 이렇게 말했읍니다.

"여러분, 내 이름은 황금나라 원숭이입니다. 나는 여러분이 행복하지 못하다는 얘길 듣고 그 걱정거리를 덜어드리려고 왔읍니다. 에헴, 나는 고치기 선수입니다. 뭣이든 고쳐 드릴 수가 있지요. 말하자면 나는 여러분을 도우려고 왔읍니다. 나는 여러분이 바라는 것을 갖고 왔읍니다. 값도 싸고 또 잠깐이면 됩니다. 더더욱 좋은 것은 실패할 위험이 전혀 없다는 것이지요."

그러고 나서 황금나라 원숭이는 괴상하게 생긴 기계를 보통배꼽오리들 앞에 세워 놓았읍니다.

"여러분은 별배꼽오리처럼 별을 가지고 싶지요? 오백 원만 내시면 여러분도 배꼽에 별이 생기게 됩니다. 돈만 내고 이 기계 속으로 뛰어들어가 보십시오!"

그래서 모두 이상하게 생긴 기계 속으로 줄지어 들어가기 시작했읍니다. 이윽고 기계가 움직이기 시작하더니 쿵쿵, 쾅쾅, 삐걱삐걱, 우당탕탕, 요란한 소리를 내면서 오리들이 튕겨져 나왔읍니다.

그런데 정말 신기한 일이었어요. 보통배꼽오리들이 나와 보니 배꼽에 별이 붙어 있지 뭐예요. 이제 배꼽에 별을 갖게 된 오리들은 본래 배꼽에 별을 달고 있던 오리들에게로 다가가 소리쳤읍니다.

"우리도 이젠 배꼽에 별이 있어. 너희들과 똑같아졌다구. 이젠 우리를 더 이상

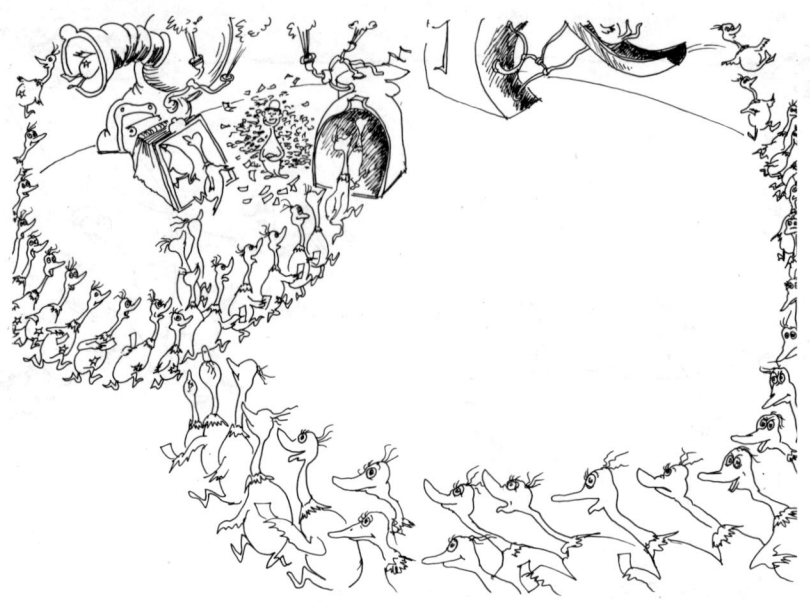

업신여기지 못할걸. 이젠 우리도 너희들 잔치에 갈 수 있게 되었다구!"

본래부터 배꼽에 별이 있던 오리들은 이 말을 듣고 깜짝 놀랐읍니다.

"어머, 이 일을 어떡하지? 아무리 그래도 우린 쟤네들보다 잘났고, 쟤들은 우리보다 못났어. 허지만 이제는 어떻게 서로 구별을 하지?"

본래부터 배꼽에 별이 있던 오리들은 서로 수군거렸읍니다.

그때 황금나라 원숭이가 약삭빠르게 다가와서 말했읍니다.

"이제 누가 누군지 모르게 되어 걱정이라구요? 정말 그렇군요. 하지만 그렇게 걱정할 필요는 없어요. 여러분, 나를 따라 오십시오. 내게 아주 좋은 수가 있어요. 다시 여러분을 연못가에서 가장 잘난 오리들로 만들어 드리겠읍니다. 단돈 천 오백 원이면 된다구요!"

황금나라 원숭이는 별배꼽오리들을 한번 둘러본 다음 계속 말했읍니다.

"이제 별표는 유행에서 뒤떨어졌어요. 별을 떼는 기계 속으로 들어가십시오. 이 기계가 여러분의 배꼽에서 별을 떼어 줄 것입니다."

정말 그 말 그대로였읍니다. 그 편리한 기계 속으로 들어갔다 나오자 오리들의 배꼽에서 별표가 모두 떨어지고 만 것입니다. 이제 별을 떼고 보통배꼽오리가 된 오리들은 다시 코를 치켜세우고 뻐기며 다녔읍니다.

"이제는 누가 누군지 알 수가 있지! 가장 잘난 오리는 배꼽에 별이 없는 오리

라구!"

　이렇게 되자 별을 붙였던 오리들은 어찌할 줄을 몰랐읍니다. 이제는 별을 가진 것이 오히려 나쁜 일이 되어 버렸으니까요. 그때 황금나귀 당나귀가 또 나타나 이 오리들을 다시 별표 떼는 기계로 데리고 갔읍니다.

　이때부터, 그래요 바로 이때부터 모든 것이 뒤죽박죽이 되어 버렸읍니다.

　그날 온종일 호숫가 오리들은 마구 소리를 질러 대며 쉬지 않고 황금나라 원숭이의 기계 속을 드나들었읍니다. 들어갔다 나왔다, 별을 붙였다 떼었다, 계속해서 줄지어 들어갔어요. 마치 경주라도 하는 듯이 계속 돈을 내고는 별을 붙였다 떼었다, 또 붙였다 떼었다 했답니다. 나중에는 아무도 누가 누구인지 모르게 되어 버렸지요. 마침내 오리들은 마지막 한푼까지 다 날려 버리고 말았읍니다. 그리고 황금나라 원숭이는 기계를 챙겨서는 가버렸읍니다. 호숫가로 차를 몰아 가면서 황금나라 원숭이는 오리들을 비웃었읍니다.

　"오리들은 모두가 바보야. 도대체 뭘 모르거든."

　그렇지만 황금나라 원숭이의 말은 옳지 않았읍니다. 바로 그날 이 오리들이 매우 똑똑해졌으니 말예요. 그날 오리들은 오리에는 잘난 오리도, 못난 오리도 없이 모두 똑같다는 것을 깨달았던 것입니다. 그래서 그날부터 별이 있거나 없거나 마음쓰지 않고 오리들은 모두 사이좋게 지내기로 하였답니다. ■

창작과 평

평범해지기를 거부한 60년대 여성, 전혜린
한 여성을 죽음으로 몰아간 삶의 조건들

우명미
소설가

60년대 여성사회와 전혜린

 사람은 누구나 자신이 누구이며 어떤 사람이 될 수 있을지를 말해 줄 미래의 자화상을 가지고 싶어한다. 그러나 60년대에 소녀기를 보낸 우리들은 그럴 만한 미래의 자화상을 가지고 있지 못했다.
 어머니 세대의 좌절을 지켜 본 우리들은 어머니를 사랑하면서도 어머니처럼 되기를 원치 않았으며, 어머니 또한 딸이 자신의 전철을 밟기를 원치 않았다. 60년대의 어머니들은 막연히나마 자라나는 딸들의 삶은 좀더 나은 삶이어야 한다고 믿었으나 어떻게 하면 그런 삶을 살 수 있을지를 가르쳐 주지 못했다.
 그리하여 미래의 초상화에 도움이 될 모델을 현실에서 찾을 수 없었던 60년대의 젊은 여성들은 책 속에서 이상적인 여성상을 찾아야 했다. 그러나 소위 명작 속의 여주인공들은 우리들의 현실과는 너무 먼 사회적 상황에서 산 인물들로서, 우리들에게 새로운 삶을 보여주기에는 뭔가 미약하였다. 가정을 가지고 아이를 돌보며 사는 삶 이외에, 여성들에게도 할일이 있다는 것을 깨닫게 해준 여성작가들이 있기는 했다. 버지니아 울프와 시몬느 보봐르의 생애와 작품이 그 방면의 대표적 저서였으나, 이 몇몇 한정된 작품 속의 여성상만으로는 미흡하다는 느낌이었다.
 그 즈음에 루이제 린저의 『생의 한가운데』가 전혜린의 번역으로 우리에게 소개되었다. 삶의 모험을 두려워하지 않고 남성적인 강함과 결단성을 지닌 여주인공 니나의 적극적인 삶의 방식은 우리에게 참으로 충격적이었다. 전혜린은 미래의 자화상을 찾아 헤매던 우리들에게 니나라는 하나의 특이한 초상화를 제시해 준 것이다. 전혜린 덕분에 니나를 만났고 니나 덕분에 전혜린을 만난 셈이다. 그 당시 전혜린은 『생의 한가운데』를 소개하면서 다음과 같은 매우 열정적인 후기를 덧붙여서 여성들에게 삶을 사는 하나의 방법을 제시했던 것이다.

"니나는 매우 순수한 인간이다. 무엇보다도 정신의 자유를 희구하는 그의 본능적인 충동에 지배돼 있는 맑은 두뇌와 지성과 결정적인 성격 때문에 언제나 극단적인 상황 속에 몸을 내맡기고 생과 사(死)의 양극 사이를 줄타기하는 것 같은 위태로운 몸짓으로, 그러나 승리에 찬 긍정을 가지고 살고 있는 여자다."

자기가 원하는 여성의 이상적인 모델을 니나에게서 찾았던 60년대의 젊은 여성들의 관심은 자연 젊은 독문학 강사 전혜린에게 쏠리게 되었다. 당시로는 희귀했던 독일유학생인데다 이미 번역과 문필로 그 이름이 알려지기 시작한 전혜린은 우리들 주위에서 찾아보기 힘든 새로운 여성상이었다. 베티 프리단의 표현을 빌면 '자신의 지성을 활용하여 세계 속에서 하나의 역할을 담당'하면서 '어린아기도 가지고 있는'[1] 이상적인 모델이었다. 그러나 작품다운 작품을 남기겠다는 간절한 염원을 지니고 일생을 자기인식에 바치려는 각오로 살았던 전혜린은 본격적인 작품(소설)에는 손도 못 댄 채 31세의 젊은 나이에 요절하고 말았다. 그녀에게 걸었던 기대와 관심이 결국 그녀의 유고집[2]에 쏠렸던 것은, 이상적인 모델의 황무지 속에서 헤매며 인식욕에 불타던 당시의 젊은 여성들로서는 당연한 일이었다. 우리들은 전혜린의 글로부터 '창조적 이데의 수정(受精)'[3]을 받고자 했던 것이다.

전혜린이 세상을 등진 지 20년, 아직도 그녀의 유고집은 출판계에서 잘 팔리는 책 중의 하나로 되어 있고, 그녀에 관한 두 권의 평전과 연구논문이 나온 사실로 노 그녀에 대한 관심이 꾸준히 이어지고 있음을 알 수 있다. 전혜린의 삶은 비록 미완성이었으나 그녀가 무명(無名)의 존재로 사라지지 않았던 이유는 그녀 자신 정신의 자유를 갈망하여 '삶과 죽음의 양극을 줄타기하는 것 같은 위태로운 몸짓'으로 살았던 순수정신의 소유자였다는 사실에 있다고 생각한다. 그녀 생애의 마지막 7년간, 그녀의 의식을 번갈아 점령했던 삶에의 갈망과 죽음에의 갈망을 중심으로, 열정적이었던 한 여성을 죽음으로 몰아간 삶의 조건들을 살펴보기로 하자.

---

1. Betty Friedan 지음, 김행자 번역, 『여성의 신비』 (평민사, 1978).
2. 『그리고 아무 말도 하지 않았다』, 1966; 『미래완료의 시간 속에』, 1966; 『이 모든 괴로움을 또다시』, 1969.
3. 이덕희, 『그대 이름은 전혜린』 (홍성사, 1982) 참고. 이 밖에 전혜린 평전으로 정공채가 쓴 『아아, 전혜린』이 있다.

삶에의 갈망과 죽음에의 갈망

"이상한 것과 죽음에의 동경은 내 속에 정상적인 것과 영원에의 동경으로 공존한다. 어떤 날은 전자가, 어떤 날은 후자가 더 높게 바로미터가 돌아갈 뿐."
(1962. 2. 12. 일기)

이 글에서 알 수 있듯, 전혜린의 내면에는 삶에의 갈망과 죽음에의 갈망이 양극에서 끊임없이 상충을 일으키며 팽팽한 긴장을 유지하곤 했는데, 때로는 균형을 잃고 극도의 우울증에 시달리거나 절망의 나락에 빠져들기도 했다.

"온갖 지성의 최고영역을 답사하고 난 후일지라도 나에게 낙인처럼 남는 건 회의론뿐일 것은 너무나 확실하다...... 자살에의 욕망을 조금 감퇴시킬 만한, 생에 약간의 집착을 순간으로나마 느낄 만한 날은 나에게 있어서는 길일(吉日)인 것이다."(1961. 1. 14. 일기)

이처럼 삶에 대해서 근본적으로 허무의식과 회의론에 젖어 있어서 그녀의 삶은 매일매일이 자살로부터의 도피[4]였다는 인상이 짙다. 그러나 그녀의 죽음이 니힐의 결과였는지 자연스런 생명의 파산이었는지에 대해서는 본인 이외에는 아무도 모를 뿐 아니라 어쩌면 그리 문제가 되지 않는다. 중요한 것은 누구보다도 완벽한 삶을 갈망했던 한 여자가 지녔던 '삶에의 갈망'이 차츰 '죽음에의 갈망'으로 바뀌어 갔다는 사실에 있다. 약물을 사용해야만 했을 정도의 불면증과 그토록 자살에의 유혹을 자주 느껴야 했던 삶의 고뇌와, 심장을 극도로 악화시켜서 끝내는 죽음 ─ 발표된 사인(死因)은 수면제 과용에 의한 심장마비였다 ─ 에 이르게 되었던 객관적 사실에서 우리가 분명히 알 수 있는 것은 그녀의 정신과 육체가 극도로 지쳐 있었다는 사실이다.

무엇이 그녀를 만성 우울증으로 몰아갔고, 그녀를 회의론과 염세주의에 젖게 했으며, 급기야는 죽음으로 몰아간 것일까? 그녀로 하여금 정신의 자유를 갈망하는 일을 불가능하게 만든 개인적·사회적 조건은 무엇일까? 왜 그녀에게는 생에 약간의 집착을 순간으로나마 느낄 만한 길일이 그토록 적었던 것일까?

많은 사람들의 경우 삶을 사랑하는 측면과 죽음을 사랑하는 측면이 함께 나타나는데, 중요한 것은 어느 성향이 더 강해서 그 사람의 행동을 결정하는가에 있으며, '만일 삶을 위한 적당한 조건이 없다면 죽음을 사랑하는 경향이 나타나 그 사

4.『그대 이름은 전혜린』, 73쪽.

람을 지배할 것'[5]이라고 말한 에리히 프롬의 견해에 귀기울일 필요가 있다.
 그렇다면 전혜린의 일기에 자주 나타나는 '죽음을 사랑하는 경향'은 삶을 위한 적당한 조건이 차츰 없어졌던 결과라고 볼 수 있다. '죽음이 의식적으로 선택되고 논리적으로 사유된 결과인 경우 무엇이 그를 죽음에 던져 넣는가를 알고 싶어 해도 마땅할 것'이라고 말한 전혜린이지만, 그녀의 죽음이 정말 의식적으로 선택되고 논리적으로 사유된 결과인지는 의심스럽다. 여하튼 한때는 '미칠듯이 살자'고 자신에게 다짐하며 매순간을 불태우듯이 살고자 했던 전혜린의 삶에의 갈망이 차츰 죽음에의 갈망으로 바뀌어 갔던 진정한 이유가 무엇인지, 끝내 '승리에 찬 긍정'으로 삶을 대하지 못했던 참 이유가 무엇인지에 대해 우리는 다만 남긴 글을 통해 분석할 수밖에 없다.
 에리히 프롬은 삶을 위한 적절한 개인적 조건으로는 '어릴 적의 따뜻하고 애정어린 다른 사람들과의 접촉, 자유롭고 위협이 없는 상태, 내면적 조화와 힘을 기르는 원리의 가르침, 즐거운 생활방식' 등을 내세우고 있는데, 전혜린의 유년기와 연관되는 정신세계에 대해서는 최근에 정신분석학적인 측면에서의 연구논문이 발표된 일이 있다.[6]
 이규동은 이 논문에서 '한국사회에서 장녀로 태어났다는 사실은 그 자체가 갈등적 상황'이랄 수 있고 특히 재능이 있는 장녀는 부친에게 이념적 자아를 투영할 때 '의존적이면서도 독립하려는 갈등양상이 다른 형제보다 강하다'는 점을 들어 전혜린의 장녀 컴플렉스, 부친고착(父親固着) 등이 나르시시즘 형성에 끼친 영향을 분석하고 있다. 즉, 전혜린은 일종의 남성 컴플렉스를 지니고 있었다는 결론을 유도해 내고 있다. 이런 경우 해결방법은 '남성 컴플렉스를 가지면서도 모성적 특성을 강화'하거나 '나르시시즘적 경향을 강화해서 보다 능동적인 지성화(知性化)로 남성 컴플렉스를 극복'하는 대안을 들 수 있는데, 전혜린의 경우는 이 두 가지 방향의 어느 쪽으로도 나르시시즘 방어가 이룩되지 못했다고 풀이되고 있다. 전혜린이 남다른 문학적 재능을 지녔음에도 불구하고 작품다운 작품을 남기지 못한 것은 완전에의 집착이 너무 지나쳐서 너무 많은 지적 욕구의 지배를 받았고, 나르시시즘적 경향이 너무 강해서 나르시시즘적 방어가 형성되지 못했던 탓이라는 것이다.
 이러한 이규동의 진술은 정신분석 이론의 여성에 대한 편견을 내포하고 있기는

---

5. 에리히 프롬 지음, 황문수 번역, 『인간의 마음』.
6. 이규동, 「전혜린과 나르시시즘 경향에 대한 정신분석학적 고찰」, 《서울의대 정신의학》 100호 기념, 1985.6.

하지만 전혜린의 정신세계를 이해하는 데 어느 정도 도움을 줄 수 있다. 그러나 여기서 간과할 수 없는 사실은 그녀의 장녀 컴플렉스, 부친고착증, 남성 컴플렉스 등으로 요약되는 복합심리가 '남아선호사상이 세계 제일[7]인 한국에 태어났다'는 사실과 깊이 관련된다는 점이다. 따라서 정신의 자유를 갈망했던 한 지성적인 여자의 삶이 한국이란 사회에서 어떻게 좌절되어 갔나를 같은 맥락에서 살펴봐야 한다.

불행의 체험과 열등 컴플렉스

'나는 혼자 살고 싶었다. 내 일생을 인식에 바치고 싶었다. 자유롭게 대학생이 된 후에도 그런 결심을 되풀이했었다'고 전혜린은 독신생활을 동경한 추억을 적고 있다. 지적인 생활을 꿈꾸는 사람들이 이와 비슷한 생각을 갖는 경우가 많다. 더구나 지성적으로 생활을 발전시키고 진리를 추구하려는 여성의 경우 결혼을 부정적으로 볼 가능성은 높다. 그러나 독신을 꿈꾸던 전혜린이 독일유학을 떠난 지 불과 6개월 만에, 양가에 의해서 예정되었던 결혼을 받아들였다는 사실은 또 다른 측면을 연상시킨다.

우리는 여기서 아버지의 간곡한 권유 때문에 법대를 선택했던 사실과 상통하는 일종의 의존심리를 엿볼 수 있다. 이러한 의존심리는 높은 수준의 교육을 받은 중산층 여성에게서도 곧잘 나타나는데, 외면적으로는 자신감에 넘쳐흐르는 듯이 보이지만 내면적으로는 자신감을 잃고 있는 경우이다. 누구보다 정신의 자유를 갈망했던 전혜린의 경우에도 이러한 여성 특유의 의존심리의 극복은 쉽지 않았던 것으로 보인다.

더구나 결혼 후에도 고국의 친정에서 부쳐 오는 경제적 원조에 의존해야 했던 그녀의 형편으로는 의존심리의 극복이 쉬운 일은 아니었을 것이다. 만삭의 몸으로 하루 8시간씩 번역을 하여 생계비에 보탰고, 출산에 대비해야 했던 결혼 초의 일기는 매우 절박한 상황을 암시한다.

"우울한 날, 의견의 부조화와 잔인한 말투, 내가 번역을 더 이상 못한다고 해서 그걸 악으로 해석해서는 안 된다. 정말 내 힘에 부친다. …… 흔히 주장하듯이 나와 똑같은 환경하에서도 훨씬 많은 일을 해낼 수 있는 여자들이 있는지도 모른다. 그러나 그들은 나보다 건강하고 더 강한 체구를 가지고 있음에 틀림이 없다. 육체적 과로는 출산과 산후에 나쁜 영향을 준다는 것을 나는 알고 있다. 아무도 그걸 고려해 주지 않는다."(1959. 1. 29)

---

[7] 영국 런던에서 열린 세계 출산력 조사회의에서 보고된 자료.

"꿈속에서 부모님과 대판 다투었다.
아버지 : 넌 왜 박사학위 논문은 안 쓰고 번역만 하지 ?
나 : 전 아이를 위해 돈을 벌어야 해요." (1958. 11. 13)

물질적 빈곤과 내일에 대한 불안 속에서 그녀는 학위논문도 단념한 채, '요리를 만들고, 먹고, 세탁을 하고, 번역을 하고…… 깊은 밤중까지 똑같은 피곤과 똑같은 기이한 만족'으로 되풀이되는 일상에 시달려야 했다. 번역이란 '많은 신경의 소모와 지속성을 요구하는 고역'이었지만, 그녀는 '강철 같은 에네르기와 야망으로 일하고 또 일하지 않으면 안 되었던' 것이다. 그런 중에도 그녀는 '이제 저는 일, 일만 하면 됩니다 ! 제 아이와 남편을 보살필 수 있도록…… 전 행복합니다'라고 외치고 있다. 그녀가 일상적인 삶으로부터 상처를 입은 것은 육체적 피곤이 아니라 남편의 '몰이해와 비정'이었다.

"나는 너무도 많이, 너무도 자주 모욕을 받았고, 상처를 입었다." (1959. 2. 23)

그럴 때면 '모든 것이 수선할 수 없도록 망가졌음'을 뼈저리게 느끼면서, '비참과 무정과 냉정 속으로 새 생명을 탄생시켜야만 하는가 ?'라고 자신의 출산에 회의를 품기도 한다. 임신 말기에 속하는 1월에서 3월까지의 일기는 '생이란 지켜 나갈 만한 가치가 있는 것일까 ?' 라는 본질적인 회의와 발작적인 불안과 죽음의 공포, 자살에의 유혹 등으로 점철되어 있다.

그러나 출산 후 모성으로서의 체험은 전혜린의 의식에 많은 변화를 가져온다. 모성애를 받아 보지 못했다고 불평스레 생각하던 어머니에 대해서도 '인간으로서 어머니는 아버지보다 훨씬 가치를 가지고 계시다' 라고 말할 정도로 부모에 대한 인식 변화를 보인다.

출산 후, 그녀가 얼마나 열정적으로 딸을 사랑했으며 삶을 뜨겁게 긍정했는가는 당시의 「육아일기」에 잘 나타나 있다. 1961년 새해를 맞으며 '우리의 일회성을 명심하고 일순간을 아끼자, 미칠 듯이 살자'고 자신에게 다짐하며 '언제나 죽음을 눈앞에 두고 보다 성실하고 진정한 실존으로서 존재하고 싶다'고 적고 있다.

그러나 두 달 후에는 또다시 삶의 공포와 죽음에의 동경이 그녀를 사로잡는다. 죽음을 동경하는 어느 날의 일기에는 그녀의 괴로움의 단서가 될 만한 몇 구절이 눈에 띈다.

"아무도 신뢰해서는 안 된다. 내 생은 나 혼자 개척해야 한다. ……이제 필요한 것은 결단뿐이다. 무거운 존재를 나 혼자의 몸에 짊어지고 쓰러질 때까지 걸어가 보겠다는 의지뿐이다." (1961. 2. 22)

"한 남자의 배신이 전세계의 붕괴가 될 수 있는 여자가 되어서는 안 된다. 그것은 자기 자신에의 불충실을 뜻하니까."(1961. 2. 23)

뿐만 아니라 전혜린이 1961년을 '젊음의 매장의 해'라고 지칭한 것은 믿었던 대상의 배신 때문이었던 것으로 보인다. 배신의 내용을 구체적으로 알 길은 없다. 다만 그 즈음의 일기에 '이제 와서 혼인신고도 출생신고도 안했다 해도 그는 아마 중혼(重婚)이기 때문에 안했으리라고 사람들이 말한다. 더 근심 말자. 그렇지만 정화가 한없이 가엾다'라고 씌어 있음과 무관하지 않으리라는 추측이 가능할 뿐이다.

이러한 불행의 체험이 그녀 자신의 성격을 '원망과 회한으로 어둡게 채색'했던 것이다. 그녀는 이렇게 적고 있다.

"우리의 성격이 좋아질 수 있는 유일한 찬스는 행복(또는 행운)뿐이다. 불행은 우리의 성격을 보다 더 악화하는 데만 도움이 된다. 나의 외국생활과 결혼생활 4년간은 문자 그대로 형극의 길이었다. 매일 상처입고 피가 흘렀다. 이 불행의 체험은 결코 안 지워진다. 내 성격을 구성하고 말았으니까."(1961. 10. 1)

그러나 전혜린은 이러한 불행을 바깥에 보이지 않기 위해 '이를 악물고 마스크를 쓰고 고독을 내보이지 않으려'고 안간힘을 썼다. 그럴수록 그녀는 더욱 깊은 고독의 늪에 빠져들었고, 상처입은 나르시시즘은 열등감으로 발전해서 그녀를 괴롭혔다. 그 즈음의 일기는 열등감에 대한 언급이 자주 보인다.

"열등자는 자기의 예민한 상태에서 탈출하기 위해, 말하자면 자기로부터 탈출하기 위해 급격한 자극, 예를 들면 알콜이나 성적 충동이나 마취제 등으로 달려가는 일이 있다. ……열등감정은 감정적으로 공포로 표시된다. ……내면적 생활에의 도피, 내적으로는 맘대로이고 외적으로는 습관에 따른다." (1961. 11. 17)

이처럼 열등자의 특징을 나열하고 '나의 주의와 활동을 나의 적극적인 징후에 집중해야겠다'고 결론짓고 있다. 나르시시즘에 상처를 입음으로써 강화된 열등감은 꽤 뿌리깊은 것이어서 이듬해 헤세 추도회의 연사로 초청받았을 때에도 '쓸데없는 주저나 열등 컴플렉스와 무사안일주의와 안일에의 갈망과 아시아적 소극성을 초극해야 한다'고 스스로에게 다짐하고 있다.

여성문제에 대한 인식과 전혜린

전혜린은 자신을 '오식활자같이 거꾸로 박혀 있는 존재'라고 표현하고 있는데, 이는 자신의 독특한 개성에 대한 자각이기도 하지만 '내가 아니고 싶다' '다르게 살고 싶다'는 자기부정의 심리와도 관련이 있으리라고 본다. 이는 그녀가 자기 속에 내재한 여자의 본질에 대해서 매우 부정적이고 때로는 혐오하고 있음과도 관련된다.

'자신 속에서 발견한 여자가 자신을 절망케 한다'거나 '여자는 자기 자신에게도 교태와 분장 없이는 허할 수 없는 비본질적 존재'라든가 '여자의 생은 모방이지 참 생은 아니다' '여자는 사랑에도 본능이 앞서는 종족' 등 여자에 대한 부정적인 고정관념에 차 있음을 유의해야 한다. 그러나 그녀의 이러한 고정관념은 연륜이 쌓이면서 차차 변화를 보인다.

"여성을 그토록 비본질적 요소로 만든 것은 여성의 지능지수도 생리도 아니고 다만 사회의 상황인 것으로, 사회와 가정은 여성을 가능한 한 비본질적으로 교육하기에 전력을 다해 왔다."[8]

뿐만 아니라 '성(性)이란 본래 중성적이며 다만 인습에 의해 색채를 부여할 뿐'이라고 역설한다. 한국사회는 여성의 사회적 지위가 몹시 느린 속도로 형성되어 가는 과정에 있다고 전제하고 아직도 우리 사회는 '여자가 사회에 한 발을 딛고 서기가 마치 미국에서 한 흑인이 그렇게 하려는 경우와 마찬가지로 힘드는 처지에 있다'[9]고 60년대 우리 사회의 성차별을 꼬집기도 한다. 결혼을 결승점이나 안식처로 생각해서 노력과 진지함과 끈기가 부족한 여자들에게 '자아에 충실하는 것만이 남성들이 여성들에게 붙여 준 비난의 레테르를 벗는 길'임을 강조한다. 또한 여성의 경제적 지위가 남성과 동등해진다면 여성의 근본결함인 불성실한 생활태도도 자연 소멸하고 여성도 보다 참된 과제를 자기의 생활과제로 삼게 될 것이라고 경제적 지위의 중요성을 역설하기도 한다. 그러므로 여성은 개인적으로라도 '무서운 고독과 절망과 싸우면서 자아를 좇는 길'을 걸어가지 않을 수 없으며 현재에도 그러한 사람이 '숨은 곳에 많으리라고 확신한다'고 강조하고 있다. 전혜린이 바로 그러한 여성이었다. 그녀를 죽음으로 몰고 간 '무서운 고독과 절망'은 한국이라는 남성 우위의 사회에 태어난 여성이 '자아를 좇는 길'을 선택함으로써 비롯된 숙명적 비극이었던 것이다.

인습에의 도전과 이율배반

누구의 경우에나 해당될 수 있겠지만 전혜린이 발표를 염두에 두고 쓴 글(『그리

---

8. 「사치의 바벨탑」, 《여원》 1960.12.
9. 위의 글.

고 아무 말도 하지 않았다』에 수록된 수필과 육아일기)과 그렇지 않은 글(『이 모든 괴로움을 또다시』에 수록된 내밀일기) 사이에는 상당한 거리가 있다.

허위와 가식을 싫어하는 그녀였지만 자신의 불행이나 고독, 영혼의 상처를 남들 앞에 드러내지 않으려고 극도로 신경을 썼던 것으로 보인다.

실존의 고독을 높이 평가하면서도 자신의 고독만은 이를 악물고 감추려 들었고, 비록 허위와 굴욕에 찬 결혼생활이었지만 이혼이라는 최악의 사태만은 피하려 들었다. 이혼은 어떤 경우에라도 '카인의 이마의 흔적'으로 여기고, 아이가 있는 사람은 무슨 일이 있어도 이혼해서는 안 된다고 생각했던 것이다. 어쩔 수 없이 합의 이혼(1964. 6)이 이루어진 이후에도 남들에게 알려질까봐 극도로 신경을 썼던 것은 일기에도 잘 나타나 있다.

여기서 우리는 그녀의 정신이 자유를 갈망하고 허위와 기만을 용납하지 않았지만, 가면을 쓰고서라도 결혼생활을 지속할 것을 바래야 했을 정도로 이혼이 용납되지 않았던 60년대의 사회적 상황을 고려해야 한다. 뿐만 아니라 그녀의 경우는 자신의 이혼이 여동생들의 혼사에 미칠 악영향을 고려해야 할, 8남매의 장녀였던 것이다.

내적으로는 '완벽한 순간'에 대한 갈망으로 매순간 모험과 정신의 비약을 꿈꾸던 그녀였지만, 표면적으로는 온건한 소시민으로서의 마스크를 쓰고 일상의 의무를 완벽하게 해내야 했던 것이다. 그녀의 이런 모순된 면에 대해서는 평전을 쓴 이덕희도 다음과 같이 지적한 바 있다.

"그녀의 기질도 반항적이라기보다는 차라리 타협적이었고, 적극적이고 도전적이라기보다는 소극적이고 피동적인 편이었다."[10]

머리로는 누구보다 자유를 갈망하고 인습에 도전하는 적극적 삶을 추구하는 그녀였으나 그녀의 현실, 그리고 기질은 그렇지 못했다는 점에 전혜린의 비극이 있지 않았을까?

한 인간, 한 작가로서의 정신의 자유를 누리려는 갈망과 한 사람의 아내, 어머니로서의 일상적 삶의 임무 사이에서 일어나는 갈등 때문에, 이 양자의 조화와 균형을 위해 그녀가 바친 노력은 애처로울 지경이었다. 그러나 그 노력이 치열하면 할수록 그녀의 기력은 소진되어 갔고, 차츰 헤어날 길 없는 고통과 절망의 늪에 빠져들어갔던 것이다.

8남매의 장녀로서 결혼 후에도 오랫동안 친정살이를 면치 못했던 그녀에게는 마음 편히 쉴 만한 시간도 장소도 주어지지 않았다.

10.『그대 이름은 전혜린』.

"마당을 수리하는 탁탁 치는 소리가 '나가라! 나가라' 하는 것처럼 들린다 …… 학교에서나 집에서나, 또 친척들, 시집 전부에 이렇게 조마조마 눈치만 보면서 살아야 하는가? 언제 끝날까? 좀더 맘 편히 푹 살고 싶다."(1961. 10. 1)

"내 생명이라는 일정액의 은행 예금을 헐어 쓰기만 하고 공연히 쇠진과 피로와 마지막을 재촉하고 있는 것이 내 현재 생활 같다. 내 주변에는 내 목숨의 적인 긴장을 만드는 사람들로 꽉 차 있다."(1962. 9. 9)

주위의 모든 사람, 모든 일이 긴장의 원인이었고 그것들이 주는 불안에서 스스로를 해방시킬 수 있는 방법은 스리나, 키니네 등의 정제들뿐이었다. 그것으로는 생명의 파산을 늦추기보다는 줄이기가 더 빠를 것이라는 사실을 그녀도 모르지 않았으나 당시의 그녀로서는 다른 방법을 찾아낼 수가 없었다.

"그것들이 주는 불안에서 스스로를 해방시킬 물건이 나에겐 너무나 없다. 알콜, 니코틴, 연애, 모험…… 아무것도 나에겐 없다."(1961. 9. 9)

남자라면 가능했을 알콜 등의 도피 방법이 당시의 그녀에겐 불가능했고, 후에 남들의 이목을 무시하고 음주와 끽연에 매달려 보기도 했지만 본래가 타협적, 소극적인 소시민 기질을 아울러 지닌 그녀로서는 의식적으로 무시하려 했던 타인의 따가운 시선이 또 다른 스트레스를 안겨 주는 결과가 되었던 것으로 보인다.

전혜린은 60년대의 한국여자라는 한계상황에 갇혀 그 반작용으로 오히려 더욱 '완벽'과 '황금빛 성숙'과 '수정같이 맑은 정신성'을 추구하고 '하늘 높이 치솟고자 발돋움'을 강조해 온 것이라고 볼 수 있다. 그녀의 비범한 정신력과 날카로운 지성에도 불구하고 그녀의 지성적 자아(머리)와 정서적 자아(가슴)가 번갈아 의식을 점령하면서 갈등을 첨예화시켜, 그녀를 정신적·육체적 파국으로 몰아갔던 것은 아닐까?

이러한 내면적 갈등은 전혜린이 주로 관심을 갖고 연구했던 프란쯔 그릴파르쩌나 싸포에게서도 나타난다. 전공이 법학이었으나 평생 공상의 시인으로 살았던 그릴파르쩌는 지극히 냉엄한 이성적 인간이기도 했다. 그의 일생은 극단적인 반대요인이 공존한 데서 비롯한 내면적인 갈등의 연속이었다. 싸포의 경우도 마찬가지다. 최대의 영광을 차지한 학식 높은 시인이었으나 한 인간, 한 여성으로서의 욕구와 약점에서 벗어날 수 없었던 싸포의 생애는 전혜린을 연상시킨다.

이성과 감성의 극단적인 반대요인이 자기 안에 공존함을 의식하고 있는 전혜린은 '감정은 질식시켜 버리고' '맑은 지혜와 의지의 힘에만 기댈 것'을 다짐하곤 했지만 그것은 불가능한 일이었다. 그녀의 머리는 혼자이기를 원하나 그녀의 가슴은 고독을 두려워했다. 그녀의 잦은 우울증과 공포는 거기서 비롯된다. 그것은 아무도 사랑하지 않고 아무한테서도 사랑받지 않는 데서 비롯한 공포였다. 그리하여 완벽한 삶에 대한 '지워지지 않는 동경의 불길'을 가슴속에 지녔던 영원한 몽상가 전혜린은 머리와 가슴의 이율배반 속에서 '쇠진과 피로와 마지막'을 재촉했던 것이다.

열린 사회에 대한 동경

전혜린이 5년간 체류했던 학원도시 뮌헨은 '창조하고 건설하고 경탄하고 모험하는' 자유가 용납되는 '열린 사회'였다. 특히 슈바벤은 물질에 구애받지 않는 초속적(超俗的) 생활양식과 비인습적 자유의 전통을 지닌 곳이었다.

즉 '청춘과 보헴과 천재에의 꿈을 일상사로서 생활하고 있는 곳'이어서 '그 속에 한번 들어가서 그것을 숨쉬고 그것에 익고 나면 다른 풍토는 권태롭고 딱딱하고 숨막혀서 도저히 못 참게 되는 곳'이었던 것이다.

그녀가 귀국 후에 '인습과 타협으로부터의 자유'가 있는, 이 생활예술가의 거리를 얼마나 동경하고 그리워했는지는 그녀의 수필에 잘 나타나 있다. 그녀가 귀국 후 '한국이란 나라가 얼마나 쉽게 인간의 의욕을 꺾는가를 뼈저리게 체험했다'고 진술한 것은 열린 사회를 경험한 자의 숨막힘을 고려할 때, 당연하게 생각된다.

신문광고를 통한 개방적 여행으로 젊음의 특권을 향유하는 서독 대학생들의 얘기를 적은 글 「엄지손가락 여행」에서, '우리 나라에서는 상상이나 할 수 있는가? 고독을 솔직히 고백하고 파트너를 구하면 사기한에 걸리거나 광인, 백치 취급받기 십상일 테고, 별로 행복하지도 외롭지도 않을 세인들로부터 얼마나 모멸의 화살이 떨어질 것이냐?'라고 자유와 개성을 용납 않는 닫힌 사회에 살고 있음을 개탄하기도 한다.

자유와 낭만의 이상향 슈바벤을 꿈꾸는 전혜린의 향수는, 인습을 무시하고 자유롭게 살 수 있는 열린 사회에 대한 그리움이었다. 그녀가 보기에 슈바벤은 자유·청춘·모험·천재·예술·사랑 등이 합친 정신적 풍토였고, 정신적 고향이었다. 그곳은 어떤 외국사람에게도 정신적 고향만을 같이한다면 지리적 고향은 의식하지 않게 해주고 잊게 만드는 곳이었던 것이다. 아무도 사지 않는 그림을 그리면서도, 아무도 안 읽을 시를 쓰면서 굶다시피 살면서도 오만과 긍지를 안 버리는 초속적 생활, 목적을 가진 생활, 그 일, 때문이라면 내일 죽어도 좋다는 각오가 되어 있는 생활, 온갖 물질적인 것에서 해방되어 타인의 이목에 구애되지 않는 생활을 꿈꾸면서 그녀는 기회가 있을 때마다 이 땅의 젊은이들에게 우리와는 전혀 다른 형태의 삶도 가능하다는 것을 역설했던 것인지도 모른다.

'자기일보다 남의 일에 더 심각한 흥미를 갖는 인간들' 틈에서 권태로운 일상을 되풀이하면서 '구수하고 너그러운 인습의 맛'과 '인습의 무시에서 오는 돌발사와 행사'로 가득한, 권태롭지 않은 도시 뮌헨에 대한 전혜린의 향수는 실제보다 과장된 것 일수도 있다. 그러나 감수성이 예민한 이 땅의 많은 젊은이가 아직도 그녀의 글 앞에 머뭇거리는 것은 바로 이러한 자유와 낭만에의 갈망과 그리움에 공감하는 때문이라고 본다.

이토록 열린 사회를 갈망한 전혜린은 여행도 마음대로 할 수 없는 60년대의 닫힌 사회에서, 더구나 여성이라는 한계상황 속에 갇혀 나날이 페시미즘의 독버섯을 키워 내고 있었던 것이다. 따라서 그녀에게 인생은 길고 긴 회색항로였고, 인간이란 미치거나 백치가 되는 은총이 베풀어지지 않는 한 영원히 불행할 수밖에 없는 존재로 보였던 것이다. 인간에게는 풀 수 없는 상처와 모순과 죽음이 있다는 것을 알았을 때부터 그녀에게는 지옥이 시작되었고, 그러한 실존적 고독을 작품으로 승화하기에는 그녀의 생리와 감성이 지나치게 민감했던 것인지도 모른다. 뿐만 아니라 그녀가 처해 있던 현실과 이상의 극심한 간극이 그녀를 불면증으로 몰아갔고, 그녀의 불면증은 그녀의 생명을 앗아갔던 것이다. 그녀가 말했듯이, 삶과 죽음 사이의 자기를 똑바로 응시하고 산다는 것은 용기와 신경력을 요하고 특히 이 사회의 구조와 한국적 풍토 속에서는 너무나 신경이 긴장되는 작업이었던 것이다.

性gender이 창작에 미치는 영향

전혜린의 삶을 되돌아볼 때 우리는 60년대의 삶이 창조적이고 자율적인 삶을 살고자 하는 여성에게 얼마나 어려운 시대였는가를 알게 된다. 여성이 좋은 글을 쓸 수 없었던 원인이 역사적·사회적 상황에 있었음을 지적했던, 영국의 버지니아 울프는 16세기에 천재성을 타고난 여성이 있었다면 그녀는 틀림없이 미쳤거나 권총자살을 했거나, 반은 여자, 반은 남자인 마술사로서 사람들의 조소의 대상이 되었을 것이라고 말한 적이 있다.

20세기의 한국사회에 이 말을 고스란히 적용시킬 생각은 없다. 그러나 아직도 남아선호사상이 세계 제일이라는 한국사회의 현실은 16세기의 영국의 실정과 크게 다르다고는 생각지 않는다. 단지 기호품에 불과한 끽연과 음주조차 남의 눈을 의식해야 하고, 여자 혼자만의 여행일 때는 호텔숙박도 거절당하는 한국사회에서는 '모험과 뜨겁고 순수한 체험'은 바랄 수도 없다. 더구나 인간생활의 온갖 경험을 아무런 제어도 받지 않고 행동에 옮기고 나중에 저술을 하게 되었을 때, 크게 도움을 받는 남성작가들이 누리는 폭넓은 교제와 여행은 여성들에겐 거의 불가능하다.

그러기에 전혜린은 순수한 체험에 대한 뜨거운 갈망을 지녔으면서도 '생(生)이 지나는 것을 첨탑에서 내려다보는 느낌'으로 지낼 수밖에 없었던 것이다.

버지니아 울프에 의하면 창작에 좋은 심리상태는, 그 정신이 절정에 달해 있어야 하고, 그 정신에 일체의 방해물이 있어서는 안 되고, 그 정신이 활짝 열려 있지 않으면 안 된다고 한다.

정신의 자유를 갈망할수록 사회의 인습이나 규범과의 마찰은 더욱 심해져서 결국은 기진맥진한 채 도중하차할 수밖에 없었던 전혜린의 비극은 곧 자아의 길을 좇고자 했던 60년대 한국 여성의 비극이었다. 그녀에게 그로 인한 고통이 없어지려면 그녀의 표현 그대로 '생각하는 내가 없어지든가(死)' '내 속의 사고(思考)가 없어지든가(狂・痴)' 둘 중의 하나밖에는 길이 없었던 것이다. 평범해지기를 거부했던 60년대 지식인 여성 전혜린은 끝내 소설 한 편 못쓰고 우리 곁을 떠났다. 그러나 그의 갈등적 삶의 모습은 후배인 우리들의 이성을 깨어 있게 하고, 여성이 처한 삶의 조건을 객관화시키고 극복해 나가게 하는 귀중한 거름으로 우리 곁에 남아 있다. ■

창작과 평

선배의 삶과 후배의 삶
여고 졸업 30년 후

박선희
자유기고가

1. 성공여고 개교 50주년 기념식장

교장이 사회자의 자리에 서 있고 네 명의 선배들이 의자에 앉아 있다.
교장: 학생 여러분 안녕하십니까? 지금은 우리 성공여고의 50주년 개교 기념식 행사 중에서도 절정을 이루는 선배들과 만나는 시간입니다. 오늘은 30년 전에 우리 학교를 졸업한 선배들이 그 동안의 살아온 모습을 공개하는 자리이므로 개교 기념식 행사 중에서도 가장 뜻깊은 시간이 될 것입니다. 우리 성공여고 졸업생들 중에서는 뛰어난 분들이 많지만 오늘은 그 중에서도 가장 뛰어난 네 분의 선배만을 모셔왔읍니다. 이 선배님들은 후배들의 인생설계에 조금이라도 도움이 된다면 기꺼이 생활을 공개하겠다고 하셔서 우리 학교에서 이분들의 삶의 현장을 특별히 촬영해 왔읍니다. 학생 여러분은 이러한 선배들의 높으신 뜻이 헛되지 않도록 진지한 자세로 임해 주기 바랍니다.
그럼 이 자리에 나와 주신 네 분의 선배들을 소개해 드리겠읍니다. 이 시대의 컴퓨터로 알려져 있는 명석한 박사님, 정치계의 여왕이신 장식용 국회의원, 경제계의 거물이신 한탕자 여사, 가정의 수호자로 이름난 나모성 여사. (각각 일어서서 인사) 네, 감사합니다. 바쁘신 시간을 후배들을 위해 내주셔서 감사합니다. (네 명의 선배 목례로 답례) 이제부터 선배들의 인생 현장으로 가볼까요? 30년 전의 선배들은 어떤 모습으로 살아왔을까요? 명석한 박사님의 연구실부터 가봅시다.

2. 학자의 무대

명석한: (무대에 등장하며 혼자 외친다) 하늘이 나 명석한에게 세 가지의 기쁨을 주

셨도다. 하나는 오로지 알기만 하는 기쁨이요, 둘은 유아독존의 기쁨이요, 셋은 슈퍼우먼 되어 수만 가지의 역할을 수행하는 기쁨이라. (콜록거리며 걸어가다가) 캠퍼스가 온통 아수라장이야. 오늘도 연구하기는 다 틀렸어. 우리 과에는 왜 그리 지도해야 할 학생이 많다지? (반대편에서 걸어오는 청바지 차림의 여학생 하나를 부른다) 얘, 너 잘 만났다. 이리 좀 와 봐라.
학생1 : (놀라며) 저요? 절 어떻게 아세요?
명 : 매일 지도학생 명단에 올라오는 너를 모를 수는 없지. 너네들 언제까지 그럴래?
학생1 : 네? 무슨 일인데요?
명 : 몰라서 묻니? 너네들 데모 시작하는 통에 거기 쫓아다니느라고 벌써 40분이나 허비했단 말이야.
학생1 : 선생님 일 보시지 왜 나오셔서 고생하세요?
명 : 내 지도 학생들이 일 벌이면 내 연구 업적 평가에 얼마나 지장 있는 줄 아니? 또 이런 와중에 무슨 연구를 하겠니? 매워서 원…… 너네들 그 되도 않는 운동인가 뭔가 하는 거 땜에 시간낭비 엄청나다. 너희들같이 하릴없는 학생들이야 40분 쓰는 거 아무것도 아니지만 나같은 고급 두뇌가 40분을 쓴다는 건 사회적 개인적으로 엄청난 손실이야! (연구실로 총총히 들어간다)
학생 : (어이없어하며) 젠장, 왜 나한테 그러지? 문교부 장관한테 가서 따질 일이지 말이야. 이 바쁜 투사의 발걸음을 멈추게 하다니 이거야말로 엄청난 사회적 손실이지. 일분 일초가 아까운 세상에……(바쁘게 퇴장)

교수 연구실
명석한은 책상에 앉아서 답안지를 보고 있다. 학생2가 노크하고 들어온다.
학생2 : 교수님, 저 오늘 배운 내용 중에서 교수님과 토론하고 싶은 부분이 있어요. 친구 몇 명과 함께 의논해 보았지만 여전히 이해가 안 돼서 찾아왔어요. 지금 바쁘세요?
명 : 몇 학년인데?
학생2 : 2학년이에요.
명 : 어이가 없구나, 정말. 2학년짜리들이 당돌하기도 하구나. 이 고급두뇌가 코흘리개들하고 토론을 하란 말이야? 요즘 아이들은 눈에 보이는 게 없나 봐. 얘, 내가 누구니?
학생2 : 우리 과 교수님이시지요?
명 : 교수 중에서도 나는 박사 아니니? 박사도 보통 박사니? 세계적으로 내노라

하는 대학에서도 우수한 성적으로 졸업한 대한민국을 대표하는 콤퓨터 두뇌 아니? 또 그게 다가 아니잖아. 내가 잘하는 게 한두 가지야? 음악, 미술, 체육, 문학, 못하는 게 없는 팔방미인이야. 게다가 내가 보통여자야? 미모와 지성과 효성과 모성과 부덕을 겸비한 울트라 슈퍼우먼이지. 친정에서는 효성스러운 딸이요, 시댁에서는 귀염받는 며느리요, 아이들에게는 자상한 어머니요, 남편에게는 절도 있는 내조자야. 이 수만 가지 일들을 빈틈없이 하려면 내가 좀 바쁘겠니? 그런데 내가 기억 니은도 모르는 학부 아이들하고 노닥거릴 시간이 있겠니?

학생2 : 교수님이 그렇게 바쁘신 줄 몰랐어요. 전 입학식 때 모르는게 있으면 언제든지 스승을 찾으라고 하신 총장님의 입학사대로 한 것뿐이에요. 앞으로는 우리들끼리 공부하고 되도록 안 찾아뵐께요.

명 : 되도록이 아니라 영원히 그래 줘. 그리고 아직도 총장의 입학사를 기억하고 있는 이들에게 전해줘. 총장 선생님 말씀이라도 눈치껏, 선별적으로 기억하라고 말이야. (답안지 채점을 계속하고 학생 2는 멋적게 잠시 서 있다가 인사하고 나간다) (답안지를 보다가 한숨 쉬며) 완전히 헛가르쳤어. 어느 답안지 하나 구제할 게 없다구. 정말 싹이 노랗구나. 이렇게 둔한 돌덩어리들을 가르치고 있으니 내 머리가 녹쓸지 녹쓸어. 내가 대학다닐 때 써낸 답안지들은 모든 교수들을 감동시켰었는데…… 근 30년이 지난 다음에도 이꼴이니 이런 아이들은 돌덩어리지 뭐야. 학생 수준이 너무 낮아서 못해먹겠어. 똑똑한 아이들 있는 곳으로 옮겨 가야지 이 콤퓨터 두뇌가 진가를 발휘하지.

(노크하고 학생 3이 들어온다)

명 : (신경질적으로) 단 십분이 안 나는구나. 이번엔 또 뭐예요?

학생3 : 이제 졸업할 때가 다 되었다고 과 여학생들이 취업대책에 대해서 알고 싶어 해요.

명 : 취업대책?

학생3 : 네. 이번 과 총회에서 과차원에서 단체적인 취업대책이 필요하다고 생각하는 사람들이 대다수였어요. 과대표인 제가 지도 교수님께 학교측의 대책을 부탁드려 보기로 했고요.

명 : 아니, 취직이야 각자가 알아서 하는 거지. 어떻게 교수가 그런 것까지 신경을 쓰니? 교수들이 너네들 엄마라도 되는 줄 아니? 학생들 사사로운 취직 뒤치다꺼리까지 해달라게? 요즘 아이들은 왜들 이렇게 편하게들 살려고 하는지 모르겠어. 나는 오늘 이 자리에 오르기 위해서 남 잘 때 안 자고 남들 놀 때 공부하고 정말 피와 땀으로 교수가 된 거야. 교수한테 이런 근면한 인생의 자세를 좀 배워 봐

라. 취직자리를 자신이 힘들여 찾아볼 생각은 안하고 편하게 해볼라고 교수한테 매달리는 태도부터 고쳐야 해.
학생3: 하지만 여학생한테는 기회가 극히 제한되어 있잖아요? 취직하려면 단체적으로 움직여야 한다고 생각해요.
명: 무슨 밥통 같은 소리야? 한 사람이라도 떨구어 내야 할 판에 단체로 움직이면 더 안 되지. 아무리 그래도 똑똑한 놈들은 다 제자리 찾아들어가더라. 요번에도 신문사, 방송국에 세 명이나 입사했잖아? 다 대학다닐 때 총기 있게 공부한 애들은 성공하는 법이야. 언제나 그 공부도 못하고 자기간수도 못하는 애들이 성차별이 어떻구 구조가 어떻구 떠들어 대더라. 너 과대표 하니까 부탁 좀 하겠는데, 제발 교수들의 고급두뇌를 이런 구질구질한 일로 낭비하지 않도록 신경 좀 써줘. 난 연구를 해야 하니까 이만하자. (학생을 무시하고 답안지 채점을 계속한다. 학생은 잠시 서 있다가 나간다. 사이. 시계를 보고 놀란다) 아니 벌써 시간이 이렇게 되었네. (전화를 건다. 이전과는 다른 부드러운 목소리로) 어머니세요? 죄송해요. 전화드리기로 약속한 시간을 10분이나 어겼네요. 학생들한테 시달리다가 그랬어요. 그럴 리가 있어요? 시어머니 생신을 잊다니요. 9남매의 맏며느리인 제가요. 내일 모레 어머님 생신 때는 저희 집에서 차리기로 했어요. (사이) 네, 외식도 좋지만 부모님 생신을 며느리들이 직접 손으로 만든 음식으로 차려드리는 것이 우리 가문의 전통이잖아요. 제가 다 알아서 할께요. 네, 무슨 말씀이세요? 박사는 뭐 여자 아닌가요? 전 어머님 모시는 게 논문 쓰는 것만큼 즐거워요. 네, 내일모레 모시러 갈께요. 안녕히 계세요. 저녁 진지 맛있게 드세요. (전화를 끊는다) 시댁 인사는 끝났고 이제는 우리 집 저녁상 메뉴를 살펴야지. (전화를 건다) 아, 네, 아줌마예요? 오늘 저녁상에는 말이죠. 봄기분 나게 냉이국 좀 상큼하게 끓이세요. 두부 한 모만 굽구요. 콩나물 좀 무치고, 불고기 재놓은 거 있어요? 그리고 생선 좀 사다가 굽구요, 과일요? 그래요 내가 사가지고 들어갈께요. 막내 뭐해요? 네, 좀 바꿔 주세요. 응, 그래 엄마야. 엄마 보고 싶었지? 엄마도 철이 보고 싶어서 혼났어. 그래 오늘은 뭐 배웠어? 야, 우리 철이 장하구나. 조금만 기다려 엄마가 곧 달려갈께. 뭐 사다 줄까? 그래 잠시만 참아라. 안녕! (전화를 끊는다. 나가려고 짐을 챙기고 다시 딱딱한 교수의 분위기로 되돌아와서) 아, 아무리 생각해도 난 대표적인 20세기의 슈퍼우먼이야. (퇴장)

3. 정치가의 무대

남자1: 자, 이번 국회를 대비해서 우리 당의 전략을 최종적으로 검토해 봅시다.

남자2 : 다른 건 그런대로 다 준비가 되었는데 여성부의 이야기를 아직 안 들었군요. 여성부는 장 의원 담당 아니오? 장 의원, 여성부에서는 어떤 계획을 준비하고 있읍니까?

장식용 : 우리 여성부에서는 이번 국회에서 꼭 가족법 개정을 요구하기로 결정했읍니다. 모든 여성 유권자들의 숙원인 가족법 개정을 더 이상 지연시킬 수는 없읍니다. 저기 산더미 같은 편지들을 보세요. 이번에 국회가 열린다는 보도가 나가자마자 전국에서 보내온 편지들입니다. 모두가 하나같이 가족법이 이번에야말로 개정되어야 한다는 내용을 담고 있읍니다.

남자2 : 그렇겠지요. 장 의원이야말로 모든 여성이 기대를 걸고 있는 인재 아니오? 여성단체에서 이런 인재를 국회로 보내어 놓았으니 이번 국회를 크게 주목하는 게 당연하겠지요. 하지만 중요한 건 언제나 당의 이익이란 걸 잊어서는 안 됩니다. 그외에 다른 안건은 준비하시지 않으셨읍니까? 예를 들면, 부인회에서 충효의 가치를 부활시키는 운동을 하겠다거나 하는 안건 같은 것 말이오.

장 : 네, 이번에는 가족법 개정 한 가지에만 집중하는 총력전을 펴기로 했읍니다. 그러니까 이번 국회 발언순서에는 제가 들어가야겠어요.

남자1 : 발언요? 장 의원이요? 가족법을 개정하라고 국회에서 말하겠다구요?

남자1,2 : 하하하

남자1 : 장 의원은 참으로 여성다운 순진함이 있어서 좋습니다. 하하하.

남자2 : 그게 바로 장 의원의 매력 아닙니까? 하하하.

장 : 왜들 그러세요?

남자1 : 우리 당에서는 이미 가족법 문제에 대하여는 '노코멘트'하기로 결정했다구요.

장 : 누구 마음대로 그런 결정을 내려요?

남자1,2 : 우리 마음대로지요.

장 : 우리 여성부에서는 여성단체들과 이번에 가족법문제를 강력하게 건의하기로 약속했어요.

남자1 : 여자끼리 한 약속은 언제나 깨어지게 되어 있어요. 신경쓰지 말아요.

장 : 여성단체들을 무시하면 다음 선거 때 지지표를 얻는 데 지장이 있을 거예요. 나도 마찬가지구요. 우리 당은 여성단체들의 운동 덕택을 톡톡히 보았잖아요.

남자2 : 소심함 또한 장 의원의 여성적 매력 중 하나예요. 생각 좀 해보시오. 여성단체와 유림세력과 어느 쪽이 더 현실적인 힘이 있는지 생각해 보란 말이오. 가족법은 우리도 고쳐져야 한다고 생각하지만 사회에서 영향력 있는 저명인사들이 전통적인 유림세력을 지지하고 있는 판에 어떻게 국회에서 발언을 하겠소. 곧 선거가 있을 판국이니 더욱 그렇지. 가족법은 상당기간 '노코멘트' 정책으로 밀고 나가기로 이미 정해져 있읍니다.
장 : 난 여성단체들의 힘 때문에 국회의원이 됐어요. 가족법 개정은 그들의 첫번째 요구예요. 난 여성들에게 진 빚을 갚고 싶어요.
남자1 : 글쎄 당에서는 이미 결정을 내렸다는데두요.
장 : 여성부에서는 그런 결정 한 적 없읍니다.
남자1 : 장 의원 오늘따라 이상하게 고집이 세시군요. 우리 당에서 장의원을 끌어들인 건 당신이 원만한 가정생활을 하고 있고 매력적이고 온순한 여류명사였기 때문이오. 거기 여성들에게 영향력을 행사할 만도 했구요.
남자2 : 즉 당신이 여성운동가였기 때문이 아니란 말이오.
장 : 뭐라구요?
남자1 : 아아, 우린 장 의원하고 의논하러 온 게 아니오. 상부의 지시를 의논의 형식으로 전달하러 왔을 뿐이오. 정치를 하든가 여성운동을 하든가 양자택일을 하도록 하시오. 우리 당은 여성단체들의 심부름꾼이 아니니까 말이오. 잘 생각해 보시오. (남자1,2는 나간다)
장 : (혼자 고민) 완전히 위협이야. 난 저들이 짜놓은 판에서 놀아나야 하는 허수아비가 되는 기분이라구. 온통 사내들 투성이니 어디 의논할 데도 없고.(목소리 1, 2가 들려오고 그 사이에서 고민한다)
목소리1 : 뭘 고민해. 니가 지금 어디에 소속되어 있는지 생각해 봐. 여성단체가 아니잖아. 넌 정당인이야. 정당인이면 일단 당에 충성해야지.
목소리2 : 니가 국회의원이 되기까지 여성단체들의 도움을 생각해 봐. 그들이 없었으면 넌 이 자리에 있을 수 없어. 지금 너에게는 여성의 권리를 대변할 책임이 있어.
목소리1 : 무슨 책임이야? 넌 니 힘으로 된 거야. 니가 능력이 있으니까 여성단체들이 조금 도와 주고 자기들이 키운 것처럼 생색내는 거야. 여성단체를 만나기 전에 너의 업적들을 생각해 봐. 니가 얼마나 신화적인 존재였는지 말이야. 괜히 부담감 가질 필요 없어.
목소리2 : 여성운동하는 동지들과 자매애를 다짐하던 젊을 때를 생각해 봐. 여성 정치인이 하여야 할 일이 뭔지 생각해. 가족법 개정은 평등한 사회를 만들어 가는 중요한 시작이야. 들어 봐. 여성들의 한결같은 바람이 들리지 않아?
목소리1 : 큰일날 소리. 가족법은 아직 시기상조야. 괜히 허튼 소리 하면 개망신만

당해. 지나치게 여성문제 앞세우면 넌 국회의원 배지 떼어야 해. 그리고 넌 매장 당할 거야.
목소리2 : 국민의 정당한 요구를 실현시키는 게 정치인의 임무잖아? 너의 가슴에서 우러나오는 진정한 신념에 따라 행동해.
목소리1 : 신념이 만병통치약이 아니야. 여성문제는 사정이 좋아지고 난 다음에 천천히 얘기하는 게 훨씬 좋아. 괜히 어설프게 건드리면 너만 다쳐.
목소리2 : 주체적인 여성정치인이 되어야 해. 정신 차려.
목소리1 : 주체적으로 당에 충성해.
장 : 아아, 어떻게 해야 하지? 뭐가 옳은지 모르겠어.
목소리1 : 그렇게 얘기해 주었는데 뭘 몰라, 내가 시키는 대로 해.
목소리2 : 여성들의 요구를 버리지 마. 내 말을 들어.
목소리1 : 그러면 넌 정치계에서 소외돼.이제껏 쌓아 온 권력과 부와 명예, 그 모든 걸 다 버릴 거야? 내 말 들어.
장 : 맞아.일단 내가 살아야 해.여성유권자들이 나를 밀어 주기는 했지만 어쩔 수가 없는 문제야. 어쩔 수가 없다구.
장 : (남자 1, 2가 있는 곳으로 간다)
남자2 : 아, 장 의원 반갑습니다. 그래 뭐 생각을 좀 해보셨소?
장 : 네 아주 명쾌한 결론을 내렸어요. 여자들의 요구도 중요하지만 일차적으로 당의 정책을 존중해야겠어요. 난 여자이기 전에 정당인이니까요.
남자2 : 그럼 이번에 가족법이니 뭐니 하는 걸로 더 이상 말하지 않아도 되겠군요.
장 : 그럼은요. 차후에 기회를 보아서 하도록 할께요.
남자2 : 아, 장 의원은 어떻게 그렇게 현명하시오! 역시 장 의원은 똑똑한 여자요.
남자1 : 여자의 진가는 변덕부리는 데에 있는 거지요. 자. 오늘 저녁은 모모기업에서 한턱 낸다고 했으니 함께 가서 한잔씩 합시다.
장 : 그렇게들 하세요. 전 먼저 가겠어요.
남자1,2 : (가려는 장식용을 붙잡으면서) 아, 이러시면 우리 실망합니다. 장식용 의원이 참석하셔야 지성적인 여성과 대화를 나누며 술 마시는 기쁨이 있지 않습니까? 저희에게 영광의 기회를 주십시오.
장 : 글쎄요.(망설인다)
남자1,2 : 망설이지 마십시오. 저희 말만 믿으세요. 자. 가십시다.(망설이는 장식용을 끌고서 퇴장)

4. 복부인의 무대

(응접실, 한탕자는 계산기를 두드리면서 계산에 열중해 있고 남편은 기대앉아 신문을 보고 있다.)

남편 : 여보, 물 좀 줘. (사이) 물 좀 가지고 와.

한 : (못 들은 채 계산에 열중)

남편 : 이 여편네가 귀구멍이 막혔나? 남편이 밥숟가락 딱 놓으면 시키지 않아도 물그릇을 착 대령해야지. 여보, 여보!

한 : (못 듣는다)

남편 : 야! 야! 어어? (계산기를 빼앗으며) 야! 왜 대답이 없어? 돈 좀 만지더니 남편이 옆집 개새끼처럼 보여?

한 : 당신은 손이 부려졌어요? 발이 없어서 그래요? 꼬박꼬박 물그릇 심부름은 꼭 내가 해줘야 해요? 난 사업 업무중이잖아요? 돈벌이가 시원치 않으면 사모님 돈벌이라도 도와 주어야 할 것이지 방해를 놓다니 원!

남편 : 여자가 돈 좀 번다고 남편 내팽개치면 될 일도 안 되는 법이야. 물심부름 좀 하면 손이 부러져, 발이 부러져. 원 사내가 마누라한테 서비스 받는 맛도 좀 있어야지 이게 뭐야? 이게 어디 사람 사는 거야?

한 : 당신 사는 게 어때서 그래요? 똑똑한 여자 만나서 쥐꼬리 반토막짜리 실력으로 자가용 놓고 사람 부리고 살면 됐지. 뭐가 부족해서 심심하면 심술을 부리는 거예요?

남편 : (구멍난 양말과 러닝셔츠를 꺼내 펴보이며) 똑똑이 좀 봐. 당신 남편이 입고 다닐 속옷이며 양말이 성한 게 없단 말이야.

한 : 아니 속옷을 열 벌씩이나 사다 주었는데 얼마나 옷을 험하게 입길래 벌써 다 떨어졌죠? 돈도 제대로 못 벌면서 왜 그렇게 소비의욕은 높으신지……

남편 : 당신이 속옷을 사다 놓은 게 벌써 2년 전 일이란 말이야.

한 : (돈뭉치를 던져 주며) 자, 이걸로 백화점 가서 뭐든지 최고급품으로 사서 입도록 하세요.

남편 : 여봐! 남편의 인내심에도 한계가 있는 법. 더 이상 참을 수가 없어. 이건 낮에 전화하면 집에 붙어 있는 날이 하루라도 있나, 저녁에 퇴근하면 따뜻하게 반겨줄 줄을 아나. 밤낮으로 나다니기나 하고 남편 알기를 뭘로 알아? 모든 걸 돈으로 해결하려고 하니 인생 사는 낙이 있어? 말 좀 해봐.

한 : 뭐야? 여자의 인내심에도 한계가 있는 법이라구요. 왜 자꾸 나를 보통여자

들하고 비교하는 거예요? 나는 사업하는 여자예요. 어떻게 집안에 붙어 있어요?
남편 : 원 딴집 여자들은 직장 다니면서도 남편공양만 잘하더라.
한 : 직장도 직장 나름이지. 나는 부동산업계와 사채계를 대표하는 경제계 인사 아니예요, 보통여자들하고 비교하지 말아 줘요.
남편 : 아유, 여자가 돈을 만지더니 쓸데없이 배짱만 커져가지고는……
한 : 그래, 내가 돈 안 만졌으면 지금 우리는 집 한 채도 없을 거야. 이 정도라도 사는 건 다 내 비상한 머리와 두둑한 배짱 때문이라구. 당신 그 쪼그만 월급을 가지고 어느 천년에 이렇게 살겠어?
남편 : 너무 그러지 마. 그래도 대한민국 평균은 넘는 월급이야. 십만원도 안 되는 사람들이 수두룩한 세상이야. 아래를 보고 살아 봐.
한 : 그러니까 당신은 발전이 없다구요. 사람이 어떻게 아래만 보고 살아요? 하늘 꼭대기를 올려다보며 살아야지. 에이그, 내가 이런 쩨쩨한 남자를 만나서 평생 고생이지. 난들 뭐 집안에서 편히 쉬고 싶지 않은 줄 알아요? 당신 월급은 쥐꼬리 반토막이고 아이들은 자꾸 자라오고 물가는 뛰어오르고…… 사정이 이러니까 내가 이 바닥으로 뛰어든 거지.
남편 : 당신이 그런 소리 하면 나도 할말이 없지만 그래도 불로소득은 나쁜 거야.
한 : 글쎄 당신은 그래서 안된다니까. 돈 모으는 데 좋고 나쁜 게 어디 있어요? 불로소득 아니면 뭐 여자가 일할 자리라도 있어요? 여자가 근로소득 얻을 자리가 없잖아요. 여자가 제대로 경제활동하려면 이 길밖에 없는 거라구요. 제발 그 국민학교 도덕 교과서 같은 소리 좀 집어치워요.
남편 : 우리 자식들이 당신 닮을까 봐 걱정이야.
한 : 아니, 내 걱정을 당신이 하네. 나 닮으면 통 크고 현실적이고 머리 좋고 크게 성공할텐데 왜 걱정을 해요? 당신 닮아서 고질고질한 옹고집장이가 되면 그야말로 큰일이지요.
남편 : 순애 생각 좀 해 봐. 이제 대학 졸업반인데 곧 시집 보내야 할 것 아니야. 원래 부인을 알려면 장모를 보라는 말이 있어. 근데 장모가 내노라하는 복부인이라고 알려져 봐. 생각 있는 남자라면 누가 순애를 데리고 가겠어?
한 : 당신도 순애 시집 걱정할 줄 알아요? 요즘 남자들은 똑똑해서 나같이 돈 잘 버는 여자를 원한답니다. 식구 위해 목숨 걸고 일하려는 청년들 별로 없어요. 당신같이 순진한 양반은 박물관에나 가셔야지. 말이 나왔으니 말인데 내가 요즘 순애 시집 밑천 마련하기 위해서 목숨 걸고 한탕하려고 고심중이라구.
남편 : 아니, 시집을 돈으로 가나? 목숨 걸고 한탕하게?

한 : 물론 돈으로 가지요. 난 적어도 의사 사위는 보고 싶어요. 의사 사위 보려면 열쇠 세 개가 있어야 하는데, 그게 뭐뭐뭔지 알아요? 이 어려운 답을 순진무구한 당신이 어찌 알겠어요. 자동차 열쇠, 병원 열쇠 그리고 아파트 열쇠, 이건 아주 기본적인 상식이지요. 이건 신랑한테 가는 거고 혼수감도 준비해야 된다구. 며느리 사랑은 혼수감에 비례하는 거예요. 우리 순애 시집에서 귀여움 받고 지내려면 혼수감을 적어도 두 트럭은 준비해야 한다구요. 지금 있는 돈 가지고 열쇠 세 개야 어떻게 해보겠지만 혼수감 두 트럭을 마련하려니까 좀 모자라서 한탕을 더 뛰어야 하겠단 말씀이에요.
남편 : 딸 생각은 끔찍하구려. 남편 생각도 좀 그렇게 해보지.
한 : (부드러운 태도로) 여보, 무슨 소리야. 섭섭한 말 하지 마. 내가 이러는 게 뭐 나 하나 잘살자고 하는 건 줄 알았어요? 당신이 회사에서 정년퇴직하면 뭐하고 살거야? 쥐꼬리만한 퇴직금 타봤자 절반 세금으로 내고나면 그걸로 살겠어요? 내가 더 늙기 전에 부지런히 뛰어서 한푼이라도 모아 놓아야 당신하고 나하고 노후가 편안할 것 아니야. 나는 다 가족을 위해 이러는 거예요. 오로지 가족을 위해.
남편 : 그래. 노후를 생각하면 나도 불안해. 여보 열심히 뛰구려. 하지만 남편에 대한 사랑의 써비스는 좀 해주구려.
한 : (시계를 보고) 아 참, 깜빡 잊고 있었어. 내가 이러고 있을 때가 아니야. 요번에 재개발 지역에서 한탕 할 수 있을 것 같아서 약속을 했었는데 내가 지금 당신하고 아웅다웅하고 있을 때가 아니야. 나갈 준비를 해야지.
남편 : 뭐? 이 야밤에 약속이 있다고?
한 : (화려하게 외출차림을 하고 나오면서) 응, 시간 맞는 때가 지금밖에 없어서. (밖으로 나가면서) 여보, 나 사업 때문에 그런 거니까 애들 들어오면 좀 잘 봐주고 해요. 특히 막내는 영어 예습 했나 좀 살펴봐요. 걔가 영어를 아주 싫어하더라구요. 당신 믿고 나가요. (퇴장)
남편 : (멍청히 서 있다) 나 참 어이가 없어서. 나도 모르겠다. 마누라도 없는 집안에서 무슨 재미로 있어? 기원에 가서 바둑이나 두다가 와야지. (퇴장)

5. 주부의 무대

(남편과 아들은 소파에 앉아서 신문을 보며 얘기하고 나모성은 그 옆에서 커다란 짐꾸러미 두 개를 챙기느라 정신이 없다)
아들 : 정말 언론이 이렇게까지 비굴해져야 하는지 모르겠어요. 국민 보기에 부끄럽지도 않은지 말이에요.

남편 : 너무 그렇게 부정적으로만 생각하지 말아라. 매사가 생각처럼 되는 것이 아니란다.

아들 : 아버지는 상황 때문에 어쩔 수 없다는 식이더군요. 언론 기관에서 일평생을 보내셔서 그런가요? 사고방식이 점점 그런 식으로 되어 가는 거 같아요.

남편 : 그런 식이라니?

아들 : 실컷 잘못을 저질러 놓고는 어쩔 수 없었다고 책임전가하는 거 말이에요. 전 우리 아버지가 그른 것을 그르다고 말해서 국민의 고충을 덜어 주는 언론인이었으면 하고 바랄 때가 많았어요.

남편 : 나도 다 안다. 괴롭긴 마찬가지다. 하지만 말이다, 너희들이 이해할 수 없는 묘한 원리가 있어서 생각대로 되지 않는단다. 너무 욕만 하지 마라. 세상이 그리 단순한 게 아니다.

나 : (커다란 짐보따리 두 개를 끙끙거리며 앞으로 내놓으면서) 휴, 이젠 짐 다 챙겼다. 둘 다 한꺼번에 여행을 간다고 하니까 이렇게 바쁘구나. 출근시간들이 다 되어 가는데 이렇게 늑장을 부리다니…… 어서 서둘러야지. 차 놓치면 큰일 난다구.

남편 : 아, 수고했어요. (가방을 열어보고) 근데 뭐가 이렇게 무겁지? 닷새밖에 안 있을 건데.

나 : 닷새면 속옷 다섯 벌, 와이셔츠 다섯 벌, 양말 다섯 켤레, 잠옷 두 벌에다가 술안주까지 넣었다구요. 이렇게 챙겨 가도 부족한 게 있게 마련이지요.

남편 : 아아, 필요 없어. 원 내가 이사를 가나. (짐들을 거의 다 빼낸다) 자, 봐요. 이번엔 농촌 취재 가니까 간편하게 와이셔츠 한 벌과 속옷 한 벌, 이거면 한 달도 버틴다구.

아들 : (가방을 열어보며) 어머니, 내 심노 너무 많아요. 학생늘이 짐 많으면 이상해요. 와! 먹을 것을 이렇게 많이 넣으셨어요?

나 : 넌 언제 돌아올지도 모른다며? 전국을 여행한다면서 영양실조 걸리면 어떡하니?

아들 : (가방에서 배추 한 포기, 양파 한 주머니, 빵 등 여러 가지를 빼낸다) 여행은 고생하는 맛에 간다구요. 대신 이 책들을 넣어야 해요.

나 : 놀러가는 애가 먹을 건 다 빼고 책보따리만 한짐이냐?

아들 : 아버지 어머니, 절 받으세요. (큰절을 한다) 어머니 아버지, 오래도록 건강하세요.

남편·나모성 : 허허, 철이가 이제 어른이 다 되었구나. 먼길 떠난다고 큰절할 줄도 알고.

(아들과 남편이 짐을 들고 나가고 그 뒤를 따라가며 나모성은 잔소리를 한다) 부자간에 똑같아. 잔신경 안 쓰는 건 아버지나 아들이나 똑같다구. 나 욕 안 먹일려면, 당신은 세탁 좀 자주자주 해입고 철이 너는 영양실조 안 걸리게 해. 돈은 안주머니에 깊숙이 넣어라. 나쁜 사람들이 시비 걸어도 같이 싸우지 말고. 똥이 무서워서 피하니? 더러워서 피하지. 위험한 짓에 절대로 관여말고 못 본 척하고 다녀. 알았지? 대답해.
아들 : 알았어요, 어머니.
남편, 아들 : 어머니 안녕히 계세요! 여보, 다녀올께.
나 : 저이들이 없으면 어떻게 살까? 귀여운 사람들…… 근데 쟤가 좀 이상해. 뭔가 숨기고 있는 것 같기도 하고……
(어질러진 것들을 치우고 있는데 전화가 온다)
나 : 네? 우리 철이가 데모를 주동하고 도망쳤다구요? 깔깔깔, 전화 잘못 거셨어요. 철이란 이름은 흔하니까 착각하신 걸 거예요. 우리 철이는 전국일주 여행 갔어요. 떠난 지 이틀이나 되었어요. 글쎄, 아니래두요. 우리 철이는 그럴 아이가 아니래두요. 우리 가문이 얼마나 좋은 집안인데 그런 짓을 한단 말이에요. 우리 아빠는요 언론계의 저명인사구요, 철이 형들은 전부 판사에다 유명 대학원에 다녀요. 친척 중에서도 의사 교수가 여럿되는 뼈대 있는 가문이라구요.(신경질을 내며) 글쎄 몇 번 말해야 알아듣지요? 우리 철이는 그럴 아이가 아니에요. 공부만 하는 착한 아이에요.(화가 나서 전화를 끊어 버린다) 기분 나쁘게 경찰서에서 전화를 하고 그래?
(계속 청소하고 있는 중에 형사가 찾아온다)
형사 : 경찰서에서 나왔읍니다. 강철이 학생이 어제 시위를 주동하고 도주했읍니다. 혹시 집에 들르면 자수하도록 부모님들이 협조해 주십시오. 그래야 죄가 가벼워지니까요. 죄송합니다만 철이 학생 방을 좀 봐야겠읍니다.(나모성을 제끼고 이리저리 살핀다) 빈틈없이 치워 놓았군.
나 : 아니 이게 어떻게 된 일이야. 이봐요, 우리 철이는 그런 짓 할 아이가 아니에요. 걔가 얼마나 착하고 예의바르고 똑똑한데요. 잘못 아신 거예요. 아마 구경하다가 키가 커서 주동으로 오해를 받았을 거예요. 걔가 원래 영화구경도 좋아하거든요.
형사 : 하하, 원래 어머니들은 아들의 깊은 심중은 전혀 모르시더군요. 댁의 아드님은 운동권의 중추 멤버였어요. 우리도 주목하고 있었는데 어찌나 용의주도한지 증거를 잡을 수가 없어서 기다리고 있었지요.(유인물 몇 가지를 내어주며) 작년부터 나온 이 네 가지의 불온유인물은 모두 철이 학생이 만든 겁니다.

나 : 이게 어찌된 일이지? 믿을 수가 없어. 철이는 여행 간다고 나갔어요. 그 애가 불효할 리가 없어요. 이 어미 속썩인 일이 한 번도 없는 얌전하고 착한 아이인데.
형사 : 하하, 여행 간다는 핑계로 집을 나가서 데모를 주도하고 도주를 한 겁니다. 정말 답답하시군요. 전 이만 가보겠읍니다. 협조해 주십시오. 그래야 아드님의 장래에도 좋으니까요. (나간다)
나 : (혼잣말로) 아니야, 그럴 리가 없어. 그렇게 깜쪽같이 나를 속이다니, 아니야 그럴 리가 없어. 나쁜 아이들 꼬임에 넘어가서 그렇게 된 걸 거야. 그럼, 우리 집이 얼마나 화목한 집인데 그런 불량한 짓을 했을라구…… (편지 한 통이 날라온다) 철이가 보낸 거구나. (편지를 뜯어 읽는다)

"어머니, 지금쯤 형사가 찾아와서 놀라셨을 겁니다. 죄송하게도 형사가 한 말은 모두 사실입니다. 저는 우리 사회의 모순에 대해 그대로 눈을 감을 수가 없읍니다. 어머니를 생각하면 여러 번 망설여졌지만 제가 이 나라를 위해 옳다고 생각한 쪽으로 인생의 방향을 잡기로 하였읍니다. 억압받고 있는 대다수의 권리를 되찾는 일에 제가 이제껏 누려 온 특권을 사용하려고 합니다. 어머니 그동안 이런 이야기를 어머니와 함께 나누고 싶었읍니다. 하지만 제 고민을 털어 놓기에는 어머니는 너무도 좁은 세계에서 살고 계셨읍니다. 언제나 어머니의 관심은 먹고 입고 자는 것을 뒤치다꺼리하는 문제에 매여 있었읍니다. 그리고 아들 자식들 삼형제가 모두 일류대학을 나오고, 아버지가 사회적인 지위가 있고 친척들이 출세했다고 만나는 사람마다에게 입에 침이 마르도록 자랑하고 다니시고 이런 이유들로 스스로 행복해하고 복받은 여자라고 즐거워하시는 어머니 앞에서 감히 제 고민들을 이야기할 수가 없었읍니다. 의도적인 것은 아니었으나 결과적으로 어머니를 속이는 게 되고 말았읍니다. 전 인간을 소외시키는 이 제도가 싫어서 이런 길을 택했는데 그 과정에서 제가 가장 가까운 어머님을 소외시키게 된 것을 참으로 가슴아프게 생각합니다. 저는 어머니를 사회에서 격리된 좁은 세계에서 뒷다꺼리하는 인간으로 만들어 놓고 이를 찬미하는 사회, 어머니의 소외를 본질로 삼고 있는 우리 사회의 모순을 절감하고 있읍니다. 저는 어머니들이 소외되지 않는 사회, 어머니와 함께 사회문제를 토론하고 고민들을 나눌 수 있는 사회에서 살게 되었으면 좋겠읍니다. 어머니께 부탁드리고 싶은 게 있읍니다. 무리한 부탁이지만 노력해 주십시오. 앞으로 전 어머니와 오랜 시간을 떨어져 있게 될 것입니다. 제가 어머님을 만나뵙게 될 때는 우리 사회를 변화시키는 일에 어머님과 제가 각자의 고민과 일거리를 가지고 만나게 되었으면 합니다. 남자들이 찬미하는 행복한 여자라는 신기루에서 벗어나 독립된 사회인의 모습으로 만나게 되기를 빕니다. 아버님께서는 저의 선택에 대하여 이미 말씀드렸읍니다. 아버님은 훌륭하신 분입니다. 패배주의적인 데가 있긴 하지만 말입니다. 어머니, 그럼, 안녕히 계십시오.
(놀라서 쓰러질 듯하다가 울먹이며)

아니 이게 무슨 일이야? 아이고 내가 이 자식을 어떻게 키웠는데. 이제 와서 이게 무슨 일이야. 오로지 저 하나 잘되라고 모든 공을 들여왔는데…… 아니지, 아니야, 그럴 리가 없어. 무언가 잘못된 거야. 철이가 그럴 리가 없어.
(남편이 들어온다)

나 : (멍청히 남편을 보고 있다)

남편 : 철이 일이 걱정이 되어서 먼저 돌아왔소. 위태위태하다고 생각하면서도 그만 포기하기를 바라고 있었는데 결국 일이 이렇게 됐소. 여행가던 날부터 이상하단 생각은 했지만 난 제지할 용기가 나지 않았소.

나 : 그럼 철이가 이렇게 되리라는 걸 다 알고 있었다는 거 아니에요? 그리고 말리지도 않다니. 당신은 자식을 사랑하고 있는 거예요? 왜 그런데 나한텐 아무 얘기도 안했어요?

남편 : 당신이 알아봤자 어떻게 이해하겠소? 사회에서 벌어지는 일인데…… 가정부인인 당신이 맘고생하는 것보단 모르는 게 나아요.

나 : 그래도 그렇지, 자식의 일인데 엄마가 모르고 있어서야 되겠어요? 아직 그 애가 철이 덜 들었는데 그걸 내버려두다니 아이 인생을 망친 건 당신이군요.(운다)

남편 : 진정해요. 늘 지내던 대로 당신은 집안일이나 하고 두 아들 내외 손주나 봐주면서 가정 안에서 행복하면 되는 거요. 막내 일은 내가 손써 보겠소.

나 : 여보, 그게 아니야. 우리 철이가 친구를 잘못 사귀어서 그렇게 된 걸 거야. 순진한 우리 철이를 꼬셔낸 아이들이 누군지 알아서 혼을 내줘야 해.

남편 : 여보, 그게 아니오. 철이가 몇 살인데 친구 꼬임에 넘어가서 감옥살이를 자원하겠소? 철이가 이렇게 된 건 당신이 이해할 수 없는 커다란 세계의 일이오.

나 : 그게 아니면 선생들이 학생지도를 잘못했기 때문이야. 맞아, 그거야. 선생들이 괜히 쓸데없는 지식만 가르치고 아이들을 나쁜 길로 몰아넣은 거라구. 그렇지 않으면 철이가 왜 그런 짓을 하겠어? 우리집이 얼마나 화목하고 오붓한 집인데 …… 내가 한 번도 그 아이한테 그런 짓을 가르친 일이 없는데 말이야.

남편 : 여자들의 소견머리란 저렇게 한심해. 여보, 제발 그 어린애 같은 생각은 좀 그만해요. 지금은 철이가 어떻게 해야 가벼운 처벌을 받을 수 있을까를 생각해야 할 때야.

나 : 아니에요. 내 자식의 일생을 망쳐 놓은 대학을 용서할 수는 없어요. 자식을 둔 엄마로서 가서 따져 봐야겠어요. 지도 교수가 누군지 만나봐야 되겠다구요. 애걸을 하건 돈을 쓰건 우리 철이를 빼내야지. 이러고 있을 것이 아니라 내친 걸음에 학교에 가봐야겠어요. (외출할 준비를 하고 나간다)
남편 : 여보! 여보! 자식 때문에 마음이 타서 죽겠는데 마누라까지 무식해서 부채질이네. 이럴 줄 알았으면 진작 좀 책도 읽히고 교육도 시킬걸…… 여보! 학교 가서 어쩌겠다는 거야. 그건 학교 소관이 아니라니까……

6. 성공여고 개교 기념식장

교장 : 자, 여러분 잘 보셨지요. 과연 성공여고 졸업생들답게 사회의 각 방면에서 맡은바 역할을 충실하고 뛰어나게 하며 살아가고 있지요. 우리 재학생들도 열심히 노력해서 선배들보다 더욱 뛰어난 사람들이 되도록 노력해야겠어요. 그럼 이번에는 후배들이 선배들의 도움에 감사하는 순서가 되겠읍니다. 학생들이 인생의 참모습을 보여주신 선배들께 감사와 존경의 마음을 담은 작은 선물을 준비했다고 합니다. 학생대표가 나와서 선물을 전달하겠읍니다. 자, 나와 주세요.
학생 : 네, 원래는 저희들이 정성껏 선물을 마련했읍니다마는 선배들의 인생현장을 보고 나서는 모든 계획을 취소하기로 했읍니다. 우리들은 저 네 분의 선배 중에서 어느 누구도 존경하거나 앞으로의 인생의 모델로 삼을 수 없다는 데에 뜻을 같이 했읍니다. 슈퍼우먼의 신화에 묻혀 제자와 사회에 대한 사랑을 잊고 유아독존하는 교수나, 남자 정치인들 사이에서 자기 위치를 못찾는 액세서리용 국회의원이나, 불로소득으로 사치풍조와 허영을 일삼는 복부인이나, 가정에 파묻혀서 사회의식이 마비된 가정주부들이 우리들의 장래 모습이 되어서는 안 될 것이기 때문입니다.
교장 : 그건 좀 심한 말인 것 같습니다. 학생들 선배 앞에서 예의를 차리세요.
명 : 그냥 두세요, 선생님. 제가 몇 마디 보태지요. 후배, 난들 뭐 사회에 무관심하고 싶고 제자 사랑 안하고 싶어 그러는 줄 알아요? 우리가 성장할 때는 슈퍼우먼이 되지 않으면 자기성취를 할 수가 없었다구요. 우리들은 사회에 진출하는 여성 중에서 첫 세대 아니니? 천재소리나 남자만큼 잘났다는 소리를 듣지 않으면 사회에서 한자리 차지하기 힘들었다구. 또 전통적인 가족관계와 시집살이의 부담에서 해방될 수는 없었으니까 우리는 피나는 노력으로 슈퍼우먼이 되어야 했다구요. 1인 3역, 4역 할려니까 절대시간이 부족해요. 사회니 제자니 이런 거 찾을 새가 어디 있겠어요? 요즘 '우리가 진정 원하는 건 슈퍼우먼' 하는 노래도 있던데, 이

정도라도 여성의 지위가 높아지게 된 데는 슈퍼우먼들의 공로가 있었음을 인정해 줘야 한다구요. 여자도 남자들이 하는 일 모두 다 할 수 있다는 걸 보여주고 여성들에게 가능성을 증명해 준 역할을 우리세대는 해낸 거라구요. 알아듣겠어요? 좀 더 합리적인 남편과 결혼하지 왜 그런 가부장적인 남자와 결혼했냐고? 한국에 합리적인 남자가 어디 그리 많아? 독신으로 살지 그랬냐고? 그럴 수야 없지. 남들이 나를 어떻게 보겠어? 고독하고 신경질적인 노처녀로 볼텐데. 나처럼 모든 사람의 선망의 대상이었던 사람이 그런 결함을 가질 수 있어? 절대 안 되지. 난 모든 사람의 부러움을 사는 사람이어야 해. 난 그렇게 태어났거든. 선배를 모시지 않으면 여러분이 선배되었을 때 또 후배들에게 당해요. 너무 큰소리 치지 않는 게 좋을 거야.

장 : 맞아, 맞아. 난들 뭐 액세서리가 되고 싶어서 됐겠어? 이 자리에 들어와 보라구 그렇게 밖에서 보는 것처럼 마음대로 되는가. 나는 한다고 하는 게 이 정도야. 뭔가 해볼려고 해도 언제나 남자들끼리 다 결정을 해서 일방적으로 나온단 말이야. 여성들 요구조건을 들어줄 수 없는 내 마음도 몹시 아프지만 어쩔 수가 없는 문제야. 하지만 이 자리가 얼마나 힘들게 얻은 자린데 어설프게 여성문제 얘기하느라 눈 밖에 날 수는 없잖아? 그리구 국회의원 중에 여자가 하나라도 있는 게 없는 것보다는 낫지 않아? 남자들 세계에서 내 꿈을 이룰라니까 미적지근하게 액세서리처럼 되고 말았다구. 혼자 힘으로는 도저히 그 벽을 넘을 수가 없어 여성들의 힘이 커지기를 기다릴 수밖에. 나도 알구 보면 외롭고 불쌍한 사람이야. 너무 그렇게 몰아치지 말아 줘.

한 : 나도 할말 많은 사람이야. 너네들 자꾸 복부인 복부인 하는데 여자들이 복부인이 안 될 수가 있겠나 생각해 봐. 월급은 쥐꼬리 반토막이구 물가는 비싸구 돈을 좀 벌어야겠는데 누가 기혼 여성한테 일자리 주는 거 봤어? 학력이나 기술 없이, 자격증 없이 할 수 있는 돈벌이는 이것밖에 없는 거야. 그리구 실제로 땅장사 크게 하는 건 대기업들이구, 땅장사로 밥벌어 먹는 사람들도 모두 남자들인데 왜 여자들이 땅 조금 만진다고 복부인 복부인 하는 거지? 이게 다 남자들이 정해 놓은 여자들이 돈 만지는 거에 대한 금기라구. 경제권을 쥔 여자들을 비난해서 여자들로 하여금 남편한테 기대고 돈을 못 만지게 하는 거지. 요즘 젊은애들, 여성해방을 외치면서 데모나 하면 되는 줄 아나 본데 착각이야. 내 말만 들어. 진짜 해방되려면 남자들이 싫어하는 것만 골라 해보라구. 되도록 부엌에 있는 시간을 줄일 것, 그 대신에 경제권을 꽉 잡아서 대한민국을 좌우로 흔들어 보는 거야. 그러면 여성해방은 저절로 이루어진다구. 나를 좀 이런 여자해방적 시각에서 봐줬으면 쓰겠

어: 그렇게 세상 보는 눈이 없어서야 어디……

나 : 너희들 내가 한심해 보이지? 남편하고 자식하고 지적인 대화도 못하고 국민학교 5학년생의 사고수준도 안 된다고 비웃고 있지? 후후, 너희들도 밥하고, 빨래하고, 애하고 씨름하면서 20년 넘게 살아 봐. 너희들도 다 마찬가지야. 별수없다구. 현모양처 이데올로기니 자아상실이니 하는 말 나도 다 알아. 하지만 이제 와서 어쩌니? 그럭저럭 착각하면서 살아가는 수밖에 없는 거야. "난 참 행복합니다. 정말 정말 행복합니다" 하면서 말이야. 자, 앞사람들보다도 내 모습을 특히 잘봐 두도록해. 이게 바로 30년 후의 여러분의 모습일 테니까. 내가 마지막으로 한마디 하겠는데 이론과 실제는 다른 거야.

교장 : 네, 의미 깊은 말씀이지요. 여러분 이론과 실제는 다른 겁니다. 잘 배워 두세요.

학생 : 선배들 말씀이 일리가 있긴 있군요. 그러나 우리는 선배들의 인생을 모델로 삼지 않겠읍니다. 그러나 가르침 감사합니다. 여러분, 우리는 이론과 실제가 적절히 조화된 인생을 살아갑시다.

(관중들이 따라한 한다)

교장 : (당황하며 폐회를 선언한다) 아아, 학생들이 좀 과격하군요. 어린 후배들을 선생님들이 너그러이 이해해 주십시오. 학생들은 좀더 현상을 역사적 발전과정으로 보는 눈을 길러야겠읍니다. 학생 여러분, 자신들의 30년 후의 모습은 어떤 것일까요? 그때 여러분은 후배들에게 좀더 떳떳한 자랑스러운 모습을 보여줄 수 있기 바랍니다. 뜻 있는 모임이었읍니다마는 오늘은 이 정도에서 폐회를 하는 것이 좋겠읍니다. 개교 50주년 기념식을 마칩니다. 막 내려 주십시오. ■

창작과 평

『여성』이 제시하는 '올바른' 여성운동의 방향은?

조은
동국대 사회학

『여성』(창작과 비평 발행)은 다음과 같은 몇 가지 점에서 주목받을 만한 무크지다. 우선, 첫째로 여러 가지 의미에서 기성의 때가 묻지 않은 젊은 세대의 여성들에 의해 편집되었다는 점, 둘째, '올바른' 여성운동을 위한 과학적 이론과 실천의 모색을 표방하고 있다는 점, 그리고 세째로, 여성억압의 구조가 사회 전체의 불평등 구조와 밀접하게 연관되어 있는 분명한 시각을 가지고 있다는 점 등을 꼽을 수 있다. 이러한 특성들은 잘 다듬어진 문체와 산뜻한 소재의 선택, 진지한 접근, 그리고 일견 정연한 듯한 논리와 합쳐져서 충분히 독서계에 신선함과 충격을 가져다 줄 소지를 가지고 있다. 이 서평은 이 무크지가 던지고 있는 신선함을 무척 기쁘게 받아들이면서 이를 발전적으로 정리해 줄 필요를 느껴 준비되었다.

무크지에 대한 서평은 여러 가지 측면에서 시도될 수 있겠지만 여기서는 편집인에 의해 공동 집필되어 권두에 실린 「여성의 눈으로 본 한국문학의 현실」과 논단으로 실린 「여성운동의 방향정립을 위한 이론적 고찰」, 두 편의 논문을 집중적으로 논의함으로써 이 책의 관점과 문제 접근방식의 특성을 밝혀 보고자 한다. 실제로 이 두 편의 논문은 이 무크지에서 가장 주목받을 만한, 그리고 여러 의미에서 이 무크지의 특성과 흐름 그리고 강점과 한계점을 가장 대표적으로 표현하고 있다.

「여성의 눈으로 본 한국문학의 현실」은 의욕적이라는 점에서나 '시원한'— 적어도 여성운동권 내에서는— 읽을거리라는 점에서 이 무크의 백미로 꼽을 수 있다. 가장 개인적인 것으로 보이는 '쓰는 일'을 공동으로 했다는 점에서도 우선 관

『여성』은 한국의 경제상황하에서 제기된 여성문제를 표출시키고자 하는 운동지향 무크지로서 강점을 가지고 있지만 그 방법론에 있어 다양성과 유연함이 필요하다고 보여진다.

여성 편집위원회 편, 창작과 비평사

심을 끌며 여성의 눈으로 문학작품을 해부하고 검토한다면 이럴 수도 있구나 하는 새로운 경험의 장(場)을 열어 주었다는 점에서도 그러하다. 그러나 이러한 경탄은 이 글의 주장과 조리에 주목하기 시작하면서 상당히 감소된다.

 문학 일반, 그리고 문학비평에 대해 일반 독자들이 갖는 최소한의 식견밖에 갖지 않은 필자로서는 문학비평으로서의 이 글에 대한 비평은 역량 밖의 문제로 접어 두기로 하고 이 글의 주장, 그러한 주장을 뒷받침하는 논리전개, 그리고 '여성의 눈'이 갖는 의미의 차원에서 간단히 짚어 보고자 한다. 이 비평문은 흔한 소설의 소재이면서 여성문제에서 빼놓을 수 없는 중요한 이슈인 사랑과 성 sexuality, 결혼과 가족제도, 매춘, 이 세 문제에 대해 현재 우리 문단에서 손꼽히는 남성 작가들이 어떻게 접근했는가를 그야말로 '여성'의 눈으로 검토하고 있다. 필진들은 이 세 가지 주제를 구체적으로 '대상화된 여성' '여성 주체성의 왜곡' 그리고 '성에 대한 이중적 기준의 문제'로 잡고 있으며 매우 집요하고 날카롭게 우리 문단이 이러한 문제를 소설화하는 데 있어 남성중심적 '허위의식'에서 벗어나지 못하고 있음을 지적하고 있다. 그리고 이러한 지적들은 상당한 설득력을 갖고 있다. 그러나 한편 그러한 관찰에 대한 해석과 결론은 비약이 심하고 때로는 문맥과 관계없는 주장이 첨가되어 글 전체의 타당성을 약화시키는 감이 없지 않다. 이러한 문제점은 이 무크지의 곳곳에서 부닥치게 되는 것으로서, 도식적 틀에 맞춰 결론을 유도하려는 무리한 시도에서 빚어진 결과로 보인다. 내용과 실체가 없는 이념적 용어의 과용 역시 이러한 경향과 그 맥을 같이한다고 하겠다.

보다 구체적으로 이야기한다면 필진들은 '여성의 눈으로 본 한국문학의 현실'이 반(反)여성적 문학상황이며 '이러한 반여성적 문학상황은 단지 여성문제의 불철저한 인식에만 기인하는 것이 아니라 전반적인 역사의식이나 사회의식의 부족, 진보적 세계관의 미비함과 긴밀하게 연결되어 있다'고 결론을 내린다. 즉 작가들이 '올바른' 여성의 삶을 그리지 못하는 모든 '잘못'들은 그들의 '허위의식'에서 비롯하며 '작가의 세계관이나 비판정신이 투철할 때에만 저 두터운 허위의식의 장벽을 뚫을 수 있다'는 주장이다. 그리고 '노동여성·농촌여성·빈민여성들의 삶을 전면에 부각시켜야 할 것'과 이러한 시도는 '이들이 진정한 새 사회의 주인이라는 세계관 속에서 진행되어야 할 것'임을 강조하기에 이른다.

그러나 실제로 여기서 우리가 수긍할 수 있는 것은 우리 문단의 손꼽히는 남성작가들의 여자 주인공 묘사가 남성중심적이며 따라서 '여성적'이라는 사실과 작중인물들이 진보적 세계관(비판자의 관점에서)을 주창하지 않는다는 점뿐이다. 이 두 가지가 설사 작가의 '허위의식'의 같은 산물이라 하더라도 이 두 문제에 대한 '허위의식'간의 연계를 추론할 수는 없다. 좀더 풀어 본다면 최인훈의 「광장」과 이문열의 「영웅시대」에서 이념의 관념화와 여성의 대상화를 같은 고리에 연결된 동전의 양면 정도로 도식화하고 작중인물들의 '이념의 실천'에서 보여지는 회의성은 곧 이들의 여성과의 관계에서 보여지는 가부장적 이데올로기에 반영되어 있다는 추론에까지 발전하고 있다. 그러나 이념의 실천에 부정적인 주인공들이 가부장적 이데올로기를 그대로 구현하고 있다고 해서 그것을 곧 작가의 허위의식으로 몰아 버리는 것도 위험한 논법이려니와 이 두 측면이 똑같이 작가의 '허위의식'에서 비롯된 것이라 하더라도 그 두 문제에 대한 허위의식을 같은, 또는 서로 직결된 의식으로 몰아 버리는 것은 타당한 논리일 수 없다. 즉 가부장적 이데올로기→진보적 세계관의 미비→작가의 허위의식으로 이어지는 단순한 도식은 여성문제를 사회구조의 문제와 연결시키기 위한 논법으로 매우 그럴듯하고 필진들이 한국문학의 현실을 규정하고자 하는 의도에는 부합될지 모르지만 객관적 논리로서 성립될 수는 없을 것이다. 필진들이 작중인물의 행동과 사고를 지나치게 작가의 세계관과 직결시키는 무리함도 여기에서 비롯되는 문제로 보여진다. 여기서 우리는 문제의 핵심 또는 중심을 가정하고 이를 인과론적으로 풀려는 논리는 필자 자신이 비판한 바의 '관념론적' 접근이며 동시에 매우 남성적인 접근임을 상기할 필요가 있다.

도식에 맞추려는 데서 오는 무리한 시도는 작품 내용과는 거리가 먼 단정적 주장이 논의 중간에 어색하게 삽입되는 점에서도 나타나고 있다. 「겨울여자」에서 주인공 이화가 가족제도 자체를 부인하지 않는다는 대화에 대해 '원래 일부일처제 가족형태는 사유재산의 소유를 확고히 하기 위한 것'이라는 의견을 출처나 인용부호도 없이 마치 보편적 진리인 양 첨가해 놓고 있다. 일부일처제 가족 형태의 기원을 사유재산의 소유관계에서 찾으려고 했던 일단의 학자들조차도 여성을 일부일처제로부터 해방시켜야 한다고 주장할 때 그것은 성적, 정서적 관계로서가 아닌 경제제도로서의 일부일처제의 폐기를 이야기하고 있다는 사실에 대한 이해가 수반되어야 할 것이다. 또한 윤락여성을 다룬 작품 해석에서 작중인물들이 일관되게 윤락여성과 아내라는 범주화에서 벗어나고 있지 못함을 논하는 가운데 나타나는 글들, '이중적 성관념은 바로 매춘과 결혼제도가 공존하고 있는 현 사회의 지배적 남성 이데올로기에 다름아니다' 또는 '매춘 역시 일부일처제에서 자신들의 아내를 뭇 남성으로부터 보호하기 위해 마련된 가부장제 가족제도의 어두운 측면이라 할 때 하나의 뿌리에서 나온 두 가지 현상 가운데 하나를 기준으로 삼아 다른 하나를 평가한다는 것은 결국 그 뿌리를 캐내지 못함으로써 해결책을 제시하지 못하는 가치혼란 외에 다름아니다' 등은 필진들의 주장이 논의의 수준과 맞지 않게 삽입된 단적인 예들이다. 이렇게 연결이 어색한 주장은 '객관적 필연성에 기반한 민중의식이 아니라면 아무리 민중에 대한 예찬을 퍼붓는다 하더라도 이는 독자들에게 민중의식만을 심어 줄 뿐이며 문제해결에 아무런 도움도 주지 못하는 지식인적 자기위안에 빠지게 될 것이다'라는 주장으로 비약, 되풀이된다. 마지막 부분에서 윤락여성의 삶을 규정하는 조건에 대한 서술과 가사노동에 대한 일설을 양념처럼 첨가한 다음, '따라서 여성의 차별상황을 유지·강화하면서 종국에는 소수의 집단만을 이롭게 하는 가부장적 이데올로기가 문학작품 내에서 철저히 불식되어야 한다'는 구호에 가까운 결론에 이르렀을 때 필진들의 정형화된 도식과 목적성에 논리가 함몰했다는 느낌을 떨쳐 버리기 힘들다.

끝으로 '여성의 눈'이 갖는 의미의 문제를 보자. '여성의 눈'은 결코 남성중심적 시각에 대비, 대항하는 것으로서의 여성중심적 시각만을 뜻하지는 않을 것이다. 이것이 여성해방론적 시각을 갖추는 것임을 뜻한다고 볼 때 문학작품에서 '성의 대상화' '왜곡된 여성의 주체성' '성에 대한 이중적 기준'이라는 여성들이 일반적으로 느끼는 못마땅함을 들추어 내는 작업 못지않게 여성들의 삶이 비인간화되는 모순적 상황이 얼마나 문학적 감동을 수반한 사실성에 바탕을 두고 그려지고 있는지에 초점이 맞추어진 논의가 있었어야 하지 않았을까 하는 생각이 든다. 여성해방론적 관점이 인간해방론적 관점으로 이어질 가능성은 바로 여기에서 크게 열릴 수 있다.

또 하나의 문학비평이라고 할 수 있는 이선희의 「여성해방관을 통해 본 김지하의 생명사상」은 김지하의 생명사상이 '인간의 노동에 대한 추상적 이해'에서 오는 '역사성과 사회성의 탈색으로 이어지고 있다'는 지적을 통해 이 『여성』지의 기본적 관점을 살리면서 논리전개에 크게 무리가 없는 편으로 보여지며 특집에 실린 정현백의 「여성노동자의 의식과 노동세계」 또한 이 무크지와 기조를 같이하면서도 객관적 설득력을 확보하고 있는 논문으로 꼽을 수 있을 것이다.

한편 「여성운동의 방향정립을 위한 이론적 고찰」은 이 분야에서 제기된 논의들을 잘 정리하고 있으며 이 무크지의 성격을 대변하는 논단으로 손색 없는 '시론'이다. 우선 모든 사회적 문제는 '인간에 대한 인간의 지배에 그 근원을 두고 있다'는 전제에서 출발하여 여성문제 본질을 '여성이라는 생물학적 차이를 이용하여 지배자가 여성의 노동력을 착취함으로써 발생한 문제이다'라고 규정하고 있다. 그리고 여성문제의 본질적 해결을 경제체제의 변혁에서 찾고 있는데 이는 가사노동과 성별분업을 기초로 하는 기존의 가족제도는 그 물적 기초를 변혁함으로써만 전적으로 소멸할 수 있다'는 주장에 잘 나타나 있다. 이러한 관점에서 지금까지 진행되어 온 한국의 여성운동을 '개량주의적'이며 '수공업적'이라고 못박고 이를 극복하는 방법은 '여성운동을 정치운동의 차원에서 전개함으로써만 가능하다'고 결론짓고 있다. 그리고 기존의 여성운동을 1) 개인적 문제로 인식하는 경향 2) 사회적 생산노동에서 발생하는 문제만을 중시하는 경향 3) 부차적 문제로 보는 경향 4) 대남성투쟁은 전개할 필요가 없다는 네 주장으로 나누어서 이를 비판하고 있다. 이 글이 시론임을 주장하고 있음으로 해서 여기에 그 대안이 없음을 아쉬워해야 할 이유가 없는지도 모르지만 그러나 결론에 대신하여, '이러한 현실을 극복하고 운동이 비약적으로 발전해 나가기 위해서 우리 여성들은 훨씬 더 많이 노력해야 할 것이다'라는 끝맺음은 어떤 방향으로 어떻게 훨씬 더 많이 노력해야 하는가에 대한 방향정립과 방향설정을 기대한 독자들에게는 여전히 미흡하다는 느낌을 갖게 한다. 더우기 '진정한 인간의 해방은 자기 스스로 해방되는 것, 그리고 그 해방의 비약을 온 인류가 함께하도록 노력함으로써 이루어질 것이다'라는 부분에 와서는 언어의 성찬 이상이 아니라는 실망감을 갖게 한다. 이 글에서 암묵적으로 시사되듯이 사유재산제의 폐기를 위한 정치운동만이 여성운동의 '올바른' 방향일까? 그 외에 모든 여성운동은 '개량주의적' '어용적'이라든가 '수공업적'이라는 이유로 매도되어야 하는가? 이 논단은 우리에게 답변보다는 보다 많은 질문을 던지게 하고 있으며 그런 면에서 자극이 되고 있다.

사실 이 논단의 기여는, 그리고 이 무크지의 기여 또한 당연시했거나 간과했던 현상에 대해 보다 많은 의문과 문제를 제기했다는 데서 찾아야 할지도 모르겠다. 이 책이 한국의 자본주의 경제체제하에서 제기된 여성문제를 표출시키고자 하는 분명한 표적을 지닌 운동지향의 무크지로서 갖는 강점을 부인하려는 것은 아니다. 그러나 문제를 풀어나가는 데 있어 문제 현상에 보다 구체적으로 접근해 들어가는 작업은 매우 중요하다. 그리고 또한 가장 큰 문제의 해결, 가장 우선적인 과제가 설정되었다 하더라도 거기에 이르는 방법은 하나가 아니다. 본질적 문제의 해결이 곧 주변적 문제의 해결을 가져온다고 할 수 없으며 또한 '주변' '본질'의 성격 규정은 각자의 삶에 대한 영향이나 구속성에 따른 것이므로 모든 이에게 다 같을 수가 없음을 인정해야 하지 않을까? 이런 면에서 이 무크지가 여성의 권리를 향상시키고 궁극적으로 인간해방을 추구하는 여성운동의 잡지로서 뿌리를 내리고자 한다면 자신들이 제시하는 관점이 가장 '올바른' 과학적 이론이라는 주장보다는 '하나의 비판적 관점'임을 인정하는 것이 필요할 것이다. 이런 자세는 이 잡지가 빠질 수 있는 독선적 엘리티즘이나 더 나아가 지적 센세이셔널리즘의 함정에서 벗어나는 길이기도 하다.

  이 무크지의 등장이 갖는 가장 큰 의미의 하나는 산발적으로 이야기되고 있던 관점과 문제를 지상(紙上)에 선보이게 했다는 점이며 논자는 이 시도가 '지하(地下)에서 지상(地上)'으로 끌어올렸다는 의미 이상이기를 바란다. 이러한 관점과 문제 제기는 진작 있었어야 했으며, 앞으로 이런 문제에 관심 있는 독자들에게 균형감각을 잡아 줄 수 있는 더욱 성숙된 지면일 수 있기를 기대한다. 그러나 정치적 파시즘을 경계해야 하는 것과 마찬가지로 지적 파시즘 또한 경계해야 한다는 점은 사회운동가들이 염두에 두어야 할 사항이다. 그 운동이 어떠한 이념과 관점에 기반을 두고 있건간에.■

창작과 평

진정한 모성
『어머니』를 읽고

서지문
고대 영문학

사회정의를 위해서 헌신적인 투쟁을 하려는 사람들에게 제일 큰 장애는 그들의 어머니일 수도 있다. 특히 우리 나라처럼 여자의 전생애의 의미는 어떤 집안에 출가를 해서 그 가문의 대를 이어주는 것이라는 개념이 절대적으로 지배하는 사회에서, 어머니들은 그들의 자녀들이 신변에 위험한 행동을 한다면 결사적으로 말리는 것을 어머니로서의 의무로 생각하기 쉽다. 그렇지 않아도 모성이란 자식들의 생존과 안락을 무엇보다도 중시하게 되어 있는 것인데, 대부분의 여성들은 사회정의라든가 대의(大義)를 위한 헌신이라든가 하는 데 대한 가르침은 받지 못하고 가족의 건강과 안위를 위해 혼신의 노력을 하고 절대적인 희생을 하도록 교육을 받아 왔다. 그러므로 어머니들에게는 자신이 힘들여 기른 자식이 자기몫의 행복을 차지하지 않고 남을 위해 고난을 겪고 생명까지 바친다는 생각은 좀처럼 받아들이기 어려운 것이다. 그래서 대의를 위해 일하고자 하는 젊은이들은 그 과업에 따르는 고난뿐만 아니라 자신이 불효를 한다는 죄책감마저도 짊어져야 하는 것이다.

20세기 초 소련의 혁명주의작가 막심 고리키(1868-1936)가 지은 『어머니』는, 한 지극히 평범한 노동자의 아내요 어머니가 노동자해방을 위한 아들의 투쟁을 어떻게 이해하고 돕고 나중에는 거기에 헌신적으로 가담하게 되었는가를 보여주는 이야기이다. 이 소설의 주인공 펠라게야 닐로바는, 새벽의 공장 사이렌 소리와 함께 깨어서 하루종일 기계에 매달려, "근육을 빨아먹힌" 후 저녁의 자그만 휴식과 선술집에서의 한잔 술을 인생의 유일한 낙으로 삼고 살아가는 공장도시 노

『어머니』는 추상적 개념인 노동자에 대한 연민이 아니라 비굴하고 겁많은 노동자들에게까지 미치는, 지극히 구체적이고 강렬한 인간애를 감동적으로 표현한 신념소설의 효시 작품이다.

막심 고리키 지음 최민영 옮김, 석탑

브고로드(후에 고리키를 기념하여 고리키시로 개명)의 수많은 노동자 중의 한 사람인 미카엘 블라소프의 아내였다. "항상 침울하고 불만스러운 표정을 하고" 맹수같이 야만적인 힘을 풍겨서 마을 사람들이 두려워하고 싫어하는 블라소프에게는, 생의 누적된 불만의 분출구는 음주와 아내를 때리는 일밖에 없었다. 그가 죽자 열일곱 살 먹은 그의 아들 파벨은 그 두 주일 후부터 술에 만취해 들어와서 아버지가 늘 그랬던 것처럼 주먹으로 테이블을 치면서 "밥 줘!" 하고 소리친다.

"네가 술을 마시면 이 에미는 뭘로 먹여살릴려고 그래?"

"다 마시는데 뭐."

그것은 사실이었나. 술집을 빼고는 사람들이 즐거움을 찾을 데가 전혀 없었던 것이다.

그러나 어느 때부터인가 파벨은 술을 마시지 않고 퇴폐적인 길을 기피하기 시작한다. 그의 얼굴이 점점 예리해지고 눈은 심각한 모습으로 변해 가고 입술은 굳게 다물어 얼굴에 단호한 모습을 더해 주었다. 어머니는 한편으로 기쁘고 한편으로 불안해진다. 아들은 골몰히 책을 읽고 휴일에는 종일 외출을 하고, 모자간에는 말이 없어진다. 아들의 수도승 같은 변모에 남몰래 불안해 하기를 2년, 그러나 아들은 드디어 어머니에게 자신이 진실을 찾고 있으며 진실을 위한 투쟁을 할 것임을 밝힌다. 그녀는 아들의 생명을 위해 불안해지나 아들이 자기를 진실로 동정하며, 모든 사람을 위해 선한 일을 하고자 하며 모두에 대한 동정심을 가졌고 인생의 슬픔과 사랑을 이해하고 있다는 데 감동되고 자부심을 갖는다.

아들의 동지들을 만나게 되고 그들의 인정(人情)과 순수한 이상(理想), 그리고 그들이 지향하는 먼 장래의 비전에 매혹당하게 되어 처음 그들의 말을 경청하고 차츰 그들의 활동에 동참하게 된다. 공장파업건으로 아들이 체포되어 가자 밥을 파는 여자의 조수가 되어 공장에 유인물을 몰래 숨겨 들어가고, 그 외 여러 가지 연락책의 역할을 한다. 이 과정에서 어머니는 더 많은 노동운동의 동지들과 접촉하게 되고 노동운동의 필요성을 더욱더 절감하게 되어 아들과 그 동지들을 더욱 더 존경하고 사랑하게 된다. 그때까지의 그녀 자신의 삶이 불안과 두려움에 가득 찬 것이었기에 그녀는 그들의 지배자들에게 감히 반항하지 못하는 비굴하고 소심한 사람들을 경멸하지는 않는다. 오히려 크나큰 연민으로 그들을 사랑하며 그들을 돕고 싶어한다. 혼자 남몰래 노력해서 글자를 깨치고, 한번도 자기가 누구에게 필요한 존재라고 느껴 본 일이 없었던 그녀는 훌륭한 일을 도와 주고 있는 자신에 대해 자랑을 느낀다.

감금에서 풀려난 파벨은 5월 1일 노동절 행진에 깃발을 들고 선두에 설 결의를 표하고, 어머니는 그날이 와도 이상하게 마음이 고요하고 행복하기까지 하다.

"형제들이여! 때는 왔읍니다. 우리들의 이같은 생활을 그만둘 때가…… 탐욕과 증오와 어둠 속을 살아가는, 폭력과 거짓이 날뛰는, 쉴 자리 하나 없고 인간대접을 받지 못하는 우리의 이러한 생활을 그만둘 때가 왔읍니다."

모든 노동자의 마음에 새로운 이상과 정열을 불어넣는 긴 웅변의 연설을 하고 파벨은 병사들에게 잡혀간다. 그의 어머니가 깃발을 들고 그의 자리에 대신 서서 그의 호소를 계속한다.

"우리의 자식들은 행복을 향한 세계로 가고 있읍니다. 그들은 우리 모두를 위해서, 그리스도의 진리를 위해서 갔읍니다…… 그것은 악하고 거짓되며 욕심사나운 것들이 우리를 포로로 만들어 속박하고 파괴하고 있는 데 대항하기 위한 것입니다…… 그들은 오로지 여러분께 진리를 향하는 길이 무엇인지를 보여주기 위해서 갔읍니다. 모든 사람들이 그 길을 가도록 하기 위해서 간 것이에요! ……진리가 그들 속에서 불타고 있읍니다. 그들은 그걸 위해서 죽을 것입니다. 그들을 믿으십시오!"

『어머니』의 제 2 부는 계속되는 경찰의 가택수색과 노동운동가들의 검거, 미행 속에서 필사적으로 펼쳐지는 어머니와 노동운동 동지들의 활약상으로 구성되어 있다. 노동운동의 확산을 위한 서적의 전달, 원고의 전달, 유인물의 배포 등 위태롭기 짝이 없고 고된 일에 닐로바는 열렬히 헌신한다. 그것은 그녀에게는 위안이고 행복이며 영광이었다. 노동자들은 어떻게 지배자에 의해서 서로를 목조르도록 조종받고 있는가 하는 자각을 일깨우는 일, 그들을 진실에 눈뜨게 하고 그들에게 이상을 심어 주는 일에 그녀는 무한한 보람을 느끼며 어떠한 고달픔도 그녀에게는 문제가 되지 않는다. 세상은 한없이 넓으며 한없이 다양하고 풍부하다는 사실은 그녀에게는 황홀한 발견이었다. 그리고 '자유인'이란 무엇보다도 스스로를 탐욕과 죄악에서 해방시킨 사람이라는 사실을 그녀는 터득하는 것이다. 아들이 어디 있느냐는 질문에 '감옥에 있다'고 대답할 때 그녀는 끝없는 자부심을 느낀다.

탈옥의 기회를 거부하고 정식 재판을 기다려서 법정에 선 아들의 감동적인 법정항의문을 인쇄한 유인물을 운반하려다가 역에서 체포되는 어머니는 체포되기 전 역에 모인 많은 사람들에게 최후의 열렬한 호소를 한다.

"정직한 사람들을 만나러 가십시오. 모든 가난하게 찌들린 사람들에게 충고를 해주는 사람들을 찾으세요. 결코 타협하지 마시오. 동지들! 결코! 권력의 압제에 굴복하지 마시오. 일어나세요. 여러분, 노동자 여러분! 당신들은 주인입니다! 모두가 당신들의 노동 때문에 먹고 살아요. 저들은 노동을 시킬 때만 여러분의 손을 풀어 줍니다. 보세요! 여러분은 묶여 있읍니다. 저들은 여러분의 영혼을 죽이고 도둑질해 갔어요. 가슴과 마음을 하나의 힘으로 단결시키세요. 그러면 모든 것을 이겨 낼 것입니다. 여러분 자신 외는 친구가 없읍니다. 그래서 우리의 유일한 친구들이 노동자들을 향해 외치고 나아가고, 감옥으로 가는 길목에서 쓰러져 죽고 하는 것입니다. 정직하지 못한 사람들은 그렇게 하지 못합니다. 속이는 자들은 그렇게 하지 못해요."

개처럼 구타를 당하며 잡혀서도 절규하는 어머니를 누군가 목을 잡고 조른다.

이 작품은 1905년, 고리키의 미국 망명시절에 씌어졌는데, 고리키의 모든 작품 중 가장 인기 있는 작품이다. 이 작품에 등장하는 노동자들의 말이나 행동이 지극히 교양 있고 사려가 깊어 약간 비현실적인 느낌을 주기는 하지만 신념소설이 흔히 가지는 센티멘털리즘은 성공적으로 배제되어 있다. 그리고 공장도시 노브고로드의 생활환경, 작업장풍경 등은 그 도시에서 고아로 자라면서 온갖 천역을 두루 거친 고리키의 개인적 경험을 반영하고 있어 지극히 생생하다. 가장 중요한 주인공 펠라게야의 무지하고 두려움에 찬 여인으로부터 용감하고 진리에 충실한 여인으로의 변모는 충분히 흥미롭고 수긍할 수 있는 것으로 제시되어 있다.

이 책에 보여진 노동자들의 투쟁에 증오와 파괴욕의 요소가 극히 적고, 노동운동가들의 거의 예외 없이 사랑의 사도로서 제시되어 있는 것은 사실주의 문학작품으로서는 결함이라고 생각된다. 그러나 이 소설에 나오는 여러 토론과 웅변은 그 당시 러시아 노동자운동의 최고이상(最高理想)을 잘 나타내는 지극히 감동적인 정의의 선언문이다.

고리키의 작품들은 이상주의적 열정으로 충만해 있고 그의 인물들이 흥미롭고 개성적이며 그의 인도주의적 신념이 철저하기 때문에 20세기 초 소련문학에 활력을 불어넣었다. 문학적으로『어머니』는 지나치게 이상화된 인물들 때문에 고리키의 다른 작품들에 비해 낮게 평가되지만 이 작품은 자신의 필명을 최대의 고통 (막심 : 최대, 고리키 : 고통)으로 지은 이 열렬한 혁명이상가의 정의심(正義心)과 막연한 추상적 개념으로서의 노동자에 대한 연민이 아닌 비굴하고 겁많은 노동자들에게까지 미치는, 지극히 구체적이고 강렬한 인간애를 감동적으로 표현한 인상적인 작품이고 많은 '신념소설'의 원조가 된, 역사적 의의가 지대한 작품이다. ■

창작과 평

사랑과 결혼의 실체
『낭만적 사랑과 사회』를 읽고

김수경
회사원

  요사이 우리 주위에는 연애로 결혼한 부부가 늘고 있다. 소위 말하는 연애결혼은 20세기 초 우리 나라에 서구화의 물결이 들어오기 시작하였는데 그 당시만 해도 신학문을 접한 사람들에 국한되어 있었다. 그러나 도시화와 산업화가 본격화된 1960년대 이후부터는 연애결혼이 대중적인 결혼양식이 되었다.
  아직도 경제력, 학벌, 사회적 지위 등등의 외적 조건을 따지는 중매결혼이 남아 있지만 그 형태는 전통적인 양식에 현대적인 연애의 양상을 가미하고 있다. 하여간 여기서 중요한 것은 많은 미혼의 젊은이들이 연애결혼을 더욱 이상적인 결혼형태로 간주하고 있다는 사실이다.
  그러면 연애결혼을 생각할 때 여성은 도대체 어떤 기준에서 남성을 선택하는 것일까? '사랑에 빠졌다'는 상태를 어떻게 규정하고 있으며, 사랑의 결실이라고 할 수 있는 결혼의 의미를 어떻게 파악하고 있는 것일까? 사랑이나 결혼에 대한 여성의 일반적 관념은 각 문화마다 다를 수 있다. 우리 나라의 경우, 잡지·여성지·영화나 드라마에서 손쉽게 그 특징을 찾아볼 수 있는데, 그 '사랑'의 실체는 느낌으로 아는 것처럼 되어 있지만 구체적으로 분석되어 있지는 않다.
  그런 면에서 연애결혼의 근원지인 서구사회의 역사적 변천에 따라 사랑의 본질과 양상을 분석한 『낭만적 사랑과 사회』는 현재 우리 나라 여성이 가지고 있는 연애결혼의 개념과 사랑에 기대하는 것이 무엇인가를 비교분석할 수 있는 좋은 자료를 제공해 준다.
  저자에 따르면, 사랑은 가장 아름답고 사람의 감정을 풍부하게 하는 것이지만

'사랑에 빠지는 경험'과 낭만적 사랑은 별개의 것으로 구분되어야 한다고 말하고 있다. 즉 '사랑에 빠지는 경험'이란 진정한 의미의 사랑으로서 '이성의 자유로움과 평등을 전제로 하여, 특별히 긴밀한 관계(육체적 정신적 구성요소)를 맺는'[1] 것이며, 자기의 완성을 이루며 서로를 좀더 나은 사람으로 만들려는 경험이다. 따라서 진정한 의미에서의 사랑을 지속하기 위해서는 끊임없는 노력과 자아의식을 높여 가야 한다. 그러나 낭만적 사랑은 '여성을 구제한다는 의미로서의 결혼 이상'[2]과 '여성의 종속 및 불평등과 연관된 사랑의 특수한 사고방식'[3]이라고 저자는 말하고 있다.

더 자세히 살펴보면 우선 낭만적 사랑이란 그 체험 자체가 전혀 기대도 하지 않았는데 마치 어느 날 갑자기 망치로 머리를 얻어맞은 것처럼 사랑의 포로가 된 상태를 의미한다. 그리고 흥미롭게도 이런 경우, 거의 예외 없이 남자가 여자에게 열렬히 구애를 하게 되어 있으며, 사랑에 빠진 사람은 스스로의 감정을 제어할 수 없는 운명적이고 신비적 감정에 사로잡히는 것이 그 전형이다. 저자는 정말 이런 사랑이 개인적인 것이며 운명적인 것이라 할 수 있을 것인가에 대해서 의문을 제기하고 있다. 중세의 로맨스로부터 시작하여 17, 18세기 소설 그리고 현재 영국의 대중적인 연애지, 사회현장에서의 인터뷰 등 폭넓은 자료의 분석을 통하여 낭만적 사랑의 실체는 사회화를 통한 사회적 소산임을 밝혀 내고 있다.

이른바 남자가 여자에게 열렬히 구애하는 형태의 낭만적 사랑은 중세의 궁정생활에서 그 유래를 찾을 수 있다. 궁정 사랑의 내용은 사랑의 포로가 된 기사가 고상하고 품위 높은 아름다운 귀부인에게 아무런 보답을 바랄 바 없이 무조건 바치는 고상하고 순수한 개인적인 감정인 것 같지만, 사실상 자세히 분석해 보면 그렇지 않다고 저자는 말하고 있다. 그것은 오랜 십자군 전쟁이 끝나자 일거리를 잃은 기사들이 고향으로 들어온 후에 생긴 관습으로, 점차 '사랑이 용감한 행동을 이끌어 내는 영감'[4]이라는 생각에 남자들의 고상함과 인격을 고양시키고 취미와 흥미거리를 제공할 수 있는 원천이 되었다는 것이다.

사랑의 결실이라 할 수 있는 연애결혼의 유래는 18세기부터 시작되었다고 저자는 보고 있는데, 이것이 가능할 수 있었던 것은, 이제까지의 목축·농경 사회에서 가족공유재산으로서 집단적 경제의 근원이었던 토지에 대한 관념이 자본주의 발전 및 산업화과정을 거치면서 깨어지는 데서 비롯된다. 즉 중매혼은 귀속적 신

1. 본책 본문 237쪽.
2. 본책 237쪽.
3. 본책 237쪽.
4. 본책 54쪽.

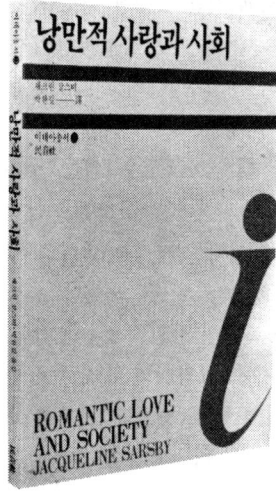

『낭만적 사랑과 사회』는 인간의 감정적 차원, 특히 사랑을 사회과학적으로 분석함으로써 진정한 사랑이 무엇인가를 합리적으로 판단하게 하며 자신의 내면을 되돌아보게 하는 기회를 제공해 주고 있다.

재크린 살스비 지음, 박찬길 옮김, 민음사.
원저/Romantic Love and Society

분을 중요시하는 집단주의 사회에서 재산의 증식과 영속화를 위하여 필수불가결했으며, 자녀교환을 통하여 집단간의 동맹관계를 형성한다는 의미에서 중요한 계기가 되었던 것이다. 그러나 산업화 및 도시화에 따라 많은 젊은이들이 집을 떠나 홀로 직업을 얻게 되고, 독립적인 경제수단을 갖게 되면서부터 연애결혼이 과도적 형태로 대두된다.

이 시대부터 사랑을 통하여 여성의 사회적 상층이동이 이루어지는 중세의 궁정연애소설과는 약간 다른 형태의 소설이 인기소설로 등장한다. 주로 도시에 일하러 나온 하녀와 일이 한가해진 중산층 여인들을 독자층으로 했던 이러한 소설은 도시의 한 부잣집 하녀로 일하러 간 파멜라라는 아리따운 처녀가 주인외 계속적인 유혹을 물리치고 자신의 굳은 정절을 지켜 오히려 주인이 그 미덕에 감복, 사랑하게 되어 결국 주인과 결혼함으로써 상향적 계층이동을 하게 된다는 「파멜라」라는 소설에서 그 전형을 찾을 수 있다. 이런 종류의 이야기는 무대만 바뀌었을 뿐, 대중연애소설에도 계속 되풀이되고 있다. 즉 별로 재미없는 직장에서 외로이 생활하는 여성이 사랑과 결혼으로 구제되는 것을 그 주된 내용으로 하고 있는 것이다. 이런 대중 소설과 영화에서는, 신데렐라처럼 하녀와 같은 낮은 지위에서 사랑을 통하여 귀부인으로 변한다는 환상적인 세계를 보여줌으로써, 자신감이 부족하고 사회적으로 불만족스런 여성에게, 당신도 사랑을 통한 결혼에 의해 구제될 수 있다는 위안과 환상을 심어 주고 있고 결과적으로 사랑을 상품시하게 된다. 저자는 인터뷰를 통해 이 점을 입증하고 있다. 영국의 근대학교, 공립학교, 사립

학교, 세 학교 학생을 대상으로 남·녀 고등학생의 사랑과 결혼에 대한 태도를 분석해 본 결과에 따르면 스스로 자신의 지위를 만들어 나갈 수 있는 중류계급의 여학생에 비해 노동계급의 여학생은 이런 연애소설에 더욱 열심이고 그대로 믿는 경향이 있는 것으로 나타났다. 이러한 소설과 영화가 사랑을 상품화시킴에 따라 현실에 자신과 희망이 없는 여성이 그토록 열정적으로 더 연애소설을 읽는 것은 이들이 스스로 사회적 평등을 얻어 내겠다는 의지보다도 결혼으로 구제받고 싶다는 욕구와 현실에 대한 좌절의 두려움이 더욱 크기 때문이라고 저자는 밝히고 있다. 즉 환상 속에서 위안을 찾고 있다는 것이다.

따라서 낭만적 사랑이라는 것은 시대적 상황에 따라 채색된 사회적 소산물이며, 스스로 삶을 개척하고 자신의 발전을 도모하려는 의지를 고양시켜 가는 진정한 사랑과는 반대되는 것으로 남자와의 관계에서 자신이 이루지 못하는 것을 얻고 자신의 위치를 바꾸어 보려는 의존적 성향을 정당화시키는 허위의식을 조장하고 있는 셈이다.

그렇다면 오늘날 우리 나라의 여성은 사랑과 결혼에 대해 어떤 기대를 갖고 있는가? 우리 나라에서도 서구와 같은 낭만적 사랑에 대한 강박관념이 많은 여성에게 박혀 있는 것을 발견한다. 우리가 쉽게 볼 수 있는 시, 여성지, 소설, 영화는 사랑을 상품화하여 여성 독자들에게 사랑과 결혼에 대한 왜곡된 기대를 심어 주고 있다. 특히 여성지는 어떻게 하면 매력적인 여인이 되어 자신을 책임져 줄 남자에게 구애를 받을 것인가에 대한 요령을 제공하는 기사, 뛰어난 미모를 이용하여 지위가 높고 부자인 남자와 결혼하게 된 행복한 여인에 대한 기사 등을 주로 다루고 있어서 사랑과 결혼은 여성의 모든 것을 긍정적으로만 변화시킬 수 있는 것이라는 환상을 심어 준다.

그렇기 때문에 우리는 종종 결혼한 여성에게서 다음과 같은 불평을 듣는다. "남편이 연애할 때는 나를 공주님처럼 받들어 주고 함께 좋은 식당과 좋은 찻집에도 자주 갔었다. 그렇지만 결혼하고부터는 일년에 한 번 식당구경은 고사하고 매주 일요일에는 낮잠만 자면서 나를 완전히 부엌데기로만 취급하니 연애와 결혼은 정말 다른 것이다"라고 말한다. 결국 이런 불평이 나오는 것은 남편과의 연애와 결혼이 모든 것을 바꿔 주리라는 것, 다시 말해서 남편에게 의존해서 계속적으로 즐거움과 삶의 의미를 찾으려는 환상의 좌절에서 오는 것이라 할 수 있다.

사실상 낭만적 사랑에 대한 강박관념은 남성에게도 있다. 인생에 한번쯤 멋진 사람과 사랑에 빠져서 결혼까지도 하고 싶다는 바람은 남녀가 다 가지고 있다. 그러나 남성의 경우는 사회화의 과정 속에서 사회적 성취를 하는 남성이 매력 있다는 것, 사랑보다는 일과 자신의 성취가 필요하다는 것, 구애하는 것도 남성이며, 자신이 놓여 있는 상황을 개선하는 것도 자기 스스로의 일이라는 생각을 갖게 된다. 영화나 소설, 잡지 어떤 것을 보아도 자신의 외모가 출중하기 때문에 지위 높은 부잣집 딸과 결혼해서 성공했다는 내용은 거의 없을 것이다. 그러나 자신의 출중한 미모로써 또는 미덕으로써 부유하고 지위가 높은 남자와 사랑에 빠져 결혼했다는 것은 서구의 18세기 이후부터 소설·신문·잡지·영화에 빈번하게 나오는 것이며 우리 나라의 경우에도 마찬가지이다.

『낭만적 사랑과 사회』는 폭넓은 여러 자료를 통하여 낭만적 사랑이 왜 여성에게는 암적인 요인인가를 설득력 있게 보여주고 있지만 오히려 너무 많은 자료를 제시함에 따라 구성이 치밀하다는 느낌을 주지 못하며 논의의 초점이 흐려진 경향이 있다. 또한 이 '낭만적 사랑'이라는 신화를 몰아내려면 구체적으로 어떠한 노력이 필요한가에 대한 대안이 제시되지 않고 있다. 그러나 이때까지 사회과학적 연구대상으로 삼아 본 적이 없었던 인간의 감정적 차원, 특히 사랑을 과학적으로 분석함으로써 우리 자신들이 진정한 사랑이 무엇인가를 합리적으로 판단하게 하며 자신의 내면을 되돌아보게 되는 기회를 제공해 주고 있다. 연애결혼을 꿈꾸는 젊은이들은 꼭 읽으라고 권하고 싶은 책이다. ■

적응과 성장

우리 엄마는 일해요

정진경
충북대 심리학

1. 우리 엄마는 선생님이에요

내가 어릴 때는 집안에서 다리미만 켜도 불이 나가곤 했다. 갑자기 전기가 나가서 온 집안이 캄캄해지면 나는 무서운 생각이 나서 어머니 옆으로 기어들었는데, 그럴 때면 어머니는 무서울 것 없다고 하며 휴즈를 갈아 끼우시던 생각이 난다. 능숙한 솜씨로 두꺼비집을 열고 나사를 푼 후, S자로 구부린 휴즈를 집어 넣고 나사를 조이고 두꺼비집을 닫으면 요술처럼 불이 환하게 들어오곤 했다. 불이 들어 왔다고 좋아하는 나에게 웃어 주시는 어머니를 쳐다보면서 우리 엄마는 세상에 못하는 게 없는 하나님 같은 사람이라고 생각했다.

내가 그렇게 믿은 또 하나의 이유는 어머니가 선생님이기 때문이었다. 당시에 어머니는 대학에서 아동심리를 강의하셨는데, 나는 국민학교에 다닐 때까지도 대학교수란 직업의 의미는 잘 몰랐다. 하지만 학교에 들어간 뒤에는 담임선생님을 비롯해서 모든 선생님에게 존경을 바치던 내게 어머니가 선생님이라는 것은 무척이나 자랑스러운 사실이었다.

나는 하루종일 집에서 먹을 것을 만들어 주고 아이들 보살펴 주는 친구들의 어머니가 별로 부럽지 않았다. 어머니들이 근사하게 차려 입고 따끈따끈한 점심을 싸가지고 학교에 나타나면 가끔씩 부러운 생각이 들기도 했지만, 어머니가 낮에는 '선생님' 하느라고 나를 보러 학교에 올 수 없다는 것을 아는 나로서는, 어머니가 선생님을 계속하는 것과 선생님을 그만두고 낮에 나를 보러 올 수 있게 되는 것 중에서 하나를 선택해야 한다면 당연히 선생님을 계속하는 것이 낫다고 생각했다.

2. 대가족

아마도 꼬마시절에 내가 직장에 나가시는 어머니에 대해서 이렇게 너그러울 수 있었던 것은 우리가 3세대의 대가족 안에서 살았기 때문일 것이다. 할머니께서는 아침마다 머리를 땋아 주시며 조상들 얘기와 옛날 얘기를 해주기도 하시고 나를 목욕탕에도 데리고 다니셨고, 할아버지께서는 몸이 약하고 잘 넘어지는 나를 매일 버스에 태워서 학교에 데려다 주시고 오후가 되면 데리러 오셨다. 나는 할아버지께서 붓글씨를 쓰실 때면 옆에 앉아서 먹도 갈아 드리고 헌 신문지를 펴놓고 글씨 쓰시는 흉내를 내보기도 했다. 아버지는 뜰에서 여치도 잡아 주시고 우리를 등에 태우고 말놀이를 해주기도 하셨다. 일요일 아침만 되면 당연한 권리를 주장하듯 "창경원 가요"를 외치는 우리들을 무던히 자주 창경원에도 데리고 다니셨다. 재미난 일마다 골라서 벌이는 막내 삼촌도 우리와 같이 살았다. 촛불을 켜 놓고 손그림자로 강아지를 만들어 손가락을 벌리며 "왕, 왕" 하면 꼭 진짜 강아지 같았고, 골목의 플라타너스 열매를 따다가 머리를 한 대 때리고나서 주는가 하면, 집 앞의 개천을 달려가서 뛰어넘는 시범을 보이기도 했다. 하나같이 작은 우리들로서는 흉내낼 수 없는 신기한 일들이었다.

게다가 우리는 터울이 밭은 사남매여서 집안으로 마당으로 골목으로 쏘다니며 어울려 노느라 하루 해가 어떻게 지는지 몰랐다. 엄마와 아이 하나가 하루종일 얼굴 맞대고 살 수밖에 없는 요즈음의 핵가족 사정에 비해 보면, 역할과 취미도 다양한 많은 식구들의 사랑과 관심 속에서 살면서 엄마에게만 의존하려는 성향이 생겨날 기회부터가 적었다.

3. 그래도 어머니가 포기해야 했던 것

대학교수인 어머니는 근무시간이 비교적 융통성 있게 조절될 수 있었기 때문에 아침에 우리가 학교가는 것까지 챙겨 주실 수 있었다. 저녁 때는 우리와 같이 지내시다가 우리가 잠 든 후에야 당신의 공부를 하셨단다. 해야 할 일의 절대량이 식구들의 협조에도 불구하고 엄청난 것이어서 어머니는 잠을 줄여야 했을 것이다.

가족의 도움으로도 그리고 어머니 당신의 효율적인 시간관리로도 해결할 수 없는 어려운 상황이 가끔씩 생겼다. 그 중에서도 어머니에게 가장 마음 아픈 기억으로 남아 있는 것은 내가 한 돌이 채 못 되었을 때 나를 집에 두고 외국에서 열린 회의에 참석하셨을 때의 일이다. 삼주일 만에 집에 돌아와 보니 나는 엄마를 찾으며 울다 울다 얼굴까지 터가지고 보기에도 딱한 꼴을 하고 있었다고 한다. 다시 품에 안고 젖을 먹이며 지극한 정성을 다 쏟으셔서 얼마 만에 나는 원래 모습을 되찾았으나, 그 후로 어머니가 대문만 나서시면 "엄마 어디 가? 엄마 언제 와?" 하고 꼬박꼬박 챙기는 버릇이 생겨서 한두 해 동안 계속되었다고 한다. 그 일이 있고 여덟 달이 지난 후에 나는 그 당시 휴전 후의 어수선했던 서울에서 돌던 소아마비에 걸렸다. 외할머니께서는 탄식 끝에 "네가 국제회의에 간답시고 애를 놓고 다녀서 이렇게 되었지 않냐"고 책망을 하셨다는데, 그 내용이 도대체 비합리적이고 사실무근함에도 불구하고 어머니의 가슴에는 여태 못이 박혀 있다. 우리 집은 항상 대가족이었지만, 그 일 이후로 어머니는 젖먹이가 있을 때에는 절대로 외국행을 삼가하셨다고 한다. 막상 내가 커서 어머니와 비슷한 직업을 가지고 보니, 막무가내로 울어서 어머니로 하여금 그 아까운 기회를 모두 놓치게 한 것이 미안하기 짝이 없다.

그러나 나이 서른의 젊은 선생님이었던 어머니가 정말 아픈 마음으로 포기해야 했던 것은 훌륭한 학문적 업적을 이루어 보겠다는 꿈이었다. 맏이인 내가 세 살, 내 동생이 두 살이었을 때만 해도 어머니는 강의와 살림 사이에서 눈코 뜰 새가 없는 중에도 연구논문을 더 잘 써내 보려고 통계공부를 시작하셨다. 그러나 가족계획이라는 개념이 거의 없던 그 시절에 어머니는 통계공부를 시작하신 지 한 달도 못 되어 세째 아기가 들어선 것을 알게 되셨고, 그때 "이제 훌륭한 학자는 다 글렀구나!" 하는 생각에 두 팔이 축 늘어져 버리더라고 하신다. 정열만으로는 더 이상 버틸 수 없는 현실의 한계에 부딪치신 것이다.

교수로서 가르치는 역할에 충실하고자 늘 애쓰신 결과 이제는 살아 있는 지식을 막힘 없이 전달하는 강의를 하시게 되었는데, 그 발전에 견줄 만한 연구업적을 네 아이의 좋은 어머니 노릇과 결국 바꾸고 마셔야 했던 것이다.

4. 일하는 엄마가 아이와 함께하는 시간

학교에서 돌아오시면 어머니는 우리와 함께 찰흙놀이도 하고 그림도 그리고 책도 읽어 주셨다. 일단 집에 들어서면 우리와 적극적으로 놀아 주심으로써 우리를 기쁘게 해주셨고, 어머니 자신도 우리들과 노는 몇 시간을 무척 즐기셨다.

한편 아버지와 어머니는 낮 동안 안 계신 자신들의 공백을 메우도록 우리가 놀 수 있는 환경을 공들여 만들어 주셨다. 마당 양지 바른 곳에는 작은 모래밭이 있었고, 여름에는 물놀이를 할 수 있게 꾸며 주셨다. 안방에는 아버지, 어머니의 합작인 게시판이 있어서 자기가 좀 잘 그렸다고 생각하는 그림을 붙여 놓을 수도 있었다.
　나는 요즘 두 살난 조카가 있는데 이 꼬마가 어찌나 사랑스러운지 말을 잘해도 예쁘고 틀려도 예쁘고, 애교를 떨어도 억지를 부려도 귀엽기만 해서 일을 마치고 집에 돌아오면 이 아이를 데리고 노는 것이 가장 즐거운 일과가 되었다. 그런데 둘이서만 두어 시간을 보내다 보면 몸과 마음이 지쳐서 은근히 짜증도 나고, 어느새 누가 교대 좀 안해 주나 하는 생각이 절로 든다. 이 사랑스러운 아이를 놓고 내가 이럴 수가 있나 하는 자책감이 없는 것은 아니나, 지치고 짜증이 나는 것이야 스스로에게 속일 수 없는 사실이다. 아기 엄마는 인내의 한계가 두어 시간보다 좀 더 긴 것 같기는 하지만 한계가 있기는 마찬가지인 것 같다.
　그러고 보면 종일 아이와 씨름을 하면서 잔소리가 늘고 간섭이 늘고 짜증이 나면서 한편으로는 과잉보호를 해서 의존심을 키우기 쉬운 전업엄마보다는, 자기 일을 가진 대신 아이와 보내는 시간을 질적으로 좋은 것으로 만들려고 노력하는 엄마가 오히려 아이에게 유리한 점이 꽤 있을 듯하다.

5. 마음껏 놀고 하고 싶은 것 모두 하기

지금 생각해 보면 나의 부모님은 흥미거리가 많은 환경을 만들어 주시느라 꽤나 머리를 짜내셨던 것 같다. 길에 다니면서 비위생적인 '아이스케키' 등을 사먹는 것을 제외하고는 우리가 하고 싶어하는 것을 못 하게 하신 적은 별로 없다. 만화도 마음대로 보았는데 단, 만화가게에서 연탄 난로에 코 들이대고 벼룩에 물려가면서 보는 것을 방지하기 위해서 어머니는 만화를 빌어다가 집에서 보도록 하셨다. 책은 한 번에 몇 권씩만 사다 주시고, 다 읽으면 또 몇 권을 사다 주시곤 했다.
　그때만 해도 달걀이 귀한 반찬이었던 넉넉지 못한 살림이었는데, 어느 날은 비록 중고품이긴 하나 피아노가 한 대 들어오더니 아버지가 근사한 음악을 연주해 주시는 것이 아닌가! 나는 홀딱 빠져서 나도 피아노를 배우겠다고 선언해 얼마 후부터 동생과 함께 동네 아주머니에게 피아노를 배우러 다니게 되었다. 나중에 커서 알고 보니 팔과 손이 불편한 나에게 부담 없이 손운동을 시키느라고 일부러 피아노를 사셨다고 한다. 일년 남짓이나 피아노를 배우러 다닌 후 나는 슬슬 싫증이 나서 이제는 그만하고 싶다고 고백했더니 어머니는 선뜻 그러라고 허락을 해 주셨다. 나는 이런 경우 아이의 의견을 무시하고 억지로 혹은 상금을 걸어서라도 훈련을 계속시키는 어머니들을 볼 때, 자기의 좌절된 출세에의 꿈을 아이에게 투사해서 저러는 것이 아닐까 하는 의심을 품게 된다.
　남동생만 셋이 있는 나는 그 애들과 어울려 소꿉놀이, 딱지치기, 구슬치기, 인형놀이, 땅따먹기, 공기놀이 등을 한도 없이 하고 놀았다. 딱지는 내가 야무지게 접어서 잘 쳤던 것 같고, 공기는 예나 지금이나 동생이 더 잘한다. "계집애가" 또는 "사내자식이" 하는 소리를 아버지, 어머니로부터는 들어본 적이 없었다. 송편을 만들 때는 아버지가 떡반죽으로 돼지를 빚어 주시면 어머니는 그것을 쪄서 우리에게 주시곤 했는데, 그 솜씨는 지금도 변함이 없어서 지금은 손녀에게 만들어 주신다. 내 동생들도 송편 빚는 것을 비롯해서 부엌일을 잘하는 편인데, "사내녀석이 그런 것 만지면 ○○떨어진다"는 웃음 섞인 할머니의 만류에도 불구하고 꼬박 붙어 앉아서 한몫 끼었던 덕일 것이다.

6. 스스로 알아서 하기

우리는 "엄마가 시키는 대로 해라" "얘가 왜 이렇게 말을 안 들어" "왜는 뭐가 왜야" 등의 소리는 거의 안 듣고 자랐다. 어머니는 우리를 쫓아다니며 잔소리하고 명령할 시간도 없으셨겠지만, 그렇게 하는 것이 바람직하지도 못하다는 것을 잘 알고 계셨다. 어느 집 아이나 그렇듯이 우리들도 자라나면서 말 안 듣고 말썽피우고 싸우고 했지만, 그럴 때면 대개 무조건 야단을 맞는 대신 아버지나 어머니와 '이야기'를 했다. 국민학교 저학년 때 한번은 내가 무엇인지는 모르겠으나 꽤 심각한 잘못을 저질러서, 자기 전에 아랫목의 어슴푸레한 불빛 아래서 어머니와 굉장히 길고 심각한 '이야기'를 했던 기억이 난다. 집에서 호통을 듣거나 매를 맞아 본 일이 없었던 나는 골목에 놀러 나갔다가 동네 아주머니가 소리소리 지르며 아이를 때리는 것을 보면 온몸이 졸아들면서 "저 엄마는 왜 저렇게 아이를 미워할까" 하고 이상하게 생각했다.

학교에 들어가서도 공부는 스스로 알아서 하는 것으로 되어 있었고 '미'나 '양'을 받아와도 왜 이렇게 못했느냐 소리는 들어 보지 않았다. 어머니는 생활기록부의 가정통신란을 빽빽하게 채워가며 선생님과 의견을 주고받으셨는데, 주로 나의 생활버릇이나 사회성에 대한 내용이었고 성적에 관한 얘기는 드물었다. 나의 부모님은 모든 학교생활에 만연되어 있는 극단적인 경쟁심과 출세주의에 물드는 것을 막기 위해서, 그리고 물질적 보상이나 남들의 인정을 얻기 위해서 공부를 하기보다는 스스로 공부에 재미를 느껴서 하는 진정한 성취동기를 심어 주기 위해서 무척 신경을 쓰신 듯하다.

하여튼 중학시험을 앞두고 거의 모든 아이들이 과외를 해대던 그 시절에 나는 신기할 정도로 성적에 관심이 없어서 60명 중에 30-40등을 내리 하면서 천하태평인 세월을 보내고 있었다. 그러다 5학년 때 나는 우연한 계기로 시험공부를 해서 실과시험에 100점을 받고 단연 19등인가로 뛰어오른 적이 있었다. 교과서 한 페이지마다 그 위에 습자지를 끼워 넣고 중요한 단어 위를 까만 색연필로 안 보이게 칠을 한 후 그 내용을 달달 외서 습자지를 덮은 채로도 술술 읽어 내릴 수 있도록 하는 시험공부 방법이 당시에 아이들 사이에 유행했는데, 나는 그것이 어찌나 재미있어 보였던지 당장 습자지를 사다가 실행해 보았던 것이다. 생전 처음 시험공부를 해서 생전 처음 그렇게 좋은 점수를 받은 나는 그것이 여간 신기하고 자랑스럽지가 않았다. 그때 어머니는 몇 달간 외국에 공부하러 가 계셨기 때문에 할머니께서 성적표를 받으러 오셨는데, 크게 칭찬을 받을 것을 잔뜩 기대하고 있던 나는 할머니께서 별 반응을 안 보이셔서 무척 섭섭했다. 할머니는 일등만 하는 자식들을 보아 오셨기 때문에 그것이 별로 대견스러운 일이 아니었던 것이다.

 억지로 해야 하는 일이 별로 없었던 대신, 자기가 할 일은 스스로 책임지고 해내야 했다. 중학교에 다닐 때 나는 재봉 숙제가 지긋지긋하게 어렵고 싫었다. 지금은 아무렇게나 들들 박아서 옷도 만들어 입고 다니건만, 그때는 재봉 숙제라면 그저 끔찍하기만 했다. 어떤 친구들은 엄마나 언니가 대신 해주어서 자기는 고생도 안하고 번듯하게 수가 놓이고 바느질이 된 작품을 가져오곤 했는데, 나는 남들도 다 그렇게 한다고 하며 어머니한테 도움을 요청해 보았지만 거절당했다. 어머니는 그건 네 일이니까 네가 하라고 하시며 조금도 도와 주지를 않으셔서 나는 내심 꽤 섭섭하고 화가 났지만, 별수없이 따분한 숙제를 해가곤 했다. 그러다가 한번은 밤늦게까지 반은 졸면서 블라우스 소매를 달았는데, 그 어려운 것을 다 달고 나서 양 쪽이 바뀐 것을 발견하고 나는 울음이 터지기 일보 직전이었다. 옆에서 강의준비를 하시던 어머니가 이 모양을 보시더니 "네가 숙제를 끝까지 네 힘으로 열심히 했으니까 이것만은 엄마가 고쳐 달아 줄게, 이제 그만 자거라" 하시며 구원의 손길을 뻗어 오셨다. 그날 이후, 나는 블라우스 소매를 바꿔 다는 실수는 다시는 되풀이하지 않는다.

7. 딸은 어머니를 닮는다

유학 시절, 조교 월급을 받아서 여기저기서 얻은 살림으로 궁상스런 생활을 하면서도 나는 별로 부족감을 느끼지 않았다. 그런데 어머니가 오셔서 그 살림을 보시더니 왜 이렇게 아무것도 없느냐고 측은하게 여기시는 것이었다. 그러나 나의 그런 성향은 어머니로부터 물려받은 것이랄 수밖에 없다.

 평생 돈을 버시고도 어머니는 비싼 옷 하나를 마음 편히 척 사입으시지 않으셨고, 중년 이후에는 채식주의가 되어 놓으니 비싼 음식일수록 더 드실 게 없다. 휴지를 뽑으면 반으로 잘라서 쓰시고, 전화 메모지는 버리는 서류의 뒷 장으로 만드시고, 시장에서 생기는 비닐 봉지는 차곡차곡 모아 두었다가 골목에 오시는 생선장수 아주머니에게, 신문지와 종이상자는 따로 모았다가 고물장수 아저씨에게 드리신다. '나무도 귀하고 석유도 귀한 나라'에서 이런 거라도 아껴야 한다는 신조다. 그래선지 나는 점심 한두 번 덜 사먹으면 일년 동안은 휴지를 쓱 뽑아서 그냥 쓸 수 있다는 계산을 해놓고서도 매번 습관적으로 휴지를 반으로 자른다.

　과자나 과일 등을 담아 놓고 둘러앉아 먹으면 나는 예외 없이 부서진 것, 못생긴 것부터 집어 먹는다. 나는 스스로 그것을 의식하지 못하고 살았는데, 한 번은 남자친구가 그것을 지적해 주면서 왜 그러느냐고 물었다. 갑자기 지적을 당하고 보니 도저히 이유가 생각이 나지를 않다가, 한참을 궁리한 끝에 어머니가 하시는 것을 보고 배웠다는 결론에 도달했다. 어머니는 동그란 과자, 반듯한 과일을 우리들 넷에게 똑 같이 나누어 주시고 그 나머지 부스러기를 같이 앉아서 드셨다. 나는 동그랗고 반듯한 것만 받아 먹었지만, 어머니가 안 계실 때는 누나로서의 입장을 인식하고 어머니 흉내를 내다가 결국 그것이 버릇이 된 모양이다. 이 이야기를 들은 내 친구는 어머니가 하시는 것을 보고 배웠다는 것은 곧 그것이 여자로서의 역할이라고 여겨서 따라하게 된 것일 수도 있으므로, 그 버릇이 가지는 의미를 평등주의의 입장에서 잘 생각해 보고 계속 가질 것인지 버릴 것인지를 결정하는 것이 어떠냐는 조언을 해주었다. 나는 그 조언을 고맙게 받아들이고 곰곰이 궁리를 해본 후 그 버릇은 계속 가지고 살기로 마음을 먹었는데, 자기 인생에서 중요한 일들은 끝까지 권리를 주장하여 뜻대로 관철시키는 용기가 있어야 하지만 생활주변의 작은 일들에서는 남자고 여자고 서로서로 양보하는 마음을 지니는 것이 좋겠다는 생각에서였다.

　아버지와 마찬가지로 어머니도 '책을 읽고 글을 쓰고 학교에 강의하러 가는 사람'인 것은 아버지와 마찬가지로 어머니도 '아침에 일어나서 세수하고 밥먹고 이 닦는 사람'인 것과 똑 같이 나에게는 자연스러운 것이었다. 나는 나도 크면 그렇게 되려니 하는 막연한 기대를 가지고 자랐고, 중학교 때부터는 공부를 좀 잘해야 그렇게 될 수 있다는 것을 깨닫고 조금씩 학교공부에 열을 올리기 시작했다.

　대학졸업을 앞두고 유학을 결정할 때, 내가 과연 공부를 업으로 택할 만큼의 자격이 있는가 하는 회의와, 내가 열심히만 하면 그까짓 것 못해낼까보냐 하는 자존심과, 정글 탐험이라도 떠나듯 새로운 세상에 뛰어들어가 개척하고 독립해 보고 싶은 설레임과, 이 새로운 경험이 앞으로 이 사회에서의 나의 역할을 어떻게 발전시켜 줄 것인가에 대한 두려움 등 온갖 궁리가 머리 속을 지나갔다. 그러나 학자가 되기에는 일반적으로 취약점으로 간주되는 '여자'라는 사실은 어머니가 공부하시는 것을 보고 자란 나에게는 전혀 중요한 요인으로 여겨지지 않았고, 더구나 "여자가 공부를 너무 하면 시집가기만 어려워진다"는 충고라도 누가 하려 하면 이 중요한 결정을 하는 마당에 그런 상관도 없는 일을 문제삼는 것이 딱해서 그냥 웃어 넘기고 말았다.

　유학을 마치고 와서 처음 강단에 섰을 때는 참 난감했다. 백 명이 넘는 대단위 강의실에 꽉 들어 찬 학생들 앞에 서니 내가 과연 그들에게 피와 살이 될 수 있는 지식을 얼마나 지니고 있으며, 그것을 어떻게 바로 전달하고, 그들과 유대를 맺을 수 있을지 눈앞이 캄캄했다. 초심자의 정열로 어려움을 극복해 가며 한두 학기를 지내면서 스스로의 장단점을 좀더 구체적으로 파악하게 되고 학생들이 보여준 반응에 힘입어 자신감도 어느 정도 생긴 후 어느 날 어머니에게 "노력만 하면 강의를 잘할 수 있을 것 같아요. 적성에 맞나 봐요" 하는 말을 했다. 어머니는 그 얘기에 빙그레 웃으시더니 "적성에 안 맞을 리 없지. 내가 젊은 선생일 때에 너는 뱃속에서 열 달 내 나와 같이 강단에 섰었는데" 하고 말씀하셨다.

8. 닮고 싶지 않은 어머니의 단점

어려서부터 아무리 어머니를 숭배했어도 커서 보면 단점이 안 보일 수 없다. 남들 다 하는 일은 물론, 남들 안하는 고생까지 곁들여 하시고 이제는 많이 달관하여 여유를 되찾으신 어머니지만, 때로는 지나치게 곧이 곧대로여서 나로서는 그 모범생 같은 모습을 닮고 싶지 않은 점이 있다.

　어머니는 이러한 성격으로 여러 모로 손해를 보시는데, 그 중에도 대표적인 것이 유머 감각의 부족이다. 유머를 스스로 만들어 낼 줄도 잘 모르시거니와, 온 식구가 같이 웃어 대는 유머를 혼자서 못 알아들으실 정도이다. 좀 어려운 상황도 유머로 슬슬 넘기는 것이 마음을 추스리고 세상 살아가는 데 매우 도움이 된다고 생각하는 나는 때로 어머니가 못 알아들으시는 것을 되풀이 설명해 드리는데 그러면 그때서야 알아들으시고 한 박자 늦게 혼자서 웃음을 터뜨리신다.

　어머니가 이렇게 순진하고 곧이곧대로인 성격이 되신 것은 어려서부터의 모범생 노릇 때문이 아닌가 싶다. 어머니는 엄한 부모님의 맏이로 자라나셨고, 어려서부터 줄곧 공부를 잘하셔서 모범생으로 일관하셨다. 무엇이든지 반듯하게 정석대로 잘해 내는 것을 너무 중요시하여, 대강 하고 넘어간다든지 옆길로 간다든지 비슷한 것으로 때운다든지 하는 것은 아예 할 줄도 모르게 되신 것이 아닌가 싶다.

정도(正道)만 따라가시다 보니 상식으로부터의 일탈을 요구하는 유모어나 능청 같은 것과는 거리가 멀어지셨으리라는 것이 나의 억측이다.

이러한 모범생주의가 만들어 낸 문제 중의 또 하나는 어머니의 음식솜씨에 대한 태도이다. 어머니는 음식솜씨가 별로 없으신데, 내가 못마땅히 여기는 것은 음식솜씨가 없으시다는 그 자체가 아니고 그것을 좀 창피스럽게 생각하시는 점이다. 다른 일 하시느라고 부엌일을 남보다는 적게 하셨으니 음식솜씨가 없으신 것은 당연하다. 어머니는 남들이 음식솜씨를 개발할 시간에 강의솜씨를 개발하셨고, 지금까지 수많은 제자들을 키워내셨고, 아동복지를 위해 일도 많이 하신 것이다.

나도 내가 하고 싶은 것을 하느라 분주해서 음식솜씨를 개발할 기회가 별로 없었다. 내가 좋아하는 음식 몇 가지는 자신 있으나 그 이외에는 그저 굶지 않고 살 정도의 솜씨밖에 안 되는데, 나는 이것을 조금도 부끄럽게 생각하지 않는다. 오히려 자랑삼아 떠벌이고 다니는 경향이 있어서 조심하려고 노력하고 있는 중이다. 사람마다 소질이 다르고 취미가 다르므로, 남이 잘하는 것을 쾌히 칭찬해 줄 수 있고 대신 내가 잘하는 것을 만족하게 여길 수 있으면 그만이다.

결국 이런 것은 어머니의 세대와 나의 세대의 차이에서 온 것이리라. 어머니가 그 시대의 고정관념을 깨고 사회에서 일을 하신 것만큼 내가 이 시대의 고정관념에서 벗어날 수 있으면 최소한 퇴보는 안한 것이 되겠다는 생각을 하며, 내 시대의 고정관념이 무엇인지 알아보고자 가끔 눈을 비빈다. 그러나 나 스스로를 또 내가 사는 시대를 객관화시키는 작업은 참으로 어려운 일이라 무심코 지나친 것을 한 발 늦게 깨닫는 경우가 허다하다.

유학시절, 나는 싸구려 조립식 탁자를 하나 샀다. 그러나 그것을 사다 놓고 조립할 생각을 하니 까마득해서 기숙사 이웃 방의 남학생에게 도움을 청해 놓고 우두커니 기다리고 있는데, 문득 머리 속에 휴즈를 갈아 끼우시던 어머니의 모습이 스쳐갔다. 나는 갑자기 자신감이 솟구쳐서 얼른 일어나 상자를 뜯고 재료를 펼쳐 놓고 설명서를 읽은 후, 부품을 하나씩 맞추고 나사를 조여 나가기 시작했다. 작업은 의외로 쉬워서 나는 반시간도 안 되어 탁자를 조립해 냈고, 성취감과 기쁨에 넘쳐서 다시 전화를 걸고 내가 다 맞추었으니 도와 줄 필요는 없지만 내 솜씨를 보고 싶으면 와도 좋다고 했다. 비록 사소한 일이지만 당연한 것으로 여기고 살던 테두리에서 벗어나 조금 더 자유로와진 나 자신을 발견하는 것은 상당히 근사한 일이었다.

9. 결론 : 엄마를 나누어 갖기

어머니는 현직에서 물러난 지금도 조각시간을 이용하는 데 천재적인 소질을 갖고 계시다. 아침엔 일찍 일어나 원고를 쓰시고, 오후에 시간이 좀 나면 단전호흡을 하시고, 저녁 후 식구들이 과일을 같이 먹고 나면 어느새 안방으로 들어가셔서 텔리비전 소리가 들리거나 말거나 작은 책상에 앉아 편지를 쓰거나 책을 읽으신다. 무엇을 좀 하려면 한없이 뜸을 들여야 발동이 걸리는 나로서는 보통 부러운 것이 아니다. 그러나 한편 생각해 보면 그런 습관을 들이지 않을 수 없었던 어머니 세대의 어려움이 짐작된다. 그러한 기반이 있어서 나의 세대는 일을 내걸고 뜸을 들이고 발동이 걸리면 문 닫고 들어앉을 수 있는 여유가 생긴 것이다.

시간을 항상 여러 갈래로 나누어 쓸 수밖에 없는 어머니를 가진 우리들은 이것을 기정사실로 받아들이고 자랐고, 그래서 어머니를 독점하려 한다든가 매사에 어머니에게 매달리려 한다든가 하는 성향은 덜할 수밖에 없었다. 사남매가 그것도 가까운 터울로 자라나서 어머니를 독점하려는 욕심이 있었다 해도 할 수도 없었으려니와, 어머니가 자기 일을 하시는 동안은 방해하지 않는 것을 배우게 되었다. 좀더 크면서는 우리에게 매우 중요한 일이 있을 때 어머니가 만사를 제쳐놓고 우리를 돌보아 주시는 것처럼, 어머니에게 매우 중요한 일이 있을 때에는 우리가 어머니 사정을 돌봐 드리고 양보하는 것을 배우게 되었다.

어릴 적 내 친구들 중에는 세상 사람을 자기 엄마와 엄마 아닌 사람의 두 범주로 나누어 놓고, 엄마 아닌 사람은 집 밖에서 일도 하고 놀기도 하고 돌아다니기도 하지만 자기 엄마만은 종일 집에서 밥하고 빨래하고 청소하다가 집에 갔을 때 얼른 문 열고 맞아 주는 사람으로 여기는 아이들이 많았다. 혹시 집에 갔을 때 엄마가 없으면, 더구나 옛날이라 친구분들이라도 만나 한바탕 재미난 얘기판이라도 벌이고 오시면 어디를 그렇게 갔다 오냐고 화를 내는 경우도 보았다. 모든 사람의 일할 권리, 모든 사람의 놀 권리, 모든 사람의 돌아다닐 권리에서 자기 엄마만은 예외로 치는 것이다. 나는 화를 내는 친구 옆에서 오히려 내가 민망해서 "우리 엄마는 매일 나가시는데 저 엄마는 하루 나갔다 오셨다고 저렇게 구박을 받으니 얼마나 속이 상할까" 하고 생각했다. 일하는 어머니를 둔 덕에 우리는 예외를 두지 않고 모든 사람의 동등한 권리를 자연스럽게 받아들이게 된 것을 나는 무척 다행으로 생각한다.

'우리 엄마'가 '우리'의 '엄마'일 뿐만이 아니라, 사회에서 일을 하는 사람이고 많은 다른 사람들과 관계를 맺고 사는 사람이며 무엇보다도 자신의 독특한 세계를 열어 나가는 사람이라는 사실이 나는 예나 지금이나 그지없이 자랑스럽다.

어머니는 얼마 전 어느 글에 "아기를 건강하게 기를 수 있도록 사회가 도와 주고 여자도 가정에만 매이지 않고 자기 하고 싶은 일을 하면서 살 수 있는 날이 올 때까지 나는 계속 여자로 태어나 여성을 위해 일하련다"라고 쓰셨다. 어려운 여건 속에서 그렇게 하시느라 평생 겪어야 했던 아픔을 나는 그 글에서 읽을 수 있었다. 어머니는 몇 번이나 더 여자로 태어나 그 아픔을 거듭 겪으셔야 할 것인가.

이제 어머니 곁에 내가 있다. 우리는 서로 조언과 격려를 주고받으며 언제부터인지 동지의식이 생겨서 기쁨을 나누고 어려움을 기꺼이 겪어 내는 힘을 서로에게 불어넣어 주고 있다. ■

적응과 성장

글자 하나 모르는 어머니, 경우 바른 어머니

김언호
한길사 대표

어느 여름날 시장에서

여름 방학이 막 시작되던 어느 날이었으니까 무척이나 더웠다. 나는 어머니와 함께 우리 마을에서 십리길인 5일장에 갔었다. 마을의 누군가가 장날이면 약간의 돈을 받고 운행하는 소구루마에 쌀 한 가마를 실었다. 그것을 시장에 내다 팔기 위해서였다.

낙동강가에 위치한 수산장(守山場), 면사무소(지금은 읍이 되었다)가 있는 수산장에는 사방의 상인들이 온갖 물건들을 들여오고 그 물건을 사기 위해 이 산 저 산 아래 마을에서 몰려들었다. 농민들은 스스로 가꾸어 거둔 갖가지 농산물들을 실어내왔다. 내가 다니는 중학교 옆에 있는 소시장엔 수백 마리의 소들이 휘옷에 흰 모자를 쓴 농민들과 같이 늘어서 있고 그 어느 다른 쪽에는 엄청나게 큰 가마솥들이 줄줄이 놓여 있었다.

싸전 역시 엄청나게 컸다. 부산 대구 등지로부터 쌀장수들이 차를 몰고 몰려들었다. 아직 초장이었다. 그러나 곡식들과 사람들로 꽉 찬 시장바닥은 찜통 같았다. 어머니는 평소에 다니는 가게에 쌀가마를 부리셨다. 그리고 그 더운 곳을 지키면서 앉아 계셨다.

2리터 한 되에 90원까지 나갔다. 너무 더워 나는 빨리 내고 가자고 어머니를 졸랐다. 그러나 어머니는 좀 있으면 더 오를 거라고만 하셨다. 점심때가 지나고 파장이 되어 갔다. 우리는 결국 한 되에 85원을 받고 팔아야 했다. 초장에 값이 없다가도 파장엔 값이 형성되는 경우가 그 반대보다 혼한데, 이날 어머니는 기다림의 보람도 없이 헐한 값에 쌀을 넘기고 말았다. 아니 이런 경우는 어머니에게 늘 있는 일이었을 것이다. 별말씀 없이 필요한 물건 한두 가지 사가지고 집으로 향하는 어머니, 아무런 표정도 없이 집으로 향하는 어머니의 빠른 걸음걸이.

산에는 진달래가 피고 들판에는 자운영의 물결이 출렁일 때면, 마을 뒤 밭의 보리는 새파랗다 못해 검은 색깔로 싱싱해진다. 그리고 그 한쪽에는 파가 무성히 자란다. 어머니는 아버지와 부지런히 가꾸어 낸 파들을 뽑아 내 다발다발 묶고 그것을 함지박에 담아 이고 시장으로 향했다. 그러나 산더미처럼 이고 간 파의 값은 지금 돈으로 기천원밖에 나가지 않았다. 때로는 '정구지'(부추) 다발을 시장으로 내가기도 했지만 그것 역시 마찬가지였다. 저렇게 싱싱하고 많은 채소가 저런 헐값으로 팔리다니 하는 생각이 오늘까지 나의 머리에 남아 있다.

푹푹 찌는 한여름의 더위를 마다하지 않고 논밭에서 일하던 어머니의 그 이마에 마구 흘러내리는 땀줄기가 어린 나에게는 때로는 고통스럽고 또 증오스럽기까지 했다. 날이 새면 일거리가 지천으로 쌓이는 농촌의 하루하루의 삶, 그러나 그 일을 마다하지 않고 끝없이 해내는 힘과 지혜가 나의 어머니를 비롯한 이 땅의 농사짓는 사람들에겐 체질화되어 있는 것이다.

어머니와 아버지는 농사밖에 모르시는 이 땅의 전형적인 농민이다. 이제 연로하시어 농사를 직접 짓지는 못하시지만, 우리 7남매 떠난 그 고향땅 고향집을 외롭게 지키고 계시는 어머니와 아버지. 대식구에다 농사가 다소 많았던 우리 집은 늘 일천지였다. 일철의 아버지는 늘 들에 계셨다. 남보다 먼저 들에 나가시고 제일 늦게 들어오시는 것이었다. 그 아버지에 그 어머니였다. 어머니도 아버지를 따라 늘 들에 있었다. 아버지의 일, 어머니의 일이 따로 있지 않았다. 공동노동이었다.

봄이 되면 날이 길어지고 농민들은 논밭으로 나간다. 보리와 밀을 매어 주어야 한다. 우리 형제들은 학교에 갔다 오면 호미를 들고 나가 아버지와 어머니의 일을 돕거나 낫으로 소에게 먹일 풀을 베었다. 어머니는 옆에서 일을 거드는 우리들에게 옛날 이야기를 많이 해주셨다. 그 재미있는 이야기들을 지금은 구체적으로 기억해 낼 수 없지만, 어머니의 이야기를 듣다 보면 일도 힘들지 않고 시간도 잘 가는 것 같았다.

해가 서산에 넘어갈 시각이 되면 일하던 사람들은 집으로 돌아오기 시작한다. 그러나 아버지와 어머니는 매던 보리밭을 그대로 팽개쳐 두지 않고 그 고랑을 마무리짓고서야 허리를 펴는 그런 분들이었다. 그러다 보니 들에서 맨 나중에 집으로 들어오는 것이 우리 식구들이었다.

아버지와 어머니의 이런 부지런함 때문에 소작 반 자작 반으로 겨우겨우 생계를 유지해가던 우리 집은 남에게 빌지 않고 논밭 한두 마지기씩 사모으면서 다소 여유가 생기는 농가가 되어 갔다. 머슴도 두고, 한창때의 일철이면 일꾼도 여러 명씩 데려야 했다. 어머니는 1년씩 데리고 있는 머슴이나 며칠씩 데려 쓰는 일꾼들에게 대단히 잘하는 것 같고 또 일꾼들을 잘 다루시는 것이었다. 나는 어머니가 일꾼들에게 늘 잘해야 한다고 말씀하시는 걸 들었다. 또 일꾼 다루기가 얼마나 어려운지 모른다고도 하셨다. 일꾼들이 부지런히 일하지 않는 곳에 농사란 있을 수 없다는, 이 땅의 농민들의 농사의 지혜, 삶의 그 지혜를 나의 어머니는 터득하고 계셨을 것이다. 그리고 농사 잘 짓는다는 아버지는 손수 일을 많이 할 뿐만 아니라 농사일 하는 방식이 철저했다. 아버지와 같이 일하는 머슴은 일 잘하는 머슴으로 이름나 있었고 아버지와 몇 년 같이 일하는 머슴은 일을 배워 나간다고 동네사람들은 이야기하는 것이었다.

  어머니는 이 일꾼들이 한껏 먹도록 했다. 마음대로 먹고 또 마시고 일하도록 했다. 어린 눈으로 보아도 우리 집에서 일꾼들에게 주는 음식은 풍성해 보였다. 허기지면 일꾼들이 일하지 못한다고 어머니는 늘 말씀하셨다. 나는 일꾼들을 데려서 일을 하는 날이 아주 좋았다. 평소보다 먹을 것이 푸짐하게 많아지기 때문이다. 일하는 날이면 우리 집은 음식이 남아돌고 이웃 사람들을 오라고 해서 같이 먹었다. 그래도 아버지는 먹을 것이 적다고 어머니에게 뭐라고 하시는 것이었다. 어머니는 또 제사를 지내거나 아버지의 생일이면 일철에 일해 주는 이웃 아저씨들을 꼭 오라고 해서 같이 나눠 먹도록 했다. 이웃과 나눠 먹는 것이 우리네의 아름다운 풍속이었지만, 어머니의 일꾼들에 대한 관심은 지금 생각해도 대단했던 것 같다.

어린 시절 우리 집의 식생활

어머니는 키가 152, 3센티미터나 될까말까 한 작은 체구이시다. 그러나 이 작은 체구에서 솟아나오는 끈기와 인내 그리고 그 힘은 놀라왔었다. 논밭에서 쉬지 않고 일을 밀어 내는 그런 것도 그렇지만 어머니의 머리에 이는 힘은 대단했었다. 요즘 우리 마을 앞의 논들은 경지정리가 잘되어 길도 넓어져 리어카와 경운기도 다니게 되어 있고 또 그것들이 널리 보급되어 있지만, 내가 그곳에서 국민학교와 중학교를 다니던 시절에 논길은 좁디좁았다. 모심기 철에 비라도 내리면 찰흙의 좁은 길바닥은 반들반들거려 발을 내려놓기가 무섭게 미끄러웠다. 부녀자들은 이런 길을 마다하지 않고 일꾼들이 먹을 것과 일하는 소에게 먹일 쇠죽을 끓여 날라가야 한다. 어머니는 큰 나무통에 쇠죽을 끓여 담고 그 위에 일꾼들의 밥을 얹어, 장정이 겨우 들어올릴까말까 한 무거운 것을 옆에서 들어 이어 주면 1킬로미터,

2킬로미터 떨어진 논으로 가는 것이다. 물론 맨발이다. 미끄러운 논길을 걷는 어머니의 다리와 발은 정신력을 집중시키는 인내와 긴장으로 무겁게 내리누르는 힘을 견디어 내는 것이었다. 논에 다다르면 아버지가 겨우 맞잡아 내린다. 어머니는 휴우 하면서 큰숨을 내쉰다. 언젠가 그것을 한번 들어 보려 했는데 꼼짝달싹하지 않았다. 그 내리누르는 무거운 것을 늘 이고 다니셨으니 어머니의 작은 키가 더 작아지는 듯했다.

우리는 논농사 못지 않게 밭농사가 많은 편이었다. 그러나 우리 밭은 늘 깨끗했다. 어떤 사람들의 밭은 잡초가 무성했다. 농작물이 잡초에 파묻히는 경우도 있었다. 아버지와 어머니는 언제나 밭에 계셨다. 많은 고추가 열렸고 참깨와 조와 수수는 키가 컸다. 송이가 크고 탐스런 목화가 피어났다. 그리고 밭언덕에는 아름드리 누런 호박들이 열려 가을이 되면 아버지와 우리들은 그것을 집으로 져다내렸다. 힘들었지만 둥글둥글한 호박은 신기하고 탐스러워 무겁다는 생각을 덜어주는 듯했다.

아버지는 호박농사의 명수였다. 아버지는 밭 언덕에 호박구덩이를 파놓고 겨울철 내내 인분을 퍼다 썩였다. 길게 뻗어 나가는 호박 덩굴은 그만큼의 지력(地力)을 요구한다. 걸게 조성된 구덩이에서 그만큼의 많은 호박이 열리는 것이다. 부지런히 내다부은 인분이 흙과 함께 완전히 용해된 그 구덩이에 호박씨를 묻어 놓으면 그 어떤 가뭄도 이겨 내면서 주렁주렁 호박이 열리게 된다.

어머니는 여름 내내 여기서 열리는 애호박을 따다가 나물을 만들어 주셨다. 오늘날 도시의 시장에서 보이는 호박, 개량되고 집단으로 생산되는 오이같이 길쭉하게 생긴 그런 호박과는 맛이 달랐다. 어머니는 그러나 호박나물보다 호박죽으로 우리를 신나게 하셨다. 가을에 집으로 따다 내린 호박들이 광에 가득하고 이것으로 어머니는 수시로 호박죽을 만들어 우리의 추운 겨울 저녁을 배부르게 해주셨다. 누런 호박을 쪼개어 씨는 가려내어 말려서 까먹기도 했다. 그러나 쌀과 좁쌀과 수수를 빻은 가루에 팥을 넣어 만든 호박죽은 아무리 먹어도 물리지 않았다. 어머니는 겨울방학이 되어 도시로 나간 형들이 모이면 으레 호박죽을 준비하셨다. 친척 아주머니와 아저씨, 친척 형들을 오라고 해서 같이 먹는 날 저녁은 작은 잔치분위기였다. 때로는 가깝게 지내면서 농사일을 도와 주는 일꾼들도 별미 만들었다면서 오라 해서 큰 그릇에 가득 퍼주곤 하시는 어머니였다.

벼 농사를 짓지만 농민들은 쌀을 가장 아낀다. 하얀 쌀밥을 먹을 땐 제사를 지낼 때뿐이었다. 호박은 맛도 좋을 뿐 아니라 귀한 쌀을 아끼는 겨우내의 중요한 양식이었다. 우리들은 단호박을 그냥 삶아서 간식으로 먹기도 했고 그것에 콩고

물을 발라 먹으면 참으로 맛있었다. 생것으로 먹고 삶아서도 먹는 고구마와 더불어 우리 집은 한겨울의 양식을 잘 익은 호박으로 제법 충당할 수 있었다.

내가 다닌 중학교는 우리 집에서 4킬로미터 떨어진 면소재지에 있었다. 우리들은 물론 걸어서 학교에 다녔다. 아침에는 늘 서둘러야 했다. 일어나자마자 학교에만 가는 것이 아니라 봄, 여름, 가을이면 아침에 소를 몰고 나가 풀을 뜯긴 후에 학교에 가야 하기 때문이었다. 겨울에는 쇠죽을 끓인다고 역시 바빴다. 어머니가 바쁜 나에게 해주시는 것은 밥 속에 작은 단지를 넣어 끓이는 김치국이었다. 나는 이 김치국을 그렇게도 좋아했다. 약탕기 같은 작은 단지에 배추 김치와 물을 조금 넣고 멸치를 한줌 집어넣는다. 식구가 많아 큰 가마솥에 밥을 해야 하고 그 가마솥에서 끓어오르는 밥물이 단지 안의 김치국에 흘러들어 독특한 맛을 낸다. 나는 이 국 한 가지면 밥을 얼마든지 먹을 수 있었다. 요즘 이 국 생각이 나서 아내에게 만들어 먹어 보자고 하지만, 조막만한 요사이 솥으로는 불가능하다는 걸 알고 그 밥물 넘쳐 들어간 김치국맛을 그리워한다.

지금은 독한 농약 때문에 어렵지만 여름이 끝나고 가을이 되면 우리는 논의 물꼬에다 통발을 대놓고 미꾸라지를 잡아 어머니에게 갖다드려 추어탕을 끓여 먹었다. 한여름 뙤약볕을 마다하지 않고 작은 그물이나 대나무 소쿠리로 미꾸라지를 잡기도 했다. 어릴 때 어머니가 만들어 주시는 맛이란 언제나 포근하고 달콤하지만, 어른이 된 지금도 어머니가 만들어 주시는 그 추어탕맛은 단연 일품이다. 추어탕을 잘한다고 이름나 있는 서울의 그 어떤 음식점에 가서' 먹어 보아도 남비만한 그릇으로 한껏 먹는 어머니의 추어탕과 시합이 안 된다. 나에게 추어탕은, 적당히 담는 한그릇 정도로 맛이 안 난다. "미꾸라지국이 몸에 좋다고 안카나" 하시면서 자꾸 퍼담아 주시는 어머니의 추어탕은 몇 그릇씩 먹을 수 있고 그래야 먹은 것 같다.

나는 빨리 식사를 하는 편이다. 중학교에 다닐 때 붙은 습관이다. 학교에 시간 맞추어 가려면 이것저것 아무 것이나 부리나케 먹고 집을 나서야 하기 때문이다. 또 나는 배가 큰 것 같은데, 배가 큰 것은 절제할 줄 모르고 호박죽이나 추어탕을 마구 퍼먹었기 때문에 그런 것이 아닌가 한다. 그러나 여기에 또 하나의 큰 이유가 있다. 내가 어릴 땐 툭하면 병충해로 벼가 내려앉거나 쭉정이가 되곤 했다. 또 홍수가 덮쳐 벼가 물에 잠기면 그것도 쭉정이가 된다. 이래저래 찧으면 싸래기가 많이 나오게 되고, 우리는 이 싸래기로 죽을 자주 끓여 먹어야 했다. 여기에도 어머니는 무우나 여러 가지 나물을 섞어 맛을 냈다. 겨울에 우리 집에서는 숱하게 죽을 끓여 먹었고 또 그것도 맛있어 했다. 봄이 되면 어머니는 또 산이나 들로 나가 쑥을 뜯어 오셨고 그것으로 만들어 주시는 쑥국이나 쑥죽 또한 향기롭고 맛있었다. 나는 죽이라고 투정한 일은 없었다. 그러나 이같은 식생활의 지속은 결국 나같은 아이들로 하여금 배가 커지게 만들 수밖에 없었다.

어머니를 불안하게 만들던 관(官)의 모습

좀더 오래된 이야기가 내게 있다. 우리 마을에서 부산을 가려면 버스를 타고 갈 수도 있지만 어머니는 기차편을 이용하셨다. 지금은 아스팔트가 깔려 있고 으레 버스로 부산에 가지만, 기차가 버스보다 돈이 적게 든다는 단 한 가지 이유로 어머니는 늘 기차였다. 그러나 기차를 타고 부산에 가는 건 쉬운 일이 아니었다. 우리 마을에서 부산 가는 기차를 타려면 25리 떨어진 낙동역까지 가야 한다. 진주선이 삼랑진에서 갈라지고 그 첫번째의 자그마한 역이 낙동이다. 밀양강이 낙동강과 합류하면서 거대한 물줄기가 회오리치는 바로 그 지점이다. 일제가 우리 마을 앞 넓은 땅을 침탈하기 위해서, 그리고 그 옥토에서 생산되는 쌀과 보리를 침탈하기 위해서 쌓아올린 거대한 둑을 우리는 '건너둘'(건너편 둑)이라고 했는데, 그 둑을 4킬로미터 걸어가서, 다시 강과 강이 만나는 유역의 광활한 갈대밭길 6킬로미터를 헤치고 지나서, 그리고 시퍼런 강물을 나룻배로 건너가면 그곳에 낙동역이 있다. 나도 그 갈대밭을 지나서 나룻배로 강을 건너 다시 기차를 타고 부산에 내려간 적도 있지만, 어머니가 언젠가 들려주신 이야기는 나로 하여금 그 조그만 시골역 낙동을 늘 생각나게 한다.

위 두 형이 부산에서 고등학교를 다니고 있었는데, 가정교사를 하면서 자취를 했다. 어머니는 김치를 한동이씩 이고 내려가 부산진 시장에 팔았고 그 돈을 형들에게 주곤 했다.

봄이 아직 저쪽에서 서성이던 2월쯤이었을까 이 날도 어머니는 한동이의 김치를 이고 기차를 타고 부산으로 내려가서 그것을 시장에다 팔았다. 그리고 늘 그러하듯 기차삯만 남겨 두고 김치 판 돈을 그 시장에서 장사하는 고종사촌 형으로 하여금 두 형에게 전해 주도록 맡겼다. 고종형 역시 늘 그러하듯 어머니에게 '부산진—삼랑진'의 기차표를 끊어 주셨다. 그런데, 부산진역에서 삼랑진까지나 그보다 진주선 쪽으로 2킬로미터 더 가다가 나오는 낙동역이 간이역이기 때문에 그쪽을 다녀 보지 않은 사람들은 낙동역이 있는지 없는지도 잘 몰랐고, 삼랑진역까지를 끊거나 낙동역까지를 끊거나 역무원들도 별로 뭐라고 하지도 않았다.

어머니는 낙동역까지 타고 와서 내렸다. 그러나 이 날의 검표 역무원은 삼랑진까지의 표를 갖고 내린 어머니를 제지했다. 삼랑진에서 내리지 않고 낙동까지 왔으니 돈을 더 내라는 것이었다. 어머니의 손에는 기차표와 김치 갖고 간 빈 양철통 이외에는 아무것도 없었다. 돈을 안 내고는 못 간다는 제복 입은 역무원에게 전에도 늘 그렇게 다녔다는 어머니의 사정이 받아들여지지 않았다. 속수무책의 어머니. 날이 저물어 어둠이 깔리고 있었다. 강을 건너야 하고 장정의 키보다 더 큰 갈대숲을 지나가야 하는 어머니. 그러나 이 어머니에게 정말 고마운 할머니가 나타났다. 지나가는 할머니가 어머니에게 물었다. "와 여게 이렇게 앉아 있능기요?" 그리고 자초지종을 이야기하는 어머니에게 '차비'를 대신 물어 주었다. '2킬로미터어치'를 더 타고 온 기차의 삯이 얼마나 될까마는, 어머니는 할머니에게 정말로 고맙다는 인사를 했다.

어머니는 그러나 또 한 번의 곤란에 처했다. 나루터에 도착했으나 이미 날은 완전히 저물어 캄캄해졌고 사공도 집으로 들어가고 없었다. 어머니는 나루터에 주저앉고 말았다. 그런데 어머니에게 이번에는 한 할아버지가 나타났다. 할아버지는 나루터에 나타나자마자 아무개야 하면서 사공의 이름을 불러 댔다. 사정을 이야기하는 어머니에게 할아버지는 사공을 잘 안다고 했다. 또 할아버지는 갈대숲 저쪽에 있는 외산이라는 마을에 산다고 했다. 그리하여 어머니는 할아버지를 길 벗으로 삼아 세상이야기를 주고받으면서, 낮이라도 혼자서는 다니기 무서운 그 갈대밭을 지나 대로가 나 있는 건너둑의 길 위에 올라설 수 있었다.

할아버지와 헤어진 어머니는 오른쪽으로 공동묘지를 둔 둑길을 혼자 걸었다. 저 멀리 비치는 우리 마을의 불빛이 어둠과 무서움을 덜어 주었다. 그때 저쪽에서 큰형의 이름을 부르는 아버지의 목소리가 들려왔다. 얼마나 반가운 목소리였을까. 이미 밤 10시가 넘어선 시각, 하도 돌아오지 않는 어머니를 아버지가 마중 나온 것이었다.

언젠가 산에서 소나무 한짐 했다고, 그것이 산림법 위반이라고 경찰서에 붙들려간 적이 있는 아버지, 제사에 쓸 막걸리 담궜다고 해서 그것이 세무서 직원들에게 들켜 벌금을 물곤 했던 우리 집이었다. 술 담궈 논 독을 뒷밭에 숨기기도 했지만 술 추러 온 관리들은 그것을 귀신같이 찾아냈고 어머니의 얼굴은 하얗게 질리시는 것이었다. 그러나, 술 도가의 술을 어떻게 조상 모시는 제사상에 올리며, 그 묽은 술이 일꾼들 한에 차느냐고 어머니는 말씀하셨다. 그리고 무엇보다도 집에서 담궈 먹는 것이 돈이 적게 든다는 것이었다. 나의 어린 시절 관(官)은 이런 식으로 아버지와 어머니를, 그리고 우리들을 불안하게 하는 존재였다.

나는 이런 모습들을 떠올릴 때마다 분노 또는 슬픔 같은 것을 갖게 되었다. 내 고향에서 땅에 뿌리를 박고 어렵게 살아온 아버지 어머니의 이야기는 기쁨보다 슬픔을, 그리고 분노 같은 것을 나의 가슴에 안겨 주는 것이었다. 늘 일하는 아버지와 어머니의 이마는 땀으로 얼룩져 있었고 그 흘러내리는 땀방울은 나에게 눈물이 되었다.

경우 밝고 계산 잘하시던 어머니

글자 하나 못 읽으시는 어머니, 아라비아 숫자 하나 해독하지 못하시는 어머니는 그러나 젊은 시절 나에겐 계산의 천재로 느껴질 때가 많았다. 시장에 쌀을 낼 때도, 비료값 계산할 때도, 일꾼들에게 품삯 치러 줄 때도 암산으로 끄트머리 몇 원까지 척척 계산해 내셨다. 그리고 돈 빌려 주고 되돌려 받을 때 그 복잡한 이자 계산도 어느새 해내시곤 하셨다.

어머니는 때때로 날더러 뭘 계산해 보라고 하셨다. 내가 종이와 연필로 계산한다고 끙끙대고 있는데 어머니는 이미 얼마가 아니냐고 말씀하시는 것이었다. 나의 어설픈 계산보다도 어머니의 삶은 숫자보다도 더욱 정확한 리얼리티를 발휘했다. 어머니의 삶의 그 세계는 글자를 알고 숫자를 알아 계산할 수 있다는 나의 그것과는 다른 차원에 놓여지는 것인지도 모르겠다. 삶의 절실한 현장에서 솟아나는 지혜일 것이다.

어머니의 이런 정확성이랄까 철저함은 우리들로 하여금 학교 공납금을 언제나 남보다 먼저 낼 수 있게 해주셨다. 학교에 낼 돈 또는 책값은 언제까지 내야 한다고 말씀을 드리면 어머니는 그날에 거의 어김없이 주셨다. 어차피 낼 것이면 제때에 내야 한다는 것이 어머니의 생각이었다.

어머니는 또 내가 학교에 낼 돈 얼마라고 하면 그것에 대해 전혀 다른 말씀을 하시지 않고 그대로 주셨다. 비싸다 싸다 말씀하지 않으셨다. 그러나 나는 한두 번 책값을 더 받아 내서 하모니카 등 갖고 싶은 것을 사기도 했다. 달라는 대로 주시는 어머니에게 미안한 생각을 가지기도 했지만, 그래서인지 턱없이 받아 낼 수도 없었다.

어머니는 자식들을 전적으로 믿어 주셨다. 학교에서 무엇을 하든, 어떤 상급학교로 진학하든, 모두 너희가 알아서 하라고 하셨다. 농사일밖에 모르시는 분이 무엇을 구체적으로 아실 수도 없겠지만, 자식을 전적으로 믿으면서 알아서 하라고 하시는 것이 나에게는 무겁게 받아들여졌는지도 모른다. 운동회가 열리거나 학예회가 있으면 그때나 깨끗하게 차려 입고 학교에 구경 나오시는 어머니의 우리들에 대한 믿음이 오늘 나의 가슴에 깊이 자리잡고 있다. 내가 그 어떤 행동을 하든 그것에 대해 지지하시는 어머니, 나의 자식들은 믿을 수 있고 올바르다는 태도를 견지하시는 그 어머니가 바로 나의 가슴에 와 닿는 것이다. 자식에 대한 믿음이 어디 나의 어머니뿐일까마는.

어머니는 그러나 단호하셨다. 뭔가 조금이라도 잘못하거나 느슨해지면 그냥 넘어가지 않으셨다. 살림을 꾸려 나가는 데도 적당히 하지 않으셨지만, 때로는 우리들에게 대단히 엄하셨다. 이를테면 화투 같은 건 절대로 못 만지게 하셨다. 어린 시절 시골에서는 노름하고 술마셔 논팔고 집날렸다는 이야기를 여기저기서 듣기도 했지만, 그래서인지도 몰라도 우리 집에는 화투장 같은 것은 구경할 수가 없었다.

이 땅에서 살아가는 사람들은 한결같이 가난했다. 그날의 땟거리를 걱정하는 이웃들이 부지기수였다. 가난은 조상으로부터 물려받은 유산이자 일상의 세계였다. 어머니는 이 가난과 맞서 그것을 극복해 내려고 하였을 뿐 아니라 실제로 극복해 낸 분이었다.

생활이 다소 달라지자 가까운 친척으로부터건 먼 친척으로부터건 빌어 달라, 도와 달라는 경우가 많았다. 어머니는 이런 경우 대개 응할 수밖에 없는 것 같았다. 그러나 이런 친척들에 대해서 어머니는 상당히 비판적이었다. 사정이 악화되면 빌려 준 것을 못 받는 경우도 생겼다. 어머니의 속은 무척이나 상하시는 것 같았다. 일가친척을 내세우면 어쩔 수 없는 것이 우리네의 관습이다.

그러나 세상이 달라진 것인가. 땟거리가 없어 걱정하던 이웃들이 수두룩하던 우리 마을 사람들도 봄이나 가을이면 비행기 타고 제주도로 놀러가고 관광버스 대절해서 설악산이다 어디 온천이다 놀러다니게 되었다. 어머니도 아버지와 같이 잘 다니시는 모양이다. 집에 내려가면 제주도가 어떻고 하는 말씀들을 하신다.

여행이라도 가면 차려 입으시지만 평소 집안에서 어머니의 차림은 그 옛날 그대로다. 아무것이나 걸쳐 입는 어머니는 논밭에서 일하는 그 모습이다. 지난 봄에 집에 갔더니 광에 잘디잔 감자가 널려 있었다. "웬 감자입니까"하고 여쭈어 보았더니 감자캐러 한 달 정도 다녔다고 하시는 것이었다. 마을의 몇몇 이웃과 동무해서 근처 마을 감자밭에 가서 일해 주어 20여만 원을 벌었고 그날그날 감자 이삭을 줍고 또 얻어왔다는 이야기였다. 마침 차를 갖고 갔었는데 감자를 비닐포대에 담아 가지고 가라 해서 가져왔지만, 한편으로 나는 일하러 나다니시는 것이 어머니의 건강을 위해 좋다고 생각되었다.

어느 겨울에 집에 내려갔을 때 마당에 땔감이 차곡차곡 쌓여 있는 것을 보고 "웬 나무입니까"했더니 어머니는 아버지와 더불어 마을 동쪽의 들판을 지나서 있는 우리 산에 가서 손수 해다가 쌓아 두셨다고 했다. 어릴 때 나도 산에 가서 나무

했지만 요즘 나무하러 가는 사람은 별로 없다. 연탄보급도 그 한 원인이다. 그러나 산에서 해온 땔감은 우리네 농촌의 가옥구조로 보아 안성마춤이다.

산에 가서 나무를 해오지 않아도 우리 집은 가을 추수 때 농사 위탁 받아간 사람으로부터 볏짚을 받기 때문에 연료는 그것으로 충분하다. 나는 어머니와 아버지가 해온 나무로 불을 지피면서 어린 시절을 생각해 보는 것이었다. 그때 나는 아침 저녁으로 불 때는 일을 늘 해야 했다. 쇠죽을 끓이든가 아니면 부엌에서 어머니를 도와 주는 것이었다. 겨울철의 불 때는 일, 따뜻한 부엌은 늘 좋았다.

"와 편지 안하노"

나도 이제 어른이 되었다. 아이들이 학교에 다니는 그런 나이가 되었지만, 시골집에 가는 일은 그 무엇보다도 즐겁다. 어린 시절의 추억이 새겨진 담장이 있고 언덕이 있고 들판이 있다. 그리고 무엇보다도 어머니가 계신다. 대문을 열고 들어서면서 "저 왔어요" 하면 마루에서 마당으로 뛰어내려오시는 어머니에겐 나는 아직 어린아이에 지나지 않는가보다. 7남매 모두 다 키워 도시로 해외로 내보내고 외로이 그 집을 지키시다가 우리가 나타나면 얼마나 반가울까. 즐거워 어쩔 줄 몰라하시는 어머니. 이것저것 해서 아직 고향을 못 떠나시는 아버지와 어머니.

그러나 나는 집에 갔다가 서울로 떠나올 때마다 가슴이 메인다. 어둡기 전에 도착해야 한다면서 늘 우리를 빨리 보내려 하시는 어머니, 별 무겁지도 않은 가방을 꼭 들어다 주시겠다면서 정류장까지 나오시는 어머니, 뭐라도 가방에 넣어 주시면서 가져가라는 어머니를 뒤로하고 떠나올 때, 그 차창으로 손을 흔들어 주시는 어머니가 나의 가슴을 뭉클하게 한다. 서울까지 오면서 나는 어머니의 차창 너머 그 모습을 생각하는 것이다. 생신 때나 할아버지 할머니 제사 때 모두들 밀물처럼 모였다가 썰물처럼 빠져나간 뒤 그 텅 빈 집을 지키시는 늙은 어머니 아버지의 심경을 이른바 현대적 교육을 받은 우리들로서는 제대로 짐작 못할 것이다. 차라도 가지고 내려가면 쌀뿐만 아니라 뒷밭에 심은 상치와 정구지까지 담아 주신다. 상치값, 정구지 값이야 시내버스 삯밖에 안 되겠지만, 어머니가 주시는 것이 고마와서 나는 아내에게 다 가지고 가자고 한다. 그러면서 어머니는 떠나오는 나에게 늘 말씀하신다. 가면 잘 도착했다는 편지 적어 보내라는 당부. 그러나 나는 그러겠다고 약속하고는 그 약속을 제대로 지키는 경우가 아주 드물다. "글자를 모르나, 와 편지 한장 안하노" 하는 말씀이 나의 가슴에 박히지만.

그러나 나의 게으름이 상쇄될 장치가 마련되었다. 지난 여름에 집에 내려갔더니 전화가 가설되어 있었다. 서울에서 디디디로 통화할 수도 있게 되어 편지 안하고 다이얼만 돌리면 어머니의 목소리를 들을 수 있고 또 어머니는 아들의 목소리를 들을 수 있게 되었으니, 나의 가슴이 다소 가벼워지는 것 같다. "이제 전화 자주 드릴께요" 했더니 어머니는 "잘 있는데 뭐 할라꼬 전화 자주 하노" 하셨다. 그렇지만 이따금씩 전화드리면 어머니는 아주 좋아하시는 것 같다.

나의 방에는 몇 년 전 집에 갔을 때 가져온 인두가 걸려 있다. 어머니가 사용하시던 것이다. 겨우내 밤늦도록 그 인두로 옷짓던 어머니는 젊으셨다. 나를 데리고 무명을 따러 다니시던 어머니, 그 무명으로 베를 짜서 우리들에게 옷을 지어 주시던 어머니의 모습은 지금과 달리 예뻤었다. 식구가 많아 빨래가 산더미처럼 쌓였고 어머니는 그것을 밤늦게까지 손질하셨다. 어머니는 아침에 빨래를 바깥에 내널어 약간 눅눅해진 것을 다리미로 다리시곤 했고, 다리미질할 때면 나는 빨래를 붙잡아 드리곤 했었다.

나의 방에 걸어 둔 인두는 젊었을 적의 어머니, 빨래에 방망이질하고 옷 지으시던 젊고 예쁘던 어머니의 모습을 떠올리게 한다. "이것 가져가서 어머니 생각할랍니다"고 하면서 그것을 가방에 넣을 때 덤덤해 하시던 어머니는 어느새 일흔을 넘어서고 있다. 하도 단호해서 무섭기까지 했던 강단의 어머니는 그러나 이제 눈물이 많아지신 것 같다. 집에 갔다가 떠나오는 우리들에게 눈물을 글썽이신다.

그렇게 강단이시던 어머니가, 젊었을 때 너무 일을 많이 해서 그러신지 요즘은 늘 불편해 하신다. 병원에 가서 진찰을 해보아도 별이상이 없다고 한다. 체력의 한계를 마다하지 않고 오직 인고(忍苦)로 일하셨기 때문에 비롯되는 불가피한 신체적 현상인지도 모르겠다.

글자 하나 모르는 어머니, 그러나 경우 바른 우리 어머니. ■

적응과 성장

제 이름 아세요?

이인영
연세대 법학과

3월의 화창한 오후였다. 이제는 그만둔 지 오래된 회사를 잠깐 들러 보았다. 이미 내 자리는 없어졌지만 한동안 함께 일하며 정들었던 사람들과 인사를 나누는 것은 즐거웠다. 그때 한 여사원이 내게 인사를 건네며 놀라와했다.
"어머! 전 사람들이 이인영씨라고 해서 남자인 줄 알았어요. 전 미스 고예요."
하얀 유니폼 블라우스에 웃음띤 얼굴로 그녀가 내게 건넨 첫마디였다. 그녀 역시 미스 리 하면 여자이고 이인영씨 하면 남자일 거라고 생각하는 그런 많은 사람들 중 하나였다. 한순간 나는 그녀에게 대답해 줄 적당한 말을 찾지 못해 하다가 혼자 중얼거렸다.
"……그래요. ……그럴 거예요. ……그게……"

그 처음 이야기

연례적으로 시행하는 각 기업체의 입사시험 시즌이었다. 입사시험을 치른다는 것이 쉽지는 않지만 내게는 더더욱 까마득했다. 각 기업체는 담합이나 한 듯 입사규정에 '군필 또는 군면제자'라는 단서를 붙여 놓고 있었다. 곰곰 생각해 보니 이대로 가만히 앉아서 원서를 되돌려받고 있을 수만은 없었다. 한번 해보기로 마음먹고 직접 어느 기업체를 찾아갔다.
"여자는 해당되지 않습니다."
무심하게 그 한 마디를 던지는 인사과 직원은 그저 내가 귀찮다는 표정이었다. 나는 오히려 한발 다가서며 손가락으로 입사규정을 가리키고 말했다.

"여기 보세요. 군면제자라고 적혀 있죠. 전 분명 군대 면제의 혜택을 받은 군면제자예요. 그러니까 입사시험에 응시할 자격이 있지 않습니까?"

내 시작은 이렇게 부닥침으로 시작되었지만 최초의 승리는 내 것이었다. 나는 당당하게 원서를 접수시킬 수 있었다. 비록 그 인사과 직원이 원서는 접수되더라도 합격은 힘들 거라며 받아 주었지만.

면접시험을 보는 날이었다. 넓은 강당에 모인 수백 명 속에 여자는 유일하게 나 혼자뿐이었다. 그 남자들은 나를 힐끔힐끔 쳐다보곤 했다. 개중에는 나를 애인을 따라나선 여자라고 생각하고 한심한 듯 쳐다보며 비싯 웃는 남자들도 있었다.

그러나 나는 합격했고, 그 기업체의 공개채용사상 첫번째 대졸 여사원이 될 수 있었다. 합격통지서를 받는 순간, 나는 누구 못지 않게 기업이 요구하는 유능한 사원이 될 수 있다는 자신감을 맛볼 수 있었으며 또한 단지 여자라는 이유에서 받는 부당한 제약은 얼마든지 그에 대한 마음가짐으로 극복될 수 있다는 것을 깨달을 수 있었다.

그 두번째 이야기

직장생활을 시작한 지 얼마 안 된 어느 날. 장교 제대 하고 결혼까지 한 입사동기의 남자동료가 업무를 토의하던 중 '미스 리'하고 불렀다. 나는 속이 상했지만 여러 사람이 함께 있는 자리라 꾹 참았다. 토의가 끝나고 내 자리에 돌아와 앉으니 그게 아니다 싶은 게 참을 수가 없었다. 냅다 그에게 달려갔다. 그 동료 옆에 앉으며 살짝 물었다.

"제 이름 아세요?"

놀란 눈으로 쳐다보는 그에게 나는 다시 상냥하게 또박또박 주워섬겼다.

"제 이름은 이인영이고요, 미스 리가 아니랍니다. 이름은 아꼈다가 저축하려 해도 은행에서 받아 주지 않는답니다. 앞으로 미스 리라고 부르시면 대답하지 않겠읍니다."

더욱 놀란 눈으로 쳐다보기만 하는 그에게 웃으며 가볍게 목례하고 나와 내 자리에 오니 그 심정이란…… 좀 과장해서 표현한다면 손기정 선수의 가슴에 단 일장기를 지워 버린 그때의 그 당당한 심정이랄까.

나는 호칭에 민감했다. 나를 미스 리라고 부르는 사람들에게는 항상 '제 이름 아세요'하고 살짝 물으며 시작했다. 하기야 단지 간단하고 편해서 '미스리'라고 부른다거나 나 역시 남자동료에게 '미스터 김'하고 부를 수 있다면 그 미스 리라는 호칭이 그리 문제될 것도 없었다. 그러나 그게 그렇지가 않았다. 나를 포함하여 미스 리, 미스 박 하는 호칭에는 여자=비하=무시가 모두 함께 들어 있다. 그렇다면 나는 그 호칭을 거부해야 한다. 왜냐하면 같은 동료라면 서로 동등한 호칭으로 불러 주는 것이 당연하기 때문이다.

그래서 마침내 나는 '미스 리' 아닌 '이인영씨'라는 호칭으로써 커피심부름이나 서류정리의 상대가 아니라 그들 남자들과 똑같이 비중 있는 일을 하는 동료로서 인식될 수 있었다.

그 세번째 이야기

바쁘게 출근해서 숨돌릴 겨를도 없이 일어난 일이었다.

"아니 오빠 같은 사람에게 아침부터 왜 이리 야단이야. 말도 잘 안 듣고 말야."

석 달 일찍 입사한 애기 둘의 아빠인 남자사원이 업무토의중 의견이 맞지 않자 대뜸 이렇게 말했다.

"네 홍길동씨, 댁도 4급이고 저도 같은 직급이에요. 오빠 대접받고 싶으시다면 회사 밖에서 얼마든지 대접해 드릴께요. 하지만 여기는 회사 안이고 지금은 업무중입니다."

나도 상기된 얼굴로 내 주장을 굽히지 않고 맞섰다. 끝내는 내 주장을 펴고 회의실을 나왔지만 뒷맛은 씁쓸했다.

나는 항상 맡은 일은 정확하고 합리적으로 수행해야 한다고 생각해 왔다. 그렇기 때문에 동료 남자사원이 여사원의 의견을 마치 동생의 의견을 다소 참고삼듯이 하는 태도는 받아들일 수 없었다. 거의 같은 해에 대학을 졸업한 남·여가 단지 군대복무의 유·무에 따라 업무처리의 능력면에서 큰 차이가 난다고 생각할 수 없기 때문이다. 물론 3년의 나이차와 군대경험이 사람의 사고의 폭을 넓혀 줄 수 있다는 것은 대체로 수긍이 가나 업무에 있어서는 무엇보다도 일에 대한 정확한 판단이 우선이다. 따라서 우리가 업무중 부닥치며 조정해야 할 것은 일에 대한 각 개인의 주장의 내용이지 나이나 성에 따라 일이 처리되는 것이 아니다. 그럼에도 불구하고 업무상 토의에서 의견이 팽팽하게 맞설 때 나이며 성 따위를 마지막 수단으로 내세워 상대방을 누르려는 비열한 태도는 나로 하여금 그 사람을 영영 존경할 수 없게 만드는 것이었다.

그 네번째 이야기

직장생활에 차츰 익숙해져서 혼자 처리하는 일이 생기기 시작했을 때였다. 퇴근시간 직전 그날 계획한 일을 마무리하고 있을 때 그 계획을 불만스러워했던 한 남자사원이 내게 화를 내며 말했다.

"아니 무슨 여자가 일을 그렇게 감정적으로 처리해요?"

나는 다시 그 계획의 좌우사정과 전반적인 성격을 이야기하다가 그만 화가 폭발, 업무에 무슨 감정이 들어가며, 내가 여자인 것은 틀림없지만 내가 한 일도 여성이냐고 대꾸하였다. 그랬더니 당장 남자가 말하는데 순순히 들을 것이지 어디 말대꾸를 하느냐는 큰 소리가 되돌아왔다.

"네, 이야기 계속합시다. 하지만 업무 이야기에 여자 운운하지 마시고 제가 박형(朴兄) 할 테니 그쪽에서도 이형(李兄)이라고 불러 주셨으면 합니다. 그래야 이야기가 제대로 될 것 같습니다."

이렇게 말하고 결국 그날 서로 이형, 박형 하면서 한바탕하고 말았다.

이날 나는 처음으로 여자가 한 일은 여성적인 성격을 띠고 있어야 한다는 통념과 정면으로 접하게 된 것이다. 사물만상이 다 중성이고, 그 중 서류작성하고 행사계획하는 일도 중성임에 틀림이 없는데, 실제로는 대부분의 일이 여성과 남성으로 필요한 때에 맞춰 구분되어지고 있었다.

그래서 여자 남자가 한 일 등을 따지는 경우마다 내가 방책으로 내세운 게 '형(兄)'이라는 호칭으로 부르자는 제안이었다. 말하자면 자원해서 이형으로 불러 달라고 해서 우선 이야기 도중 여자·남자에 대한 생각을 중성화해 놓고 그 다음에 업무를 가지고 시시비비를 가리고자 하였던 것이다. 적어도 내 의견에 자신이 있을 때는 상대방을 설득시키려고 하였고, 설득으로 안 되면 논쟁을 벌이기도 하였다. 이것은 항상 남자의 큰소리에 하등의 잘못 없이 양보만 한다면 그 양보는 결코 미덕이 될 수 없다는 생각을 가졌기 때문이었다. 양보를 하지 않고 싸웠지만, 난 그 박형과 다음날 커피를 마시면서 화해하였고, 그 후로 계속 박형은 나를 이해해 주는 사상 가까운 동료가 되었다.

그 마지막 이야기

유니폼 입기를 거부했었다. 윗분이나 다른 여직원들에게서 이 일로 야단과 핀잔도 많이 들었지만 나는 유니폼을 입지 않았다. 유니폼을 입을 때 내가 받을 대우는 업무수행에 지장을 줄 것이 틀림없기 때문에 동료남자 사원들이 유니폼을 입는다면 나도 입겠다는 명목으로 버텨 내었다.

철저하게 동료들과 특히 남자동료들과 동등하기를 원하였던만큼 힘들었던 직장생활이었다. 하지만 부딪치는 호칭문제나 나 자신의 회사 내의 위치문제를 무관심하게 넘기지 않음으로써 어려움 가운데서도 내 위치를 굳혀 갔고, 업무수행에 있어서도 능률을 올릴 수 있었다. 물론 남성위주의 직장에서 남성처럼 살아남는 것이 가지는 한계는 여전히 남아 있었고 그 점에 관한 한 나는 별로 자신이 없었다.

내 일생을 걸기에는 제도적 장애가 너무 크다는 것을 느껴서 다시 학교로 돌아왔으나 그 직장에 대한 아쉬움은 아직도 내 맘 한구석 어딘가에 크게 자리하고 있다. 그때의 경험을 밑거름삼아 여전히 거대하기만 한 제도적 담을 서서히 부수어 갈 수 있도록 나는 나와 비슷한 상황에 있는 이들과 손을 잡고 노력해 가려고 한다.■

■ 여성학 자료 ■

한국 도시주부의 정신적 갈등에 관한 연구

한혜경

인구보건연구원 연구원

1. 머리말

1960, 70년대의 급격한 산업화 과정을 통해 우리 나라 여성의 생활도 여러 면에서 변화되었고 특히 교육수준의 변화는 괄목할 만한 것이었다. 그러나 여성교육 수준의 향상이 공식적인 경제활동 참여의 증대로 곧바로 이어지지는 못했다.

그러한 경향은 도시여성에게 더욱 두드러져 다수의 도시여성들은 결혼과 더불어 직업활동을 중지하고 가정 안에서 가사노동의 역할만을 수행하는 경우가 많다. 따라서 주부역할만 하는 전업주부가 가정과 직장에서의 이중역할을 부담해야 하는 취업주부에 비해 훨씬 더 만족한 삶을 살 것으로 여겨질 수도 있다.

그러나 전업주부들의 내적인 갈등이나 긴장이 심리적 불안정이나 현대가족의 사회병리적 형태로 나타나는 점은 이미 지적된 바 있거니와[1] 특히 도시주부의 정신건강 상태는 매우 심각한 것으로 보인다. 서울 YMCA, 한국여의사회 등에서 운영하는 상담실의 내방객 중 많은 수가 주부들이라는 사실 외에도 병원의 신경정신과를 찾는 주부들이 해마다 늘고 있고 특히 우울증, 히스테리, 신체화장애, 화병 등을 포함하는 신경증 환자는 직업별로는 주부, 연령별로는 30,40대 중년여성에게 가장 많은 것이 일반적인 경향[2]이었다.

그와 같은 도시주부들의 정신적 갈등에 대해서 이제까지는 흔히 병리적, 즉 개

---

1. 조형, 「현대사회와 가족」, 『미래를 묻는다』, (한국미래학회, 1982), 117쪽.
2. 이세종, 「우석병원 신경정신과 외래환자에 대한 통계적 고찰」, 《신경정신의학》 vol. 13, No. 3, 1974, 340쪽 ; 김정곤, 「중년여성 입원환자에 대한 연구」, 《신경정신의학》, vol. 22, No. 4, 1983, 640쪽 참조.

인적, 심리적 원인만이 중요한 것으로 여겨져 왔고 주부를 둘러싼 사회적 환경의 문제는 비교적 경시되어 왔다. 그러나 여성의 문제는 여성의 개인문제이기 이전에 사회구조에서 파생되는 문제라는 입장에서 오늘날의 주부들이 느끼는 정신적 갈등을 사회구조적 맥락에서 묘사·분석해 보는 것도 필요한 작업일 것이다.

본 논문의 목적은 신경정신과를 찾는 신경증적 증세를 가진 주부들의 사례연구를 통해 한국 도시주부의 정신적 갈등의 사회적 요인을 밝힘으로써 현대 한국 도시여성의 문제를 올바르게 파악하고 해결점을 찾는 데 기여하고자 하는 것이다.

본 연구를 위해서 1984년 8월 31일부터 1985년 2월 28일까지 서울시내 5개 병원의 신경정신과에 입원 혹은 내원한 주부 중 신경증 환자 28명을 심층면접하였고 필요한 경우 임상의, 간호원, 임상심리학자의 의견을 참고하였다. 심층면접을 한 중요한 이유는 그 동안의 사회과학에서 무시되어 온 여성의 경험, 생각, 욕구 등을 생생하게 보여주고 설명하는 것이 여성학의 과제[3]라고 여겨졌기 때문이다.

2. 한국 도시주부의 갈등적 상황

본 연구 대상자들의 갈등적 상황은 크게 가족형태 및 구조, 성(性)의 문제, 사회와의 관계로 나뉘어진다.

본 연구 대상자들은 결혼하지 않고도 독립적인 삶을 살 수 있는 현실적인 대안이 없으므로 '도피하듯' 결혼했으며 결혼을 '운명처럼' 받아들였고 배우자와의 불화에도 '운명이려니 여기며 참고 사는' 경향이 강했다. 또한 경제적으로 무능한 대부분의 여성들은 결혼을 통해 남편의 부양을 받으며 생존의 문제를 해결하기도 했다.

그러나 결혼 전까지 서구식 가치관에 의해 자유분방하게 살 수 있었던 여성일수록 결혼을 통해 현대와 전통 사이의 터널을 통과하는 느낌을 가지기 쉬워 '결혼해 보니 옛날사람이 된 기분이다'라고 표현할 정도였다. 즉 사회의 변화에도 불구하고 가족구조는 여전히 보수적이며 여성은 결혼을 통해 낯선 가부장적 가족의 구성원으로 편입됨으로써 갈등적 상황에 처해지는 경우가 많았다.

특히 연령·학력·계층의 차이와는 무관하게 연구대상자들의 갈등의 직접적인 대상은 남편인 경우가 많았는데 그것은 남편과의 조화를 중요시 여기는 풍토의 반

---

3. R. D. Klein, "How to do what we want to do thoughts about feminist methodology, "*Theories of Women's Studies*(eds.), G. Bowls and R.D.Klein(Boston: Routledge & Kegan Paul, 1983, pp. 88 - 104 참조.

영이기도 했다.

그러나 수직적이며 남자의 권위를 앞세우는 부부관계로 인해 많은 주부들이 남편에 대한 불만을 참고 견뎌야 하며 결국 '너무 참은 것이 병이 되어 버린' 상황에 도달하기도 했다. 특히 가정 안의 경제적 재량권을 가지지 못한 주부일수록 자신의 위치를 불안정하게 여기고 있었다는 점은 주목할 만하다.

한편 연령이 낮고 교육수준이 높은 주부들은 '어떤 것이 좋은 교육인지 모르겠다'며 자녀교육에 대해 자신없어 했다. 반면 40대 이상의 주부들은 자녀, 특히 아들에 대한 기대가 좌절되었을 경우 자신의 인생이 실패했다고 여기는 경향이 뚜렷했다. 더우기 아들만 있으면 노후가 보장되던 전통사회와는 달리 '아들만 셋이니 양로원감'인 최근의 상황은 모성의 위치를 불안하게 만들고 있으며 그로 인한 갈등도 심각했다.

또한 고부간의 불화로 갈등하는 경우도 예상보다 많았는데 그것은 외형적인 가족형태의 변화와 전통적 가부장적 이념과의 충돌이 첨예화된 상황 때문이었다. 본 연구 대상자 중 딸만 셋을 낳은 C부인의 경우 핵가족임에도 불구하고 시집으로부터 '요즘엔 아들 낳는 방법도 있다니 하나만 더 낳으라'는 식의 압력을 받고 있었다.

한국 도시주부의 갈등적 상황을 파악하는 데 있어 성(性)의 문제는 빼놓을 수 없는 부분이다. 본 연구 대상자 중에는 남자의 일방적인 요구로 인한 혼전 성 관계로 세 번이나 인공유산을 시켰기 때문에 결혼 후에 아기를 낳을 수 없게 된 경우가 있었는데 결혼 전의 행동을 같이 책임져야 할 남편은 매사에 '애도 못낳는 것이……'라며 Q부인을 구박했다. 이 사례는 여성이 결혼 전에는 남성의 쾌락을 위한 성적 대상물이며 결혼 후에는 출산의 도구라는 것을 보여주는 좋은 예였다.

30, 40대 주부들은 남편에 대해 성적 욕구불만을 갖는 경우가 많았는데 대부분 성행위가 남편에 의해 일방적으로 이루어질 뿐 아내의 요구는 받아들여지기 힘들기 때문이었다. 주부들의 성적 욕구가 무시되거나 억제됨으로써 욕구불만은 더욱 커지는 경향이었고 성취감을 느낄 만한 일을 가지지 못한 주부일수록 성적 욕구불만을 해결할 적절한 대책의 결핍으로 인해 심각한 갈등에 빠지는 경우가 많았다.

그러나 핵가족 안에서 주부의 정체감 또는 안정감에 가장 치명적인 영향을 주는 것은 남편의 외도였다. 남편이 외도를 해도 아내와 자녀의 위치 및 생계가 가족이라는 울타리 안에서 제도적으로 보장되던 전통사회와는 달리 핵가족에서는 가장의 외도가 가정의 존립문제와 깊이 연결되고 경제력이 없는 여성과 어린이의 보호문제가 대두된다. 더우기 남편의 외도로 10년간 아이들을 혼자 키우느라 온갖 고생을 했던 J부인의 경우 10년 만에 돌아온 남편이 '애들을 저렇게 잘 키웠으니 훌륭하고 착한 여자'라며 칭찬하자 '지금까지 참아온 것이 다행'이라며 '자부심마저 느낀다'고 말하고 있어 제도적으로는 전통사회에서 받던 모든 혜택에서 제외되어 있으면서도 의식적인 면에서는 전통사회의 현모양처와 조금도 다름없는 면을 보여주고 있다.

그와 같은 남편의 외도는 이중적인 성윤리에 의해 강화되는데 주부들은 '남자가 나이들고 안정되면 바람피는 재미밖에 더 있느냐'는 남성들의 태도에 갈등을 느끼면서도 '남편의 외도 때문에 이혼하는 것은 바보 같은 일'이라며 남편의 외도를 흔히 있을 수 있는 일로 간주하는 경향이었다. 그러한 경향은 주부의 경제적 무능력과 친권에 대한 법적 불평등으로 인해 한층 강화되고 있었다.

한국 도시주부의 갈등적 상황을 분석하는 데 있어 또 하나의 중요한 부분은 사회와의 관계이다. 교육받은 중산층의 주부일수록 아내와 어머니의 역할만으로 만족하지 못했고 시간이 지날수록 자신이 퇴보했다는 것을 느끼며 '결혼할 당시와는 달리 남편보다 훨씬 열등해진' 자신을 발견하곤 당황하는 경향이었다. 따라서 가정 밖의 일을 통해 자아실현을 하려는 욕구를 강하게 가졌고 실제로 안해 본 것이 없을 정도로 이것저것에 매달려 보기도 했다고 하였다.

그러나 주부들의 자아실현과 사회적 성취의 방법은 극히 제한되어 있고 취미활동이나 자원봉사활동은 근본적인 해결책이 될 수 없는 경우가 많았다.

또한 빈곤층의 주부들은 가계유지를 위해, 중산층의 주부들은 자아실현의 한 방편으로 경제활동의 필요성을 절감하는 경향이었는데 공통적으로 '내 돈이 필요하다'는 생각이 지배적이었다. 그러나 취업가능성에 대해서는 회의적이었는데 그것은 교육수준이 높고 직업 경력이 있는 경우에도 마찬가지였다. 대부분의 주부들은 막연히 '장사라도 해보고 싶다'는 반응이었다.

3. 토의

갈등적 상황에 처한 도시주부들의 사례를 기초로 본 논문의 초점인 한국 도시주부의 정신적 갈등의 사회적 요인을 밝혀 보면 다음과 같다.

첫째, 산업화에 따른 가정과 일터의 분리는 도시주부의 갈등의 원인이 된다. 산업화에 따라 남성은 일터, 여성은 가정이라는 이분화가 이루어졌고 여성들은 가정에만 고립된 채 대사회적 관계에서 소외되었다. 이 기간중의 여성들의 교육수준은 매우 향상되었으나 대부분의 주부들은 경제적·교육적 기능마저 축소된 가정에만 존재함으로써 자신의 위치가 하락했음을 느끼고 정체감에 의문을 가지게 되었다. 더우기 가정과 일터의 분리로 인한 성적 분업이 공공연히 인정되는 상황에서는 가족구성원간의 자유롭고 평등한 관계가 불가능해지거나 대화 자체가 힘들어지기 쉽다.

따라서 배타적 가족구조 속에 각각 존재하는 주부들은 자신의 문제를 개인적으로만 파악할 뿐 사회와의 관계 속에서 객관적으로 인식하기 힘들며 갈등의 원인을 자신에게만 돌림으로써 자기비하의 경향이 강하다. 또한 문제를 개인적인 차원에서 해결하려는 힘겨운 노력을 하게 되며 종교활동을 통해 갈등을 해결하고자 한다.

둘째, 이상적 주부상으로서 강조되는 현모양처상은 주부들의 갈등의 원인이 된다.

현모양처란 남성중심의 가치관과 규범에 가장 잘 순응하는 운명론적이고 수동적인 여성상의 전형일 뿐 현대 산업사회가 요구하는 합리적·기능적·독립적인 인간상과는 매우 다르다. 그러므로 학교교육을 통해 현대적 가치를 익힌 여성들이 전통적인 여성역할만을 수행하도록 요구받을 때 현실과 이상 사이의 모순을 느끼게 된다.

뿐만 아니라 현모양처상의 강조는 남편과 자녀에게 집착하게 함으로써 배타적 가족주의를 강화시키고 대사회적으로 극히 이기적인 주부상을 만들며 아들을 더 중히 여기는 남아선호사상을 유지시키기도 한다. 또한 현모양처의 조건은 점점 까다로와지고 복잡해짐으로써 현실적인 성취를 불가능하게 한다. 즉 현대적인 이상적 주부로서의 현모양처는 전통적 현모양처의 역할 외에도 남편과 자녀의 행복하고 안락한 생활, 집안 장식 등에 대해 책임을 져야 하고 필요한 경우 경제력도 가져야 하는 등의 다역할 수행을 감수해야 한다. 특히 현모양처의 조건은 그 성공여부가 가족구성원의 호의에 달려 있으므로 여성에게 타자지향적인 삶을 살게 하며 대리적인 성취만을 가능하게 하고 그것을 통한 만족감도 제한적일 수밖에 없다.

셋째, 가사노동은 주부들의 갈등의 원인이 된다. 산업화와 함께 전통사회의 주부들에게 고유하고 확고했던 역할들이 다른 사회제도로 이양된 것은 사실이다. 그러나 그렇다고 해서 산업사회의 주부들이 가사 노동을 하지 않는 것은 아니며 오히려 자녀수는 감소되었어도 모성의 중요성이 강조되면서 어머니 역할은 더욱 중요해졌고 산업사회의 소비지향주의는 해야 할 가사노동의 양을 증가시키고 있다.

특히 가사노동의 무보수성은 가사노동의 가치를 인정하기 힘들게 하며 가사노동을 천시하는 풍조까지 곁들여져 막대한 가사노동의 양에도 불구하고 가사노동만 하는 주부의 사회적 지위는 결코 높은 것이 될 수 없고 가족들조차 그 가치를 인정해 주지 않는다.

　더우기 개인의 기호나 적성의 차이에도 불구하고 가사 노동의 책임이 일률적으로 부과되며 연령이 많거나 몸이 아픈 주부들에 대한 보장책이 마련되어 있지 않기 때문에 갈등은 더욱 커진다. 가사노동은 잘하려면 끝이 없으며 '더 낫고' '더 색다른' 노동을 필요로 하는 최근의 경향은 주부들로 하여금 그들의 고유한 업무에 대해 자부심을 가지기 힘들게 한다.

4. 맺음말

이상의 연구를 통해 우리는 주부들의 갈등적 상황과 그 사회적 요인을 밝혀 보았다. 주부들이 공통적으로 가지는 문제는 그 자체가 사회문제로 인식되어야 하며 해결을 위한 노력도 사회적인 차원에서 이루어져야 할 것이다. 특히 정신적 갈등을 해결하기 위해서도 이제까지 강조되어 왔던 개인적·심리적인 치료방법 외에 사회적인 대책이 제시되어야 할 것이다.

　그러기 위해서는 첫째, 주부가 가정에만 머무르지 않고 사회와의 관계를 통해 자신을 파악하고 발전시켜 나갈 수 있도록 사회적 성취기회가 주어져야 한다.

　둘째, 한국의 현모양처 이데올로기는 과거에 여성이 수행하던 역할에 더하여 현대적인 역할을 추가부담시키고 있다. 즉 사회적 변화에 따라 생활양태가 바뀌었는데도 불구하고 현대적 현모양처 이데올로기는 여성이 교육을 통해 배운 평등을 실현할 기회를 박탈하고 있다. 그러므로 여성을 가정에만 묶어 두려는 현모양처 이데올로기로부터 벗어나서 독립적이고 합리적인 인간으로서의 주부상이 정립되어야 할 것이다. 특히 현모양처 이데올로기에 의해 강화되는 배타적 가족주의에서 벗어나기 위해서 가족형태의 다양화 혹은 새로운 공동체의 모색 등의 대안이 적극적으로 추진되어야 할 것이다.

　세째, 가사노동이 무임노동이므로 주부의 지위를 낮추는 효과를 가져오는 외에도 가사노동 자체가 여성을 정신적으로 압박하는 요소가 된다. 그러므로 가사노동의 문제가 가족구성원들간의 분담, 혹은 사회화 등의 방법을 통하여 제도적으로 해결되어야 할 것이다.

　이상의 해결책 외에도 또 한편으로는 임상의들이 여성에 대해 가지고 있는 편견이나 고정관념을 없애는 일이나 주부들을 위한 집단치료나 부부공동치료 혹은 지역사회 단위의 치료 등과 같은 단기적인 대책도 마련되어야 한다. 특히 여성문제를 올바르게 이해하는 임상의, 임상심리학자, 사회사업가, 사회학자, 여성학자 등에 의해 이루어지는 상담소사업도 바람직할 것이다. ■

지구촌 자매들

25세 여성조기정년 철폐를 위한 여성운동

정경환
여성동아 기자

1. 사건의 발단과 운동의 전개

사건의 피해자 이경숙씨는 여고를 졸업하고 1981년 방일물산(무역업) 영업부 사원으로 근무하던 중 1983년 횡단보도를 건너다 당한 교통사고의 후유증으로 도저히 일을 계속할 수 없게 되었다. 이에 가해자를 상대로 손해배상청구소송을 제기했는데 서울민사지법 합의 15부는 '우리 나라 여성의 결혼평균연령인 26세부터는 가사노동에 종사하는 것으로 보아야 한다'면서 회사원으로서 수입을 인정할 수 있는 것은 25세까지뿐이며 26세부터 55세까지는 일용도시여성근로자 일당임금 4천 원으로 인정, 퇴직연령 55세까지 회사원으로 얻을 수 있는 원고의 요구액 3천 5백만 원을 기각하고 8백 46만 원을 배상하라고 판결했다.

이 판결이 신문지상에 보도되자 한국여성단체협의회는 대법원장, 고등법원장, 서울민사지방법원장에게 각각 건의문을 보내면서 '결혼퇴직 자체가 헌법과 근로기준법에 위배되는 사항인데 이를 기정사실화해서 그것을 토대로 판결하는 것은 모순'이라고 판결의 부당성을 지적했다. 또한 여성평우회는 '결혼퇴직제를 정당화시킨 사법부에 대한 우리의 입장'이라는 성명서를 통해 결혼퇴직제를 정당화시킨 것과 가사노동에 대한 가치척도를 도시여성근로자 일당임금인 4천 원으로 잡은 것을 이 판결의 부당함으로 제시했다.

연이어 한국교회여성연합회도 같은 내용의 건의문을 제출했고 대한 YWCA는 판결의 근거를 묻는 질의서를 내는 동시, 지방 YWCA 직장여성회원들을 중심으로 법원에 항의편지 보내기 운동을 전개했다.

이렇게 우리 나라의 뿌리깊은 남녀차별적 폐해를 그대로 드러낸 이경숙씨 사건에 대해 개별적으로 즉각적인 대처를 한 여성단체들은 이 사건을 계기로 연합활동의 필요성을 인식하고 운동의 효율성을 꾀하고자 '85년 7월 15일 '25세 여성 조기정년제 철폐를 위한 여성단체 연합회'(이하 '25세 여조연'으로 약칭)를 구성했다.

2. 25세 여성 조기정년제 철폐를 위한 여성단체 연합회 결성 및 활동

여성의 전화, 또 하나의 문화, 여성평우회, 한국교회여성연합회, 한국기독교교회협의회 여성위원회, 한국여신학자협의회 등 6개 여성단체로 구성된 '여조연'은 여성차별적인 부당성이 시정된 판례를 남기는 일을 1차 과제로 설정했다.

그리하여 전근대적인 관례에 젖어 있는 사법부의 판결에 여성들의 주장을 관철시키는 일, 이경숙씨의 법정투쟁을 정신적·재정적으로 후원하는 일, 그 밖에 홍보활동을 계속해 나감으로써 여성들의 의식화를 위한 사회 계몽의 계기로 삼는 일을 공동으로 해나가기로 했다.

여조연은 이와 같은 공동체적인 인식하에 '85년 한 해 동안 여성의 취업 활동실태, 직업의식, 조기정년의 부당성, 가사노동의 가치이론과 실제임금 추정 등의 연구조사와 함께 연속토론회를 개최, 더 많은 대중의 이해와 동참을 유도하기 위한 홍보활동을 전개했고 하나의 압력단체로서 사회의 관심을 불러일으키는 데 한몫을 했다.

이러한 활동 가운데 주목할 만한 것이 3차에 걸친 연속토론회로 여성의 전화, 여성평우회, 또 하나의 문화가 각각 주최했는데 여성의 전화는 '여성노동현실과 노동운동'을 주제로 1차 토론회를, 여성평우회는 '조기정년제의 현실과 극복'을 주제로 2차 토론회를, 또 하나의 문화는 '가사노동과 여성운동'을 주제로 3차 토론회를 벌였다.

1차 토론회는 여성노동현실과 여성운동을 접합시키기 위한 문제제기로써 이경숙씨가 직접 나와 사건의 경위를 설명하고, 10여 년 동안 생산직에 종사해 왔으나 출산 후 아이를 맡길 곳이 없어 다니지 못하고 있는 한 여성과 대기업체에서 사무직으로 근무하고 있지만 결혼 후 퇴직을 강요받고 있는 한 여성의 사례가 발표되었다.

이와 함께 이경숙씨 사건을 중심으로 한 여론조사 결과가 발표되었는데 응답자 665명 중 이경숙씨와 비슷한 여건—20대, 미혼고졸여성, 현재 직장(사무직+생산관련직)—의 경우 '사법부 판결이 전근대적이다'가 72.4%, '결혼 후 직장은 어린 자녀를 맡길 사람이나 시설이 있으면 계속 하겠다'가 59.2%, '남녀의 정년시기는 같아야 한다'가 73.7%, '가사노동가치 4천원 판시는 매우 부당하다'가 68.4%,

이경숙씨 1차 판결에 대해 '전 여성의 지위에 영향을 끼치므로 정당한 판결이 나오도록 전 여성이 이 문제에 참여해야 한다'가 86.8%로 나타났다.

이 토론회에서 김주숙 교수(한신대·사회학)는 다음과 같은 논평으로 결론을 내렸다. 첫째, 여성에게 기본적으로 나타나는 것이 노동의 문제이므로 여성운동은 노동운동을 수용해야 한다는 것. 둘째, 취업을 위한 탁아제도 등 모성보호정책을 요구해야 한다는 것. 세째, 남자와 여자의 역할이 왜 구분되었는가를 객관적·구조적으로 규명하고 나서 남녀가 가사를 분담한다면 육아의 문제가 남는데 그것은 사회복지적 차원에서 모성보호정책으로의 전환이 절실히 요구된다는 것이다.

'조기정년제의 현실과 극복'이라는 주제의 2차 토론회에서는 갖가지 조기정년제 사례발표와 여성을 억압하는 요소에 대한 사실심리가 모의재판식으로 이루어졌다. 이 토론회에서는 여성들이 개인적 능력이나 노력, 그리고 주위의 작은 협조를 얻어 개별적으로 조기정년제를 극복하는 데 성공한 사례를 보여주었는데 여기서 주목된 것이 43세 퇴직무효소송을 제기한 전화교환원 김영희씨 사건이었다.

한국전기통신공사법에 규정된 55세정년이 여자교환원에게만 43세로 적용된 것은 명백한 근로기준법 위반이라며 소송을 제기한 김영희씨의 경우 남녀차별철폐를 위한 법적 투쟁이라는 데 큰 의의가 있는 것으로 지적되었으며, 실제로 정부가 정한 기능직 공무원의 정년이 50세로 조정되는 등 수확을 얻어 조기정년제 극복을 위한 투쟁에 희망을 불어넣어 준 모델 케이스로 평가됐다. 그러나 여성의 인간성 회복을 저해하는 사회구조적 모순은 여성이 주체가 되는 사회운동이나 노동운동과 같이 결집된 힘의 형태로 개선, 극복되어야 하며 정책적 차원에서 모성보호나 복지제도 같은 실질적 조처가 있어야 한다는 것이 결론으로 다시 한 번 강조되었다.

제3차 연속토론회에서는 가사노동의 본질과 여성운동적 차원에서의 과제에 대한 논의가 있었다.

지금까지 우리 사회가 갖고 있던 통념은 가사노동에 대해서만은 어떠한 경제적 가치도 인정하지 않는 것이었는데 김애실 교수(외국어대·경제학)는 이러한 통념을 깨뜨리고 이 토론회를 위해 다섯 가지 방법으로 가사노동의 가치를 계산해 냈다.

첫번째 계산법은 주부가 하루종일 하는 일을 아홉 가지의 다른 일로 나누어서 각각 소요되는 시간만큼 전문직업인을 고용했을 때 지불해야 할 임금을 계산한 것으로서 한 달에 27만원을 지불해야 한다는 결론이 나왔다. 두번째는 파출부를 하루 10시간 21분씩 고용했을 경우로 한 달에 드는 비용은 17만 원이었다. 그러나 파출부가 하는 일만으로 자질구레한 주부의 가사노동이 모두 수행된다고 볼 수는 없다고 보았다. 세째로 가사노동을 요리, 빨래, 청소 등 단순노동과 자녀돌보기, 장보기, 가계부정리 등 가정관리의 두 측면으로 나눠 가정부와 가정관리인에게 나누어 맡기는 경우 월 39만 원이 산출되었다.

나머지 두 방법은 주부들 자신의 주관적 평가로 '자신이 하는 주부일을 돈으로 환산한다면 월 얼마 정도인가'라는 질문에 주부들은 10만 원에서 2백만 원까지 다양한 대답을 했는데 평균을 잡아 볼 때 각자의 가계소득의 약 80%에 해당하는 46만 원이었다. 또한 '당신에게 취업기회가 주어질 경우 최소한 월급이 얼마일 때 하겠는가'라는 질문에는 20만 원에서 70만 원까지의 대답을 해서 평균 37만 원이라는 금액이 나왔다.

이와 같은 가치산정작업은 다른 모든 직업에 있어서와 마찬가지로 가사노동가치를 화폐로 환산해 놓음으로써 지금까지 무보수, 사적 노동으로 고착돼 온 일반통념을 깨뜨리게 되었고 여성운동에 있어서는 가사노동을 사회적 노동으로 전환시키는 일대 계기를 마련했다고 볼 수 있다.

한편 김혜경씨(청주대·여성학 강사)는 여성운동의 발전에 있어 중요한 관건이 되는 가사노동 문제를 해결하기 위해선 다음과 같은 기본방향으로 노력이 기울어져야 한다는 결론을 내렸다.

첫째, 가사노동이 현재와 같은 사적 생산방식으로부터 사회화된 방식으로 개선되어야 하며 둘째, 노동력의 재생산 노동 특히 생명생산활동과 관계된 일은 인간의 가장 기초적인 필요와 욕구를 충족시켜 준다는 점에서 사회적으로 유의미한 노동으로 인정되어야 할 것, 세째, 남자와 여자의 일을 분리시키는 제반 사회적 정치·이념들이 사라져야 한다는 것이다.

3차에 걸친 연속토론회를 마감하면서 여조연은 '25세 여성조기정년제 철폐하라!'는 결의문을 채택했다. 이경숙씨 사건의 경위, 25세 여조연 활동의 내용과 의의를 설명하고, 스스로 깨닫고 행동하는 것이 여성문제 해결의 첫걸음임을 재확인하면서 다섯 가지 사항을 결의했다.

一. 우리는 이경숙씨 사건에 대한 사법부의 부당한 판결이 시정되는 그 날까지 본 연합회 활동을 계속해 나갈 것을 결의한다.

一. 우리는 여성에 대한 결혼퇴직제를 비롯, 일체의 조기정년제를 철폐하기 위한 모든 운동에 참여할 것을 결의한다.

一. 우리는 정부가 이미 발표한 남녀차별철폐조항이 사문화되지 않도록 사회전반적 개선운동에 앞장설 것을 결의한다.

一. 우리는 이번 연합회 활동을 시작으로 이 땅의 고통받는 여성을 위한 여성운동역량을 결집하고 나아가 범여성적 대중지지기반을 구축할 것을 결의한다.

一. 우리는 여성의 억압과 불평등을 당연시하는 가부장적 사회문화제도를 불식시켜 남녀가 평등하고 인간성이 회복된 새 민주사회 건설에 앞장설 것을 결의한다.

이러한 빗발치는 사회여론에 힘입어 곧바로 제기한 이경숙씨의 항소심에는 25세 여조연의 조사연구내용과 여론조사 결과가 증거로 제출되었다. 이러한 운동의 하나의 결과로, 3월 4일 항소심에서는 1심판결을 뒤엎고 미혼여성도 특별한 사정이 없는 한 일반 근로자의 퇴직연령인 55세까지 직장에 근무하는 것으로 봐야 한다는 판결이 내려졌다. 이는 여성들의 직장 근무기간은 평균 결혼연령인 26세 이전으로 봐야 한다는 1심판결의 모순과 부당성을 재판부가 인정한 것으로, 여성단체연합운동의 한 결실이라고 평가할 수 있겠다.

그러나 배상액에 있어서, 사고당시의 월급(10만 9천 원)의 연도별 인상을 전제로 손해액을 배상하라는 원고측의 요구가 관철되지 못하고, 봉급인상에 대한 인정자료가 충분하지 않다는 이유로 사고 당시의 월급을 기준으로 서울대병원과 국립의료원이 감정한 노동능력상실 20%를 인정해 계산한 9백 45만 9천 원을 지급하라는 판결이 내려졌다. 이는 원고측이 요구한 3천 5백 50여만 원에 크게 못 미치며, 1심판결액보다 1백만 원밖에 많지 않은 액수이다. 이경숙은 대법원에 상고했고 그 동안 함께했던 여성단체도 대법원의 최종판결에서, 요구한 배상액의 정당성을 인정받기 위해 계속 가능한 방법을 동원하여 지원을 할 예정으로 있다.

아직 완결된 단계는 아니지만, 여성조기정년 철폐를 위한 여성단체연합운동은 여성운동사상 여성차별의 문제를 사회여론화시키고, 법적·제도적 권리를 획득하기 위해 공동으로 운동을 벌였다는 점에서 하나의 획기적인 일로 기록될 것으로 보인다. ■

지구촌 자매들

나이로비 여성대회

지영선
동아일보 생활부 기자

유엔 여성 10년을 마무리하는 세계여성대회가 소위 선진국들에 의해 검은 대륙이라 불리우는 아프리카의 나이로비에서 열린 데는 나름대로의 깊은 뜻이 있다. 10년 전 유엔은 1975년을 '세계여성의 해'로 선포, 가려져 왔던 남녀불평등 문제에 전세계의 관심을 끌어모으는 계기를 마련했다.

그해 멕시코시티에서 유엔은 유사이래 최대의 세계여성대회를 열었다. 이 대회 참석자들은 뿌리깊은 여성문제에 1년간의 여성의 해는 너무 짧다는 사실을 절감, 'UN여성 10년'을 선포했다. 76년부터 85년까지 전세계가 여성문제 해결을 위해 집중적인 노력을 경주하며 80년에 그 성과를 중간점검, 85년에 최종점검하는 세계여성대회를 유엔이 다시 개최하기로 결정했다. 80년 회의는 남녀평등에 있어서 앞서가는 덴마크의 코펜하겐에서 열렸고 마무리회의는 케냐의 나이로비에서 열기로 했던 것이다.

가난한 나라, 식민지시대를 거친 개발도상국일수록 여성의 고통은 이중 삼중으로 무겁다. '85세계여성대회는 그 고통의 현장 아프리카에서 개최되었다는 데 큰 뜻이 있다고 하겠다. 케냐는 아프리카의 다른 나라들에 비해서는 산업화가 빨리 돼 연국민소득이 420 달러(이디오피아는 120 달러)이고 나이로비는 연중 서늘하고 쾌적한 날씨에다 식민지시대 백인들을 위해 건설된 도시환경으로 해서 아프리카에서는 유일하게 대규모 국제회의를 열 만한 곳이다.

아프리카에서 열렸으므로 어떤 회의 때보다도 아프리카 여성들이 많이 참석할 수 있었고 보다 풍족한 유럽, 미주, 호주, 아시아 여성들이 먼길을 마다 않고 찾아와 세계 1만 5천 명의 여성들이 한자리에 모였으니 더구나 뜻이 깊다 하겠다.

그러나 당초 예상의 배가 넘게 몰린 참가자에 케냐정부가 '호텔예약 일방취소'라는 도리에 어긋난 대처를 하는 바람에 단결을 과시하기 위해 전세계에서 모여든 여성들이 양분될 위기에까지 갔었다.

대회개막 임박해서 각국이 대거 중량급의 정부대표단을 보내겠다고 통보하자 케냐정부는 정부대표들에게 고급 호텔방을 내주기 위해 몇 달 전부터 미리 돈을 보내 확보했던 민간참가자들의 예약을 백지화해 버렸던 것이다.

아무 잘못 없이 호텔에서 내쫓기게 된 여성대표들 중 일부는 급기야 철야대책회의를 열었다. 남성과 여성간의 모든 차별을 철폐하기 위해 모인 이곳에서 권력 있는 여성과 권력 없는 여성이 이토록 명백하게 차별받는다는 것은 회의의 근본정신을 위협하는 일이다, 회의를 보이코트하고 돌아가자는 강경론이 나올 만큼 대책회의의 분위기는 심각했다.

이런 막바지긴장을 누그러뜨리는 데는 한국 민간대표 중의 한 사람이었던 가정법률상담소의 이태영 소장이 큰 역할을 했다. 참가자들 중 최고령자의 한 사람이었던 이 소장은, "무모한 실수를 저지른 케냐정부와 남의 방을 빼앗아서라도 숙박하겠다는 정부대표를 모두 용서하고 그들을 우리 방에 받아들여 함께 숙박하자"는 절충안을 내놨던 것. 대책회의 참가자들에 의해 열광적인 환영을 받은 이 제안을 케냐정부는 처음에 거부했지만 결국 받아들여 회의 벽두의 험악했던 긴장은 그런대로 원만한 결말을 볼 수 있었다.

유엔 여성대회는 멕시코 때부터 독특한 형식으로 열려 왔다. 정부대표회의 conference와 비정부 민간인 참가자들의 모임 NGO Forum을 병행한 것이다. 정부대표들의 국제회의란 으례 자기 나라 잘했다는 자랑 일색이 되기 십상이므로 개인자격으로 모인 각계의 참가자들이 허심탄회하게 여성문제를 털어놓을 수 있도록 별도의 NGO포럼을 병행키로 한 것이다.

나이로비 NGO 포럼은 '유엔 여성 10년을 되돌아보고 평가하기 위한 세계회의——평등·발전·평화를 주제로'라는 긴 이름의 정부대표회의에 한발 앞서 10일부터 19일까지 열렸다. 정부대표회의는 15일에 개막, 10일간 토의를 계속하면서 한발 앞서 포럼에서 논의되어 건의된 내용을 수용, '2천년대를 향한 여성전략' 370개 항의 결의문을 채택하고 26일 폐막했다. 참가자는 정부대표가 160개국에서 1,720명, 국제기구 대표가 337명, 보도진 1,223명, 그리고 NGO 포럼에 참가하기 위해 세계각국에서 나이로비를 찾아온 민간여성이 1만 2천 명에 이르러 자그마치 1만 5천 명의 대축제가 된 것이다.

포럼은 10일 케냐타 국제회의센터에서 형식적인 개막식을 치른 후 이튿

날부터 주로 나이로비 대학을 무대로 '만남의 광장'이라는 본래의미대로의 판을 벌이기 시작했다. 포럼이란 좀 특별한 형식의 국제회의였다. 갖가지 피부색, 갖가지 옷차림, 갖가지 언어의 여성들이 북적거리는 나이로비 대학 캠퍼스는 그야말로 풍성한 잔치였다. 갖가지 생각과 의식을 사고 파는(?) 장날이라고나 할까.

5백 명이 들어가는 타이파홀에서부터 20명 정도가 들어갈 수 있는 작은 방에 이르기까지 크고 작은 강의실이며 캠퍼스 잔디밭 이곳저곳에서 사람들이 모여 나름대로 판을 벌인다. 그것 중엔 토론회, 전시회, 음악회, 시낭송회, 영화상영도 있고 서명을 받기도 하며 노래를 부르고 춤을 추기도 하며 정보를 교환하고 워크숍에서 무언가를 배우기도 한다. 여성에 관련된 무엇이든 주장하고 의견을 나누고 보여주고 싶은 사람들이 행사본부에 신청을 하고, 이곳에 도착해 시간과 장소를 배정받아 각자 벌인 판이다. 관심이 있는 사람은 마음대로 참여해 이야기를 듣고 보고 자신의 의견을 편다.

1만 2천 명의 여성이 벌이는 이 부산한 잔치판의 유일한 이정표는 포럼본부가 포럼이 진행된 15일 동안 발행한 일간《포럼 85》. 이 신문엔 현장의 뉴스며 주목할 만한 인물의 인터뷰도 실린다. 그리고 가장 중요한 것은 다음 날 벌어질 토론, 워크숍 등 갖가지 행사의 시간과 장소를 싣는 것이다. 그것을 보고 자신의 관심방향에 따라 행사에 참여해야 하기 때문이다. 행사는 자그마치 매일 100-200개가 되었다.

《포럼 85》는 첫호인 10일자에 '포럼에서 어떻게 살아남을 것인가'라는 안내지침을 실었다.

• 포럼은 자리가 정해져 있고 발표내용이 배부되는 등 질서정연한 세미나 회의와는 다르다. 당신 자신이 어떤 행사의 주최자가 될 것인지, 어디에 참석할 것인지, 얼마나 적극적으로 참여할지 모든 것이 당신 자신에게 달려있다. 매일 신문에 실리는 다음날의 행사목록을 확인, 스스로 스케줄을 짜도록 하라.

• 참가자가 너무 많으므로 의기투합하는 친구를 만났다 해도 헤어지고 나면 다시 못 만날지 모른다. 다시 만나고 싶은 친구라면 이름, 숙소, 소속기관, 관심사 등을 적어 두도록 하라.

• 워크숍, 식사 때 등 기회 있는 대로 많은 친구를 만들도록 노력하라. 세계 각국 각 계층의 여성들이 한자리에 모인 이번 포럼처럼 당신의 국제교류 범위를 넓혀 줄 기회는 흔치 않을 테니까.

• 중간에 적당한 휴식시간도 계획에 넣도록 하라. 오전 오후 쉬지 않고 워크숍, 전시회, 토론, 농촌시찰 등 프로그램을 쫓아다니다간 며칠 안 가 몸과 마음이 녹초가 되고 말 테니까……

다양한 갖가지 행사를 벌이는 가운데 온갖 여성문제들이 꺼내져 토론의 대상이 되었다. 패널 토의의 제목들을 몇 개만 살펴보면 '여성의 노동 생산과 출산' '여성을 둘러싼 세계의 정치 및 문화적 분위기' '인종분리정책하의 여성' '난민여성의 문제' '상이한 종교배경에 있어서의 성(性)과 신체의 역할' '노년여성·노년의 경제학' '미국의 흑인여성—선진국 속의 후진집단' '이란-이락분쟁에 반대하는 여성활동' '핵전쟁의 위협에 반대하는 여성운동' '정치참여를 위한 여성교육' '여성기구를 위한 컴퓨터의 활용'……

『여성의 신비』를 쓴 미국 여권운동의 기수 베티 프리단은 나이로비 대학 캠퍼스 커다란 무화과나무 그늘 아래 앉아 자신과 의견을 나누고 싶어하는 여성들과 자유롭게 대화하며 여성운동의 앞으로의 방향을 모색했으며, 미국의 상원의원을 지낸 벨라 압추크는 이번 포럼에 참가한 15개국의 여성국회의원 18명과 '만약 여성이 세계를 지배한다면'이라는 토론회를 열어 포럼 행사 중 가장 많은 청중을 모았다.

국적과 인종, 문화배경의 차이에 아랑곳없이 다만 여성이라는 연대감만으로 허심탄회하고 우의에 넘쳤던 이번 포럼의 분위기는 취재기자 이전의 한 여성인 내게 놀랍고도 소중한 것이었다.

"여성이 세계를 지배하면 무기 대신 식량증산에 골몰하며, 한 조각의 빵도 여러 아이에게 고루 나눠 주듯 자원을 전세계가 나눠 쓰는 평화로운 세계가 될 것"이라는 한 토론자의 말이 단순한 공상만은 아닐 수도 있다는 가능성을 느끼게 했다.

반면 15일부터 26일까지 케냐타 국제회의센터에서 계속된 정부대표회의의 분위기는 포럼과는 아주 대조적인 것이었다. 미국대통령의 딸 모린 레이건, 소련 최초의 여자비행사 발렌티나 테레시코바, 그리스의 수상 부인 마가렛 파판드레우를 비롯, 수석대표로 참석한 퍼스트 레이디만도 10여 명이나 되는 정부대표단들은 차례로 높은 단상에 올라 자기 나라 여성정책을 자랑하기에 바빴다. 자기자랑뿐 아니라 기회 있는 대로 입장이 다른 적대국을 공격하는 데도 게으르지 않았다. 미국은 특히 니카라과 침공, 친이스라엘정책 등으로 해서 많은 공격을 받았는데 모린 레이건은 그때마다 응답권을 행사, 반박에 나서곤 했다.

정부대표회의에 김현자 의원을 수석대표로, 김영정 의원(당시 여성개발원장), 김옥렬(숙대 총장), 박순양(대한YWCA 총무), 김모임(연대 교수), 이길녀(전 여의사회장), 주정일(여성정책심의위원), 최필립(외무부 본부 대사·이하 남자), 김찬진(국무총리실 제2행정조정관), 김동일(이화여대 교수) 등 10명이 참가한 우리 나라 대표단은, 여성개발원과 여성정책심의위원회 등 정부 내 여성문제전담기구 설치, 가족법의 일부 개정, 유엔차별철폐협약 가입(일부 조항 유보), 여성학의 소개 등을 한국이 지난 10년간 이룩한 주요성과로 꼽았다. 그러나 상당한 발전으로 보이는 이들 성과 중 실질내용에 있어 허점이 적지않음을 우리는 간과할 수 없다.

한편 북한에서는 여연구(呂燕九) 최고회의 부의장을 수석대표로 장창천(張創天·남), 윤송림(尹松林·남), 노송희(盧松姬) 등 4명의 대표단을 파견, 최고인민회의 등 각급정책결정기관의 여성참여 33%, 탁아시설과 의료혜택의 완비 등을 주요성과로 꼽았다.

우리 대표단의 김현자 단장과 북한의 여단장(정치가 고 몽양 여운형의 딸)은 이화여전 동창인데다 84년 제네바에서 열린 IPU 총회에서 만나 서로 아는 사이라 비록 의례적인 데 그쳤지만 학기애애한 대화를 나누기도 했다.

NGO 포름에는 김후란(당시 여성개발원 부원장), 홍숙자(여성단체협의회장), 강기원(변호사), 권영자(여성개발원교육연수실장), 정옥순(여성개발원 자원개발실장), 김명숙(보사부 부녀과장), 김옥라(세계감리교 여성연합회장), 이태영(가정법률상담소장), 김천주(주부클럽연합회장), 홍승희(주부클럽연합회원), 박영혜(숙대 교수), 김덕순(새여성회 이사), 선순자(〃), 윤장순(여협재정위원), 전금주(〃), 정정애(〃), 최미라(YWCA 대학생 회원) 등 17명이 참석했다.

여성개발원은 '약진하는 한국여성'이라는 제목으로 한국여성의 활동상을 보여주는 사진전을 나이로비 대학 캠퍼스에서 벌였으며 그 사진들을 책으로 묶은 사진집을 배부하기도 했다. 홍숙자씨가 '민간단체와 정부와의 관계'라는 워크숍을 조직해 주관했으며 이태영씨는 '여성과 관습법' 박영혜씨는 '여성학의 미래와 전망' 김모임씨는 '여성과 보건'의 워크숍 토론자로 참가했다.

이번 여성대회, 특히 NGO 포름의 우리 나라 참가자들 중에는 포름의 성격을 미리 파악하고 있었던 사람이 몇 되지 않았다. 그래서 여성이 안고 있는 문제를 제기하고 의견을 나눠 해결책을 찾는 포름 본래의 성격과는 동떨어진 채 국위를 선양하려는 소박한(?) 자세에 머물렀던 감이 없지 않았다. 보사부관리, 여성개발원 직원, 국무총리실 산하 여성정책심의위원이 비정부 민간인 모임 참가자에 포함된 것부터 좀 이상한 대표단 구성이었다. 이것은 의도적이었다기보다도 우리의 국제회의 및 행사에 대한 이해 및 대처능력 부족에서 원인을 찾을 수 밖에 없을 듯 하다. 외국어 구사능력의 부족 또한 적지 않은 한계가 되었다.

이번 여성대회, 특히 NGO 포름에는 세계적인 여권운동가와 여성지도자들이 많이 왔지만 대부분은 여성문제에 관심을 가지고 나름대로의 분야에서 일하는 평범한 여성들이었다.

 민간대표단 700여 명이 참가한 일본대표단은 평범한 여성도 이런 국제회의에서 훌륭하게 참여하고 활약할 수 있다는 것을 보여준 대표적인 경우였다. 그들 중 대부분은 우리와 마찬가지로 영어가 서툴렀는데도 워크숍이며 토론에 임하는 태도가 여간 적극적인 것이 아니었다.

 '성차별의 실제'라는 한 워크숍을 통해 일본의 직장여성 10명은 자신들이 직장에서 어떻게 차별받고 있는가를 겪은 대로 실감나게 설명했다. 10명 중 영어를 제대로 구사할 수 있는 사람은 2명뿐이었는데 두 사람이 기민하게 나머지 사람들을 소개하고 통역해서 하고 싶은 이야기를 다 하는 것이었다. "이 대회에 오기 위해 5년간 저축을 했다"는 얘기며, "우리가 돌아가면 직장에서 쫓겨날지 모른다"는 걱정, "여고 졸업하고 20년간 근무한 나와 올해 입사한 남자 대졸사원의 월급이 같다" 등의 솔직한 호소는 듣는 사람에게 소박한 감동을 불러일으켰다.

 어떤 일본여성들은 남의 워크숍 장소에서까지 자기네가 준비해 온 자료들을 돌리곤 했는데 그 미소만으로 그들의 열성은 충분히 전달돼 말은 굳이 필요하지도 않았다.

 국적과 풍습이 다른 이들이 처음으로 만나서 하나의 주제에 대해 의견을 나누고 열띤 토론을 한 다음 나름대로의 결론을 내려 가는 풍경이 나에게는 참으로 감명깊었다. 서로 아는 사람들끼리 우리말로 회의를 해도 충분히 의견을 나누고 바른 결론에 도달하기 어려운 경험을 우리는 얼마나 많이 하는가. 이는 한편 민주주의 훈련이 얼마나 돼 있는가의 문제이기도 하지만 또 한편 공동의 목표를 갖고 있는 동지이기에 가능했던 것이리라. 성숙하고 우호적이며 열성적인, 그래서 아름다운 자매들 틈에서 나는 행복했다. 그리고 경쟁과 폭력 속에서 어둡기만 한 지구촌의 미래에 우리가 한줄기 빛이 될 수 있음을, 또 되어야 함을 확인했다. ■

지구촌 자매들

비정부 국제기구와 세계여성의 해

주준희
여성개발원·정치학

1. 서론

1972년 12월 18일 UN총회는 1975년을 '세계여성의 해'로 정하고, '여성의 평등한 참여야말로 국가사회의 발전과 세계평화의 필수적 조건'이라 선언함으로써 세계여성운동사의 새로운 장을 마련하였다.[1] 1985년 나이로비 회의의 개막식에서 한 여성지도자가 말했듯이, "세계여성의 해에 우리는 태양을 보았다. 그리고 지난 10년간 우리 여성들은 사회의 짐이 아니라 재산임을 널리 인식시켰다. 태양은 더욱 높이 솟구쳐 오를 것이다."[2]

대부분 남성들이 지배하는 각국 매스콤들은 이와 같은 행사를 소홀히 취급하기도 했고, 또 그리 대수롭지 않은 일들처럼 여겨질지도 모른다. 그러나 UN이 각국 정부대표가 모여 일반적으로 정치적인 토의를 하는 국제기구임을 상기할 때, 또 남녀평등이 아직도 대다수의 국가에서 이상에 지나지 않는다는 것을 고려할 때, 여성의 지위향상이라는 문제가 UN에서 국제적 문제로 토의되었다는 것은 결코 심상치 않은 일이다.

그런데 여성문제의 국제적 의식화의 배경에는 여성비정부국제기구의 장기간에 걸친 노력과 준비가 있었다는 것은 잘 알려져 있지 않다. 여성비정부국제기구란 여성의 권익을 보호, 신장할 것을 목적으로 설립된 국제기구로서 정부와 직접적인 관계가 없는 사적 기구를 가리킨다. 세계에는 약 174개의 여성기구가 있는데 (1981년의 통계)[3] 그 중 54개가 비정부기구이고 81개가 UN의 자문기구이다. 우리

---

1. 국제연합총회결의문 3010번(XXVII).
2. 김후란, 「드높은 한 목소리 : 남성지배 벗어날 때」,《여성중앙》1985년 8월호, 35쪽.
3. *Yearbook of International Organizations*, 20 thed.(Brussels:Union of International Associations, 1981).

에게 비교적 잘 알려진 기구로는 국제여성동맹IAW, 국제여성협의회ICW, 국제걸스카웃연합WAGGGS, 세계기독교청년여성연합WYWCA 등이 있다. 이러한 여성비정부국제기구의 노력이 없이는 세계여성의 해와 이에 따른 국제적 행사는 존재할 수 없었을 것이다. 그러면 여성비정부국제기구가 여성의 지위향상을 위해 국제적 차원에서 어떠한 공헌을 해왔는지 살펴보기로 한다.

2. 여성비정부국제기구와 UN

여성비정부국제기구(앞으로는 여성기구라 약칭)는 그 역사적 기원이나 현재의 활동내역에 있어서 극히 서구적인 성향이 짙다. 여성기구뿐 아니라 현재 활동하는 많은 비정부기구가 그 기원을 19세기 말 유럽의 자유민주주의사상에 기초한 결사의 자유라는 개념에서 찾을 수 있다.

개인이 계급과 국경을 초월하여 비슷한 목적과 관심을 가진 사람끼리 자유스럽게 조직을 만들 수 있다는 당시의 새로운 신념은, 정부가 전쟁과 분쟁에 사로잡혀 있을 때 사회의 빈곤·무지·편견·증오와 같은 근본적인 문제를 다루어 보려는 많은 비정부기구의 출현을 보게 된다. 이 중에서도 여성비정부기구는 노예해방운동에 참가하던 여성들이 노예뿐 아니라 여성들도 전통적인 사회제약에서 해방되어 평등권을 누려야 한다는 데 착상한 여성참정권운동의 영향으로 탄생하게 되었다. 1848년 뉴욕의 세네카 팔에서 열린 최초의 여권회의에서 구미여성들은 '모든 남자와 여자는 평등하게 태어났다'는 획기적인 선언을 하였고, 1888년에는 여성참정권운동으로부터 국제여성협의회ICW가 창설되었다.

1945년 국제연합이 창설될 당시의 헌장기초자들은 UN헌장이 "UN의 회원국인 우리들은……"이라는 말 대신 "UN의 회원인 우리들은……"으로 시작하는 데 합의함으로써 국제평화를 도모하는 국제연합이 사적 개인을 국가보다 중요시여김을 강조하였다. 한편 헌장의 제71조항은 비정부국제기구가 경제사회협의회ECOSOC와 산하기관의 자문기구로서 "전문지식과 조언을 제공하여 국제정책의 수립과정에 세계여론이 반영되도록 규정하고 있다. 이는 여론이 정책수립 과정에 반영되어야 한다는 자유민주주의 이념에 입각한 것으로, 자문기구로 인정된 비정부기구는 UN의 각종 회의에 참관자를 보낼 수 있으며, 구두발표와 서신을 통해 영향력을 행사할 기회를 가진다. 또한 비공식적으로 각 정부대표들과 UN직원들과의 접촉을 통해 국제정책 수립과정에 영향을 미칠 수 있다. UN은 또한 창설 초기부터 여성문제에 관심을 보여 헌장에도 남녀평등의 원칙이 세계평화의 선결문제로 되었는데, 이것 또한 여성기구의 노력과 압력의 결과였다. 당시의 헌장기초자들은 '인권의 보호와 신장'이 UN의 주요한 과제가 되어야 한다는 결론을 내렸다. 그리고 여권은 인권의 주요한 부분이며, 따라서 남녀평등은 세계평화의 주요요건이라는 생각을 UN헌장에 삽입한 것은 여성기구의 강력한 주장에 힘입은 것이었다.

1945년에는 인권위원회 산하에 여성문제부서가 있을 따름이었으나 다음해 단독적인 여성문제위원회가 UN 경제사회협의회에 설치되었고, 이에 따라 여성기구들은 여성문제위원회와의 긴밀한 협력으로, 세계여성의 여론을 수집, 파악하여 UN에 전달하고 또 UN의 결정사항을 각 나라 여성들에게 전달하고 실질적 정책 수행을 돕는 역할을 하고자 노력해 왔다.

3. 국제여권개념의 발달

UN의 여성문제에 대한 활동은 편의상 1970년 이전과 이후로 나누어 생각할 수 있다. 초기의 UN은 서구여성들이 중심이 되어 여성의 정치적·경제적·사회적·민법적 권리를 성문화하고 국제법화하기에 주력하여, 여성기구와 여성문제위원회의 주도하에 다음과 같은 국제협정이 탄생하였다.

여성의 정치적 권리에 관한 국제협정(1954)

기혼여성의 국적에 관한 국제협정(1958)

남녀노동자의 동등보수에 관한 국제협정과 추천서(1951)

여성차별철폐에 관한 선언(1968)

그러나 초기의 노력에는 뚜렷한 한계가 있었고, 그들이 정의한 여권이라는 것이 서구의 특수한 상황과 문화에서 형성된 것으로서, 문화적 우월주의에 지나지 않을지도 모른다는 우려를 자아냈다. 바로 이러한 한계성이 1970년 초부터 비서구국가들이 반발하고 나온 초점이 된다. 1945년 당시에는 UN이 서구국가들에 의해 지배되었으나 아프리카, 아시아, 남미 등의 많은 신생국가가 새로이 회원국이 됨으로써 1970년대의 UN은 이들 비서구국가들이 숫적 다수로서 주도권을 잡게 되었다.

제3세계로 통칭되는 새로운 세력은 기존의 서구중심적 사상에 도전하면서 그들의 주 관심사인 '발전'을 핵심개념으로 설정하여 여권 또한 발전이라는 개념에 연결하여 정의하고자 한다. 세계여성의 해와 잇달은 국제행사들은 이러한 맥락에서 이해되어야 한다.

세계여성의 해 회의는 오랜 세월을 두고 발전해 온 서구의 여성해방운동과 이에 도전하는 비서구국가들의 새로운 여권개념이 충돌하고 갈등을 겪으며 그러한 가운데 공통적이고 새로운 가치와 전략을 수립하여 가는 과정이었다.

4. 세계여성의 해에 부각된 여권개념의 변천

1972년 다섯 명의 여성기구 지도자들이 모여 세계여성의해를 구상했을 때, 그들은 국제회의를 통해 여권개념이 어떻게 변천되리라는 것을 짐작하지는 못했다. 여성기구의 주요한 관심사는 남녀평등 원칙의 국제적 규범화였다고 할 수 있겠는데, UN의 경제사회이사회와 총회의 각 정부대표들은 어째서 이것이 UN의 관심사가 되어야 하는가에 관해 제각기 정치적 의미를 부여하게 되었고, 결과적으로 세계여성의 해 국제회의에서는 평등·발전·평화의 세 가지 개념의 상호연관성이 강조되게 된다.

1970년대는 UN이 비서구국가, 즉 공산국가와 제3세계의 수적 다수에 의해 지배되기 시작한 시기이다. 60년대 말의 UN무역발전회의 UNCTAD를 중심으로 형성되기 시작한 77개 발전도상국의 그룹은 74년 UN특별총회에서 현 세계경제질서는 부국이 빈국을 착취하는 불공평한 체제이며, 국제사회의 정의가 구현되려면 부의 재분배가 이루어져야 한다는 '신경제질서' 선언을 함으로써 정식으로 서구국가에 도전을 시도하였다. 공산주의 국가도 이들의 세력에 가담하여 강대국의 제국주의와 인종주의가 철폐되어야 참된 세계평화의 수립이 가능하다고 하여 서구국가들에 맞서기 시작한다.

이렇듯 이데올로기가 고조된 분위기에서 개최된 세계여성의 해 회의에서는 다음과 같은 새로운 국제여권의 개념이 탄생하였다.

1. 세계평화와 사회발전은 여성의 최대한의 참여를 필요로 한다.

2. 사회발전은 국가간의 빈부격차가 해소되는 신경제질서의 수립이 없이는 불가능하다. 국제사회의 부의 재분배야말로 남녀평등을 도모하고 세계평화를 이루는 데 있어서 필수조건이다.

3. 참된 세계평화를 이루려면 피압박 민족이 해방되며 식민주의와 제국주의가 타파되고 모든 국가가 정치적 경제적 독립을 이룩하고 아파타이트(남아공화국의 인종분리정책)와 같은 인종주의가 자취를 감춰야 한다. 이러한 평화가 남녀평등과 신경제질서 수립의 필수조건이다.

이와 같이 '발전'이란 제3세계의 정치적 관심사를 반영한 것이며, '평화'란 공산주의국가의 반서구국가적 슬로건에 입각한 것으로, 애초에 여성기구가 생각했던 여성의 해와는 상이한 것이 되고 말았다.

서구국가·공산국가·제3세계간의 정치적 분쟁은 국제회의에서 더욱 심화되어, '여성의 해' 회의가 동서·남북의 분쟁의 연장이 되고 만 것은 당시의 국제정치의 현실을 감안할 때, 예측

할 수 있는 일이었다. 비정부 국제회의에서는 이러한 여권개념의 다양성이 단순한 정부의 정치적 선전이 아닌 각국 여성의 실질적 견해차이에서 오는 것이라는 것이 확실해졌다. 각종의 모임에서 두드러진 것은 서구여성의 여권개념이 개인주의에 입각한 것인데 반해, 비서구여성들은 자신이 속한 집단의 지위에서 결정되는 것이 여성의 지위라고 보고 있다.

서구여성들은 여성 각자가 남성과의 공적·사적 경쟁에 있어 어떻게 평등한 대우를 받을 수 있는가에 역점을 두며 따라서 그들의 주요관심사는 직장에서의 평등한 취업과 승진의 기회와 대우를 확보하는 것, 결혼과 이혼에 있어서 여성의 평등권, 동등한 가사분담과 같은 것이다. 그들은 여성해방의 가장 큰 장애물을 전통적인 성차별주의 문화에서 찾고 있다.

한편 많은 제3세계 여성들은 여권을 집단적 개념으로 파악하여, '발전'이 여권신장의 주요한 변수라고 주장한다. 그들의 현실, 즉 많은 여성이 무지와 빈곤 속에서 가장 기본적인 생존권마저 위협받고 있는 실정에서 서구여성의 '이혼에 있어서의 평등권' 따위는 사치스러운 얘기라는 것이다. 우선 자신들의 국가사회가 발전되어야 인권도 여권도 보장된다는 것이다. 사회주의·공산주의·민족주의가 복합된 시각에서 그들은, 신제국주의가 종식되고 신경제질서가 수립되지 않고서는 자신들의 기본권이 보장될 수 없다는 논리는 당연하다. 서구여성들은 이러한 주장이 순 억지이며 참된 여성문제를 떠난 정치적 선전이라고밖에 생각할 수가 없었다. 자신들의 사회를 돌아볼 때, 아무리 경제가 발전하고 풍요롭다 해도 전통적 남녀차별의 인습은 아직도 여성의 평등한 사회참여에 장벽이 되고 있기 때문에, 제3세계 여성들이 주장하는 경제발전과 여권신장 사이의 함수관계가 납득이 가지 않는다.

이와 같은 토론의 결과는 결국 쌍방의 주장을 다 수록하며, 공통점으로서 여성의 사회참여가 적극 장려되어야 한다는 동의사항을 수록한 국제문서—'세계여성의 해 국제대회의 세계행동방안'이었다. 1979년 UN 총회에서 채택되어 81년 9월 20개국 이상의 비준을 받아 효력을 발생한 '여성차별철폐에 관한 국제협정'은 이와 같은 다양한 견해를 종합하고 성문화한, 무엇보다도 법적 구속력이 있는 국제협정으로서 중요한 의미를 갖는다.

그러나 신제국주의 종식과 신경제질서수립 등을 언급한 협정전문 때문에 미국을 비롯한 많은 서구국가들은 비준을 거부하고 있으니, 과연 이 협정이 얼마나 효과적으로 국제여권을 보호할 수 있는가는 귀추의 대상이 된다 하겠다.

혹자는 이러한 불협화음에 실망을 느끼고 국제연합과 국제법의 무용성을 주장하기도 한다. 그러나 각 국가 대표가 모여 다양한 견해를 교환하고, 기존 여권의 개념을 확대 보완하며 다른 견해가 있음을 발견할 수 있다는 것은 결코 무의미한 일이 아니다. 혹자가 여성문제를 형식적으로 취급하고 정치적 목적을 위해 사용한다 해도, 더욱더 강력한 영향력은 국제사회에 참된 여성의 관점을 반영하려 노력하고 각지에서 실질적 여권향상을 위해 활동하는 여성기구 같은 집단에게 있다는 것도 잊어서는 안 되겠다.

5. 결론

여성비정부국제기구는 현실적 한계 내에서 최선을 다해 남녀평등이라는 규범의 국제의식화를 촉진해 온 단체이며, 한 사람의 머리 속에서 일어난 한 생각이 수억 여성의 생애에 간접·직접적 영향을 줄 수 있는 국제적 행사로 이끌어 갔던 것을 생각할 때, 여성운동을 위한 무한한 가능성을 시사해 준다. 앞으로의 여성비정부국제기구의 과제는 어떻게 서구중심적인 성격을 벗어나, 비서구세계의 비특수층 여성들과 접촉하며, 참되고 효율적인 여성운동의 방향을 모색할 수 있는가 하는 것이라 보아진다. 세계여성의 해와 잇달은 국제행사를 가져온 여성비정부국제기구 남녀평등이라는 규범에 세계여론의 일치를 보려는 작은 한 걸음을 내딛었다 할 것이다.

위대한 일들이란, 자주 볼 수 있듯이, 작은 일에서 시작되지요. 아주 작은 시작이 엄청난 결과를 가져오기도 합니다.

단 한마디의 말이
아주 나쁜 생각이나 좋은 생각을
일으키기도 하고
작은 불씨 하나가
온 마을을 태우기도 합니다.
우리의 삶이란 이같이
작은 순간들로 이루어진 것.
마치 시냇물이 함께 모여
대양의 파도가 되는 것처럼
——엘라 윌콕스,「작은 것들의 힘」

* 31개 여성비정부기구와 발족년도

AAWC   All African Women's Conference
　　　전아프리카여성회의(1962)
ACWW Associated Country Women of the World
　　　세계농촌여성연합(1930)
AIWC   All India Women's Conference
　　　전인도여성회의(1926)
APWA All Pakistan Women's Alliance
　　　전파키스탄여성동맹(1949)

IAW	International Alliance of Women 국제여성동맹(1904)		국제가정학연맹(1908)
ICCN	International Council of Christian Nurses 국제기독교간호원협의회 (1933)	IFWL	International Federation of Women Lawyers 국제여성변호사연맹(1944)
ICN	International Council of Nurses 국제간호원협의회 (1899)	IFWLC	International Federation of Women in Legal Careers 국제법률직여성연맹(1929)
ICJW	International Council of Jewish Women 국제유태인여성협의회 (1912)	ODI	Open Door International 국제문호개방협회(1929)
ICM	International Council of Midwives 국제산파협의회(1922)	PPSAWA	Pan Pacific and Southeast Asia Women's Association 범태평양 및 동남아여성연합(1928)
ICSDW	International Council of Social and Democratic Women 국제사회민주여성협의회 (1955)	SIA	Soroptimist International Association 국제직업부인연합(1928)
ICW	International Council of Women 국제여성협의회(1888)	SJIA	St. Joaris International Alliance 성(聖)조앙국제동맹(1911)
IFBPW	International Federation of Business and Professional Women 국제여성사업인 및 전문직 여성연맹(1930)	WAGGGS	World Association of Girl Guides and Girl Scoats 국제 걸스카웃연합(1928)
		WIDF	Women's International Democratic Federation 국제여성민주연맹(1945)
IFHE	International Federation of Home Economics	WILPF	Women's International League for Peace and Freedom 국제여성자유평화연합

	(1915)
WIZO	Women's International Zionist Organization
	국제시온여성기구(1920)
WMM	World Movement of Mothers
	세계어머니기구(1947)
WUCWO	World Union of Christian Women's Organizastion
	세계기독교여성기구연합
	(1910)
WWCTU	World Women's Christian Temperance Union
	세계기독교여성금주연합 (1883)
WYWCA	World Young Women's Christian Association
	세계기독교 여성청년연합 (1894)
ZI	Zonta International
	국제존타기구(1919)

지구촌 자매들

자신의 태도를 점검해 봅시다

'또 하나의 문화' 동인태도 스케일

경제적·심리적 독립	그렇다	판단이 안선다	아니다
1. 언제든지 경제적으로 자립할 능력이 있다.	[ ]	[ ]	[ ]
2. 이성과의 데이트를 포함한 만남의 비용은 공동부담을 원칙으로 하여 지킨다.	[ ]	[ ]	[ ]
3. 결혼할 경우 가산은 부부 공동명의로 한다.	[ ]	[ ]	[ ]
4. 아무렇지 않게 식당이나 극장에 혼자 들어갈 수 있다.	[ ]	[ ]	[ ]
5. 혼자 장거리 여행을 할 수 있다.	[ ]	[ ]	[ ]
6. 자신이 한 일이 후회될 때, 남이 관련되어 있어도 남을 탓하지 않고 자신이 책임진다.	[ ]	[ ]	[ ]
7. 나이를 먹는 것에 대하여 위축감을 느끼지 않는다.	[ ]	[ ]	[ ]
8. 자신이 옳다고 믿는다면 기존규범에서 벗어난 행동이라도 실행에 옮길 수 있다.	[ ]	[ ]	[ ]
9. 남과 다르다는 점에 불안감을 느끼지 않는다.	[ ]	[ ]	[ ]
10. 자신의 정체성을 혈연, 지연, 학연 또는 단체나 조직의 가입 등에서 찾지 않는다.	[ ]	[ ]	[ ]
11. 운동, 요가, 명상 등으로 체력관리를 하고 있다.	[ ]	[ ]	[ ]

역사의식	그렇다	판단이 안선다	아니다
12. 나만 자족하고 살면 된다는 식의 이기적 개인주의에서 벗어났다.	[ ]	[ ]	[ ]
13. 나는 동시대인들과 함께 역사를 만들어 가는 사람	[ ]	[ ]	[ ]

으로서 연대감을 소중히 여긴다.
14. 항상 의식은 행동으로 연결되어야 한다고 생각한다. 〔 〕〔 〕〔 〕
15. 끊임없이, 자신이 누군가를 억압하고 있지 않은지 〔 〕〔 〕〔 〕
그리고 자신의 일상생활이나 전공분야가 인간의 미
래와 어떻게 연관되고 있는가를 생각한다.
16. 심각한 외채부담을 안고 있는 나라의 국민이기 때 〔 〕〔 〕〔 〕
문에 절약하며 검소하게 산다(1985년 현재 국민 1
인당 90만 원).
17. 매일 신문의 사설을 포함한 정치·경제면을 읽는다. 〔 〕〔 〕〔 〕
18. 한국사에 관심을 갖고 어떤 형식으로든 항상 공부 〔 〕〔 〕〔 〕
하고 있다.
19. 지구촌의 운명을 위협하는 자원고갈, 인구문제, 핵 〔 〕〔 〕〔 〕
무기 및 공해문제 그리고 기술지배 등의 문제에 대
하여 저항할 준비가 되어 있다.
20. 우리 것을 찾는 일에 집착하여 남의 것을 배척하는 〔 〕〔 〕〔 〕
오류를 범하지 않는다 (국수주의 극복).

반 성차별주의

| | 그렇다 | 판단이 안선다 | 아니다 |

21. 이성을 대할 때의 태도가 동성을 대할 때와 변함 〔 〕〔 〕〔 〕
없다(더 애교스러워진다거나 더 늠름해지는 등 ……).
22. 부드러움과 적극성이 조화된 양성적 인간이 되기 〔 〕〔 〕〔 〕
위하여 노력한다.
23. 남의 결혼 여부에 관심을 두지 않는다. 〔 〕〔 〕〔 〕
24. 아기를 낳은 사람에게 '딸이냐' '아들이냐'를 묻 〔 〕〔 〕〔 〕
지 않는다.
25. 이성친구나 결혼문제로 삶의 페이스를 잃지 않는다. 〔 〕〔 〕〔 〕
26. 둘 다 직장을 가질 경우, 육아와 가사일은 균등히 〔 〕〔 〕〔 〕
분담함을 원칙으로 한다(일시적 상황에 따른 조정
은 가능하나 일하는 데 서투르다든가, 바쁘니까 내일
부터 하겠다는 등의 이유로 원칙을 무시하는 일이 없
어야 한다).
27. 자신의 부모와 배우자의 부모에 대해 동등한 의무 〔 〕〔 〕〔 〕
를 느낀다.

28. 청첩장에는 아버지, 어머니 이름을 나란히 올리고, 〔   〕〔   〕〔   〕
    틀에 박힌 결혼식을 지양한다.
29. 여성운동은 공평하려는 의지와 사회적 의식수준의 〔   〕〔   〕〔   〕
    문제이지 신체적 성과 직결된 여성만의 문제가 아
    니라고 생각한다.
30. 자기능력만 있으면 남녀차별이란 쉽게 이겨낼 수 〔   〕〔   〕〔   〕
    있다고 더 이상 생각하지 않는다.
31. 몸치장에 하루 20분 이상 소모하지 않는다. 〔   〕〔   〕〔   〕
32. '여류시인' '사내다운' 등의 성차별적인 언어를 〔   〕〔   〕〔   〕
    쓰지 않는다.

민주·시민의식

	그렇다	판단이 안선다	아니다

33. 약속한 것은 꼭 지킨다. 〔   〕〔   〕〔   〕
34. 조직에 의한 강제를 거부하며 자발적으로 조직활 〔   〕〔   〕〔   〕
    동에 참여해 왔다.
35. 가족구성원, 특히 자신의 세대와 자녀세대에 있어 〔   〕〔   〕〔   〕
    서는 마음을 터놓고 무슨 이야기든 토론할 수 있는
    분위기를 만들어 가고 있다.
36. 자녀입양을 실천에 옮길 수 있다. 〔   〕〔   〕〔   〕
37. 자신의 아이가 대학진학을 원치 않을 때 그 의견을 〔   〕〔   〕〔   〕
    존중한다.
38. 엘리티즘은 민주사회를 이루는 데 커다란 장벽이라 〔   〕〔   〕〔   〕
    고 생각한다.
39. 계층간의 불평등은 우리 모두가 해결해야 할 과제 〔   〕〔   〕〔   〕
    이다.
40. 합의에 도달하기 위해서 토론과 타협에 드는 시간 〔   〕〔   〕〔   〕
    을 낭비라고 생각하지 않는다.
41. 신문, TV 등 매스컴의 횡포에 대하여 투고나 항의 〔   〕〔   〕〔   〕
    전화를 게을리하지 않고, 시민의 권리가 침해받을
    때 침묵하지 않는다.
42. 자신이 속한 집단에서 소외당할 것을 크게 두려워 〔   〕〔   〕〔   〕
    하지 않는다. 대신 새로운 공동체를 형성해 나가는
    데 힘을 기울인다.
43. 어떠한 장소에서도 당당하게 자신의 의견을 발표할 〔   〕〔   〕〔   〕

수 있다.
44. 자신의 수입의 10/1은 남을 위해 사용한다.　 [　] [　] [　]
45. 권위주의적인 언어를 쓰지 않는다. 특히 직장 동료　[　] [　] [　]
    간, 동거하는 남녀(부부) 간에 상호 평등한 호칭과
    언어를 쓴다.

문자문화의 정착과 이성적 성찰

	그렇다	판단이 안선다	아니다
46. 하루 평균 1시간 이상 책을 읽는다.	[　]	[　]	[　]
47. 메모를 늘 하며 글 쓰는 습관이 되어 있다.	[　]	[　]	[　]
48. 적어도 연 1회 이상 공인된 지면에 발표한다 (동인 회보 포함).	[　]	[　]	[　]
49. 한글문화를 형성해 가는 데 항상 관심을 두고 있다.	[　]	[　]	[　]
50. 격한 감정으로 행동하기보다 다시 한 번 장기적인 안목에서 검토한 후 한다.	[　]	[　]	[　]
51. 때와 장소를 가리지 않고 남녀불평등 문제에 대하여 흥분하는 태도는 지양한다.	[　]	[　]	[　]
52. 말을 할 때 지나친 일반화는 삼가한다. 예를 들어, '한국 남자들은 구제불능이다' '여자는 어쩔 수 없어' 등으로 사람을 한꺼번에 묶어 도매금으로 넘기지 않는다.	[　]	[　]	[　]
53. 분명한 판단이 서지 않을 경우, 보편적 기준을 적용해 유추한다 (예를들면, '남자가 치마를 입어도 좋으냐'는 아이의 물음에 대하여 그 답을 기존 규범에서 찾아내려 하기보다 '여자가 바지를 입어도 좋은지'를 생각해 보고 후자가 그렇다면 전자도 그렇다는 판단을 내린다). ■	[　]	[　]	[　]

열린 사회 자율적 여성
[또 하나의 문화] 제2호

- **초판 발행일**
  1995년 7월 10일
- **3쇄 발행일**
  2000년 2월 18일
- **편집인**
  또 하나의 문화 동인들 www.tomoon.org
- **발행인**
  유승희
- **발행처**
  도서출판 또 하나의 문화 www.tomoon.com
- **주소**
  서울 서대문구 창천동 53-57 우일빌딩4층 (120-180)
- **전화**
  (02) 324-7486
- **팩스**
  (02) 323-2934
- **전자우편**
  tomoon@thrunet.com
- **출판등록번호**
  1987년 12월 29일 제9-129호
- **ISBN**
  89-85635-12-3 03330

※ 잘못된 책은 바꾸어 드립니다.
※ 책값은 뒷표지에 있습니다.
※ 1985년 평민사에서 첫 발행된 책을
　또 하나의 문화 10주년 기념으로 다시 펴낸 것입니다.